重庆2015统计年鉴

CHONGQING

STATISTICAL YEARBOOK 2015

重庆2015统计年鉴

CHONGQING STATISTICAL YEARBOOK 2015

重庆市统计局　国家统计局重庆调查总队 编
CHONGQING MUNICIPAL BUREAU OF STATISTICS
NBS SURVEY OFFICE IN CHONGQING

中国统计出版社
China Statistics Press

(京)新登字041号

图书在版编目（CIP）数据

重庆统计年鉴. 2015 : 汉英对照 / 重庆市统计局, 国家统计局重庆调查总队编. -- 北京 : 中国统计出版社, 2015.8
ISBN 978-7-5037-7506-2

Ⅰ. ①重… Ⅱ. ①重… ②国… Ⅲ. ①统计资料－重庆市－2015－年鉴－汉、英 Ⅳ. ①C832.719-54

中国版本图书馆CIP数据核字(2015)第170542号

重庆统计年鉴-2015

作　　者/ 重庆市统计局 国家统计局重庆调查总队
责任编辑/ 佘竞雄
装帧设计/ 重庆海耐特广告有限公司
出版发行/ 中国统计出版社
地　址/ 北京市丰台区西三环南路甲6号
邮政编码/100073
电　话/ 邮购（010）63376909 书店（010）68783171
网　址/ http://www.zgtjcbs.com
印　刷/ 重庆三达广告印务装潢有限公司
经　销/ 新华书店
开　本/ 890mm×1240mm 1/16
字　数/ 177万字
印　张/ 39
版　别/ 2015年8月第1版
版　次/ 2015年8月第1次印刷
定　价/ 380.00元

本书附同版本CD-ROM一张, 光盘内容以书面文字为准。
如有印装差错, 由本社发行部调换。

《重庆统计年鉴2015》编辑委员会

编辑部

CHONGQING STATISTICAL YEARBOOK 2015 EDITORIAL BOARD

EDITORIAL DEPARTMENT

编者说明
EDITOR' SNOTE

一、《重庆统计年鉴—2015》是由重庆市统计局和国家统计局重庆调查总队编纂、中国统计出版社公开出版发行的一部全面记录重庆市经济建设和社会发展情况的大型资料性年刊。本书收录了重庆市历史重要年份和2014年经济和社会各方面的统计数据，以及各区县（自治县）主要统计资料。

二、全书共二十二章，包括：1.综合；2.国民经济核算；3.人口与就业；4.固定资产投资；5.能源消费；6.财政；7.人民生活与物价；8.城镇建设；9.资源和环境；10.要素市场；11.农业和农村经济；12.工业；13.建筑业；14.运输和邮电；15.国内贸易；16.对外经济贸易和旅游业；17.金融业；18.教育、科技和文化业；19.卫生、体育和其他社会活动；20.区县；21.三峡工程重庆库区移民；22.基本单位名录库。同时附录一个篇章：全国及各省（自治区、直辖市）主要统计资料。每章前设《简要说明》，介绍本章节的主要内容和资料来源，章末附有《主要统计指标解释》。

三、本年鉴统计资料：大部分数据来自统计年报，部分来自抽样调查。

四、本年鉴所使用的度量衡单位均采用国际统一标准计量单位；各种分类标准均采用国家统一分类标准。

五、本年鉴部分数据的合计数或相对数，由于计量单位取舍不同而产生的计算误差未作机械调整。

六、本年鉴各表的部分指标注解位于该表下方或最后一张续表的下方。

七、符号使用说明：年鉴各表中的“空格”表示该项统计指标数据不足本表最小单位数、数据不详或无该项数据；“#”表示其中的主要项。

八、本年鉴在编辑、翻译过程中得到诸多单位和同志的大力支持，在此深表谢意。限于我们的水平，加之时间仓促，请各界人士在使用资料时如发现错误和不足，恳请提出批评指正。

Ⅰ. Chongqing Statistical Yearbook 2015 is a large statistical yearbook compiled by Chongqing Municipal Bureau of Statistics and NBS Survey Office in Chongqing and published by China Statistics Press, which records the economic construction and social development of Chongqing in an all-round way. The yearbook covers the comprehensive data on Chongqing's social and economic development in 2014 and some major years in the history, as well as the major statistics on all the districts and counties (autonomous counties).

Ⅱ. The yearbook contains 22 chapters, namely 1. Comprehensive Statistics; 2. National Economic Accounting; 3. Population and Employment; 4. Investment in Fixed Assets; 5. Energy Consumption; 6. Government Finance; 7. People's Livelihood and Prices; 8. Urban Construction; 9. Resources and Environment; 10. Markets of Key Factors; 11. Agriculture and Rural Economy; 12. Industry; 13. Construction; 14. Transport, Postal and Telecommunication Services; 15. Domestic Trade; 16. Foreign Economic Relations, Trade and Tourism; 17. Financial Intermediation; 18. Education, Science & Technology and Culture; 19. Public Health, Sports and Other Social Activities; 20. Districts; 21. Resettlement of Chongqing Reservoir Area of Three Gorges Project; 22. Statistics on Basic Units. There is also an Appendix which covers the main data of the whole nation and other provinces, autonomous regions and municipalities. There is a Brief Introduction at the beginning of each chapter, which introduces the main contents of the chapter and the sources of data. The Explanatory Notes on Main Statistical Indicators is provided at the end of each chapter.

Ⅲ. The data in this publication: most of the data are obtained from the annual statistical reports, while some others are obtained from sample surveys.

Ⅳ. The units of measurement used in this yearbook are international standard measurement units; and the basis of classification of this book complies with the national uniform standard.

Ⅴ. The statistical discrepancies of the total values or relative values due to rounding are not adjusted in this yearbook.

Ⅵ. The notes concerning individual indicators are placed at the lower part of the table or the lower part of the last page.

Ⅶ. Notations used in this yearbook: (blank space) indicates that the figure is not large enough to be measured with the smallest unit in the table, or data are unknown, or are not available; "#" indicates a major breakdown of the total.

Ⅷ. We'd like to send our sincere acknowledgement various units and comrades for their vigorous assistances during the edition and translation of this yearbook. Due to our limited ability and the hasty time, faults and shortage are unavoidable. Any criticism or suggestion is appreciated.

目 录
CONTENTS

第一章 CHAPTER 1 综 合 COMPREHENSIVE STATISTICS

简要说明
Brief Introduction

表1.1 行政区划（2014年） 3
Divisions of Administrative Areas (2014)

表1.2 国民经济和社会发展总量与速度指标 4
Principal Aggregate Indicators on National Economic and Social Development and Growth Rate

表1.3 国民经济和社会发展结构指标 12
Composition Indicators on Natinal Economic and Social Development

表1.4 人均主要社会经济活动水平 15
Per Capita Main Social and Economic Activities

表1.5 平均每天主要社会经济活动 16
Selected Indicators on Average Daily Social and Economic Activities

表1.6 各部门机构数（2013-2014年） 17
Grassroots Units in Various Sectors (2013-2014)

主要统计指标解释 18
Explanatory Notes on Main Statistical Indicators

第二章 CHAPTER 2 国民经济核算 NATIONAL ECONOMIC ACCOUNTING

简要说明
Brief Introduction

表2.1 地区生产总值（1949-1978） 27
Gross Domestic Product (1949-1978)

表2.2 地区生产总值构成（1949-1978） 29
Composition of Gross Domestic Product (1949-1978)

表2.3 地区生产总值指数（1949-1978年）（上年=100） 31
Indices of Gross Domestic Product (1949-1978) (Preceding Year =100)

表2.4 地区生产总值指数（1949-1978年）（1949年=100） 33
Indices of Gross Domestic Product (1949-1978) (1949=100)

表2.5 地区生产总值（1978-2014） 35
Gross Domestic Product (1978-2014)

目 录
CONTENTS

表2.6 地区生产总值构成（1978-2014年） 37
Composition of Gross Domestic Product (1978-2014)
表2.7 地区生产总值指数（1978-2014年）（上年=100） 39
Indices of Gross Domestic Product (1978-2014) (Preceding Year=100)
表2.8 地区生产总值指数（1978-2014年）（1978年=100） 41
Indices of Gross Domestic Product (1978-2014) (1978=100)
表2.9 三次产业贡献率（1990-2014年） 43
Share of the Contributions of the Growth of Three Strata of Industry to the Increase of the GDP (1990-2014)
表2.10 三次产业拉动力（1990-2014年） 44
Contribution of the Three Strata of Industry to GDP Growth (1990-2014)
表2.11 分区域地区生产总值（2013-2014年） 45
Gross Domestic Product by Region (2013-2014)
表2.12 分经济类型地区生产总值（1996-2014年） 46
Gross Domestic Product by Status of Registration (1996-2014)
主要统计指标解释 48
Explanatory Notes on Main Statistical Indicators

第三章 CHAPTER 3 人口与就业 POPULATION AND EMPLOYMENT

简要说明
Brief Introduction
表3.1 主要年份总户数、总人口（户籍统计） 55
Total Households and Total Population in Major Years (Household Registration)
表3.2 主要年份人口自然变动（户籍统计） 56
Population Natural Dynamics in Major Years (Household Registration)
表3.3 常住人口及城镇化率（1996-2014年） 57
Resident Population and Urbanization Rate (1996-2014)
表3.4 1%人口抽样调查（2013-2014年） 58
1% Sample Survey of Population (2013-2014)
表3.5 第五次人口普查基本情况 59
Basic Statistics on the 5th National Population Censuses
表3.6 第六次人口普查基本情况 60
Basic Statistics on the 6th National Population Censuses

表3.7　六次人口普查主要指标 61
Main Indicators of Six Population Censuses
表3.8　人口年龄结构和抚养比（1982-2014年） 61
Age Composition and Dependency Ratio of Population (1982-2014)
表3.9　计划生育基本情况（1986-2014年） 62
Basic Statistics on Family Planning (1986-2014)
表3.10　从业人员基本情况（1985-2014年） 63
Basic Statistics on Employment (1985-2014)
表3.11　从业人员年末数（1999-2014年） 65
Number of Employed Persons at Year-end (1999-2014)
表3.12　城镇从业人员年末数（2013-2014年） 67
Number of Employed Persons in Urban Units at Year-end (2013-2014)
表3.13　主要年份城镇非私营单位在岗职工人数 68
Number of On-Post Staff and Workers of Urban Non-private Units in Major Years
表3.14　主要年份城镇非私营单位在岗职工工资总额 69
Total Wage Bill of On-Post Staff and Workers of Urban Non-private Economic Units in Major Years
表3.15　主要年份城镇非私营单位在岗职工平均工资 70
Average Wage of On-Post Staff and Workers of Urban Non-private Units in Major Years
表3.16　城镇非私营单位在岗职工人数（2013-2014年） 71
Number of On-Post Staff and Workers in Non-private Economic Units (2013-2014)
表3.17　城镇非私营单位在岗职工工资总额（2013-2014年） 72
Total Wage Bill of On-Post Staff and Workers of Urban Non-private Economic Units (2013-2014)
表3.18　城镇非私营单位就业人员平均工资（2013-2014年） 73
Average Wage of Employed Persons of Urban Non-private Economic Units (2013-2014)
表3.19　城镇非私营单位就业人员工资总额（2013-2014年） 74
Total Wage Bill of Employment of Urban Non-private Units (2013-2014)
表3.20　城镇登记失业人数（1985-2014年） 75
Number of Registered Unemployed Persons in Urban Areas (1985-2014)
主要统计指标解释 76
Explanatory Notes on Main Statistical Indicators

目 录
CONTENTS

第四章 CHAPTER 4 固定资产投资 INVESTMENT IN FIXED ASSETS

简要说明
Brief Introduction
表4.1 主要年份全社会固定资产投资 83
Total Investment in Fixed Assets in the Whole Country in Major Years
表4.2 全社会固定资产投资（2013-2014年） 87
Total Investment in Fixed Assets (2013-2014)
表4.3 按行业分的全社会固定资产投资（2013-2014年） 88
Total Investment in Fixed Assets by Sector (2013-2014)
表4.4 全社会固定资产投资资金来源（2013-2014年） 89
Sources of Funds for Investment in Fixed Assets (2013-2014)
表4.5 按行业分建设项目投资和建设总规模（2014年） 90
Investment in Construction Projects and Total Construction Investment Size by Sector (2014)
表4.6 按行业分建设项目施工、投产项目个数（2014年） 92
Number of Construction Projects under Construction and Put into Use by Sector (2014)
表4.7 房屋施工面积（2013-2014年） 93
Total Floor Space of Buildings under Construction (2013-2014)
表4.8 房屋竣工面积（2013-2014年） 93
Total Floor Space of Buildings Completed (2013-2014)
表4.9 房屋造价（2013-2014年） 93
Cost of Completed Buildings (2013-2014)
表4.10 建设项目投资（2013-2014年） 94
Investment in Construction Projects (2013-2014)
表4.11 按行业分的建设项目投资（2014年） 95
Investment in Construction Projects by Sector (2014)
表4.12 建设项目新增主要产品生产能力（2013-2014年） 96
Newly Increased Production Capacity of the Major Products in Construction Projects (2013-2014)
表4.13 基础设施建设投资额（2013-2014年） 97
Investment in Infrastructure Construction (2013-2014)
表4.14 房地产开发基本情况（1990-2014年） 98
Basic Statistics on Real Estate Development (1990-2014)
表4.15 房地产开发主要指标（2013-2014年） 100
Main Indicators of Real Estate Development (2013-2014)

表4.16 商品房施工、竣工和销售面积情况（2013-2014年） 101
Floor Space of Commercialized Buildings under Construction, Completed and Sold (2013-2014)
表4.17 房地产开发企业资产负债情况（2013-2014年） 102
Assets and Liabilities of Enterprises for Real Estate Development (2013-2014)
表4.18 房地产开发企业经营情况（2013-2014年） 102
Operating Statistics on Enterprises for Real Estate Development (2013-2014)
主要统计指标解释 103
Explanatory Notes on Main Statistical Indicators

第五章 CHAPTER 5 能源消费 ENERGY CONSUMPTION

简要说明
Brief Introduction
表5.1 主要年份能源消费总量 113
Total Consumption of Energy in Major Years
表5.2 规模以上工业按行业分能源消费量（2013-2014年） 114
Energy Consumption of Enterprises above Designated Size by Sector (2013-2014)
表5.3 规模以上工业企业产值综合能耗（2013-2014年） 118
Comprehensive Energy Consumption of Industrial Enterprises above Designated Size per Unit Output Value (2013-2014)
表5.4 规模以上工业按行业分取水量（2014年） 120
Water Consumption of Enterprises above Designated Size by Sector (2014)
表5.5 能源消费弹性系数（1985-2014年） 122
Elasticity Ratio of Energy Consumption (1985-2014)
表5.6 平均每万元本市生产总值能源消费量（2013-2014年） 122
Average Energy Consumption per 10 000 Yuan of GDP (2013-2014)
表5.7 平均每天主要能源消费量（2013-2014年） 123
Average Daily Energy Consumption (2013-2014)
表5.8 综合能源平衡表（2013-2014年） 123
Overall Energy Balance Sheet (2013-2014)
表5.9 主城九区主要能源消费量（2013-2014年） 124
Main Energy Consumption of 9 Central Urban Districts (2013-2014)
表5.10 电力平衡表（2013-2014年） 124
Electricity Balance Sheet (2013-2014)

目 录 CONTENTS

主要统计指标解释 125
Explanatory Notes on Main Statistical Indicators

第六章 CHAPTER 6 财 政 GOVERNMENT FINANCE

简要说明
Brief Introduction
表6.1 财政收入及支出（1994-2014年）........ 129
Government Revenue and Expenditure (1994-2014)
表6.2 财政收入占地区生产总值的比重（1994-2013年）........ 130
Percentage of Government Revenue to Gross Domestic Product (1994-2013)
表6.3 财政收入（2013-2014年）........ 131
Government Revenue (2013-2014)
表6.4 财政支出（2013-2014年）........ 132
Government Expenditure (2013-2014)
表6.5 国税和地税税收收入（1996-2014年）........ 133
Revenue from National and Local Taxation (1996-2014)
表6.6 国税税收收入（2013-2014年）........ 133
Revenue from National Taxation (2013-2014)
表6.7 按企业类型分的国税税收收入（2014年）........ 134
Revenue from National Taxation by Status of Registration (2014)
表6.8 地税税收收入（2013-2014年）........ 135
Revenue from Local Taxation (2013-2014)
表6.9 按企业类型分的地税税收收入（2014年）........ 136
Revenue from Local Taxation by Status of Registration (2014)
主要统计指标解释 137
Explanatory Notes on Main Statistical Indicators

第七章 CHAPTER 7 人民生活与物价 PEOPLE'S LIVING CONDITIONS AND PRICE OF GOODS

简要说明
Brief Introduction
表7.1 城乡居民物质文化生活情况（2013-2014年）........ 143
Material and Cultural Life of Urban & Rural Residents (2013-2014)

表7.2 个人储蓄存款年末余额（1980-2014年） 144
Year-end Savings Deposit of RMB of Households (1980-2014)
表7.3 城乡居民家庭人均收入及恩格尔系数（1978-2012年） 145
Per Capita Annual Income and Engle's Coefficient of Urban and Rural Households (1978-2012)
表7.4 居民人均收支及恩格尔系数（2013-2014年） 146
Per Capita Residents Income and Expenditure and Engle Coefficient (2013-2014)
表7.5 居民家庭基本情况（2013-2014年） 146
Basic Conditions of Resident Households (2013-2014)
表7.6 全体居民人均可支配收入与现金可支配收入情况（2013-2014年） 147
Per Capita Annual Disposable Income and Cash Disposable Income of Households (2013-2014)
表7.7 全体居民人均收支构成情况（2013-2014年） 148
Composition of Per Capita Cash Income and Cash Expenditure of Households (2013-2014)
表7.8 按收入五等份分组的全体居民家庭收入支出情况（2014年） 149
Per Capita Annual Income and Expenditure of Households by Income Quintile (2014)
表7.9 全体居民家庭人均主要食品消费量（2013-2014年） 150
Per Capita Consumption of Major Foods by Households (2013-2014)
表7.10 全体居民家庭平均每百户年末耐用消费品拥有量（2013-2014年） 151
Number of Durable Consumer Goods Owned Per 100 Households at Year-end (2013-2014)
表7.11 城镇常住居民人均可支配收入与现金可支配收入情况（2013-2014年） 152
Per Capita Annual Disposable Income and Cash Disposable Income of Urban Households (2013-2014)
表7.12 城镇常住居民人均收支构成情况（2013-2014年） 153
Composition of Per Capita Cash Income and Cash Expenditure of Urban Households (2013-2014)
表7.13 按收入五等份分组的城镇常住居民家庭收入支出情况（2014年） 154
Per Capita Annual Income and Expenditure of Urban Households by Income Quintile (2014)
表7.14 城镇常住居民家庭人均主要食品消费量（2013-2014年） 155
Per Capita Consumption of Major Foods by Urban Households (2013-2014)
表7.15 城镇常住居民家庭平均每百户年末耐用消费品拥有量（2013-2014年） 156
Number of Durable Consumer Goods Owned Per 100 Urban Households at Year-end (2013-2014)
表7.16 农村常住居民人均可支配收入与现金可支配收入情况（2013-2014年） 157
Per Capita Annual Disposable Income and Cash Disposable Income of Rural Households (2013-2014)
表7.17 农村常住居民人均收支构成情况（2013-2014年） 158
Composition of Per Capita Cash Income and Cash Expenditure of Rural Households (2013-2014)
表7.18 按收入五等份分组的农村常住居民家庭收入支出情况（2014年） 159
Per Capita Annual Income and Expenditure of Rural Households by Income Quintile (2014)
表7.19 农村常住居民家庭人均主要食品消费量（2013-2014年） 160
Per Capita Consumption of Major Foods by Rural Households (2013-2014)

目录 CONTENTS

表7.20 农村常住居民家庭平均每百户年末耐用消费品拥有量（2013-2014年） 161
Number of Durable Consumer Goods Owned Per 100 Rural Households at Year-end (2013-2014)
表7.21 主要年份居民消费价格指数和商品零售价格指数 162
Consumer Price Indices and General Retail Price Indices in Major Years
表7.22 居民消费价格分类指数（2013-2014年） 163
Consumer Price Indices by Category (2013-2014)
表7.23 商品零售价格分类指数（2013-2014年） 164
Retail Price Indices By Category (2013-2014)
表7.24 农产品生产价格指数（2013-2014年） 165
Producer Price Indices for Agricultural Products (2013-2014)
表7.25 工业生产者购进价格指数（2013-2014年） 166
Purchasing Price Indices of Raw Materials, Fuels and Power (2013-2014)
表7.26 工业生产者出厂价格指数（2013-2014年） 166
Producer Price Indices for Industrial Products by Category (2013-2014)
表7.27 按工业行业分工业生产者出厂价格指数（2013-2014年） 167
Producer Price Indices for Industrial Products by Sector (2013-2014)
表7.28 固定资产投资价格指数（1994-2014年） 168
Price Indices of Investment in Fixed Assets (1994-2014)
表7.29 住宅销售价格指数（1998-2014年） 169
Sales Price Indices of Houses (1998-2014)
主要统计指标解释 170
Explanatory Notes on Main Statistical Indicators

第八章 CHAPTER 8 城镇建设 URBAN CONSTRUCTION

简要说明
Brief Introduction
表8.1 城市建设用地（2014年） 177
Land for Urban Construction (2014)
表8.2 城市基础设施水平（2013-2014年） 177
Statistics on Urban Infrastructure (2013-2014)
表8.3 城市市政设施（2013-2014年） 178
Municipal Infrastructure (2013-2014)
表8.4 城市园林绿化（2013-2014年） 178
Parks and Green Land in Urban Area (2013-2014)

表8.5 城市供水及供气情况（2013-2014年） 179
Basic Statistics on Tap Water and Gas Supply in Urban Area (2013-2014)
表8.6 城市公共交通情况（2013-2014年） 180
Basic Statistics on Public Transportation in Urban Area (2013-2014)
表8.7 公用事业和市政建设投资额（2013-2014年） 180
Investment in Public Utilities and Municipal Construction (2013-2014)
主要统计指标解释 181
Explanatory Notes on Main Statistical Indicators

第九章 CHAPTER 9 资源和环境 RESOURCES AND ENVIRONMENT

简要说明
Brief Introduction
表9.1 自然资源（2013-2014年） 187
Natural Resources (2013-2014)
表9.2 自然地理（2014年） 188
Natural Environment (2014)
表9.3 气象基本情况（1951-2014年） 189
Basic Statistics on Climate (1951-2014)
表9.4 全年气象情况（2014年） 191
Statistics on the Climate of the Current Year (2014)
表9.5 环境保护情况（2013-2014年） 192
Environmental Protection (2013-2014)
表9.6 工业“三废”排放处理及综合利用情况（1995-2014年） 193
Discharge, Treatment and Comprehensive Utilization of Waste Gas, Waste Water and Solid Wastes (1995-2014)
表9.7 重点调查工业废气排放及处理情况（2014年） 194
Waste Gas Discharge and Treatment by the Industrial Enterprises under Major Survey (2014)
表9.8 重点调查工业固体废物产生及处理利用情况（2014年） 196
Generation, Treatment and Utilization of Solid Wastes of the Industrial Enterprises under Major Survey (2014)
表9.9 重点调查工业废水排放及处理情况（2014年） 198
Waste Water Discharge and Treatment by the Industrial Enterprises under Major Survey (2014)
表9.10 工业污染治理项目及投资情况（2013-2014年） 199
Industrial Pollution Treatment Projects and Investment (2013-2014)

目录
CONTENTS

表9.11 生活污染物排放情况（2013-2014年） 199
Discharge of Domestic Pollutants (2013-2014)
主要统计指标解释 200
Explanatory Notes on Main Statistical Indicators

第十章 CHAPTER 10 要素市场 MARKETS OF KEY FACTORS

简要说明
Brief Introduction
表10.1 国有土地使用权出让与划拨情况（2013-2014年） 211
Transactions and Allotment of the Right to Use the State-owned Land (2013-2014)
表10.2 城市房产市场交易情况（2013-2014年） 211
Real Estate Markets in Urban Area (2013-2014)
表10.3 亿元以上商品市场交易情况（2013-2014年） 212
Transactions of Commodity Markets with Transaction Value over 100 Million Yuan (2013-2014)
表10.4 技术市场交易情况（2014年） 213
Transactions of Technology Exchanges (2014)
表10.5 人才市场人才流动情况（2013-2014年） 213
Human Resource Markets and Exchanges (2013-2014)
表10.6 公共就业服务机构介绍情况（2013-2014年） 214
Statistics on the Public Job Services and Intermediation Agencies (2013-2014)
表10.7 证券市场基本情况（2013-2014年） 214
General Statistics on Security Markets (2013-2014)

第十一章 CHAPTER 11 农业和农村经济 AGRICULTURE AND RURAL ECONOMY

简要说明
Brief Introduction
表11.1 主要年份农村基本情况 217
Basic Statistics on Rural Areas in Major Years
表11.2 主要年份农业生产条件 218
Conditions of Agricultural Production in Major Years

表11.3　农作物播种面积（1978-2014年） 219
Sown Area of Farm Corps (1978-2014)
表11.4　主要年份农林牧渔产品产量 220
Output of Farming, Forestry, Animal Husbandry and Fishery in Major Years
表11.5　主要年份农林牧渔业总产值 223
Gross Output Value of Farming, Forestry, Animal Husbandry and Fishery in Major Years
表11.6　主要年份农林牧渔业总产值增幅（上年=100） 224
Gross Output Value Indices of Farming, Forestry, Animal Husbandry and Fishery in Major Years (Preceding Year=100)
表11.7　农林牧渔业总产值（2013-2014年） 225
Gross Output Value of Farming, Forestry, Animal Husbandry and Fishery (2013-2014)
表11.8　农村基本情况（2013-2014年） 226
Basic Statistics on Rural Areas (2013-2014)
表11.9　农业生产条件（2013-2014年） 226
Conditions of Agricultural Production (2013-2014)
表11.10　主要农作物播种面积及产量（2013-2014年） 227
Sown Area and Output of Major Farm Crops (2013-2014)
表11.11　林牧渔业生产情况（2013-2014年） 228
Output of Forestry, Animal Husbandry and Fishery (2013-2014)
表11.12　林牧渔业主要产品产量（2013-2014年） 228
Output of the Major Products of Forestry, Animal Husbandry and Fishery (2013-2014)
表11.13　主要农产品产量与建国以来最高年产量的比较（2014年） 229
Output of Major Agricultural Products in Comparison with the Peak Year since the Foundation of PRC (2014)
表11.14　农业商品产值和商品率（2013-2014年） 229
Output Value of Agricultural Commodities and Rate of Commercialization (2013-2014)
表11.15　乡镇企业主要指标（2013-2014年） 230
Main Indicators of Township-owned Enterprises (2013-2014)
主要统计指标解释 231
Explanatory Notes on Main Statistical Indicators

目 录
CONTENTS

第十二章 CHAPTER 12 工 业 INDUSTRY

简要说明

Brief Introduction

表12.1 工业企业主要指标（1978-2014年） 237

Major Indicators of Industrial Enterprises (1978-2014)

表12.2 主要工业产品产量（1978-2014年） 239

Output of Major Industrial Products (1978-2014)

表12.3 工业企业经济效益指标（1992-2014年） 241

Indicators on Economic Benefit of Industrial Enterprises (1992-2014)

表12.4 规模以上工业企业单位数（2013-2014年） 242

Number of Industrial Enterprises above Designated Size (2013-2014)

表12.5 规模以上工业企业主要产品产量占全国的比重（2014年） 243

Output of Major Industrial Products of Industria Enterprises above Designated Sized as Percentage of Nation Total (2014)

表12.6 规模以上工业企业主要经济指标（2014年） 244

Main Economic Indicators of Industrial Enterprises above Designated Size (2014)

表12.7 规模以上工业企业经济效益指（2014年） 250

Indicators on Economic Benefit of Industrial Enterprises above Designated Size (2014)

表12.8 国有控股工业企业主要经济指标（2014年） 254

Main Economic Indicators of State-holding Industrial Enterprises (2014)

表12.9 国有控股工业企业经济效益指标（2014年） 260

Indicators on Economic Benefit of State-holding Industrial Enterprises (2014)

表12.10 私营工业企业主要经济指标（2014年） 264

Main Economic Indicators of Private Industrial Enterprises (2014)

表12.11 私营工业企业经济效益指标（2014年） 270

Indicators on Economic Benefit of Private Industrial Enterprises (2014)

表12.12 内资工业企业主要经济指标（2014年） 274

Main Economic Indicators of Industrial Enterprises with Domestic Funds (2014)

表12.13 内资工业企业经济效益指标（2014年） 280

Indicators on Economic Benefit of Industrial Enterprises with Domestic Funds (2014)

表12.14 外商投资和港澳台投资工业企业主要经济指标（2014年） 284

Main Economic Indicators of Industrial Enterprises with Hong Kong, Macao, Taiwan and Foreign Funds (2014)

表12.15 外商投资和港澳台投资工业企业经济效益指标（2014年）...... 290
Indicators on Economic Benefit of Industrial Enterprises with Hong Kong, Macao, Taiwan and Foreign Funds (2014)
表12.16 大中型工业企业主要经济指标（2014年）...... 294
Main Economic Indicators of Large & Medium-sized Industrial Enterprises (2014)
表12.17 大中型工业企业经济效益指标（2014年）...... 296
Indicators on Economic Benefit of Large & Medium-sized Industrial Enterprises (2014)
表12.18 规模以上工业企业主要产品产量（2013-2014年）...... 298
Output of Major Products of Industrial Enterprises above Designated Size (2013-2014)
主要统计指标解释 300
Explanatory Notes on Main Statistical Indicators

第十三章 CHAPTER 13 建筑业 CONSTRUCTION

简要说明
Brief Introduction
表13.1 建筑业基本情况（1985-2014年）...... 315
Basic Statistics on Construction Industry (1985-2014)
表13.2 建筑业企业房屋施工及竣工面积（2013-2014年）...... 316
Floor Space of Buildings under Construction and Completed by Construction Enterprises (2013-2014)
表13.3 劳务分包建筑业企业主要指标（2013-2014年）...... 316
Main Indicators on Labor Subcontractors in Construction Industry (2013-2014)
表13.4 建筑施工企业主要经济指标（2013-2014年）...... 317
Main Economic Indicators on Construction Enterprises (2013-2014)
表13.5 国有建筑施工企业主要经济指标（2013-2014年）...... 318
Main Economic Indicators on State-owned Construction Enterprises (2013-2014)
表13.6 其他有限责任制建筑施工企业主要经济指标（2013-2014年）...... 319
Main Economic Indicators on Other Construction Enterprises of Limited Liability (2013-2014)
表13.7 私营建筑施工企业主要经济指标（2013-2014年）...... 320
Main Economic Indicators on Private Construction Enterprises (2013-2014)
表13.8 施工总承包建筑施工企业主要经济指标（2013-2014年）...... 321
Main Economic Indicators on General Contractors of Construction (2013-2014)
表13.9 专业承包建筑施工企业主要经济指标（2013-2014年）...... 322
Main Economic Indicators on Specialized Contractors of Construction (2013-2014)

目录 CONTENTS

表13.10 房屋和土木工程建筑施工企业主要经济指标（2013-2014年）........ 323
Main Economic Indicators on Construction Enterprises of Buildings and Civil Engineering (2013-2014)
表13.11 建筑安装企业主要经济指标（2013-2014年）........ 324
Main Economic Indicators on Construction Enterprises of Installation (2013-2014)
表13.12 建筑装饰企业主要经济指标（2013-2014年）........ 325
Main Economic Indicators on Construction Enterprises of Decoration (2013-2014)
表13.13 建筑施工企业按资质等级分主要财务和经济效益指标（2014年）........ 326
Main Indicators on Finance and Economic Benefit of Construction Enterprises by Grade (2014)
表13.14 建筑施工企业按行业分主要财务和经济效益指标（2014年）........ 327
Main Indicators on Finance and Economic Benefit of Construction Enterprises by Sector (2014)
主要统计指标解释........ 328
Explanatory Notes on Main Statistical Indicators

第十四章 CHAPTER 14 运输和邮电 TRANSPORT, POSTAL AND TELECOMMUNICATION SERVICES

简要说明
Brief Introduction
表14.1 主要年份客货运输量及周转量........ 333
Passenger and Freight Traffic and Passenger-Kilometers and Freight Ton-Kilometers in Major Years
表14.2 主要年份港口吞吐量和公路线路里程........ 334
Volume of Freight Handled in Coastal Ports and Length of Highways in Major Years
表14.3 主要年份邮电通信指标........ 335
Indicators of Postal and Telecommunication Services in Major Years
表14.4 邮电业务主要指标（1985-2014年）........ 336
Main Indicators of Postal and Telecommunication Services (1985-2014)
表14.5 交通基础设施和交通运输营运工具（2013-2014年）........ 337
Transport Infrastructure and Transport Means (2013-2014)
表14.6 民用车辆、船舶拥有量（2013-2014年）........ 338
Possession of Civil Motor Vehicles and Transport Vessels (2013-2014)
表14.7 客货运输量、周转量及港口吞吐量（2013-2014年）........ 339
Passenger and Freight Traffic, Passenger-Kilometers and Freight Ton-Kilometers and Volume of Freights Handled in Coastal Ports (2013-2014)
表14.8 主要港口码头泊位数（2013-2014年）........ 340
Number of Berths in Main Coastal Ports (2013-2014)

表14.9 主要港口码头仓库（2013-2014年）........ 340
Warehouses in Main Coastal Ports (2013-2014)
表14.10 邮电业务基本情况（2013-2014年）........ 341
Basic Conditions of Postal and Telecommunication Services (2013-2014)
表14.11 快递业务量（1997-2014年）........ 342
Business Volume of Express Services (1997-2014)
表14.12 电信主要通信能力（2013-2014年）........ 343
Main Communication Capacity of Telecommunications (2013-2014)
表14.13 邮电通信水平（2013-2014年）........ 343
Postal and Telecommunication Services Available (2013-2014)
主要统计指标解释 344
Explanatory Notes on Main Statistical Indicators

第十五章 CHAPTER 15 国内贸易 DOMESTIC TRADE

简要说明
Brief Introduction
表15.1 社会消费品零售总额（1949-2014年）........ 351
Total Retail Sales of Consumer Goods (1949-2014)
表15.2 社会消费品零售总额（2013-2014年）........ 353
Total Retail Sales of Consumer Goods (2013-2014)
表15.3 限额以上住宿和餐饮业法人企业基本经营情况（2013-2014年）........ 353
Basic Conditions of Enterprises above Designated Size of Hotels and Catering Services (2013-2014)
表15.4 批发和零售业商品销售总额（2014年）........ 354
Total Sales of Enterprises in Wholesale and Retail Trades (2014)
表15.5 限额以上批发和零售业主要商品分类销售额（2013-2014年）........ 355
Sales of Main Commodities of the Enterprises above Designated Size in Wholesale and Retail Trades by Category (2013-2014)
表15.6 限额以上批发业法人企业财务状况（2014年）........ 356
Financial Indicators of Wholesale Enterprises above Designated Size (2014)
表15.7 限额以上零售业法人企业财务状况（2014年）........ 368
Financial Indicators of Retail Enterprises above Designated Size (2014)
表15.8 限额以上住宿业法人企业财务状况（2014年）........ 380
Financial Indicators of Enterprises above Designated Size of Hotels (2014)

目 录 CONTENTS

表15.9 限额以上餐饮业法人企业财务状况（2014年） 388
Financial Indicators of Enterprises above Designated Size of Catering Services (2014)
表15.10 按行业和业态分连锁零售企业基本情况（2014年） 396
Basic Conditions of Chain Retail Enterprises by Sector and Business Categories (2014)
表15.11 按行业分连锁餐饮企业基本情况（2014年） 397
Basic Conditions of Chain Catering Enterprises by Sector (2014)
表15.12 批发和零售业连锁经营情况（2013-2014年） 397
Operation of Chain Enterprises in Wholesale and Retail Trades (2013-2014)
表15.13 住宿和餐饮业连锁经营情况（2013-2014年） 398
Operation of Chain Enterprises in Hotels and Catering Services (2013-2014)
主要统计指标解释 399
Explanatory Notes on Main Statistical Indicators

第十六章 CHAPTER 16 对外经济贸易和旅游业 FOREIGN ECONOMIC RELATIONS, TRADE AND TOURISM

简要说明
Brief Introduction
表16.1 人民币汇率（年平均价）（1985-2014年） 405
Reference Exchange Rate of Renminbi (Period Average) (1985-2014)
表16.2 进出口总值（1987-2014年） 406
Total Value of Imports and Exports (1987-2014)
表16.3 利用外资基本情况（1985-2014年） 407
Basic Statistics on Utilization of Foreign Capital (1985-2014)
表16.4 对外承包工程和劳务合作（1985-2014年） 408
Contracted Projects and Labor Cooperation with Foreign Countries and Territories (1985-2014)
表16.5 国际旅游人数和外汇收入（1983-2014年） 409
Number of International Tourists and Foreign Exchange Earnings (1983-2014)
表16.6 按商品类别分的进出口总值（2013-2014年） 410
Total Value of Imports and Exports by Commodity Category (2013-2014)
表16.7 按贸易方式分的进出口总值（2013-2014年） 412
Total Value of Imports and Exports by Customs Regime (2013-2014)
表16.8 按国别（地区）分的进出口总值（2013-2014年） 413
Imports and Exports by Countries or Regions (2013-2014)
表16.9 主要商品出口数量和金额（2013-2014年） 416
Main Export Commodities in Volume and Value (2013-2014)

表16.10 主要商品进口数量和金额（2013-2014年）......420
Main Import Commodities in Volume and Value (2013-2014)
表16.11 利用外资情况（2013-2014年）......422
Utilization of Foreign Capital (2013-2014)
表16.12 对外承包工程和劳务合作（2013-2014年）......422
Contracted Projects and Labor Services with Foreign Countries and Territories (2013-2014)
表16.13 实际利用内资（1996-2014年）......423
Actual Utilization of Domestic Capital (1996-2014)
表16.14 外商直接投资项目（企业）数、合同额和实际投资额（2013-2014年）......424
Number, Contracted Value and Actual Investment of Projects (Enterprises) Funded by Foreign Direct Investment (2013-2014)
表16.15 实际利用内资项目资金来源情况（2013-2014年）......426
Actual Utilization of Domestic Capital by Source (2013-2014)
表16.16 实际利用内资项目资金行业分布情况（2013-2014年）......427
Actual Utilization of Domestic Capital by Sector (2013-2014)
表16.17 1000万元以上利用内资项目合同（协议、计划）资金来源情况（2013-2014年）......428
Utilization of Contracted (Agreed, Planned) Domestic Capital above 10 Million Yuan by Source (2013-2014)
表16.18 1000万元以上实际利用内资项目资金来源情况（2013-2014年）......429
Actual Utilization of Domestic Capital above 10 Million Yuan by Source (2013-2014)
表16.19 1000万元以上利用内资项目合同（协议、计划）资金行业分布及登记注册类型情况（2013-2014年）......430
Utilization of Contracted (Agreed, Planned) Domestic Capital above 10 Million Yuan by Sector and by Registration (2013-2014)
表16.20 1000万元以上利用内资项目资金行业分布及登记注册类型情况（2013-2014年）......431
Utilization of Domestic Capital above 10 Million Yuan by Sector and by Registration (2013-2014)
表16.21 旅游基本情况（2013-2014年）......432
Basic Statistics on Tourism (2013-2014)
表16.22 星级饭店基本情况（2013-2014年）......433
Basic Statistics on Star-rated Hotels (2013-2014)
表16.23 重庆与国外友好城市交流（2013-2014年）......433
Communications with Foreign Twin Cities (2013-2014)
主要统计指标解释......434
Explanatory Notes on Main Statistical Indicators

目录 CONTENTS

第十七章 CHAPTER 17 金融业 FINANCIAL STATISTICS

简要说明
Brief Introduction
表17.1 主要金融机构数（2013-2014年） 441
Number of Main Financial Institutions (2013-2014)
表17.2 地方金融市场运行情况（2013-2014年） 442
Operation of Local Financial Market (2013-2014)
表17.3 金融机构（含外资）存贷款年末余额（1980-2014年） 443
Year-end Deposit and Loan Balance of Financial Institutions
(Including Foreign-funded Institutions) (1980-2014)
表17.4 金融机构（含外资）本外币信贷收支表（2013-2014年） 444
Sources and Uses of RMB and Foreign Currencies Credit Funds of Financial Institutions
(Including Foreign-funded Institutions) (2013-2014)
表17.5 金融机构（含外资）人民币信贷收支表（2013-2014年） 445
Sources and Uses of RMB Credit Funds of Financial Institutions
(Including Foreign-funded Institutions) (2013-2014)
表17.6 按行业分金融机构（不含外资）本外币贷款结构（2013-2014年） 446
Loan Composition of RMB and Foreign Currencies of Financial Institutions
(Excluding Foreign-funded Institutions) (By Sector) (2013-2014)
表17.7 金融机构（含外资）房地产贷款投向表（2013-2014年） 447
Loans to Real Estate from Financial Institutions (Including Foreign-funded Institutions) (2013-2014)
表17.8 金融机构（含外资）—境内大中小型企业人民币贷款情况统计表（2013-2014年） 448
Statistics on the RMB Loans to the Domestic Large, Medium and Small Enterprises from Financial
Institutions (Including Foreign-funded Institutions) (2013-2014)
表17.9 上市公司情况（1993-2014年） 449
Statistics on Listed Companies (1993-2014)
表17.10 有价证券发行情况（1981-2014年） 450
Issuance of Securities (1981-2014)
表17.11 保险业务基本情况（1996-2014年） 451
Basic Statistics on Insurance Business (1996-2014)
表17.12 按险种分的保险业务指标（2013-2014年） 451
Statistics on Insurance Business by Classification (2013-2014)
主要统计指标解释 452
Explanatory Notes on Main Statistical Indicators

第十八章 CHAPTER 18 教育、科技和文化业 EDUCATION, SCIENCE, TECHNOLOGY AND CULTURE

简要说明
Brief Introduction
表18.1 主要年份各级各类学校数 457
Number of Schools by Level and Type in Major Years
表18.2 主要年份各级各类学校在校学生数 458
Number of Students Enrollment by Level and Type in Major Years
表18.3 主要年份各级各类学校专任教师数 459
Number of Full-time Teachers by Level and Type in Major Years
表18.4 研究生基本情况（1996-2014年） 460
Basic Statistics on Postgraduates (1996-2014)
表18.5 主要年份文化机构数 461
Number of Cultural Institutions in Major Years
表18.6 教育事业基本情况（2013-2014年） 462
Basic Statistics on Education (2013-2014)
表18.7 各级学校入学率及升学率（2013-2014年） 466
Net Enrollment Ratio and Promotion Rate of Schools by Level (2013-2014)
表18.8 普通高等学校分科学生数（2014年） 466
Student Enrollment in Regular Higher Education Institutions by Field of Study (2014)
表18.9 中等职业教育学校分科学生情况（2014年） 467
Students in Vocational Secondary Schools by Field of Study (2014)
表18.10 各级学校在校女学生和女专任教师数（2013-2014年） 468
Number of Female Students and Female Full-time Teachers by School Level (2013-2014)
表18.11 科技经费、科技奖励情况（2013-2014年） 469
Funds and Rewards for Scientific and Technological Research (2013-2014)
表18.12 科学技术协会活动情况（2014年） 470
Activities of Science and Technology Associations (2014)
表18.13 研究与试验发展（R&D）活动基本情况（2014年） 471
Basic Statistics on R&D Activities (2014)
表18.14 大中型工业企业科技机构情况（2014年） 473
Scientific and Technological Institutions of Large & Medium-sized Industrial Enterprises (2014)
表18.15 规模以上工业企业科技机构情况（2014年） 475
Scientific and Technological Institutions of Industrial Enterprises above Designated Size (2014)

目录
CONTENTS

表18.16 大中型工业企业R&D人员情况（2014年）........ 477
Statistics on R&D Personnel in Large & Medium-sized Industrial Enterprises (2014)
表18.17 规模以上工业企业R&D人员情况（2014年）........ 479
Statistics on R&D Personnel in Industrial Enterprises above Designated Size (2014)
表18.18 大中型工业企业R&D活动经费支出与项目情况（2014年）........ 481
Expenditure and Projects of Scientific & Technological Activities
of Large & Medium-sized Industrial Enterprises (2014)
表18.19 规模以上工业企业R&D活动经费支出与项目情况（2014年）........ 483
Expenditure and Projects of Scientific & Technological Activities
of Industrial Enterprises above Designated Size (2014)
表18.20 大中型工业企业新产品开发情况（2014年）........ 485
New Products Development of Large & Medium-sized Industrial Enterprises (2014)
表18.21 规模以上工业企业新产品开发情况（2014年）........ 487
New Products Development of Industrial Enterprises above Designated Size (2014)
表18.22 专利申请受理量及专利授权量（2013-2014年）........ 489
Patent Applications Accepted and Granted (2013-2014)
表18.23 图书发行流转及销售情况（2013-2014年）........ 489
Statistics on Publication, Circulation and Sales of Books (2013-2014)
表18.24 规模以上工业企业专利主要指标（2013-2014年）........ 490
Major Indicators on the Patents of Industrial Enterprises above Designated Size (2013-2014)
表18.25 各类技术合同签定及执行情况（2014年）........ 491
Signing and Implementation of Technical Contracts by Type (2014)
表18.26 新闻出版机构和人员数（2013-2014年）........ 491
Number of Institutions and Persons Engaged in Press and Publication (2013-2014)
表18.27 地震监测情况（1997-2014年）........ 492
Situation of Earthquake Monitoring (1997-2014)
表18.28 图书、杂志和报纸出版情况（2013-2014年）........ 493
Publication of Books, Magazines and Newspapers (2013-2014)
表18.29 气象业务站点及观测项目情况（1997-2014年）........ 494
Status of Operational Meteorological Stations and Their Observation Items (1997-2014)
表18.30 出入境货物检验检疫情况（2000-2014年）........ 496
General Statistics on Entry-Exit Inspection and Quarantine of Freight by Region (2000-2014)
表18.31 文化机构和人员数（2013-2014年）........ 498
Number and Personnel in Culture and Cultural Relics Institutions (2013-2014)
表18.32 公共图书馆情况（2013-2014年）........ 499
Basic Statistics on Public Libraries (2013-2014)

表18.33 文物业情况（2014年）........ 499
Statistics on Cultural Relics (2014)
表18.34 群众艺术馆和文化馆（站）情况（2014年）........ 500
Mass Art Centers and Cultural Centers (2014)
表18.35 艺术表演团体演出情况（2014年）........ 500
Basic Statistics on Art Performance Troupes (2014)
表18.36 广播电台、电视台情况（2013-2014年）........ 501
Statistics on Radio and TV Stations (2013-2014)
表18.37 产品质量监督抽查情况（2014年）........ 502
Results of Sampling Check under Supervision on the Quality of Products (2014)
主要统计指标解释........ 504
Explanatory Notes on Main Statistical Indicators

第十九章 CHAPTER 19 卫生、体育和其他社会活动 PUBLIC HEALTH, SPORTS AND OTHER SOCIAL ACTIVITIES

简要说明
Brief Introduction
表19.1 主要年份卫生事业情况........511
Statistics on Public Health Care in Major Years
表19.2 卫生事业情况（2013-2014年）........ 512
Statistics on Public Health Care (2013-2014)
表19.3 医院、卫生院、社区诊疗情况（2014年）........ 512
Statistics on Visits and Inpatients in Hospitals, Health Stations and Community Health Centers (2014)
表19.4 卫生机构、床位、人员数（2014年）........ 513
Number of Health Care Institutions, Beds and Personnel (2014)
表19.5 卫生机构各类人员数（2013-2014年）........ 514
Number of Employed Persons in Health Institutions (2013-2014)
表19.6 结婚登记和离婚登记情况（2013-2014年）........ 514
Statistics on Marriages and Divorces (2013-2014)
表19.7 民政事业情况（2013-2014年）........ 515
Statistics on Civil Affairs (2013-2014)
表19.8 优抚对象基本情况（2013-2014年）........ 515
Statistics on Special Cares for Servicemen (2013-2014)
表19.9 社会福利事业、企业单位数和工作人员数（2013-2014年）........ 516
Number of Social Welfare Institutions & Enterprises and Employed Persons (2013-2014)

表19.10 提供住宿的社会服务基本情况（2014年） 516
Basic Statistics on the Social Service Institutions Providing Accommodation (2014)
表19.11 社会活动参与情况（2013-2014年） 517
Participation in Social Activities (2013-2014)
表19.12 基本养老保险情况（2013-2014年） 517
Statistics on Basic Pension Insurance (2013-2014)
表19.13 失业保险基本情况（2013-2014年） 518
Statistics on Unemployment Insurance (2013-2014)
表19.14 基本医疗保险情况（2013-2014年） 518
Statistics on Basic Medical Care Insurance (2013-2014)
表19.15 体育事业基本情况（2013-2014年） 519
Statistics on Mass Sports (2013-2014)
表19.16 律师、公证、调解工作基本情况（2013-2014年） 520
Statistics on Lawyers, Notarization and Mediation (2013-2014)
表19.17 国内外公证文书（2013-2014年） 521
Domestic and Foreign-Related Notarial Documents (2013-2014)
表19.18 公安机关立案的刑事案件情况（2013-2014年） 524
Criminal Cases Registered in Public Security Organs (2013-2014)
表19.19 检察机关直接立案侦查案件情况（2014年） 524
Cases under Direct Investigation by People's Procuratorate (2014)
表19.20 检察机关审查批准、决定逮捕犯罪嫌疑人和提起公诉被告人情况（2014年） 525
Arrests of Criminal Suspects and Defendants under Public Prosecution
Approved by People's Procuratorate (2014)
表19.21 人民法院刑事一审案件收结案情况（2013-2014年） 525
First Trial Criminal Cases Accepted and Settled by Courts (2013-2014)
表19.22 人民法院民事、行政一审案件收结案情况（2013-2014年） 526
First Trial Civil and Administrative Cases Accepted and Settled by Courts (2013-2014)
表19.23 安全生产情况（2002-2014年） 526
Basic Statistics on Work Safety (2002-2014)
表19.24 安全生产事故死亡情况（2001-2014年） 527
Basic Statistics on Death Toll of Work Safety Accidents (2001-2014)
表19.25 火灾事故情况（2014年） 527
Basic Statistics on Fires (2014)
表19.26 道路交通事故情况（2014年） 527
Basic Statistics on Traffic Accidents (2014)
主要统计指标解释 528
Explanatory Notes on Main Statistical Indicators

第二十章 CHAPTER 20 区 县 DISTRICTS, COUNTIES

简要说明
Brief Introduction
表20.1 各区县户数和人口（2014年）...... 537
Households and Population by Region (2014)
表20.2 各区县就业（2014年）...... 539
Employment by Region (2014)
表20.3 各区县生产总值（2014年）...... 540
Gross Domestic Productby Region (2014)
表20.4 各区县农业和农村经济（2014年）...... 542
Agriculture and Rural Economy by Region (2014)
表20.5 各区县工业（2014年）...... 546
Industry by Region (2014)
表20.6 各区县建筑业（2014年）...... 548
Construction by Region (2014)
表20.7 各区县总承包建筑业企业主要经济指标（2014年）...... 549
Main Economic Indicators on Construction Enterprises of General Contracting by Region (2014)
表20.8 各区县专业承包建筑业企业主要经济指标（2014年）...... 550
Main Economic Indicators on Construction Enterprises of Specialized Contracting by Region (2014)
表20.9 各区县公路交通运输业（2014年）...... 551
Highway Transportation by Region (2014)
表20.10 各区县固定资产投资（2014年）...... 552
Investment in Fixed Assets by Region (2014)
表20.11 各区县社会消费品零售总额（2014年）...... 554
Total Retail Sales of Consumer Goods by Region (2014)
表20.12 各区县财政收支（2014年）...... 555
Government Revenue and Expenditure by Region (2014)
表20.13 各区县金融机构存贷款、人民生活和社会福利（2014年）...... 557
Deposit and Loan of Financial Institutions, People's Livelihood and Social Welfare by Region (2014)
表20.14 各区县居民收支情况（2014年）...... 559
Per Capita Income and Expenditure of Households by Region (2014)
表20.15 各区县教育和文化（2014年）...... 561
Education and Culture by Region (2014)

表20.16 各区县卫生（2014年） 563
Public Health Care by Region (2014)
表20.17 各区县对外经济贸易（2014年） 564
Foreign Economic Relations and Trade by Region (2014)
表20.18 各区县规模以上工业能源消费总量（2014年） 565
Energy Consumption of Enterprises above Designated Size by Region (2014)
表20.19 各区县法人、产业活动单位数（2014年） 566
Number of Corporate Units and Establishments by Region (2014)

第二十一章 CHAPTER 21 三峡工程重庆库区 IN CHONGQING RESERVOIR AREA OF THREE GORGES PROJECT

简要说明
Brief Introduction
表21.1 三峡工程重庆库区经济和社会发展情况（2013-2014年） 569
Economic and Social Development of the Reservoir Area of Three Gorges Project in Chongqing (2013-2014)
表21.2 三峡移民工程后续工作专项资金完成投资情况（2014年底止） 572
Comprehensive Statistics on the Completed Investment in the Follow-on Work of Three Gorges Resettlement (End of 2014)

第二十二章 CHAPTER 21 基本单位名录库 STATISTICS ON BASIC UNITS

简要说明
Brief Introduction
表22.1 按行业分的法人、产业活动单位数（2014年） 575
Number of Corporate Unitsand Establishments by Sector (2014)
表22.2 按机构类型和登记注册类型分的法人单位数（2014年） 576
Number of Corporate Units by Institutional Type and Status of Registration (2014)
表22.3 按行业分的企业法人单位数（2014年） 577
Number of Enterprises as Corporate Units by Sector (2014)
表22.4 按登记注册类型分的企业法人单位数（2014年） 578
Number of Enterprises as Corporate Units by Status of Registration (2014)

附 录 APPENDIX

附录1： 重庆市国民经济主要指标占全国的比重（2014年） 581
Appendix I: Chongqing's Main Indicators of National Economy as Percentage of Whole Nation (2014)

附录2： 全国国民经济与社会发展速度指标 582
Appendix II: Indicators on the Growth Rate of National Economic and Social Development

附录3： 全国各省（自治区、直辖市）国民经济主要指标（2014年） 584
Appendix III: Main Indicators of National Economy by Province, Municipality and Autonomous Region (2014)

第 1 章

综 合

COMPREHENSIVE STATISTICS

简要说明

BRIEF INTRODUCTION

本章主要包括重庆市行政区划、国民经济和社会发展综合资料，由市统计局综合处根据有关部门资料进行整理和编辑。

行政区划资料由市民政局提供。

This chapter mainly covers the data of Chongqing's administrative divisions and national economic and social development. The data of this chapter are sorted and compiled by Division of Comprehensive Statistics, Chongqing Municipal Bureau of Statistics on the basis of the information provided by the relevant departments.

The data of administrative divisions are provided by Chongqing Civil Affairs Bureau.

表1.1 行政区划（2014年）
DIVISIONS OF ADMINISTRATIVE AREAS (2014)

单位：个 (unit)

地　区	Region	乡 Townships	镇 Towns	街道办事处 Street Communities	居委会 Neighborhood Committees	村委会 Village Committees
全市总计	**Total**	**207**	**610**	**206**	**2775**	**8225**
万州区	Wanzhou District	12	29	11	187	448
黔江区	Qianjiang District	12	12	6	80	138
涪陵区	Fuling District	6	12	8	111	308
渝中区	Yuzhong District			12	78	
大渡口区	Dadukou District		3	5	50	32
江北区	Jiangbei District		3	9	87	19
沙坪坝区	Shapingba District		8	18	145	70
九龙坡区	Jiulongpo District		11	8	112	106
南岸区	Nan'an District		7	8	91	61
北碚区	Beibei District		12	5	64	118
渝北区	Yubei District		11	18	165	193
巴南区	Ba'nan District		14	8	91	198
长寿区	Changshou District		14	4	37	223
江津区	Jiangjin District		25	4	92	179
合川区	Hechuan District		23	7	65	326
永川区	Yongchuan District		16	7	53	208
南川区	Nanchuan District	14	17	3	59	185
綦江区	Qijiang District		25	5	101	365
大足区	Dazu District		21	6	102	207
璧山区	Bishan District		9	6	50	137
铜梁区	Tongliang District		24	4	57	269
潼南县	Tongnan County		20	2	25	278
荣昌县	Rongchang County		15	6	76	92
梁平县	Liangping County	7	24	2	36	305
城口县	Chengkou County	13	10	2	30	176
丰都县	Fengdu County	5	23	2	54	276
垫江县	Dianjiang County	2	22	2	65	235
武隆县	Wulong County	14	12		24	186
忠　县	Zhongxian County	6	21	2	56	309
开　县	Kaixian County	7	26	7	92	430
云阳县	Yunyang County	9	29	4	89	389
奉节县	Fengjie County	11	18	3	54	332
巫山县	Wushan County	13	11	2	34	307
巫溪县	Wuxi County	15	15	2	41	289
石柱土家族自治县	Shizhu County	14	18		29	213
秀山土家族苗族自治县	Xiushan County	6	18	3	59	208
酉阳土家族苗族自治县	Youyang County	23	14	2	79	199
彭水苗族土家族自治县	Pengshui County	18	18	3	55	241

表1.2 国民经济和社会发展总量与速度指标

PRINCIPAL AGGREGATE INDICATORS ON NATIONAL ECONOMIC AND SOCIAL DEVELOPMENT AND GROWTH RATE

指　标	Item	总量指标 Aggregate Indicators 1996	2000
人口与就业	**Population and Employment**		
人　口（万人）	**Population (10 000 persons)**		
年末常住人口	Year-end Resident Population	2875.30	2848.82
#城　镇	Urban	848.21	1013.88
乡　村	Rural	2027.09	1834.94
#男　性	Male	1465.99	1460.57
女　性	Female	1409.31	1388.25
就　业（万人）	**Employment (10 000 persons)**		
从业人员数	Employed Persons	1719.43	1661.16
#在岗职工人数	On-post Staff and Workers	294.63	208.87
城镇登记失业人数	Registered Unemployment in Urban Areas	10.95	10.15
宏观经济	**Macroeconomic Indicators**		
国民经济核算（亿元）	**National Economic Accounting (100 million yuan)**		
本市生产总值	Gross Domestic Product	1315.12	1791.00
第一产业	Primary Industry	287.56	284.87
第二产业	Secondary Industry	568.99	760.03
#工　业	Industry	502.06	633.98
第三产业	Tertiary Industry	458.57	746.10
固定资产投资（亿元）	**Investment in Fixed Assets (100 million yuan)**		
固定资产投资总额	Total Investment in Fixed Assets	320.73	655.81
建设项目	Construction Projects	265.11	516.18
房地产开发	Real Estate Development	55.62	139.63
财　政（亿元）	**Government Finance (100 million yuan)**		
地方一般公共预算收入	General Public Budget Revenue of Local Government		
地方一般公共预算支出	General Public Budget Expenditure of Local Government		
物价指数（上年=100）	**Price Indices (preceding year=100)**		
居民消费价格指数	Consumer Price Index	109.7	96.7
工业生产者出厂价格指数	Producer Price Indices for Manufactured Goods	104.1	98.6
工业生产者购进价格指数	Purchasing Price Indices of Raw Material, Fuel and Power	106.3	105.6
商品零售价格指数	Retail Price Index	106.1	95.5
产　业	**Industry**		
农　业	**Agriculture**		
乡村从业人员（万人）	Rural Employment (10 000 persons)	1330.44	1352.60
农林牧渔业总产值（亿元）	Gross Output Value of Farming, Forestry, Animal Husbandry and Fishery (100 million yuan)	424.99	412.63
#农　业	Farming	271.38	244.74
林　业	Forestry	11.55	10.82
牧　业	Animal Husbandry	131.17	141.99
渔　业	Fishery	10.89	15.08
主要农产品产量（万吨）	Output of Major Farm Products (10 000 tons)		
粮　食	Grain	1172.14	1131.21
油　料	Oil-bearing Crops	23.60	31.06
烟　叶	Tobacco	13.24	10.41

注：本表数据本市生产总值、工业增加值速度指标按可比价计算，其余指标均为自然增长。

总量指标 Aggregate Indicators				速度指标（%） Growth Rate								
				指　数（2014为以下各年） Index (2014 as percentage of the following years)					平均增长速度 Average Annual Growth Rate			
2005	2009	2013	2014	1996	2000	2005	2009	2013	1997-2014	2001-2005	2006-2010	2010-2014
2798.00	2859.00	2970.00	2991.40	104.0	105.0	106.9	104.6	100.7	0.2	-0.4	0.6	0.9
1265.95	1474.92	1732.76	1783.01	210.2	175.9	140.8	120.9	102.9	4.2	4.5	3.9	3.9
1532.05	1384.08	1237.24	1208.39	59.6	65.9	78.9	87.3	97.7	-2.8	-3.5	-2.4	-2.7
1409.83	1445.75	1503.28	1512.41	103.2	103.5	107.3	104.6	100.6	0.2	-0.7	0.7	0.9
1388.17	1413.25	1466.72	1478.99	104.9	106.5	106.5	104.7	100.8	0.3		0.5	0.9
1456.30	1513.00	1683.51	1696.94	98.7	102.2	116.5	112.2	100.8	-0.1	-2.6	1.1	2.3
209.66	234.90	375.36	386.76	131.3	185.2	184.5	164.6	103.0	1.5	0.1	3.6	10.5
16.89	13.44	12.07	13.42	122.6	132.2	79.5	99.9	111.2	1.1	10.7	-5.1	
3467.72	6530.01	12783.26	14262.60	791.4	559.3	330.5	192.8	110.9	12.2	11.1	14.9	14.0
463.40	606.80	1002.68	1061.03	195.5	182.2	149.6	128.3	104.4	3.8	4.0	4.3	5.1
1564.00	2938.67	5812.29	6529.06	1275.0	862.7	435.6	220.8	112.7	15.2	14.6	19.3	17.2
1293.81	2407.30	4632.15	5175.80	1304.3	901.7	450.2	221.1	112.3	15.3	14.9	20.1	17.2
1440.32	2984.54	5968.29	6672.51	677.1	443.4	278.4	172.3	110.0	11.2	9.8	12.7	11.5
2006.32	5317.92	11205.03	13223.75	4123.0	2016.4	659.1	248.7	118.0	24.2	25.1	28.7	24.1
1488.59	4079.01	8192.24	9593.51	3618.7	1858.6	644.5	235.2	117.1	22.1	23.6	29.0	18.7
517.73	1238.91	3012.78	3630.23	6526.8	2599.9	701.2	293.0	120.5	26.1	30.0	25.6	24.0
		1686.87	1922.02					113.9				
		3058.94	3304.39					108.0				
100.8	98.4	102.7	101.8									
103.0	105.8	98.0	98.3									
108.2	112.2	97.6	98.1									
98.7	97.3	101.8	100.9									
1366.91	1379.94	1328.79	1312.96	98.7	97.1	96.1	95.1	98.8	-0.1	0.2	0.2	-0.6
662.19	913.11	1513.74	1594.96	375.3	386.5	240.9	174.7	105.4	7.6	9.9	9.0	11.8
358.30	531.17	909.18	967.87	356.6	395.5	270.1	182.2	106.5	7.3	7.9	11.7	12.8
19.97	25.81	48.02	53.56	463.7	495.0	268.2	207.5	111.5	8.9	13.0	8.8	15.7
249.50	319.42	482.80	486.36	370.8	342.5	194.9	152.3	100.7	7.6	11.9	5.5	8.8
23.80	24.27	53.82	64.93	596.2	430.6	272.8	267.5	120.6	10.4	9.6	2.7	21.8
1168.19	1137.20	1148.13	1144.54	97.6	101.2	98.0	100.6	99.7	-0.1	0.6	-0.2	0.1
42.71	40.54	53.14	56.94	241.3	183.3	133.3	140.4	107.1	5.0	6.6	0.8	7.0
9.02	9.99	9.66	8.44	63.7	81.1	93.6	84.5	87.4	-2.5	-2.8	-2.1	-3.3

Note: The growth rate of GDP and value-added of industry is calculated on the basis of comparable price, while the other indices are natural growth rate.

表1.2 续表1 continued1

指 标	Item	总量指标 Aggregate Indicators 1996	2000
茶 叶	Tea	1.55	1.45
水 果	Fruits	56.62	81.68
肉 类	Meat	133.22	143.91
#猪 肉	Pork	114.18	122.45
水产品	Aquatic Products	14.07	20.03
工 业（规模以上）	**Industry (above Designated Size)**		
工业总产值（亿元）	Gross Output Value of Industry (100 million yuan)	730.41	962.32
主营业务收入（亿元）	Revenue from Principal Business (100 million yuan)	711.34	959.36
利税总额（亿元）	Total Pre-tax Profits (100 million yuan)	48.04	85.57
经济效益综合指数（%）	Comprehensive Index of Economic Benefit (%)	63.8	87.1
产品销售率（%）	Sales as Percentage of Output (%)	96.5	99.1
全员劳动生产率（元/人年）	Overall Labor Productivity (yuan/person-year)	13546	31081
主要工业产品产量	Output of Major Industrial Products		
天然气（亿立方米）	Natural Gas (100 million cu.m)	26.10	38.98
发电量（亿千瓦时）	Electricity (100 million kwh)	128.73	167.90
钢 材（万吨）	Steel Products (10 000 tons)	117.55	156.98
铝 材（万吨）	Aluminum Products (10 000 tons)	7.36	13.98
微型计算机设备（万台）	Micro-computers (10 000 units)		
水 泥（万吨）	Cement (10 000 tons)	648.76	1402.78
汽 车（万辆）	Motor Vehicles (10 000 vehicles)	12.41	24.59
#轿 车	Cars	1.34	4.82
摩托车（万辆）	Motorcycles (10 000 vehicles)	177.36	191.07
啤 酒（万千升）	Beer (10 000 kiloliters)	28.54	50.42
卷 烟（亿支）	Cigarettes (100 million units)	453.91	343.50
建筑业（资质内）	**Construction (Grade above)**		
建筑业总产值（亿元）	Gross Output Value of Construction (100 million yuan)	205.30	348.66
房屋施工面积（万平方米）	Floor Space Under Construction (10 000 sq.m)	4065	6088
房屋竣工面积（万平方米）	Floor Space Completed (10 000 sq.m)	2277	3084
交通运输业	**Transportation**		
客运量（万人）	Passenger Traffic (10 000 persons)	42370	56969
铁 路	Railway	972	1442
公 路	Highway	37410	53170
水 运	Waterway	3900	2240
民 航	Civil Aviation	88	117
货运量（万吨）	Freight Traffic (10 000 tons)	24339	26852
铁 路	Railway	1633	1812
公 路	Highway	20214	23646
水 运	Waterway	2491	1392
民 航	Civil Aviation	1.20	2.40
港口货物吞吐量（万吨）	Cargo Throughput in Coastal Ports (10 000 tons)	1076	2448

注：1）工业总产值的绝对值和指数按现价计算。
2）建筑业2003年起的所有数据均不包括劳务分包企业。
3）从2000年起民航货运量按新制度统计，旅客行李不再计入货运。
4）1996年起铁路数据按重庆现地域进行了调整（以下各表同）。
5）2013年公路、水路数据按部门专项调查作了调整，速度按可比价计算。

总量指标 Aggregate Indicators				速度指标（%） Growth Rate								
				指　数（2014为以下各年） Index (2014 as percentage of the following years)					平均增长速度 Average Annual Growth Rate			
2005	2009	2013	2014	1996	2000	2005	2009	2013	1997-2014	2001-2005	2006-2010	2010-2014
1.65	2.26	3.42	3.38	218.06	233.10	204.85	149.56	98.83	4.4	2.6	8.8	8.4
154.63	212.87	318.86	347.61	613.94	425.58	224.80	163.30	109.02	10.6	13.6	9.1	10.3
178.39	187.72	207.85	214.21	160.8	148.8	120.1	114.11	103.1	2.7	4.4	1.5	2.7
144.46	146.52	154.95	158.54	138.9	129.5	109.7	108.20	102.3	1.8	3.4	0.4	1.6
25.06	20.39	38.50	44.34	315.1	221.4	176.9	217.5	115.2	6.6	4.6	-2.2	16.8
2525.87	5755.90	15785.41	18782.33	2571.5	1951.8	743.6	326.3	119.0	19.8	21.3	29.3	26.7
2515.17	5667.61	15581.78	18688.63	2627.2	1948.0	743.0	329.7	119.9	19.9	21.3	29.2	27.0
256.48	601.71	1734.25	2218.95	4619.0	2593.1	865.2	368.8	127.9	23.7	24.6	31.6	29.8
139.4	204.0	254.1	284.89									
98.8	98.0	98.04	98.17									
77511	156167	230218	270083	1993.8	869.0	348.4	172.9	117.3	18.1	20.1	18.7	11.6
57.09	75.70	50.91	48.05	184.1	123.3	84.2	63.5	94.4	3.4	7.9	3.4	-8.7
234.03	428.26	586.13	674.05	523.6	401.5	288.0	157.4	115.0	9.6	6.9	14.3	9.5
294.70	477.44	1290.55	1323.45	1125.9	843.1	449.1	277.2	102.5	14.4	13.4	18.9	22.6
39.36	75.15	109.79	133.41	1812.6	954.3	338.9	177.5	121.5	17.5	23.0	21.2	12.2
	0.21	5593.34	6446.78					115.3				
2100.69	3610.99	6120.40	6666.61	1027.6	475.2	317.4	184.6	108.9	13.8	8.4	17.0	13.0
42.15	118.65	215.06	262.89	2118.4	1069.1	623.7	221.6	122.2	18.5	11.4	30.8	17.2
15.33	63.30	108.14	111.32	8307.5	2309.5	726.2	175.9	102.9	27.8	26.0	40.9	12.0
420.84	761.74	810.94	859.43	484.6	449.8	204.2	112.8	106.0	9.2	17.1	15.1	2.4
53.87	72.77	80.04	73.72	258.3	146.2	136.8	101.3	92.1	5.4	1.3	6.9	0.3
396.08	476.00	571.00	576.00	126.9	167.7	145.4	121.0	100.9	1.3	2.9	4.8	3.9
783.57	1915.25	4731.22	5552.21	2704.5	1592.5	708.6	289.9	117.4	20.1	17.6	26.5	23.7
10723	16476	29885	32887	809.0	540.1	306.7	199.6	110.0	12.3	12.0	12.7	14.8
5155	7473	12240	12816	562.8	415.6	248.6	171.5	104.7	10.1	10.8	10.0	11.4
60436	114598	66645	70056	347.4	258.4	243.6	157.2	105.1	7.2	1.2	11.4	9.5
1224	2603	3251	4057	417.4	281.3	331.4	155.9	124.8	8.3	-3.2	16.8	9.3
57600	110150	61243	63630	372.5	262.1	241.9	156.1	103.9	7.6	1.6	11.4	9.3
1388	1226	689	712	28.9	50.3	81.1	103.6	103.3	-6.7	-9.1	-4.0	0.7
224	619	1461	1657	1883.2	1416.5	739.8	267.5	113.4	17.7	13.9	27.0	21.8
39200	68491	87115	97287	504.9	457.6	313.5	202.5	111.7	9.4	7.9	13.0	15.2
1923	2182	2337	1952	119.5	107.7	101.5	89.5	83.5	1.0	1.2	3.5	-2.2
33378	58532	71842	81206	521.8	446.1	316.0	207.7	113.0	9.6	7.1	12.5	15.7
3896	7771	12924	14117	628.8	1125.3	402.0	201.8	109.2	10.8	22.8	19.9	15.1
2.88	6.12	11.92	12.29	1024.2	512.1	426.8	201.4	103.1	13.8	3.7	21.1	15.0
5251	8612	13676	14665	1362.9	599.1	279.3	170.3	107.2	15.6	16.5	13.0	11.2

Note: a) The value and index of gross output value of industry are calculated at current price.
b) All the data of construction has not included labor subcontractors since 2003.
c) Since 2000, the cargo turnover of civil aviation has been calculated by the new statistic system, and the luggage of passengers is no longer accounted in.
d) The data of railway has been modified based on the present administrative division of Chongqing since 1996 (the same for the tables below).
e) The data of highway and waterway has been modified according to the specialized survey by the related departments since 2013, and the growth rate is calculated on the basis of comparable price.

表1.2 续表2 continued2

指 标	Item	总量指标 Aggregate Indicators 1996	2000
邮电通信业	**Postal and Telecommunication Services**		
邮电业务总量（亿元）	Business Volume of Postal and Telecommunication Services (100 million yuan)	15.99	85.82
本地电话用户（万户）	Local Telephone Subscribers (10 000 subscribers)	66.50	268.43
移动电话用户（万户）	Mobile Telephone Subscribers (10 000 subscribers)	9.00	160.00
固定互联网络用户（万户）	Internet Subscribers (10 000 subscribers)	0.03	10.00
国内贸易（亿元）	**Domestic Trade (100 million yuan)**		
社会消费品零售总额	Retail Sales of Consumer Goods	498.63	719.95
#批发和零售业	Wholesale and Retail Trades	438.07	627.36
住宿和餐饮业	Catering Trade	54.45	84.16
对外贸易（亿美元）	**Foreign Trade (USD 100 million)**		
进出口总值	Total Imports and Exports	15.85	17.85
进 口	Imports	9.92	7.90
出 口	Exports	5.93	9.95
利用内外资	**Utilization of Domestic and Foreign Capital**		
实际利用外资额（亿美元）	Foreign Capital Actually Utilized (USD 100 million)	4.42	3.45
#外商直接投资额	Foreign Direct Investment	2.19	2.44
实际利用内资额（亿元）	Domestic Capital Actually Utilized (100 million yuan)	34.11	43.04
国际旅游	**International Tourism**		
接待入境旅游人数	Number of Overseas Vistior Arrival Recevied	16.18	26.61
旅游外汇收入（万美元）	Foreign Exchange Earnings from International Tourism (USD 10 000)	7090	13837
金融保险业（亿元）	**Finance and Insurance (100 million yuan)**		
金融机构人民币存款年末余额	Deposit Balance of RMB of Financial Institutions	846.43	1904.71
#个人存款	Saving Deposits of Residents		
金融机构人民币贷款年末余额	Loan Balance of RMB of Financial Institutions	913.93	1881.29
股票筹资额（亿元）	Raised Capital of Shares (100 million yuan)	10.41	22.63
保险公司保费收入	Insurance Premium of Insurance Companies	12.82	27.71
保险公司赔款及给付	Indemnity Expenditure and Payment of Insurance Companies	6.48	8.27
教育、科技、文化	**Education, Science & Technology and Culture**		
教 育	**Education**		
专任教师（万人）	Full-time Teachers (10 000 person)		
#普通高等学校	Regular Institutions of Higher Education	0.94	1.04
普通中学	Regular Secondary Schools	6.95	8.18
小 学	Primary Schools	11.77	11.9
在校学生数（万人）	Student Enrollment (10 000 persons)		
#普通高等学校	Regular Institutions of Higher Education	7.99	13.25
普通中学	Regular Secondary Schools	101.27	147.79
小 学	Primary Schools	273.71	276.13
教育经费支出（亿元）	Expenditure on Education (100 million yuan)		
科 技	**Science and Technology**		
技术市场成交额（亿元）	Transaction Value of Technology Market (100 million yuan)	3.43	29.66

注：1）邮电业务总量2001年前为1990年不变价口径，2001-2009年为2000年不变价口径，2010年及以后为2010年不变价口径（以下各表同）。速度指标按可比价计算。
2）普通高等学校数据含研究生。
3）2007年起，外商直接投资数据为上报商务部口径。
4）因全国银行业统计制度调整，报表项目归属发生变化，2011年起"个人存款"口径作了调整。
5）因国家保险核算制度改变，2011年起保费收入指标同期不可比。

总量指标 Aggregate Indicators				速度指标（%） Growth Rate								
				指　数（2014为以下各年） Index (2014 as percentage of the following years)					平均增长速度 Average Annual Growth Rate			
2005	2009	2013	2014	1996	2000	2005	2009	2013	1997-2014	2001-2005	2006-2010	2010-2014
210.15	489.84	329.89	418.09	10263.8	1912.7	588.2	252.3	126.7	29.3	26.6	23.0	20.3
688.91	627.73	580.33	582.97	876.6	217.2	84.6	92.9	100.5	12.8	20.7	-3.3	-1.4
943.40	1440.92	2380.78	2589.89	28776.6	1618.7	274.5	179.7	108.8	37.0	42.6	12.0	12.4
128.66	203.80	505.00	539.70	1799000.0	5397.0	419.5	264.8	106.9	72.3	66.7	15.4	21.5
1227.80	2515.02	5055.77	5710.67	1145.3	793.2	465.1	227.1	113.0	14.5	11.3	20.0	17.8
1052.92	2078.72	4341.63	4904.53	1119.6	781.8	465.8	235.9	113.0	14.4	10.9	19.1	18.7
163.57	386.81	714.14	806.14	1480.5	957.9	492.8	208.4	112.9	16.2	14.2	23.2	15.8
42.93	77.09	687.04	954.50	6022.1	5347.3	2223.4	1238.2	139.0	25.6	19.2	23.7	65.4
17.72	34.29	219.07	320.41	3229.9	4055.8	1808.2	934.4	146.3	21.3	17.5	22.7	56.4
25.21	42.80	467.97	634.09	10692.9	6372.8	2515.2	1481.5	135.5	29.6	20.4	24.3	71.5
7.04	41.92	105.97	106.29	2404.8	3080.9	1509.8	253.6	100.3	19.3	15.3	65.0	20.5
5.16	33.76	41.44	42.33	1932.9	1734.8	820.3	125.4	102.2	17.9	16.2	65.2	4.6
205.90	1468.02	6007.20	7246.89	21245.6	16837.6	3519.6	493.7	120.6	34.7	36.8	66.5	37.6
52.39	104.81	242.26	263.76	1630.2	991.2	503.5	251.7	108.9	16.8	14.5	21.2	20.3
26436	53721	126831	135444	1910.4	978.9	512.3	252.1	106.8	17.8	13.8	21.6	20.3
4727.72	10933.00	22202.10	24501.54	2894.7	1286.4	518.3	224.1	110.4	20.6	19.9	23.3	17.5
		9866.12	10996.90					111.5				
3719.52	8766.06	17381.55	20011.50	2189.6	1063.7	538.0	228.3	115.1	18.7	14.6	24.0	17.9
	17.56	131.2	180.88				1030.1	137.8				
73.10	244.70	359.23	407.26					113.4		21.4	34.4	
17.59	56.63	124.60	151.43	2336.9	1831.1	860.9	267.4	121.5	19.1	16.3	28.7	21.7
2.02	2.99	3.71	3.89	413.8	374.0	192.6	130.1	104.9	8.2	14.2	9.0	5.4
9.40	10.65	11.39	11.41	164.2	139.5	121.4	107.1	100.2	2.8	2.8	3.1	1.4
11.43	11.75	11.52	11.64	98.9	97.8	101.8	99.1	101.0	-0.1	-0.8	0.3	-0.2
35.79	52.33	70.76	74.05	926.8	558.9	206.9	141.5	104.6	13.2	22.0	9.6	7.2
173.52	192.02	167.90	162.73	160.7	110.1	93.8	84.7	96.9	2.7	3.3	1.9	-3.3
260.98	208.14	198.91	203.42	74.3	73.7	77.9	97.7	102.3	-1.6	-1.1	-5.2	-0.5
		654.01	706.05					108.0				
35.71	45.62	164.57	173.99	5072.6	586.6	487.2	381.4	105.7	24.4	3.8	32.8	30.7

Note: a) The business volumes of postal and telecommunication services before 2001 are calculated at the constant price of 1990, the data of 2001-2009 are calculated at the constant price of 2000, and the data of and after 2010 are calculated at the constant price of 2010 (the same for the tables below). The growth rate is calculated on the basis of comparable price.
b) The data of regular institutions of higher education include postgraduates.
c) The data of foreign direct investment has become the data reported to the Ministry of Commerce since 2007.
d) Due to the adjustment of national statistic system for banking, the category of items has been changed. The scope of "Saving Deposits of Residents" has been changed since 2011.
e) Due to the change of national insurance accounting system, the insurance premium since 2011 is incomparable with the previous years.

表1.2 续表3 continued3

指 标	Item	总量指标 Aggregate Indicators 1996	2000
文 化	**Culture**		
图书出版数量（万册、万张）	Books Published (10 000 copies)	13023	11198
杂志出版数量（万册）	Magazines Published (10 000 copies)		3480
报纸出版数量（万份）	Newspaper Published (10 000 copies)		48674
电视人口覆盖率（%）	Television Coverage of Population (%)	78.90	93.70
广播人口覆盖率（%）	Radio Coverage of Population (%)	86.30	89.90
家庭、生活	**Family and Living Standards**		
家 庭	**Family**		
城镇常住居民平均每户常住人口（人）	Average Permanent Population Per Household of Urban Residents (person)		
农村常住居民平均每户常住人口（人）	Average Permanent Population Per Household of Rural Residents (person)		
婚 姻	**Marital Statistics**		
内地居民登记结婚对数（万对）	Registered Marriages of Inland Residents (10 000 couples)	26.44	19.02
内地居民登记离婚对数（万对）	Registered Divorces of Inland Residents (10 000 couples)	1.68	2.07
居 住	**Residence**		
城镇常住居民人均房屋建筑面积（平方米）	Per Capita Residential Floor Space of Urban Residents (sq.m)		
农村常住居民人均住房面积（平方米）	Per Capita Living Space of Rural Residents (sq.m)		
工资和收入	**Wages and Income**		
城镇非私营单位在岗职工工资总额（亿元）	Total Wage Bill of On-post Staff and Workers of Urban Non-private Units (100 million yuan)	145.49	173.23
城镇非私营单位在岗职工平均工资（元）	Average Wage of On-post Staff and Workers of Urban Non-private Units (yuan)	5010	8020
城镇常住居民人均可支配收入（元）	Per Capita Disposable Income of Urban Residents (yuan)		
农村常住居民人均可支配收入（元）	Per Capita Disposable Income of Rural Residents (yuan)		
人均人民币个人储蓄存款余额（元）	Per Capita Saving Deposits of RMB of Households (yuan)	1656	3511
卫 生	**Public Health**		
医院、卫生院（个）	Hospitals and Health Centers (unit)	2567	2250
卫生技术人员（人）	Medical Technical Personnel (person)	87542	88619
#执业（助理）医师	Licensed (Assistant) Doctors	30733	44940
卫生机构床位数（张）	Number of Beds in Health Care Institutions (bed)	66339	65666
市政建设	**Municipal Construction**		
供水总量（万立方米）	Water Supply (10 000 cu.m)	84548	70722
天然气供气总量（万立方米）	Natural Gas Supply (10 000 cu.m)	111980	75257
排水管道长度（公里）	Length of Draining Pipelines (km)	1857	2806
道路长度（公里）	Length of Urban Roads (km)	2652	3299
公园绿地面积（公顷）	Public Green Areas (hectare)	1104	1588
环 境	**Environment**		
化学需氧量排放量（万吨）	Discharged Volume of COD (10 000 tons)		
二氧化硫排放量（万吨）	Discharged Volume of SO_2 (10 000 tons)		

注：2002年起卫生统计指标名称变更，统计口径变化，不可与往年同比：2002年起卫生技术人员和床位不包括医学院校、卫生学校和计生站；执业（助理）医师2002年以前统计口径为“医生”（以下各表同）。2010年指标卫生技术人员、执业（助理）医师为调整数，均含村卫生室。

总量指标 Aggregate Indicators				速度指标（%） Growth Rate								
				指 数（2014为以下各年） Index (2014 as percentage of the following years)					平均增长速度 Average Annual Growth Rate			
2005	2009	2013	2014	1996	2000	2005	2009	2013	1997-2014	2001-2005	2006-2010	2010-2014
11320	13185	14775	15008	115.2	134.0	132.6	113.8	101.6	0.8	0.2	6.8	2.6
4082	6356	5682	5788		166.3	141.8	91.1	101.9		3.2	5.8	-1.9
54731	59862	62772	63828		131.1	116.6	106.6	101.7		2.4	6.9	1.3
95.96	96.46	98.88	98.95	125.4	105.6	103.1	102.6	100.1	1.3	0.5	0.3	0.5
92.49	92.89	98.30	98.44	114.1	109.5	106.4	106.0	100.1	0.7	0.6	0.7	1.2
		2.97	2.98					100.3				
		3.05	2.90					95.1				
18.32	30.01	30.23	30.37	114.9	159.7	165.8	101.2	100.5	0.8	-0.7	11.3	0.2
5.65	8.31	11.56	11.52	685.7	556.5	203.9	138.6	99.7	11.3	22.2	10.9	6.8
		35.10	35.63					101.5				
		53.34	54.13					101.5				
345.82	716.14	1870.29	2158.42	1483.6	1246.0	624.1	301.4	115.4	16.2	14.8	20.1	24.7
16630	30965	51015	56852	1134.8	708.9	341.9	183.6	111.4	14.4	15.7	16.3	12.9
		23058	25147					109.1				
		8493	9490					111.7				
8033	14986	28651	31921	1927.6	909.2	397.4	213.0	111.4	17.9	18.0	17.1	16.3
1463	1404	1502	1510	58.8	67.1	103.2	107.5	100.5				
78780	97199	142218	154091	176.0	173.9	195.6	158.5	108.3				
37321	41943	55221	58007	188.7	129.1	155.4	138.3	105.0				
64674	92689	147436	160446	241.9	244.3	248.1	173.1	108.8				
80465	92321	113003	128097	151.5	181.1	159.2	138.8	113.4	2.3	2.6	5.3	6.8
210128	256569	370532	358912	320.5	476.9	170.8	139.9	96.9	6.7	22.8	8.1	6.9
5600	9033	13005	14135	761.2	503.7	252.4	156.5	108.7	11.9	14.8	11.5	9.4
4595	6335	8008	8531	321.7	258.6	185.7	134.7	106.5	6.7	6.9	7.9	6.1
4969	12960	25099	25448	2305.1	1602.5	512.1	196.4	101.4	19.0	25.6	29.0	14.4
		39.18	38.64					98.6				
		54.77	52.69					96.2				

Note: Due to the changes of names and statistic scopes of the indicators of public health since 2002, the indicators are not comparable with the data in previous years: since 2002, the medical technical personnel and the number of beds have no longer included the data of medical universities, health schools and family plan service stations; the indicator of licensed (assistant) doctor was formerly "doctor" before 2002 (the same for the tables below). The data of medical technical personnel and licensed (assistant) doctors are adjusted data, with village health stations included.

表1.3 国民经济和社会发展结构指标
COMPOSITION INDICATORS ON NATINAL ECONOMIC AND SOCIAL DEVELOPMENT

单位：% (%)

指　标	Item	1996	2000	2005	2009	2013	2014
人口与就业	**Population and Employment**						
人　口	**Population**						
城镇乡村人口结构	By Urban and Rural Areas	100.0	100.0	100.0	100.0	100.0	100.0
城　镇	Urban	29.5	35.6	45.2	51.6	58.3	59.6
乡　村	Rural	70.5	64.4	54.8	48.4	41.7	40.4
性别结构	By Sex	100.0	100.0	100.0	100.0	100.0	100.0
男	Male	51.0	51.3	50.4	50.6	50.6	50.6
女	Female	49.0	48.7	49.6	49.4	49.4	49.4
就　业	**Employment**						
产业结构	By Industry	100.0	100.0	100.0	100.0	100.0	100.0
第一产业	Primary Industry	58.3	55.4	46.6	42.2	34.5	32.7
第二产业	Secondary Industry	18.6	17.5	19.4	21.5	26.9	27.4
第三产业	Tertiary Industry	23.1	27.1	34.0	36.3	38.6	39.9
登记注册类型结构	By Status of Registration	100.0	100.0	100.0	100.0	100.0	100.0
国有经济	State-owned	11.5	9.0	8.5	7.9	7.2	6.8
集体经济	Collective-owned	71.5	66.8	56.5	48.1	35.3	33.3
私营和个体	Private and Individuals	16.3	22.0	30.0	36.1	41.4	42.8
其他经济	Others	0.7	2.2	5.0	7.9	16.1	17.1
宏观经济	**Macroeconomic Indicators**						
国民经济核算	**National Economic Accounting**						
本市生产总值结构	GDP by Industry	100.0	100.0	100.0	100.0	100.0	100.0
第一产业	Primary Industry	21.9	15.9	13.4	9.3	7.8	7.4
第二产业	Secondary Industry	43.3	42.4	45.1	45.0	45.5	45.8
#工　业	Industry	38.2	35.4	37.3	36.9	36.2	36.3
第三产业	Tertiary Industry	34.8	41.7	41.5	45.7	46.7	46.8
固定资产投资	**Investment in Fixed Assets**						
建设项目	Construction Projects	82.7	78.7	74.2	76.7	73.1	72.5
房地产开发	Real Estate Development	17.3	21.3	25.8	23.3	26.9	27.5
产业结构	By Industry	100.0	100.0	100.0	100.0	100.0	100.0
第一产业	Primary Industry	0.7	1.4	2.2	3.7	3.9	3.7
第二产业	Secondary Industry	36.1	21.7	29.2	35.6	31.6	31.5
第三产业	Tertiary Industry	63.2	76.9	68.6	60.7	64.5	64.8

表1.3 续表1 continued1

单位：% (%)

指　标	Item	1996	2000	2005	2009	2013	2014
财　政	**Government Finance**						
一般公共预算收入结构	Public Government Budget Revenue					100.0	100.0
市　级	City					39.0	38.6
区　县	County					61.0	61.4
产　业	**Industry**						
农　业	**Agriculture**						
农林牧渔业产值结构	Gross Output Value of Farming, Forestry, Animal Husbandry and Fishery	100.0	100.0	100.0	100.0	100.0	100.0
农　业	Farming	63.9	59.3	54.1	58.2	60.1	60.7
林　业	Forestry	2.7	2.6	3.0	2.8	3.2	3.3
牧　业	Animal Husbandry	30.9	34.4	37.7	35.0	31.9	30.5
渔　业	Fishery	2.5	3.7	3.6	2.7	3.6	4.1
农林牧渔服务业	Agricultural Services			1.6	1.4	1.3	1.4
工　业	**Industry**						
规模以上工业增加值结构	Value-added of Industrial Enterprises above Designated Size	100.0	100.0	100.0	100.0	100.0	100.0
轻工业	Light Industry	28.9	36.1	34.2	31.0	29.7	30.3
重工业	Heavy Industry	71.1	63.9	63.8	69.0	70.3	69.7
运输业	**Transportation**						
货运量结构	Freight Traffic	100.0	100.0	100.0	100.0	100.0	100.0
#铁　路	Railway	6.7	6.7	4.9	3.2	2.7	2.0
公　路	Highway	83.1	88.1	85.1	85.5	82.5	83.5
水　运	Waterway	10.2	5.2	9.9	11.3	14.8	14.5
国内商业	**Domestic Trade**						
社会消费品零售总额结构	Retail Sales of Consumer Goods	100.0	100.0	100.0	100.0	100.0	100.0
#市	City	58.9	57.0	58.2	61.4		
县	County	12.3	13.2	13.3	13.4		
县以下	Below County Level	28.8	29.8	28.5	25.2		
#城　镇	Urban					95.1	95.0
乡　村	Village					4.9	5.0
对外经济贸易	**Foreign Economic Relations and Trade**						
实际利用外资结构	Actual Utilization of Foreign Capital	100.0	100.0	100.0	100.0	100.0	100.0
#外商直接投资	Foreign Direct Investment	49.6	70.8	73.2	80.5	39.1	39.8
外商其他投资	Other Foreign Investment	3.4	0.4	0.8	19.5	5.4	4.1
进出口总值结构	Imports and Exports	100.0	100.0	100.0	100.0	100.0	100.0
进　口	Imports	62.6	44.3	41.3	44.5	31.9	33.6
出　口	Exports	37.4	55.7	58.7	55.5	68.1	66.4
旅　游	**Tourism**						
国际旅游人数结构	International Tourists	100.0	100.0	100.0	100.0	100.0	100.0
#外国人	Foreigners	66.9	72.5	79.8	80.9	66.8	63.9
港澳台同胞	Compatriots from Hongkong, Macao and Taiwan	32.9	27.5	20.2	19.1	33.2	36.1

注：2007年起，外商直接投资为上报国家商务部口径。
Note: The data of foreign direct investment has become the data reported to the Ministry of Commerce since 2007.

表1.3 续表2 continued2

单位：% (%)

指　标	Item	1996	2000	2005	2009	2013	2014
生活、环境	**Living Standards and Environment**						
生　活	**Living Standards**						
城镇常住居民人均可支配收入结构	Per Capita Disposable Income of Urban Residents					100.0	100.0
工资性收入	Income from Wages and Salaries					59.4	59.7
经营净收入	Income from Household Operations					10.4	10.6
财产净收入	Income from Properties					8.5	8.1
转移净收入	Income from Transfers					21.6	21.6
农村常住居民人均可支配收入结构	Per Capita Disposable Income of Rural Residents					100.0	100.0
工资性收入	Income from Wages and Salaries					32.3	33.7
经营净收入	Income from Household Operations					37.4	35.8
财产净收入	Income from Properties					2.7	2.7
转移净收入	Income from Transfers					27.7	27.8
卫　生	**Public Health**						
卫生技术人员结构	Medical Technical Personnel (person)	100.0	100.0	100.0	100.0	100.0	100.0
#执业（助理）医师	Licensed (Assisstant) Doctors	35.1	50.7	47.4	35.0	38.8	37.6
注册护士	Registered Nurses	22.0	23.4	26.5	26.6	40.0	40.7
卫生机构床位结构	Beds in Health Care Institutions		100.0	100.0	100.0	100.0	100.0
#医　院	Hospitals		59.0	68.8	63.0	67.2	68.1
环　境	**Environment**						
治理工业污染资金使用结构	Uses of Fund in Industrial Pollution Control		100.0	100.0	100.0	100.0	100.0
治理废水	Waste Water Control		48.1	49.9	40.7	8.1	9.9
治理废气	Waste Gas Control		41.9	42.1	53.0	91.0	68.2
治理固体废物	Solid Waste Control		3.8	2.3	0.8	0.1	9.2
治理噪声	Noise Control		0.8	1.7	1.0	0.1	0.2
其　他	Others		5.4	4.0	4.4	0.7	12.5

表1.4 人均主要社会经济活动水平
PER CAPITA MAIN SOCIAL AND ECONOMIC ACTIVITIES

单位：元 (yuan)

指 标	Item	1996	2000	2005	2009	2013	2014
国民经济核算	**National Economic Accounting**						
本市生产总值	Gross Domestic Product	4574	6274	12404	22920	43223	47850
主要农产品产量（公斤）	**Output of Major Farm Products (kg)**						
粮 食	Grain	389	367	369	347	342	339
油 料	Oil-bearing Crops	11	10	13	12	16	17
肉 类	Meat	44	47	56	57	62	63
#猪 肉	Pork	38	40	49	44	46	47
水产品	Aquatic Products	5	6	8	6	11	13
水 果	Fruit	19	27	49	65	95	103
主要工业产品产量（规模以上工业）	**Output of Major Industrial Products (Industrial Enterprises over Designated Size)**						
天然气（立方米）	Natural Gas (cu.m)	87	126	181	265	152	161
发电量（千瓦时）	Electricity (kwh)	427	545	741	1498	1745	2155
钢 材（公斤）	Steel Products (kg)	39	51	93	167	384	442
铝 材（公斤）	Aluminum Products (kg)	2	5	12	26	33	47
水 泥（公斤）	Cement (kg)	215	455	665	1263	1822	2229
啤 酒（升）	Beer (liter)	9	16	17	25	24	25
卷 烟（支）	Cigarettes (unit)	1507	1115	1255	1665	1700	1926
国内商业	**Domestic Trade**						
社会消费品零售总额	Retail Sales of Consumer Goods	1734	2522	4392	8828	17095	19159
财政、金融	**Government Finance and Financial Intermediation**						
地方一般公共预算收入	General Public Budget Revenue of Local Government					5023	5695
地方一般公共预算支出	General Public Budget Expenditure of Local Government					9108	9790
人民币个人储蓄存款余额	Savings Deposit of RMB	1656	3511	8033	14986	28651	31921
职工工资、居民收入	**Wages and Income**						
城镇非私营单位就业人员平均工资	Average Wages of Employeed Persons of Urban Non-private Economic Units		8016	16583	30499	50006	55588
城镇非私营单位在岗职工平均工资	Average Wages of On-post Staff and Workers of Urban Non-private Economic Units	5010	8020	16630	30965	51015	56852
城镇常住居民人均可支配收入	Per Capita Disposable Income of Urban Residents					23058	25147
农村常住居民人均可支配收入	Per Capita Disposable Income of Rural Residents					8493	9490

注：本市人均生产总值、人均社会消费品零售总额按常住人口计算，城市、农村居民收入为抽样调查数，其他人均指标均按户籍人口计算。
Note: The Per capita GDP and the per capita ris calculated by permanent population; the per capita income of urban and rural residents is the data of sample survey; and other per capita indicators in this talbe are based on registered population.

表1.5 平均每天主要社会经济活动
SELECTED INDICATORS ON AVERAGE DAILY SOCIAL AND ECONOMIC ACTIVITIES

指　标	Item	1996	2000	2005	2009	2013	2014
每天创造的财富	**Daily Production**						
本市生产总值（万元）	Gross Domestic Product (10 000 yuan)	36031	49068	95006	178904	350226	390756
第一产业	Primary Industry	7878	7805	12696	16625	27471	29069
第二产业	Secondary Industry	15589	20823	42849	80512	159241	178878
#工　业	Industry	13755	17369	35447	65953	126908	141803
第三产业	Tertiary Industry	12564	20440	39461	81767	163514	182809
地方一般公共预算收入（万元）	General Public Budget Revenue of Local Government (10 000 yuan)					46216	52658
粮　食（吨）	Grain (ton)	32113	30992	32005	31156	31456	31357
油　料（吨）	Oil-bearing Crops (ton)	647	851	1170	1111	1456	1560
肉　类（吨）	Meat (ton)	3650	3943	4887	5143	5695	5869
#猪　肉	Pork	3128	3355	3958	4014	4245	4344
水产品（吨）	Aquatic Products (ton)	385	549	687	559	1055	1215
天然气（万立方米）	Natural Gas (10 000 cu.m)	715	1068	1564	2074	1395	1316
发电量（万千瓦小时）	Electricity (10 000 kwh)	3527	4600	6412	11733	16058	17657
钢　材（吨）	Steel Products (ton)	3221	4301	8074	13081	35358	36259
水　泥（吨）	Cement (ton)	17774	38432	57553	98931	167682	182647
汽　车（辆）	Motor Vehicles (unit)	340	674	1155	3251	5892	7202
#轿　车	Cars	37	132	420	1734	2963	3050
摩托车（辆）	Motorcycles (unit)	4859	5235	11530	20870	22217	23546
每天消费量	**Daily Consumption**						
地方一般公共预算支出（万元）	General Public Budget Expenditure of Local Government (10 000 yuan)					83806	90531
社会消费品零售总额（万元）	Total Retail Sales of Consumer Goods (10 000 yuan)	13661	19725	33638	68905	138514	156457
每天其他经济活动	**Other Daily Economic Activities**						
客运量（万人）	Passenger Traffic (10 000 persons)	116.08	156.08	165.58	313.97	182.59	191.93
货运量（万吨）	Freight Traffic (10 000 tons)	66.68	73.57	107.4	187.65	238.67	266.54
港口货物吞吐量（万吨）	Cargo Throughput of Ports (10 000 tons)	2.95	6.71	14.39	23.59	37.47	40.18
邮电业务总量（万元）	Business Volume of Postal and Tele-communication Services (10 000 yuan)	112.00	599.00	1947.00	4539.45	9038.15	11454.45
进出口总额（万美元）	Total Imports and Exports (USD 10 000)	434.36	489.17	1176.12	2112.05	18823.04	26150.68
进　口	Imports	271.72	216.51	485.56	939.45	6001.81	8778.36
出　口	Exports	162.64	272.66	690.56	1172.60	12821.23	17372.32
实际利用外资（万美元）	Actual Utilization of Foreign Capital (USD 10 000)	120.96	94.61	192.94	1148.49	2903.33	2912.05
实际利用内资（万元）	Actual Utilization of Domestic Capital (10 000 yuan)	935	1179	5641	40220	164581	198545
接待入境旅游人数（人）	Number of Overseas Vistior Arrival Recevied (person-time)	443	729	1435	2872	6637	7226
个人新增人民币储蓄额（万元）	Newly Increased Amount of Saving Deposits (10 000 yuan)	2719	4829	9757	25198	34539	31556

注：1）本表价值指标除邮电业务总量按2010年不变价计算外，其余均按当年价计算。
2）2006年以前工业产品产量为国有及规模以上非国有工业企业数，2007年起为规模以上工业企业数（下表同）。

Note: a) All the value indicators in this table are calculated at current prices except the total business volumeof postal and telecommunication services in 2010, which is calculated at constant prices.
b) The output of industrial products before 2006 is based on the state-owned industrial enterprises and non-state-owned industrial enterprises above designated size; while it is based on the industrial enterprises above designated size since 2007(the same below).

表1.6 各部门机构数（2013－2014年）
GRASSROOTS UNITS IN VARIOUS SECTORS (2013-2014)

单位：个 (unit)

部 门	Sector	2013	2014
农村基层单位	**Rural Grassroots Units**		
乡政府	Township Governments	213	207
镇政府	Town Governments	611	610
居委会	Neighborhood Committees	2721	2775
工 业（规模以上）	**Industry (above Designated Size)**	5559	6158
#国有及国有控股	State-owned and State-holding	482	497
建筑业	**Construction Enterprises**	2578	2591
邮政局所	**Postal Offices**	1684	1720
批发零售业和餐饮业（限额以上）	**Wholesale & Retail and Catering Trades (above Designated Size)**		
批发业企业	Wholesale Enterprises	2097	2311
零售业企业	Retail Enterprises	2358	2836
餐饮业企业	Catering Enterprises	1015	1120
教育事业	**Education**		
普通高等学校	Regular Institutions of Higher Education	63	63
普通中学	Regular Secondary Schools	1200	1179
小 学	Primary Schools	4728	4586
幼儿园	Kindergartens	4547	4669
特殊教育	Special Education	36	36
文化机构数	**Cultural Institutions**		
艺术业	Art Institutions	458	527
文物事业	Cultural Relic Institutions	101	109
图书馆事业	Public Libraries	43	43
群众文化事业	Mass Cultural Institutions	1038	1040
出版、发行事业	**Publishing and Distribution Establishments**		
出版社	Publishing Houses	3	3
书刊印刷厂	Printing Houses	86	89
国有书店	State-owned Book Stores	267	267
卫生事业	**Health Care**		
医院、卫生院	Hospitals、Health Centers	1502	1510
社会福利	**Social Welfare**		
提供住宿的社会服务机构	Social Service Institutions Providing Accommodation	1554	966
社会福利企业单位	Social Welfare Enterprises	741	745

重/庆/统/计/年/鉴

主要统计指标解释

行政区划

指国家对行政区域的划分。根据宪法规定，我国的行政区划分如下：（1）全国分为省、自治区、直辖市；（2）省、自治区分为自治州、县、自治县、市；（3）自治州分为县、自治县、市；（4）县、自治县分为乡、民族乡、镇；（5）直辖市和较大的市分为区、县；（6）国家在必要时设立的特别行政区。

可比价格

指计算各种总量指标所采用的扣除了价格变动因素的价格，可进行不同时期总量指标的对比。按可比价格计算总量指标有两种方法：一种是直接用产品产量乘某一年的不变价格计算；另一种是用价格指数进行缩减。

不变价格

指以同类产品某年的平均价格作为固定价格，用于计算各年的产品价值。按不变价格计算的产品价值消除了价格变动因素，不同时期对比可以反映生产的发展速度。新中国成立后，随着工农业产品价格水平的变化，国家统计局先后五次制定了全国统一的工业产品不变价格和农业产品不变价格。从1952年到1957年使用1952年工（农）业产品不变价格，从1957年到1970年使用1957年不变价格，从1971年到1980年使用1970年不变价格，从1981年到1990年使用1980年不变价格，从1991年开始使用1990年不变价格。

平均增长速度

平均增长速度表明社会经济现象在一个较长的时期内逐期平均增长变化的程度，它不能根据各个环比增长速度直接求得，但与平均发展速度之间存在着一定的数量关系：平均增长速度＝平均发展速度－1。

平均发展速度是一种根据环比发展速度计算的序时平均数，由于各时期对比的基础不同，所以计算平均发展速度不能采用一般的序时平均数的计算方法，计算方法分为水平法和累计法。水平法，又称几何平均法，即将环比发展速度按连乘法用几何平均数公式计算。累计法，也称方程法，根据一段时期内各年发展水平总和与基期水平的关系，列出方程式计算平均发展速度。水平法着重考虑最后一年所达到的发展水平；累计法着重考虑整个时期累计发展水平的总量。

本《年鉴》内所列的平均增长速度，除固定资产投资用“累计法”计算外，其余均用“水平法”计算。从某年到某年平均增长速度的年份，均不包括基期年在内。如建国四十三年以来的平均增长速度是以1949年为基期计算的，则写为1950-1992年平均增长速度，其余类推。

国民经济行业分类

自2003年定期报表开始使用新的《国民经济行业分类》（GB/T4754-2002）该分类是由国家统计局组织修订，经国家质量监督检验检疫总局批准，于2002年5月10日发布实施。这次修订是在1994年分类标准的基础上，参照联合国《全部经济活动的国际标准产业分类》（ISIC/Rev.3）进行的。修订后的《国民经济行业分类》（GB/T4754-2002）共有门类20个，大类95个，中类396个，小类913个。新增门类4个，大类增加3个，中类增加28个，小类增加67个。

企业（单位）登记注册类型

是以在工商行政管理机关登记注册的各类企业为划分对象，以工商行政管理部门对企业登记注册的类型为依据，将企业登记注册类型分为内资企业、港澳台商投资企业和外商投资企业三大类。内资企业包括国有企业、集体企业、股份合作企业、联营企业、有限责任公司、股份有限公司、私营公司和其他企业，港澳台商投资企业和外商投资企业分别包括合资经营企业、合作经营企业、独资经营企业和股份有限公司。对不在工商行政管理部门进行登记注册的行政机关、事业单位和社会团体，主要按其经费来源和管理方式进行划分。

国有企业

指企业全部资产归国家所有，并按《中华人民共和国企业法人登记管理条例》规定登记注册的非公司制的经济组织。不包括有限责任公司中的国有独资公司。

主要统计指标解释

■ 集体企业

指企业资产归集体所有，并按《中华人民共和国企业法人登记管理条例》规定登记注册的经济组织。

■ 股份合作企业

指以合作制为基础，由企业职工共同出资入股，吸收一定比例的社会资产投资组建，实行自主经营，自负盈亏，共同劳动，民主管理，按劳分配与按股份红相结合的一种集体经济组织。

■ 联营企业

指两个及两个以上相同或不同所有制性质的企业法人或事业单位法人，按自愿、平等、互利的原则，共同投资组成的经济组织。联营企业包括国有联营企业、集体联营企业、国有与集体联营企业和其他联营企业。

■ 有限责任公司

指根据《中华人民共和国公司登记管理条例》规定登记注册，由两个以上、五十个以下的股东共同出资，每个股东以其所认缴的出资额对公司承担有限责任，公司以其全部资产对其债务承担责任的经济组织。有限责任公司包括国有独资公司以及其他有限责任公司。

■ 股份有限公司

指根据《中华人民共和国公司登记管理条例》规定登记注册，其全部注册资本由等额股份构成并通过发行股票筹集资本，股东以其认购的股份对公司承担有限责任，公司以其全部资产对其债务承担责任的经济组织。

■ 私营企业

指由自然人投资设立或由自然人控股，以雇用劳动为基础的营利性经济组织。包括按照《公司法》、《合伙企业法》、《私营企业暂行条例》规定登记注册的私营有限责任公司、私营股份有限公司、私营合伙企业和私营独资企业。

■ 其他企业

指上述企业之外的其他内资经济组织。

■ 与港澳台商合资经营企业

指港澳台地区投资者与内地企业依照《中华人民共和国中外合资经营企业法》及有关法律的规定，按合同规定的比例投资设立、分享利润和分担风险的企业。

■ 与港澳台商合作经营企业

指港澳台地区投资者与内地企业依照《中华人民共和国中外合作经营企业法》及有关法律的规定，依照合作合同的约定进行投资或提供条件设立、分配利润和分担风险的企业。

■ 港澳台商独资经营企业

指依照《中华人民共和国外资企业法》及有关法律的规定，在内地由港澳台地区投资者全额投资设立的企业。

■ 港澳台商投资股份有限公司

指根据国家有关规定，经外经贸部依法批准设立，其中港、澳、台商的股本占公司注册资本的比例达25%以上的股份有限公司。凡其中港、澳、台商的股本占公司注册资本的比例小于25%的，属于内资企业中的股份有限公司。

■ 中外合资经营企业

指外国企业或外国人与中国内地企业依照《中华人民共和国中外合资经营企业法》及有关法律的规定，按合同规定的比例投资设立、分配利润和分担风险的企业。

■ 中外合作经营企业

指外国企业或外国人与中国内地企业依照《中华人民共和国中外合作经营企业法》及有关法律的规定，依照合作合同的约定进行投资或提供条件设立、分配利润和分担风险的企业。

■ 外资企业

指依照《中华人民共和国外资企业法》及有关法律的规定，在中国内地由外国投资者全额投资设立的企业。

主要统计指标解释

■ 外商投资股份有限公司

指根据国家有关规定，经外经贸部依法批准设立，其中外资的股本占公司注册资本的比例达25%以上的股份有限公司。凡其中外资股本占公司注册资本的比例小于25%的，属于内资企业中的股份有限公司。

■ 行政机关、事业单位和社会团体

参照企业登记注册类型，主要按其经费来源和管理方式划分。具体规定如下：

（1）行政机关：包括国家机关和政党机关，原则上均列为“国有”。但有特殊规定的，如供销社等，列为“集体”。

（2）事业单位：包括经国家机构编制部门和有关业务主管部门批准成立的各类事业单位，不包括实行企业化管理的事业单位。事业单位的划分办法如下：

①由国家财政预算拨款或列入财政预算外资金管理以及经费主要来源于国有主管部门或国有上级单位的事业单位，列为“国有”。

②经费主要来源于集体单位的事业单位，列为“集体”。

③公民个人（或个人合伙）开办的事业单位，列为“私营”。

④上述以外的其他事业单位，如果其经费来源不明确，按管理方式进行归类。

（3）社会团体：包括经民政部门批准成立以及未纳入社会团体管理条例范围的工会、妇联等各类社会团体。社会团体的划分办法如下：

①未纳入民政部社会团体管理条例范围的工会、妇联、共青团、青联、工商联、科协、侨联等社会团体，国家拨款设立的基金会或基金管理组织以及经费主要来源于国有业务主管部门或国有上级单位的社会团体，列为“国有”。

②经费主要来源于集体单位的社会团体,列为“集体”。

③公民个人（或个人合伙）开办的社会团体，划为“私营”。

④上述以外的其他社会团体，如果其经费来源不明确，改按管理方式进行归类。

CHONGQING STATISTICAL YEARBOOK

Explanatory Notes on Main Statistical Indicators

Division of Administrative Areas

Refers to the division of administrative areas by the state. The relative laws stipulate that1) the whole country is divided into provinces, autonomous regions and municipalities directly under the Central Government; 2) provinces and autonomous regions are further divided into autonomous prefectures, counties, autonomous counties and cities; 3) autonomous prefectures are divided into counties, autonomous counties and cities; 4) counties and autonomous counties are further divided into townships, ethnic townships and towns; 5) municipalities and large cities are divided into districts and counties; 6) the state shall, when necessary, establish special administrative regions.

Comparable Prices

Refer to prices that are used to remove the factors of price change in calculating economic aggregates, so as to facilitate comparison of aggregates over time. Two methods are used for calculating economic aggregates at comparable prices: (a) Multiplying the output of products by their constant prices of certain year. (b) Deflation of data at current prices by relevant price index.

Constant Price

Refers to the average price of a given product in certain year, which is used for comparison of output value over time. As the output value at constant prices removers the factor of price changes, it reflects the trend of production development over time. Since 1949,with the changes in general price level, the State Statistical Bureau has issued nationally unified constant prices five times: the 1952 constant prices for 1949-1957;the 1957 constant prices for 1957-1971;the 1970 constant prices for 1971-1981;the 1980 constant prices for 1981-1990; and the 1990 constant prices have been used since 1991.

Average Annual Growth Rate

Shows the average growth rate of social and economic development during a longer period. It can not be directly calculated by chain based growth rate. The relation is:

Average Annual Growth Rate = Average Speed of Development – 1

Average speed of development is the time series average of speed which calculated by chain based. Because the reference bases during the different periods are not same, average speed of development can not be calculated by the general method. Level approach and accumulative approach for calculating average speed of development rate are applied. The "level approach", or the method of calculating the geometric average, is derived by the formula of geometric average of the chain-based speeds of development, or comparing the level of the last year of the interval with that of the beginning year; the other is called the "accumulative approach" or the "algebraic average", "equation" method, which is derived by the summation of the actual figure of each year in the interval divided by the figure in the base year. The level approach focuses on the level of the last year, while the accumulative approach emphasizes the aggregate development in the duration.

The average annual growth rates listed in the Yearbook are calculated by the level approach except for the growth rate of investment in fixed assets. The base year is not listed in the duration for which average annual growth rates are computed. For instance, the average annual growth rate of the 43 years since 1949 is shown as the average annual growth rate of 1950-1992 without showing the base year 1949.

Industrial Classification of the National Economy

The new Industrial Classification of the National Economy (GB/T 4754-2002) is introduced starting from the compilation of 2003 annual statistics. The revision of the 1994 classification was organized by the National Bureau of Statistics taking into consideration of the International Standards of the Industrial Classification of All Economic Activities (ISIC/Rev.3) of the United Nations, and the new Classification was promulgated by the National Administration of Quality Supervision, Inspection and Quarantine on May 10, 2002. The revised version of the Industrial Classification of the National Economy (GB/T 4754-2002) is composed of 20 major divisions, 95 divisions, 396 major groups and 913 groups, including 4 new major divisions, 3 new divisions, 28 major groups and 67 groups.

EXPLANATORY NOTES TO MAJOR STATISTICAL INDICATORS

Registration Status of Enterprises

Is classified into 3 categories, namely domestic-funded enterprises, enterprises with foreign investment, in the light of the registration status of an enterprise in industrial and commercial administration agencies. Domestic-funded enterprises include state-owned enterprises, collective-owned enterprises, cooperative enterprises, joint ownership enterprises, limited liability corporations, share-holding corporations Ltd., private enterprises and other enterprises. Included in the enterprises with investment from Hong Kong, Macao and Taiwan and enterprises with foreign investment are joint-venture enterprises, cooperative enterprises, sole investment enterprises and share-holding corporations Ltd. For government agencies, institutions and social organizations that are not requested to register in industrial and commercial administration agencies, they are classified mainly by their sources of funds and way of management.

State-owned Enterprises

Refer to non-corporation economic units where the entire assets are owned by the state and which have registered in accordance with the Regulation of the People's Republic of China on the Management of Registration of Corporate Enterprises. Excluded from this category are sole state-funded corporations in the limited liability corporations.

Collective-owned Enterprises

Refer to economic units where the assets are owned collectively and which have registered in accordance with the Regulation of the People's Republic of China on the Management of Registration of Corporate Enterprises.

Cooperative Enterprises

Refer to a form of collective economic units (enterprises) where capitals come mainly from employees as their shares, with certain proportion of capital from the outside, where production is organized on the basis of independent operation, independent accounting for profits and losses, joint work, democratic management, and a distribution system that integrates remuneration according to work with dividend according to capital share.

Joint Ownership Enterprises

Refer to economic units established by two or more corporate enterprises or corporate institutions of the same or different ownership, through joint investment on the basis of equality, voluntary participation and mutual benefits. They include state joint ownership enterprises, collective joint ownership enterprises, joint state-collective enterprises, other joint ownership enterprises.

Limited Liability Corporations

Refer to economic units established with investment from 2-50 investors and registered in accordance with the Regulation of the People's Republic of China on the Management of Registration of Corporations, each investor bearing limited liability to the corporation depending on its share of investment, and the corporation bearing liability to its debt to the maximum of its total assets. Limited liability corporations include exclusive state-funded limited liability corporations and other limited liability corporations.

Share holding Corporations Ltd.

Refer to economic units registered in accordance with the Regulation of the People's Republic of China on the Management of Registration of Corporations, with total registered capitals divided into equal shares and raised through issuing stocks. Each investor bears limited liability to the corporation depending on the holding of shares, and the corporation bears liability to its debt to the maximum of its total assets.

Private Enterprises

Refer to profit-making economic units invested and established by natural persons, or controlled by natural persons using employed labor. Included in this category are private limited liability corporations, private share-holding corporations Ltd., private partnership enterprises and private-funded enterprises registered in accordance with the Corporation Law, Partnership Enterprises Law and Interim Regulations on Private Enterprise.

Other Domestic-funded Enterprises

Refer to domestic-funded economic units other than those mentioned above.

Joint-venture Enterprises with Funds from Hong Kong, Macao and Taiwan

Refer to enterprises jointly established by invertors from Hong Kong, Macao and Taiwan with enterprises in the mainland of China in accordance with the Law of the People's Republic of China on Sino-foreign Joint Venture Enterprises and other relevant laws, where the share of investment, profits and risks is stipulated in the contract.

EXPLANATORY NOTES TO MAJOR STATISTICAL INDICATORS

□ Cooperative Enterprises with Funds from Hong Kong Macau and Taiwan

Established by investors from Hong Kong, Macau and Taiwan with enterprises in the mainland of China in accordance with the Law of the People's Republic of China on Sino-foreign Cooperative Enterprises and other relevant laws, where the investment or provision of facilities, and the share of profits and risks is stipulated in the cooperative contract.

□ Enterprises with Sole (exclusive) Investment from Hong Kong, Macau and Taiwan

Refer to enterprises established in the mainland of China with exclusive investment from investors from Hong Kong, Macau and Taiwan in accordance with the Law of the People's Republic of China on Foreign-Funded Enterprises and other relevant laws.

□ Share-holding Corporations Ltd. with Investment from Hong Kong, Macau and Taiwan

Refer to share-holding corporations Ltd. established with the approval from the former Ministry of Foreign Trade and Economic Relations in line with relevant state regulations, where the share of investment from Hong Kong, Macau or Taiwan businessmen exceeds 25% of the total registered capital of the corporation. In case the share of investment from Hong Kong, Macau or Taiwan is less than 25% of the total registered capital, the enterprise is to be classified as domestic-funded share-holding corporation Ltd.

□ Joint-venture Enterprises with Foreign Investment

Refer to enterprises jointly established by foreign enterprises or foreigners with enterprises in the mainland of China in accordance with the Law of the People's Republic of China on Sino-foreign Joint Venture Enterprises and other relevant laws, where the share of investment, profits and risks is stipulated in the contract.

□ Cooperation Enterprises with Foreign Investment

Refer to enterprises jointly established by foreign enterprises or foreigners with enterprises in the mainland of China in accordance with the Law of the People's Republic of China on Sino-foreign Cooperative Enterprises and other relevant laws, where the investment or provision of facilities, and the share of profits and risks is stipulated in the cooperative contract.

□ Enterprises with Sole (exclusive) Foreign Investment

Refer to enterprises established in the mainland of China with exclusive investment from foreign investors in accordance with the Law of the People's Republic of China on Foreign-Funded Enterprises and other relevant laws.

□ Share-holding Corporations Ltd. with Foreign Investment

Refer to share-holding corporations Ltd. established with the approval from the Ministry of Foreign Trade and Economic Relations in line with relevant state regulations, where the share of investment from foreign investors exceeds 25% of the total registered capital of the corporation. In case the share of foreign investment is less than 25% of the total registered capital, the enterprise is to be classified as domestic-funded share-holding corporation Ltd.

□ Government Agencies, Institutions and Social Organizations

Are classified into following categories by source of funds and way of management taking reference of the registration status of enterprises:

(I) Government agencies: include state and party agencies, classified in principle as "state-owned". There are exceptions, such as supply and marketing cooperatives, which are classified, as "collective".

(II) Institutions: include institutions of various types established with the approval by organization and staffing departments of the government, but exclude institutions where enterprise management system is introduced. Institutions are further classified as follows:

(a) Institutions whose main budget is listed in the government budget appropriations or extra-budget funds, or allocated from the budget of their competent government agencies. Such institutions are classified as "state-owned".

(b) Institutions whose budget mainly comes from collective units. Such institutions are classified as "collective".

(c) Institutions other than those mentioned above whose source of budget are not clear. Such institutions are classified by way of management.

(III) Social organizations: include social organizations

established with the approval from the Ministry of Civil Affairs, and organizations that are not covered by social organization management regulations such as trade unions, women's federations etc. Social organizations are further classified as follows:

(a) Social organizations that are not covered by social organization management regulations of the Ministry of Civil Affairs such as trade unions, women's federations, communist youth leagues, youth associations, industrial and commerce associations, scientists associations, overseas Chinese associations, etc., foundations and fund management organizations established with founds from the state, and social organizations whose funds mainly come from the budget of their competent government agencies. Such institutions are classified as "state-owned".

(b) Social organizations whose budget mainly comes from collective units. Such institutions are classified as "collective".

(c) Social organizations established by individual or a group of citizens, which are classified as "private".

(d) Social organizations other than those mentioned above whose source of budget are not clear. Such organizations are classified by way of management.

第 2 章

国民经济核算

NATIONAL ECONOMIC ACCOUNTING

简要说明
BRIEF INTRODUCTION

本章本市生产总值资料包括各年度地区生产总值的绝对值、构成和指数，三次产业贡献率，三次产业拉动力，地区生产总值收入法构成项目结构、支出法地区生产总值以及重庆市“一五大功能区域、“一圈两翼”及三大经济区生产总值的绝对值和指数。

本章资料由市统计局核算处提供。

The data of Gross Domestic Product (GDP) in this chapter includes the values, composition and indices of GDP in all the years, the share of the contributions of the growth of three strata of industry to the increase of the GDP, the contribution of the three strata of industry to GDP growth, the composition of GDP in income approach, the GDP by expenditure approach, and the value and indices of the GDP of the five functional areas, the “one circle and two wings” and the three major economic zones of Chongqing.

All the data in this chapter are provided by Division of National Economic Accounting, Chongqing Municipal Bureau of Statistics.

表2.1 地区生产总值（1949－1978年）
GROSS DOMESTIC PRODUCT (1949-1978)

单位：亿元 (100 million yuan)

年 份 Year	本市 生产总值 Gross Domestic Product	其 中 of which			
		第一产业 Primary Industry	第二产业 Secondary Industry	其 中 of which	
				工 业 Industry	建筑业 Construction
1949	13.89	9.74	2.71	2.50	0.21
1950	15.02	10.23	3.00	2.77	0.23
1951	15.97	10.72	3.37	3.11	0.26
1952	17.97	11.86	3.94	3.59	0.35
1953	21.26	13.57	5.63	4.96	0.67
1954	22.79	13.89	6.52	6.00	0.52
1955	23.32	13.86	7.04	6.61	0.43
1956	26.37	15.01	8.33	7.70	0.63
1957	26.56	13.12	10.03	9.45	0.58
1958	34.81	15.43	14.53	13.52	1.01
1959	38.03	12.02	20.40	18.90	1.50
1960	38.82	11.10	21.38	19.89	1.49
1961	28.96	10.35	12.52	11.90	0.62
1962	25.12	9.92	9.67	9.42	0.25
1963	27.92	12.08	10.30	9.91	0.39
1964	32.58	13.37	13.07	12.49	0.58
1965	38.29	16.21	15.79	14.74	1.05
1966	39.61	16.18	17.75	16.52	1.23
1967	34.70	15.21	13.76	12.96	0.80
1968	28.25	15.18	7.81	7.41	0.40
1969	32.79	14.75	11.96	11.23	0.73
1970	39.96	15.96	17.41	16.10	1.31
1971	45.97	16.71	22.18	20.81	1.37
1972	45.37	16.67	20.82	19.67	1.15
1973	46.32	18.14	19.66	18.24	1.42
1974	45.70	18.43	18.00	16.85	1.15
1975	53.37	18.81	24.00	22.49	1.51
1976	53.43	19.07	23.44	22.00	1.44
1977	60.22	21.74	26.99	24.98	2.01
1978	71.70	24.81	34.46	31.53	2.93

表2.1 续表 continued

单位：亿元 (100 million yuan)

年 份 Year	第三产业 Tertiary Industry	其中 of which: 批发和零售业 Wholesale and Retail Trades	交通运输、仓储及邮政业 Transport, Storage, Post	住宿和餐饮业 Hotels and Catering Services	金融业 Financial Intermediation	房地产业 Real Estate	其他服务业 Others	本市人均生产总值（元） Per Capita GDP (yuan)
1949	1.44	0.44	0.61	0.26	0.03	0.02	0.08	87
1950	1.79	0.50	0.70	0.28	0.06	0.05	0.20	91
1951	1.88	0.56	0.74	0.29	0.09	0.07	0.13	94
1952	2.17	0.64	0.83	0.31	0.06	0.08	0.25	103
1953	2.06	0.65	0.78	0.32	0.07	0.09	0.15	120
1954	2.38	0.70	0.87	0.34	0.10	0.11	0.26	124
1955	2.42	0.69	0.88	0.37	0.10	0.13	0.25	125
1956	3.03	0.81	1.08	0.44	0.13	0.14	0.43	135
1957	3.41	0.97	1.23	0.44	0.14	0.15	0.48	131
1958	4.85	1.53	1.75	0.46	0.21	0.14	0.76	170
1959	5.61	1.81	2.04	0.52	0.34	0.17	0.73	185
1960	6.34	1.82	2.04	0.53	0.57	0.16	1.22	193
1961	6.09	1.54	1.82	0.53	0.57	0.18	1.45	154
1962	5.53	1.23	1.61	0.66	0.46	0.18	1.39	139
1963	5.54	1.21	1.47	0.58	0.35	0.19	1.74	151
1964	6.14	1.52	1.70	0.52	0.58	0.18	1.64	169
1965	6.29	1.55	1.71	0.52	0.86	0.21	1.44	191
1966	5.68	1.33	1.41	0.50	0.35	0.22	1.87	191
1967	5.73	1.44	1.35	0.48	0.41	0.25	1.80	164
1968	5.26	1.18	1.22	0.46	0.56	0.30	1.54	131
1969	6.08	1.40	1.37	0.49	0.72	0.36	1.74	147
1970	6.59	1.52	1.41	0.50	0.85	0.40	1.91	172
1971	7.08	1.56	1.47	0.60	1.09	0.45	1.91	192
1972	7.88	1.72	1.61	0.66	0.96	0.52	2.41	185
1973	8.52	1.79	1.76	0.66	1.06	0.55	2.70	183
1974	9.27	1.81	1.83	0.64	1.23	0.62	3.14	177
1975	10.56	2.02	2.04	0.69	1.45	0.71	3.65	201
1976	10.92	2.04	1.94	0.67	1.59	0.78	3.90	199
1977	11.49	2.21	2.11	0.69	1.90	0.87	3.71	221
1978	12.43	2.34	2.38	0.78	2.00	0.88	4.05	287

注：本表人均生产总值按户籍人口计算。
Note: The per capita GDP hereof is calculated by registered population.

表2.2 地区生产总值构成（1949 – 1978年）
COMPOSITION OF GROSS DOMESTIC PRODUCT (1949-1978)

单位：% (%)

年 份 Year	本市生产总值 Gross Domestic Product	其 中 of which			
		第一产业 Primary Industry	第二产业 Secondary Industry	其 中 of which	
				工 业 Industry	建筑业 Construction
1949	100.0	70.1	19.5	18.0	1.5
1950	100.0	68.1	20.0	18.4	1.6
1951	100.0	67.1	21.1	19.5	1.6
1952	100.0	66.0	21.9	20.0	1.9
1953	100.0	63.8	26.5	23.3	3.2
1954	100.0	60.9	28.6	26.3	2.3
1955	100.0	59.4	30.2	28.3	1.9
1956	100.0	56.9	31.6	29.2	2.4
1957	100.0	49.4	37.8	35.6	2.2
1958	100.0	44.3	41.7	38.8	2.9
1959	100.0	31.6	53.6	49.7	3.9
1960	100.0	28.6	55.1	51.2	3.9
1961	100.0	35.7	43.2	41.1	2.1
1962	100.0	39.5	38.5	37.5	1.0
1963	100.0	43.3	36.9	35.5	1.4
1964	100.0	41.0	40.1	38.3	1.8
1965	100.0	42.3	41.2	38.5	2.7
1966	100.0	40.8	44.8	41.7	3.1
1967	100.0	43.8	39.7	37.3	2.4
1968	100.0	53.7	27.6	26.2	1.4
1969	100.0	45.0	36.5	34.2	2.3
1970	100.0	39.9	43.6	40.3	3.3
1971	100.0	36.3	48.2	45.3	2.9
1972	100.0	36.7	45.9	43.4	2.5
1973	100.0	39.2	42.4	39.4	3.0
1974	100.0	40.3	39.4	36.9	2.5
1975	100.0	35.2	45.0	42.1	2.9
1976	100.0	35.7	43.9	41.2	2.7
1977	100.0	36.1	44.8	41.5	3.3
1978	100.0	34.6	48.1	44.0	4.1

表2.2 续表 continued 单位：% (%)

年 份 Year	第三产业 Tertiary Industry	其中 of which：批发和零售业 Wholesale and Retail Trades	交通运输、仓储及邮政业 Transport, Storage, Post	住宿和餐饮业 Hotels and Catering Services	金融业 Financial Intermediation	房地产业 Real Estate	其他服务业 Others
1949	10.4	3.2	4.4	1.9	0.2	0.1	0.6
1950	11.9	3.3	4.7	1.9	0.4	0.3	1.3
1951	11.8	3.5	4.6	1.8	0.6	0.4	0.9
1952	12.1	3.6	4.6	1.7	0.3	0.4	1.5
1953	9.7	3.1	3.7	1.5	0.3	0.4	0.7
1954	10.5	3.1	3.8	1.5	0.4	0.5	1.2
1955	10.4	3.0	3.8	1.6	0.4	0.6	1.0
1956	11.5	3.1	4.1	1.7	0.5	0.5	1.6
1957	12.8	3.7	4.6	1.7	0.5	0.6	1.7
1958	14.0	4.4	5.0	1.3	0.6	0.4	2.3
1959	14.8	4.8	5.4	1.4	0.9	0.4	1.9
1960	16.3	4.7	5.3	1.4	1.5	0.4	3.0
1961	21.1	5.3	6.3	1.8	2.0	0.6	5.1
1962	22.0	4.9	6.4	2.6	1.8	0.7	5.6
1963	19.8	4.3	5.3	2.1	1.3	0.7	6.1
1964	18.9	4.7	5.2	1.6	1.8	0.6	5.0
1965	16.5	4.0	4.5	1.4	2.2	0.5	3.9
1966	14.4	3.4	3.6	1.3	0.9	0.6	4.6
1967	16.5	4.1	3.9	1.4	1.2	0.7	5.2
1968	18.7	4.2	4.3	1.6	2.0	1.1	5.5
1969	18.5	4.3	4.2	1.5	2.2	1.1	5.2
1970	16.5	3.8	3.5	1.3	2.1	1.0	4.8
1971	15.5	3.4	3.2	1.3	2.4	1.0	4.2
1972	17.4	3.8	3.5	1.5	2.1	1.1	5.4
1973	18.4	3.9	3.8	1.4	2.3	1.2	5.8
1974	20.3	4.0	4.0	1.4	2.7	1.4	6.8
1975	19.8	3.8	3.8	1.3	2.7	1.3	6.9
1976	20.4	3.8	3.6	1.3	3.0	1.5	7.2
1977	19.1	3.7	3.5	1.1	3.2	1.4	6.2
1978	17.3	3.3	3.3	1.1	2.8	1.2	5.6

表2.3 地区生产总值指数（1949－1978年）（上年=100）
INDICES OF GROSS DOMESTIC PRODUCT (1949-1978) (PRECEDING YEAR =100)

年份 Year	本市生产总值 Gross Domestic Product	其中 of which			
		第一产业 Primary Industry	第二产业 Secondary Industry	其中 of which	
				工业 Industry	建筑业 Construction
1949	100.0	100.0	100.0	100.0	100.0
1950	105.7	103.0	112.5	112.0	118.2
1951	103.4	104.0	110.9	111.2	107.7
1952	109.3	107.0	115.4	113.7	135.7
1953	111.2	103.4	135.2	131.1	177.1
1954	110.6	106.0	120.1	125.1	82.3
1955	102.7	100.2	109.6	111.9	82.4
1956	113.5	105.1	127.4	125.5	157.1
1957	102.3	97.3	108.3	110.3	83.4
1958	118.9	100.7	137.4	135.7	165.6
1959	97.4	67.8	123.9	123.4	130.3
1960	111.0	74.7	133.6	134.2	127.0
1961	64.8	83.7	58.2	59.4	41.4
1962	100.0	135.4	83.3	85.4	44.7
1963	114.9	124.0	109.3	108.1	154.4
1964	115.0	106.1	124.0	123.3	144.0
1965	114.5	109.8	122.2	119.2	185.6
1966	105.9	101.9	113.3	113.0	118.1
1967	90.2	99.4	82.9	83.9	70.5
1968	84.4	106.4	66.3	66.9	57.4
1969	112.1	91.4	135.8	134.3	163.7
1970	120.7	102.6	138.9	136.8	170.1
1971	111.9	100.4	125.2	127.0	102.3
1972	100.1	101.6	95.4	96.0	85.0
1973	103.2	109.5	96.3	94.5	127.1
1974	101.6	101.6	98.8	99.6	87.4
1975	111.8	92.8	130.4	130.6	128.4
1976	95.1	98.5	89.1	89.3	86.7
1977	120.0	111.8	134.2	132.4	162.3
1978	117.1	109.9	125.8	124.6	141.3

注：本表按可比价格计算（下表同）。
Note: The indices hereof are calculated at constant prices (the same below).

表2.3 续表 continued

年 份 Year	第三产业 Tertiary Industry	其中 of which: 批发和零售业 Wholesale and Retail Trades	交通运输、仓储及邮政业 Transport, Storage, Post	住宿和餐饮业 Hotels and Catering Services	金融业 Financial Intermediation	房地产业 Real Estate	其他服务业 Others	本市人均生产总值 Per Capita GDP
1949	100.0	100.0	100.0	100.0	100.0	100.0	100.0	100.0
1950	118.6	105.6	127.6	107.4	197.3	250.4	102.5	102.2
1951	94.9	98.7	93.2	103.4	148.0	140.2	9.0	100.5
1952	120.1	116.0	113.0	106.7	65.9	114.5	380.3	106.3
1953	111.4	125.3	110.3	103.1	113.5	115.1	164.5	109.5
1954	112.4	106.4	109.3	106.1	140.1	122.2	112.6	109.1
1955	98.7	99.1	94.7	105.7	99.1	120.9	95.1	100.7
1956	118.4	113.9	118.0	118.9	130.0	111.9	132.9	109.1
1957	105.6	104.6	112.4	100.0	107.7	111.2	115.1	98.3
1958	134.9	138.0	139.0	104.5	146.7	91.6	218.4	118.6
1959	103.2	103.7	107.3	110.9	161.1	115.2	115.4	98.1
1960	101.1	102.6	102.3	102.0	163.1	90.4	122.4	113.4
1961	70.8	61.7	69.4	100.0	86.3	111.3	44.1	68.2
1962	105.1	91.9	92.0	123.1	77.8	98.5	101.0	102.8
1963	112.6	113.2	103.5	89.1	79.7	107.9	149.5	112.7
1964	109.0	97.7	102.5	89.5	173.1	95.7	124.2	110.8
1965	100.5	110.3	102.5	100.0	153.1	117.7	69.6	111.2
1966	85.3	107.2	96.8	98.0	40.8	105.2	104.2	102.8
1967	102.9	102.7	96.7	96.0	117.4	114.3	76.2	87.6
1968	101.6	84.3	98.3	95.8	136.1	121.9	76.5	81.9
1969	105.7	115.5	117.4	106.5	130.9	121.7	98.7	109.3
1970	101.9	108.1	109.6	102.0	118.5	111.6	131.7	117.2
1971	104.7	105.0	104.1	118.0	129.6	111.6	84.5	108.2
1972	111.9	110.1	110.4	108.5	88.7	114.1	111.5	97.3
1973	108.8	102.2	104.7	100.0	107.8	106.0	141.5	100.6
1974	109.0	100.5	107.3	96.9	115.8	112.8	112.7	99.1
1975	110.0	109.9	108.4	106.5	118.2	113.3	172.7	109.0
1976	104.4	100.5	105.3	98.5	109.9	108.4	80.5	94.0
1977	103.8	107.1	107.3	103.1	117.8	110.8	41.8	118.9
1978	105.1	103.5	101.7	116.4	103.7	100.4	150.8	117.2

注：本表人均生产总值按户籍人口计算。
Note: The per capita GDP hereof is calculated by registered population.

表2.4 地区生产总值指数（1949－1978年）（1949年=100）
INDICES OF GROSS DOMESTIC PRODUCT (1949-1978) (1949=100)

年 份 Year	本市 生产总值 Gross Domestic Product	其 中 of which			
		第一产业 Primary Industry	第二产业 Secondary Industry	其 中 of which	
				工 业 Industry	建筑业 Construction
1949	100.0	100.0	100.0	100.0	100.0
1950	105.7	103.0	112.5	112.0	118.2
1951	109.3	107.1	124.8	124.5	127.3
1952	119.5	114.6	144.0	141.6	172.7
1953	132.9	118.5	194.7	185.6	305.9
1954	147.0	125.6	233.8	232.2	251.8
1955	151.0	125.9	256.2	259.8	207.5
1956	171.4	132.3	326.4	326.0	326.0
1957	175.3	128.7	353.5	359.6	271.9
1958	208.4	129.6	485.7	488.0	450.3
1959	203.0	87.9	601.8	602.2	586.7
1960	225.3	65.7	804.0	808.2	745.1
1961	146.0	55.0	467.9	480.1	308.5
1962	146.0	74.5	389.8	410.0	137.9
1963	167.8	92.4	426.1	443.2	212.9
1964	193.0	98.0	528.4	546.5	306.6
1965	221.0	107.6	645.7	651.4	569.0
1966	234.0	109.6	731.6	736.1	672.0
1967	211.1	108.9	606.5	617.6	473.8
1968	178.2	115.9	402.1	413.2	272.0
1969	199.8	105.9	546.1	554.9	445.3
1970	241.2	108.7	758.5	759.1	757.5
1971	269.9	109.1	949.6	964.1	774.9
1972	270.2	110.8	905.9	925.5	658.7
1973	278.8	121.3	872.4	874.6	837.2
1974	283.3	123.2	861.9	871.1	731.7
1975	316.7	114.3	1123.9	1137.7	939.5
1976	301.2	112.6	1001.4	1016.0	814.5
1977	361.4	125.9	1343.9	1345.2	1321.9
1978	423.2	138.4	1690.6	1676.1	1867.8

注：本表按可比价格计算（下表同）。
Note: The indices hereof are calculated at constant prices (the same below).

表2.4 续表 continued

年 份 Year	其 中 of which							本市人均生产总值 Per Capita GDP
	第三产业 Tertiary Industry	其 中 of which						
		批发和零售业 Wholesale and Retail Trades	交通运输、仓储及邮政业 Transport, Storage, Post	住宿和餐饮业 Hotels and Catering Services	金融业 Financial Intermediation	房地产业 Real Estate	其他服务业 Others	
1949	100.0	100.0	100.0	100.0	100.0	100.0	100.0	100.0
1950	118.6	105.6	127.6	107.4	197.3	250.4	102.5	102.2
1951	112.6	104.2	118.9	111.1	292.0	351.1	9.2	102.7
1952	135.2	120.9	134.4	118.5	192.4	402.0	35.0	109.2
1953	150.6	151.5	148.2	122.2	218.4	462.7	57.6	119.6
1954	169.3	161.2	162.0	129.7	306.0	565.4	64.9	130.5
1955	167.1	159.7	153.4	137.1	303.2	683.6	61.7	131.4
1956	197.8	181.9	181.0	163.0	394.2	764.9	82.0	143.4
1957	208.9	190.3	203.4	163.0	424.6	850.6	94.4	141.0
1958	281.8	262.6	282.7	170.3	622.9	779.1	206.2	167.2
1959	290.8	272.3	303.3	188.9	1003.5	897.5	238.0	164.0
1960	294.0	279.4	310.3	192.7	1636.7	811.3	291.3	186.0
1961	208.2	172.4	215.3	192.7	1412.5	903.0	128.5	126.9
1962	218.8	158.4	198.1	237.2	1098.9	889.5	129.8	130.5
1963	246.4	179.3	205.0	211.3	875.8	959.8	194.1	147.1
1964	268.6	175.2	210.1	189.1	1516.0	918.5	241.1	163.0
1965	269.9	193.2	215.4	189.1	2321.0	1081.1	167.8	181.3
1966	230.2	207.1	208.5	185.3	947.0	1137.3	174.8	186.4
1967	236.9	212.7	201.6	177.9	1111.8	1299.9	133.2	163.3
1968	240.7	179.3	198.2	170.4	1513.2	1584.6	101.9	133.7
1969	254.4	207.1	232.7	181.5	1980.8	1928.5	100.6	146.1
1970	259.2	223.9	255.0	185.1	2347.2	2152.2	132.5	171.2
1971	271.4	235.1	265.5	218.4	3042.0	2401.9	112.0	185.2
1972	303.7	258.8	293.1	237.0	2698.3	2740.6	124.9	180.2
1973	330.4	264.5	306.9	237.0	2908.8	2905.0	176.7	181.3
1974	360.1	265.8	329.3	229.7	3368.4	3276.8	199.1	179.7
1975	396.1	292.1	357.0	244.6	3981.4	3712.6	343.8	195.9
1976	413.5	293.6	375.9	240.9	4375.6	4024.5	276.8	184.1
1977	429.2	314.4	403.3	248.4	5154.5	4459.1	115.7	218.9
1978	451.1	325.4	410.2	289.1	5345.2	4476.9	174.5	256.6

注：本表人均地区生产总值按户籍人口计算。
Note: The per capita GDP hereof is calculated by registered population.

表2.5 地区生产总值（1978－2014年）
GROSS DOMESTIC PRODUCT (1978-2014)

单位：亿元 (100 million yuan)

年份 Year	本市生产总值 Gross Domestic Product	其中 of which				
		第一产业 Primary Industry	第二产业 Secondary Industry	其中 of which		第三产业 Tertiary Industry
				工业 Industry	建筑业 Construction	
1978	71.70	24.81	34.46	31.53	2.93	12.43
1979	80.98	28.79	38.21	35.00	3.21	13.98
1980	90.68	32.57	42.42	38.89	3.53	15.69
1981	97.20	36.32	43.69	40.07	3.62	17.19
1982	108.08	40.62	47.14	43.26	3.88	20.32
1983	120.01	45.44	50.56	46.20	4.36	24.01
1984	141.64	50.66	60.63	55.46	5.17	30.35
1985	164.32	53.73	73.49	66.16	7.33	37.10
1986	184.60	60.06	81.38	72.52	8.86	43.16
1987	206.73	62.69	90.77	79.66	11.11	53.27
1988	261.27	75.00	117.61	104.79	12.82	68.66
1989	303.75	81.99	135.84	123.86	11.98	85.92
1990	327.75	100.40	135.62	117.60	18.02	91.73
1991	374.18	109.49	154.00	135.14	18.86	110.69
1992	461.32	117.28	194.40	171.42	22.98	149.64
1993	608.53	141.99	272.17	241.15	31.02	194.37
1994	833.60	196.19	376.75	339.59	37.16	260.66
1995	1123.06	264.19	492.67	436.21	56.46	366.20
1996	1315.12	287.56	568.99	502.06	66.93	458.57
1997	1509.75	307.21	650.40	567.88	82.52	552.14
1998	1602.38	300.89	675.64	574.41	101.23	625.85
1999	1663.20	286.16	697.81	589.52	108.29	679.23
2000	1791.00	284.87	760.03	633.98	126.05	746.10
2001	1976.86	294.90	841.95	695.44	146.51	840.01
2002	2232.86	317.87	958.87	787.94	170.93	956.12
2003	2555.72	339.06	1135.31	933.75	201.56	1081.35
2004	3034.58	428.05	1376.91	1132.70	244.21	1229.62
2005	3467.72	463.40	1564.00	1293.81	270.19	1440.32
2006	3907.23	386.38	1871.65	1566.83	304.82	1649.20
2007	4676.13	482.39	2181.82	1817.80	364.02	2011.92
2008	5793.66	575.40	2586.58	2135.95	450.63	2631.68
2009	6530.01	606.80	2938.67	2407.30	531.37	2984.54
2010	7925.58	685.38	3531.10	2869.81	661.29	3709.10
2011	10011.37	844.52	4462.81	3610.23	852.58	4704.04
2012	11409.60	940.01	5174.81	4180.64	994.17	5294.78
2013	12783.26	1002.68	5812.29	4632.15	1180.14	5968.29
2014	14262.60	1061.03	6529.06	5175.80	1353.26	6672.51

表2.5 续表 continued 单位：亿元 (100 million yuan)

年 份 Year	其 中 of which						本市人均生产总值（元） Per Capita GDP (yuan)
	其 中 of which						
	批发和零售业 Wholesale and Retail Trades	交通运输、仓储及邮政业 Transportation, Storage, Postal Services	住宿和餐饮业 Hotels and Catering Trade	金融业 Financial Intermediation	房地产业 Real Estate	其他服务业 Others Services	
1978	2.34	2.38	0.78	2.00	0.88	4.05	287
1979	2.59	2.69	0.92	2.21	0.99	4.58	321
1980	2.90	3.08	1.02	2.46	1.11	5.12	357
1981	3.22	3.39	1.07	2.73	1.12	5.66	379
1982	3.89	4.18	1.11	2.99	1.28	6.87	419
1983	4.49	5.94	1.24	3.83	1.44	7.07	461
1984	5.73	6.50	1.52	6.63	1.81	8.16	542
1985	8.90	6.97	1.80	7.40	2.09	9.94	624
1986	10.08	6.59	2.17	8.71	2.64	12.97	694
1987	12.30	6.82	2.71	14.91	3.59	12.94	766
1988	17.10	8.67	3.29	17.92	4.47	17.21	958
1989	21.61	12.18	3.89	24.78	4.95	18.51	1103
1990	17.19	11.93	5.41	26.21	5.73	25.26	1181
1991	20.33	12.34	6.35	31.65	7.23	32.79	1338
1992	33.03	21.59	7.23	40.30	7.30	40.19	1641
1993	49.63	22.68	9.37	52.91	9.12	50.66	2156
1994	64.66	27.43	12.78	74.91	11.03	69.85	2935
1995	85.53	47.22	19.00	97.77	17.43	99.25	3931
1996	110.22	63.40	23.46	103.84	25.22	132.43	4574
1997	130.86	81.14	30.91	116.53	32.60	160.10	5253
1998	142.99	87.08	31.68	126.66	45.00	192.44	5579
1999	151.89	94.39	33.62	120.18	50.69	228.46	5804
2000	163.38	101.25	35.93	118.53	65.45	261.56	6274
2001	178.39	128.26	38.46	125.90	76.38	292.62	6963
2002	195.64	151.54	42.36	134.52	90.48	341.58	7912
2003	216.35	167.22	47.11	147.04	113.69	389.94	9098
2004	246.52	190.62	57.67	162.38	129.12	443.31	10845
2005	277.68	218.97	66.56	185.18	143.88	548.05	12404
2006	314.33	259.59	77.24	213.70	158.20	626.14	13939
2007	369.91	293.63	101.51	238.73	198.65	809.49	16629
2008	464.98	377.32	136.02	315.36	194.68	1143.32	20490
2009	535.19	427.88	160.37	401.45	230.69	1228.96	22920
2010	682.37	501.47	182.98	543.56	299.43	1499.29	27596
2011	827.03	592.24	214.09	773.49	437.46	1859.73	34500
2012	923.79	604.08	236.14	934.38	608.50	1987.89	38914
2013	1117.79	659.65	290.93	1080.14	743.59	2076.19	43223
2014	1229.88	705.83	321.64	1225.27	817.04	2372.85	47850

注：本表人均地区生产总值按常住人口计算。
Note: The per capita GDP hereof is calculated by registered population.

表2.6 地区生产总值构成（1978－2014年）
COMPOSITION OF GROSS DOMESTIC PRODUCT (1978-2014)

单位：% (%)

年 份 Year	本市生产总值 Gross Domestic Product	其 中 of which				
		第一产业 Primary Industry	第二产业 Secondary Industry	其 中 of which		第三产业 Tertiary Industry
				工 业 Industry	建筑业 Construction	
1978	100.0	34.6	48.1	44.0	4.1	17.3
1979	100.0	35.6	47.2	43.2	4.0	17.2
1980	100.0	35.9	46.8	42.9	3.9	17.3
1981	100.0	37.4	44.9	41.2	3.7	17.7
1982	100.0	37.6	43.6	40.0	3.6	18.8
1983	100.0	37.9	42.1	38.5	3.6	20.0
1984	100.0	35.8	42.8	39.2	3.6	21.4
1985	100.0	32.7	44.7	40.3	4.4	22.6
1986	100.0	32.5	44.1	39.3	4.8	23.4
1987	100.0	30.3	43.9	38.5	5.4	25.8
1988	100.0	28.7	45.0	40.1	4.9	26.3
1989	100.0	27.0	44.7	40.8	3.9	28.3
1990	100.0	30.6	41.4	35.9	5.5	28.0
1991	100.0	29.3	41.2	36.1	5.1	29.5
1992	100.0	25.4	42.1	37.2	4.9	32.5
1993	100.0	23.3	44.7	39.6	5.1	32.0
1994	100.0	23.5	45.2	40.7	4.5	31.3
1995	100.0	23.5	43.9	38.8	5.1	32.6
1996	100.0	21.9	43.3	38.2	5.1	34.8
1997	100.0	20.3	43.1	37.6	5.5	36.6
1998	100.0	18.8	42.2	35.8	6.4	39.0
1999	100.0	17.2	42.0	35.4	6.6	40.8
2000	100.0	15.9	42.4	35.4	7.0	41.7
2001	100.0	14.9	42.6	35.2	7.4	42.5
2002	100.0	14.2	42.9	35.3	7.6	42.9
2003	100.0	13.3	44.4	36.5	7.9	42.3
2004	100.0	14.1	45.4	37.3	8.1	40.5
2005	100.0	13.4	45.1	37.3	7.8	41.5
2006	100.0	9.9	47.9	40.1	7.8	42.2
2007	100.0	10.3	46.7	38.9	7.8	43.0
2008	100.0	9.9	44.6	36.9	7.7	45.5
2009	100.0	9.3	45.0	36.9	8.1	45.7
2010	100.0	8.6	44.6	36.2	8.4	46.8
2011	100.0	8.4	44.6	36.1	8.5	47.0
2012	100.0	8.2	45.4	36.6	8.8	46.4
2013	100.0	7.8	45.5	36.2	9.3	46.7
2014	100.0	7.4	45.8	36.3	9.5	46.8

表2.6 续表 continued

单位：% (%)

年 份 Year	其 中 of which					
	其 中 of which					
	批发和零售业 Wholesale and Retail Trades	交通运输、仓储及邮政业 Transport, Storage, Postal Services	住宿和餐饮业 Hotels and Catering Trade	金融业 Financial Intermediation	房地产业 Real Estate	其他服务业 Other Services
1978	3.3	3.3	1.1	2.8	1.2	5.6
1979	3.2	3.3	1.1	2.7	1.2	5.7
1980	3.2	3.4	1.1	2.7	1.2	5.7
1981	3.3	3.5	1.1	2.8	1.2	5.8
1982	3.6	3.9	1.0	2.8	1.2	6.3
1983	3.7	4.9	1.0	3.2	1.2	6.0
1984	4.0	4.6	1.1	4.7	1.3	5.7
1985	5.4	4.2	1.1	4.5	1.3	6.1
1986	5.5	3.6	1.2	4.7	1.4	7.0
1987	5.9	3.3	1.3	7.2	1.7	6.4
1988	6.5	3.3	1.3	6.9	1.7	6.6
1989	7.1	4.0	1.3	8.2	1.6	6.1
1990	5.2	3.6	1.7	8.0	1.7	7.8
1991	5.4	3.3	1.7	8.5	1.9	8.7
1992	7.2	4.7	1.6	8.7	1.6	8.7
1993	8.2	3.7	1.5	8.7	1.5	8.4
1994	7.8	3.3	1.5	9.0	1.3	8.4
1995	7.6	4.2	1.7	8.7	1.6	8.8
1996	8.4	4.8	1.8	7.9	1.9	10.0
1997	8.7	5.4	2.0	7.7	2.2	10.6
1998	8.9	5.4	2.0	7.9	2.8	12.0
1999	9.1	5.7	2.0	7.2	3.0	13.8
2000	9.1	5.7	2.0	6.6	3.7	14.6
2001	9.0	6.5	1.9	6.4	3.9	14.8
2002	8.8	6.8	1.9	6.0	4.1	15.3
2003	8.5	6.5	1.8	5.8	4.4	15.3
2004	8.1	6.3	1.9	5.4	4.3	14.5
2005	8.0	6.3	1.9	5.3	4.1	15.9
2006	8.0	6.6	2.0	5.5	4.0	16.1
2007	7.9	6.3	2.2	5.1	4.2	17.3
2008	8.0	6.5	2.3	5.4	3.4	19.9
2009	8.2	6.6	2.5	6.1	3.5	18.8
2010	8.6	6.3	2.3	6.9	3.8	18.9
2011	8.3	5.9	2.1	7.7	4.4	18.6
2012	8.1	5.3	2.1	8.2	5.3	17.4
2013	8.7	5.2	2.3	8.4	5.8	16.3
2014	8.6	4.9	2.3	8.6	5.7	16.7

表2.7 地区生产总值指数（1978－2014年）（上年=100）
INDICES OF GROSS DOMESTIC PRODUCT (1978-2014) (PRECEDING YEAR=100)

年份 Year	本市生产总值 Gross Domestic Product	其中 of which				
		第一产业 Primary Industry	第二产业 Secondary Industry	其中 of which		第三产业 Tertiary Industry
				工业 Industry	建筑业 Construction	
1978	117.1	109.9	125.8	124.6	141.3	105.1
1979	111.1	109.1	112.2	112.3	111.7	112.1
1980	107.7	104.4	109.1	109.0	110.0	109.9
1981	106.2	105.8	105.5	105.2	108.1	110.3
1982	108.9	107.5	107.6	107.7	107.1	115.8
1983	110.3	107.3	110.2	110.2	111.8	117.3
1984	115.9	106.5	121.0	121.1	119.8	121.4
1985	108.6	109.3	105.6	104.0	121.9	112.3
1986	108.6	110.3	106.5	105.4	115.9	110.4
1987	105.3	96.7	108.6	107.3	119.3	111.9
1988	109.5	103.5	113.3	114.2	106.2	109.9
1989	104.9	104.6	102.5	103.7	91.5	109.5
1990	107.0	107.8	108.0	104.0	144.2	104.8
1991	109.2	106.7	109.4	110.8	100.2	111.5
1992	116.5	101.8	121.9	122.3	118.7	124.2
1993	115.6	105.0	122.0	122.4	118.8	115.5
1994	113.5	102.9	116.4	117.7	105.8	117.6
1995	112.3	104.5	114.2	114.1	114.3	115.0
1996	111.4	104.8	112.2	112.3	111.3	114.5
1997	111.2	103.2	112.5	111.8	118.5	114.1
1998	108.6	102.1	107.2	105.2	122.8	114.0
1999	107.8	100.4	110.6	111.0	107.7	107.6
2000	108.7	101.4	110.8	110.8	110.7	109.1
2001	109.2	102.2	112.2	111.7	114.7	109.0
2002	110.5	104.2	114.3	114.2	114.7	108.9
2003	111.7	104.4	116.6	116.9	115.1	109.0
2004	112.4	104.8	116.9	117.3	114.9	109.8
2005	111.7	104.5	113.3	114.5	107.2	112.1
2006	112.4	94.5	117.1	118.2	111.9	113.2
2007	115.9	109.5	120.9	122.4	113.4	112.1
2008	114.5	106.8	118.2	119.9	109.2	112.2
2009	114.9	105.5	117.9	117.4	121.2	113.5
2010	117.1	106.1	122.7	122.9	121.4	112.4
2011	116.4	105.1	121.8	122.2	119.6	110.8
2012	113.6	105.3	115.6	115.9	113.9	112.0
2013	112.3	104.7	113.4	113.1	114.9	112.3
2014	110.9	104.4	112.7	112.3	114.2	110.0

注：本表按可比价格计算（下表同）。
Note: The indices hereof are calculated at constant prices (the same below).

表2.7 续表 continued

年 份 Year	其 中 of which						本市人均生产总值 Per Capita GDP
	其 中 of which						
	批发和零售业 Wholesale and Retail Trades	交通运输、仓储及邮政业 Transportation, Storage, Postal Services	住宿和餐饮业 Hotels and Catering Trade	金融业 Financial Intermediation	房地产业 Real Estate	其他服务业 Others Services	
1978	103.5	101.7	116.4	103.7	100.4	150.8	117.2
1979	110.6	111.8	115.8	111.4	111.6	115.2	110.4
1980	106.3	105.9	113.6	107.4	106.8	122.4	107.1
1981	108.7	107.6	107.3	109.9	99.1	117.1	105.4
1982	115.3	115.5	107.0	108.3	111.4	120.9	108.0
1983	115.1	130.2	107.1	130.1	121.2	100.8	109.5
1984	124.0	108.1	124.2	171.5	122.6	112.7	115.5
1985	137.2	96.9	117.4	103.1	105.3	116.7	108.0
1986	106.6	99.7	117.4	111.9	118.5	117.5	107.5
1987	110.0	108.3	114.3	157.4	123.3	84.8	103.9
1988	122.8	105.9	119.1	104.0	105.9	112.5	108.2
1989	108.2	116.6	112.8	122.0	96.4	94.1	104.0
1990	83.5	100.7	133.5	108.6	116.8	134.7	106.1
1991	108.5	102.4	116.6	113.9	117.2	117.9	108.4
1992	142.3	133.5	116.4	120.4	96.4	123.3	115.8
1993	138.5	102.8	124.4	109.3	109.4	112.7	115.1
1994	104.1	109.1	133.3	115.3	102.8	139.8	112.8
1995	111.2	123.1	137.0	116.5	114.5	117.5	111.7
1996	115.9	115.6	120.3	104.0	131.5	121.3	110.7
1997	113.5	114.7	126.3	109.6	124.5	114.6	111.2
1998	115.0	104.1	104.4	110.4	122.4	120.8	108.7
1999	108.3	101.9	108.2	89.7	110.2	121.7	108.1
2000	112.2	104.0	108.1	101.8	111.6	114.5	109.1
2001	108.9	116.2	106.2	101.5	112.6	109.2	109.7
2002	110.1	105.2	109.5	107.9	113.8	110.8	111.1
2003	109.3	104.8	110.1	107.9	116.1	109.6	112.2
2004	110.8	114.6	118.0	105.9	103.7	111.2	112.8
2005	114.0	112.4	113.7	109.9	109.8	113.0	111.8
2006	111.4	120.3	115.2	112.4	107.7	112.6	112.2
2007	112.3	112.5	112.0	109.7	116.8	111.5	115.5
2008	116.9	113.7	113.0	112.9	89.1	114.8	113.9
2009	119.9	103.3	115.6	131.2	120.3	107.2	114.1
2010	117.5	113.8	101.4	119.8	107.3	108.4	116.2
2011	114.3	113.6	110.4	105.4	105.5	111.7	115.1
2012	111.7	109.1	108.1	120.8	107.0	112.0	112.4
2013	110.0	109.2	107.1	115.6	111.1	114.2	111.3
2014	109.1	107.4	107.5	112.3	107.6	111.4	110.0

注：本表人均生产总值按常住人口计算。
Note: The per capita GDP hereof is calculated by registered population.

表2.8 地区生产总值指数（1978－2014年）（1978年=100）
INDICES OF GROSS DOMESTIC PRODUCT (1978-2014) (1978=100)

年 份 Year	本市生产总值 Gross Domestic Product	其 中 of which				
		第一产业 Primary Industry	第二产业 Secondary Industry	其 中 of which		第三产业 Tertiary Industry
				工 业 Industry	建筑业 Construction	
1978	100.0	100.0	100.0	100.0	100.0	100.0
1979	111.1	109.1	112.2	112.3	111.7	112.1
1980	119.7	113.9	122.4	122.4	122.9	123.2
1981	127.1	120.5	129.1	128.8	132.9	135.9
1982	138.4	129.5	138.9	138.7	142.3	157.4
1983	152.7	139.0	153.1	152.8	159.1	184.6
1984	177.0	148.0	185.3	185.0	190.6	224.1
1985	192.2	161.8	195.7	192.4	232.3	251.7
1986	208.7	178.5	208.4	202.8	269.2	277.9
1987	219.8	172.6	226.3	217.6	321.2	311.0
1988	240.7	178.6	256.4	248.5	341.1	341.8
1989	252.5	186.8	262.8	257.7	312.1	374.3
1990	270.2	201.4	283.8	268.0	450.0	392.3
1991	295.1	214.9	310.5	296.9	450.9	437.4
1992	343.8	218.8	378.5	363.1	535.2	543.3
1993	397.4	229.7	461.8	444.4	635.8	627.5
1994	451.0	236.4	537.5	523.1	672.7	737.9
1995	506.5	247.0	613.8	596.9	768.9	848.6
1996	564.2	258.9	688.7	670.3	855.8	971.6
1997	627.4	267.2	774.8	749.4	1014.1	1108.6
1998	681.4	272.8	830.6	788.4	1245.3	1263.8
1999	734.5	273.9	918.6	875.1	1341.2	1359.8
2000	798.4	277.7	1017.8	969.6	1484.7	1483.5
2001	871.9	283.8	1142.0	1083.0	1703.0	1617.0
2002	963.4	295.7	1305.3	1236.8	1953.3	1760.9
2003	1076.1	308.7	1522.0	1445.8	2248.2	1919.4
2004	1209.5	323.5	1779.2	1695.9	2583.2	2107.5
2005	1351.0	338.1	2015.8	1941.8	2769.2	2362.5
2006	1518.5	319.5	2360.5	2295.2	3098.7	2674.4
2007	1759.9	349.9	2853.8	2809.3	3513.9	2998.0
2008	2015.1	373.7	3373.2	3368.4	3837.2	3363.8
2009	2315.3	394.3	3977.0	3954.5	4650.7	3817.9
2010	2711.2	418.4	4879.8	4860.1	5645.9	4291.3
2011	3155.8	439.7	5943.6	5939.0	6752.5	4754.8
2012	3585.0	463.0	6870.8	6883.3	7691.1	5325.4
2013	4026.0	484.8	7791.5	7785.0	8837.1	5980.4
2014	4464.8	506.1	8781.0	8742.6	10092.0	6578.4

注：本表按可比价格计算（下表同）。
Note: The indices hereof are calculated at constant prices (the same below).

表2.8 续表 continued

年 份 Year	其 中 of which						本市人均生产总值 Per Capita GDP
	其 中 of which						
	批发和零售业 Wholesale and Retail Trades	交通运输、仓储及邮政业 Transportation, Storage, Postal Services	住宿和餐饮业 Hotels and Catering Trade	金融业 Financial Intermediation	房地产业 Real Estate	其他服务业 Others Services	
1978	100.0	100.0	100.0	100.0	100.0	100.0	100.0
1979	110.6	111.8	115.8	111.4	111.6	115.2	110.4
1980	117.6	118.4	131.5	119.6	119.2	141.0	118.2
1981	127.8	127.4	141.1	131.4	118.1	165.1	124.6
1982	147.4	147.1	151.0	142.3	131.6	199.6	134.6
1983	169.7	191.5	161.7	185.1	159.5	201.2	147.4
1984	210.4	207.0	200.8	317.4	195.5	226.8	170.2
1985	288.7	200.6	235.7	327.2	205.9	264.7	183.8
1986	307.8	200.0	276.7	366.1	244.0	311.0	197.6
1987	338.6	216.6	316.3	576.2	300.9	263.7	205.3
1988	415.8	229.4	376.7	599.2	318.7	296.7	222.1
1989	449.9	267.5	424.9	731.0	307.2	279.2	231.0
1990	375.7	269.4	567.2	793.9	358.8	376.1	245.1
1991	407.6	275.9	661.4	904.3	420.5	443.4	265.7
1992	580.0	368.3	769.9	1088.8	405.4	546.7	307.7
1993	803.3	378.6	957.8	1190.1	443.5	616.1	354.2
1994	836.2	413.1	1276.7	1372.2	455.9	861.3	399.5
1995	929.9	508.5	1749.1	1598.6	522.0	1012.0	446.2
1996	1077.8	587.8	2104.2	1662.5	686.4	1227.6	493.9
1997	1223.3	674.2	2657.6	1822.1	854.6	1406.8	549.2
1998	1406.8	701.8	2774.5	2011.6	1046.0	1699.4	597.0
1999	1523.6	715.1	3002.0	1804.4	1152.7	2068.2	645.4
2000	1709.5	743.7	3245.2	1836.9	1286.4	2368.1	704.1
2001	1861.6	864.2	3446.4	1864.5	1448.5	2586.0	772.4
2002	2049.6	909.1	3773.8	2011.8	1648.4	2865.3	858.1
2003	2240.2	952.7	4155.0	2170.7	1913.8	3140.4	962.8
2004	2482.1	1091.8	4902.9	2298.8	1984.6	3492.1	1086.0
2005	2829.6	1227.2	5574.6	2526.4	2179.1	3946.1	1214.1
2006	3152.2	1476.3	6421.9	2839.7	2346.9	4443.3	1362.2
2007	3539.9	1660.8	7192.5	3115.2	2741.2	4954.3	1573.3
2008	4138.1	1888.3	8127.5	3517.1	2442.4	5687.5	1792.0
2009	4961.6	1950.6	9395.4	4614.4	2938.2	6097.0	2044.7
2010	5829.9	2219.8	9526.9	5528.1	3152.7	6609.1	2375.9
2011	6665.0	2521.7	10515.7	5826.5	3327.0	7379.8	2735.8
2012	7444.8	2751.2	11367.5	7038.4	3559.9	8265.4	3075.0
2013	8189.3	3004.3	12174.6	8136.4	3955.0	9439.1	3422.5
2014	8934.5	3226.6	13087.7	9137.2	4255.6	10515.2	3764.8

注：本表人均生产总值按常住人口计算。
Note: The per capita GDP hereof is calculated by registered population.

表2.9 三次产业贡献率（1990－2014年）

SHARE OF THE CONTRIBUTIONS OF THE GROWTH OF THREE STRATA OF INDUSTRY TO THE INCREASE OF THE GDP (1990-2014)

单位：% (%)

年 份 Year	本市 生产总值 Gross Domestic Product	其 中 of which			
		第一产业 Primary Industry	第二产业 Secondary Industry	其 中 of which #工 业 Industry	第三产业 Tertiary Industry
1990	100.0	33.9	46.8	21.2	19.3
1991	100.0	22.5	42.2	42.1	35.3
1992	100.0	3.2	54.9	49.2	41.9
1993	100.0	8.5	61.2	55.0	30.3
1994	100.0	5.0	55.3	53.0	39.7
1995	100.0	7.8	53.8	48.1	38.4
1996	100.0	8.3	50.7	45.7	41.0
1997	100.0	5.3	53.2	45.0	41.5
1998	100.0	4.3	40.3	26.2	55.4
1999	100.0	0.8	64.4	58.5	34.8
2000	100.0	2.4	60.3	53.0	37.3
2001	100.0	3.7	55.9	44.7	40.4
2002	100.0	5.9	58.9	48.6	35.2
2003	100.0	5.2	63.5	53.7	31.3
2004	100.0	5.0	63.7	54.2	31.3
2005	100.0	4.6	55.1	50.2	40.3
2006	100.0	6.0	62.1	54.6	43.9
2007	100.0	6.7	61.6	55.1	31.7
2008	100.0	4.9	61.3	56.5	33.8
2009	100.0	3.6	60.7	50.5	35.7
2010	100.0	3.2	68.6	59.1	28.2
2011	100.0	2.7	73.3	63.3	24.0
2012	100.0	3.1	66.3	57.5	30.6
2013	100.0	2.7	51.0	40.4	46.3
2014	100.0	2.7	54.9	43.2	42.4

表2.10 三次产业拉动力（1990－2014年）

CONTRIBUTION OF THE THREE STRATA OF INDUSTRY TO GDP GROWTH (1990-2014)

单位：% (%)

年 份 Year	本市 生产总值 Gross Domestic Product	其 中 of which 第一产业 Primary Industry	第二产业 Secondary Industry	其 中 of which #工 业 Industry	第三产业 Tertiary Industry
1990	7.0	2.4	3.3	1.5	1.3
1991	9.2	2.1	3.9	3.9	3.2
1992	16.5	0.5	9.1	8.1	6.9
1993	15.6	1.3	9.5	8.6	4.8
1994	13.5	0.7	7.5	7.2	5.3
1995	12.3	1.0	6.6	5.9	4.7
1996	11.4	0.9	5.8	5.2	4.7
1997	11.2	0.6	6.0	5.0	4.6
1998	8.6	0.4	3.5	2.3	4.7
1999	7.8	0.1	5.0	4.6	2.7
2000	8.7	0.2	5.2	4.6	3.3
2001	9.2	0.3	5.1	4.1	3.8
2002	10.5	0.6	6.2	5.1	3.7
2003	11.7	0.6	7.4	6.3	3.7
2004	12.4	0.6	7.9	6.7	3.9
2005	11.7	0.5	6.4	5.9	4.8
2006	12.4	0.7	7.7	6.8	5.4
2007	15.9	1.1	9.8	8.8	5.0
2008	14.5	0.7	8.9	8.2	4.9
2009	14.9	0.5	9.0	7.5	5.4
2010	17.1	0.5	11.7	10.1	4.9
2011	16.4	0.4	12.0	10.4	4.0
2012	13.6	0.4	9.0	7.8	4.2
2013	12.3	0.3	6.3	5.0	5.7
2014	10.9	0.3	6.0	4.7	4.6

表2.11 分区域地区生产总值（2013－2014年）
GROSS DOMESTIC PRODUCT BY REGION (2013-2014)

单位：亿元 (100 million yuan)

指　标	Item	2013	2014	指　数 上年=100 Index Preceding Year=100
本市生产总值	**Gross Domestic Product**	**12783.26**	**14262.60**	**110.9**
#一小时经济圈	One-Hour Economic Circle	9873.59	11005.24	111.0
#都市发达经济圈	Developed Metropolitan Economic Circle	5689.36	6288.15	110.7
渝西经济走廊	West Chongqing Economic Corridor	3111.05	3533.82	111.5
三峡库区生态经济区	Ecological Economic Zone in Three Gorges Reservoir Area	3982.85	4440.63	110.7
#都市功能核心区	Core Metropolitan Function Area	2693.29	2943.90	109.0
都市功能拓展区	Extended Metropolitan Function Area	2996.07	3344.25	112.2
城市发展新区	Newly Developed Urban Area	4184.23	4717.09	111.5
渝东北生态涵养发展区	Northeastern Ecological Conservation Area	2196.65	2466.05	110.6
渝东南生态保护发展区	Southeastern Environment Protection Area	713.02	791.31	109.7
第一产业	**Primary Industry**	**1002.68**	**1061.03**	**104.4**
#一小时经济圈	One-Hour Economic Circle	581.86	612.94	103.8
#都市发达经济圈	Developed Metropolitan Economic Circle	102.06	102.38	101.2
渝西经济走廊	West Chongqing Economic Corridor	401.70	427.47	104.4
三峡库区生态经济区	Ecological Economic Zone in Three Gorges Reservoir Area	498.92	531.18	105.0
#都市功能核心区	Core Metropolitan Function Area			
都市功能拓展区	Extended Metropolitan Function Area	102.06	102.38	101.2
城市发展新区	Newly Developed Urban Area	479.80	510.56	104.4
渝东北生态涵养发展区	Northeastern Ecological Conservation Area	312.97	333.40	105.2
渝东南生态保护发展区	Southeastern Environment Protection Area	107.85	114.69	105.0
第二产业	**Secondary Industry**	**5812.29**	**6529.06**	**112.7**
#一小时经济圈	One-Hour Economic Circle	4536.15	5066.77	112.4
#都市发达经济圈	Developed Metropolitan Economic Circle	2318.68	2515.53	111.4
渝西经济走廊	West Chongqing Economic Corridor	1603.88	1889.23	113.8
三峡库区生态经济区	Ecological Economic Zone in Three Gorges Reservoir Area	1889.73	2124.30	113.3
#都市功能核心区	Core Metropolitan Function Area	643.40	646.39	105.1
都市功能拓展区	Extended Metropolitan Function Area	1675.28	1869.14	113.8
城市发展新区	Newly Developed Urban Area	2217.47	2551.24	113.5
渝东北生态涵养发展区	Northeastern Ecological Conservation Area	962.92	1108.76	114.2
渝东南生态保护发展区	Southeastern Environment Protection Area	313.22	353.53	111.8
第三产业	**Tertiary Industry**	**5968.29**	**6672.51**	**110.0**
#一小时经济圈	One-Hour Economic Circle	4755.58	5325.53	110.3
#都市发达经济圈	Developed Metropolitan Economic Circle	3268.62	3670.24	110.3
渝西经济走廊	West Chongqing Economic Corridor	1105.47	1217.12	110.1
三峡库区生态经济区	Ecological Economic Zone in Three Gorges Reservoir Area	1594.20	1785.15	109.2
#都市功能核心区	Core Metropolitan Function Area	2049.89	2297.51	110.2
都市功能拓展区	Extended Metropolitan Function Area	1218.73	1372.73	110.5
城市发展新区	Newly Developed Urban Area	1486.96	1655.29	110.4
渝东北生态涵养发展区	Northeastern Ecological Conservation Area	920.76	1023.89	108.5
渝东南生态保护发展区	Southeastern Environment Protection Area	291.95	323.09	108.9

表2.12 分经济类型地区生产总值（1996－2014年）

GROSS DOMESTIC PRODUCT BY STATUS OF REGISTRATION (1996-2014)

单位：亿元 (100 million yuan)

年份 Year	本市生产总值 Gross Domestic Product	公有制经济 Public-owned Economy	非公有制经济 Non-public-owned Economy	其中 of which 个体私营经济 Individual and Private	外商港澳台经济 Funded by HK, Macao, Taiwan & Foreign
1996	1315.12	987.66	327.46	286.70	40.76
1997	1509.75	1111.18	398.57	341.20	57.37
1998	1602.38	1104.04	498.34	442.26	56.08
1999	1663.20	1111.02	552.18	487.32	64.86
2000	1791.00	1156.99	634.01	560.58	73.43
2001	1976.86	1209.84	767.02	682.02	85.00
2002	2232.86	1295.06	937.80	799.36	138.44
2003	2555.72	1385.20	1170.52	955.84	214.68
2004	3034.58	1574.95	1459.63	1271.49	188.14
2005	3467.72	1719.99	1747.73	1511.93	235.80
2006	3907.23	1836.40	2070.83	1734.81	336.02
2007	4676.13	2099.58	2576.55	2118.29	458.26
2008	5793.66	2386.99	3406.67	2827.31	579.36
2009	6530.01	2613.93	3916.08	3197.94	718.14
2010	7925.58	3079.02	4846.56	3851.89	994.67
2011	10011.37	3836.12	6175.25	4894.32	1280.93
2012	11409.60	4303.91	7105.69	5598.64	1507.05
2013	12783.26	4921.56	7861.70	6263.79	1597.91
2014	14262.60	5519.63	8742.97	6988.67	1754.30

表2.12 续表 continued

单位：% (%)

年 份 Year	生产总值构成 Compositon of Gross Domestic Product	公有制经济 Public-owned Economy	非公有制经济 Non-public-owned Economy	其 中 of which	
				个体私营经济 Individual and Private	外商港澳台经济 Funded by HK, Macao, Taiwan & Foreign
1996	100.0	75.1	24.9	21.8	3.1
1997	100.0	73.6	26.4	22.6	3.8
1998	100.0	68.9	31.1	27.6	3.5
1999	100.0	66.8	33.2	29.3	3.9
2000	100.0	64.6	35.4	31.3	4.1
2001	100.0	61.2	38.8	34.5	4.3
2002	100.0	58.0	42.0	35.8	6.2
2003	100.0	54.2	45.8	37.4	8.4
2004	100.0	51.9	48.1	41.9	6.2
2005	100.0	49.6	50.4	43.6	6.8
2006	100.0	47.0	53.0	44.4	8.6
2007	100.0	44.9	55.1	45.3	9.8
2008	100.0	41.2	58.8	48.8	10.0
2009	100.0	40.0	60.0	49.0	11.0
2010	100.0	38.8	61.2	48.6	12.6
2011	100.0	38.3	61.7	48.9	12.8
2012	100.0	37.7	62.3	49.1	13.2
2013	100.0	38.5	61.5	49.0	12.5
2014	100.0	38.7	61.3	49.0	12.3

年 份 Year	生产总值指数（上年=100） Compositon of Gross Domestic Product (Preceding Year =100)	公有制经济 Public-owned Economy	非公有制经济 Non-public-owned Economy	其 中 of which	
				个体私营经济 Individual and Private	外商港澳台经济 Funded by HK, Macao, Taiwan & Foreign
1996	111.4	107.3	126.1	127.8	115.1
1997	111.2	109.0	117.9	115.3	136.3
1998	108.6	101.7	127.9	132.6	100.1
1999	107.8	104.5	115.1	114.4	120.1
2000	108.7	105.1	115.9	116.1	114.3
2001	109.2	103.5	119.7	120.4	114.5
2002	110.5	104.7	119.6	114.7	159.3
2003	111.7	104.4	121.8	116.7	151.3
2004	112.4	107.6	118.0	125.9	83.0
2005	111.7	106.7	117.0	116.2	122.5
2006	112.4	106.6	118.2	114.5	142.2
2007	115.9	110.8	120.5	118.3	132.1
2008	114.5	105.1	122.2	123.4	116.9
2009	114.9	111.6	117.3	115.4	126.4
2010	117.1	113.5	119.6	116.4	133.9
2011	116.4	111.8	119.3	118.3	123.0
2012	113.6	107.8	116.8	114.2	126.5
2013	112.3	112.0	112.4	114.5	105.3
2014	110.9	110.5	111.1	111.4	109.9

重/庆/统/计/年/鉴

主要统计指标解释

国内（地区）生产总值（GDP）

是按市场价格计算的一个国家（或地区）所有常住单位在一定时期内生产活动的最终成果。国内（地区）生产总值有三种表现形态，即价值形态、收入形态和产品形态。从价值形态看，它是所有常住单位在一定时期内所生产的全部货物和服务价值超过同期中间投入的全部非固定资产货物和服务价值的差额，即所有常住单位的增加值之和；从收入形态看，它是所有常住单位在一定时期内所创造并分配给常住单位和非常住单位的初次收入之和；从产品形态看，它是所有常住单位在一定时期内最终使用的货物和服务价值减去货物和服务进口价值。在实际核算中，国内（地区）生产总值的三种表现形态表现为三种计算方法，即生产法、收入法和支出法。三种方法分别从不同的方面反映国内（地区）生产总值及其构成。

三次产业

三次产业的划分是世界上较为常用的产业结构分类，但各国的划分不尽一致。我国的三次产业划分是：

第一产业是指农业、林业、畜牧业、渔业和农林牧渔服务业。

第二产业是指采矿业，制造业，电力、煤气及水的生产和供应业，建筑业。

第三产业是指除第一、二产业以外的其他行业。

收入法国内（地区）生产总值

是从常住单位从事生产活动形式收入的角度来反映一个国家（或地区）一定时期内生产活动最终成果的一种方法，包括劳动者报酬、生产税净额、固定资产折旧、营业盈余四部分。计算公式为：

收入法国内（地区）生产总值=劳动者报酬+生产税净额+固定资产折旧+营业盈余

（1）劳动者报酬：指劳动者因从事生产活动所获得的全部报酬。包括劳动者获得的各种形式的工资、奖金和津贴，既包括货币形式的，也包括实物形式的，还包括劳动者所享受的公费医疗和医药卫生费、上下班交通补贴和单位支付的社会保险费、住房公积金等。对于个体经济来说，其所有者所获得的劳动报酬和经营利润不易区分，这两部分统一作为劳动者报酬处理。

（2）生产税净额：指生产税减生产补贴后的差额。生产税指政府对生产单位生产、销售和从事经营活动以及因从事生产活动使用某些生产要素（如固定资产、土地、劳动力）所征收的各种税、附加费和规费。生产补贴与生产税相反，是政府对生产单位的单方面转移支出，因此视为负生产税，包括政策亏损补贴、价格补贴等。

（3）固定资产折旧：指一定时期内为弥补固定资产损耗按照规定的固定资产折旧率提取的固定资产折旧，或按国民经济核算统一规定的折旧率虚拟计算的固定资产折旧。它反映了固定资产在当期生产中的转移价值。各类企业和企业化管理的事业单位的固定资产折旧指实际计提的折旧费；不计提折旧的政府机关、非企业化管理的事业单位和居民住房的固定资产折旧是按照统一规定的折旧率和固定资产原值计算的虚拟折旧。原则上，固定资产折旧应按固定资产当期的重置价值计算，但是我国目前尚不具备对全社会固定资产进行重估价的基础，所以暂时只能采用上述方法。

（4）营业盈余：指常住单位创造的增加值扣除劳动者报酬、生产税净额和固定资产折旧后的余额。它相当于企业的营业利润加上生产补贴，但要扣除从利润中开支的工资和福利等。

支出法国内（地区）生产总值

是从最终使用的角度反映一个国家（或地区）一定时期内生产活动最终成果的一种方法，包括最终消费支出、资本形成总额及货物和服务净流出三部分。计算公式为：

支出法国内(地区)生产总值=最终消费支出+资本形成总额+货物和服务净流出

主要统计指标解释

■ 最终消费支出

指常住单位为满足物质、文化和精神生活的需要，从本国经济领土和国外购买的货物和服务的支出。它不包括非常住单位在本国经济领土内的消费支出。最终消费支出分为居民消费支出和政府消费支出。

（1）居民消费支出：指常住住户在一定时期内对于货物和服务的全部最终消费支出。居民消费支出除了直接以货币形式购买的货物和服务的消费支出外，还包括以其他方式获得的货物和服务的消费支出，即所谓的虚拟消费支出。居民虚拟消费支出包括如下几种类型：单位以实物报酬及实物转移的形式提供给劳动者的货物和服务；住户生产并由本住户消费了的货物和服务，其中的服务仅指住户的自有住房服务；金融机构提供的金融媒介服务；保险公司提供的保险服务。

（2）政府消费支出：指政府部门为全社会提供的公共服务的消费支出和免费或以较低的价格向居民住户提供的货物和服务的净支出，前者等于政府服务的产出价值减去政府单位所获得的经营收入的价值，后者等于政府部门免费或以较低价格向居民住户提供的货物和服务的市场价值减去向住户收取的价值。

■ 资本形成总额

指常住单位在一定时期内获得的减去处置的固定资产和存货的净额，包括固定资产形成总额和存货增加。

（1）固定资产形成总额：指常住单位在一定时期内获得的固定资产减处置的固定资产的价值总额。固定资产是通过生产活动生产出来的，且其使用年限在一年以上、单位价值在规定标准以上的资产，不包括自然资产。可分为有形固定资本形成总额和无形固定资本形成总额。有形固定资本形成总额包括一定时期内完成的建筑工程、安装工程和设备工器具购置(减处置)价值，以及土地改良、新增役、种、奶、毛、娱乐用牲畜和新增经济林木价值。无形固定资本形成总额包括矿藏的勘探、计算机软件等获得减处置。

（2）存货增加：指常住单位在一定时期内存货实物量变动的市场价值，即期末价值减期初价值的差额，再扣除当期由于价格变动而产生的持有收益。存货增加可以是正值，也可以是负值，正值表示存货上升，负值表示存货下降。存货包括生产单位购进的原材料、燃料和储备物资等存货，以及生产单位生产的产成品、在制品和半成品等存货。

■ 货物和服务净流出

指货物和服务流出减货物和服务流入的差额。流出包括常住单位向非常住单位出售或无偿转让的各种货物和服务的价值；流入包括常住单位从非常住单位购买或无偿得到的各种货物和服务的价值。由于服务活动的提供与使用同时发生，一般把常住单位从本地区外得到的服务作为流入，非常住单位从本地区得到的服务作为流出。

■ 产业部门贡献率

是各产业部门增加值可比价增量与国内生产总值可比价增量之比。

■ 产业部门拉动力

拉动力是指总的经济增长率中带动的百分点数，产业部门拉动力是指在GDP增长中各产业部门拉动的百分点数。其计算公式为：

拉动力（%）＝贡献率（%）×GDP增长率（%）

Explanatory Notes on Main Statistical Indicators

Gross Domestic Product (GDP)

Refers to the final products at market prices produced by all resident units in a country (or a region) during a certain period of time. Gross domestic product is expressed in three different perspectives value added, income, and products respectively. The form of value added refers to the total value of all products and services produced by all resident units during a certain period of time minus total value of intimidate input of materials and services of the nature of non-fixed assets or the summation of the value added of all resident units; the form of income includes all the income created by all resident units and distributed primarily to all resident and non-resident units; the form of products refers to all final goods and services of final use by all resident units plus the value of net exports of goods and services. In the practice of national accounting, gross domestic product is calculated with three approaches, i.e. product approach, income approach and expenditure approach, which reflect gross domestic product and its composition from different aspects.

Three Strata of Industry

Classification of economic activities into three strata of industry is a common practice in the world, although the grouping varies to some extent form country to country. In China economic activities are categorized into the following three strata of industry:

Primary industry refers to agriculture, forestry, animal husbandry and fishery and services in support of these industries.

Secondary industry refers to mining and quarrying, manufacturing, production and supply of electricity, water and gas, and construction.

Tertiary industry refers to all other economic activities not included in the primary or secondary industries.

GDP by Income Approach

Refers to the method of measuring the final results of production activities of a country (region) during a given period from the income items produced by all resident units. It includes laborers' remuneration, net taxes on production, depreciation of fixed assets and operating surplus, i.e.:

GDP by income approach =compensation of employee + net taxes on production + depreciation of fixed assets + operating surplus

(I) Compensation of Employee refers to the total payment of various forms to employees for the productive activities they are engaged in. It includes wages, bonuses and allowances, which the employees earn in cash or in kind. It also includes the free medical services provided to the employees and the medicine expenses, transport subsidies and social insurance, and housing fund paid by the employers. As regards the individual economy, since compensation of employees is not easily distinguishable from the operating surplus, both parts are treated as compensation of employees.

(II) Net Taxes on Production refers to the difference of the taxes on production minus the subsidies on production. The taxes on production refers to the various taxes, extra charges and fees levied on the production units on their production, sale and business activities as well as on some factors of production, such as fixed assets, land and labor force, used in the production activities they are engaged in. In contrast to the taxes on production, the subsidies on production is the unilateral transfer of part of the government's revenue to the production units and is therefore treated as the negative taxes on production, They include subsidies on the loss due to implementation of government policies, price subsidies, etc.

(III) Depreciation of Fixed Assets refers to the depreciation of fixed assets drawn in accordance with the stipulated depreciation rate for the purpose of compensating the wear loss of the fixed assets or the depreciation of fixed assets calculated in a fictitious way in accordance with the stipulated unified depreciation rate in the national economic accounting system. It reflects the value of transfer of the fixed assets in the production of the current period. The depreciation of fixed assets in various enterprises and institutions managed as enterprises refers to the depreciation expenses actually drawn and calculated as part of the cost. In the units, which do not draw the depreciation expenses, such as government agencies, institutions not managed as enterprises as well as the houses of residents, the depreciation of fixed assets is the fictitious depreciation, which is calculated in accordance with the stipulated unified depreciation rate. In principle, the depreciation of fixed assets should be calculated on the basis of the

EXPLANATORY NOTES TO MAJOR STATISTICAL INDICATORS

re-purchased value of the fixed assets. However, there is no actual condition to re-evaluate all the fixed assets in China. Therefore, the above-mentioned methods are temporarily adopted at present.

(IV) Operating Surplus refers to the balance of the value added created by the resident units deducting the laborers' remuneration, net taxes on production ant the depreciation of fixed assets. It is equivalent to the business profit of the enterprises plus subsidies on production, but the wages and welfare expenses paid from the profits should be deducted.

□ GDP by Expenditure Approach

Refers to the method of measuring the final results of production activities of a country (region) during a given period from the perspective of final use. It includes final consumption expenditure, total capital formation and net export of goods and services, i.e.:

GDP by expenditure approach = final consumption expenditure + gross capital formation + net export of goods and services

□ Final Consumption Expenditure

Refers to the total expenditure of resident units on final consumption of goods and services from domestic economic territory and abroad to meet the requirements of material, cultural and spiritual life. It excludes the expenditure of non-resident units on consumption in the economic territory of the country. The final consumption expenditure is broken down into household consumption expenditure and government consumption expenditure.

(I) Household consumption Expenditure refers to the total expenditure of resident households on the final consumption of goods and services. In addition to the consumption of goods and services bought by the households directly with money, the households consumption expenditure also includes expenditure on goods and services obtained by the households in other ways, i.e. the so-called fictitious consumption expenditure, which includes the following types: (a) the goods and services provided to the households by the employer in the form of payment in kind and transfer in kind; (b) the goods and services produced and consumed by the households themselves, in which the services refer only to the owner-occupied housing and domestic and individual services provided by the paid household workers; (c) financial intermediate services provided by the financial institutions; (d) the insurance services provided by insurance companies.

(II) Government consumption Expenditure refers to the expenditure on the consumption of the public services provided by the government to the whole society and the net expenditure on the goods and services provided by the government to the households for free charge or at lower prices. The former equals to the output value of the government services minus the value of operating in come obtained by the government departments. The latter equals to the market value of the goods and services provided by the government to the households minus the value received by the government from the households.

□ Gross Capital Formation

Refers to the net amount of the fixed assets and stock acquired minus those disposed, including the gross fixed assets formation and changes in inventories.

(I) Gross fixed capital formation refer to the value of fixed assets purchased, transferred in by the resident units and those produced and used by themselves deducting the value of fixed assets sold and transferred out. It can by classified into total tangible assets formation and total intangible assets formation. The total tangible assets formation include the value of the construction projects, installation projects completed and the equipment, apparatus and instruments purchased as well as the value of land improved, the value of draught animals, breeding stock, milk, wool and recreational animals and the newly increased economic forest in a certain period. The total intangible assets formation includes the prospecting of minerals, the acquisition of computer software, the originals of recreational works and works of literature and arts minus the disposal of them.

(II) Changes in Inventories refers to the market value of the change in the physical volume of inventory of resident units during a given period, i.e. the difference between the values at the beginning and the end of the period minus the gains due to the change in prices. The changes in inventories can have a positive or a negative value. A positive value indicates an increase in inventory while a negative value indicates a decrease in inventory. The inventory includes raw materials, fuels and reserve materials purchased by the production units as well as the inventory of finished products, semi-finished products and work-in-progress.

EXPLANATORY NOTES TO MAJOR STATISTICAL INDICATORS

□ Net Export of Goods and Services

Refers to the difference of the exports of goods and services minus the imports of goods and services. The imports include the value of various goods and services sold or gratuitously transferred by the resident units to the non-resident units. The imports include the value of various goods and services purchased or gratuitously acquired by the resident units from the non-resident units. Because the provision of services and the use of them happen simultaneously, the import and export of services by the resident units from abroad is usually treated as import while the acquisition of services by non-resident units in this country is usually treated as export. The export and import of goods are calculated at FOB.

□ Share of the Contributions of the Industry

Refers to the proportion of the increment of the value-added of each industry to the increase of GDP.

□ Contribution of the Industry

Contribution is the driven percentage points to GDP growth. Contribution of the industry is the driven percentage points of each industry to GDP growth. Its calculation formula is:

Contribution (%) = share of contribution (%) × GDP growth rate (%)

第 3 章

人口与就业

POPULATION AND EMPLOYMENT

简要说明

BRIEF INTRODUCTION

本章内容主要包括全市的户籍人口、常住人口、第五、六次人口普查的主要数据，以及计划生育、就业、工资等情况，由市统计局人口就业处整理编辑。

户籍统计人口资料由市公安局提供；计划生育资料由市卫生和计划生育委员会提供；失业资料由市人力资源和社会保障局提供；常住人口、人口普查主要数据、就业和工资资料由市统计局人口就业处提供。

The data in this chapter include the basic statistics on the registered population, resident population and the main indicators in 5th and 6th population censuses, as well as the statistics on family planning, employment and wages. All the data are prepared and compiled by Division of Population and Employment Statistics, Chongqing Municipal Bureau of Statistics.

The data on registered population are provided by Chongqing Health and Family Planning Commission; the data on family planning are provided by Chongqing Population and Family Planning Commission; the data on unemployment are provided by Chongqing Municipal Human Resources and Social Security Bureau and the main indicators of resident population, population censuses, employment and wages are provided by Division of Population and Employment Statistics, Chongqing Municipal Bureau of Statistics.

表3.1 主要年份总户数、总人口（户籍统计）
TOTAL HOUSEHOLDS AND TOTAL POPULATION IN MAJOR YEARS (HOUSEHOLD REGISTRATION)

单位：万人 (10 000 persons)

年 份 Year	总户数 (万户) Total Number of Households (10 000 households)	总人口 Total Population	按性别分 By Sex		按农业、非农业分 By Residence	
			男 Male	女 Female	农 业 Agriculture	非农业 Non-agriculture
1952	401.93	1776.52	927.91	848.61		
1957	434.66	2005.18	1040.82	964.36	1692.77	312.41
1962	442.01	1797.19	916.99	880.20	1528.95	268.24
1965	455.55	1974.89	1010.19	964.70	1685.08	289.81
1970	518.02	2289.64	1173.57	1116.07	1989.66	299.98
1975	579.36	2592.59	1332.89	1259.70	2280.39	312.20
1978	601.07	2635.56	1357.98	1277.58	2304.66	330.90
1980	610.19	2664.79	1376.22	1288.57	2291.51	373.28
1985	684.46	2768.26	1437.35	1330.91	2310.89	457.37
1986	716.53	2807.60	1458.75	1348.85	2343.23	464.37
1987	751.96	2845.14	1478.88	1366.26	2370.06	475.08
1988	784.83	2873.34	1494.20	1379.14	2390.36	482.98
1989	812.65	2897.01	1507.74	1389.27	2405.25	491.76
1990	833.78	2920.90	1520.83	1400.07	2427.92	492.98
1991	844.66	2938.99	1531.11	1407.88	2439.61	499.38
1992	849.77	2950.78	1538.46	1412.32	2438.94	511.84
1993	855.75	2964.92	1546.50	1418.42	2438.27	526.65
1994	870.20	2985.59	1558.05	1427.54	2440.41	545.18
1995	879.35	3001.77	1566.86	1434.91	2442.33	559.44
1996	888.56	3022.77	1577.97	1444.80	2445.65	577.12
1997	897.78	3042.92	1588.10	1454.82	2448.34	594.58
1998	907.17	3059.69	1596.88	1462.81	2445.66	614.03
1999	922.73	3072.34	1602.42	1469.92	2437.18	635.16
2000	938.87	3091.09	1611.68	1479.41	2430.20	660.89
2001	950.56	3097.91	1614.91	1483.00	2408.39	689.52
2002	961.69	3113.83	1623.13	1490.70	2392.38	721.45
2003	977.01	3130.10	1631.66	1498.44	2376.18	753.92
2004	988.59	3144.23	1637.18	1507.05	2358.40	785.83
2005	1010.41	3169.16	1649.26	1519.90	2351.88	817.28
2006	1030.66	3198.87	1662.77	1536.10	2353.44	845.43
2007	1056.97	3235.32	1681.10	1554.22	2358.35	876.97
2008	1080.15	3257.05	1690.56	1566.49	2349.67	907.38
2009	1110.70	3275.61	1697.69	1577.92	2326.92	948.69
2010	1154.83	3303.45	1709.03	1594.42	2196.45	1107.00
2011	1205.20	3329.81	1720.53	1609.28	2052.17	1277.64
2012	1220.64	3343.44	1725.87	1617.57	2026.19	1317.25
2013	1236.78	3358.42	1731.82	1626.60	2014.37	1344.05
2014	1248.67	3375.20	1738.87	1636.33	2003.08	1372.12

表3.2 主要年份人口自然变动（户籍统计）
POPULATION NATURAL DYNAMICS IN MAJOR YEARS (HOUSEHOLD REGISTRATION)

单位：万人、‰ (10 000 persons，‰)

年 份 Year	出 生 Birth		死 亡 Death		自然增长 Natural Growth	
	人 口 Population	出生率 Birth Rate	人 口 Population	死亡率 Death Rate	人 口 Population	自然增长率 Natural Growth Rate
1957	54.20	27.32	21.78	10.98	32.42	16.34
1962	43.72	24.36	27.87	15.53	15.85	8.83
1965	74.01	38.03	21.43	11.01	52.58	27.02
1970	87.78	38.99	22.11	9.82	65.67	29.17
1975	72.03	28.06	21.33	8.31	50.70	19.75
1978	26.09	9.91	17.18	6.52	8.91	3.39
1980	29.68	11.16	17.19	6.46	12.49	4.70
1985	36.13	13.10	18.76	6.80	17.37	6.30
1986	54.47	19.54	18.36	6.59	36.11	12.95
1987	48.72	17.24	18.42	6.52	30.30	10.72
1988	38.58	13.49	19.43	6.79	19.15	6.70
1989	39.79	13.79	19.99	6.93	19.80	6.86
1990	42.53	14.62	19.59	6.73	22.94	7.89
1991	37.61	12.83	19.20	6.55	18.41	6.28
1992	35.62	12.09	20.89	7.09	14.73	5.00
1993	35.75	12.09	20.23	6.84	15.52	5.25
1994	40.05	13.46	19.95	6.70	20.10	6.76
1995	39.39	13.16	21.45	7.17	17.94	5.99
1996	41.06	13.63	21.62	7.18	19.44	6.45
1997	36.99	12.20	20.95	6.91	16.04	5.29
1998	35.51	11.64	21.64	7.09	13.87	4.55
1999	30.68	10.01	20.68	6.74	10.00	3.27
2000	35.22	11.43	24.59	7.98	10.63	3.45
2001	26.26	8.48	18.76	6.06	7.50	2.42
2002	28.65	9.20	18.07	5.80	10.58	3.40
2003	30.00	9.61	18.05	5.78	11.95	3.83
2004	33.72	10.74	23.44	7.47	10.28	3.27
2005	30.66	9.71	13.88	4.40	16.78	5.31
2006	36.57	11.49	14.89	4.68	21.68	6.81
2007	44.66	13.88	16.56	5.15	28.10	8.73
2008	43.26	13.33	24.56	7.57	18.70	5.76
2009	40.82	12.50	26.13	8.00	14.69	4.50
2010	62.83	19.10	38.97	11.85	23.86	7.25
2011	41.27	12.44	19.55	5.90	21.72	6.54
2012	36.76	11.02	23.83	7.14	12.93	3.88
2013	35.81	10.69	20.17	6.02	15.64	4.67
2014	39.74	11.80	22.55	6.70	17.19	5.10

表3.3 常住人口及城镇化率（1996－2014年）
RESIDENT POPULATION AND URBANIZATION RATE (1996-2014)

单位：万人、%（10 000 persons，%）

年 份 Year	常住人口 Resident Population	其 中 of which 城 镇 Urban	 乡 村 Rural	城镇化率 Urbanization Rate
1996	2875.30	848.21	2027.09	29.5
1997	2873.36	890.74	1982.62	31.0
1998	2870.75	935.86	1934.89	32.6
1999	2860.37	981.11	1879.26	34.3
2000	2848.82	1013.88	1834.94	35.6
2001	2829.21	1058.12	1771.09	37.4
2002	2814.83	1123.12	1691.71	39.9
2003	2803.19	1174.55	1628.64	41.9
2004	2793.32	1215.42	1577.90	43.5
2005	2798.00	1265.95	1532.05	45.2
2006	2808.00	1311.29	1496.71	46.7
2007	2816.00	1361.35	1454.65	48.3
2008	2839.00	1419.09	1419.91	50.0
2009	2859.00	1474.92	1384.08	51.6
2010	2884.62	1529.55	1355.07	53.0
2011	2919.00	1605.96	1313.04	55.0
2012	2945.00	1678.11	1266.89	57.0
2013	2970.00	1732.76	1237.24	58.3
2014	2991.40	1783.01	1208.39	59.6

表3.4 1%人口抽样调查（2013－2014年）
1% SAMPLE SURVEY OF POPULATION (2013-2014)

单位：万人 (10 000 persons)

项　目	Item	2013	2014
常住人口	Resident Population	2970.00	2991.40
#城　镇	Urban	1732.76	1783.01
乡　村	Rural	1237.24	1208.39
#男　性	Male	1503.28	1512.41
女　性	Female	1466.72	1478.99
#0-14岁	Aged 0-14	487.08	491.49
15-64岁	Aged 15-64	2130.08	2140.64
65岁及以上	Aged 65 and Over	352.84	359.27
外出人口	Population Outside Residential Area	1043.13	1069.69
#外出至市外	Outside Chongqing	531.98	530.08
市外外来人口	Population from Other Areas to Chongqing	143.56	146.28
城镇化率（%）	Urbanization Rate (%)	58.34	59.6
都市功能核心区	Core Metropolitan Function Area	99.84	99.85
都市功能拓展区	Extended Metropolitan Function Area	77.92	78.70
城市发展新区	Newly Developed Urban Area	54.86	56.35
渝东南生态保护发展区	Southeastern Environment Protection Area	34.64	35.99
渝东北生态涵养发展区	Northeastern Ecological Conservation Area	41.80	43.23
出生人口	Births	30.67	31.80
出生率(‰)	Birth Rate (‰)	10.37	10.67
死亡人口	Deaths	20.02	21.01
死亡率(‰)	Death Rate (‰)	6.77	7.05
自然增长人口	Natural Growth	10.65	10.79
自然增长率（‰）	Natural Growth Rate (‰)	3.60	3.62

表3.5 第五次人口普查基本情况
BASIC STATISTICS ON THE 5TH NATIONAL POPULATION CENSUSES

指　标	Item	2000
总人口（万人）	**Total Population (10 000 persons)**	**2848.82**
男	Male	1460.57
女	Female	1388.25
性别比（女=100）	Sex Ratio (female=100)	105.21
家庭户户数（万户）	**Family Households (10 000 households)**	**923.4**
家庭户规模（人/户）	**Average Family Household Size (person/household)**	**3.02**
各年龄组人口（万人）	**Population by Age Group (10 000 persons)**	
0-14岁	Aged 0-14	665.20
15-64岁	Aged 15-64	1931.78
65岁及以上	Aged 65 and Over	251.84
预期寿命（岁）	**Life Expectancy (years old)**	71.9
城乡人口（万人）	**Population by Residence (10 000 persons)**	
城镇人口	Urban Population	1013.88
乡村人口	Rural Population	1834.94
民族人口（万人，%）	**Population by Ethnicity (10 000 persons, %)**	
汉　族	Han	2664.50
占总人口比重	Percentage to Total Population	93.5
少数民族	Ethnic Minorities	184.32
占总人口比重	Percentage to Total Population	6.5
每十万人拥有的各种受教育程度人口（人）	**Population with Various Education Attainment Per 100 000 Population (person)**	
大专及以上	Junior College and Above	3154
高中和中专	Senior Secondary/Secondary Technical School	8815
初　中	Junior Secondary School	27190
小　学	Primary School	42863
文盲人口及文盲率	**Illiterate Population and Illiterate Rate**	
文盲人口（万人）	Illiterate Population (10 000 persons)	212.24
文盲率（%）	Illiterate Rate (%)	9.7

注：此表为常住人口推算数据。
Note: The data in the table above are calculated on the basis of resident population.

表3.6 第六次人口普查基本情况
BASIC STATISTICS ON THE 6TH NATIONAL POPULATION CENSUSES

指　标	Item	2010
总人口（万人）	**Total Population (10 000 persons)**	**2884.62**
男	Male	1460.89
女	Female	1423.73
性别比（女=100）	Sex Ratio (female=100)	102.61
家庭户户数（万户）	**Family Households (10 000 households)**	**1000.10**
家庭户规模（人/户）	**Average Family Household Size (person/household)**	**2.70**
各年龄组人口（万人）	**Population by Age Group (10 000 persons)**	
0-14岁	Aged 0-14	489.80
15-64岁	Aged 15-64	2061.41
65岁及以上	Aged 65 and Over	333.41
预期寿命（岁）	**Life Expectancy (years old)**	**75.7**
城乡人口（万人）	**Population by Residence (10 000 persons)**	
城镇人口	Urban Population	1529.55
乡村人口	Rural Population	1355.07
民族人口（万人，%）	**Population by Ethnicity (10 000 persons, %)**	
汉　族	Han	2690.91
占总人口比重	Percentage to Total Population	93.3
少数民族	Ethnic Minorities	193.71
占总人口比重	Percentage to Total Population	6.7
每十万人拥有的各种受教育程度人口（人）	**Population with Various Education Attainment Per 100 000 Population (person)**	
大专及以上	Junior College and Above	8478
高中和中专	Senior Secondary/Secondary Technical School	13223
初　中	Junior Secondary School	33441
小　学	Primary School	33653
文盲人口及文盲率	**Illiterate Population and Illiterate Rate**	
文盲人口（万人）	Illiterate Population (10 000 persons)	121.52
文盲率（%）	Illiterate Rate (%)	5.1

表3.7 六次人口普查主要指标
MAIN INDICATORS OF SIX POPULATION CENSUSES

单位：万人、% (10 000 persons，%)

普查时间	Census Time	总人口 Total Population 合 计 Total	男 Male	女 Female	性别比 (女=100) Sex Ratio (female =100)	年平均增长率 Annual Average Growth Rate
第一次人口普查（1953年7月1日）	First Population Census (July 1, 1953)	1766.39	924.56	841.83	109.83	
第二次人口普查（1964年7月1日）	Second Population Census (July 1, 1964)	1889.17	969.02	920.15	105.31	0.61
第三次人口普查（1982年7月1日）	Third Population Census (July 1, 1982)	2705.89	1402.46	1303.43	107.60	2.02
第四次人口普查（1990年7月1日）	Fourth Population Census (July 1, 1990)	2886.62	1499.83	1386.79	108.15	0.81
第五次人口普查（2000年11月1日）	Fifth Population Census (November 1, 2000)	2848.82	1460.57	1388.25	105.21	-0.13
第六次人口普查（2010年11月1）	Sixth Population Census (November 1, 2010)	2884.62	1460.89	1423.73	102.61	0.12

表3.8 人口年龄结构和抚养比（1982－2014年）
AGE COMPOSITION AND DEPENDENCY RATIO OF POPULATION (1982-2014)

单位：万人(10 000 persons)

年 份 Year	总人口(年末) Total Population (year-end)	按年龄组分 by Age 0-14岁 Aged 0-14 人口数 Population	比重 (%) Proportion	15-64岁 Aged 15-64 人口数 Population	比重 (%) Proportion	65岁及以上 Aged 65 and over 人口数 Population	比重 (%) Proportion	总抚养比 (%) Gross Dependency Ratio (%)	少儿抚养比 (%) Children Dependency Ratio (%)	老年抚养比 (%) Old Dependency Rati (%)
1982	2705.89	901.31	33.31	1676.02	61.94	128.56	4.75	61.45	53.78	7.67
1990	2886.62	626.27	21.70	2092.06	72.47	168.29	5.83	37.98	29.94	8.04
2000	2848.82	665.20	23.35	1931.78	67.81	251.84	8.84	47.47	34.43	13.04
2001	2829.21	643.93	22.76	1925.56	68.06	259.72	9.18	46.93	33.44	13.49
2002	2814.83	624.05	22.17	1922.81	68.31	267.97	9.52	46.40	32.46	13.94
2003	2803.19	615.58	21.96	1894.40	67.58	293.21	10.46	47.97	32.49	15.48
2004	2793.32	592.19	21.20	1896.66	67.90	304.47	10.90	47.27	31.22	16.05
2005	2798.00	576.39	20.60	1913.83	68.40	307.78	11.00	46.20	30.12	16.08
2006	2808.00	561.60	20.00	1934.71	68.90	311.69	11.10	45.14	29.03	16.11
2007	2816.00	543.49	19.30	1957.12	69.50	315.39	11.20	43.89	27.77	16.12
2008	2839.00	546.22	19.24	1973.39	69.51	319.39	11.25	43.86	27.68	16.18
2009	2859.00	544.93	19.06	1988.72	69.56	325.35	11.38	43.76	27.40	16.36
2010	2884.62	489.80	16.98	2061.41	71.46	333.41	11.56	39.93	23.76	16.17
2011	2919.00	493.02	16.89	2088.25	71.54	337.73	11.57	39.78	23.61	16.17
2012	2945.00	490.93	16.67	2113.04	71.75	341.03	11.58	39.37	23.23	16.14
2013	2970.00	487.08	16.40	2130.08	71.72	352.84	11.88	39.43	22.87	16.56
2014	2991.40	491.49	16.43	2140.64	71.56	359.27	12.01	39.74	22.96	16.78

表3.9 计划生育基本情况（1986－2014年）
BASIC STATISTICS ON FAMILY PLANNING (1986-2014)

单位：万人、% (10 000 persons，%)

年 份 Year	政策性生育率 Policy Fertility Rate	已婚育龄妇女人数 Married Women at Childbearing Age	领独生子女证人数 Women with Only-child Certificates	领证率 Coverage of Only-child Certificates	采取节育措施人数 Women under Contraception	避孕率 Contraception Rate
1986	90.88	481.28	109.56	68.74	424.89	88.28
1987	90.16	503.67	126.44	71.91	451.19	89.58
1988	93.83	523.17	141.28	72.14	480.27	91.80
1989	92.78	540.80	151.72	70.35	491.35	90.86
1990	94.15	560.09	166.56	70.53	512.38	91.48
1991	95.11	577.54	178.27	69.31	527.88	91.40
1992	95.83	589.35	188.00	68.34	538.37	91.35
1993	93.23	599.23	199.97		548.27	91.50
1994	86.58	611.48	206.76		559.62	91.52
1995	89.22	625.71	220.32		573.38	91.64
1996	88.73	637.31	227.59	65.45	587.93	92.25
1997	91.94	644.56	230.99	64.11	588.75	91.34
1998	85.06	644.68	219.05	59.69	589.28	91.40
1999	94.09	640.70	214.79	57.43	587.94	91.77
2000	91.26	639.20	217.43	57.11	589.95	92.29
2001	91.05	632.25	203.30	53.04	583.65	92.31
2002	92.19	620.38	180.36	47.65	571.18	92.07
2003	92.39	622.26	195.38	51.11	571.87	91.90
2004	92.95	615.20	200.49	52.42	564.60	91.77
2005	92.57	618.97	212.37	55.08	569.74	92.05
2006	90.93	626.73	203.23	52.07	572.73	91.38
2007	75.62	637.95	198.86	51.62	579.79	90.88
2008	85.05	501.74	131.84	43.54	454.63	90.61
2009	89.91	494.34	138.22	46.04	449.13	90.85
2010	89.06	500.02	133.28	43.93	454.08	90.81
2011	86.95	495.79	124.73	41.89	440.87	88.92
2012	87.59	490.02	95.81	35.49	390.57	79.70
2013	86.83	503.86	94.38	34.84	404.37	80.25
2014	87.84	496.20	87.75	32.34	407.13	82.04

表3.10 从业人员基本情况（1985－2014年）
BASIC STATISTICS ON EMPLOYMENT (1985-2014)

单位：万人 (10 000 persons)

年份 Year	从业人员总计 Total Number of Employed Persons	其中 of which #城镇 Urban Areas	按经济类型分 By Ownership 国有 State-owned	集体 Collective-owned	私营和个体 Private and Individuals	其他 Others
1985	1432.03	269.37				
1986	1469.13	275.35				
1987	1507.33	282.39				
1988	1512.49	288.70				
1989	1540.03	291.29				
1990	1569.34	296.92				
1991	1620.67	307.87				
1992	1662.58	313.51				
1993	1658.95	310.05				
1994	1729.55	326.75				
1995	1709.26	347.06				
1996	1719.43	463.98	198.16	1228.60	280.24	12.43
1997	1715.40	483.74	189.07	1201.03	307.29	18.01
1998	1710.97	505.22	175.52	1176.65	334.24	24.56
1999	1699.06	518.40	161.15	1151.98	354.15	31.78
2000	1661.16	528.97	149.28	1109.96	365.86	36.06
2001	1616.08	539.80	136.63	1058.10	379.86	41.49
2002	1551.77	549.17	130.66	975.92	395.96	49.23
2003	1499.99	560.28	125.88	903.90	412.41	57.80
2004	1471.34	573.97	124.72	854.48	425.18	66.96
2005	1456.30	589.27	123.50	822.48	437.72	72.60
2006	1454.77	602.99	123.90	789.42	457.52	83.93
2007	1468.87	631.65	115.79	765.19	484.88	103.01
2008	1492.43	665.74	119.83	746.54	514.89	111.17
2009	1513.00	696.82	119.79	727.99	546.66	118.56
2010	1539.95	733.70	125.29	701.34	583.02	130.30
2011	1585.16	790.70	131.00	647.82	628.15	178.19
2012	1633.14	856.17	128.53	627.67	662.74	214.20
2013	1683.51	923.28	121.22	593.75	696.83	271.71
2014	1696.94	954.34	114.87	565.16	727.17	289.74

表3.10 续表 continued

单位：万人 (10 000 persons)

年 份 Year	按产业分 By Sector			分产业比重（%） Compositon by Sector		
	第一产业 Primary Industry	第二产业 Secondary Industry	第三产业 Tertiary Industry	第一产业 Primary Industry	第二产业 Secondary Industry	第三产业 Tertiary Industry
1985	1042.22	223.37	166.44	72.8	15.6	11.6
1986	1048.32	241.66	179.15	71.4	16.4	12.2
1987	1064.06	258.93	184.34	70.6	17.2	12.2
1988	1056.49	262.83	193.17	69.8	17.4	12.8
1989	1082.41	263.81	193.81	70.3	17.1	12.6
1990	1103.04	263.86	202.44	70.3	16.8	12.9
1991	1130.47	275.72	214.48	69.8	17.0	13.2
1992	1118.59	277.77	266.22	67.3	16.7	16.0
1993	1088.70	287.88	282.37	65.6	17.4	17.0
1994	1062.90	301.13	365.52	61.5	17.4	21.1
1995	1018.30	310.88	380.08	59.6	18.2	22.2
1996	1001.89	320.31	397.23	58.3	18.6	23.1
1997	989.07	313.77	412.56	57.6	18.3	24.1
1998	979.48	303.18	428.31	57.3	17.7	25.0
1999	959.71	296.12	443.23	56.5	17.4	26.1
2000	920.92	290.23	450.01	55.4	17.5	27.1
2001	870.52	287.31	458.25	53.9	17.8	28.3
2002	801.04	285.09	465.64	51.6	18.4	30.0
2003	742.90	280.83	476.26	49.5	18.7	31.8
2004	704.22	280.73	486.39	47.8	19.1	33.1
2005	678.32	283.08	494.90	46.6	19.4	34.0
2006	664.35	286.46	503.96	45.7	19.7	34.6
2007	658.52	294.43	515.92	44.8	20.1	35.1
2008	652.19	307.66	532.58	43.7	20.6	35.7
2009	638.08	326.04	548.88	42.2	21.5	36.3
2010	621.29	351.86	566.80	40.3	22.9	36.8
2011	604.38	390.80	589.98	38.1	24.7	37.2
2012	592.59	422.73	617.82	36.3	25.9	37.8
2013	580.92	452.21	650.38	34.5	26.9	38.6
2014	555.59	464.48	676.87	32.7	27.4	39.9

表3.11 从业人员年末数（1999－2014年）

NUMBER OF EMPLOYED PERSONS AT YEAR-END (1999-2014)

单位：万人 (10 000 persons)

指　标	Item	1999	2000	2001	2002	2003	2004	2005	2006
从业人员总计	**Total Number of Employed Persons**	**1699.06**	**1661.16**	**1616.08**	**1551.77**	**1499.99**	**1471.34**	**1456.30**	**1454.77**
城　镇	Urban	518.40	528.97	539.80	549.17	560.28	573.97	589.27	602.99
乡　村	Rural	1180.66	1132.19	1076.28	1002.60	939.71	897.37	867.03	851.78
按经济类型分	**By Ownership**								
国有经济	State-owned	161.15	149.28	136.63	130.66	125.88	124.72	123.50	123.90
集体经济	Collective-owned	1151.98	1109.96	1058.10	975.92	903.90	854.48	822.48	789.42
私　营	Private	66.43	74.92	84.44	95.22	105.95	112.91	118.48	130.28
个　体	Individual	287.72	290.94	295.42	300.74	306.46	312.27	319.24	327.24
其他经济	Others	31.78	36.06	41.49	49.23	57.80	66.96	72.60	83.93
#联　营	Joint Ownership	0.63	0.86	4.11	4.93	5.78	6.84	5.57	4.62
股份制	Shareholding	10.95	11.49	13.21	15.55	15.72	16.71	14.84	12.86
外商投资	Foreign-funded	2.42	2.74	2.86	2.91	3.23	4.16	4.86	5.01
港澳台投资	With Funds from Hong Kong, Macao and Taiwan	2.50	2.44	2.66	2.25	2.55	2.33	2.32	2.33
按行业分	**Grouped By Sector**								
第一产业	Primary Industry	959.71	920.92	870.52	801.04	742.90	704.22	678.32	664.35
第二产业	Secondary Industry	296.12	290.23	287.31	285.09	280.83	280.73	283.08	286.46
采矿业	Mining	17.89	16.59	15.72	15.14	14.00	14.14	14.66	14.77
制造业	Manufacturing	160.07	156.02	152.59	149.91	146.38	144.23	144.46	145.72
电力、热力、燃气及水生产和供应业	Electric Power, Heat, Gas and Water Production and Supply	6.18	6.20	6.22	6.26	6.27	6.32	6.52	6.85
建筑业	Construction	111.98	111.42	112.78	113.78	114.18	116.04	117.44	119.12
第三产业	Tertiary Industry	443.23	450.01	458.25	465.64	476.26	486.39	494.90	503.96
交通运输、仓储及邮政业	Transport, Storage and Post	40.02	40.23	40.93	41.02	42.11	43.25	44.29	45.05
信息传输、软件和信息技术服务业	Information Transmission, Software and Information Technology	5.60	5.91	6.03	6.14	6.34	6.58	7.03	7.39
批发与零售业	Wholesale and Retail Trade	113.05	115.65	117.43	118.87	120.03	121.16	122.88	125.63
住宿和餐饮业	Hotels and Catering Services	70.18	70.52	71.14	72.03	73.36	74.27	75.40	77.22
金融业	Financial Intermediation	6.38	6.41	6.46	6.53	6.61	6.65	6.76	6.90
房地产业	Real Estate	4.88	5.03	5.11	5.22	5.45	6.11	6.83	7.74
租赁与商务服务业	Leasing and Business Services	16.09	16.34	16.95	17.53	18.23	19.33	19.97	19.97
科学研究、技术服务业	Scientific Research and Technical Services	7.58	7.71	7.96	8.15	8.25	8.35	8.39	8.43
水利、环境和公共设施管理业	Management of Water Conservancy, Environment and Public Facilities	5.26	5.31	5.40	5.50	5.56	5.71	5.76	5.94
居民服务、修理和其他服务业	Services to Households, Repair and Other Services	108.75	110.16	112.59	115.05	118.23	122.36	124.75	126.15
教　育	Education	29.79	30.59	31.69	32.09	33.33	33.68	33.91	34.20
卫生和社会工作	Health and Social Work	12.98	13.00	13.08	13.18	13.41	13.50	13.51	13.65
文化、体育与娱乐业	Culture, Sports and Entertainment	2.73	2.74	2.79	2.84	2.88	2.94	2.96	3.05
公共管理、社会保障和社会组织	Public Management, Social Security and Social Organizations	19.94	20.41	20.69	21.49	22.47	22.50	22.46	22.64

表3.11 续表 continued

单位：万人 (10 000 persons)

指 标	Item	2007	2008	2009	2010	2011	2012	2013	2014
从业人员总计	**Total Number of Employed Persons**	**1468.87**	**1492.43**	**1513.00**	**1539.95**	**1585.16**	**1633.14**	**1683.51**	**1696.94**
城 镇	Urban	631.65	665.74	696.82	733.70	790.70	856.17	923.28	954.34
乡 村	Rural	837.22	826.69	816.18	806.25	794.46	776.97	760.23	742.60
按经济类型分	**By Ownership**								
国有经济	State-owned	115.79	119.83	119.79	125.29	131.00	128.53	121.22	114.87
集体经济	Collective-owned	765.19	746.54	727.99	701.34	647.82	627.67	593.75	565.16
私 营	Private	151.49	175.00	203.50	235.10	271.87	297.18	320.64	339.04
个 体	Individual	333.39	339.89	343.16	347.92	356.28	365.56	376.19	388.13
其他经济	Others	103.01	111.17	118.56	130.30	178.19	214.20	271.71	289.74
#联 营	Joint Ownership	2.03	1.95	2.56	2.36	1.55	1.60	0.41	0.50
股份制	Shareholding	16.47	21.04	22.48	24.91	30.00	36.15	34.43	39.58
外商投资	Foreign-funded	7.06	7.33	8.47	9.43	13.14	13.98	19.56	22.48
港澳台投资	With Funds from Hong Kong, Macao and Taiwan	2.80	2.40	3.89	5.20	14.55	16.67	17.95	17.46
按行业分	**Grouped By Sector**								
第一产业	Primary Industry	658.52	652.19	638.08	621.29	604.38	592.59	580.92	555.59
第二产业	Secondary Industry	294.43	307.66	326.04	351.86	390.80	422.73	452.21	464.48
采矿业	Mining	16.83	19.77	22.24	24.84	28.11	30.63	30.86	30.57
制造业	Manufacturing	148.33	152.11	159.37	168.67	190.51	206.49	216.36	224.97
电力、热力、燃气及水生产和供应业	Electric Power, Heat, Gas and Water Production and Supply	7.14	7.43	7.91	8.20	8.54	9.41	8.93	9.51
建筑业	Construction	122.13	128.35	136.52	150.15	163.64	176.20	196.06	199.43
第三产业	Tertiary Industry	515.92	532.58	548.88	566.80	589.98	617.82	650.38	676.87
交通运输、仓储及邮政业	Transport, Storage and Post	46.17	47.25	48.42	50.12	53.49	56.88	61.27	64.93
信息传输、软件和信息技术服务业	Information Transmission, Software and Information Technology	8.09	8.58	8.85	9.34	10.57	12.34	13.98	15.31
批发与零售业	Wholesale and Retail Trade	127.29	131.46	134.72	138.22	142.25	147.18	153.40	158.10
住宿和餐饮业	Hotels and Catering Services	78.76	80.28	82.64	85.07	88.22	91.19	92.94	94.64
金融业	Financial Intermediation	8.03	9.09	9.74	10.85	12.34	14.09	14.37	15.02
房地产业	Real Estate	8.81	10.24	12.02	14.66	16.83	19.63	24.69	26.31
租赁与商务服务业	Leasing and Business Services	21.41	22.50	23.41	24.63	26.31	28.20	31.34	32.72
科学研究、技术服务业	Scientific Research and Technical Services	8.57	8.75	8.93	9.05	9.44	10.51	11.64	12.59
水利、环境和公共设施管理业	Management of Water Conservancy, Environment and Public Facilities	6.19	6.44	6.78	7.03	7.45	8.13	8.52	9.18
居民服务、修理和其他服务业	Services to Households, Repair and Other Services	126.62	129.21	131.76	132.97	133.83	134.82	135.82	138.72
教 育	Education	35.01	36.02	36.91	38.17	39.88	41.74	44.48	47.05
卫生和社会工作	Health and Social Work	13.94	14.55	15.38	16.10	17.42	18.95	21.67	23.75
文化、体育与娱乐业	Culture, Sports and Entertainment	3.44	3.88	4.08	4.30	4.64	5.22	5.97	6.36
公共管理、社会保障和社会组织	Public Management, Social Security and Social Organizations	23.59	24.33	25.24	26.29	27.31	28.94	30.29	32.19

表3.12 城镇从业人员年末数（2013－2014年）
NUMBER OF EMPLOYED PERSONS IN URBAN UNITS AT YEAR-END (2013-2014)

单位：万人 (10 000 persons)

指　标	Item	2013	2014
从业人员总计	**Total Number of Employed Persons**	**923.28**	**954.34**
按经济类型分	**By Ownership**		
国有经济	State-owned	121.22	114.87
集体经济	Collective-owned	26.37	20.13
私　营	Private	270.07	286.56
个　体	Individual	233.91	243.04
其他经济	Others	271.71	289.74
#联　营	Joint Ownership	0.41	0.50
股份制	Shareholding	34.43	39.58
外商投资	Foreign-funded	19.56	22.48
港澳台投资	With Funds from Hong Kong, Macao and Taiwan	17.95	17.46
按行业分	**Grouped By Sector**		
第一产业	Primary Industry	37.43	36.12
第二产业	Secondary Industry	405.74	420.39
采矿业	Mining	24.39	24.08
制造业	Manufacturing	189.55	200.81
电力、热力、燃气及水生产和供应业	Electric Power, Heat, Gas and Water Production and Supply	8.93	9.36
建筑业	Construction	182.87	186.14
第三产业	Tertiary Industry	480.11	497.83
交通运输、仓储及邮政业	Transport, Storage and Post	38.68	41.57
信息传输、软件和信息技术服务业	Information Transmission, Software and Information Technology	13.95	15.09
批发与零售业	Wholesale and Retail Trades	109.18	110.52
住宿和餐饮业	Hotels and Catering Services	63.53	64.54
金融业	Financial Intermediation	14.37	15.02
房地产业	Real Estate	24.69	26.31
租赁与商务服务业	Leasing and Business Services	21.43	22.39
科学研究、技术服务业	Scientific Research and Technical Services	9.68	10.26
水利、环境和公共设施管理业	Management of Water Conservancy, Environment and Public Facilities	6.07	6.53
居民服务、修理和其他服务业	Services to Households, Repair and Other Services	85.63	87.47
教　育	Education	40.85	42.70
卫生和社会工作	Health and Social Work	19.55	21.43
文化、体育与娱乐业	Culture, Sports and Entertainment	5.48	5.72
公共管理、社会保障和社会组织	Public Management, Social Security and Social Organizations	27.02	28.28

表3.13 主要年份城镇非私营单位在岗职工人数
NUMBER OF ON-POST STAFF AND WORKERS OF URBAN NON-PRIVATE UNITS IN MAJOR YEARS

单位：万人 (10 000 persons)

年 份 Year	合 计 Total	按产业分 By Three Strata of Industry			按经济类型分 By Status of Registration		
		第一产业 Primary Industry	第二产业 Secondary Industry	第三产业 Tertiary Industry	国 有 State-owned	集 体 Collective--owned	其 他 Others
1949	5.34				5.34		
1952	47.62				47.62		
1957	71.19				71.19		
1962	80.79				80.79		
1965	91.96				91.96		
1970	109.98				109.98		
1975	127.99				127.99		
1978	154.44				154.44		
1980	220.06				162.97	57.09	
1985	257.63	4.80	144.90	107.93	186.74	70.81	0.08
1986	264.01	4.79	151.13	108.09	191.47	72.43	0.11
1987	270.46	5.39	153.80	111.27	196.79	73.36	0.31
1988	277.70	5.45	157.28	114.97	201.88	75.42	0.40
1989	280.69	5.66	158.65	116.38	205.98	74.01	0.70
1990	285.68	5.68	159.47	120.53	209.61	75.16	0.91
1991	293.59	5.68	163.94	123.97	215.78	76.58	1.23
1992	297.07	5.46	165.35	126.26	218.41	76.94	1.72
1993	290.02	4.16	164.74	121.12	215.05	70.79	4.18
1994	293.23	4.24	162.90	126.09	212.02	71.03	10.18
1995	294.25	4.35	160.58	129.32	212.34	69.85	12.06
1996	294.63	4.43	159.37	130.83	214.01	67.47	13.15
1997	289.29	4.13	153.73	131.43	211.13	61.64	16.52
1998	236.61	3.83	115.89	116.89	172.24	40.91	23.46
1999	222.34	3.58	106.07	112.69	158.64	35.54	28.16
2000	208.87	3.43	96.01	109.43	146.91	29.74	32.22
2001	201.23	2.94	91.73	106.56	134.79	23.77	42.67
2002	199.93	2.64	92.63	104.66	128.41	20.82	50.70
2003	204.99	2.46	97.56	104.97	121.27	18.94	64.78
2004	208.04	2.35	100.50	105.19	120.85	16.85	70.34
2005	209.66	2.14	101.00	106.52	120.09	13.66	75.91
2006	212.97	2.12	102.22	108.63	120.37	12.22	80.38
2007	220.84	1.80	104.87	114.17	112.55	10.63	97.66
2008	229.59	1.80	108.92	118.87	115.19	10.23	104.17
2009	234.90	1.68	111.88	121.34	114.32	9.88	110.70
2010	250.22	1.79	121.20	127.23	118.76	10.26	121.20
2011	292.10	1.51	149.34	141.25	116.47	9.88	165.75
2012	334.37	1.26	176.74	156.37	123.45	9.47	201.45
2013	375.36	1.07	194.49	179.80	114.74	8.47	252.15
2014	386.76	1.15	196.08	189.53	112.47	8.43	265.86

注：“城镇非私营单位”与原“城镇经济单位”口径相同（以下各表同）。
Note: The scope of "urban economic units" is identical to the former "urban non-private units"(the same for the tables below).

表3.14 主要年份城镇非私营单位在岗职工工资总额
TOTAL WAGE BILL OF ON-POST STAFF AND WORKERS OF URBAN NON-PRIVATE ECONOMIC UNITS IN MAJOR YEARS

单位：万元 (10 000 yuan)

年份 Year	合计 Total Wages	按产业分 By Three Strata of Industry			按经济类型分 By Status of Registration		
		第一产业 Primary Industry	第二产业 Secondary Industry	第三产业 Tertiary Industry	国有 State-owned	集体 Collective-owned	其他 Others
1949	1368				1368		
1952	18577				18577		
1957	37710				37710		
1962	45532				45532		
1965	51159				51159		
1970	60866				60866		
1975	74645				74645		
1978	91615				91615		
1980	159426				125305	34121	
1985	259688	4528	149468	105692	195684	63939	65
1986	300882	4960	177126	118796	233311	67396	175
1987	349808	5802	206458	137548	271210	78190	408
1988	435140	6771	256248	172121	340494	94048	598
1989	497553	7713	294228	195612	392179	104065	1309
1990	573310	8232	335056	230022	454776	116718	1816
1991	637968	9313	373271	255384	501204	134105	2659
1992	728780	10757	415886	302137	577638	146315	4827
1993	831520	8623	489684	333213	664939	152705	13876
1994	1144546	12990	618503	513053	902585	190980	50981
1995	1309344	15878	715405	578061	1016056	222720	70568
1996	1454905	18116	782060	654729	1132834	237510	84561
1997	1580484	17286	828011	735187	1225441	244245	110798
1998	1588049	18478	815904	753667	1223697	201028	163324
1999	1606804	19304	760591	826909	1207329	184757	214718
2000	1732318	20606	777295	934417	1290215	176693	265410
2001	1941508	21510	833110	1086888	1381940	158228	401340
2002	2196175	21857	921105	1253213	1520518	159655	516002
2003	2535070	22059	1104724	1408287	1661336	160049	713685
2004	2939800	23358	1291498	1624944	1904154	164332	871314
2005	3458237	23019	1503886	1931332	2224886	157943	1075408
2006	4034057	26173	1757357	2250527	2542465	165315	1326277
2007	4998743	27226	2111205	2860312	2814125	160900	2023718
2008	6137760	30232	2592679	3514849	3390954	177772	2569034
2009	7161387	31720	2989883	4139784	3855720	198908	3106759
2010	8629547	37250	3690436	4901861	4435431	242086	3952030
2011	11565329	48201	5241459	6275669	5206171	274421	6084737
2012	14791899	42564	6739973	8009362	6278652	280113	8233134
2013	18702874	37727	8741241	9923906	6475086	293061	11934727
2014	21584168	44340	9680243	11859585	7357033	341168	13885967

表3.15 主要年份城镇非私营单位在岗职工平均工资

AVERAGE WAGE OF ON-POST STAFF AND WORKERS OF URBAN NON-PRIVATE UNITS IN MAJOR YEARS

单位：元 (yuan)

年 份 Year	平均工资 Average Wages	按产业分 By Industry			按经济类型分 By Registration		
		第一产业 Primary Industry	第二产业 Secondary Industry	第三产业 Tertiary Industry	国 有 State-owned	集 体 Collective--owned	其 他 Others
1949	284				284		
1952	330				330		
1957	535				535		
1962	448				448		
1965	588				588		
1970	581				581		
1975	588				588		
1978	632				632		
1980	737				783	606	
1985	1038				1110	930	861
1986	1154	1034	1197	1100	1234	941	1842
1987	1309	1140	1354	1254	1397	1073	1943
1988	1588	1249	1647	1522	1708	1264	1685
1989	1782	1388	1863	1691	1923	1393	2380
1990	2025	1452	2106	1942	2189	1565	2256
1991	2203	1640	2308	2089	2356	1768	2485
1992	2468	1931	2526	2415	2661	1906	3273
1993	2833	1793	2967	2694	3068	2067	4704
1994	3925	3093	3776	4151	4227	2693	7100
1995	4508	3657	4423	4527	4789	3162	6346
1996	5010	4127	4889	5033	5352	3603	6607
1997	5502	4188	5412	5649	5828	4016	6845
1998	6433	4713	6529	6394	6732	4891	6907
1999	7182	5296	7184	7240	7541	5200	7641
2000	8020	5884	7704	8372	7431	4534	7450
2001	9523	6521	8925	10053	10035	6614	9503
2002	10960	7587	9905	11905	11745	7601	10339
2003	12440	8877	11425	13462	13616	8552	11316
2004	14357	9871	13125	15624	15847	9839	12831
2005	16630	10676	14962	18345	18614	11614	14373
2006	19215	12279	17434	21031	21402	13522	16805
2007	23098	14852	20703	25401	25365	15149	21336
2008	26985	16571	24134	29736	29761	17444	24864
2009	30965	18864	27445	34313	34023	20337	28723
2010	35326	20894	31555	39043	38075	24205	33552
2011	40042	31868	35592	45353	44585	28490	37543
2012	45392	34585	39477	52038	51675	30626	42173
2013	51015	36006	46476	55913	57271	34852	48684
2014	56852	38346	50471	63520	65794	40514	53527

表3.16 城镇非私营单位在岗职工人数（2013－2014年）

NUMBER OF ON-POST STAFF AND WORKERS IN NON-PRIVATE ECONOMIC UNITS (2013-2014)

单位：万人 (10 000 persons)

指 标	Item	合 计 Total		其 中 of which #国 有 State-owned		#集 体 Collective-owned	
		2013	2014	2013	2014	2013	2014
总 计	**Total**	**375.36**	**386.76**	**114.74**	**112.47**	**8.47**	**8.43**
按企业、事业、机关分	**By Corporation, Institution and Agency**						
企 业	Corporations	286.52	295.31	36.35	26.11	6.80	6.74
事 业	Institutions	63.86	65.73	55.56	61.65	1.62	1.64
机 关	Agencies	24.98	25.72	22.83	24.71	0.05	0.05
按行业分	**By Sector**						
第一产业	Primary Industry	1.07	1.15	0.81	0.79	0.06	0.04
第二产业	Secondary Industry	194.49	196.08	10.10	8.68	5.71	5.51
采矿业	Mining	9.97	8.88	0.93	0.68	0.47	0.39
制造业	Manufacturing	84.27	86.05	3.27	2.67	0.95	0.96
电力、热力、燃气及水生产和供应业	Electric Power, Heat, Gas and Water Production and Supply	6.64	6.67	0.81	0.81	0.12	0.11
建筑业	Construction	93.61	94.48	5.09	4.52	4.17	4.05
第三产业	Tertiary Industry	179.80	189.53	103.83	103.00	2.70	2.88
交通运输、仓储及邮政业	Transport, Storage and Post	24.45	25.5	9.94	7.62	0.24	0.27
信息传输、软件和信息技术服务业	Information Transmission, Software and Information Technology	4.82	4.59	0.32	0.35	0.01	0.05
批发与零售业	Wholesale and Retail Trades	21.46	22.12	1.76	1.64	0.43	0.43
住宿和餐饮业	Hotels and Catering Services	6.73	6.61	0.54	0.45	0.20	0.17
金融业	Financial Intermediation	8.90	8.92	3.86	3.81		
房地产业	Real Estate	9.74	11.89	0.84	0.68	0.07	0.14
租赁与商务服务业	Leasing and Business Services	9.05	10.43	2.13	2.16	0.09	0.12
科学研究、技术服务业	Scientific Research and Technical Services	6.04	7.33	3.78	3.69	0.07	0.07
水利、环境和公共设施管理业	Management of Water Conservancy, Environment and Public Facilities	4.69	4.89	3.34	3.50	0.27	0.31
居民服务、修理和其他服务业	Services to Households, Repair and Other Services	1.28	1.35	0.15	0.15	0.06	0.07
教 育	Education	37.08	38.28	34.64	35.28	0.16	0.09
卫生和社会工作	Health and Social Work	15.29	17.00	13.08	13.93	1.09	1.15
文化、体育与娱乐业	Culture, Sports and Entertainment	2.55	2.54	1.73	1.66	0.01	0.01
公共管理、社会保障和社会组织	Public Management, Social Security and Social Organization	27.72	28.08	27.72	28.08		

表3.17 城镇非私营单位在岗职工工资总额（2013－2014年）

TOTAL WAGE BILL OF ON-POST STAFF AND WORKERS OF URBAN NON-PRIVATE ECONOMIC UNITS (2013-2014)

单位：万元 (10 000 yuan)

指　标	Item	合　计 Total 2013	合　计 Total 2014	其中 of which #国有 State-owned 2013	#国有 State-owned 2014	#集体 Collective-owned 2013	#集体 Collective-owned 2014
总　计	**Total**	**18702874**	**21584168**	**6475086**	**7357033**	**293061**	**341168**
按企业、事业、机关分	**By Corporation, Institution and Agency**						
企　业	Corporations	13976912	15850395	2434512	1886416	228904	257877
事　业	Institutions	3486106	4260543	2908005	4033602	62739	81835
机　关	Agencies	1239856	1473230	1132569	1437015	1418	1456
按行业分	**By Sector**						
第一产业	Primary Industry	37727	44340	30441	33742	1837	1560
第二产业	Secondary Industry	8741241	9680243	479121	473373	195712	209981
采矿业	Mining	446959	439971	48373	42193	15312	14084
制造业	Manufacturing	3929510	4572663	171374	157359	28137	36066
电力、热力、燃气及水生产和供应业	Electric Power, Heat, Gas and Water Production and Supply	485304	480036	45242	49316	3447	4081
建筑业	Construction	3879468	4187573	214132	224505	148816	155750
第三产业	Tertiary Industry	9923906	11859585	5965524	6849918	95512	129627
交通运输、仓储及邮政业	Transport, Storage and Post	1342012	1436693	630581	484939	8212	10975
信息传输、软件和信息技术服务业	Information Transmission, Software and Information Technology	356662	393044	16083	19034	158	3200
批发与零售业	Wholesale and Retail Trades	951574	1058317	135466	141891	10159	12126
住宿和餐饮业	Hotels and Catering Services	216768	229303	17659	15424	5445	5209
金融业	Financial Intermediation	1122542	1339625	468573	532018	28	33
房地产业	Real Estate	481565	657440	27269	36044	3976	8919
租赁与商务服务业	Leasing and Business Services	346853	419329	88720	86908	2780	3830
科学研究、技术服务业	Scientific Research and Technical Services	485522	617271	276930	311028	2975	3095
水利、环境和公共设施管理业	Management of Water Conservancy, Environment and Public Facilities	159261	197294	114355	143526	6666	9418
居民服务、修理和其他服务业	Services to Households, Repair and Other Services	45533	55310	5969	7128	2090	2623
教　育	Education	1949950	2444780	1851006	2276826	6558	4864
卫生和社会工作	Health and Social Work	954304	1247785	863511	1080966	45901	64686
文化、体育与娱乐业	Culture, Sports and Entertainment	137514	152322	95556	103122	564	649
公共管理、社会保障和社会组织	Public Management, Social Security and Social Organization	1373846	1611072	1373846	1611064		

表3.18 城镇非私营单位就业人员平均工资（2013－2014年）

AVERAGE WAGE OF EMPLOYED PERSONS OF URBAN NON-PRIVATE ECONOMIC UNITS (2013-2014)

单位：元 (yuan)

指 标	Item	就业人员平均工资 Average Wage of Employed Persons		其中 of which #在岗职工平均工资 Average Wage of On-Post Employees		其中 of which #国有 State-owned		#集体 Collective-owned	
		2013	2014	2013	2014	2013	2014	2013	2014
总 计	**Total**	**50006**	**55588**	**51015**	**56852**	**57271**	**65794**	**34852**	**40514**
按企业、事业、机关分	**By Corporation, Institution and Agency**								
企 业	Corporations	49247	53800	50138	54850	68133	71950	37044	38175
事 业	Institutions	53891	63307	55286	65360	53186	66005	28759	50516
机 关	Agencies	49231	57199	50438	58623	49918	58628	39378	39059
按行业分	**By Sector**								
第一产业	Primary Industry	35415	38064	36006	38346	38195	42940	29258	37229
第二产业	Secondary Industry	46137	50086	46476	50471	49090	53308	34262	38109
采矿业	Mining	45092	48429	45023	48369	51210	52663	33930	37768
制造业	Manufacturing	47621	53207	47901	53397	51283	57632	29410	37483
电力、热力、燃气及水生产和供应业	Electric Power, Heat, Gas and Water Production and Supply	67647	70321	69263	71795	56188	60937	29015	37168
建筑业	Construction	43375	46037	43535	46333	45866	49461	35556	38313
第三产业	Tertiary Industry	54164	61279	55913	63520	58199	67055	36266	45182
交通运输、仓储及邮政业	Traffic, Transport, Storage and Post	55089	56039	55944	56896	65363	63565	34976	39893
信息传输、软件和信息技术服务业	Information Transmission, Software and IT Service	73598	84189	73852	84637	50024	56050	52667	35874
批发与零售业	Wholesale and Retail Trades	44484	48735	44945	49426	76651	86392	24573	28872
住宿和餐饮业	Hotels and Catering Services	31090	35076	31256	35054	33149	33913	28211	32493
金融业	Financial Intermediation	100437	115065	130230	154029	122743	140233	25818	30364
房地产业	Real Estate	50317	56872	50951	57894	32306	56969	54022	65916
租赁与商务服务业	Leasing and Business Services	37097	39615	39162	40866	42373	40651	33332	37044
科学研究、技术服务业	Scientific Research and Technical Services	78204	83498	80073	85121	73636	84959	40861	45991
水利、环境和公共设施管理业	Management of Water Conservancy, Environment and Public Facilities	34480	39051	34787	40642	35070	41055	26707	30950
居民服务、修理和其他服务业	Services to Households, Repair and Other Services	35535	40900	35955	41643	40828	46651	33822	39738
教 育	Education	51560	61875	53018	64180	53882	64870	40255	53096
卫生和社会工作	Health and Social Work	62470	73471	63973	74917	67760	79329	42846	56670
文化、体育与娱乐业	Culture, Sports and Entertainment	53723	59598	54360	60563	55815	62722	43705	46698
公共管理、社会保障和社会组织	Public Management, Social Security and Social Organization	48733	56512	49954	57859	49954	57860		

表3.19 城镇非私营单位就业人员工资总额（2013－2014年）
TOTAL WAGE BILL OF EMPLOYMENT OF URBAN NON-PRIVATE UNITS (2013-2014)

单位：万元 (10 000 yuan)

指 标	Item	合 计 Total		其 中 of which #国 有 State-owned		#集 体 Collective-owned	
		2013	2014	2013	2014	2013	2014
总 计	**Total**	**19602991**	**22586420**	**6667337**	**7524592**	**310994**	**364655**
按企业、事业、机关分	**By Corporation, Institution and Agency**						
企 业	Corporations	14764723	16707710	2532864	1918863	241893	277680
事 业	Institutions	3577116	4378936	2983886	4143446	67645	85489
机 关	Agencies	1261152	1499774	1150587	1462283	1456	1486
按行业分	**By Sector**						
第一产业	Primary Industry	39715	44843	30662	33990	1839	1560
第二产业	Secondary Industry	9247852	10224995	518040	487645	206863	227730
采矿业	Mining	455976	446524	48420	42439	15338	14084
制造业	Manufacturing	4014710	4698790	174899	161511	29597	37268
电力、热力、燃气及水生产和供应业	Electric Power, Heat, Gas and Water Production and Supply	496767	496323	45609	49717	3478	4116
建筑业	Construction	4280399	4583358	249112	233978	158450	172262
第三产业	Tertiary Industry	10315424	12316582	6118636	7002957	102292	135365
交通运输、仓储及邮政业	Transport, Storage and Post	1411191	1514521	671316	495692	9023	11740
信息传输、软件和信息技术服务业	Information Transmission, Software and Information Technology	360806	395824	16119	19306	158	3200
批发与零售业	Wholesale and Retail Trades	969468	1079259	137352	144331	10329	12263
住宿和餐饮业	Hotels and Catering Services	221635	234931	18081	16070	5810	5846
金融业	Financial Intermediation	1231232	1461024	469193	532723	28	33
房地产业	Real Estate	493223	674451	28264	37698	4033	8968
租赁与商务服务业	Leasing and Business Services	391102	468317	89628	88392	2870	3957
科学研究、技术服务业	Scientific Research and Technical Services	499795	633201	283468	318073	3015	3115
水利、环境和公共设施管理业	Management of Water Conservancy, Environment and Public Facilities	168217	212633	119609	156084	6972	9517
居民服务、修理和其他服务业	Services to Households, Repair and Other Services	46835	59060	6225	7513	2440	2972
教 育	Education	1996418	2505845	1895134	2332668	6652	4962
卫生和社会工作	Health and Social Work	988493	1284230	889570	1110891	50398	68143
文化、体育与娱乐业	Culture, Sports and Entertainment	139583	154817	97250	105055	564	649
公共管理、社会保障和社会组织	Public Management, Social Security and Social Organization	1397426	1638469	1397426	1638461		

表3.20 城镇登记失业人数（1985－2014年）

NUMBER OF REGISTERED UNEMPLOYED PERSONS IN URBAN AREAS (1985-2014)

单位：万人、%（10 000 persons，%）

年 份 Year	登记失业人数 Registered Unemployed Persons	其 中 of which #女 性 Female	按失业时间分 By Unemployment Period 6个月以上 Over 6 Months	6个月以下 Less than 6 Months	登记失业率 Registered Unemployment Rate
1985	6.46				2.3
1986	6.00				2.1
1987	6.29				2.2
1988	6.25				2.1
1989	8.43				2.8
1990	8.81				2.9
1991	9.42				3.0
1992	10.01				3.1
1993	10.23				3.2
1994	10.80				3.2
1995	10.47				2.9
1996	10.95				3.0
1997	10.85	6.18	6.92	3.93	3.5
1998	10.10	5.71	6.46	3.64	3.5
1999	10.08	5.48	6.15	3.93	3.5
2000	10.15	5.26	5.30	4.85	3.5
2001	13.72	7.24	7.72	6.00	3.9
2002	16.18	7.70	7.79	8.39	4.1
2003	16.16	8.20	8.62	7.54	4.1
2004	16.76	8.19	9.44	7.32	4.12
2005	16.89	8.27	9.67	7.22	4.12
2006	15.41	8.12	8.98	6.43	4.00
2007	14.13	7.60	8.01	6.12	3.98
2008	13.02	6.94	6.27	6.75	3.96
2009	13.44	6.55	6.02	7.42	3.96
2010	13.02	6.20	4.06	8.96	3.90
2011	12.96	7.01	3.34	9.62	3.50
2012	12.43	5.93	1.25	11.18	3.30
2013	12.07	6.44	1.07	11.00	3.40
2014	13.42	6.87	0.62	12.80	3.46

重/庆/统/计/年/鉴

主要统计指标解释

■ 人口数

指一定时点、一定地区范围内的有生命的个人的总和。年度统计的年末人口数是指每年12月31日24时的人口数。

■ 出生率（又称粗出生率）

指在一定时期内（通常为一年）一定地区内出生人数与同期内平均人数（或期中人数）之比，一般用千分率表示。本资料中的出生率指年出生率。计算公式为：

出生率=年出生人数/年平均人数×1000‰

式中：出生人数是指活产婴儿，即胎儿脱离母体时（不管怀孕月数）有过呼吸或其他生命现象。年平均人数是年初、年底人口数的平均数，也可用年中人口数代替。

■ 死亡率（又称粗死亡率）

指在一定时期内（通常为一年）一定地区的死亡人数与同期平均人数（或期中人数）之比，一般用千分率表示。本资料中的死亡率指年死亡率。计算公式为：

死亡率=年死亡人数/年平均人数×1000‰

■ 人口自然增长率

指在一定时期内（通常为一年）人口自然增加数（出生人数减死亡人数）与该时期内平均人数（或期中人数）之比，一般用千分率表示。计算公式为：

人口自然增长率=(本年出生人数-本年死亡人数)/年平均人数×1000‰=人口出生率-人口死亡率

■ 总抚养比

也称总负担系数。指人口总体中非劳动年龄人口数与劳动年龄人口数之比。通常用百分比表示。说明每100名劳动年龄人口大致要负担多少名非劳动年龄人口。用于从人口角度反映人口与经济发展的基本关系。计算公式为：

$$GDR=\frac{P_{0\sim14}+P_{65^+}}{P_{15\sim64}}\times100\%$$

其中：GDR为总抚养比；

P0~14为0～14岁少年儿童人口数；

P65+为65岁及65岁以上的老年人口数；

P15~64为15～64岁劳动年龄人口数。

■ 老年人口抚养比

也称老年人口抚养系数。指某一人口中老年人口数与劳动年龄人口数之比。通常用百分比表示。用以表明每100名劳动年龄人口要负担多少名老年人。老年人口抚养比是从经济角度反映人口老化社会后果的指标之一。计算公式为：

$$ODR=\frac{P_{65^+}}{P_{15\sim64}}\times100\%$$

其中：ODR为老年人口抚养比；

P65+为65岁及65岁以上的老年人口数；

P15~64为15～64岁的劳动年龄人口数。

■ 少年儿童抚养比

也称少年儿童抚养系数。指某一人口中少年儿童人口数与劳动年龄人口数之比。通常用百分比表示。以反映每100名劳动年龄人口要负担多少名少年儿童。计算公式为：

$$CDR=\frac{P_{0\sim14}}{P_{15\sim64}}\times100\%$$

其中：CDR为少年儿童抚养比；

P0~14为0～14岁少年儿童人口数；

P15~64为15～64岁劳动年龄人口数。

■ 常住人口

常住人口在人口调查中的定义为下列几款人：（1）居住本乡镇街道，户口在本乡镇街道或户口在本乡镇街道，但人离开本乡镇街道不满半年的人；（2）居住本乡镇街道，离开户口登记地半年以上的人；（3）居住本乡镇街道，户口待定的人；（4）原住本乡镇街道，现在国外工作学习的人。

主要统计指标解释

文盲人口

文盲人口是指15岁以上不识字或识字很少的人口。

文盲率

文盲率是指文盲人口占15岁及以上人口比重。

城镇人口和乡村人口

城镇人口是指居住在城区和镇区范围内的全部人口；乡村人口是除上述人口以外的全部人口。

历年城乡人口数据是按照当时国家《统计上划分城乡的规定》计算。

三次普查之间年份的城乡人口根据1990年和2000年人口普查数据进行了调整。

从业人员

指在16周岁及以上，从事一定社会劳动并取得劳动报酬或经营收入的人员。这一指标反映了一定时期内全部劳动力资源的实际利用情况，是研究我国基本国情国力的重要指标。

在岗职工

指在国有、城镇集体、联营、股份制、外商和港、澳、台投资、其他单位（不包括私营单位和个体经营户）及其附属机构工作，并由其支付工资的各类人员。不包括离休、退休、退职人员；再就业的离、退休人员；在城镇单位中工作的外方及港、澳、台人员；其他按有关规定不列入职工统计范围的人员。（1998年及以后的数据均为在岗职工数据，其他相关指标如职工工资总额，职工平均工资等指标也从1998年按此口径进行了相应调整）。

国有单位

指资产归国家所有的经济组织。包括按《中华人民共和国企业法人登记管理条例》规定登记注册的非公司制的经济组织，以及中央、地方各级国家机关、事业单位和社会团体。

集体单位

指生产资料归集体所有，并按《中华人民共和国企业法人登记管理条例》规定登记注册的经济组织。

在岗职工工资总额

指各单位在一定时期内直接支付给本单位全部职工的劳动报酬总额。工资总额的计算原则应以直接支付给职工的全部劳动报酬为根据。各单位支付给职工的劳动报酬以及其他根据有关规定支付的工资，不论是计入成本的还是不计入成本的，不论是以货币形式支付的还是以实物形式支付的，均包括在工资总额内。

在岗职工平均工资

指企业、事业、机关单位的职工在一定时期内平均每人所得的工资额。它表明一定时期职工工资收入的高低程度，是反映职工工资水平的主要指标，计算公式为：

职工平均工资=报告期实际支付的全部职工工资总额/报告期全部职工平均人数

就业人员工资总额

指各单位在一定时期内直接支付给本单位全部就业人员的劳动报酬总额。包括在岗职工工资总额和其他就业人员劳动报酬总额。

城镇登记失业人员

指在劳动年龄（16周岁至退休年龄）内，有劳动能力，有就业要求，处于无业状态并在公共就业服务机构进行失业登记的城镇常住人员。其中，没有就业经历的城镇户籍人员，在户籍所在地登记；农村进城务工人员和其他非本地户籍人员在常住地稳定就业满6个月的，失业后可以在常住地登记。

城镇登记失业率

指报告期末，登记失业人数占期末城镇就业人员总数与期末实有城镇登记失业人数之和的比重。计算公式为：

城镇登记失业率=期末实有登记失业人数/(期末就业人员总数+期末实有登记失业人数)×100%

CHONGQING STATISTICAL YEARBOOK

Explanatory Notes on Main Statistical Indicators

Total population

Refers to the total number of people alive at a certain point of time within a given area.The annual statistics on total population is taken at midnight, the 3lst of December.

Birth Rate (or Crude Birth Rate)

Refers to the ratio of the number of births to the average population during a certain period of time (usually a year), which is often expressed in ‰. Birth rate in the chapter refers to annual birth rate. The following formula is used:

Birth Rate = Number of Births / Average Number of Population × 1000‰

Number of Births refers to live births, i.e. the births when babies had showed any vital phenomena regardless of the length of pregnancy.

Annual Average Number of Population is the average of the number of population at the beginning of the year and that at the end of the year. Sometimes it is substituted for with the mid-year population.

Death Rate (or Crude Death Rate)

Refers to the ratio of the number of deaths to the average population (or mid-year population) during a certain period of time (usually a year), which is often expressed in ‰. Death rate in the chapter refers to annual death rate. The following formula is used:

Death Rate = Number of Deaths / Annual Average Number of Population × 1000‰

Natural Growth Rate of Population

Refers to the ratio of natural increase in population (number of births minus number of deaths) in a certain period of time (usually a year) to average population (or mid-year population) of the same period, which is often expressed in ‰. The following formulas are applied:

Natural Growth of Population = Number of Births - Number of Deaths / Average number of Population × 1000‰

Natural Growth Rate of Population = Birth Rate - Death Rate

Gross Dependency Ratio

Also called gross dependency coefficient, refers to the ratio of non-working-age population to the working-age population, express in %. Describing in general the number of non-working-age population that every 100 people at working ages will take care of, this indicator reflects the basic relation between population and economic development from the demographic perspective. The gross dependency ratio is calculated with the following formula:

$$GDR = \frac{P_{0\sim14} + P_{65^+}}{P_{15\sim64}} \times 100\%$$

Where: GDR is the gross dependency ratio,

P0-14 is the population of children aged 0-14,

P65+ is the elderly population aged 65 and over, and

P15-64 is the working-age population aged 15-64.

Old Dependency Ratio

Also called old dependency coefficient, refers to the ratio of the elderly population to the working-age population, express in %. It describes the number of the elderly population that every 100 people at working ages will take care of. Old dependency ratio is one of the indicators reflecting the social implication of population aging from the economic perspective. The old dependency ratio is calculated with the following formula:

$$ODR = \frac{P_{65^+}}{P_{15-64}} \times 100\%$$

Where: ODR is the old dependency ratio,

P65+ is the elderly population aged 65 and over, and

P15-64 is the working-age population aged 15-64.

Children Dependency Ratio

Also called children dependency coefficient, refers to the ratio of the children population to the working-age population, express in %. It describes the number of children population that every 100 people at working ages will take care of. The children dependency ratio is calculated with the following formula:

$$ODR = \frac{P_{65^+}}{P_{15-64}} \times 100\%$$

EXPLANATORY NOTES TO MAJOR STATISTICAL INDICATORS

Where: CDR is the children dependency ratio,

P0-14 is the children population aged 0-14, and

P15-64 is the working-age population aged 15-64.

□ Resident Population

According to survey of population, it includes the following main items: 1) population who reside in this township or town (sub-district) with residence registered in this area, or population who have residence registered in this township or town (sub-district) but have been away from this area for less than half a year; 2) population having actually resided in this township or town (sub-district) for over half a year with residence registered in other area; 3) population residing in this townships or towns (sub-district) with residence not registered; 4) population with residence registered in this township or town (sub-district) who work or study abroad.

□ The Illerate Population

Refers to those over 15 years of age who have inability to read or write, or can read or write only a few words.

□ Illiteracy Rate

Refers to the percentage of the illiterate population in the total population above 15 years of age.

□ Urban Population and Rural Population

Urban population refers to all people residing in the urban and township areas, while rural population refers to population other than urban population.

Statistics on urban and rural population over the years are compiled in line with the regulations of statistical classification on urban and rural population stipulated by the government, which were in effect at different times.

Figures on urban/rural population for the years between the 3 censuses are adjusted in accordance with the 1990 and 2000 population census data.

□ Employees

Refer to the persons aged 16 and over who are engaged in social working and receive remuneration payment or earn business income. This indicator reflects the actual utilization of total labor force during a certain period of time and is often used for the research on China's economic affairs and national power.

□ On-post Staff and Workers

Refer to persons working in, and receive payment from units of state ownership, collective ownership, joint ownership, share holding ownership, foreign ownership, and ownership by entrepreneurs from Hong Kong, Macao, and Taiwan, and other types of ownership and their affiliated units(excluding private enterprises and owners of self-employed). They exclude: retirees; re-employed retirees; foreigners and persons from Hong Kong, Macao and Taiwan who work in urban units; 8) other persons not to be included by relevant regulations. (Data of 1998 and afterward refer to fully employed staff and workers. Other related statistics such as total wage bill and average wage are adjusted since 1998 accordingly).

□ State-owned Units

Refer to economic units whose assets are owned by the state. Included are non-corporation units registered according to Regulation of the People's Republic of China on the Registration of Enterprises and Corporations, state organs, institutions and social organizations at the central and local levels.

□ Collective Units

Rrefer to economic units registered according to Regulation of the People's Republic of China on the Registration of Enterprises and Corporations where the means of production are collectively owned.

□ Total Wages of Bill On-post

Refers to total remuneration payment to staff and workers in various units during a certain period of time. The calculation of total wages is based on the total remuneration payment to the staff and workers. Therefore, all the wages and salaries and other payments to staff and workers are included in the total wage bill regardless of sources, reckoning the cost of production or not, category, listing as items of premium taxation or not, and forms, paying in cash or in kind.

□ Average Earning On-post

Refers to average earning level in money terms per employee in the enterprise, institutions, and government agencies, which reflects the general level of wage income during a certain period of time and is calculated as follows:

Average Earning of Employees=Total Earning of Employees at Reference Period/Average Number of Employees at Reference Period

□ Total Salary of Employed Personnel

Refers to the sum of the labor remuneration paid to all the employed personnel by the employing organizations in a specific period of time, including the sum of employee salaries and the sum of labor remuneration of other employed personnel.

□ Registered Unemployed Persons in Urban Areas

Refers to the unemployed urban resident population at the labor age (from 16 to the age of retirement), with labor capability and employment demand, who have been registered at the public employment service institutions. Among whom, the urban resident population without employment experience shall be registered at the place of household registration; the off-farm workers and other persons with the household registration at other places who have been employed for 6 consecutive months may be registered at the place of their usual residence.

□ Registered Unemployment Rate in Urban Areas

Refers to the ratio of the number of the registered unemployed persons at the end of the reference period to the sum of total employment and the number of the registered unemployed persons at the end of the reference period. The formula is as the follows:

Registered urban unemployment rate = number of registered urban unemployed persons at the end of reference period / (total employment+ number of registered urban unemployed persons at the end of reference period) × 100%

第 4 章

固定资产投资

INVESTMENT IN FIXED ASSETS

简要说明
BRIEF INTRODUCTION

本章内容主要包括全社会固定资产投资、建设项目投资、房地产开发和商品房销售情况，由市统计局固定资产投资处整理提供。

The data in this chapter cover the total investment in fixed assets, investment in construction, real estate development, sales of commercialized buildings. All the data are prepared and provided by Division of Statistics of Investment in Fixed Assets, Chongqing Municipal Bureau of Statistics.

表4.1 主要年份全社会固定资产投资
TOTAL INVESTMENT IN FIXED ASSETS IN THE WHOLE COUNTRY IN MAJOR YEARS

单位：万元 (10 000 yuan)

年 份 Year	固定资产 投资额总计 Total Investment in Fixed Assets	新增固定资产 Newly Increased Fixed Assets	固定资产投资按构成分 Investment in Fixed Assets by Structure		
			建筑安装工程 Construction and Installation	设备工具器具购置 Purchase of Equipment and Instruments	其他费用 Others
1949	39	37	39		
1952	9535	7107	7027	1751	757
1957	21330	20591	12563	6636	2131
1962	7769	7650	5853	1654	262
1965	37677	32844	24658	10280	2739
1970	62448	44331	26528	31658	4262
1975	64359	29973	26446	26539	11374
1978	59026	46834	37630	16958	4438
1980	102789	101499	71220	26265	5304
1985	364822	265993	238027	101461	25334
1986	420675	343008	265430	124895	30350
1987	482445	345528	329053	114844	38548
1988	558331	378150	374833	148913	34585
1989	547540	405769	370687	140033	36820
1990	693140	462056	450344	192115	50681
1991	851614	636525	548518	234255	68841
1992	1063852	871892	703962	261333	98557
1993	1550546	1036205	1008107	389367	153072
1994	2029178	1377025	1336181	509362	183635
1995	2709663	1886888	1707448	737819	264396
1996	3207278	2306996	2076949	733537	342156
1997	3709485	3143528	2418273	879477	411735
1998	4981452	3693019	3248271	1083808	649373
1999	5628679	3706704	3860379	1080062	688238
2000	6558116	4364464	4599909	1055220	902987
2001	8018228	4722181	5460064	1435621	1122543
2002	9956645	6868792	6961365	1482391	1512889
2003	12693544	7244753	8608006	1594910	2490628
2004	16219203	8377655	10155324	2512064	3551815
2005	20063180	15268045	12487360	2990736	4585084
2006	24518351	13817208	15250559	3530668	5737124
2007	31615147	18087476	20238311	4438013	6938823
2008	40452509	16147872	26504524	5793319	8154666
2009	53179185	28027347	35607657	6552634	11018894
2010	69347966	35223421	47667591	7271738	14408637
2011	76858699	46195551	55881173	7582702	13394824
2012	93800012	58222256	66505055	10330139	16964818
2013	112050284	69175185	81449858	10974847	19625579
2014	132237463	84633240	95912383	13926790	22398290

表4.1 续表1 continued1

单位：万元 (10 000 yuan)

年 份 Year	固定资产投资按城乡分 Investment in Fixed Assets by Region				
	城 镇 Urban Areas	其 中 of which		农 村 Rural Areas	其 中 of which
		建设项目 Construction Projects	房地产开发 Real Estate Development		农 户 Rural Households
1949					
1952					
1957					
1962					
1965					
1970					
1975					
1978					
1980					
1985					
1986					
1987					
1988					
1989					
1990					
1991					
1992					
1993					
1994					
1995					
1996	2286027	1729842	556185	921251	520639
1997	2747402	2072380	675022	962083	518255
1998	4012210	3039196	973014	969242	509535
1999	4504619	3379484	1125135	1124060	589147
2000	5313816	3917489	1396327	1244300	649150
2001	6720308	4753624	1966684	1297920	707500
2002	8568780	6109650	2459130	1387865	722554
2003	11375600	8096719	3278881	1317944	666529
2004	14771164	10720373	4050791	1448039	715951
2005	18384226	13206935	5177291	1678954	718040
2006	22914581	16618281	6296300	1603770	771833
2007	29713639	21214673	8498966	1901508	740000
2008	37815574	27905604	9909970	2636935	824161
2009	49587435	37198310	12389125	3591750	902424
2010	63429833	47227262	16202571	5918133	946416
2011	70990170	50839287	20150883	5868529	1064245
2012	84620348	59536848	25083500	9179664	1257960
2013	97890031	67762193	30127838	14160253	1442841
2014		95935132	36302331		

表4.1 续表2 continued2 单位：万元 (10 000 yuan)

年 份 Year	固定资产投资按登记注册类型分 Investment in Fixed Assets by Status of Registration						
	国 有 State-owned	集 体 Collective -owned	联 营 Joint	股份制 Share-holding	港澳台及外商投资 Funds from Hong Kong, Macao and Taiwan and Foreign-funded	私营个体 Private and Self-employed Individual	其 他 Others
1949	39						
1952	9535						
1957	21330						
1962	7769						
1965	37662	15					
1970	62447	1					
1975	64355	4					
1978	56823	2203					
1980	91150	4718				3692	
1985	243927	66862				44712	9321
1986	301256	60497				48260	10662
1987	345509	58155				67033	11748
1988	410106	56588				78012	13625
1989	405239	46813				82058	13430
1990	528648	49525				92235	22732
1991	639554	69943				120515	21602
1992	739230	137945				165300	21377
1993	979597	276425	2798	32512	25320	206511	27383
1994	1364920	353815	2598	8013	13340	243119	43373
1995	1433244	424399	5834	101846	232079	370479	141782
1996	1597680	513195	6857	100805	278214	598918	111609
1997	1763147	550970	11428	354040	154602	669117	31148
1998	2598535	599304	7963	691371	402084	637275	44920
1999	2839011	664552	9951	612007	353199	1097082	52877
2000	3132534	730555	31555	877503	319730	1381098	85141
2001	3849113	821206	65544	1077977	432826	1715384	56178
2002	4603442	884409	45739	1678915	731767	1989250	23123
2003	5517224	845591	30177	3055216	648829	2514803	81704
2004	6625116	958051	30942	4199655	1174341	3114906	116192
2005	7978697	698801	75405	5902555	1176890	4063795	167037
2006	10219239	383345	62156	7208381	1420900	4939191	285139
2007	12551060	497937	92315	8796251	2293560	7036673	347351
2008	16091842	489458	158560	10398474	3026064	9663932	624179
2009	23241164	513318	149177	12949452	3052163	12497309	776602
2010	30610270	741840	203204	16450400	4120685	15949286	1272281
2011	32146574	761211	360273	18903732	5125101	18129197	1432611
2012	39000336	1308198	394063	3661573	6098076	23594729	19743037
2013	44396867	1994934	436474	3354945	7441801	30958806	23466457
2014	47500861	2006144	193729	4237976	8870621	39180184	30247948

表4.1 续表3 continued3

单位：万元、万平方米 (10 000 yuan, 10 000 sq.m)

年 份 Year	固定资产投资按三次产业分 Investment in Fixed Assets by Strata of Industry			本年房屋施工面积 Floor Space of Buildings under Construction	其中 of which	本年房屋竣工面积 Floor Space of Buildings Completed	其中 of which
	第一产业 Primary Industry	第二产业 Secondary Industry	第三产业 Tertiary Industry		#住宅 Residential Buildings		#住宅 Residential Buildings
1949						1	
1952	37	4616	4882			5	1
1957	203	15421	5706			153	84
1962	314	6080	1375			18	7
1965	5130	25482	7065			103	43
1970	1291	56173	4984			121	49
1975	2716	54692	6951			95	39
1978	3790	45516	9720			121	39
1980	2101	69188	31500			323	166
1985	4848	184918	175056	2536		1341	680
1986	3359	238569	178747	2596		2141	1445
1987	4794	282515	195136	2752		2169	1474
1988	5490	346847	205994	2632		1970	1478
1989	5919	314655	226966	2400		1851	706
1990	13220	413776	266144	2522		2057	1620
1991	19966	487813	343835	2753		2258	1756
1992	20329	558021	485502	3228		2473	1947
1993	14208	701890	834448	3619		2631	1994
1994	14449	839691	1175038	4045		2926	2119
1995	17117	1066810	1625736	4964		3306	2503
1996	23128	1156837	2027313	6026	4164	4209	3313
1997	33820	1309109	2366556	6145	4198	4302	3363
1998	44133	1418980	3518339	6587	4474	4285	3267
1999	65652	1217277	4345750	7170	4799	4660	3527
2000	89657	1423981	5044478	8494	5931	5337	4087
2001	108038	1462479	6447711	8812	6055	4939	3664
2002	191128	1956665	7808852	10643	7305	6403	4665
2003	264249	3033987	9395308	10962	7398	5959	4293
2004	360891	4301999	11556313	11797	7835	5560	3962
2005	441953	5860896	13760331	13300	8792	6385	4341
2006	519301	7553189	16445861	14993	9693	5979	4098
2007	597371	10850790	20166986	16278	10912	5523	3810
2008	890989	14370570	25190950	17629	12091	5456	3990
2009	1991057	18914538	32273590	20131	13816	4961	3208
2010	2647737	24231237	42468992	25068	17698	6559	4983
2011	2787694	27847512	46223493	32627	20571	7404	5870
2012	3640128	30749632	59410252	30026	20739	6616	5174
2013	4415363	35342114	72292807	36640	23014	6552	4800
2014	4869094	41678702	85689667	36062	23348	6145	4570

表4.2 全社会固定资产投资（2013－2014年）
TOTAL INVESTMENT IN FIXED ASSETS (2013-2014)

指　标	Item	投资额 Investment		构　成（%） Structure (%)	
		2013	2014	2013	2014
投资总额　（万元）	**Total Investment (10 000 yuan)**	**112050284**	**132237463**	**100.0**	**100.0**
按隶属关系分	**By Jurisdiction of Administration**				
中央项目	Central Investment	7880771	8876627	7.0	6.7
地方项目（包括无隶属关系的）	Local Investment (including non-governmental investment)	104169513	123360836	93.0	93.3
按登记注册类型分	**By Status of Registration**				
内　资	Domestic -funded	104608483	123366842	93.4	93.3
#国　有	State-owned	44396867	47500861	39.0	35.9
集　体	Collective -owned	1994934	2006144	2.0	1.5
联　营	Joint	436474	193729	0.4	0.1
股份制	Share-holding	3354945	4237976	3.0	3.2
私营个体	Private and Self-employed Individual	30958806	39180184	28.0	29.6
其　他	Others	23466457	30247948	21.0	22.9
港澳台投资经济	Funds from Hong Kong, Macao and Taiwan	4367041	4807524	3.9	3.6
外商投资经济	Foreign -funded	3074760	4063097	2.7	3.1
按构成分	**By Use of Funds**				
建筑工程	Construction	73727390	85797530	66.0	64.9
安装工程	Installation	7722468	10114853	7.0	7.6
设备工具器具购置	Purchase of Equipment and Instruments	10974847	13926790	10.0	10.5
其他费用	Others	19625579	22398290	17.0	16.9
新增固定资产（万元）	**Newly Increased Fixed Assets (10 000 yuan)**	**69175185**	**84633240**		
固定资产交付使用率（%）	**Rate of Fixed Assets Put into Use (%)**	**61.7**	**64.0**		
房屋建筑面积（万平方米）	**Floor Space of Buildings (10 000 sq.m)**				
施工面积	Floor Space of Buildings under Construction	36640	36062		
#住　宅	Residential Buildings	23014	23348		
竣工面积	Floor Space of Buildings Completed	6552	6145		
#住　宅	Residential Buildings	4800	4570		

表4.3 按行业分的全社会固定资产投资（2013－2014年）
TOTAL INVESTMENT IN FIXED ASSETS BY SECTOR (2013-2014)

单位：万元 (10 000 yuan)

行 业	Sector	2013	2014
总 计	**Total**	**112050284**	**132237463**
第一产业	Primary Industry	4415363	4869094
第二产业	Secondary Industry	35342114	41678702
工 业	Industry	35299026	41639080
采矿业	Mining	2647038	3236586
制造业	Manufacturing	27899990	33885645
电力、热力、燃气及水的生产和供应业	Production and Supply of Electricity,Heat, Gas & Water	4751998	4516849
建筑业	Construction	43088	39622
第三产业	Tertiary Industry	72292807	85689667
交通运输、仓储及邮政业	Transport, Storage and Post	13503718	14362143
信息传输、计算机服务和软件业	Information Transmission, Computer Services and Software	953126	725421
批发与零售业	Wholesale and Retail Trades	1827286	2258374
住宿和餐饮业	Hotels and Catering Services	1102447	2141927
金融业	Financial Intermediation	35995	37608
房地产业	Real Estate	37624919	44514378
租赁与商务服务业	Leasing and Business Services	945172	1071899
科学研究、技术服务与地质勘查业	Scientific Research, Technical Services and Geological Prospecting	195371	333243
水利、环境和公共设施管理业	Management of Water Conservancy, Environment and Public Facilities	11167711	15144035
居民服务和其他服务业	Services to Households and Other Services	472285	286679
教 育	Education	1467786	1864034
卫生、社会保障和社会福利业	Health, Social Security and Social Welfare	783752	1001755
文化、体育与娱乐业	Culture, Sports and Entertainment	943776	898849
公共管理与社会组织	Public Management and Social Organizations	1269463	1049322

表4.4 全社会固定资产投资资金来源（2013－2014年）
SOURCES OF FUNDS FOR INVESTMENT IN FIXED ASSETS (2013-2014)

单位：万元 (10 000 yuan)

指　标	Item	总　计 Total	
		2013	2014
本年资金来源合计	**Total Investment from All Sources in This Year**	**149004242**	**171405184**
上年末结余资金	Balance of the Previous Year	14609153	16249606
本年资金来源小计	Subtotal of Funds Invested in This Year	134395089	155155578
国家预算内资金	State Budgetary Appropriation	8322796	10649877
国内贷款	Domestic Loans	24577577	26519294
债　券	Bonds	574945	51247
利用外资	Foreign Investment	982269	2826905
自筹资金	Self-raised Funds	67979831	83535038
其他资金来源	Others	31957671	31573217

表4.5 按行业分建设项目投资和建设总规模（2014年）

INVESTMENT IN CONSTRUCTION PROJECTS AND TOTAL CONSTRUCTION INVESTMENT SIZE BY SECTOR (2014)

指　标	Item	建设总规模 Total Investment in Construction	在建总规模 Total Investment in Projects under Construction
总　计	**Total**	**241293652**	**231079236**
第一产业	Primary Industry	8027225	7862154
第二产业	Secondary Industry	103591929	100533921
工　业	Industry	103568369	100462361
采矿业	Mining	4582831	4100652
制造业	Manufacturing	83483357	81288067
电力、热力、燃气及水的生产和供应业	Production and Supply of Electricity,Heat, Gas & Water	15502181	15073642
建筑业	Construction	23560	71560
第三产业	Tertiary Industry	129674498	122683161
交通运输、仓储及邮政业	Transport, Storage and Post	47000155	45815472
信息传输、计算机服务和软件业	Information Transmission, Computer Services and Software	2791470	2556501
批发与零售业	Wholesale and Retail Trades	4588005	4467911
住宿和餐饮业	Hotels and Catering Services	4333037	4225064
金融业	Financial Intermediation	127311	127311
房地产业	Real Estate	14596133	13694137
租赁与商务服务业	Leasing and Business Services	2658982	2601601
科学研究、技术服务与地质勘查业	Scientific Research, Technical Services and Geological Prospecting	544362	542315
水利、环境和公共设施管理业	Management of Water Conservancy, Environment and Public Facilities	40610166	36691866
居民服务和其他服务业	Services to Households and Other Services	500261	503761
教　育	Education	3999197	3727084
卫生、社会保障和社会福利业	Health, Social Security and Social Welfare	2297040	2240110
文化、体育与娱乐业	Culture, Sports and Entertainment	2555260	2449457
公共管理与社会组织	Public Management and Social Organizations	3073119	3040571

注：该表中数据不包含农户投资数据。
Note: The data of rural households is excluded herein.

单位：万元（10 000 yuan）

在建净规模 Net Investment in Projects under Construction	投资额 Investment	其中 of which			其中 of which		
		#新　建 New Constuction	#扩　建 Expansion	#改　建 Reconstruction	建筑安装工程投资 Construction and Installation	设备工器具购置 Purchase of Equipment and Instruments	其他费用 Other Expenses
148050374	**94759857**	**72402012**	**9049806**	**11202074**	**68734703**	**13519394**	**12505760**
5778378	4869094	4041096	422993	354120	3696437	284695	887962
66558025	41678702	30142124	4965226	5842909	26323884	10938350	4416468
66508517	41639080	30132054	4965226	5835109	26306484	10916398	4416198
2498323	3236586	1134699	1257380	813724	2515704	602208	118674
55136872	33885645	25387782	3213426	4646754	20670290	9321191	3894164
8873322	4516849	3609573	494420	374631	3120490	992999	403360
49508	39622	10070		7800	17400	21952	270
75713971	48212061	38218792	3661587	5005045	38714382	2296349	7201330
25716304	14362143	11899932	697116	1430654	11252557	653763	2455823
1654109	725421	287509	413915	23197	260571	421499	43351
3146442	2258374	1448233	209680	564793	1777221	187133	294020
2571946	2141927	1591078	279875	220212	1578872	140987	422068
62850	37608	34256	3352		27804	4355	5449
9010340	7036772	6030819	352666	360418	5846371	147501	1042900
1889233	1071899	880129	89707	95571	939131	44721	88047
419558	333243	259919	11955	52811	279788	10378	43077
23729050	15144035	12070222	1125688	1778538	12599373	390244	2154418
355124	286679	208144	23150	52859	228622	26748	31309
2400080	1864034	1413280	216093	88808	1543624	76172	244238
1344060	1001755	556063	152346	82714	790478	132259	79018
1202356	898849	755422	20211	87767	656035	23929	218885
2212519	1049322	783786	65833	166703	933935	36660	78727

表4.6 按行业分建设项目施工、投产项目个数（2014年）
NUMBER OF PROJECTS UNDER CONSTRUCTION AND COMPLETED BY SECTOR (2014)

行业	Sector	施工项目(个) Number of Projects under Construction (unit)	其中 of which #新开工 New Projects	全部建成投产项目(个) Number of Projects Completed & Put into Use (unit)	项目建成投产率(%) Rate of Projects Completed & Put into Use (%)
总计	**Total**	**19677**	**14573**	**13921**	**70.7**
第一产业	Primary Industry	1790	1424	1377	76.9
第二产业	Secondary Industry	6810	4931	5078	74.6
工业	Industry	6804	4928	5073	74.6
采矿业	Mining	553	447	444	80.3
制造业	Manufacturing	5330	3826	3994	74.9
电力、热力、燃气及水的生产和供应业	Production and Supply of Electricity,Heat, Gas & Water	921	655	635	68.9
建筑业	Construction	6	3	5	83.3
第三产业	Tertiary Industry	11077	8218	7466	67.4
交通运输、仓储及邮政业	Transport, Storage and Post	1878	1432	1341	71.4
信息传输、计算机服务和软件业	Information Transmission, Computer Services and Software	378	252	60	15.9
批发与零售业	Wholesale and Retail Trades	609	487	488	80.1
住宿和餐饮业	Hotels and Catering Services	462	355	323	69.9
金融业	Financial Intermediation	12	8	7	58.3
房地产业	Real Estate	1748	1220	1210	69.2
租赁与商务服务业	Leasing and Business Services	205	155	136	66.3
科学研究、技术服务与地质勘查业	Scientific Research, Technical Services and Geological Prospecting	88	56	70	79.5
水利、环境和公共设施管理业	Management of Water Conservancy, Environment and Public Facilities	4224	3205	2825	66.9
居民服务和其他服务业	Services to Households and Other Services	92	82	66	71.7
教育	Education	529	357	387	73.2
卫生、社会保障和社会福利业	Health, Social Security and Social Welfare	266	172	178	66.9
文化、体育与娱乐业	Culture, Sports and Entertainment	225	157	119	52.9
公共管理与社会组织	Public Management and Social Organizations	361	280	256	70.9

注：该表中数据不包含农户投资。
Note: The data of rural households is excluded herein.

表4.7 房屋施工面积（2013－2014年）
TOTAL FLOOR SPACE OF BUILDINGS UNDER CONSTRUCTION (2013-2014)

单位：万平方米（10 000 sq.m）

指 标	Item	房屋施工面积 Floor Space of Buildings under Construction		其中 of which #住宅 Residential Buildings	
		2013	2014	2013	2014
总 计	**Total**	**36640**	**36062**	**23014**	**23348**
#建设项目	Construction	8983	6056	2453	1784
房地产开发	Real Estate Development	26252	28624	19249	20295
农 户	Rural Households	1405	1382	1312	1269

表4.8 房屋竣工面积（2013－2014年）
TOTAL FLOOR SPACE OF BUILDINGS COMPLETED (2013-2014)

单位：万平方米（10 000 sq.m）

指 标	Item	房屋竣工面积 Floor Space of Buildings Completed		其中 of which #住宅 Residential Buildings	
		2012	2013	2012	2013
总 计	**Total**	**6552**	**6145**	**4800**	**4570**
#建设项目	Construction	1537	1251	792	697
房地产开发	Real Estate Development	3804	3718	2867	2771
农 户	Rural Households	1211	1176	1141	1102

表4.9 房屋造价（2013－2014年）
COST OF COMPLETED BUILDINGS (2013-2014)

单位：元/平方米（yuan/sq.m）

指 标	Item	每平方米造价 Cost of Buildings per Sq. m		其中 of which #住宅 Residential Buildings	
		2013	2014	2013	2014
建设项目	Construction Projects	1943	1974	1607	1547
房地产开发	Real Estate Development	3029	3344	3026	3234

表4.10 建设项目投资（2013－2014年）
INVESTMENT IN CONSTRUCTION PROJECTS (2013-2014)

指　标	Item	2013	2014
投资总额（万元）	**Total Investment (10 000 yuan)**	**80479605**	**94759857**
#住　宅	Residential Buildings	2224089	1783918
按隶属关系分	By Jurisdiction of Administration		
中央项目	Central Investment	6538146	7709911
地方项目	Local Investment	73941459	87049946
按构成分	By Use of Funds		
建筑工程	Construction	53796326	62154948
安装工程	Installation	5146574	6579755
设备、工具、器具购置	Purchase of Equipment and Instruments	10559441	13519394
其他费用	Others	10977264	12505760
按建设性质分	By Type of Construction		
#新　建	New Construction Projects	60547170	72402012
扩　建	Expansion	7462019	9049806
改建和技术改造	Reconstruction and Technical Transformation	9780533	11202074
按国民经济行业分	By Sector		
第一产业	Primary Industry	4415363	4869094
第二产业	Secondary Industry	35342114	41678702
#工　业	Industry	35299026	41639080
第三产业	Tertiary Industry	40722128	48212061
新增固定资产（万元）	**Newly Increased Fixed Assets (10 000 yuan)**	**53942848**	**69029224**
建设项目（个）	**Construction Projects (unit)**		
施工项目	Projects under Construction	16923	19677
本年投产项目	Projects Completed in This Year	11694	13921
房屋建筑面积（万平方米）	**Floor Space of Buildings (10 000 sq.m)**		
施工面积	Floor Space under Construction	8983	6056
#住　宅	Residential Buildings	2453	1784
竣工面积	Floor Space Completed	1537	1251
#住　宅	Residential Buildings	792	697

注：该表数据中不含农户投资。
Note: The data of rural households is excluded herein.

表4.11 按行业分的建设项目投资（2014年）
INVESTMENT IN CONSTRCTION PROJECTS BY SECTOR (2014)

单位：万元 (10 000 yuan)

行 业	Sector	施工项目个数（个） Number of In-process Project (unit)	计划总投资 Planned Total Investment	本年完成投资 Investment Completed in Current Year
总 计	**Total**	**19677**	**242300534**	**94759857**
第一产业	Primary Industry	1790	8027225	4869094
第二产业	Secondary Industry	6810	104004463	41678702
工 业	Industry	6804	103932903	41639080
采矿业	Mining	553	4582831	3236586
#石油和天然气开采业	Extraction of Petroleum and Natural Gas	44	1704945	1343538
制造业	Manufacturing	5330	83826391	33885645
#化学原料及化学制品制造业	Manufacture of Raw Chemical Materials and Chemical Products	199	3753081	1195596
医药制造业	Manufacture of Medicines	157	2300031	810245
通用设备制造业	Manufacture of General Purpose Machinery	309	4830309	2246742
专用设备制造业	Manufacture of Special Purpose Machinery	239	3078513	1302059
电力、热力、燃气及水的生产和供应业	Production and Supply of Electricity,Heat, Gas and Water	921	15523681	4516849
电力、热力的生产和供应业	Production and Supply of Electric Power and Heat Power	352	12075036	2825275
燃气生产和供应业	Production and Supply of Gas	156	1783509	694811
水的生产和供应业	Production and Supply of Water	413	1665136	996763
建筑业	Construction	6	71560	39622
第三产业	Tertiary Industry	11077	130268846	48212061
交通运输、仓储及邮政业	Transport, Storage and Post	1878	47321565	14362143
#邮政业	Post	3	5669	4168
信息传输、软件和信息技术服务业	Information Transmission, Software and IT Service	378	2791470	725421
#电信、广播电视和卫星传输服务	Telecommunication, Radio & Television and Satellite Transmission Service	350	1721649	618298
批发与零售业	Wholesale and Retail Trades	609	4638964	2258374
住宿和餐饮业	Hotels and Catering Services	462	4410462	2141927
金融业	Financial Intermediation	12	127311	37608
房地产业	Real Estate	1748	14652272	7036772
租赁与商务服务业	Leasing and Business Services	205	2681482	1071899
科学研究和技术服务业	Scientific Research and Technical Service	88	555362	333243
水利、环境和公共设施管理业	Management of Water Conservancy, Environment and Public Utilities	4224	40637477	15144035
居民服务、修理和其他服务业	Services to Households, Repair and Other Services	92	503761	286679
教 育	Education	529	4006681	1864034
卫生和社会工作	Health and Social Undertakings	266	2313660	1001755
#卫 生	Public Health	188	2080663	817511
文化、体育与娱乐业	Culture, Sports and Entertainment	225	2555260	898849
公共管理、社会保障和社会组织	Public Management, Social Security and Social Organization	361	3073119	1049322

注：该表数据中不含农户投资。
Note: The data of rural households is excluded herein.

表4.12 建设项目新增主要产品生产能力（2013－2014年）
NEWLY INCREASED PRODUCTION CAPACITY OF THE MAJOR PRODUCTS IN CONSTRUCTION PROJECTS (2013-2014)

能力名称	Item	2013	2014
铁合金（万吨/年）	Iron Alloy (10 000 tons/year)	120	71
原煤开采（万吨/年）	Coal Mining (10 000 tons/year)	268	509
发电机组容量（万千瓦）	Capacity of Power Generating Sets (10 000 kw/year)	709	799
火　电	Fire Power	96	309
水　电	Hydraulic Power	536	420
汽车制造（万辆/年）	Motor Vehicles (10 000 units/year)	20	14
水　泥（万吨/年）	Cement (10 000 tons/year)	1151	1001
新（扩）建港口码头年吞吐量（万吨）	Annual Handling Capacity of Newly Built (Expanded) Ports (10 000 tons)	475	130
泊　位（个）	Berths (unit)	5	2
新建公路（公里）	Length of New Highways (km)	7491	6807
改建公路（公里）	Length of Reconstructed Highways (km)	5324	7208
城市自来水供水能力（万吨/日）	Tap Water Supply Capacity (10 000 tons/day)	4	25

表4.13 基础设施建设投资额（2013－2014年）
INVESTMENT IN INFRASTRUCTURE CONSTRUCTION (2013-2014)

单位：万元 (10 000 yuan)

指　标	Item	2013	2014
合　计	**Total**	**29620993**	**33862274**
电力、热力、燃气及水的生产和供应业	Production and Supply of Electricity, Heat, Gas and Water	4751998	4516849
#电力、热力的生产和供应业	Production and Supply of Electric Power and Heat Power	3021326	2825275
燃气生产和供应业	Production and Supply of Gas	872796	694811
水的生产和供应业	Production and Supply of Water	857876	996763
交通运输及邮政业	Transport, Storage and Post	13088235	13558992
#交通运输业	Transport	13080486	13554824
#城市公共交通业	City Public Transport	1749040	2348954
邮政业	Post	7749	4168
电信和其他信息传输服务业	Telecommunications and Other Information Transmission Services	613049	642398
水利、环境和公共设施管理业	Management of Water Conservancy, Environment and Public Facilities	11167711	15144035
#水利管理业	Management of Water Conservancy	1773484	2048822
生态保护和环境治理业	Ecology Protection and Environment Control	613425	538208
公共设施管理业	Management of Public Facilities	8780802	12557005

表4.14 房地产开发基本情况（1990－2014年）
BASIC STATISTICS ON REAL ESTATE DEVELOPMENT (1990-2014)

年 份 Year	企业数（个） Number of Enterprises (unit)	从业人员（人） Number of Employed Persons (person)	本年土地购置面积 Land Space Purchased This Year	本年完成投资总额（万元） Investment Completed This Year (10 000 yuan)	其中 of which #住宅 Residential Buildings	资金来源（万元） Sources of Funds (10 000 yuan)	房屋施工面积 Floor Space of Buildings under Construction	其中 of which #住宅 Residential Buildings
1990				17503	10600	17568	107.80	65.48
1991				19185	14040	18042	112.57	83.54
1992				33868	21239	33148	160.91	94.56
1993				123151	66833	107210	437.73	293.03
1994				279089	196411	377959	650.71	394.43
1995				468845	252085	612121	1267.96	810.36
1996	635	22512	588.65	556185	259881	836655	1424.35	855.64
1997	622	24911	259.49	675022	282592	1060761	1652.32	904.18
1998	991	50088	521.48	973014	440889	1391253	2058.35	1223.66
1999	1073	50526	624.53	1125135	523357	1504042	2103.76	1285.41
2000	1339	63925	619.21	1396327	728125	1784950	2833.42	1896.18
2001	1474	78961	870.34	1966684	1107126	2373982	3653.71	2508.30
2002	1559	76582	1320.26	2459130	1306998	3148171	4414.96	3081.57
2003	1597	54148	1637.19	3278881	1774341	4793499	5287.80	3747.34
2004	1828	70711	1137.61	4050791	2171303	6220133	6247.86	4544.54
2005	1862	70563	1385.40	5177291	3004026	8819371	7487.36	5514.75
2006	1936	70094	1467.69	6296300	3767847	9985438	8864.37	6655.00
2007	2039	87606	1737.74	8498966	5218209	15546697	10578.84	8179.29
2008	2280	86094	1164.41	9909970	6195250	15595559	11639.27	9166.21
2009	2359	87818	1227.79	12389125	7890183	22026661	13052.60	10338.12
2010	2391	86602	1354.93	16202571	10914854	34393672	17138.50	13744.78
2011	2453	94535	1664.55	20150883	14384457	44332807	20397.24	15923.84
2012	2552	89482	2183.07	25083500	17067687	51082969	22009.03	16997.85
2013	2594	93207	1896.65	30127838	20442392	58468351	26251.89	19248.95
2014	2695	94579	1864.59	36302331	24513660	67627353	28623.93	20294.49

单位：万平方米（10 000 sq.m）

年 份 Year	房屋新开工面积 Floor Space of Buildings Started This Year	其中 of which #住 宅 Residential Buildings	房屋竣工面积 Floor Space of Buildings Completed	其中 of which #住 宅 Residential Buildings	商品房销售面积 Floor Space of Commercialized Buildings Sold	其中 of which #住 宅 Residential Buildings	商品房销售额（万元） Sales of Commercialized Buildings (10 000 yuan)	其中 of which #住 宅 Residential Buildings
1990			46.16	34.16	23.29		17648	
1991			37.33	28.61	27.48		20007	
1992			45.90	30.48	32.87		29583	
1993			81.05	66.01	37.39		42221	
1994			141.27	115.05	46.32		55336	
1995			258.25	208.70	114.61		116657	
1996	348.68	220.54	351.76	275.62	166.21	142.98	189856	145507
1997	470.34	299.69	459.92	358.36	260.78	215.33	313111	222376
1998	914.23	596.44	600.04	422.61	416.82	359.73	554786	417609
1999	847.51	608.43	619.56	438.56	429.98	364.56	591992	393569
2000	1290.05	969.26	849.42	622.08	579.96	491.09	783709	528698
2001	1661.19	1259.38	1020.63	738.41	746.05	635.04	1076534	719196
2002	1709.47	1277.55	1390.73	1033.60	1016.58	870.41	1581505	1111929
2003	2098.24	1580.04	1676.97	1231.75	1316.83	1132.95	2102260	1499915
2004	2191.00	1692.00	1585.98	1227.66	1329.32	1157.95	2327978	1817280
2005	2335.00	1825.00	2209.82	1713.55	2017.66	1792.41	4307679	3406768
2006	2709.28	2176.75	2224.84	1700.05	2228.46	2011.70	5056850	4186980
2007	3555.87	2903.82	2253.07	1769.19	3552.92	3310.13	9673125	8567327
2008	3508.62	2857.70	2367.94	1951.35	2872.19	2669.93	8000006	7048198
2009	3813.68	2989.72	2907.05	2384.51	4002.89	3771.22	13777615	12317053
2010	6312.64	5268.76	2626.59	2179.81	4314.39	3986.31	18469396	16106444
2011	6824.36	5214.42	3424.33	2826.78	4533.50	4063.42	21460860	18254119
2012	5813.48	4345.14	3990.63	3386.35	4522.40	4105.11	22973464	19724206
2013	7641.63	5387.60	3804.36	2867.45	4817.56	4359.19	26827626	22835658
2014	6254.04	4275.96	3717.78	2771.55	5100.39	4423.68	28149910	22532816

表4.15 房地产开发主要指标（2013－2014年）
MAIN INDICATORS OF REAL ESTATE DEVELOPMENT (2013-2014)

指 标	Item	2013	2014
企业个数（个）	**Number of Enterprises (unit)**	**2594**	**2695**
内资企业	Domestic Funded	2470	2560
#国 有	State-owned	37	35
有限责任	Limited Liability	914	972
私 营	Private	1423	1416
港、澳、台投资企业	Enterprises with Funds from Hong Kong, Macao and Taiwan	82	96
外商投资企业	Foreign-Funded	42	39
从业人员（人）	**Number of Employees (person)**	**93207**	**94579**
内资企业	Domestic Funded	86976	88658
#国 有	State-owned	1765	1266
有限责任	Limited Liability	32563	35300
私 营	Private	48383	46372
港、澳、台投资企业	Enterprises with Funds from Hong Kong, Macao and Taiwan	3962	4288
外商投资企业	Foreign-Funded	2269	1633
土地开发及购置（万平方米）	**Land Development and Purchase (10 000 sq.m)**		
本年土地购置面积	Land Space Purchased in This Year	1896.65	1864.59
本年完成投资总额（万元）	**Investment Completed in This Year (10 000 yuan)**	**30127838**	**36302331**
按工程用途分	By Purpose of Projects		
住 宅	Residential Buildings	20442392	24513660
#别墅、高档公寓	Villas and High-Grade Flats	1398788	1743018
办公楼	Office Buildings	1445592	1769621
商业营业用房	Buildings for Commercial Use	3774147	5340012
其 他	Others	4465707	4679038
资金来源（万元）	**Total Funds by Source (10 000 yuan)**	**58468351**	**67627353**
#国内贷款	Domestic Loans	11122918	11907732
利用外资	Foreign Investment	441801	1131313
自筹资金	Self-raised Fund	12637033	18244123
房屋建筑面积（万平方米）	**Floor Space of Buildings (10 000 sq.m)**		
施工面积	Floor Space under Construction	26251.89	28623.93
#住 宅	Residential Buildings	19248.95	20294.49
竣工面积	Floor Space Completed	3804.36	3717.78
#住 宅	Residential Buildings	2867.45	2771.55
本年新开工面积	Floor Space Started in This Year	7641.63	6254.04
#住 宅	Residential Buildings	5387.60	4275.96
商品房销售	**Sales of Commercialized Buildings**		
商品房销售面积（万平方米）	Floor Space of Commercialized Buildings Sold (10 000 sq.m)	4817.56	5100.39
#住 宅	Residential Buildings	4359.19	4423.68
商品房销售额（万元）	Total Sales of Commercialized Buildings (10 000 yuan)	26827626	28149910
#住 宅	Residential Buildings	22835658	22532816
实收资本合计（万元）	**Total Capital Hold (10 000 yuan)**	**20502569**	**24597145**
资产负债率（%）	**Ratioof Liabilitiesto Assets (%)**	**68.9**	**71.6**
房地产开发经营情况（万元）	**Real Estate Development and Operation (10 000 yuan)**		
主营业务收入	Revenue from Major Business	26869491	24252482
#土地转让收入	Land Transferred	401759	534899

表4.16 商品房施工、竣工和销售面积情况（2013－2014年）

FLOOR SPACE OF COMMERCIALIZED BUILDINGS UNDER CONSTRUCTION, COMPLETED AND SOLD (2013-2014)

单位：万平方米（10 000 sq.m）

指　标	Item	2013	2014
商品房施工面积	**Floor Space of Commercialized Buildings under Construction**	**26251.89**	**28623.93**
#主城九区	9 Central Urban Districts	15076.55	16821.28
#住　宅	Residential Buildings	19248.95	20294.49
#别墅、高档公寓	Villas and High-Grade Flats	733.92	840.75
办公楼	Office Buildings	781.98	1072.22
商业营业用房	Buildings for Commercial Use	2965.72	3316.67
商品房竣工面积	**Floor Space of Commercialized Buildings Completed**	**3804.36**	**3717.78**
#主城九区	9 Central Urban Districts	1770.75	2174.14
#住　宅	Residential Buildings	2867.45	2771.55
#别墅、高档公寓	Villas and High-Grade Flats	122.18	114.59
办公楼	Office Buildings	75.76	115.03
商业营业用房	Buildings for Commercial Use	456.08	340.59
商品房销售面积	**Floor Space of Commercialized Buildings Sold**	**4817.56**	**5100.39**
#主城九区	9 Central Urban Districts	2314.63	2467.31
#住　宅	Residential Buildings	4359.19	4423.68
#别墅、高档公寓	Villas and High-Grade Flats	116.32	155.64
办公楼	Office Buildings	68.67	98.15
商业营业用房	Buildings for Commercial Use	244.04	348.49

表4.17 房地产开发企业资产负债情况（2013－2014年）
ASSETS AND LIABILITIES OF ENTERPRISES FOR REAL ESTATE DEVELOPMENT (2013-2014)

单位：万元 (10 000 yuan)

指　标	Item	2013	2014
实收资本合计	Total Capital Held	20502569	24597145
资产总计	Total Assets	162375664	203326828
累计折旧	Total Depreciation	852221	882989
#本年折旧	Depreciation This Year	214520	178165
负债总计	Total Liabilities	111883126	145486884
所有者权益	Owners' Equity	50492539	57839945
资产负债率（%）	Assets Liability Ratio (%)	68.9	71.6

表4.18 房地产开发企业经营情况（2013－2014年）
OPERATING STATISTICS ON ENTERPRISES FOR REAL ESTATE DEVELOPMENT (2013-2014)

单位：万元 (10 000 yuan)

指　标	Item	2013	2014
主营业务收入	Revenue from Major Business	26869491	24252482
土地转让收入	Land Transferred	401759	534899
商品房屋销售收入	Commercialized Buildings Sold	24534366	22215540
房屋出租收入	Houses Leased	484194	686500
其他收入	Others	1449172	815544
主营业务税金及附加	Tax and Extra Charges on Major Business	2117433	2046459
利润总额	Total Profits	4068948	4248013

重/庆/统/计/年/鉴

主要统计指标解释

■ 固定资产投资

以货币形式表现的在一定时期内建造和购置固定资产的工作量以及与此有关的费用的总称。该指标是反映固定资产投资规模、结构和发展速度的综合性指标,又是观察工程进度和考核投资效果的重要依据。

■ 城镇固定资产投资

包括建设项目投资和房地产开发投资。

■ 建设项目

指各种登记注册类型的企业、事业、行政单位及个体户进行的计划总投资（或实际需要总投资）500万元及500万元以上的建设项目。（2010年及以前为50万元及50万元以上的建设项目，2011年开始为500万元及500万元以上的建设项目）

■ 房地产开发投资

指各种登记注册类型的房地产开发公司、商品房建设公司及其他房地产开发法人单位和附属于其他法人单位实际从事房地产开发或经营的活动单位统一开发的包括统代建、拆迁还建的住宅、厂房、仓库、饭店、宾馆、度假村、写字楼、办公楼等房屋建筑物和配套的服务设施，土地开发工程（如道路、给水、排水、供电、供热、通讯、平整场地等基础设施工程）的投资；不包括单纯的土地交易活动。

■ 建设总规模

是指在报告期内所有施工项目的计划总投资。这个指标和施工项目相对应。

■ 在建总规模

是指在报告期末所有在建项目的计划总投资。

■ 在建净规模

是指报告期末所有在建项目建成投产尚需的投资总量。

在建净规模＝在建总规模－未投产项目（期末在建）累计完成投资。

■ 新增固定资产

指报告期内交付使用的固定资产价值。包括本年内建成投入生产或交付使用的工程投资和达到固定资产标准的设备、工具、器具的投资及有关应摊入的费用。该指标是反映固定资产投资成果的价值指标，也是反映建设进度，计算固定资产投资效果的重要指标。

■ 固定资产投资按构成分

固定资产投资活动按其工作内容和实现方式分为建筑安装工程，设备、工具、器具购置，其他费用三个部分。

（1）建筑安装工程（建筑工作量）：指各种房屋、建筑物的建造工程和各种设备、装置的安装工程。在安装工程中，不包括被安装设备本身的价值。

（2）设备、工具、器具购置：指把工业企业生产的产品转为固定资产的购置活动，包括建设单位或企业、事业单位购置或自制达到固定资产标准的设备、工具、器具的价值。新建单位及扩建单位的新建车间，按照设计或计划要求购置或自制的全部设备、工具、器具，不论是否达到固定资产标准均计入“设备、工具、器具购置”中。

（3）其他费用：指在固定资产建造和购置过程中发生的，除建筑安装工程和设备、工器具购置投资完成额以外的费用，不指经营中财务上的其他费用。

■ 固定资产投资按资金来源

根据固定资产投资的资金来源不同，分为国家预算内资金、国内贷款、利用外资、自筹资金和其他资金。

（1）本年资金来源合计：指固定资产投资单位在本年内收到的可用于固定资产建造和购置的各种资金，包括上年末结余资金、本年度内拨入或借入的资金以及各种方式筹集的资金。

（2）上年末结余资金：指上年资金来源中没有形成固定资产投资额而结余的资金。包括尚未用到工程

主要统计指标解释

上的材料价值、未开始安装的需要安装的设备价值及结存的现金和银行存款等。

（3）本年资金来源小计：指固定资产投资单位在报告期收到的，用于固定资产投资的各种货币资金。包括国家预算内资金、国内贷款、债券、利用外资、自筹资金和其他资金。

① 国家预算资金自2011年起，按照全国人大和国务院的要求，各级财政的所有资金，包括税收和非税收入，均必须纳入预算管理，我国已不存在预算外资金的概念，因此各级政府用于固定资产投资的财政资金均为预算资金。包括中央预算资金和地方预算资金，旧的国家预算内资金的内容和现中央预算资金的内容基本一致。国家预算包括一般预算、政府性基金预算、国有资本经营预算和社保基金预算。各类预算中用于固定资产投资的资金全部作为国家预算资金填报，其中一般预算中用于固定资产投资的部分包括基建投资、车购税、灾后恢复重建基金和其他财政投资。各级政府债券也应归入国家预算资金。

② 国内贷款：指报告期固定资产投资单位向银行及非银行金融机构借入的用于固定资产投资的各种国内借款，包括：银行利用自有资金以及吸收的存款发放的贷款，上级主管部门拨入的国内贷款、国家专项贷款（包括煤代油贷款、劳改煤矿专项贷款等），地方财政专项资金安排的贷款、国内储备贷款、周转贷款等。

③ 债券：指企业（公司）或金融机构通过发行各种债券，筹集用于固定资产投资的资金。包括由银行代理国家专业投资公司发行的重点企业债券和基本建设债券。

④ 利用外资：指报告期收到的用于固定资产投资的境外资金（包括设备、材料、技术在内）。包括外商直接投资、对外借款（外国政府、国际金融组织贷款、出口信贷、外国银行商业贷款、对外发行债券和股票）以及外商其他投资（包括补偿贸易和加工装配由外商提供的设备价款、国际租赁）。

⑤ 自筹资金：指固定资产投资单位报告期收到的，由各地区、各部门及企事业单位筹集用于固定资产投资的预算外资金。

⑥ 其他资金来源：指在报告期收到的除以上各种资金以外其他用于固定资产投资的资金，包括社会集资，个人资金、无偿捐赠的资金及其他单位拨入的资金等。

■ 固定资产投资按建设性质分

（1）新建：一般是指从无到有、“平地起家”开始建设的企、事业和行政或独立的工程单位。有的单位原有的基础很小，经过建设后其新增加的固定资产价值超过原有固定资产价值（原值）三倍以上的也算新建。

（2）扩建：是指为扩大原有产品的生产能力、在厂内或其他地点增建主要生产车间（或主要工程）、独立的生产线或总厂之下的分厂的企业；事业单位和行政单位在原单位增建业务用房（如学校增建教学用房、医院增建门诊部或病床用房、行政机关增建办公楼等）也作为扩建。

（3）改建和技术改造：指现有企业、事业单位，对原有设施进行技术改造或更新（包括相应配套的辅助性生产、生活福利设施）的建设项目。现有企业、事业单位为适应市场变化的需要，而改变企业的主要产品种类（如军工企业转产民用品等）的建设项目，应作为改建。原有产品生产作业线由于各工序（车间）之间能力不平衡，为填平补齐充分发挥原有生产能力而增建不增加本企业主要产品设计能力的车间，也应作为改建。技术改造是指企业、事业单位在现有基础上，用先进的技术代替落后的技术，用先进的工艺和装备代替落后的工艺和装备，以改变企业落后的技术经济面貌，实现以内涵为主的扩大再生产，达到提高产品质量、促进产品更新换代、节约能源、降低消耗、扩大生产规模、全面提高社会经济效益的目的。技术改造具体包括以下内容：机器设备和工具的更新改造；生产工艺改革、节约能源和原材料的改造；厂房建筑和公共设施的改造；劳动条件和生产环境的改造等。

■ 新增生产能力（或工程效益）

指在本年度内按照新增生产能力（或工程效益）的计算条件和标准，实际建成投入生产或交付使用的生产能力（或工程效益），即通过固定资产投资活动而增加的设计能力。

计算新增生产能力（或工程效益）是以能独立发挥生产能力（或工程效益）的工程为对象，如一座矿井、一座转炉、一套化工装置、一条铁路专用线等。当工程建成，经有关部门验收鉴定合格，正式移交投入生产，即应计算新增生产能力（或效益）。

新增生产能力的数量，原则上应按设计（计划）

主要统计指标解释

能力计算。设计能力指设计中规定的主体工程（或主体设备）及相应配套的辅助工程（或配套设备）在正常情况下能够达到的生产能力。在建设过程中需要调整设计能力时，必须经原有设计的管理机关批准后，才能按批准修改后的能力计算。如尚未批准，仍按原设计能力计算，并加以说明。无设计（或计划）能力的，可根据验收时鉴定能力计算。

建成投产的工程，各生产环节的设备已经配齐，符合计算新增生产能力条件的，应该按工程的全部设计能力计算。各生产环节的设备虽未按设计全部配套建成，但保证生产所需的主体设备、配套设备、主体工程、附属工程都已部分完成，形成生产作业线，经负荷试运转交付使用单位正式投入生产的，只计算设备配齐部分的能力。这部分建成投入生产的工程，填报新增生产能力时，需附有计算依据，并说明工程或主要设备配齐部分的情况，以及尚未建成的工程主要内容或尚缺的设备情况。

■ 施工项目个数

指报告期内所有施工的建设项目个数，包括本年新开工的项目和以前年度开工在本年继续施工的建设项目。

■ 本年投产项目个数

按设计文件规定的全部生产能力（或效益）在本年内全部建成投产，经验收合格交付使用的建设项目个数。

■ 本年房屋施工面积

指报告期内施工的全部房屋建筑面积。包括本期新开工的面积和上期开工跨入本期继续施工的房屋面积，以及上期已停建在本期复工的房屋面积。本期竣工和本期施工后又停缓建的房屋，其建筑面积仍计入本期施工房屋面积中。

■ 本年房屋竣工面积

指在报告期内房屋建筑按照设计要求已全部完工，达到住人和使用条件，经验收鉴定合格（或达到竣工验收标准），可正式移交使用的各栋房屋建筑面积的总和。

■ 本年竣工房屋价值

指在报告期内竣工房屋本身的建造价值。竣工房屋价值按房屋设计和预算规定的内容计算。竣工房屋本身的基础、结构、房屋、装修以及水、电、卫等附属工程的建造价值，也包括作为房屋建筑组成部分而列入房屋建筑工程预算内的设备（如电梯、通风设备等）的购置和安装费用。不包括厂房内的工艺设备、工艺管线的购置和安装，工艺设备基础的建造，室外的水、暖、电、卫、道路工程、挡土墙等环境工程的费用，办公及生活用家具的购置等费用，购置土地的费用，迁移补偿费和场地平整的费用等。

■ 固定资产交付使用率

指一定时期新增固定资产与同期完成投资额的比率。该指标是反映固定资产动用速度，衡量建设过程中宏观投资效果的综合指标。由于新增固定资产是较长时期内形成的结果，而投资额则是当年完成的，因此，该指标一般适宜于反映较长时期内固定资产的动用情况。

■ 别墅、高档公寓

指建筑造价和销售价格明显高于一般商品住宅的商品住宅。别墅一般指地处郊区，独立成栋的商品住宅；高档公寓一般指地处市内高尚社区，高层或多层的商品住宅。别墅、高档公寓的确定标准：一是经有房地产投资计划审批权的主管部门审批建设的别墅、高档公寓开发项目；二是销售价格高于当地同等地段商品住宅平均销售价格一倍以上的别墅、公寓开发项目。该指标可以分析房地产投资结构，反映高收入家庭商品住宅的供求平衡情况。

■ 商品房销售面积

指报告期内出售商品房屋的合同总面积(即双方签署的正式买卖合同中所确定的建筑面积)。由现房销售建筑面积和期房销售建筑面积两部分组成。

（1）现房销售面积：是指在报告期内正式签订买卖合同、已经竣工达到入住条件的商品房屋建筑面积。包括以一次性付款方式和分期付款方式销售的现房建筑面积。

（2）期房销售面积：是指在报告期内正式签订买卖合同、正在建设尚未竣工交付使用的商品房屋

主要统计指标解释

建筑面积。包括以一次性付款方式和分期付款方式销售的商品房屋建筑面积。期房销售建筑面积竣工后不再结转为现房销售建筑面积。

■ 完成开发土地面积

指报告期内对土地进行开发并已完成七通一平等前期开发工程，具备进行房屋建筑物施工或达到出让条件的土地面积。

■ 本年购置土地面积

指在本年内通过各种方式获得土地使用权的土地面积。

CHONGQING STATISTICAL YEARBOOK

Explanatory Notes on Main Statistical Indicators

□ Total Investment in Fixed Assets

Refers to the volume of activities in construction and purchases of fixed assets and related fees, expressed in monetary terms. It is a comprehensive indicator which shows the size, structure and growth of the investment in fixed assets, providing basis for observing the progress of construction projects and evaluating results of investment.

□ Investment in Fixed Assets

Refers to investment in construction and investment in real estate development.

□ Investment of Construction

Refers to construction projects involving a total planned(or required)investment of 500,000 yuan and over by enterprises of various types of ownership, institutions, administrative units and individuals investment in real estate development,and private investment.

□ Investment in Real Estate Development

Refers to investment by real estate development companies, commercialized buildings construction companies and other real estate development units of various types of ownership in the construction of buildings, such as residential buildings, factory buildings, warehouses, hotels, guesthouses, holiday villages, office buildings, and the complementary service facilities and land development projects, such as roads, water supply, water drainage, power supply, heating supply, telecommunications, land leveling and other infrastructural projects. It does not include activities in pure land transactions.

□ Total Size of Construction

Refers to the planned total investment for all construction projects during the reference period. This item should correspond with projects under work.

□ Total Size of Investment in Projects under Construction

Refers to the planned total investment of all projects under construction at the end of the reference period.

□ Net Size of Investment in Projects under Construction

Refers to the outstanding requirement of investment of all projects under construction at the end of the reference period.

Net size of investment in projects under construction= Total size of investment – Accumulated completed investment of projects under construction

□ Newly Increased Fixed Assets

Refers to the newly increased value of fixed assets, constructed or purchased, that have been transferred to the investor and have been including equipment and instruments.This is an indicator that demnstrates the results of investment in fixed assets in monetary terms, and an important indicator to reflect the speed of construction and to calculate the efficiency of investment.

□ Investment in Fixed Assets by Structure

By their contents, investment activities are classified into 3 categories, i.e. construction and installation, purchase of equipment and instrument, and other expenses.

(I) Construction and installation (work volume of construction): refers to the construction of various houses and buildings and installation of various kinds of equipment and instruments. The value of equipment installed is not included in the value of installation projects.

(II) Purchase of equipment and instruments: refers to the purchase converting products produced by industrial enterprises to the purchase of fixed assets, including the total value of equipment, tools, and vessels purchased or self - produced. Equipment, tools and vessels purchased or self - produced for new workshops by newly established or expanded units are categorized as "purchase of equipment and instruments" no matter whether they come up to the standards for fixed assets or not.

(III) Other expenses: refer to expenses occurring during the construction or purchase of fixed assets other than construction, installation or purchase of equipment and instruments, excluding other expenses in financial management.

□ Sources of Funds for Investment in Fixed Assets

Are categorized as funds from the State budget, domestic loans, foreign investment, self-raised funds, and others, depending on the sources of investment.

(I) Total of source of funds in this year: refers to the various funds received by investing enterprises in this year for the purpose of construction and purchase of investment in fixed assets. It includes balance of funds brought forward from the previous year, funds appropriated and brought in this year, and funds collected by various ways.

(II) Balance of funds brought forward from the previous year: refers to the surplus funds which didn't form the investment in fixed assets in the sources of funds in previous year. It includes material values that will be used in the projects, facilities values that must be and will be installed, and surplus cashes and deposits in bank.

(III) Subtotal of source of funds in this year: refers to the monetary funds received by investing enterprises during the reference period for the purpose of investment in fixed assets. It includes funds from state budgetary appropriation, domestic loans, bonds, foreign investment, self-raised funds, and others.

(a) State budgetary appropriation consists of budgetary appropriation and loans from state budget. More specifically, it includes, from the budget of the central government, capital construction fund (operation fund and non-operational fund), special expenses (e.g. expenses on substituting petroleum with coal), loans from repayment, discount fund, expenses on innovation and trial production of new products, expenses on urban construction, expenses on temporary construction by trade departments, development fund for less developed areas, as well as local budgetary fund transferred from the central budget.

(b) Domestic loans refer to loans of various forms borrowed by investing units from banks and non-bank financial institutions during the reference period, including loans issued by banks from their self-owned funds and deposit, loans appropriated by higher responsible authorities, special loans by government (including loan for substituting petroleum with coal, special loan for reform-through-labour coal mines), loans arranged by local government from special funds, domestic reserve loan, and working loan, etc.

(c) Bonds refer to the funds collected by enterprises or financial institutions by bonds issuance for the purpose of investment in fixed assets. It includes emphasis enterprises bonds issued by banks substituting special nation investment enterprises and capital construction bonds.

(d) Foreign Investment refers to foreign funds received during the reference period for investment in fixed assets (covering equipment, materials and technology), including foreign direct investment, foreign borrowings (loans from foreign governments and international financial institutions, export credit, commercial loans from foreign banks, issuance of bonds and stocks overseas), and other foreign investment (covering facilities' funds provided by foreign investment by compensation trade and processing & assembly, as well as international lease).

(e) Self-raised funds refer to extra-budgetary funds for investment in fixed assets received by investing units from central government ministries, local governments, enterprises and institutions during the reference period.

(f) Others refer to funds for investment in fixed assets received from the sources other than those listed above, including funds raised from social and individuals, through donations, and funds transferred from other units.

□ Investment in Fixed Assets by Type of Construction

(I) New construction in general: refers to newly constructed enterprises, institutions, administrative agencies or independent projects from scratch. In case the asset of the existing unit is quite small, and the value of newly added fixed assets exceeds the original value of assets by three times, the expansion will be considered as new construction.

(II) Expansion: refers to construction of new major production workshop, branch factory or independent production line within a factory or in other locations, for the purpose of increasing the production capacity (or improving efficiency) of the original products. Newly constructed houses for the operation of institutions and administrative organizations (such as the newly constructed buildings for teaching in schools, buildings for clinics or wards in hospitals, buildings for administrative agencies, etc.) are also classified as expansion.

(III) Reconstruction and Technical Transformation: refer to construction projects by existing enterprises or institutions in innovation or technical transformation of the old facilities

EXPLANATORY NOTES TO MAJOR STATISTICAL INDICATORS

(including auxiliary production equipment and welfare facilities). Also considered as reconstruction is the construction of new workshops by the existing enterprises or institutions to change the variety of products to meet the market demand (such as the production of civil products by defence industries), or to bring the designed production capacity into full play through a more balanced production process on production lines. Technical transformation refers to replacement of old technology or equipment by new technology or equipment, in order to expand the reproduction through improvement of technology contents in production, to improve product quality, to promote new products, to save energy and reduce consumption and to improve overall social-economic efficiency. Contents of technical transformation include: updating of machinery, equipment and tools; reforming production process by using energy or materials saving technology; construction of factory workshops and transformation of public facilities; improvement of working conditions and environment, etc.

☐ Newly Increased Production Capacity (or Project Efficiency)

Refers to the production capacity put into produce or put into use actually according to calculation conditions and standards of newly increased production capacity (or project efficiency) in the reference period, that is increase of designed capacity (or project efficiency) through investment in fixed assets.

The target of calculation of newly increased production capacity (project efficiency) is project can produce production capacity (or project efficiency) independently, such as a mineral well, a turn kiln, a set of chemical appliance, a special rail line, etc. When the project completes and has been checked, accepted and formally put into production, it can be calculate as newly increased production capacity (or project efficiency).

Newly increased production capacity is calculated according to design capacity (or plan capacity). Design capacity refers to the production capacity of major projects (or major facilities) and subsidiary projects (or subsidiary facilities) which can be come true in normal situation. When there are some changes in construction process of design capacity, the new capacity can be calculated after the approval of management. If it didn't have the approval, it must be calculated by original design capacity and give a explanation. If it hasn't design capacity, it can be calculated by the capacity according to checkout and verification.

Newly increased production capacity of projects completed and put into produce, whose facilities are assorted in every part and correspond with conditions of calculation is calculated by total design capacity. If the total facilities aren't assorted while a part of major and subsidiary facilities and projects complete that can meet the need of production and put into produce, the newly increased production capacity is calculated by capacity of assorted part. When newly increased production capacity is infilled and reported the projects put into produce must have calculation warranty and give an explanation of situation of projects and major parts assorted, major content of projects uncompleted and missing facilities.

☐ Number of Projects under Construction

Refers to the number of projects having construction in the reference period, including new projects in current year and projects started in the reference period and continued in current year.

☐ Number of Projects Put into Produce

Refers to the number of projects completed and have been checked, accepted and formally put into use in this year according to total production capacity (or efficiency) prescribed in design document.

☐ Floor Space under Construction in this Year

Refers to total floor space of all buildings under construction during the reference period, including floor space of newly started buildings during the reference period, floor space of construction extended from the previous period to the current period, and floor space of construction suspended during the previous period and resumed in the current period. Floor space of construction completed in the current period, and floor space of construction started and then suspended in the current period are also included in the floor space under construction of the current year.

☐ Floor Space of Buildings Completed in this Year

Refers to the floor space of all buildings completed in the reference period, which have been appraised and accepted (or come up to the designed standards) and have been transferred to the owners for use.

EXPLANATORY NOTES TO
MAJOR STATISTICAL INDICATORS

Value of Buildings Completed in this Year

Refers to the intrinsic construction value of buildings completed in the reference period. It is figured by the rules of buildings design and budget, which not only includes the construction value of foundations, structure, furnishings, subsidiary projects such as water, electricity, toilet, etc. but also includes purchase and installation expenditures of facilities (such as lift, ventilation, etc.) listed into buildings budget as component of building construction. It excludes the purchase and installation of technical facilities, leads and lines in factories, construction of technical facilities' basis, expenditures of environment projects such as water, eructate, electricity, toilet, road projects, wall fended to earth outside, purchase of furniture in office or house, purchase of lands, as well as expenditures of move compensation and land leveling etc.

Rate of Projects of Fixed Assets Completed and Put into Operation

Refers to the ratio of the newly increased fixed assets to the total investment made in the same period. This is a comprehensive indicator reflecting the speed of the employment of fixed assets and the investment efficiency at the macro-level. As the newly increase fixed assets is the result of a long period while the investment is completed in the current year, this indicator is expected to be used to reflect the employment of fixed assets over a long period of time.

Villas, High-Grade Apartments

Refer to commercial houses whose construction costs and marketing prices are significantly higher than ordinary housing. Villas are independent structures generally located in the suburbs; high-grade apartments are multi-story buildings located in elegant urban neighborhoods. Criteria for villas and high-grade apartments include: 1) projects for the construction of villas or high-grade apartments have to be approved by competent departments in charge of real estate development and investment plans, and 2) prices for projects on villas or high-grade apartments are higher by over 100% compared with the average prices of ordinary commercial housing projects in similar location. This indicator helps to analyze the investment structure of the real estate industry and the demand and supply of housing for high-income households.

Floor Space of Commercial Buildings Actually Sold

Refers to the total contracted floor space of commercial buildings actually sold in reporting period(the floor space provided in the formal contract),which consists of the floor space of the sold completed buildings and the floor space of the sold forward-delivery buildings.

(I) Floor Space of Sold Completed Buildings refers to the floor space of the completed commercial buildings prepared for occupancy with the formally signed sales contract in the reporting period, including the floor space of the completed buildings purchased by one-off payment and by installment.

(II) Floor Space of Sold Forward-Delivery Buildings refers to the floor space of the uncompleted commercial buildings still under construction with the formally signed sales contract in the reporting period, including the floor space of the commercial buildings purchased by one-off payment and by installment. The floor space of sold forward-delivery buildings,afer completion,will not be carried forward into the floor space of sold completed buildings.

Developed Land Area Completed

Refers to the land area of land development and prophase development projects completed, which can carry out construction or remise.

Purchased Land Area in Current Year

Refers to the land area accessible by various means in current year.

第 5 章

能源消费

ENERGY CONSUMPTION

简要说明 BRIEF INTRODUCTION

本章主要内容包括能源消费及品种构成，能源消费弹性系数，平均每万元GDP能源消费量及日均能源消费量，综合能源平衡表，按工业行业分的能源消费量和工业产值综合能耗。本章资料由市统计局能源处根据有关资料和调查结果编制。

The data in this chapter mainly cover energy consumption and its composition, the elasticity ratio of energy consumption, average energy consumption per 10,000 yuan of GDP, average daily energy consumption, overall energy balance sheet, energy consumption by industrial sector and comprehensive energy consumption per unit output value. This chapter is compiled by Division of Industry and Transport Statistics, Chongqing Municipal Bureau of Statistics on the basis of the related materials and the results of surveys.

表5.1 主要年份能源消费总量
TOTAL CONSUMPTION OF ENERGY IN MAJOR YEARS

单位：万吨标准煤 (10 000 tons of SCE)

年 份 Year	能源消费总量 Total Consumption of Energy	其 中 of which 煤 炭 Coal	天然气 Natural Gas	油 料 Oil	电 力 Electricity
1949	91.71	88.97		2.06	0.68
1952	155.47	150.64		3.43	1.40
1957	263.73	247.95	3.41	7.00	5.37
1962	476.37	429.30	18.20	14.21	14.66
1965	342.88	295.00	19.65	9.85	18.38
1970	469.56	379.80	50.13	14.04	25.59
1975	651.21	514.03	78.58	21.99	36.61
1978	889.20	703.87	103.87	32.20	49.26
1980	985.59	752.60	129.08	40.53	63.38
1981	1004.30	766.33	137.82	33.83	66.32
1982	1050.33	794.01	138.62	48.30	69.40
1983	1110.05	838.14	148.22	51.06	72.63
1984	1160.49	872.47	151.97	60.05	76.00
1985	1241.40	938.21	160.83	62.83	79.53
1986	1271.14	938.66	173.38	75.61	83.49
1987	1395.65	1036.28	195.61	76.12	87.64
1988	1513.18	1157.08	183.73	80.37	92.00
1989	1565.46	1194.44	190.36	84.08	96.58
1990	1516.59	1130.76	196.44	88.00	101.39
1991	1558.56	1151.68	197.06	96.63	113.19
1992	1601.01	1172.98	198.32	103.34	126.37
1993	1644.85	1194.68	200.89	108.20	141.08
1994	1696.72	1216.78	216.74	105.70	157.50
1995	1776.91	1239.85	258.36	102.87	175.83
1996	1871.09	1317.32	260.86	97.39	195.52
1997	2030.13	1383.98	282.80	145.47	217.88
1998	2119.46	1393.43	291.30	183.62	251.11
1999	2278.42	1495.55	308.19	196.34	278.34
2000	2410.82	1599.80	312.20	202.17	296.65
2001	2573.68	1700.43	322.51	206.20	344.54
2002	2823.05	1928.90	331.87	213.84	348.44
2003	3137.90	2206.42	349.11	220.81	361.56
2004	3368.41	2205.08	403.52	379.97	379.84
2005	3527.26	2214.39	472.15	411.86	428.86
2006	3891.22	2391.46	532.67	469.11	497.98
2007	4508.40	2828.25	578.95	549.12	552.08
2008	4706.65	2860.50	648.38	600.57	597.20
2009	5124.82	3193.02	657.82	619.73	654.25
2010	5810.82	3551.05	750.39	741.20	768.18
2011	6426.95	3813.86	819.81	912.06	881.22
2012	6798.25	4034.42	941.24	933.99	888.60
2013	7253.91	4268.51	954.90	1030.99	999.50
2014	7693.96	4508.09	1085.68	1034.39	1065.80

注：本表各年能源品种均已折合为按当量值计算的吨标准煤。按照全国第三次经济普查结果对2013年及其之前的历史数据进行了初步调整。
Note: All the data hereof has been adjusted according to the result of the 2nd National Economic Census, and each type of energy has been converted into tons of SCE calculated in equivalent value.

表5.2 规模以上工业按行业分能源消费量（2013－2014年）
ENERGY CONSUMPTION OF ENTERPRISES ABOVE DESIGNATED SIZE BY SECTOR (2013-2014)

行业	Sector	原煤（吨） Coal (ton)		焦炭（吨） Coke (ton)	
		2013	2014	2013	2014
工业消费总量	**Total Industry Consumption**	**50843545**	**53605982**	**2884003**	**2211480**
采矿业	**Mining**	**21328605**	**22324732**	**453**	**42**
#煤炭开采和洗选业	Mining and Washing of Coal	20844515	21880510	428	19
石油和天然气开采业	Extraction of Petroleum and Natural Gas				
黑色金属矿采选业	Mining and Processing of Ferrous Metal Ores	27335	19458	25	23
有色金属矿采选业	Mining and Processing of Non-Ferrous Metal Ores				
非金属矿采选业	Mining and Processing of Non-metal Ores	456754	424764		
制造业	**Manufacturing**	**14674651**	**18148608**	**2883551**	**2211437**
农副食品加工业	Processing of Food from Agricultural Products	157871	161006		
食品制造业	Manufacture of Foods	207995	158955	946	877
饮料制造业	Manufacture of Beverage	88033	80130		
烟草制品业	Manufacture of Tobacco	10997	9525		
纺织业	Manufacture of Textile	127501	99462		
纺织服装、鞋、帽制造业	Manufacture of Textile Wearing Apparel, Footware and Caps	191	77		
皮革、毛皮、羽毛（绒）及其制品业	Manufacture of Leather, Fur, Feather and Related Products	18419	9270		
木材加工及木、竹、藤、棕、草制品业	Processing of Timber and Manufacture of Wood, Bamboo, Rattan, Palm, and Straw Products	23863	15431		
家具制造业	Manufacture of Furniture	1809	4520		
造纸及纸制品业	Manufacture of Paper and Paper Products	1223270	1268158		
印刷业、记录媒介的复制	Printing, Reproduction of Recording Media		10047		
文教体育用品制造业	Manufacture of Culture, Education and Sports Articles	949	838		
石油加工、炼焦及核燃料加工业	Processing of Petroleum, Coking, Processing of Nuclear Fuel	586882	597206		

汽　油（吨） Gasoline (ton)		煤　油（吨） Kerosene (ton)		柴　油（吨） Diesel Oil (ton)		天然气（万立方米） Natural Gas (10 000 cu.m)		电　力（万千瓦时） Electricity (10 000 kw.h)	
2013	2014	2013	2014	2013	2014	2013	2014	2013	2014
93507	**97187**	**4963**	**3823**	**250184**	**241933**	**499600**	**553843**	**5454879**	**5991911**
9560	**8361**	**79**	**162**	**42740**	**34880**	**965**	**3349**	**240908**	**243227**
7081	5602	79	98	16270	12914	11		177087	180409
41	124			28	26	869	3314	560	1516
80	59			1010	830	85	35	4361	4062
98	76			148	115			1510	1732
2260	2501		64	25285	20994			57390	55507
75925	**81819**	**4842**	**3620**	**196977**	**194240**	**497638**	**549610**	**4215778**	**4748907**
2625	3087	48	5	2595	2460	3665	5322	58414	60785
1911	1954	1	2	4146	3468	4345	4072	26016	27265
1354	1458	1	1	2098	2071	3448	3424	31223	28352
243	211			129	504	770	697	7039	6432
1534	569			248	349	490	747	75418	68322
711	735			188	135	512	734	10583	9401
1200	1230	5		141	111	503	621	15244	12814
344	339			782	624	53	39	15288	23894
465	631		3	416	476	48	44	8283	8432
723	662			8013	7429	4047	1610	154332	180824
1080	1173	1	11	402	635	928	1679	14959	19917
44	80			8	8	70	68	3085	2904
214	196	154	20	1969	2361	181	165	8780	5739

表5.2 续表 continued

行　业	Sector	原　煤（吨） Coal (ton)		焦　炭（吨） Coke (ton)	
		2013	2014	2013	2014
化学原料及化学制品制造业	Manufacture of Raw Chemical Materials and Chemical Products	3760575	4070324	23081	21560
医药制造业	Manufacture of Medicines	175930	121578	17	
化学纤维制造业	Manufacture of Chemical Fibres	5			
橡胶制品业	Manufacture of Rubber	97693	80811		
塑料制品业	Manufacture of Plastics	12074	17001	30	22
非金属矿物制品业	Manufacture of Non-metallic Mineral Products	6326620	7717179		
黑色金属冶炼及压延加工业	Smelting and Pressing of Ferrous Metals	1061458	791855	2803076	2139201
有色金属冶炼及压延加工业	Smelting and Pressing of Nonferrous Metals	702006	2870883	15209	9798
金属制品业	Manufacture of Metal Products	25582	13685	322	253
通用设备制造业	Manufacture of General Purpose Machinery	13663	10921	17695	15228
专用设备制造业	Manufacture of Special Purpose Machinery	4963	3827	178	479
交通运输设备制造业	Manufacture of Transport Equipment	34382	26178	22572	23679
电气机械及器材制造业	Manufacture of Electrical Machinery and Equipment	2914	1514	131	242
通信设备、计算机及其他电子设备制造业	Manufacture of Communication Equipment, Computers and Other Electronic Equipment	2762	2967		
仪器仪表及文化、办公用机械制造业	Manufacture of Measuring Instruments and Machinery for Cultural Activity and Office Work	626	211	294	99
工艺品及其他制造业	Manufacture of Art Handicrafts and Other Manufacture	2243	518		
废弃资源和废旧材料回收加工业	Comprehensive Utilization of Waste Resources	3366	4526		
金属制品、机械和设备修理业	Repair of Metal Products,Machinery and Equipment	8	8		
电力、燃气及水的生产和供应业	**Electric Power, Gas and Water Production and Supply**	**14840289**	**13132643**		
电力、热力的生产和供应业	Production and Supply of Electric Power and Heat Power	14840289	13132643		
燃气生产和供应业	Production and Supply of Gas				
水的生产和供应业	Production and Supply of Water				

汽 油（吨）Gasoline (ton)		煤 油（吨）Kerosene (ton)		柴 油（吨）Diesel Oil (ton)		天然气（万立方米）Natural Gas (10 000 cu.m)		电 力（万千瓦时）Electricity (10 000 kw.h)	
2013	2014	2013	2014	2013	2014	2013	2014	2013	2014
2532	2758	80	93	8862	6502	303608	364239	751248	714511
2134	2000	36	11	1011	1396	5347	6523	44671	43829
35	43	10	9	30	26			817	925
1565	1475	30		572	576	2315	2290	52473	57747
945	1214	101	55	1402	1710	340	410	65965	64842
3500	3397	669	103	112635	115136	80152	74191	760772	770340
2357	2086		133	8374	6270	8836	9621	816686	758593
1059	670	3	3	2205	1938	25704	18549	377619	902450
2419	2379	106	105	2369	2094	13100	13717	79850	86155
3966	4716	464	294	7500	6509	2192	2241	70705	71023
2213	2410	11	24	1431	1658	392	449	31658	41942
32016	38864	2469	1965	24400	25015	31907	33381	547066	563651
5145	4080	19	44	2608	2091	2559	3121	64810	70758
956	1181	8		419	752	1545	1416	97639	128073
2136	1923	617	726	712	520	127	61	12285	10231
245	22	11		506	9	455	150	7398	920
33	75		13	763	1395		31	2804	4732
221	201			41	11			2651	3102
8022	**7007**	**42**	**42**	**10467**	**12813**	**998**	**884**	**998193**	**999777**
6254	5668	12	12	9994	12383	772	635	921709	918473
1360	905	29	29	276	262	224	248	11075	11976
408	434	2	1	196	169	1	1	65409	69327

表5.3 规模以上工业企业产值综合能耗（2013－2014年）
COMPREHENSIVE ENERGY CONSUMPTION OF INDUSTRIAL ENTERPRISES ABOVE DESIGNATED SIZE PER UNIT OUTPUT VALUE (2013-2014)

行　业	Sector	综合能源消费量（吨标准煤） Comprehensive Energy Consumption (ton of SCE)		产值能耗（吨标准煤/万元） Energy Consumption per Unit Output Value (ton of SCE/10 000 yuan)	
		2013	2014	2013	2014
工业消费总量	**Total Industry Consumption**	**37045492**	**38634652**	**0.23**	**0.21**
采矿业	**Mining**	**2822357**	**2589663**	**0.58**	**0.50**
#煤炭开采和洗选业	Mining and Washing of Coal	2422008	2187114	0.67	0.60
石油和天然气开采业	Extraction of Petroleum and Natural Gas	11347	44347	0.11	0.11
黑色金属矿采选业	Mining and Processing of Ferrous Metal Ores	83967	72763	0.65	0.61
有色金属矿采选业	Mining and Processing of Non-Ferrous Metal Ores	2004	2296	0.04	0.04
非金属矿采选业	Mining and Processing of Non-metal Ores	303031	283143	0.33	0.29
制造业	**Manufacturing**	**26255913**	**28478866**	**0.18**	**0.17**
农副食品加工业	Processing of Food from Agricultural Products	244300	272795	0.04	0.04
食品制造业	Manufacture of Foods	221759	221956	0.14	0.12
饮料制造业	Manufacture of Beverage	151436	140191	0.09	0.08
烟草制品业	Manufacture of Tobacco	25345	23297	0.02	0.01
纺织业	Manufacture of Textile	194664	167898	0.10	0.08
纺织服装、服饰业	Manufacture of Textile Wearing Apparel, Footware and Caps	19399	20415	0.02	0.02
皮革、毛皮、羽毛及其制品和制鞋业	Manufacture of Leather, Fur, Feather and Related Products	40038	32128	0.03	0.02
木材加工及木、竹、藤、棕、草制品业	Processing of Timber and Manufacture of Wood, Bamboo, Rattan, Palm, and Straw Products	49789	60412	0.16	0.12
家具制造业	Manufacture of Furniture	12199	14473	0.01	0.01
造纸及纸制品业	Manufacture of Paper and Paper Products	953305	1035247	0.42	0.42
印刷业、记录媒介的复制	Printing, Reproduction of Recording Media	31845	55296	0.04	0.05
文教体育用品制造业	Manufacture of Culture, Education and Sports Articles	5396	5086	0.01	0.01
石油加工、炼焦及核燃料加工业	Processing of Petroleum, Coking, Processing of Nuclear Fuel	223798	206510	0.42	0.33

表5.3 续表 continued

行　业	Sector	综合能源消费量（吨标准煤） Comprehensive Energy Consumption (ton of SCE)		产值能耗（吨标准煤/万元） Energy Consumption per Unit Output Value (ton of SCE/10 000 yuan)	
		2013	2014	2013	2014
化学原料及化学制品制造业	Manufacture of Raw Chemical Materials and Chemical Products	7372845	8451927	0.96	1.02
医药制造业	Manufacture of Medicines	253911	238333	0.08	0.06
化学纤维制造业	Manufacture of Chemical Fibres	3815	3999	0.08	0.07
橡胶和塑料制品业	Manufacture of Rubber and Plastics	279425	275297	0.07	0.06
非金属矿物制品业	Manufacture of Non-metallic Mineral Products	7748873	8489104	0.95	0.86
黑色金属冶炼及压延加工业	Smelting and Pressing of Ferrous Metals	5171743	3888403	0.66	0.53
有色金属冶炼及压延加工业	Smelting and Pressing of Nonferrous Metals	1280235	2815457	0.23	0.42
金属制品业	Manufacture of Metal Products	273294	278460	0.07	0.06
通用设备制造业	Manufacture of General Purpose Machinery	155329	151127	0.03	0.03
专用设备制造业	Manufacture of Special Purpose Machinery	51127	64136	0.02	0.02
汽车制造业	Manufacture of Transport Equipment	771702	856425	0.03	0.02
铁路、船舶、航空航天和其他运输设备制造业	Manufacture of Railway, Ship, Aviation and Transporting Equipment	402505	358877	0.03	0.03
电气机械及器材制造业	Manufacture of Electrical Machinery and Equipment	125440	134862	0.01	0.01
通信设备、计算机及其他电子设备制造业	Manufacture of Communication Equipment, Computers and Other Electronic Equipment	138792	173831	0.01	0.01
仪器仪表制造业	Manufacture of Measuring Instruments and Machinery for Cultural Activity and Office Work	21464	17559	0.01	0.01
其他制造业	Other Manufacture	21368	8944	0.03	0.08
废弃资源综合利用业	Comprehensive Utilization of Waste Resources	7225	12310	0.02	0.03
金属制品、机械和设备修理业	Repair of Metal Products, Machinery and Equipment	3546	4112	0.03	0.03
电力、热力、燃气及水的生产和供应业	**Electric Power, Heat Gas and Water Production and Supply**	**7967222**	**7566123**	**0.98**	**0.88**
电力、热力的生产和供应业	Production and Supply of Electric Power and Heat Power	7868721	7461878	1.16	1.04
燃气生产和供应业	Production and Supply of Gas	17620	18737	0.02	0.02
水的生产和供应业	Production and Supply of Water	80880	85508	0.36	0.32

表5.4 规模以上工业按行业分取水量（2014年）

WATER CONSUMPTION OF ENTERPRISES ABOVE DESIGNATED SIZE BY SECTOR (2014)

行 业	Sector	取水量 Water Consumption			外供水量 Water Supply from Outside		
		报告期 Reporting Period	上年同期 Period of Previous Year	同比增长(%) Up YOY (%)	报告期 Reporting Period	上年同期 Period of Previous Year	同比增长(%) Up YOY (%)
工业用水量	**Total Water Consumption**	**155001.39**	**146269.43**	**5.97**	**97408.66**	**92944.51**	**4.80**
采矿业	**Mining**	**6175.42**	**5878.08**	**5.06**	**176.34**	**198.91**	**-11.35**
#煤炭开采和洗选业	Mining and Washing of Coal	4586.09	4725.79	-2.96	176.34	198.85	-11.32
石油和天然气开采业	Extraction of Petroleum and Natural Gas	143.88	11.12	1193.88			
黑色金属矿采选业	Mining and Processing of Ferrous Metal Ores	22.81	51.42	-55.64			
有色金属矿采选业	Mining and Processing of Non-Ferrous Metal Ores	9.52	9.29	2.48			
非金属矿采选业	Mining and Processing of Non-metal Ores	1413.11	1080.45	30.79		0.06	
制造业	**Manufacturing**	**39670.95**	**36954.72**	**7.35**	**2579.34**	**2423.39**	**6.44**
农副食品加工业	Processing of Food from Agricultural Products	1121.69	1024.27	9.51		0.57	
食品制造业	Manufacture of Foods	697.23	731.00	-4.62	2.29	7.73	-70.38
酒、饮料和精制茶制造业	Liquor, Beverage and Refined Tea	990.89	1081.76	-8.40	69.94	63.94	9.38
烟草制品业	Manufacture of Tobacco	68.83	92.89	-25.90			
纺织业	Manufacture of Textile	580.98	616.52	-5.76	11.65	21.70	-46.31
纺织服装、服饰业	Manufacture of Textile Wearing Apparel and Caps	98.90	109.07	-9.32			
皮革、毛皮、羽毛（绒）及其制品业和制鞋业	Manufacture of Leather, Fur, Feather and Related Products and footware	128.34	134.25	-4.40			
木材加工及木、竹、藤、棕、草制品业	Processing of Timber, Manufacture of Wood, Bamboo,Rattan, Palm, and Straw Products	92.48	82.53	12.06		0.19	
家具制造业	Manufacture of Furniture	46.40	43.44	6.81			
造纸及纸制品业	Manufacture of Paper and Paper Products	4780.03	3378.31	41.49			
印刷业、记录媒介的复制	Printing, Reproduction of Recording Media	128.60	108.19	18.86			
文教、工美、体育和娱乐用品制造业	Manufacture of Culture, Education, Handicraft, Fine Arts, Sports and Entertainment Articles	18.41	16.91	8.87			
石油加工、炼焦及燃料加工业	Processing of Petroleum, Coking, Processing of Nuclear Fuel	196.60	231.21	-14.97			

注：由于国家统计局调整了工业用水量调查的方法制度，包括相关的指标口径和指标解释，故数据与往年公布的不可比。
Note: Due to the adjustment of the survey method and system of water consumption for industrial use by the NBS, including the statistic scope and data interpretation, the data hereof is incomparable with the date in the previous years.

表5.4 续表 continued

行　业	Sector	取水量 Water Consumption			外供水量 Water Supply from Outside		
		报告期 Reporting Period	上年同期 Period of Previous Year	同比增长 (%) Up YOY (%)	报告期 Reporting Period	上年同期 Period of Previous Year	同比增长 (%) Up YOY (%)
化学原料及化学制品制造业	Manufacture of Raw Chemical Materials and Chemical Products	11210.20	10851.52	3.31	358.95	349.33	2.75
医药制造业	Manufacture of Medicines	1295.67	1215.39	6.61	8.11	8.60	-5.70
化学纤维制造业	Manufacture of Chemical Fibres	6.17	6.64	-7.08			
橡胶和塑料制品业	Manufacture of Rubber and Plastics	436.19	445.42	-2.07			
非金属矿物制品业	Manufacture of Non-metallic Mineral Products	4176.15	4074.12	2.50	19.78	20.28	-2.47
黑色金属冶炼及压延加工业	Smelting and Pressing of Ferrous Metals	2861.25	3454.68	-17.18	130.40	300.03	-56.54
有色金属冶炼及压延加工业	Smelting and Pressing of Nonferrous Metals	4269.07	3140.35	35.94	1913.26	1533.18	24.79
金属制品业	Manufacture of Metal Products	472.69	476.47	-0.79	57.41	57.56	-0.26
通用设备制造业	Manufacture of General Purpose Machinery	410.05	407.55	0.61		0.80	
专用设备制造业	Manufacture of Special Purpose Machinery	200.68	194.62	3.11		0.64	
汽车制造业	Manufacture of Transport Equipment	2454.24	2371.96	3.47	0.30	49.06	-99.39
铁路、船舶、航空航天和其他运输设备制造业	Manufacture of Railway, Ship, Aviation and Other Transporting Equipment	1305.72	1237.53	5.51	7.03	9.47	-25.77
电气机械和器材制造业	Manufacture of Electrical Machinery and Equipment	501.04	438.17	14.35		0.04	
计算机、通信和其他电子设备制造业	Manufacture of Communication Equipment, Computers and Other Electronic Equipment	990.04	848.03	16.75			
仪器仪表制造业	Manufacture of Measuring Instruments and Machinery for Cultural Activity and Office Work	84.00	100.77	-16.64	0.21	0.26	-19.23
其他制造业	Other Manufacture	25.63	19.05	34.54			
废弃资源综合利用业	Comprehensive Utilization of Waste Resources	20.30	19.63	3.41			
金属制品、机械和设备修理业	Repair of Metal Products, Machinery and Equipment	2.48	2.47	0.40			
电力、热力、燃气及水的生产和供应业	**Electric Power, Heat Gas and Water Production and Supply**	**109155.02**	**103436.63**	**5.53**	**94652.98**	**90322.21**	**4.79**
电力、热力的生产和供应业	Production and Supply of Electric Power and Heat Power	6862.16	7156.79	-4.12	1351.99	1443.01	-6.31
燃气生产和供应业	Production and Supply of Gas	2318.96	2198.24	5.49	1827.60	1715.67	6.52
水的生产和供应业	Production and Supply of Water	99973.90	94081.60	6.30	91473.39	87163.53	4.94

注：由于国家统计局调整了工业用水量调查的方法制度，包括相关的指标口径和指标解释，故数据与往年公布的不可比。
Note: Due to the adjustment of the survey method and system of water consumption for industrial use by the NBS, including the statistic scope and data interpretation, the data hereof is incomparable with the date in the previous years.

表5.5 能源消费弹性系数（1985－2014年）
ELASTICITY RATIO OF ENERGY CONSUMPTION (1985-2014)

年 份 Year	能源消费比上年增长% Growth Rate of Energy Consumption over Preceding Year (%)	本市生产总值比上年增长% Growth Rate of GDP over Preceding Year (%)	能源消费弹性系数 Elasticity Ratio of Energy Consumption
1985	7.0	8.6	0.81
1986	2.4	8.6	0.28
1987	9.8	5.3	1.85
1988	8.4	9.5	0.89
1989	3.5	4.9	0.71
1990	-3.1	7.0	-0.45
1991	2.8	9.2	0.30
1992	2.7	16.5	0.17
1993	2.7	15.6	0.18
1994	3.2	13.5	0.23
1995	4.7	12.3	0.38
1996	5.3	11.4	0.46
1997	8.5	11.2	0.76
1998	4.4	8.6	0.51
1999	7.5	7.8	0.96
2000	5.8	8.7	0.67
2001	6.8	9.2	0.73
2002	9.7	10.5	0.92
2003	11.2	11.7	0.95
2004	9.9	12.4	0.80
2005	8.8	11.7	0.75
2006	9.3	12.4	0.75
2007	12.9	15.9	0.81
2008	6.9	14.5	0.48
2009	9.1	14.9	0.61
2010	11.8	17.1	0.69
2011	11.9	16.4	0.73
2012	5.5	13.6	0.40
2013	6.5	12.3	0.53
2014	6.8	10.9	0.62

注：本市能源消费增长速度按等价值计算；生产总值增长速度按可比价格计算。
Note: The growth rate of energy consumption is calculated at equivalent value, while the growth rate of GDP is calculated at comparable prices.

表5.6 平均每万元本市生产总值能源消费量（2013－2014年）
AVERAGE ENERGY CONSUMPTION PER 10 000 YUAN OF GDP (2013-2014)

品 种	Type	2013	2014
单位生产总值能源消费量（吨标煤/万元）	**Energy Consumption per Unit of GDP (ton of SCE/10 000 yuan)**	**0.685**	**0.659**
#煤 炭	Coal	0.29	0.28
天然气	Natural Gas	0.08	0.08
油 料	Oil	0.09	0.08
电 力	Electricity	0.23	0.22

注：本表GDP按2010年价计算；能源品种均已折合为按等价值计算的吨标准煤。2013年数据根据三经普结果进行了调整。
Note: The data of GDP is calculated at the constant price of 2010; each type of energy in the table above has been converted into tons of SCE calculated in equivalent value, and has been adjusted according to the result of the 3rd National Economic Census and previous data.

表5.7 平均每天主要能源消费量（2013－2014年）
AVERAGE DAILY ENERGY CONSUMPTION (2013-2014)

品 种	Type	2013	2014
每天能源消费量（万吨标煤/天）	**Average Daily Energy Consumption (10 000 tons of SCE/day)**	**22.05**	**23.54**
#煤 炭	Coal	9.27	9.91
天然气	Natural Gas	2.58	2.97
油 料	Oil	2.82	2.83
电 力	Electricity	7.38	7.83

注：本表能源品种均已折合为按等价值计算的吨标准煤。2013年数据根据三经普结果进行了调整。
Note: Each type of energy in the table above has been converted into tons of SCE calculated in equivalent value, and has been adjusted according to the result of the 3rd National Economic Census and previous data.

表5.8 综合能源平衡表（2013－2014年）
OVERALL ENERGY BALANCE SHEET (2013-2014)

单位：万吨标准煤 (10 000 tons of SCE)

项 目	Item	2013		2014	
		按当量值计算 Equivalent Weight	按等价值计算 Equivalent Value	按当量值计算 Equivalent Weight	按等价值计算 Equivalent Value
可供消费的能源总量	**Total Energy Available for Consumption**	**7253.91**	**8049.30**	**7693.97**	**8592.73**
#一次能源生产量	Primary Energy Output	4219.95	4557.81	4214.17	4715.54
调进量	Imports	4079.42	4612.85	4516.35	4989.05
调出量（-）	Exports (-)	-1045.77	-1121.67	-1052.42	-1127.74
能源消费总量	**Total Energy Consumption**	**7253.91**	**8049.30**	**7693.97**	**8592.73**
终端消费	End-use Consumption	5906.39	7486.77	6632.88	8328.41
第一产业	Primary Industry	117.61	122.63	79.96	84.38
第二产业	Secondary Industry	3903.33	4905.83	4600.05	5713.43
第三产业	Tertiary Industry	1179.81	1459.56	1089.68	1385.13
生活消费	Household Consumption	705.65	998.76	863.19	1145.47
城 镇	Urban	387.09	569.73	462.53	630.92
乡 村	Rural	318.56	429.03	400.66	514.55
加工转换投入（-）产出（+）量	Input (-) and Output (+) during the Process of Enery Conversion	-1275.45	-376.40	-999.11	-105.04
损失量	Energy Losses	72.07	186.13	61.97	159.28

注：2013年数据根据三经普结果进行了调整。
Note: The data of 2013 has been adjusted according to the result of the 3rd National Economic Census.

表5.9 主城九区主要能源消费量（2013－2014年）
MAIN ENERGY CONSUMPTION OF 9 CENTRAL URBAN DISTRICTS (2013-2014)

单位：万吨标准煤 (10 000 tons of SCE)

品　种	Type	2013	2014
规模以上工业企业能源消耗总量	Total Energy Consumption of Industrial Enterprises above Designated Size	506.88	481.91
清洁能源使用量	Use of Clean Energy	1752.58	1928.96
终端能源消费总量	Total End-User Energy Consumption	2056.04	2250.29

注：2013年数据根据三经普结果进行了调整。
Note: The data of 2013 has been adjusted according to the result of the 3rd National Economic Censu.

表5.10 电力平衡表（2013－2014年）
ELECTRICITY BALANCE SHEET (2013-2014)

单位：亿千瓦小时 (100 million kwh)

项　目	Item	2013	2014
可供量	Total Energy Available for Consumption	813.27	867.21
生产量	Output	593.67	674.99
水　电	Hydropower	161.18	240.77
火　电	Thermal Power	431.51	432.47
核　电	Nuclear Power		
风　电	Wind Power	0.98	1.75
外省（区、市）调入量	Imports	256.03	230.78
本省（区、市）调出量（-）	Exports (-)	-36.43	-38.56
消费量	Total Energy Consumption	813.27	867.21
在消费量中：	Consumption by Sector		
农、林、牧、渔、水利业	Agriculture,Forestry,Animal Husbandry,Fishery and Water Conservancy	2.41	2.14
工　业	Industry	515.13	562.11
建筑业	Construction	20.78	23.51
交通运输、仓储和邮政业	Transport, Storage and Post	15.06	16.47
批发、零售业和住宿、餐饮业	Wholesale and Retail Trades, Hotels and Catering Services	37.79	43.82
其他行业	Other Sectors	81.42	82.62
生活消费	Household Consumption	140.68	136.54
在消费量中：	Consumption by Usage		
终端消费	End-use Consumption	758.52	820.14
#工　业	Industry	460.38	515.04
输配电损失量	Losses in Transmission	54.75	47.07

重/庆/统/计/年/鉴

主要统计指标解释

■ 能源消费总量

指一定时期内全国（地区）物质生产部门、非物质生产部门和生活消费的各种能源的总和，是观察能源消费水平、构成和增长速度的总量指标。能源消费总量包括：煤和原油及其制品、天然气、电力。不包括：低热值燃料、生物质能和太阳能等的利用。能源消费总量分为终端能源消费量、能源加工转换损失量和损失量三部分。

（1）终端能源消费量：指一定时期内全国（地区）生产和生活消费的各种能源在扣除了用于加工转换二次能源消费量和损失量以后的数量。

（2）能源加工转换损失量：指一定时期内全国（地区）投入加工转换的各种能源数量之和与产出各种能源产品之和的差额，是观察能源在加工转换过程中损失量变化的指标。

（3）能源损失量：指一定时期内能源在输送、分配、储存过程中发生的损失和由客观原因造成的各种损失量。不包括各种气体能源放空、放散量。

■ 能源消费弹性系数

是反映能源消费增长速度与国民经济增长速度之间比例关系的指标。计算公式为：

能源消费弹性系数=能源消费量平均增长速度/国民经济年平均增长速度

Explanatory Notes on Main Statistical Indicators

□ Total Energy Consumption

Refers to the total consumption of energy of various kinds by material production sectors, non-material production sectors and households in the country (region) in a given period of time. It is a comprehensive indicator to show the scale, composition and development of energy consumption. The total energy consumption includes that of coal, crude oil and their products, natural gas and electricity. However, it excludes the consumption of fuel of low calorific value, bio-energy and solar energy. Total domestic energy consumption can be divided into three parts:

(I) Final energy consumption: refers to the total energy consumption by material production sectors, non-material production sectors and households in the country (region) in a given period of time, but excludes the consumption in conversion of the primary energy into the secondary energy and the loss in the process of energy conversion.

(II) Loss during the process of energy conversion: refers to the total input of various kinds of energy for conversion, minus the total output of various kinds of energy in the country in a given period of time. It is an indicator to show the loss that occurs during the process of energy conversion.

(III) Loss: refers to the total of the loss of energy during the course of energy transport, distribution and storage and the loss caused by any objective reason in a given period of time. The loss of various kinds of gas due to gas discharges and stocktaking is excluded.

□ Elasticity Ratio of Energy Consumptiont

Is an indicator to show the relationship between the growth rate of energy consumption and the growth rate of the national economy. The formula is:

Elasticity Ratio of Energy Consumption=Average annual Growth Rate of Energy Consumption/ Average Annual Growth Rate of National Economy.

第 6 章

财　政

GOVERNMENT FINANCE

简要说明

BRIEF INTRODUCTION

本章资料包括全市财政收入和支出情况、国税和地税税收收入情况，由市统计局综合处分别根据市财政局、市国税局和市地税局的有关资料整理编辑。

The data in this chapter include the revenue and expenditure of the municipal government, and the revenue from national taxation and local taxation. The data is sorted and compiled by Division of Comprehensive Statistics of Chongqing Municipal Bureau of Statistics on the basis of the materials from Chongqing Municipal Bureau of Finance, Chongqing Municipal Office of SAT and Chongqing Local Taxation Bureau.

表6.1 财政收入及支出（1994－2014年）
GOVERNMENT REVENUE AND EXPENDITURE (1994-2014)

单位：万元 (10 000 yuan)

年 份 Year	财政收入 Government Revenue	其中 of which #地方财政一般预算收入 General Budgetary Revenue of local Government	基金预算收入 Budgetary Revenue from Funds	#中央两税（四税）收入 Revenue from the 2 (4) Taxes of Central Government	#地方财政一般预算支出 General Budgetary Expenditure of Local Government	基金预算支出 Budgetary Expenditure for Funds
1994	716172	366325		349847	560818	
1995	837748	460052		377696	662235	
1996	942682	549412		393270	794216	
1997	1180555	593060	152236	435259	1010110	141517
1998	1338867	711287	146759	480821	1257608	101866
1999	1402935	767341	131571	504023	1502365	121320
2000	1632353	872442	172128	587783	1876433	148173
2001	1961761	1061243	202847	697671	2375486	180044
2002	2694610	1260674	317977	991425	3058591	392083
2003	3412781	1615618	453697	1205457	3415775	497789
2004	4629591	2006241	1018198	1435206	3957233	893988
2005	5811921	2568072	1381552	1656599	4873543	1379973
2006	7421702	3177165	2117414	1944772	5942543	2259393
2007	10572948	4427000	3458604	2491920	7683886	3339659
2008	12901828	5775738	3857654	3023634	10160112	4325469
2009	15353975	6818189	4838943	3403122	13180913	4879759
2010	29751187	10182938	9722944	4687841	17691065	9776826
2011	35236522	14883336	14205767	5607771	25702404	13896341

年 份 Year	财政收入 Government Revenue	其中 of which #地方公共财政预算收入 Public Budgetary Revenue of Local Government	政府性基金预算收入 Budgetary Revenue from Governmental Funds	国有资本经营预算收入 State-owned Capital Operational Budgetary Revenue	#中央四税收入 Revenue from the 4 Taxes of Central Government	#地方公共财政预算支出 Public Budgetary Expenditure of Local Government	政府性基金预算支出 Budgetary Expenditure from Governmental Funds	国有资本经营预算支出 State-owned Capital Operational Budgetary Expenditure
2012	37268412	14658509	14808929	1911999	5888975	27177878	15114916	1131344
2013	41055563	16932438	16698044	659489	6765592	30622848	17353191	646773

注：财政收入2002年前为地方财政收入与中央两税（增值税和消费税）之和，2002年起为地方财政收入、中央四税收入和其他中央收入之和。其中其他中央收入不含关税，自2003年起包含车辆购置税（以下各表同）。2012年同期数已按公共财政预算口径作相应调整。

Note: Government revenue before 2002 is the sum of revenue of local government and revenue from the 2 taxes of Central Government (value-added tax and consumption tax), whereas it has been the sum of revenue of local government, revenue from the 4 taxes of Central Government and other revenue of Central Government since 2002. Other revenue of Central Government does not include tariff, while vehicle purchasing tax has been included since 2003 (the same applies to the following tables). The data of 2012 has been adjusted in accordance with the statistic scope of public financial budget.

年 份 Year	#地方一般公共预算收入 General Public Budgetary Revenue of Local Government	基金预算收入 Budgetary Revenue from Funds	国有资本经营预算收入 State-owned Capital Operational Budgetary Revenue	#中央四税收入 Revenue from the 4 Taxes of Central Government	#地方一般公共预算支出 General Public Budgetary Expenditure of Local Government	政府性基金预算支出 Budgetary Expenditure from Governmental Funds	国有资本经营预算支出 State-owned Capital Operational Budgetary Expenditure
2013	16868717	16726787	659489	6765586	30589372	17353191	646772
2014	19220159	18412843	680138	7767125	33043884	18600130	663118

注：2013年同期数已按一般公共预算口径作相应调整。

Note: The data of 2013 has been adjusted in accordance with the statistic scope of general public budget.

表6.2 财政收入占地区生产总值的比重（1994－2013年）
PERCENTAGE OF GOVERNMENT REVENUE TO GROSS DOMESTIC PRODUCT (1994-2013)

年 份 Year	财政收入 （亿元） Government Revenue (100 million yuan)	地区生产总值 （亿元） Gross Domestic Product (100 million yuan)	财政收入占本市 生产总值的比重（%） Percentage of Government Revenue to GDP (%)
1994	71.62	833.60	8.59
1995	83.77	1123.06	7.46
1996	94.27	1315.12	7.17
1997	118.06	1509.75	7.82
1998	133.89	1602.38	8.36
1999	140.29	1663.20	8.43
2000	163.24	1791.00	9.11
2001	196.18	1976.86	9.92
2002	269.46	2232.86	12.07
2003	341.28	2555.72	13.35
2004	462.96	3034.58	15.26
2005	581.19	3467.72	16.76
2006	742.17	3907.23	18.99
2007	1057.29	4676.13	22.61
2008	1290.18	5793.66	22.27
2009	1535.40	6530.01	23.51
2010	2975.12	7894.24	37.69
2011	3523.65	10011.37	35.20
2012	3726.84	11409.60	32.66
2013	4105.56	12656.69	32.44

表6.3 财政收入（2013－2014年）
GOVERNMENT REVENUE (2013-2014)

单位：万元 (10 000 yuan)

项　目	Item	2013	2014	指　数 上年同口径数=100 Index The Same-Scope Index of Previous Year＝100
一般公共预算收入	**Public Government Budget Revenue**	**16868717**	**19220159**	**113.9**
#市　级	Municipal Level	6575607	7416190	112.8
税收收入	Total Tax Revenue	11126179	12818300	115.2
增值税	Value-added Tax	1072529	1532904	142.9
营业税	Business Tax	4243109	4440908	104.7
企业所得税	Corporate Income Tax	1358219	1577211	116.1
个人所得税	Individual Income Tax	375444	432419	115.2
资源税	Resource Tax	84002	97066	115.6
城市维护建设税	City Maintenance and Construction Tax	656187	743543	113.3
房产税	House Property Tax	313959	403655	128.6
印花税	Stamp Tax	174990	206839	118.2
城镇土地使用税	Urban Land Use Tax	442054	633560	143.3
土地增值税	Land Appreciation Tax	807343	962163	119.2
车船税	Tax on Vehicles and Boat Operation	64080	83282	130.0
耕地占用税	Farm Land Occupation Tax	369260	382624	103.6
契　税	Deed Tax	1124033	1289625	114.7
烟叶税	Tobacco Leaf Tax	40970	32501	79.3
非税收入	Total Non-tax Revenue	5742538	6401859	111.5
专项收入	Special Program Receipts	504327	485298	96.2
行政性收费收入	Charge of Administrative and Institutional Units	3590786	3488619	97.2
罚没收入	Penalty Receipts	259614	325041	125.2
国有资源（资产）有偿使用收入	Income from Use of State-owned Resources (Assets)	1047300	1701918	162.5
其他收入	Other Revenue	340511	400983	117.8
基金预算收入	**Budgetary Revenue of Funds**	**16726787**	**18412843**	**110.1**
#转让政府还贷道路收费权收入	Revenue from the Transfer of Toll Rights of Government Roads Built with Loans	221340	320131	144.6
新增建设用地土地有偿使用费	Land Use Fee for Additional Construction Land	321673	250768	78.0
国有土地使用权出让收入	Transferring Fee of Use Rights of State-owned Land	15199833	16650373	109.5
国有资本经营预算收入	State-owned Capital Operational Budgetary Revenue	659489	680138	103.1
中央四税收入	**Revenue from 4 Taxes of Central Government**	**6765586**	**7767125**	**114.8**
增值税收入	Revenue from VAT	2919540	3299061	113.0
消费税收入	Revenue from Consumption Tax	1247480	1400622	112.3
企业所得税收入	Revenue from Corporate Income Tax	2035399	2418818	118.8
个人所得税收入	Revenue from Individual Income Tax	563167	648624	115.2
其他中央收入	**Other Revenue of Central Government**	**799839**	**924634**	**115.6**
#车辆购置税	Vehicle Purchase Tax	583108	742568	127.3

注：其他中央收入不含关税。2013年同期数已按一般公共预算口径作相应调整。
Note: Other revenue of Central Government excludes tariff. The data of 2013 has been adjusted in accordance with the scope of general public budget.

表6.4 财政支出（2013－2014年）
GOVERNMENT EXPENDITURE (2013-2014)

单位：万元 (10 000 yuan)

项 目	Item	2013	2014	指数 上年同口径数=100 Index The Same-Scope Index of Previous Year =100
一般公共预算支出	**General Public Budgetary Expenditure**	**30589372**	**33043884**	**108.0**
#市 级	Municipal Level	9597241	10079263	105.0
一般公共服务	Expenditure for General Public Services	2520566	2882680	114.4
外交支出	Expenditure for Foreign Affairs	2090	1698	81.2
国防支出	Expenditure for National Defense	87501	68585	78.4
公共安全	Expenditure for Public Security	1412222	1595637	113.0
教 育	Expenditure for Education	4372783	4699807	107.5
科学技术	Expenditure for Science and Technology	386529	381647	98.7
文化体育与传媒	Expenditure for Culture, Sport and Media	349404	360226	103.1
社会保障和就业	Expenditure for Social Security and Employment Effort	4318917	5029361	116.4
医疗卫生与计划生育支出	Expenditure for Medical and Health Care, Family Planning	2223974	2463353	110.8
节能环保	Expenditure for Environment Protection	1145459	1055083	92.1
城乡社区事务	Expenditure for Urban and Rural Community Affairs	5360772	5777898	107.8
农林水事务	Expenditure for Agriculture, Forestry and Water Conservancy	2819412	2916154	103.4
交通运输	Expenditure for Transportation	2539576	2608682	102.7
资源勘探信息等支出	Expenditure for Affairs of Exploration, Power and Information	1130058	1476613	130.7
商业服务业等支出	Expenditure for Affairs of Commerce and Services	349340	347877	99.6
金融支出	Expenditure for Finance	98807	97583	98.8
援助其他地区支出	Expenditure for Other Regional Assistance	55106	18911	34.3
国土资源气象等事务	Expenditure for Affairs of Land and Weather	361364	390227	108.0
住房保障支出	Expenditure for Affairs of Housing Security	772151	643858	83.4
粮油物资储备支出	Expenditure for Affairs of Management of Grain & Oil Resources	172907	103986	60.1
债务付息支出	Interest Payment of Debts	58640	87102	148.5
其他支出	Other Expenditure	51794	36916	71.3
政府性基金预算支出	**Governmental Fund Budgetary Expenditure**	**17353191**	**18600130**	**107.2**
#文化体育与传媒	Expenditure for Culture, Sport and Media	18833	23274	123.6
社会保障和就业	Expenditure for Social Security and Employment Effort	106935	100835	94.3
城乡社区事务	Expenditure for Urban and Rural Community Affairs	16269355	17373823	106.8
农林水事务	Expenditure for Agriculture, Forestry and Water Conservancy	503755	451517	89.6
交通运输	Expenditure for Transportation	334343	499662	149.4
资源勘探信息等支出	Expenditure for Affairs of Exploration, Power and Information	6299	6562	104.2
国有资本经营预算支出	**State-owned Capital Operational Budgetary Expenditure**	**646772**	**663118**	**102.5**

注：2013年同期数已按一般公共预算口径作相应调整。
Note: The data of 2013 has been adjusted in accordance with the scope of general public budget.

表6.5 国税和地税税收收入（1996－2014年）
REVENUE FROM NATIONAL AND LOCAL TAXATION (1996-2014)

单位：万元 (10 000 yuan)

年份 Year	国税税收收入 Revenue from National Taxation	其中 of which #增值税 Value-added Tax	#消费税 Consumption Tax	地税税收收入 Revenue from Local Taxation	其中 of which #营业税 Business Tax	#企业所得税 Corporate Income Tax	#个人所得税 Individual Income Tax
1996	611211	455912	92966	266489	130952	33616	17748
1997	645914	489770	108411	324758	155607	47121	29468
1998	715077	529607	123846	382948	195747	41808	42562
1999	881410	692354	120696	436999	218101	52873	54910
2000	929759	680489	144660	500530	243476	68614	72133
2001	1128638	795789	164879	602387	278516	97553	105450
2002	1295409	915425	193646	732964	367458	91953	120326
2003	1559085	1112204	217868	894415	466393	100102	148386
2004	1900477	1366125	257385	1115549	585415	125572	168282
2005	2139060	1525267	278540	1356424	702018	152846	203950
2006	2559190	1803377	346133	1660513	858693	181691	224558
2007	3261800	2240634	424683	2245537	1171243	233743	308283
2008	3922674	2658088	489991	2861162	1450449	319964	386364
2009	4411106	2892068	610367	3461226	1855471	334508	504270
2010	6084441	3612557	855149	5586777	2424494	531854	649130
2011	7244401	3929354	888068	8197820	3439157	834238	869476
2012	7834154	4232685	1027334	8961259	3680459	827224	823474
2013	9129810	4937562	1249298	10247289	4231794	1000961	938227
2014	10781244	5847262	1403446	11530080	4439832	1175547	1080974

注：国税收入对外公布数据从2001年起均包含车辆购置税，故对以前年度数据进行了调整。
Note: The released data of national taxation has included vehicle purchasing tax since 2001, so the data of the previous years is adjusted.

表6.6 国税税收收入（2013－2014年）
REVENUE FROM NATIONAL TAXATION (2013-2014)

单位：万元 (10 000 yuan)

项目	Item	2013	2014
税收收入合计	**Total Revenue from Taxation**	**9129810**	**10781244**
按税种分	**By Tax Category**		
增值税收入	Value-added Tax	4937562	5847262
#一般纳税人	General Taxpayer	3841097	4584376
消费税收入	Consumption Tax	1249298	1403446
企业所得税	Corporate Income Tax	2359456	2787896
内资	Domestic Enterprise	1507829	1737570
外资	Foreign-Funded Enterprise	851627	1050326
个人所得税	Individual Income Tax	389	74
城市维护建设税	City Maintenance and Construction Tax		
车辆购置税	Vehicle Purchasing Tax	583105	742566
按行业分	**By Sector**		
第一产业	Primary Industry	10595	6687
第二产业	Secondary Industry	5566612	6261044
工业	Industry	5536818	6223707
建筑业	Construction	29794	37337
第三产业	Tertiary Industry	3552603	4513513
交通运输仓储及邮政业	Transport, Storage and Post	88594	226386
批发和零售业	Wholesale and Retail Trades	1512705	1788375
金融业	Financial Intermediation	563392	769513
信息传输、计算机服务和软件业	Information Transmission, Computer Services and Software	52518	118021
住宿和餐饮业	Hotel and Catering Services	9343	4026
文化、体育和娱乐业	Culture, Sports and Entertainment	6522	11675
租赁和商务服务业	Leasing and Business Services	61180	184791
房地产业	Real Estate	607209	513952
其他行业	Other Trades	651140	896774

表6.7 按企业类型分的国税税收收入（2014年）
REVENUE FROM NATIONAL TAXATION BY STATUS OF REGISTRATION (2014)

单位：万元 (10 000 yuan)

项　目	Item	合　计 Total	内资企业 Domestic-funded				
			国有企业 State-owned	集体企业 Collective-owned	股份合作企业 Cooperative	联营企业 Joint Ownership	股份公司 Share-holding corporations
总　计	**Total**	**10781244**	**1418978**	**18747**	**10365**	**2795**	**4414623**
增值税收入	Value-added Tax	5847262	940889	18252	9827	1919	2380407
消费税收入	Consumption Tax	1403446	330774	8	130	1	610793
营业税	Business Tax						
企业所得税	Corporate Income Tax	2787896	146547	290	174	869	1411941
个人所得税	Individual Income Tax	74					
资源税	Resource Tax						
固定资产投资方向调节税	Fixed Asset Investment Regulation Tax						
城市维护建设税	City Maintenance and Construction Tax						
车辆购置税	Vehicle Purchasing Tax	742566	768	197	234	6	11482

表6.7　续表 continued

项　目	Item	内资企业 Domestic-funded		港澳台投资企业 Funds from Hong Kong, Macao & Taiwan	外商投资企业 Foreign-funded	个体经营 Self-employed Individuals	附：乡镇企业 Township Enterprises
		私营企业 Private	其他企业 Others				
总　计	**Total**	**892013**	**103728**	**561393**	**2604499**	**754103**	**327146**
增值税收入	Value-added Tax	711672	23231	232771	1425615	102679	267065
消费税收入	Consumption Tax	3671	10	4624	452441	994	13394
营业税	Business Tax						
企业所得税	Corporate Income Tax	172205	5544	323940	726386		42790
个人所得税	Individual Income Tax					74	
资源税	Resource Tax						
固定资产投资方向调节税	Fixed Asset Investment Regulation Tax						
城市维护建设税	City Maintenance and Construction Tax						
车辆购置税	Vehicle Purchasing Tax	4465	74943	58	57	650356	3897

表6.8 地税税收收入（2013－2014年）
REVENUE FROM LOCAL TAXATION (2013-2014)

单位：万元 (10 000 yuan)

项　目	Item	2013	2014
税收收入合计	**Total**	**10247289**	**11530080**
#中央级	Central Government	1163517	1353911
重庆市级	Chongqing Municipal Government	3167232	3436326
区县级	District and County Governments	5916540	6739843
按税种分	**By Tax Category**		
营业税	Business Tax	4231794	4439832
企业所得税	Corporate Income Tax	1000961	1175547
个人所得税	Individual Income Tax	938227	1080974
资源税	Resource Tax	84002	97066
固定资产投资方向调节税	Fixed Asset Investment Regulation Tax		
城市维护建设税	City Maintenance and Construction Tax	655612	742415
房产和城市房地产税	House Property and Urban Real Estate Tax	313959	403653
印花税	Stamp Tax	174990	206838
城镇土地使用税	Urban Land Use Tax	442053	633560
土地增值税	Land Appreciation Tax	807344	962164
车船税	Tax on Vehicles and Boat Operation	64084	83280
屠宰税	Slaughter Tax		
烟叶税	Tobacco Leaf Tax	40970	32501
耕地占用税	Farm Land Occupation Tax	369260	382624
契　税	Deed Tax	1124033	1289626
按行业分	**By Sector**		
第一产业	Primary Industry	11562	17055
第二产业	Secondary Industry	2693883	3038830
工　业	Industry	1105518	1294596
建筑业	Construction	1588365	1744234
第三产业	Tertiary Industry	7541844	8474195
交通运输仓储及邮政业	Transport, Storage and Post	270857	219579
批发和零售业	Wholesale and Retail Trades	378665	423311
金融业	Financial Intermediation	1184670	1516314
信息传输、计算机服务和软件业	Information Transmission, Computer Services and Software	148836	133258
住宿和餐饮业	Hotel and Catering Services	149393	141890
文化、体育和娱乐业	Culture, Sports and Entertainment	35703	27197
租赁和商务服务业	Leasing and Business Services	520210	682297
房地产业	Real Estate	3947546	4325445
其他行业	Other Trades	905964	1004904

表6.9 按企业类型分的地税税收收入（2014年）
REVENUE FROM LOCAL TAXATION BY STATUS OF REGISTRATION (2014)

单位：万元 (10 000 yuan)

项　目	Item	合　计 Total	内资企业 Domestic-funded				
			国有企业 State-owned	集体企业 Collective-owned	股份合作企业 Cooperative	联营企业 Joint Ownership	股份公司 Share-holding corporations
总　计	**Total**	**11530080**	**895668**	**71514**	**28468**	**11669**	**7036363**
营业税	Business Tax	4439832	340229	28804	15873	3107	2771635
企业所得税	Corporate Income Tax	1175547	70983	13087	2409	2972	823184
个人所得税	Individual Income Tax	1080974	107413	6575	2978	713	553294
资源税	Resource Tax	97066	29099	822	88	489	46475
固定资产投资方向调节税	Fixed Asset Investment Regulation Tax						
城市维护建设税	City Maintenance and Construction Tax	742415	119245	3299	2068	508	365886
房产和城市房地产税	House Property and Urban Real Estate Tax	403653	40170	1987	1008	868	216342
印花税	Stamp Tax	206838	18261	595	574	149	109057
城镇土地使用税	Urban Land Use Tax	633560	52306	9483	807	781	428905
土地增值税	Land Appreciation Tax	962164	30523	5149	1898	1194	612325
车船税	Tax on Vehicles and Boat Operation	83280	19	52			
屠宰税	Slaughter Tax						
烟叶税	Tobacco Leaf Tax	32501	32501				
耕地占用税	Farm Land Occupation Tax	382624	32452				233176
契　税	Deed Tax	1289626	22467	1661	765	888	795496

表6.9 续表 continued

项　目	Item	内资企业 Domestic-funded		港澳台投资企业 Funds from Hong Kong, Macao & Taiwan	外商投资企业 Foreign-funded	个体经营 Self-employed Individuals	附：乡镇企业 Township Enterprises
		私营企业 Private	其他企业 Others				
总　计	**Total**	**1497015**	**407098**	**611725**	**488585**	**481975**	**961987**
营业税	Business Tax	621142	88716	211917	160449	197960	364646
企业所得税	Corporate Income Tax	223368	39287	114	143		
个人所得税	Individual Income Tax	98803	104335	31719	70708	104436	69024
资源税	Resource Tax	10364	3436	1726	1208	3359	16573
固定资产投资方向调节税	Fixed Asset Investment Regulation Tax						
城市维护建设税	City Maintenance and Construction Tax	88871	7718	26878	112551	15391	55468
房产和城市房地产税	House Property and Urban Real Estate Tax	40866	15461	26378	28475	32098	23474
印花税	Stamp Tax	25850	3374	10853	35984	2141	14913
城镇土地使用税	Urban Land Use Tax	63886	14745	33759	27450	1438	81141
土地增值税	Land Appreciation Tax	149518	10923	107735	22846	20053	82156
车船税	Tax on Vehicles and Boat Operation	324		2	2270	25	204
屠宰税	Slaughter Tax						
烟叶税	Tobacco Leaf Tax						
耕地占用税	Farm Land Occupation Tax	2173	112208		905	1710	79815
契　税	Deed Tax	171850	6895	160644	25596	103364	60594

重/庆/统/计/年/鉴

主要统计指标解释

财政收入

指国家财政参与社会产品分配所取得的收入，是实现国家职能的财力保证。主要包括：

（1）各项税收：包括国内增值税、国内消费税、进口货物增值税和消费税、出口货物退增值税和消费税、营业税、企业所得税、个人所得税、资源税、城市维护建设税、房产税、印花税、城镇土地使用税、土地增值税、车船税、船舶吨税、车辆购置税、关税、耕地占用税、契税、烟叶税等。

（2）非税收入：包括专项收入、行政事业性收费、罚没收入和其他收入。

财政支出

指国家财政将筹集起来的资金进行分配使用，以满足经济建设和各项事业的需要。主要包括：

（1）一般公共服务：指政府提供基本公共管理与服务的支出，包括人大事务、政协事务、政府办公厅（室）及相关机构事务、发展与改革事务、统计信息事务、财政事务、税收事务、审计事务、海关事务、人力资源事务、纪检监察事务、人口与计划生育事务、商贸事务、知识产权事务、工商行政管理事务、国土资源事务、海洋管理事务、测绘事务、地震事务、气象事务、民族事务、宗教事务、港澳台侨事务、档案事务、共产党事务、民主党派事务及工商联事务、群众团体事务、彩票事务等。

（2）外交：指政府外交事务支出，包括外交行政管理、驻外机构、对外援助、国际组织、对外合作与交流、边界勘界联检等方面的支出。

（3）国防：指政府用于国防方面的支出，包括用于现役部队、预备役部队、民兵、国防科研事业、专项工程、国防动员等方面的支出。

（4）公共安全：指政府维护社会公共安全方面的支出，包括武装警察、公安、国家安全、检察、法院、司法行政、监狱、劳教、国家保密、缉私警察等。

（5）教育：指政府教育事务支出，包括教育行政管理、学前教育、小学教育、初中教育、普通高中教育、普通高等教育、初等职业教育、中专教育、技校教育、职业高中教育、高等职业教育、广播电视教育、留学生教育、特殊教育、干部继续教育、教育机关服务等。

（6）科学技术：指用于科学技术方面的支出，包括科学技术管理事务、基础研究、应用研究、技术研究与开发、科技条件与服务、社会科学、科学技术普及、科技交流与合作等。

（7）文化教育与传媒：指政府在文化、文物、体育、广播影视、新闻出版等方面的支出。

（8）社会保障和就业：指政府在社会保障与就业方面的支出，包括社会保障和就业管理事务、民政管理事务、财政对社会保险基金的补助、补充全国社会保障基金、行政事业单位离退休、企业改革补助、就业补助、抚恤、退役安置、社会福利、残疾人事业、城市居民最低生活保障、其他城镇社会救济、农村社会救济、自然灾害生活救助、红十字事务等。

（9）医疗卫生：指政府医疗卫生方面的支出，包括医疗卫生管理事务支出、医疗服务支出、医疗保障支出、疾病预防控制支出、卫生监督支出、妇幼保健支出、农村卫生支出等。

（10）环境保护：指政府环境保护支出，包括环境保护管理事务支出、环境监测与监察支出、污染治理支出、自然生态保护支出、天然林保护工程支出、退耕还林支出、风沙荒漠治理支出、退牧还草支出、已垦草原退耕还草、能源节约利用、污染减排、可再生能源和资源综合利用等支出。

（11）城乡社区事务：指政府城乡社区事务支出，包括城乡社区管理事务支出、城乡社区规划与管理支出、城乡社区公共设施支出、城乡社区住宅支出、城乡社区环境卫生支出、建设市场管理与监督支出等。

（12）农林水事务：指政府农林水事务支出，包括农业支出、林业支出、水利支出、扶贫支出、农业综合开发支出等。

（13）交通运输：指政府交通运输和邮政业方面的支出，包括公路运输支出、水路运输支出、铁路运输支出、民用航空运输支出、邮政业支出等。

主要统计指标解释

（14）工业商业金融等事务：指政府对工业、商业及金融等方面的支出，包括采掘业支出、制造业支出、建筑业支出、工业和信息产业监管支出、国有资产监管支出、商业流通事务支出、金融业监管支出、旅游业管理与服务支出等。

■ 中央财政收入和地方财政收入

指按现行分税制财政体制划分的中央本级收入和地方本级收入。属于中央财政的收入包括关税，进口货物增值税和消费税，出口货物退增值税和消费税，消费税，铁道部门、各银行总行、各保险公司总公司等集中交纳的营业税和城市维护建设税，增值税75%部分，纳入共享范围的企业所得税60%部分，未纳入共享范围的中央企业所得税、中央企业上交的利润，个人所得税60%部分，车辆购置税，船舶吨税，证券交易印花税97%部分，海洋石油资源税，中央非税收入等。属于地方财政的收入包括营业税（不含铁道部门、各银行总行、各保险公司总公司集中交纳的营业税），地方企业上交利润，城市维护建设税（不含铁道部门、各银行总行、各保险公司总公司集中交纳的部分），房产税，城镇土地使用税，土地增值税，车船税，耕地占用税，契税，烟叶税，印花税，增值税25%部分，纳入共享范围的企业所得税40%部分，个人所得税40%部分，证券交易印花税3%部分，海洋石油资源税以外的其他资源税，地方非税收入等。

■ 中央财政支出和地方财政支出

指根据政府在经济和社会活动中的不同职责，划分中央和地方政府的责权，按照政府的责权划分确定的支出。中央财政支出包括一般公共服务，外交支出，国防支出，公共安全支出，以及中央政府调整国民经济结构、协调地区发展、实施宏观调控的支出等。地方财政支出包括一般公共服务，公共安全支出，地方统筹的各项社会事业支出等。

CHONGQING STATISTICAL YEARBOOK

Explanatory Notes on Main Statistical Indicators

Government Revenue

Refers to income for the government finance through participating in the distribution of social products. It is the financial guarantee to ensure government functioning. The contents of government revenue include the following main items:

(I) Various tax revenues, including domestic value added tax (VAT), domestic consumption tax, VAT and consumption tax from imports, VAT and consumption tax rebate for exports, business tax, corporate income tax, individual income tax, resource tax, city maintenance and construct tax, house property tax, stamp tax, urban land use tax, land appreciation tax, tax on vehicles and boat operation, ship tonnage tax, vehicle purchase tax, tariffs, farm land occupation tax, deed tax, and tobacco leaf tax, etc.

(II) Non-tax revenue, including special program receipts, charge of administrative and institutional units, penalty receipts and others non-tax receipts.

Government Expenditure

Refers to the distribution and use of the funds which the government finance has raised, so as to meet the needs of economic construction and various causes. It includes the following main items:

(I) Expenditure for general public services: It refers to the spending on the basic public management and services which provided by governments, including the expense on affairs of People's Congress, affairs of People's Political Consultative Conference, affairs of government general office and relative institutions, affairs of development and reform, affairs of statistics, affairs of finance, affairs of taxation, affairs of audit, affairs of customs, affairs of human resources and social security, affairs of discipline inspection and supervision, affairs of population and family planning, affairs of commerce and trade, affairs of intellectual property, affairs of administration for industry and commerce, affairs of land and resources, affairs of oceanic administration, affairs of surveying and mapping, affairs of earthquake, ethnic affairs, religious affairs, affairs of Hong Kong, Macao, Taiwan, and Overseas Chinese, affairs of archives administration, affairs of Chinese Communist Party, affairs of democratic parties and federation of industry and commerce, affairs of mass organization, and affairs of lottery, etc.

(II) Expenditure for foreign affairs: It refers to the spending of government on foreign affairs, including the expense onn administration of foreign affairs, missions overseas, external assistance, international organizations, foreign cooperation and communication, surveying and joint inspection on borderline, etc.

(III) Expenditure for national defence: It refers to the spending of government on national defence, including the expense on active force, reserve force, militia, scientific research on national defence, special projects, mobilization of national defence, etc.

(IV) Expenditure for public security: It refers to the spending of government on maintaining social and public security, including the expense on armed police force, public security, state security, prosecution, courts, justice, prison, labour education and rehabilitation, protection of state secrecy, anti-smuggling police, etc.

(V) Expenditure for education: It refers to the spending of government on education, including the expense on the administration of education, pre-primary education, primary education, secondary education, high school education, regular higher education, primary vocational education, secondary vocational education, technical school education, vocational high school education and higher vocational education, radio and television education, student abroad education, special education, on the job training of cadres, education authorities services, etc.

(VI) Expenditure for science and technology: It refers to the spending of government on science and technology (S&T), including the expense on the administration of S&T, basic research, applied research, research and development, conditions and services of S&T, popularization of social science, science and technology, exchanges and cooperation of S&T, etc.

(VII) Expenditure for culture, sport and media: It refers to the spending of government on culture, cultural heritage, sports, radio, film, television, press and publication, etc.

(VIII) Expenditure for social safety net and employment effort: It refers to the spending of government on social safety net and employment, including the expense on administration of social safety net and employment, civil affairs, budgetary subsidy on the social insurance funds, subsidy on National Social Security Fund, retirees of administrative units and institutions, subsidy on enterprise reform, subsidy on employment effort, pension, placement of ex-serviceman, social welfare, the handicapped undertakings, the system of cost of living allowances for urban residents, other urban social relief, rural social relief, living relief of natural disasters, affairs of Red Cross Society, etc.

(IX) Expenditure for medical and health care: It refers to the spending of government on medical and health care, including the expense on administration of medical and health care, medical services, health care, disease prevention and control, health inspection and supervision, women and children's health, rural health care, etc.

(X) Expenditure for environment protection: It refers to the spending of government on environment protection, including the expense on administration of environment protection, environment monitoring and supervision, pollution control, natural ecology protection, project of virgin forests protection, reforesting farmland, controlling the sources of dust storms, returning pastureland to grassland, returning pastureland to grassland, returning cultivated land to grassland, energy conservation, emissions reduction, comprehensive utilization of renewable energy and resources, etc.

(XI) Expenditure for urban and rural community affairs: It refers to the spending of government on urban and rural community affairs, including the expense on administration of urban and rural community, planning and management of urban and rural community, public facilities of urban and rural community, housing of urban and rural community, sanitation of urban and rural community, management and supervision on the construction market, etc.

(XII) Expenditure for agriculture, forestry and water conservancy: It refers to the spending of government on agriculture, forestry and water conservancy, including the expense on agriculture, forestry, water conservancy, poverty alleviation, comprehensive agricultural development, etc.

(XIII) Expenditure for transportation: It refers to the spending of government on transportation and postal services, including the expense on road transportation, waterway transportation, railway transportation, civil aviation transportation, and postal services.

(XIV) Expenditure for industry, commerce and banking: It refers to the spending of government on industry, commerce and banking, including the expense on mining, manufacturing, construction, industry and information technology supervision and administration, State-owned assets supervision and administration, commerce and circulation affairs, financial intermediation supervision and administration, tourism administration and service, etc.

□ Revenue of the Central Government and Revenue of the Local Governments

Refers to the revenue collected by the Central Government and that by the local governments as defined by the decentralized taxation system. In accordance with this system, the revenue of the Central Government includes tariff, VAT and consumption tax from imports, VAT and consumption tax rebate for exports, consumption tax, business tax and city maintenance and construct tax from the Ministry of Railways, head offices of banks, head offices of insurance company, which are handed over to the government in a centralized way, 75% of the value added tax, 60% the share part of the corporate income tax, unshared part of corporate income tax of the central enterprises, profit handed in by the central enterprises, 60% of individual income tax, vehicle purchase tax, ship tonnage tax, 97% of stamp tax on securities transactions, resource tax on the offshore petroleum resources. The revenue of the local governments includes business tax (excluding the part of the Ministry of Railways, head offices of banks, head offices of insurance company, which are handed over to the government in a centralized way), profit handed in by the local enterprises, city maintenance and construct tax (excluding the part of the Ministry of Railways, head offices of banks, head offices of insurance company, which are handed over to the government in a centralized way), house property tax, urban land use tax, land appreciation tax, tax on vehicles and boat operation, farm land occupation tax, deed tax, and tobacco leaf tax, stamp tax, 25% of the value added tax, 40% the share part of the corporate income tax, 40% of individual income tax, 3% of stamp tax on securities transactions, resource tax other than the tax on offshore petroleum resources, local non-tax revenue, etc.

□ Revenue of the Central Government and Expenditure of the Local Governments

According to the different functions of the Central Government and local governments in economic and social activities, the rights of affairs administration are demarcated between those of the Central Government and those of local governments; and the classification of the expenditure between the Central Government and local governments are made on the basis of the classification of the rights of affairs administration between them. The expenditure of the Central Government includes the expenditure for general public services, expenditure for foreign affairs, expenditure for public security, and the expenditure of the Central Government for adjusting the national economic structure; coordinating the development among different regions; and exercising macroeconomic regulation. The expenditure of the local governments includes mainly the expenditure for general public services, expenditure for public security, and expenditures for social development which are planned by local governments, etc.

第 7 章

人民生活与物价

PEOPLE′S LIVING CONDITIONS AND PRICE OF GOODS

简要说明

BRIEF INTRODUCTION

本章资料反映全市城乡居民生活状况，主要内容包括城乡居民家庭基本情况、恩格尔系数、居民储蓄、年收入支出及其构成、主要商品购买数量、耐用消费品的拥有量，以及居民消费价格指数、商品零售价格指数、工业生产者价格指数、固定资产投资价格指数、住宅销售价格指数等。居民住户调查资料是抽样调查汇总的结果，价格调查是一种非全面调查，采用重点调查和典型调查相结合的方法。

城镇常住居民和农村常住居民生活状况和价格调查的数据来源于国家统计局重庆调查总队。城乡居民物质生活情况和居民储蓄由市统计局综合处整理编辑。

The data in this chapter present the living conditions of the urban and rural households in Chongqing, including basic conditions of urban and rural households, Engle's coefficient, saving deposits, annual income & expenditure and their compositions, purchases of major commodities, possession of durable consumer goods, as well as consumer price indices, retail price indices, purchasing price index, price indices of investment in fixed assets and price index of residential real estate sales, etc. The data of urban and rural households are the results of sample survey, while price survey is an incomplete survey, where the main unit survey and typical survey are combined.

The data about the living conditions of urban and rural residents and price survey are provided by NBS Survey Office in Chongqing. The data of material & cultural life and saving deposits of urban & rural residents are sorted and compiled by Division of Comprehensive Statistics, Chongqing Municipal Bureau of Statistics.

表7.1 城乡居民物质文化生活情况（2013－2014年）
MATERIAL AND CULTURAL LIFE OF URBAN & RURAL RESIDENTS (2013-2014)

指　标	Item	2013	2014
就　业	**Employment**		
每一城镇常住劳动力负担人数（人）	Number of Dependents per Urban Employee (person)	1.39	1.38
每一农村常住劳动力负担人数（人）	Number of Dependents per Rural Laborer (person)	1.44	1.47
城镇登记失业率（%）	Registered Urban Unemployment Rate (%)	3.40	3.46
收入和支出	**Income and Expenditure**		
城镇非私营单位在岗职工平均工资（元）	Annual Average Wage of On-Post Staff and Workers of Urban Non-private Units (yuan)	51015	56852
城镇常住居民人均可支配收入（元）	Annual per Capita Disposable Income of Urban Households (yuan)	23058	25147
农民常住居民人均可支配收入（元）	Annual per Capita Net Income of Rural Households (yuan)	8493	9490
城镇常住居民人均消费性支出（元）	Annual per Capita Consumption Expenditure of Urban Households (yuan)	17124	18279
农村常住居民人均生活消费支出（元）	Annual per Capita Living Expenditure of Rural Households (yuan)	6971	7983
城镇常住居民家庭恩格尔系数（%）	Engle's Coefficient of Urban Households (%)	35.0	34.5
农村常住居民家庭恩格尔系数（%）	Engle's Coefficient of Rural Households (%)	38.1	40.5
个人人均人民币储蓄存款余额（元）	Per Capita Balance of Saving Deposit of RMB (yuan)	28651	31921
住　房	**Housing**		
城镇常住居民人均住房建筑面积（平方米）	Per Capita Residential Floor Space of Urban Residents (sq.m)	35.10	35.63
农村常住居民人均住房建筑面积（平方米）	Per Capita Living Space of Rural Residents (sq.m)	53.34	54.13
交通邮电	**Transport, Postal and Telecommunication Services**		
人均道路面积（平方米）	Per Capita Area of Paved Roads (sq.m)	10.89	11.25
平均每百人拥有移动电话（部）	Number of Mobile Telephones Owned per 100 Persons (unit)	80.16	86.58
每人平均交寄函件（件）	Number of Letters Mailed Per Capita (unit)	1.80	1.57
城市公用事业	**City Public Utilities**		
用水普及率（%）	Percentage of Population with Access to Tap Water (%)	94.83	95.80
燃气普及率（%）	Percentage of Population with Access to Gas (%)	92.53	93.73
人均公共绿地面积（平方米）	Per Capita Public Green Area (sq.m)	17.10	16.54
教　育	**Education**		
学龄儿童入学率（%）	Enrollment Ratio of School-Aged Children (%)	99.98	99.99
每万人口中在校大学生（人）	Number of Undergraduates Per 10 000 Population (person)	289	302
文　化	**Culture**		
每百户城镇常住家庭拥有彩色电视机（台）	Number of Color TV Sets Per 100 Urban Households (unit)	127.04	131.75
每百户农村常住家庭拥有彩色电视机（台）	Number of Color TV Sets Per 100 Rural Households (unit)	105.20	110.51
广播人口覆盖率（%）	Rate of Radio Broadcast Coverage of the Population (%)	98.30	98.44
电视人口覆盖率（%）	Rate of TV Coverage of the Population (%)	98.88	98.95
卫　生	**Public Health**		
每万人拥有医院、卫生院病床（张）	Number of Beds of Hospitals and Health Centers Per 10 000 Population (bed)	47.77	44.06
每万人拥有执业（助理）医师（人）	Number of Licensed (Assistant) Doctors Per 10 000 Population (person)	16.44	17.19

表7.2 个人储蓄存款年末余额（1980－2014年）
YEAR-END SAVINGS DEPOSIT OF RMB OF HOUSEHOLDS (1980-2014)

年 份 Year	个人储蓄存款年末余额（亿元） Year-end Savings Deposit of RMB of Households (100 million yuan)	其 中 of which 定 期 Time Deposits	 活 期 Demand Deposits	人均个人储蓄存款余额（元） Per Capita Balance of Savings Deposit of RMB (yuan)
1980	6.22			23
1981	8.35			31
1982	10.56			39
1983	13.34			49
1984	18.39			67
1985	25.41			92
1986	34.79			124
1987	44.46			156
1988	50.50	40.65	9.85	176
1989	68.17	55.75	12.42	235
1990	92.17	77.63	14.54	316
1991	121.95	103.36	18.59	415
1992	154.45	128.64	25.81	523
1993	198.05	160.51	37.54	668
1994	285.40	231.23	54.17	956
1995	401.45	331.09	70.36	1337
1996	500.71	403.84	96.87	1656
1997	580.67	454.04	126.63	1908
1998	724.54	552.72	171.82	2368
1999	909.10	672.96	236.14	2959
2000	1085.36	774.38	310.98	3511
2001	1317.17	929.37	387.80	4252
2002	1595.01	1082.90	512.11	5122
2003	1896.56	1265.52	631.04	6059
2004	2189.73	1469.99	719.74	6964
2005	2545.85	1740.13	805.72	8033
2006	2949.05	1999.88	949.17	9219
2007	3228.15	2099.55	1128.60	9978
2008	3988.96	2640.70	1348.26	12247
2009	4908.68	3060.01	1848.67	14986
2010	5839.66	3475.19	2364.47	17677
2011	6990.25	4106.17	2708.61	20993
2012	8361.64	4996.24	3166.45	25009
2013	9622.31	5735.53	3693.17	28651
2014	10774.12	6422.07	3845.29	31921

表7.3 城乡居民家庭人均收入及恩格尔系数（1978－2012年）
PER CAPITA ANNUAL INCOME AND ENGLE'S COEFFICIENT OF URBAN AND RURAL HOUSEHOLDS (1978-2012)

年 份 Year	城镇居民家庭人均可支配收入 Per Capita Annual Disposable Income of Urban Households		农村居民家庭人均纯收入 Per Capita Annual Net Income of Rural Households		城镇居民家庭恩格尔系数（%） Engle's Coefficient of Urban Households (%)	农村居民家庭恩格尔系数（%） Engle's Coefficient of Rural Households (%)
	绝对数（元） Value (yuan)	指 数（2007=100） Index（2007=100）	绝对数（元） Value (yuan)	指 数（1978=100） Index（1978=100）		
1978			126.01	100.0		74.0
1979			150.18	119.2		72.9
1980			163.33	129.6		68.1
1985			325.24	258.1		63.9
1986			358.86	284.8		63.4
1987			385.82	306.2		62.2
1988			457.54	363.1		60.5
1989			510.09	404.8		61.7
1990			586.73	465.6		63.6
1991			628.89	499.1		63.8
1992			677.46	537.6		62.8
1993			748.08	593.7		61.3
1994			1018.24	808.1		63.5
1995			1270.41	1008.2		64.7
1996			1479.05	1173.8		63.2
1997			1692.36	1343.0		65.8
1998			1801.17	1429.4		61.3
1999			1835.54	1456.7		60.7
2000			1892.44	1501.8		53.6
2001			1971.18	1564.3		54.1
2002			2097.58	1664.6		55.8
2003			2214.55	1757.4		52.5
2004			2510.41	1992.2		56.0
2005			2809.32	2229.4		52.8
2006			2873.83	2280.6		52.2
2007	12590.78	100.0	3509.29	2784.9	37.2	54.5
2008	14367.55	114.1	4126.21	3274.5	39.6	53.3
2009	15748.67	125.1	4478.35	3554.0	37.7	49.1
2010	17532.43	139.2	5276.66	4187.5	37.6	48.3
2011	20249.70	160.8	6480.41	5142.8	39.1	46.8
2012	22968.14	182.4	7383.27	5859.3	41.5	44.2

表7.4 居民人均收支及恩格尔系数（2013–2014年）
PER CAPITA RESIDENTS INCOME AND EXPENDITURE AND ENGLE COEFFICIENT (2013-2014)

年 份 Year	居民人均可支配收入（元） Per Capita Annual Disposable Income（yuan）			居民人均消费支出（元） Per Capita Annual Living Expenditure (yuan)			恩格尔系数（%） Engle Coefficient (%)		
	全体居民 Total	城镇常住居民 Permanent Urban Residents	农村常住居民 Permanent Rural Residents	全体居民 Total	城镇常住居民 Permanent Urban Residents	农村常住居民 Permanent Rural Residents	全体居民 Total	城镇常住居民 Permanent Urban Residents	农村常住居民 Permanent Rural Residents
2013	16569	23058	8493	12600	17124	6971	35.8	35.0	38.1
2014	18352	25147	9490	13811	18279	7983	36.0	34.5	40.5

表7.5 居民家庭基本情况（2013–2014年）
BASIC CONDITIONS OF RESIDENT HOUSEHOLDS (2013-2014)

指 标	Item	2013	2014
平均每户常住人口（人）	**Average Permanent Population Per Household (person)**		
全体居民	Total Residents	3.00	2.94
城镇常住居民	Permanent Urban Residents	2.97	2.98
农村常住居民	Permanent Rural Residents	3.05	2.90
平均每户常住劳动力（人）	**Average Number of Full/Semi Permanent Laborers Per Household (person)**		
全体居民	Total Residents	2.13	2.07
城镇常住居民	Permanent Urban Residents	2.14	2.15
农村常住居民	Permanent Rural Residents	2.11	1.97
平均每户常住成员从业人数（人）	**Average Number of Permanent Employed Persons Per Household (person)**		
全体居民	Total Residents	1.81	1.73
城镇常住居民	Permanent Urban Residents	1.65	1.63
农村常住居民	Permanent Rural Residents	2.02	1.86
平均每人住房建筑面积（平方米）	**Per Capita Residential Floor Space (sq.m)**		
全体居民	Total Residents	43.22	43.66
城镇常住居民	Permanent Urban Residents	35.10	35.63
农村常住居民	Permanent Rural Residents	53.34	54.13

注：从2012年四季度起，国家统计局对分别进行的城乡住户调查实施了一体化改革，统一了城乡居民收入指标名称、分类和统计标准，建立了城乡统一的一体化住户调查制度（即《住户收支与生活状况调查》），本年鉴所载2013-2014年城乡住户收支与生活状况有关指标及数据资料均取自一体化改革后的住户调查。

Note: Starting from the 4th quarter of 2012, the NBS carried out the integrated reform on the urban and rural household survey, unified the index titles, categories and statistical standards of urban and rural residents income, and established the integrated urban and rural household survey system (Household Income & Expenditure and Living Conditions Survey). The indices and data concerning the urban and rural households income & expenditure and living conditions 2013-2014 herein are collected from the household survey after the integrated reform.

表7.6 全体居民人均可支配收入与现金可支配收入情况（2013–2014年）
PER CAPITA ANNUAL DISPOSABLE INCOME AND CASH DISPOSABLE INCOME OF HOUSEHOLDS (2013-2014)

单位：元 (yuan)

指　标	Item	2013	2014
可支配收入	**Per Capita Annual Disposable Income**	**16569**	**18352**
工资性收入	Income from Wages and Salaries	8819	9889
经营净收入	Income from Household Operations	2749	2981
第一产业	Primary Industry	1306	1322
第二产业	Secondary Industry	136	180
第三产业	Tertiary Industry	1308	1479
财产净收入	Income from Properties	1193	1256
转移净收入	Income from Transfers	3808	4226
#现金可支配收入	**Per Capita Cash Disposable Income**	**15297**	**16915**
现金工资性收入	Income from Wages and Salaries	8785	9853
现金经营净收入	Income from Household Operations	2325	2539
第一产业	Primary Industry	760	729
第二产业	Secondary Industry	150	200
第三产业	Tertiary Industry	1415	1609
现金财产净收入	Income from Properties	443	500
现金转移净收入	Income from Transfers	3744	4023

表7.7 全体居民人均收支构成情况（2013–2014年）

COMPOSITION OF PER CAPITA CASH INCOME AND CASH EXPENDITURE OF HOUSEHOLDS (2013-2014)

单位：%

指　标	Item	2013	2014
可支配收入	**Composition of Per Capita Annual Disposable Income**	**100.0**	**100.0**
工资性收入	Income from Wages and Salaries	53.2	53.9
经营净收入	Income from Household Operations	16.6	16.2
财产净收入	Income from Properties	7.2	6.8
转移净收入	Income from Transfers	23.0	23.0
消费支出	**Composition of Per Capita Annual Consumption Expenditure**	**100.0**	**100.0**
食品烟酒	Food, Liquor and Tobacco	35.8	36.0
衣　着	Clothing	9.6	9.2
居　住	Garments	19.5	18.5
生活用品及服务	Household Facilities, Articles and Services	7.0	7.1
交通通信	Transport, Post and Communication Services	9.6	10.7
教育文化娱乐	Educational, Cultural and Recreational Services	9.8	9.6
医疗保健	Medicine and Medical Service	6.6	7.0
其他用品及服务	Miscellaneous Commodities Services	2.0	1.9

表7.8 按收入五等份分组的全体居民家庭收入支出情况（2014年）
PER CAPITA ANNUAL INCOME AND EXPENDITURE OF HOUSEHOLDS BY INCOME QUINTILE (2014)

单位：元 (yuan)

指 标	Item	低收入户（20%） Low Income Households (20%)	中低收入户（20%） Lower Middle Income Households (20%)	中等收入户（20%） Middle Income Households (20%)	中高收入户（20%） Upper Middle Income Households (20%)	高收入户（20%） High Income Households (20%)
可支配收入	**Per Capita Annual Disposable Income**	**5649**	**10438**	**16193**	**24033**	**40444**
工资性收入	Income from Wages and Salaries	2201	4480	9100	15231	21192
经营净收入	Income from Household Operations	1670	2735	2852	2271	5974
财产净收入	Income from Properties	143	436	1074	1804	3276
转移净收入	Income from Transfers	1636	2788	3168	4727	10002
消费支出	**Per Capita Annual Living Expenditure for Consumption**	**6169**	**8943**	**12456**	**17457**	**27028**
食品烟酒	Food, Alcohol and Tobacco	2547	3572	4835	6198	8578
衣 着	Clothing	368	653	1110	1880	2709
居 住	Garments	1048	1573	2211	3268	5280
生活用品及服务	Household Facilities, Articles and Services	431	603	869	1278	1929
交通通信	Transport, Post and Communication Services	533	836	1288	1730	3403
教育文化娱乐	Educational, Cultural and Recreational Services	650	946	1197	1584	2483
医疗保健	Medicine and Medical Service	493	642	747	1191	1969
其他用品及服务	Miscellaneous Commodities Services	100	118	198	328	678

表7.9 全体居民家庭人均主要食品消费量（2013–2014年）

PER CAPITA CONSUMPTION OF MAJOR FOODS BY HOUSEHOLDS（2013-2014）

单位：千克 (kg)

指 标	Item	2013	2014
粮 食（原粮）	Grain (Unprocessed)	171.94	146.50
蔬菜及菜制品	Vegetables and Processed Products	135.69	129.28
肉 类	Meat, Poultry and Related Products		38.94
猪 肉	Pork	33.20	33.52
牛 肉	Beef	1.31	1.26
羊 肉	Mutton	0.39	0.35
其他肉类及制品	Poultry		3.81
蛋类及蛋制品	Eggs and Processed Products	8.90	9.12
奶和奶制品	Milk and Dairy Products	16.19	16.33
水产品	Aquatic Products	9.15	9.58
油脂类	Edible Oil	17.27	15.62
干鲜水果类	Fruits and Processed Products	36.36	37.14

表7.10 全体居民家庭平均每百户年末耐用消费品拥有量（2013–2014年）
NUMBER OF DURABLE CONSUMER GOODS OWNED PER 100 HOUSEHOLDS AT YEAR-END (2013-2014)

单位：元 (yuan)

指 标	Item	2013	2014
家用汽车（辆）	Automobile (unit)	9.71	12.38
摩托车（辆）	Motorcycle (unit)	20.74	25.99
洗衣机（台）	Washing Machine (unit)	79.23	84.16
电冰箱（柜）（台）	Refrigerator (unit)	88.90	93.31
微波炉（台）	Microwave Oven (unit)	38.62	41.86
彩色电视机（台）	Color TV Set (unit)	117.45	122.40
空 调（台）	Air Conditioner (unit)	94.95	106.29
热水器（台）	Water Heater (unit)	67.54	72.77
排油烟机（台）	Exhaust Fan (unit)	32.41	35.92
移动电话（部）	Mobile Telephone (set)	204.97	220.30
计算机（台）	Computer (unit)	39.30	46.24
健身器材（套）	Fitness Equipment (unit)	1.56	2.83

表7.11 城镇常住居民人均可支配收入与现金可支配收入情况（2013–2014年）

PER CAPITA ANNUAL DISPOSABLE INCOME AND CASH DISPOSABLE INCOME OF URBAN HOUSEHOLDS（2013-2014）

单位：元 (yuan)

指　标	Item	2013	2014
可支配收入	**Per Capita Annual Disposable Income**	**23058**	**25147**
工资性收入	Income from Wages and Salaries	13700	15020
经营净收入	Income from Household Operations	2408	2658
第一产业	Primary Industry	229	197
第二产业	Secondary Industry	174	258
第三产业	Tertiary Industry	2006	2204
财产净收入	Income from Properties	1970	2026
转移净收入	Income from Transfers	4980	5443
#现金可支配收入	**Per Capita Cash Disposable Income**	**21654**	**23602**
现金工资性收入	Income from Wages and Salaries	13647	14963
现金经营净收入	Income from Household Operations	2489	2791
第一产业	Primary Industry	139	113
第二产业	Secondary Industry	193	289
第三产业	Tertiary Industry	2158	2390
现金财产净收入	Income from Properties	614	690
现金转移净收入	Income from Transfers	4904	5158

表7.12 城镇常住居民人均收支构成情况（2013–2014年）

COMPOSITION OF PER CAPITA CASH INCOME AND CASH EXPENDITURE OF URBAN HOUSEHOLDS (2013-2014)

单位：%

指　标	Item	2013	2014
可支配收入	**Composition of Per Capita Annual Disposable Income**	**100.0**	**100.0**
工资性收入	Income from Wages and Salaries	59.4	59.7
经营净收入	Income from Household Operations	10.4	10.6
财产净收入	Income from Properties	8.5	8.1
转移净收入	Income from Transfers	21.6	21.6
消费支出	**Composition of Per Capita Annual Consumption Expenditure**	**100.0**	**100.0**
食品烟酒	Food, Liquor and Tobacco	35.0	34.5
衣　着	Clothing	10.7	10.3
居　住	Garments	20.0	19.3
生活用品及服务	Household Facilities, Articles and Services	6.8	7.1
交通通信	Transport, Post and Communication Services	9.8	11.0
教育文化娱乐	Educational, Cultural and Recreational Services	9.4	9.4
医疗保健	Medicine and Medical Service	6.2	6.5
其他用品及服务	Miscellaneous Commodities Services	2.2	2.0

表7.13 按收入五等份分组的城镇常住居民家庭收入支出情况（2014年）

PER CAPITA ANNUAL INCOME AND EXPENDITURE OF URBAN HOUSEHOLDS BY INCOME QUINTILE (2014)

单位：元 (yuan)

指　标	Item	低收入户（20%）Low Income Households (20%)	中低收入户（20%）Lower Middle Income Households (20%)	中等收入户（20%）Middle Income Households (20%)	中高收入户（20%）Upper Middle Income Households (20%)	高收入户（20%）High Income Households (20%)
可支配收入	**Per Capita Annual Disposable Income**	**11662**	**18549**	**24245**	**30757**	**47144**
工资性收入	Income from Wages and Salaries	7288	12285	16332	18332	24002
经营净收入	Income from Household Operations	1418	1294	1341	2655	7681
财产净收入	Income from Properties	887	1604	1813	2422	3956
转移净收入	Income from Transfers	2069	3366	4758	7347	11505
消费支出	**Per Capita Annual Living Expenditure for Consumption**	**10243**	**14378**	**18038**	**22107**	**30479**
食品烟酒	Food, Alcohol and Tobacco	4037	5265	6440	7342	9495
衣　着	Clothing	967	1386	1970	2259	3242
居　住	Garments	1947	2750	3397	4482	5784
生活用品及服务	Household Facilities, Articles and Services	692	926	1308	1606	2231
交通通信	Transport, Post and Communication Services	830	1535	1758	2597	3905
教育文化娱乐	Educational, Cultural and Recreational Services	979	1505	1599	1871	2954
医疗保健	Medicine and Medical Service	655	800	1233	1480	2049
其他用品及服务	Miscellaneous Commodities Services	136	212	334	471	819

表7.14 城镇常住居民家庭人均主要食品消费量（2013–2014年）
PER CAPITA CONSUMPTION OF MAJOR FOODS BY URBAN HOUSEHOLDS（2013-2014）

单位：千克（kg）

指 标	Item	2013	2014
粮 食（原粮）	**Grain (Unprocessed)**	**134.76**	**114.06**
蔬菜及菜制品	**Vegetables and Processed Products**	**140.69**	**134.80**
肉 类	**Meat, Poultry and Related Products**		**42.40**
猪 肉	Pork	34.67	34.27
牛 肉	Beef	2.10	1.98
羊 肉	Mutton	0.56	0.49
其他肉类及制品	Poultry		5.66
蛋类及蛋制品	**Eggs and Processed Products**	**9.37**	**9.42**
奶和奶制品	**Milk and Dairy Products**	**23.73**	**22.63**
水产品	**Aquatic Products**	**12.16**	**12.20**
油脂类	**Edible Oil**	**17.11**	**16.38**
干鲜水果类	**Fruits and Processed Products**	**47.92**	**46.49**

表7.15 城镇常住居民家庭平均每百户年末耐用消费品拥有量（2013–2014年）
NUMBER OF DURABLE CONSUMER GOODS OWNED PER 100 URBAN HOUSEHOLDS AT YEAR-END (2013-2014)

指　标	Item	2013	2014
家用汽车（辆）	Automobile (unit)	13.19	17.53
摩托车（辆）	Motorcycle (unit)	12.52	16.63
洗衣机（台）	Washing Machine (unit)	92.87	94.92
电冰箱（柜）（台）	Refrigerator (unit)	96.14	98.68
微波炉（台）	Microwave Oven (unit)	58.23	62.09
彩色电视机（台）	Color TV Set (unit)	127.04	131.75
空　调（台）	Air Conditioner (unit)	148.40	160.65
热水器（台）	Water Heater (unit)	88.99	91.07
排油烟机（台）	Exhaust Fan (unit)	53.24	57.43
移动电话（部）	Mobile Telephone (set)	218.61	228.34
计算机（台）	Computer (unit)	60.02	69.46
健身器材（套）	Fitness Equipment (unit)	2.71	4.66

表7.16 农村常住居民人均可支配收入与现金可支配收入情况（2013–2014年）
PER CAPITA ANNUAL DISPOSABLE INCOME AND CASH DISPOSABLE INCOME OF RURAL HOUSEHOLDS（2013-2014）

单位：元 (yuan)

指 标	Item	2013	2014
可支配收入	**Per Capita Annual Disposable Income**	**8493**	**9490**
工资性收入	Income from Wages and Salaries	2744	3196
经营净收入	Income from Household Operations	3173	3402
第一产业	Primary Industry	2645	2789
第二产业	Secondary Industry	88	79
第三产业	Tertiary Industry	440	535
财产净收入	Income from Properties	227	252
转移净收入	Income from Transfers	2348	2639
#现金可支配收入	**Per Capita Cash Disposable Income**	**7386**	**8193**
现金工资性收入	Income from Wages and Salaries	2735	3189
现金经营净收入	Income from Household Operations	2121	2209
第一产业	Primary Industry	1533	1532
第二产业	Secondary Industry	98	86
第三产业	Tertiary Industry	490	592
现金财产净收入	Income from Properties	229	253
现金转移净收入	Income from Transfers	2300	2543

表7.17 农村常住居民人均收支构成情况（2013–2014年）

COMPOSITION OF PER CAPITA CASH INCOME AND CASH EXPENDITURE OF RURAL HOUSEHOLDS (2013-2014)

单位：%

指　标	Item	2013	2014
可支配收入	**Composition of Per Capita Annual Disposable Income**	**100.0**	**100.0**
工资性收入	Income from Wages and Salaries	32.3	33.7
经营净收入	Income from Household Operations	37.4	35.8
财产净收入	Income from Properties	2.7	2.7
转移净收入	Income from Transfers	27.7	27.8
消费支出	**Composition of Per Capita Annual Consumption Expenditure**	**100.0**	**100.0**
食品烟酒	Food, Liquor and Tobacco	38.1	40.5
衣　着	Clothing	6.3	6.1
居　住	Garments	17.8	16.2
生活用品及服务	Household Facilities, Articles and Services	7.6	7.1
交通通信	Transport, Post and Communication Services	9.2	9.8
教育文化娱乐	Educational, Cultural and Recreational Services	11.3	10.1
医疗保健	Medicine and Medical Service	8.1	8.5
其他用品及服务	Miscellaneous Commodities Services	1.6	1.7

表7.18 按收入五等份分组的农村常住居民家庭收入支出情况（2014年）

PER CAPITA ANNUAL INCOME AND EXPENDITURE OF RURAL HOUSEHOLDS BY INCOME QUINTILE (2014)

单位：元 (yuan)

指　标	Item	低收入户（20%） Low Income Households (20%)	中低收入户（20%） Lower Middle Income Households (20%)	中等收入户（20%） Middle Income Households (20%)	中高收入户（20%） Upper Middle Income Households (20%)	高收入户（20%） High Income Households (20%)
可支配收入	**Per Capita Annual Disposable Income**	**4125**	**6839**	**9025**	**11949**	**19292**
工资性收入	Income from Wages and Salaries	1484	2533	2967	4133	6005
经营净收入	Income from Household Operations	1288	2195	3016	3892	8289
财产净收入	Income from Properties	104	131	219	281	662
转移净收入	Income from Transfers	1249	1979	2824	3643	4337
消费支出	**Per Capita Annual Living Expenditure for Consumption**	**5522**	**6579**	**7640**	**9582**	**12393**
食品烟酒	Food, Alcohol and Tobacco	2297	2694	3103	3892	4837
衣　着	Clothing	298	409	495	616	754
居　住	Garments	956	1130	1205	1599	1822
生活用品及服务	Household Facilities, Articles and Services	404	448	503	713	922
交通通信	Transport, Post and Communication Services	434	617	746	930	1419
教育文化娱乐	Educational, Cultural and Recreational Services	556	692	921	935	1049
医疗保健	Medicine and Medical Service	498	485	561	718	1327
其他用品及服务	Miscellaneous Commodities Services	80	104	105	181	264

表7.19 农村常住居民家庭人均主要食品消费量（2013–2014年）
PER CAPITA CONSUMPTION OF MAJOR FOODS BY RURAL HOUSEHOLDS（2013-2014）

单位：千克(kg)

指　标	Item	2013	2014
粮　食(原粮)	**Grain (Unprocessed)**	**218.21**	**188.81**
蔬菜及菜制品	**Vegetables and Processed Products**	**129.46**	**122.07**
肉　类	**Meat, Poultry and Related Products**		**34.42**
猪　肉	Pork	31.38	32.54
牛　肉	Beef	0.32	0.31
羊　肉	Mutton	0.17	0.17
其他肉类及制品	Poultry		1.40
蛋类及蛋制品	**Eggs and Processed Products**	**8.30**	**8.72**
奶和奶制品	**Milk and Dairy Products**	**6.80**	**8.12**
水产品	**Aquatic Products**	**5.39**	**6.16**
油脂类	**Edible Oil**	**17.46**	**14.62**
干鲜水果类	**Fruits and Processed Products**	**21.98**	**24.94**

表7.20 农村常住居民家庭平均每百户年末耐用消费品拥有量（2013–2014年）

NUMBER OF DURABLE CONSUMER GOODS OWNED PER 100 RURAL HOUSEHOLDS AT YEAR-END (2013-2014)

指　标	Item	2013	2014
家用汽车（辆）	Automobile (unit)	5.26	5.82
摩托车（辆）	Motorcycle (unit)	31.24	37.90
洗衣机（台）	Washing Machine (unit)	61.80	70.47
电冰箱（柜）（台）	Refrigerator (unit)	79.66	86.49
微波炉（台）	Microwave Oven (unit)	13.58	16.14
彩色电视机（台）	Color TV Set (unit)	105.20	110.51
空　调（台）	Air Conditioner (unit)	26.64	37.13
热水器（台）	Water Heater (unit)	40.13	49.49
排油烟机（台）	Exhaust Fan (unit)	5.79	8.55
移动电话（部）	Mobile Telephone (set)	187.52	210.07
计算机（台）	Computer (unit)	12.81	16.70
健身器材（套）	Fitness Equipment (unit)	0.08	0.50

表7.21 主要年份居民消费价格指数和商品零售价格指数

CONSUMER PRICE INDICES AND GENERAL RETAIL PRICE INDICES IN MAJOR YEARS

年 份 Year	以1950年为100 1950=100		以1978年为100 1978=100		以上年为100 Preceding Year=100	
	居民消费价格指数 Consumer Price Index	商品零售价格指数 Retail Price Index	居民消费价格指数 Consumer Price Index	商品零售价格指数 Retail Price Index	居民消费价格指数 Consumer Price Index	商品零售价格指数 Retail Price Index
1951						
1952	106.1	108.7			97.3	97.2
1957	114.0	116.5			104.6	103.9
1962	145.8	158.1			95.2	95.0
1965	125.1	133.1			98.0	98.2
1970	129.2	137.9			99.6	99.5
1975	131.2	140.2			100.3	100.3
1978	135.4	145.1	100.0	100.0	102.9	103.2
1980	148.3	160.1	109.5	110.3	107.9	108.6
1985	179.4	191.7	132.4	132.0	109.9	110.0
1986	186.9	199.8	138.0	137.5	104.2	104.2
1987	205.2	220.8	151.5	151.9	109.8	110.5
1988	251.8	272.2	185.9	187.3	122.7	123.3
1989	294.9	317.1	217.7	218.2	117.1	116.5
1990	299.0	317.4	220.7	218.4	101.4	100.1
1991	319.9	336.8	236.1	231.7	107.0	106.1
1992	355.7	369.8	262.5	254.4	111.2	109.8
1993	422.2	430.1	311.6	295.9	118.7	116.3
1994	547.6	544.1	404.1	374.3	129.7	126.5
1995	653.8	632.8	482.5	435.3	119.4	116.3
1996	717.2	671.4	529.3	461.9	109.7	106.1
1997	741.2	682.6	546.8	470.4	103.3	101.7
1998	714.5	645.1	527.1	444.5	96.4	94.5
1999	709.5	622.5	523.4	428.9	99.3	96.5
2000	686.1	594.5	506.1	409.6	96.7	95.5
2001	697.8	588.6	514.7	405.5	101.7	99.0
2002	695.0	582.1	512.6	401.0	99.6	98.9
2003	699.2	579.2	515.7	399.0	100.6	99.5
2004	725.1	587.3	534.8	404.6	103.7	101.4
2005	730.9	579.7	539.1	399.3	100.8	98.7
2006	748.4	589.0	552.0	405.7	102.4	101.6
2007	783.6	610.8	577.9	420.7	104.7	103.7
2008	827.5	641.3	610.3	441.7	105.6	105.0
2009	814.3	624.0	600.5	429.8	98.4	97.3
2010	840.3	634.6	619.8	437.1	103.2	101.7
2011	884.9	664.2	652.6	457.4	105.3	104.7
2012	907.7	674.7	669.5	464.7	102.6	101.6
2013	931.8	687.0	687.2	473.2	102.7	101.8
2014	948.2	693.0	699.3	477.3	101.8	100.9

表7.22 居民消费价格分类指数（2013－2014年）
CONSUMER PRICE INDICES BY CATEGORY (2013-2014)

上年=100 (preceding year=100)

项 目	Item	2013	2014
居民消费价格指数	**Consumer Price Index**	**102.7**	**101.8**
食 品	Food	104.1	103.3
#粮 食	Grain	103.0	101.8
油 脂	Oil and Fat	98.6	94.7
肉禽及其制品	Meat, Poultry and Processed Products	103.7	99.4
蛋	Eggs	109.1	103.5
水产品	Aquatic Products	102.7	104.7
菜	Vegetables	107.1	105.7
#鲜 菜	Fresh Vegetables	106.4	105.4
茶及饮料	Tea and Beverages	104.2	101.6
干鲜瓜果	Dried and Fresh Melons and Fruits	101.7	117.7
#鲜 果	Fresh Fruits	100.7	123.9
液体乳及乳制品	Milk and Processed Products	106.1	108.5
在外用膳食品	Dinning Out	104.6	102.5
其它食品	Other Foods	100.8	101.5
烟 酒	Tobacco, Liquor	100.6	97.8
#烟 草	Tobacco	100.0	99.7
酒	Liquor	101.6	94.5
衣 着	Clothing	106.3	102.0
#服 装	Garments	106.2	102.3
家庭设备用品及维修服务	Household Facilities, Articles and Service	101.6	100.5
#耐用消费品	Durable Consumer Goods	100.4	100.6
家庭服务及加工维修服务	Household Services and Maintenance and Renovation	111.4	106.0
医疗保健和个人用品	Health Care and Personal Articles	101.0	101.7
#医疗保健	Health Care	101.2	102.8
个人用品及服务	Personal Articles and Services	100.6	99.8
交通和通信	Transportation and Communications	98.3	100.3
#交 通	Transportation	99.3	102.0
通 信	Telecommunication	97.2	98.5
娱乐教育文化用品及服务	Recreational, Educational and Cultural Articles and Services	101.4	100.1
#教 育	Education	103.3	101.1
居 住	Residence	102.8	101.6

表7.23 商品零售价格分类指数（2013－2014年）
RETAIL PRICE INDICES BY CATEGORY (2013-2014)

上年=100 (preceding year =100)

项　目	Item	2013	2014
商品零售价格总指数	**General Retail Price Index**	**101.8**	**100.9**
食　品	Food	103.3	101.8
饮料、烟酒	Beverages, Tobacco and Liquor	102.0	99.2
服装、鞋帽	Garments, Shoes and Hats	106.3	102.1
纺织品	Textiles	100.8	98.2
家用电器及音像器材	Household Appliances and Video Materials	100.4	98.7
文化办公用品	Cultural and Office Appliances	98.7	99.7
日用品	Articles for Daily Use	100.5	100.3
体育娱乐用品	Sports and Recreation Articles	99.8	99.8
交通、通信用品	Transportation and Communication Articles	96.9	98.5
家　具	Furniture	99.6	100.3
化妆品	Cosmetics	102.6	100.9
金银珠宝	Gold, Silver and Jewelry	93.9	94.3
中西药品及医疗保健用品	Traditional Chinese & Western Medicines and Health Care Articles	101.3	104.3
书报杂志及电子出版物	Books, Newspaper, Magazines and Electronic Publications	100.7	100.9
燃　料	Fuels	100.7	99.4
建筑材料及五金电料	Building Materials and Hardware	103.1	102.6

表7.24 农产品生产价格指数(2004—2014年)

PRODUCER PRICE INDICES FOR AGRICULTURAL PRODUCTS (2004－2014)

上年=100 (preceding year =100)

指　标	Item	2004	2005	2006	2007	2008	2009	2010	2011	2012	2013	2014
合　计	**Total**	**125.5**	**100.0**	**93.6**	**121.8**	**120.4**	**89.0**	**103.2**	**120.2**	**104.62**	**103.0**	**100.2**
农业产品	**Farm Products**	**120.3**	**102.2**	**100.4**	**108.6**	**108.9**	**104.2**	**109.1**	**113.8**	**106.0**	**103.1**	**102.6**
#谷　物	Cereal	139.6	101.3	97.3	108.2	108.5	100.4	108.4	114.4	108.0	102.5	100.3
#小　麦	Wheat	131.6	102.7	95.1	103.9	106.4	103.5	104.3	110.6	112.0		100.0
稻　谷	Rice	141.5	101.2	97.8	108.2	109.2	100.8	106.8	116.2	107.09	101.7	99.4
玉　米	Corn	130.4	101.7	94.9	109.0	106.2	97.9	113.4	111.4	109.36	104.4	102.6
大　豆	Beans	122.1	97.4	100.0	107.9	115.4	98.9	106.6	111.5	105.81	102.8	104.4
油　料	Oil-bearing Crops	123.2	93.1	102.8	120.1	118.9	80.3	108.8	109.0	105.72	106.8	101.2
蔬　菜	Vegetables	106.0	103.8	102.5	109.8	106.6	110.5	107.9	111.1	108.72	103.7	104.2
水果及坚果	Fruits and Nuts	103.0	103.4	101.3	104.5	109.2	107.0	111.2	119.5	93.75	108.0	104.8
饲养动物及其产品	**Animal Husbandry Products**	**128.8**	**98.8**	**89.8**	**128.8**	**126.1**	**80.8**	**98.4**	**126.6**	**103.33**	**102.9**	**97.6**
#活　猪	Pig	131.2	97.5	86.9	132.2	127.2	77.1	94.4	134.5	101.84	101.7	92.9
牛	Cattle and Buffaloes	101.7	103.9	101.6	120.6	116.0	104.2	103.4	107.6	104.87	109.3	110.1
羊	Sheep and Goats	111.1	102.8	101.2	108.0	128.9	100.7	100.0	116.6	115.69	110.4	107.9
活家禽	Poultry	117.2	104.3	100.2	116.2	111.7	102.8	105.6	111.8	107.14	105.3	106.8
禽　蛋	Eggs	111.9	103.9	98.9	110.1	112.1	101.9	104.2	105.6	104.71	104.4	104.2
渔业产品	**Fishery Products**	**107.8**	**105.7**	**101.7**	**105.9**	**110.3**	**104.7**	**102.2**	**108.2**	**108.09**	**102.0**	**104.7**
#养殖淡水鱼	Bred Freshwater Fish								108.6	108.2	102.0	101.8
捕捞淡水鱼	Fished Freshwater Fish								110.5	104.06		107.0

注：根据新《农业产值和价格综合统计报表制度》，原“肉禽（毛重）”指标替换为“活家禽”，原“淡水鱼”指标替换为“养殖淡水鱼”和“捕捞淡水鱼”。2011年采用新指标指数，2010年及以前采用旧指标指数。

Note: In accordance with the "Comprehensive Statistic Reporting Rules for Agriculture Output and Price", the former "poultry (gross weight)" is replaced by "poultry", while the former "freshwater fish" is replaced by "bred freshwater fish" and "fished freshwater fish". The new indices are used since 2011 while the old indices are used for the data before 2010.

表7.25 工业生产者购进价格指数（2013－2014年）
PURCHASING PRICE INDICES OF RAW MATERIALS, FUELS AND POWER (2013-2014)

上年=100 (preceding year =100)

项　目	Item	2013	2014
工业生产者购进价格指数	**Purchasing Price Indices of Raw Material, Fuel and Power**	**97.6**	**98.1**
燃料、动力类	Fuel and Power	98.0	98.2
黑色金属材料类	Ferrous Metals	94.6	94.9
有色金属材料及电线类	Nonferrous Metals and Wires	95.9	96.7
化工原料类	Raw Chemical Materials	97.4	98.6
木材及纸浆类	Timber and Paper Pulp	99.5	99.3
建筑材料及非金属类	Building Materials and Non-metal Minerals	98.7	99.4
其他工业原材料及半成品类	Other Industrial Raw Materials and Semi-products	98.2	98.4
农副产品类	Agricultural Products	102.7	104.0
纺织原料类	Textile Materials	99.3	100.7

表7.26 工业生产者出厂价格指数（2013－2014年）
PRODUCER PRICE INDICES FOR INDUSTRIAL PRODUCTS BY CATEGORY (2013-2014)

上年=100 (preceding year =100)

指　标	Item	2013	2014
工业生产者出厂价格指数	**Producer Price Index for Industrial Products**	**98.0**	**98.3**
生产资料	Means of Production	97.6	98.2
采掘工业	Mining and Quarrying Industry	93.9	94.7
原料工业	Raw Materials Industry	96.6	97.9
加工工业	Processing Industry	98.1	98.5
生活资料	Consumer Goods	99.1	98.6
食　品	Food	101.0	100.5
衣　着	Clothing	101.0	100.9
一般日用品	Articles for Daily Use	99.4	100.9
耐用消费品	Durable Consumer Goods	97.7	96.7

表7.27 按工业行业分工业生产者出厂价格指数（2013－2014年）
PRODUCER PRICE INDICES FOR INDUSTRIAL PRODUCTS BY SECTOR (2013-2014)

上年=100 (preceding year =100)

行　业	Sector	2013	2014
工业生产者出厂价格指数	**Producer Price Index for Industrial Products**	**98.0**	**98.3**
煤炭开采和洗选业	Mining and Washing of Coal	91.5	92.6
石油和天然气开采业	Extraction of Petroleum and Natural Gas	100.0	99.6
黑色金属矿采选业	Mining and Processing of Ferrous Metal Ores	90.7	93.4
有色金属矿采选业	Mining and Processing of Non-Ferrous Metal Ores	97.2	96.2
非金属矿采选业	Mining and Processing of Nonmetal Ores	99.5	99.4
农副食品加工业	Processing of Food from Agricultural Products	103.1	99.9
食品制造业	Manufacture of Foodstuff	100.4	102.2
酒、饮料和精制茶制造业	Manufacture of Liquor, Beverages and Refined Tea	100.5	100.7
烟草制品业	Manufacture of Tobacco	100.4	100.0
纺织业	Manufacture of Textile	100.0	99.0
纺织服装、服饰业	Manufacture of Textile Wearing Apparel and Dress Adornment	100.4	99.8
皮革、毛皮、羽毛及其制品和制鞋业	Manufacture of Leather, Fur, Feather and Related Products and Footware	101.4	100.4
木材加工及木竹藤棕草制品业	Processing of Timber, Manufacture of Wood, Bamboo, Rattan, Palm and Straw Products	100.2	100.1
家具制造业	Manufacture of Furniture	100.8	101.6
造纸和纸制品业	Manufacture of Paper and Paper Products	98.0	97.3
印刷和记录媒介复制业	Printing, Reproduction of Recording Media	98.7	99.3
文教、工美、体育和娱乐用品制造业	Manufacture of Articles of Culture, Education, Handicraft, Fine Arts, Sports and Entertainment	99.3	96.5
石油加工、炼焦和核燃料加工业	Processing of Petroleum, Coking, Processing of Nuclear Fuel	92.9	95.3
化学原料 和化学制品制造业	Manufacture of Raw Chemical Materials and Chemical Products	96.2	98.3
医药制造业	Manufacture of Medicines	100.8	101.2
化学纤维制造业	Manufacture of Chemical Fibers	89.9	96.5
橡胶和塑料制品业	Manufacture of Rubber and Plastics	97.6	98.7
非金属矿物制品业	Manufacture of Non-metallic Mineral Products	97.9	100.2
黑色金属冶炼和压延加工业	Smelting and Pressing of Ferrous Metals	94.2	95.3
有色金属冶炼和压延加工业	Smelting and Pressing of Nonferrous Metals	95.3	96.4
金属制品业	Manufacture of Metal Products	99.7	100.1
通用设备制造业	Manufacture of General Purpose Machinery	99.0	99.7
专用设备制造业	Manufacture of Special Purpose Machinery	99.5	100.0
汽车制造业	Manufacture of Motor Vehicles	98.2	97.6
铁路、船舶、航空航天和其他运输设备制造业	Manufacture of Railway, Ship, Aviation and Other Transporting Equipment	98.5	98.3
电气机械和器材制造业	Manufacture of Electrical Machinery and Equipment	97.9	99.3
计算机、通信和其他电子设备制造业	Manufacture of Communication Equipment, Computers and Other Electronic Equipment	96.9	97.6
仪器仪表制造业	Manufacture of Instrument and Apparatus	99.7	99.6
其他制造业	Other Manufacture	99.4	99.0
废弃资源综合利用业	Comprehensive Utilization of Waste Resources	89.1	96.7
金属制品、机械和设备修理业	Repair of Metal Products, Machinery and Equipment	96.4	97.3
电力、热力的生产和供应业	Production and Supply of Electric Power and Heat Power	99.9	98.8
燃气生产和供应业	Production and Supply of Gas	101.7	102.6
水的生产和供应业	Production and Supply of Water	100.8	100.4

表7.28 固定资产投资价格指数（1994－2014年）

PRICE INDICES OF INVESTMENT IN FIXED ASSETS (1994-2014)

上年=100 (preceding year =100)

年 份 Year	固定资产投资 Investment in Fixed Assets	其 中 of which		
		建筑安装工程 Construction and Installation	设备工、器具 Purchase of Equipment and Instruments	其他费用 Others
1994	108.9	109.4	107.4	109.8
1995	104.2	101.2	107.8	114.0
1996	108.1	108.5	100.4	129.1
1997	101.7	103.2	97.6	103.4
1998	98.7	100.0	94.9	99.5
1999	100.5	100.7	97.7	104.4
2000	102.5	103.1	97.0	108.7
2001	100.8	101.4	96.8	103.3
2002	100.7	101.9	96.2	100.4
2003	102.9	104.7	96.7	101.3
2004	105.1	107.0	98.8	102.7
2005	102.3	102.2	99.7	104.6
2006	101.7	101.1	100.7	104.3
2007	105.5	106.0	100.2	107.8
2008	110.2	113.7	100.6	106.6
2009	97.8	97.0	97.7	100.2
2010	102.1	102.7	99.6	101.9
2011	105.9	107.8	101.1	102.5
2012	101.8	102.1	99.1	101.9
2013	100.5	100.5	98.7	101.5
2014	100.3	100.4	99.7	100.4

表7.29 住宅销售价格指数（1998－2014年）
SALES PRICE INDICES OF HOUSES (1998-2014)

上年=100 (preceding year =100)

年　份 Year	新建住宅 New Buildings	二手住宅 Second-hand Houses
1998	105.6	
1999	102.8	
2000	102.5	
2001	102.5	
2002	102.9	
2003	108.5	
2004	114.7	
2005	107.0	106.1
2006	103.2	101.9
2007	108.0	104.5
2008	107.2	103.8
2009	101.3	103.7
2010	110.8	107.4
2011	104.1	100.6
2012	99.2	99.6
2013	106.7	102.6
2014	102.2	100.9

重/庆/统/计/年/鉴

主要统计指标解释

城乡居民储蓄存款余额

指某一时点城乡居民存入银行及农村信用社的储蓄金额，包括城镇居民储蓄存款和农民个人储蓄存款，不包括居民的手存现金和工矿企业、部队、机关、团体等单位存款。

从2012年四季度起，国家统计局对分别进行的城乡住户调查实施了一体化改革，统一了城乡居民收入指标名称、分类和统计标准，建立了城乡统一的一体化住户调查制度（即《住户收支与生活状况调查》），本年鉴所载2013-2014年城乡住户有关指标及数据资料均取自一体化改革后的住户调查。

居民可支配收入

指居民在调查期内获得的、可用于最终消费支出和储蓄的总和，即居民可以用来自由支配的收入。可支配收入既包括现金，也包括实物收入。按照收入的来源，可支配收入包含四项，分别为：工资性收入、经营净收入、财产净收入和转移净收入。

居民消费支出

居民用于满足家庭日常生活消费需要的全部支出，包括用于消费品的支出和用于服务性消费的支出。根据用途不同，消费支出可划分为食品烟酒、衣着、居住、生活用品及服务、交通通信、教育文化娱乐、医疗保健、其他用品及服务八大类。

家庭收入分组方法

是将所有调查户按家庭人均可支配收入由低到高排队，按各20%的比例分为低收入户、中低收入户、中等收入户、中高收入户、高收入户等五组。

恩格尔系数

指食品烟酒支出金额在消费性总支出金额中所占的比例。计算公式为：

恩格尔系数=食品烟酒支出总额/消费性支出总额x100%

居民消费价格指数

居民消费价格指数是度量一组代表性消费商品及服务项目价格水平随着时间而变动的相对数，反映居民家庭购买的消费品及服务价格水平的变动情况。它是宏观经济分析和决策、价格总水平监测和调控以及国民经济核算的重要指标。其按年度计算的变动率通常被用来作为反映通货膨胀（或紧缩）程度的指标。

商品零售价格指数

商品的零售价格是商品在流通过程中最后一个环节的价格，是工业、商业、餐饮业和其他零售企业向城乡居民、机关团体出售生活消费品和办公用品的价格。通过系统地调查、搜集和整理市场商品零售价格资料，编制商品零售价格指数，以此反映市场商品零售价格的变动趋势和变动程度。其目的在于掌握商品价格的变动趋势，为国家宏观调控和国民经济核算提供参考依据。

农产品生产价格指数

是反映一定时期内，农产品生产者出售农产品价格水平变动趋势及幅度的相对数。该指数可以客观反映全国农产品生产价格水平和结构变动情况，满足农业与国民经济核算需求。其中某代表品生产价格指数是通过对全部有出售该产品行为的调查单位的个体指数进行几何平均求得的，类价格指数是通过对其所属的类（或代表品）的价格指数进行加权平均求得的。季度累计价格指数的计算方法与分季指数的计算方法相同。

工业生产者价格指数

即原来的工业品价格指数。它是反映工业产品价格变化趋势和变动幅度的统计指标，是工业企业的产品价格在不同时间和空间条件下平均变动的相对数。工业生产者价格包括工业品第一次出售时的出厂价格和企业作为中间投入的原材料、燃料、动力购进价格，简称为工业生产者出厂价格和工业生产者购进价

主要统计指标解释

格。工业生产者价格指数是进行国民经济核算和经济管理的重要依据。

■ 固定资产投资价格指数

是反映全社会及各类工程固定资产投资中涉及的各类投资品和取费项目价格的变动趋势和变动幅度的相对数。编制固定资产投资价格指数可以消除按现价计算的固定资产投资指标中的价格变动因素。

■ 住宅销售价格指数

是综合反映住宅商品价格水平总体变化趋势和变化幅度的相对数。中国住宅销售价格指数由70个大中城市的新建住宅销售价格指数和二手住宅销售价格指数组成。

Explanatory Notes on Main Statistical Indicators

Saving Deposits of Urban and Rural Residents

Refer to the total value of savings deposits of urban and rural households in banks and rural credit cooperatives at a given point of time, including the saving deposits of urban residents and the saving deposits of rural residents. The cash in hand by residents and the deposits of organizations such as enterprises, military units, government agencies, institutions, etc. are not included.

Starting from the 4th quarter of 2012, the NBS carried out the integrated reform on the urban and rural household survey, unified the index titles, categories and statistical standards of urban and rural resident income, and established the integrated urban and rural household survey system (Household Income & Expenditure and Living Conditions Survey). The indices and data concerning the urban and rural household income & expenditure and living conditions 2013-2014 herein are collected from the household survey after the integrated reform.

Disposable Income of Households

Refers to the total income of the residents earned in the period of survey that can be used for the final consumption expenditure and saving, i.e. the income freely disposable by the residents. The disposable income includes the income both in cash and in kind. By the source of income, the disposable income comprises 4 categories, namely income from wages and salary, income from business, income from properties and income from transfers.

Consumption Expenditure of Households

Refers to total expenditure of the sample households for consumption in daily life, including expenditure on consumption goods and services. By the purpose of consumption, the consumption expenditure comprises eight categories such as food, cigarette and alcohol, clothing, housing, household appliances and services, transport and communications, education, cultural and recreation services, health care and medical services, and miscellaneous goods and services.

Households by Income Group

All sample households are grouped, by per capita disposable income of the household, into groups of low income, lower middle income, middle income, upper middle income and high income, each group consisting of 20% all households respectively.

Engel Coefficient

Refers to the percentage of expenditure on food, cigarette and alcohol in the total consumption expenditure, using the following formula:

Engel Coefficient = (expenditure on food, cigarette and alcohol / total consumption expenditure) x 100%

Consumer Price Index

Reflects the relative change in prices of consumer goods and services in a certain period of time, Formation of consumer price index aims to study the impact of consumer price changes on the actual living cost of urban and rural residents and to provide scientific basis for central government and relevant departments in drawing up consumer up consumer policy, price policy, wage policy and monetary policy and in accounting the nation economy. It is also a key index reflecting the fluctuation of inflation.

Retail Price Index

Refers to the prices at which industrial, commercial, catering and other retail enterprises sell daily consumer goods and products for office use to urban and rural residents and institutions and social organizations. It reflects the general change in prices of retail commodities in a certain period of time. Formation of retail price index aims to keep abreast of price fluctuation of retail commodities and provide the reference basis for the central government in working out economic policies.

EXPLANATORY NOTES TO MAJOR STATISTICAL INDICATORS

Producer Price Indices for Farm Products

Reflect the trend and degree of changes in producers' prices received by farmers when they sell farm products during a given period. These indices depict the change in the level and struture of producer prices for farm products of the country and meet the needs of agricultural statistics and national accounts statistics. The producer price index for a given product is calculated as the geometrical mean of individual indices for all surveyed units which sell such product, and the indices for a product category is obtained as the weighted mean of price indices for all products in the category. Method for calculating accumulative quarterly indices is the same as for calculating the individual quarterly indices.

Producer Price Index

Formerly Industrial Product Price Index, is a statistic indicator reflecting the fluctuating tendency and extent of the price of manufactured goods. It is a relative ratio of the average price fluctuation of manufactured goods in different times and places. The price of manufactured goods includes the factory price of the manufactured goods at the first sale and the price of the raw materials, fuel and power purchased by the enterprises as intermediate input, which is an important basis for national economic accounting and economic administration.

Price Indices of Investment in Fixed Assets

Is a relative ratio reflecting the trend and degree of changes in prices of investment goods and charging projects in fixed assets of various engineering projects during a given period. This indicator is used to remove the factor of price change in the aggregates of investment at current prices.

Price Index of Residential Real Estate Sales

Is a relative ratio reflecting the general trend and variation degrees of the sales price of the residential real estate. This index of China is composed of the sales price of residential real estate and the sales price of second-hand residential real estate in 70 medium-large cities.

第 8 章

城镇建设

URBAN CONSTRUCTION

简要说明
BRIEF INTRODUCTION

本章资料反映全市城镇建设的基本情况。

城镇建设资料主要包括城镇建设用地、基础设施水平、市政设施、园林绿化、供水供气、公共交通、基础设施建设投资等，由市统计局固定资产投资处根据市建设委员会、市国土资源和房屋管理局资料整理提供。

The data in this chapter show the basic conditions of urban construction in Chongqing.

The statistics on urban construction mainly include the data of land for urban construction, urban infrastructure, municipal infrastructure, parks and green areas, tap water and gas supply, public traffic, investment in infrastructure construction. The data concerned are provided by Chongqing Construction Commission and Chongqing Administration of Land, Resources and Housing, and sorted and compiled by Division of Statistics of Investment in Fixed Assets, Chongqing Municipal Bureau of Statistics.

表8.1 城市建设用地（2014年）
LAND FOR URBAN CONSTRUCTION (2014)

单位：平方公里 (sq.km)

项　目	Item	全　市 Total	其　中 of which #区合计 Total of Districts
建成区面积	**Built-up Area**	**1470.12**	**1231.44**
建设用地面积	**Land for Urban Construction**	**1248.10**	**1028.82**
居住用地	Land for Residence	398.68	326.81
公共管理与公共服务用地	Land for Public Management and Public Services	109.07	91.51
商业服务业设施用地	Land for Commercialized Service Facilities	75.97	63.04
工业用地	Land for Industry	248.22	218.58
物流仓储用地	Land for Logistics and Warehousing	26.07	22.24
道路与交通设施用地	Land for Road and Traffic Facilities	206.87	174.09
公用设施用地	Land for Public Facilities	41.89	30.39
绿化与广场用地	Land for Greening and Squares	141.33	102.16

注："区合计"数为21个市辖区合计（下表同）。
Note: "Total of Districts" refers to the total data of 21 municipal districts (the same below).

表8.2 城市基础设施水平（2013－2014年）
STATISTICS ON URBAN INFRASTRUCTURE (2013-2014)

项　目	Item	全　市 Total		其　中 of which #区合计 Total of Districts	
		2013	2014	2013	2014
人均日生活用水量（升）	Per Capita Daily Water Consumption (liter)	144.18	138.03	154.04	146.13
用水普及率（%）	Water Coverage Rate (%)	94.83	95.80	96.25	96.78
燃气普及率（%）	Gas Coverage Rate (%)	92.53	93.73	93.09	94.27
人均道路面积（平方米）	Per Capita Road Surface Area (sq.m)	10.89	11.25	11.23	11.68
污水处理厂集中处理率（%）	Rate of Intensive Treatment by Wastewater Treatment Plant (%)	93.20	92.25	92.90	91.94
人均公共绿地面积（平方米）	Per Capita Area of Public Green Land (sq.m)	17.10	16.54	18.04	17.30
建成区绿地率（%）	Green Space Rate of Built District (%)	37.96	37.39	38.48	37.91
建成区绿化覆盖率（%）	Green Coverage Rate of Built District (%)	41.28	40.55	41.66	41.00

注：人均数为户籍人口口径。
Note: The data of average population refers to registration statistics.

表8.3 城市市政设施（2013－2014年）
MUNICIPAL INFRASTRUCTURE (2013-2014)

项　目	Item	全　市 Total		其　中 of which #区合计 Total of Districts	
		2013	2014	2013	2014
道路长度（公里）	Length of Paved Roads (km)	8008	8531	6221	6893
道路面积（万平方米）	Area of Paved Roads (10 000 sq.m)	15992	17312	12723	14528
#人行道	Sidewalk	4641	4989	3658	4114
桥梁数（座）	Number of Bridges (unit)	1552	1654	1244	1379
#立交桥	Overpass	269	274	264	268
路灯盏数（盏）	Number of Street Lights (unit)	450139	559885	324720	449583
排水管道长度（公里）	Length of Drainpipes (km)	13005	14135	9497	11081
#污水管道	Sewage Pipes	6739	7176	4948	5542
污水年排放量（万立方米）	Annual Discharged Volume of Wastewater (10 000 cu.m)	97312	105568	82991	93517
污水处理厂处理总量（万立方米）	Total Volume of Wastewater Treated by Wastewater Treatment Plant (10 000 cu.m)	90699	97389	77097	85981

表8.4 城市园林绿化（2013－2014年）
PARKS AND GREEN LAND IN URBAN AREA (2013-2014)

指　标	Item	全　市 Total		其　中 of which #区合计 Total of Districts	
		2013	2014	2013	2014
绿化覆盖面积（公顷）	Green Covered Area (hectare)	65563	68403	52996	58244
#建成区	Built District	57615	59615	46452	50493
园林绿地面积（公顷）	Area of Public Green Land (hectare)	59582	62241	48123	53017
#建成区	Built District	52985	54972	42898	46680
公园绿地面积（公顷）	Area of Parks and Green Land (hectare)	25099	25448	20436	21517
公园个数（个）	Number of Parks and Zoos (unit)	419	444	278	313
公园面积（公顷）	Area of Parks and Zoos (hectare)	12652	13156	10123	10726

表8.5 城市供水及供气情况（2013－2014年）

BASIC STATISTICS ON TAP WATER AND GAS SUPPLY IN URBAN AREA (2013-2014)

指 标	Item	全 市 Total		其 中 of which #区合计 Total of Districts	
		2013	2014	2013	2014
城市供水	**Tap Water Supply in Urban Area**				
年末供水综合生产能力（万立方米/日）	Production Capacity of Tap Water Supply at Year-end (10 000 cu.m/day)	502.44	585.76	491.22	506.89
年末供水管道长度（公里）	Length of Water Supply Pipelines at Year-end (km)	13028	14724	10619	11601
供水总量（万立方米）	Total Volume of Water Supply (10 000 cu.m)	113003	128097	104996	112859
#生产运营用水	For Production Use	20875	21444	25977	29474
公共服务用水	For Public Services	12133	12759	10517	11343
居民家庭用水	For Residential Use	58851	61287	50626	52682
其他用水	Others	4785	5450	4224	4444
用水户数（户）	Households with Access to Tap Water (household)	3623684	4147370	2828767	3310044
#家庭用户	Residential Households	3246109	3733484	2536638	2997376
用水人口（万人）	Number of Residents with Access to Tap Water (10 000 persons)	1340.30	1471.09	1090.47	1203.44
城市供气	**Gas Supply in Urban Area**				
天然气供气总量（万立方米）	Total Volume of Natural Gas Supply (10 000 cu.m)	370532	358912	324336	321485
#家庭用量	For Residential Use	133963	136214	110899	114724
天然气用气户数（户）	Households with Access to Natural Gas (household)	4649205	5021172	3838796	4301196
#家庭用户	Residential Households	4440982	4708896	3677538	4032021
天然气用气人口（万人）	Population with Access to Natural Gas (10 000 persons)	1183.84	1276.62	955.21	1070.92
天然气汽车加气站（个）	Number of CNG Stations for Motor Vehicles (unit)	88	94	73	81
液化石油气供气总量（吨）	Total Volume of Liquefied Petroleum Gas Supply (ton)	116020	122263	87922	95672
#家庭用量	For Residential Use	49502	57146	29541	37173
液化石油气用气户数（户）	Households with Access to Liquefied Petroleum Gas (household)	515116	504561	269998	287418
#家庭用户	Residential Households	386683	371318	199822	206569
液化石油气用气人口（万人）	Population with Access to Liquefied Petroleum Gas (10 000 persons)	174.43	165.48	99.54	101.34

表8.6 城市公共交通情况（2013－2014年）
BASIC STATISTICS ON PUBLIC TRANSPORTATION IN URBAN AREA (2013-2014)

指 标	Item	2013	2014
公共汽车	**Public Vehicles**		
年末营运线路网长度（公里）	Year-end Length of Public Transport Network under Operation (km)	19574	14986
公共汽车（辆）	Number of Public Vehicles (unit)	12088	12470
#天然气燃料车	CNG Vehicles	9557	10156
客运量（万人次）	Passenger Volume (10 000 person-times)	242031	260959
轻 轨	**Light Rail Transits**		
通车里程（公里）	Length of Light Rail Transits under Operation (km)	170	202
车辆数（辆）	Number of Vehicles (unit)	702	888
客运量（万人次）	Passengers Traffic (10 000 person-times)	40049	51710
轮 渡	**Ferries**		
年末实有轮渡总数（艘）	Year-end Total Ferries (unit)	29	26
出租汽车	**Taxis**		
车辆数（辆）	Number of Vehicles (unit)	20431	23050

表8.7 公用事业和市政建设投资额（2013－2014年）
INVESTMENT IN PUBLIC UTILITIES AND MUNICIPAL CONSTRUCTION (2013-2014)

单位：万元 (10 000 yuan)

指 标	Item	2013	2014
公用事业	**Public Utilities**		
供 水	Tap Water Supply	159264	119163
燃 气	Gas Supply	51052	189769
轨道交通	Rail Transit	816416	1793105
市政建设	**Municipal Construction**		
园林绿化	Parks and Green Land	820139	594502
市容环境卫生	City Appearance and Environmental Sanitation	102205	46870

重/庆/统/计/年/鉴

主要统计指标解释

供水综合生产能力

指按供水设施取水、净化、送水、出厂输水干管等环节设计能力计算的综合生产能力。包括在原设计能力基础上，经挖、革、改增加的生产能力。计算时，以四个环节中最薄弱的环节为主确定能力。

供水管道长度

指从送水泵到用户水表之间所有管道的长度。不包括新安装尚未使用的管道。

供水总量

指报告期供水企业（单位）供出的全部水量。包括有效供水量和漏损水量。

生活用水量

包括公共服务用水和居民家庭用水。公共服务用水指为城市社会公共生活服务的用水。包括行政事业单位、部队营区和公共设施服务、社会服务业、批发零售贸易业、旅馆饮食业及其他公共服务业等单位用水。居民家庭用水指城市范围内所有居民家庭的日常生活用水。包括城市居民、农民家庭、公共供水站用水。

城市人口用水普及率

指城市用水人口数与城市人口总数之比。计算公式为：

用水普及率=（城市用水人口数/城市人口数）×100%

全年供气总量

指全年燃气企业（单位）向用户供应的燃气数量，包括销售量和损失量。

城市用气普及率

指报告期末使用燃气的城市人口数与城市人口总数的比率。计算公式为：

用气普及率=城市用气人口数/城市人口总数×100%

道路长度

指年末道路长度和与道路相通的广场、桥梁、隧道的长度，按车行道中心线计算。在统计时只统计路面宽度在3.5米（含3.5米）以上的各种铺装道路，包括开放型工业区和住宅区道路在内。

道路面积

为车行道与人行道面积之和。

城市桥梁

指为跨越天然或人工障碍物而修建的构筑物。包括跨河桥、立交桥、人行天桥以及人行地下通道等。包括永久性桥和半永久性桥。

城市排水管道长度

指所有排水总管、干管、支管、检查井及连接井进出口等长度之和。

年末运营车数

指年末公交企业（单位）用于运营业务的全部车辆数。以企业（单位）固定资产台帐中已投入运营的车辆数为准。

城市园林绿地面积

指报告期末用作园林和绿化的各种绿地面积。包括公共绿地、居住区绿地、单位附属绿地、防护绿地、生产绿地、道路绿地和风景林地面积。不包括：

（1）屋顶绿化、垂直绿化、阳台绿化和室内绿化。

（2）以物质生产为主的林地、耕地、牧草地、果园和竹园等。

（3）城市总体规划中不列入绿地的水域。

公共绿地

指向公众开放的市级、区级、居住区级各类公园、街旁游园，包括其范围内的水域。其中居住区级公园应不小于1万平方米，街旁游园的宽度不小于8米，面积不小于400平方米。

Explanatory Notes on Main Statistical Indicators

☐ Production Capacity of Water Supply

Refers to the designed comprehensive production capacity of water facilities, covering the 4 links of water collection, purification, conveyance, and outflow through trunk pipelines. Increase capacity through transformation and innovation projects is included as well. The capacity is determined mainly on the weakest of the above-mentioned 4 links.

☐ Length of Water Supply Pipelines at the Year-end

Refers to the total length of all the pipelines between the water pumps and the user's water meters, excluding pipelines newly installed but not used yet.

☐ Annual Volume of Water Supply

Refers to the total volume of water supplied by water-works (units) during the reference period, including both the effective water supply and loss during the water supply.

☐ Consumption of Water for Residential Use

Refers to the water consumption of households for daily life and the water consumption of public service facilities. The latter refers to water consumption for urban public services, including the consumption of government agencies and public institutions, military barracks, public facilities, wholesale and retail outlets, restaurants, hotels, and other units providing public services. Household water consumption refers to consumption of water for daily life of all households in the boundary of cities, including households of urban residents and farmers, and public water supply stations.

☐ Percentage of Urban Population with Access to Tap Water

Refers to the ratio of the urban population with access to tap water to the total urban population. The formula is:

Percentage of Population with access to Tap Water = Urban Population with Access to Tap Water / Urban Population ×100%

☐ Volume of Gas Supply

Refers to the total volume of gas provided to users by gas-producing enterprises (units) in a year, including the volume sold and the volume lost.

☐ Percentage of Urban Population with Access to Gas

Refers to the ratio of the urban population with access to gas to the total urban population at the end of the reference period. The formula is:

Percentage of population with access to gas = (Urban population with access to gas / Urban population) ×100%

☐ Length of Roads

Refers to the length of roads with paved surface including squares bridges and tunnels connected with roads by the end of the year. Length of the roads is measured by the central lines for vehicles for paved roads with a width of 3.5 meters and over, including roads in open-ended factory compounds and residential quarters.

☐ Area of Roads

Is the summed of carriageway and sidewalk.

☐ Urban Bridges

Refer to bridges built to cross over natural or man-made barriers, including bridges over rivers, overpasses for traffic and for pedestrian, underpasses for pedestrian, etc. Both permanent and semi-permanent bridges are included.

☐ Length of Urban Sewage Pipes

Refers to the total length of general drainage, trunks, branch and inspection wells, connection wells, inlets and outlets, etc.

☐ Number of Vehicles under Operation at the Year-end

Refers to the total number of vehicles under operation by public transport enterprises (units) at year-end, based on the records of operational vehicles by the enterprises (units).

EXPLANATORY NOTES TO MAJOR STATISTICAL INDICATORS

□ Area of Urban Gardens and Green Areas

Refers to the total area occupied for green projects at the end of the reference period, including public green land, green land in residential quarters, green land attached to institutions, protection green land, production green land, roadside green land and forest in scenic spots. It does not include the following:

(I) Greenery and plants on roofs, balconies, indoors and vertical green areas;

(II) Forest, cultivated land, grassland, orchards and bamboo grooves that are for production purpose;

(III) Water areas that are not included in urban master plan as green land.

□ Public Green Area

Refers to green areas open to the public such as municipal, community and neighborhood parks and roadside parks, including waters within parks. Neighborhood parks should occupy an area larger than 10,000 square meters, and the width of roadside parks should occupy an area larger than 400 square meters, with a width of more that 8 meters.

第 9 章

资源和环境

RESOURCES AND ENVIRONMENT

简要说明

BRIEF INTRODUCTION

资源主要内容包括自然资源、自然地理、气象状况。自然资源中土地、矿产资源数据由市国土资源和房屋管理局提供，林木资源数据由市林业局提供，水资源数据由市水利局提供。气象状况由市气象局提供。

自然地理、气象综合资料，由市统计局综合处根据有关部门资料进行整理和编辑。环境主要内容包括工业废水、废气、固体废物的排放处理和利用，工业污染治理投资，生活污染物排放等，由市统计局能源资源统计处根据市环境保护局、市水利局、市林业局等部门的资料整理提供。

The scope of resources mainly covers natural resources, natural geography and climate. The data of land and mineral resources in natural resources are provided by Chongqing Municipal Bureau of Land & Resources and House Administration; the data of forest resources are provided by Chongqing Forestry Administration; the data of water resources are provided by Chongqing Water Resources Bureau; and the data of climate are provided by Chongqing Meteorological Bureau.

The data of natural environment and climate are provided by the departments concerned and sorted and compiled by Division of Comprehensive Statistics of Municipal Bureau of Statistics. The statistics of environment mainly includes the discharge, treatment and utilization of industrial waste water, waste gas and solid wastes, the investment in industrial pollution treatment and the discharge of domestic pollutants, which are provided by Chongqing Environmental Protection Bureau, Chongqing Water Resources Bureau and Chongqing Forestry Administration, and sorted and compiled by Division of Energy Resource Statistics, Municipal Bureau of Statistics.

表9.1 自然资源（2013－2014年）
NATURAL RESOURCES (2013-2014)

项　目	Item	2013	2014
林木资源	**Forest Resources**		
活立木总蓄积量（万立方米）	Total Standing Forest Stock (10 000 cu.m)	19039.6	19772.6
森林面积（万公顷）	Forest Area (10 000 hectares)	347.2	355.6
森林覆盖率（%）	Forest Coverage Rate (%)	42.1	43.1
水资源（当年量）	**Water Resources (current quantity)**		
降水深（毫米）	Precipitation (mm)	1063.6	1270.0
地表径流量（亿立方米）	Surface Runoff (100 million cu.m)	474.34	642.58
地下水量（亿立方米）	Groundwater Resources (100 million cu.m)	96.39	121.82
水力资源蕴藏量（万千瓦）	Hydropower Resources (10 000 kw)	2342	2342
#技术可开发量	Technical Developable Resources	1235	1235
主要矿产资源（保有基础储量）	**Major Mineral Resources (Retained Basic Reserves)**		
天然气（亿立方米）	Natural Gas (100 million cu.m)	2472.83	2456.55
页岩气（亿立方米）	Shale gas (100 million cu.m)		254.63
煤（万吨）	Coal (10 000 tons)	427200.00	411200.00
铁（矿石万吨）	Iron Ore (ore, 10 000 tons)	32400.00	29900.00
锰（矿石万吨）	Manganese Ore (ore, 10 000 tons)	5143.69	5540.21
锌（金属万吨）	Zinc Ore (metal, 10 000 tons)	30.03	29.92
铝　土（矿石万吨）	Aluminum Ore (ore, 10 000 tons)	12360.80	12314.38
汞（吨）	Mercury (ton)	14304.00	14267.00
锶（天青石万吨）	Strontium Ore (ore, 10 000 tons)	240.49	240.49
熔剂用灰岩（矿石万吨）	Limestone for Flux (ore, 10 000 tons)	13200.00	23100.00
冶金用白云岩（矿石万吨）	Dolomite for Metallurgy (ore, 10 000 tons)	28900.00	8200.00
冶金用石英砂岩（矿石万吨）	Quartzite for Metallurgy (ore, 10 000 tons)	964.08	948.13
陶瓷用砂岩（矿石万吨）	Sandstone for Ceramics (ore, 10 000 tons)	1586.20	1586.20
耐火粘土（矿石万吨）	Refractory Clay (ore, 10 000 tons)	8384.15	8381.55
重晶石（矿石万吨）	Barytes (ore, 10 000 tons)	854.60	812.44
毒重石（矿石万吨）	Witherite (ore, 10 000 tons)	1877.11	1834.89
盐　矿（矿石万吨）	Salt Mine (ore, 10 000 tons)	512400.00	499700.00

注：天然气、页岩气数据为剩余技术可采储量，其他主要矿产资源为保有资源储量。
Note: The data of natural and Shale gas are technical recoverable reserves, and the data of other mineral resources are resource reserves.

表9.2 自然地理（2014年）
NATURAL ENVIRONMENT (2014)

位置：重庆位于北纬28度10分-32度13分，东经105度11分-110度11分之间，地处较为发达的东部地区和资源丰富的西部地区的结合部，东邻湖北、湖南，南靠贵州，西接四川，北连陕西，是长江上游最大的经济中心、西南工商业重镇和水陆交通枢纽。1997年3月14日，第八届全国人民代表大会第五次会议通过了设立重庆直辖市的决议，与北京、天津、上海同为四大直辖市。

面积：重庆幅员面积8.24万平方公里，南北长450公里，东西宽470公里。2014年全市共辖21个区：万州区、黔江区、涪陵区、渝中区、大渡口区、江北区、沙坪坝区、九龙坡区、南岸区、北碚区、渝北区、巴南区、长寿区、江津区、合川区、永川区、南川区、綦江区、大足区、璧山区、铜梁区；17个县（自治县）：潼南县、荣昌县、开县、忠县、梁平县、云阳县、奉节县、巫山县、巫溪县、城口县、垫江县、武隆县、丰都县、石柱县土家族自治县、彭水苗族土家族县、酉阳土家族苗族县、秀山土家族苗族县。

地势：重庆地势由南北向长江河谷逐级降低，西北部和中部以丘陵、低山为主，东南部靠大巴山和武陵山两座大山脉。

河流：主要河流有长江、嘉陵江、乌江、涪江、綦江、大宁河等。

气候：重庆属中亚热带湿润季风气候区，具有夏热冬暖，光热同季，无霜期长，雨量充沛，湿润多阴等特点。2014年平均气温18.6℃，年总降雨量1452.5毫米。

Location:

Chongqing is located at 28°10'～32°13' north latitude and 105°11'～110°11' east longitude. As a joint between the eastern areas with developed economy and the western areas with rich resources, with Hubei and Hunan on its east, Guizhou on its south, Sichuan on its west and Shaanxi on its north, Chongqing is the largest economic center in the upper reaches of the Yangtze River, an important industrial and commercial city in the southwest and a hub of land and water communications. On March 14, 1997, the resolution to establish Chongqing Municipality was passed on the 5th Session of the 8th National People's Congress, and Chongqing became the fourth municipality directly under the Central Government after Beijing, Tianjin and Shanghai.

Area:

Chongqing covers an area of 82,400 square kilometers, stretching 450 kilometers from north to south and 470 kilometers from east to west. In 2014, Chongqing has 21 districts, namely Wanzhou,Qianjiang, Fuling,Yuzhong, Dadukou, Jiangbei, Shapingba, Jiulongpo, Nan'an, Beibei, Yubei, Banan, Changshou, Jiangjin, Hechuan, Yongchuan and Nanchuan, Qijiang, Dazu, Bishan, Tongliang, and 17 counties, namely Tongnan, Rongchang, Kaixian, Zhongxian, Liangping, Yunyang, Fengjie, Wushan, Wuxi, Chengkou, Dianjiang, Wulong, Fengdu, Shizhu Tujia Autonomous County, Pengshui Miao Autonomous County, Youyang Tujia Autonomous County and Xiushan Tujia Autonomous County.

Topography:

The altitude of Chongqing declines gradually from the north and the south to the valley of the Yangtze River. There are mainly hills and low mountains in the northwest and central areas of Chongqing, while the two large mountains of Daba and Wuling are in the southeast of Chongqing.

River:

The rivers stretching through Chongqing mainly include Yangtze River, Jialing River, Wujiang River, Fujiang River, Qijiang River and Daning River.

Climate:

Chongqing has a humid subtropical monsoon climate, hot in summer and warm in winter with the rainy season coinciding with the hot season. It has the characteristics of long frost-free period, plenty of rainfall and a lot of humid and cloudy days. The annual average temperature of 2014 is 18.6℃, with the annual precipitation of 1452.5mm.

表9.3 气象基本情况（1951－2014年）
BASIC STATISTICS ON CLIMATE (1951-2014)

年 份 Year	降水量 （毫米） Precipitation (mm)	平均气温 （℃） Average Temperature (℃)	日照时数 （时） Sunshine Hours (hour)	平均相对湿度 （%） Average Relative Humidity (%)	平均风速 （米/秒） Average Wind Speed (m/s)	平均气压 （百帕） Average Air Pressure (100 pa)
1951	1043.4	18.4		81	1.0	
1952	1227.9	18.5	1198.6	81	1.0	
1953	852.1	18.8	1245.6	80	0.9	
1954	1112.8	17.9	1061.2	81	0.9	981.2
1955	927.4	18.2	1388.6	77	0.8	982.0
1956	1497.4	18.2	1433.2	76	1.4	982.8
1957	1171.9	17.9	1094.2	80	1.3	983.3
1958	740.7	18.6	1260.7	77	1.4	983.3
1959	915.7	18.7	1378.3	76	1.4	983.0
1960	1026.0	18.4	1102.0	78	1.4	983.5
1961	787.7	18.7	1338.8	77	1.5	982.8
1962	1210.4	18.0	1323.9	80	1.4	983.3
1963	1072.8	18.9	1370.4	77	1.4	982.4
1964	1031.6	18.2	1170.4	80	1.5	982.9
1965	1318.9	18.1	1009.5	81	1.4	983.4
1966	958.9	18.6	1278.9	78	1.4	982.7
1967	1046.0	18.1	1216.3	79	1.4	983.4
1968	1384.5	17.7	1054.6	82	1.2	983.5
1969	1080.5	18.6	1357.1	76	1.2	982.8
1970	1097.5	18.1	1197.9	79	1.1	983.5
1971	854.3	18.6	1370.6	76	1.3	983.4
1972	1171.8	18.4	1284.1	78	1.3	982.9
1973	1092.3	18.9	1349.4	78	1.3	983.2
1974	1258.0	17.8	1068.3	79	1.3	983.0
1975	1025.4	18.5	1202.5	78	1.2	982.9
1976	1044.9	17.7	1129.2	79	1.1	983.5
1977	1151.2	18.1	1234.8	79	1.1	984.0
1978	1057.2	18.8	1495.7	77	1.2	983.5

注：此表为重庆市区资料。
Note: The table above shows the data of the downtown area of Chongqing.

9.3 续表 continued

年 份 Year	降水量（毫米） Precipitation (mm)	平均气温（℃） Average Temperature (℃)	日照时数（时） Sunshine Hours (hour)	平均相对湿度（%） Average Relative Humidity (%)	平均风速（米/秒） Average Wind Speed (m/s)	平均气压（百帕） Average Air Pressure (100 pa)
1979	1160.0	18.4	1222.2	80	1.1	983.4
1980	1062.6	18.2	1071.8	79	1.4	983.6
1981	1157.9	18.1	1188.0	79	1.4	983.5
1982	1185.2	17.7	992.3	81	1.1	983.6
1983	1138.1	18.1	954.4	80	0.9	983.9
1984	1035.1	17.8	1028.7	79	1.1	983.1
1985	1004.0	17.9	997.1	79	1.3	983.3
1986	1141.4	17.8	946.1	80	1.3	984.2
1987	910.2	18.6	946.3	78	1.2	983.4
1988	1254.0	18.0	840.6	80	1.1	983.6
1989	1137.4	17.7	855.0	81	1.0	983.8
1990	956.7	18.7	1083.7	79	1.2	983.2
1991	1180.6	18.2	874.8	81	1.1	983.5
1992	987.4	18.1	975.0	78	1.6	984.0
1993	1164.3	17.8	894.6	81	1.5	984.0
1994	982.5	18.7	1063.8	80	1.4	983.2
1995	923.5	18.3	993.6	79	1.3	983.7
1996	1398.3	17.7	899.4	81	1.3	983.6
1997	898.8	18.5	943.0	79	1.4	983.8
1998	1508.0	19.2	941.9	79	1.5	983.0
1999	1305.6	18.5	833.6	81	1.5	983.2
2000	1010.9	18.2	961.1	80	1.4	983.0
2001	814.8	18.8	1050.4	78	1.6	983.3
2002	1430.6	18.8	1117.1	80	1.6	983.3
2003	1025.0	18.9	875.7	80	1.6	983.2
2004	1182.1	18.4	974.7	78	1.3	984.0
2005	1019.8	18.6	903.9	77	1.4	982.5
2006	839.6	19.2	1114.3	75	1.4	982.9
2007	1439.2	19.0	856.2	81	1.3	983.3
2008	985.3	18.6	703.8	82	1.3	983.9
2009	1198.9	19.0	943.9	80	1.4	982.8
2010	1044.7	18.7	910.6	78	1.3	983.0
2011	992.8	17.7	1270.2	74	1.2	971.1
2012	1104.4	18.3	812.0	72	1.4	982.7
2013	1026.9	19.9	1187.5	71	1.4	982.6
2014	1452.5	18.6	598.4	79	1.3	983.6

表9.4 全年气象情况（2014年）
STATISTICS ON THE CLIMATE OF THE CURRENT YEAR (2014)

月 份 Month	降水量（毫米） Precipitation (mm)	平均气温（℃） Average Temperature (℃)	日照时数（时） Sunshine Hours (hour)	平均相对湿度（%） Average Relative Humidity (%)	平均风速（米/秒） Average Wind Speed (m/s)	平均气压（百帕） Average Air Pressure (100 pa)	雨日数（天） Days of Rain (day)
全 年 Total	1452.5	18.6	598.4	79.3	1.3	983.6	170
1	6.0	8.5	10.5	82.4	1.2	992.0	9
2	16.3	9.2	14.1	78.0	1.3	988.2	10
3	187.5	14.5	51.4	76.0	1.4	986.3	12
4	110.3	19.7	30.4	79.5	1.4	981.9	17
5	120.4	21.2	44.2	78.2	1.3	979.4	20
6	252.7	24.1	27.8	84.4	1.2	975.1	23
7	107.0	29.7	179.9	67.6	1.5	973.6	8
8	239.0	27.5	119.0	75.0	1.4	975.9	16
9	233.0	24.7	52.4	81.7	1.4	979.3	14
10	73.4	20.4	64.8	80.2	1.2	986.6	12
11	88.5	14.0	3.9	86.6	1.1	989.6	16
12	18.4	9.1		82.0	1.3	995.5	13

表9.5 环境保护情况（2013－2014年）
ENVIRONMENTAL PROTECTION (2013-2014)

项　目	Item	2013	2014
环保投资（亿元）	Investment in Environmental Protection (100 million yuan)	255.74	293.69
水资源总量（亿立方米）	Total Water Resources (100 million cu.m)	474.34	642.58
用水总量（亿立方米）	Total Use of Water (100 million cu.m)	83.91	80.47
生活污水排放量（万吨）	Discharged Volume of Domestic Sewage (10 000 tons)	108936.73	110705.20
化学需氧量排放量（万吨）	Discharged Volume of COD (10 000 tons)	39.18	38.64
二氧化硫排放量（万吨）	Discharged Volume of SO_2 (10 000 tons)	54.77	52.69
#生活二氧化硫排放量（万吨）	Discharged Volume of SO_2 from Daily Life (10 000 tons)	5.33	5.21
饮用水源水质达标率（%）	Rate of Drinking Water Sources up to Standard (%)	99.7	97.3
工业污染治理施工项目数（个）	On-going Projects of Industrial Pollution Treatment (unit)	51	73
工业污染治理项目完成投资（万元）	Completed Investment in Projects of Industrial Pollution Treatment (10 000 yuan)	78880	50284
工业污染治理竣工项目数（个）	Completed Projects of Industrial Pollution Treatment (unit)	70	34
工业固体废物综合利用率（%）	Rate of Industrial Solid Wastes Comprehensively Utilized (%)	84.0	84.2
森林覆盖率（%）	Forest Coverage (%)	42.1	43.1
自然保护区数（个）	Number of Nature Reserves (unit)	58	58
自然保护区面积（万公顷）	Area of Nature Reserves (10 000 hectares)	84.94	85.68
保护区面积占土地总面积比重（%）	Percentage of Nature Reserves to Total Land Area (%)	10.4	10.4
主城区区域环境噪声平均值（分贝）	Average Noises in Downtown (db)	53.4	53.7
主城区道路交通噪声（分贝）	Traffic Noises in Downtown (db)	67.4	66.6
主城区大气可吸入颗粒年日均值（毫克/立方米）	Annual Average Daily Inhalable Motes in Atmosphere in Downtown (mg/cu.m)	0.106	0.098
主城区二氧化硫年日均值（毫克/立方米）	Annual Average Daily SO_2 Concentration in Downtown (mg/cu.m)	0.032	0.024
主城区二氧化氮年日均值（毫克/立方米）	Annual Average Daily NO_2 Concentration in Downtown (mg/cu.m)	0.038	0.039
主城区环境空气质量优良天数比例（%）	Proportion of High Air Quality Days in Downtown (%)	56.4	67.4

注：1）森林覆盖率数据为2002年森林资源二类调查基础上的推算数，该调查一般五年一次。
2）2013年主城区环境空气质量优良天数比例按空气质量新标准评价。

Note: a) The data of forest coverage is calculated on the basis of Class II survey of forest resources in 2002, which is carried out every 5 years ordinarily.
b) The data of proportion of high air quality days in downtown is evaluated by the new air quality standard in 2013.

表9.6 工业“三废”排放处理及综合利用情况（1995－2014年）

DISCHARGE, TREATMENT AND COMPREHENSIVE UTILIZATION OF WASTE GAS, WASTE WATER AND SOLID WASTES (1995-2014)

年份 Year	工业废水排放总量（万吨） Total Volume of Industrial Waste Water Discharged (10 000 tons)	工业废气（万吨） Industrial Waste Gas (10 000 tons)		
		工业废气排放总量（亿标立方米） Total Volume of Industrial Waste Gas Discharged (100 million cu.m)	工业二氧化硫排放量 Volume of SO_2 Discharged	工业烟（粉）尘排放量 Volume of Industrial Dusts and Fume Discharged
1995	95590	1979.00	71.45	22.39
1996	93889	1697.00	72.16	22.36
1997	101324	1794.00	71.43	33.18
1998	93997	1712.76	73.64	28.65
1999	90220	1839.33	75.88	26.44
2000	84344	1907.90	66.42	22.01
2001	81214	1856.24	56.94	21.41
2002	79872	1978.89	55.18	20.31
2003	81973	2276.94	59.97	22.23
2004	83031	3540.86	64.11	21.98
2005	84885	3654.55	68.32	21.28
2006	85866	5066.96	71.08	20.01
2007	69003	7616.62	68.31	18.23
2008	67027	7350.73	62.72	15.33
2009	65684	12586.52	58.61	10.77
2010	45180	10943.13	57.27	8.36
2011	33954	9121.07	53.13	17.12
2012	30611	8359.88	50.98	16.61
2013	33450	9532.44	49.44	17.98
2014	34968	9289.60	47.48	21.47

年份 Year	工业固体废物（万吨） Industrial Solid Wastes (10 000 tons)				
	产生量 Produced Volume	排放量 Discharged Volume	处置量 Treated Volume	综合利用量 Comprehensively Utilized Volume	综合利用率（%） Rate of Comprehensive Utilization (%)
1995	1092	230	68.34	467.79	50.37
1996	1174	229	61.06	510.06	58.10
1997	1279	273	49.16	623.00	54.27
1998	1368	229	43.75	597.00	61.78
1999	1512	291	42.40	655.47	64.32
2000	1305	238	37.64	626.01	71.00
2001	1300	168	87.85	881.64	65.30
2002	1348	160	68.78	960.95	68.20
2003	1336	142	73.54	967.98	68.43
2004	1489	118	62.09	1093.35	70.93
2005	1777	184	122.41	1329.39	72.07
2006	1815	133	123.99	1367.71	73.70
2007	2087	138	162.73	1623.36	76.71
2008	2311	149	73.24	1850.57	79.07
2009	2552	150	126.68	2076.74	79.80
2010	2869	134	155.20	2348.27	80.40
2011	3346	24	561.89	2590.56	76.86
2012	3164	5	487.18	2606.19	81.56
2013	3208	11	428.35	2728.19	84.01
2014	3105	7	422.44	2670.15	84.19

表9.7 重点调查工业废气排放及处理情况（2014年）
WASTE GAS DISCHARGE AND TREATMENT BY THE INDUSTRIAL ENTERPRISES UNDER MAJOR SURVEY (2014)

行业	Sector	汇总工业企业数（个）Number of Industrial Enterprises (unit)	废气治理设施数（套）Number of Facilities for Waste Gas Treatment (set)
总计	**Total**	**3211**	**4774**
采矿业	**Mining and Quarrying**	**427**	**56**
煤炭开采和洗选业	Mining and Washing of Coal	394	42
石油和天然气开采业	Extraction of Petroleum and Natural Gas	4	1
黑色金属矿采选业	Mining and Processing of Ferrous Metal Ores	11	5
有色金属矿采选业	Mining and Processing of Non-Ferrous Metal Ores	5	
非金属矿采选业	Mining and Processing of Nonmetal Ores	6	5
开采辅助活动	Mining Support Activities	6	3
其他采矿业	Mining of Other Ores	1	
制造业	**Manufacturing**	**2744**	**4546**
农副食品加工业	Processing of Food from Agricultural Products	331	87
食品制造业	Manufacture of Foods	59	55
酒、饮料和精制茶制造业	Liquor, Beverage and Refined Tea	285	65
烟草制品业	Manufacture of Tobacco	6	5
纺织业	Manufacture of Textile	66	40
纺织服装、服饰业	Textile and Garments	4	2
皮革、毛皮、羽毛及其制品和制鞋业	Manufacture of Leather, Fur, Feather and Related Products	16	8
木材加工和木、竹、藤、棕、草制品业	Processing of Timber, Manufacture of Wood, Bamboo,Rattan, Palm and Straw Products	15	23
家具制造业	Manufacture of Furniture	5	7
造纸及纸制品业	Manufacture of Paper and Paper Products	71	49
印刷和记录媒介复制业	Printing, Reproduction of Recording Media	9	6
文教、工美、体育和娱乐用品制造业	Manufacture of Culture, Education, Handicraft, Fine Arts, Sports and Entertainment Articles	1	2
石油加工、炼焦及核燃料加工业	Processing of Petroleum, Coking, Processing of Nuclear Fuel	10	18
化学原料及化学制品制造业	Manufacture of Raw Chemical Materials and Chemical Products	177	399
医药制造业	Manufacture of Medicines	72	97
化学纤维制造业	Manufacture of Chemical Fibers	3	12
橡胶和塑料制品业	Manufacture of Rubber and Plastics	39	81
非金属矿物制品业	Manufacture of Non-metallic Mineral Products	954	1924
黑色金属冶炼及压延加工业	Smelting and Pressing of Ferrous Metals	70	173
有色金属冶炼及压延加工业	Smelting and Pressing of Nonferrous Metals	38	148
金属制品业	Manufacture of Metal Products	119	323
通用设备制造业	Manufacture of General Purpose Machinery	73	129
专用设备制造业	Manufacture of Special Purpose Machinery	15	29
汽车制造业	Manufacture of Motor Vehicles	142	461
铁路、船舶、航空航天和其他运输设备制造业	Manufacture of Railway, Ship, Aviation and Other Transporting Equipment	72	139
电气机械和器材制造业	Manufacture of Electrical Machinery and Equipment	29	123
计算机、通信和其他电子设备制造业	Manufacture of Communication Equipment, Computers and Other Electronic Equipment	28	116
仪器仪表制造业	Manufacture of Measuring Instruments and Machinery	10	14
其他制造业	Other Manufacture	15	4
废弃资源综合利用业	Comprehensive Utilization of Waste Resources	5	2
金属制品、机械和设备修理业	Repair of Metal Products, Machinery and Equipment	5	5
电力、热力、燃气及水生产和供应业	**Production and Supply of Electric Power and Heat Power**	**40**	**172**
电力、热力的生产和供应业	Production and Supply of Electric Power and Heat Power	38	172
燃气生产和供应业	Production and Supply of Gas		
水的生产和供应业	Production and Supply of Water	2	

工业废气排放总量（亿标立方米） Total Volume of Industrial Waste Gas Discharged (100 million cu.m)	工业二氧化硫产生量（吨） Volume of Sulfur Dioxide Produced (ton)	工业二氧化硫排放量（吨） Volume of Sulphur Dioxide Discharged (ton)	工业烟（粉）尘产生量（吨） Volume of Fume and Dust Produced (ton)	工业烟（粉）尘排放量（吨） Volume of Fume and Dust Discharged (ton)
9283.66	**1312287.24**	**427210.56**	**18520013.62**	**153490.90**
29.58	**19014.86**	**4751.21**	**1856.36**	**1433.91**
17.12	2698.88	2682.11	1620.28	1396.66
5.11	1625.06	595.97	13.50	13.50
0.67	142.40	102.28	59.58	13.98
0.77	0.01	0.01	163.00	9.78
5.91	14548.51	1370.83		
6965.65	**347351.65**	**226044.67**	**10841000.24**	**92478.51**
32.69	3632.69	3033.53	3801.12	1732.91
69.56	21908.47	9404.26	147634.57	2851.13
19.36	3431.89	3261.61	3634.76	1040.95
9.92	762.67	487.21	379.08	60.67
13.15	5337.28	5197.73	3354.47	1097.71
0.52	230.78	112.97	194.33	10.00
1.04	1762.08	1762.08	245.71	69.30
14.41	484.33	484.33	6733.95	360.44
3.02	66.57	66.57	190.54	83.06
160.49	44275.89	11682.95	333942.85	4743.95
4.46	201.01	121.01	105.29	11.52
4.98			48.47	7.12
34.52	1682.73	1669.22	3801.11	321.48
527.83	53112.11	26379.59	242181.61	11265.87
57.80	5812.92	5022.89	12758.83	1213.48
124.82	31944.36	2686.36	178073.28	3600.13
109.47	5702.22	2839.86	10275.58	1344.60
3748.93	110872.56	104946.42	9281523.36	45025.05
913.45	34199.13	26605.93	532978.25	11244.96
165.09	18999.88	17733.26	69053.51	3672.00
63.12	1183.98	1183.57	1531.85	449.24
84.08	462.90	449.21	1344.94	499.66
8.81	2.32	2.32	120.81	58.71
584.61	753.68	384.95	4811.19	979.17
74.62	90.47	90.31	789.57	301.19
97.84	282.09	282.09	280.56	256.49
20.73	8.39	6.20	132.49	34.08
2.67	1.64	1.64	69.37	11.92
0.85	145.03	145.03	125.24	81.87
0.86			0.55	0.06
11.95	1.57	1.57	883.02	49.82
2288.43	**945920.73**	**196414.69**	**7677157.02**	**59578.47**
2288.22	945906.17	196400.13	7677155.37	59576.82
0.21	14.56	14.56	1.65	1.65

表9.8 重点调查工业固体废物产生及处理利用情况（2014年）

GENERATION, TREATMENT AND UTILIZATION OF SOLID WASTES OF THE INDUSTRIAL ENTERPRISES UNDER MAJOR SURVEY (2014)

行　业	Sector	企业数（个） Number of Enterprises (unit)
总　计	**Total**	**3211**
采矿业	**Mining and Quarrying**	**427**
煤炭开采和洗选业	Mining and Washing of Coal	394
石油和天然气开采业	Extraction of Petroleum and Natural Gas	4
黑色金属矿采选业	Mining and Processing of Ferrous Metal Ores	11
有色金属矿采选业	Mining and Processing of Non-Ferrous Metal Ores	5
非金属矿采选业	Mining and Processing of Nonmetal Ores	6
开采辅助活动	Mining Support Activities	6
其他采矿业	Mining of Other Ores	1
制造业	**Manufacturing**	**2744**
农副食品加工业	Processing of Food from Agricultural Products	331
食品制造业	Manufacture of Foods	59
酒、饮料和精制茶制造业	Liquor, Beverage and Refined Tea	285
烟草制品业	Manufacture of Tobacco	6
纺织业	Manufacture of Textile	66
纺织服装、服饰业	Textile and Garments	4
皮革、毛皮、羽毛及其制品和制鞋业	Manufacture of Leather, Fur, Feather and Related Products	16
木材加工和木、竹、藤、棕、草制品业	Processing of Timber, Manufacture of Wood, Bamboo, Rattan, Palm and Straw Products	15
家具制造业	Manufacture of Furniture	5
造纸及纸制品业	Manufacture of Paper and Paper Products	71
印刷和记录媒介复制业	Printing, Reproduction of Recording Media	9
文教、工美、体育和娱乐用品制造业	Manufacture of Culture, Education, Handicraft, Fine Arts, Sports and Entertainment Articles	1
石油加工、炼焦及核燃料加工业	Processing of Petroleum, Coking, Processing of Nuclear Fuel	10
化学原料及化学制品制造业	Manufacture of Raw Chemical Materials and Chemical Products	177
医药制造业	Manufacture of Medicines	72
化学纤维制造业	Manufacture of Chemical Fibers	3
橡胶和塑料制品业	Manufacture of Rubber and Plastics	39
非金属矿物制品业	Manufacture of Non-metallic Mineral Products	954
黑色金属冶炼及压延加工业	Smelting and Pressing of Ferrous Metals	70
有色金属冶炼及压延加工业	Smelting and Pressing of Nonferrous Metals	38
金属制品业	Manufacture of Metal Products	119
通用设备制造业	Manufacture of General Purpose Machinery	73
专用设备制造业	Manufacture of Special Purpose Machinery	15
汽车制造业	Manufacture of Motor Vehicles	142
铁路、船舶、航空航天和其他运输设备制造业	Manufacture of Railway, Ship, Aviation and Other Transporting Equipment	72
电气机械和器材制造业	Manufacture of Electrical Machinery and Equipment	29
计算机、通信和其他电子设备制造业	Manufacture of Communication Equipment, Computers and Other Electronic Equipment	28
仪器仪表制造业	Manufacture of Measuring Instruments and Machinery	10
其他制造业	Other Manufacture	15
废弃资源综合利用业	Comprehensive Utilization of Waste Resources	5
金属制品、机械和设备修理业	Repair of Metal Products, Machinery and Equipment	5
电力、热力、燃气及水生产和供应业	**Production and Supply of Electric Power and Heat Power**	**40**
电力、热力的生产和供应业	Production and Supply of Electric Power and Heat Power	38
燃气生产和供应业	Production and Supply of Gas	
水的生产和供应业	Production and Supply of Water	2

工业固体废物产生量（万吨） Volume of Industrial Solid Waste Produced (10 000 tons)	其 中 of which #危险废物产生量 Volume of Hazardous Wastes Produced	工业固体废物综合利用量（万吨） Volume of Industrial Solid Wastes Comprehensively Utilized (10 000 tons)	工业固体废物贮存量（万吨） Volume of Industrial Solid Wastes in Stock (10 000 tons)	工业固体废物处置量（万吨） Volume of Industrial Solid Wastes Treated (10 000 tons)	工业固体废物倾倒丢弃量（万吨） Volume of Industrial Solid Waste Dumped (10 000 tons)
2899.61	**31.55**	**2493.24**	**69.22**	**397.13**	**5.58**
327.53	**0.01**	**311.90**	**3.40**	**9.70**	**4.30**
312.94		300.39	3.40	6.70	4.22
2.27		2.22			0.05
7.50		4.50		3.00	
4.82		4.79			0.03
	0.01				
1475.74	**28.27**	**1106.26**	**31.62**	**337.52**	**1.28**
6.05	0.04	4.54		1.10	0.45
32.10		31.97		0.13	
57.92		32.50		25.39	0.04
1.75		1.42		0.34	
2.25		2.11		0.14	
0.29		0.29			
0.15		0.15			
1.03		0.92		0.11	
0.10		0.10			
79.37	0.01	35.49		43.86	0.03
0.33	0.01	0.06		0.27	
7.18	0.03	7.18		0.01	
295.57	0.87	151.30	0.05	144.18	0.05
6.02	0.31	3.86	0.02	2.13	0.01
69.76	20.63	69.03		0.67	0.06
10.15	0.12	6.59		3.56	
232.02	0.07	229.42	0.01	2.58	0.03
495.56	0.03	389.77		105.28	0.51
132.18	0.10	100.55	31.49	0.05	0.10
4.94	0.53	4.44	0.01	0.50	
3.95	0.16	2.42		1.53	
0.57	0.07	0.25		0.32	
27.20	2.07	24.64		2.83	
2.28	0.11	1.75		0.59	
1.20	0.12	0.74	0.05	0.41	
4.92	2.55	4.33		1.14	
0.16	0.01	0.14		0.02	
0.17		0.17			
0.01	0.46			0.01	
0.55		0.16		0.39	
1096.34	**3.27**	**1075.07**	**34.20**	**49.90**	
1096.00	3.26	1075.04	34.20	49.59	
0.34	0.01	0.03		0.31	

表9.9 重点调查工业废水排放及处理情况（2014年）

WASTE WATER DISCHARGE AND TREATMENT BY THE INDUSTRIAL ENTERPRISES UNDER MAJOR SURVEY (2014)

单位：万吨(10 000 tons)

行　业	Sector	企业数（个） Number of Enterprises (unit)	工业废水排放总量 Total Volume of Waste Water Discharged	废水治理设施数（套） Number of Facilities for Waste Water Control (set)
总　计	**Total**	**3211**	**32154.30**	**1763**
采矿业	**Mining and Quarrying**	**427**	**9621.20**	**228**
煤炭开采和洗选业	Mining and Washing of Coal	394	9549.82	208
石油和天然气开采业	Extraction of Petroleum and Natural Gas	4	32.08	3
黑色金属矿采选业	Mining and Processing of Ferrous Metal Ores	11	9.52	2
有色金属矿采选业	Mining and Processing of Non-Ferrous Metal Ores	5	0.88	2
非金属矿采选业	Mining and Processing of Nonmetal Ores	6	1.48	7
开采辅助活动	Mining Support Activities	6	27.41	6
其他采矿业	Mining of Other Ores	1		
制造业	**Manufacturing**	**2744**	**21059.63**	**1465**
农副食品加工业	Processing of Food from Agricultural Products	331	1917.80	175
食品制造业	Manufacture of Foods	59	806.40	46
酒、饮料和精制茶制造业	Liquor, Beverage and Refined Tea	285	1158.40	95
烟草制品业	Manufacture of Tobacco	6	24.19	3
纺织业	Manufacture of Textile	66	661.84	29
纺织服装、服饰业	Textile and Garments	4	16.38	5
皮革、毛皮、羽毛及其制品和制鞋业	Manufacture of Leather, Fur, Feather and Related Products	16	48.83	6
木材加工和木、竹、藤、棕、草制品业	Processing of Timber, Manufacture of Wood, Bamboo, Rattan, Palm and Straw Products	15	17.31	6
家具制造业	Manufacture of Furniture	5	4.99	2
造纸及纸制品业	Manufacture of Paper and Paper Products	71	5286.92	48
印刷和记录媒介复制业	Printing, Reproduction of Recording Media	9	7.96	9
文教、工美、体育和娱乐用品制造业	Manufacture of Culture, Education, Handicraft, Fine Arts, Sports and Entertainment Articles	1		
石油加工、炼焦及核燃料加工业	Processing of Petroleum, Coking, Processing of Nuclear Fuel	10	381.49	9
化学原料及化学制品制造业	Manufacture of Raw Chemical Materials and Chemical Products	177	3302.13	162
医药制造业	Manufacture of Medicines	72	1218.49	67
化学纤维制造业	Manufacture of Chemical Fibers	3	1465.93	4
橡胶和塑料制品业	Manufacture of Rubber and Plastics	39	146.21	25
非金属矿物制品业	Manufacture of Non-metallic Mineral Products	954	910.69	128
黑色金属冶炼及压延加工业	Smelting and Pressing of Ferrous Metals	70	422.13	94
有色金属冶炼及压延加工业	Smelting and Pressing of Nonferrous Metals	38	478.79	47
金属制品业	Manufacture of Metal Products	119	395.39	75
通用设备制造业	Manufacture of General Purpose Machinery	73	240.98	71
专用设备制造业	Manufacture of Special Purpose Machinery	15	62.63	20
汽车制造业	Manufacture of Motor Vehicles	142	1007.22	153
铁路、船舶、航空航天和其他运输设备制造业	Manufacture of Railway, Ship, Aviation and Other Transporting Equipment	72	274.89	78
电气机械和器材制造业	Manufacture of Electrical Machinery and Equipment	29	148.87	36
计算机、通信和其他电子设备制造业	Manufacture of Communication Equipment, Computers and Other Electronic Equipment	28	535.82	46
仪器仪表制造业	Manufacture of Measuring Instruments and Machinery	10	29.32	12
其他制造业	Other Manufacture	15	81.92	8
废弃资源综合利用业	Comprehensive Utilization of Waste Resources	5	0.30	2
金属制品、机械和设备修理业	Repair of Metal Products, Machinery and Equipment	5	5.42	4
电力、热力、燃气及水生产和供应业	**Production and Supply of Electric Power and Heat Power**	**40**	**1473.46**	**70**
电力、热力的生产和供应业	Production and Supply of Electric Power and Heat	38	1456.94	66
燃气生产和供应业	Production and Supply of Gas			
水的生产和供应业	Production and Supply of Water	2	16.53	4

表9.10 工业污染治理项目及投资情况（2013－2014年）
INDUSTRIAL POLLUTION TREATMENT PROJECTS AND INVESTMENT (2013-2014)

项　目	Item	2013	2014
企业数（个）	**Number of Enterprises (unit)**	**108**	**105**
施工项目数（个）	**Number of Projects under Construction (unit)**	**51**	**73**
治理废水	Treatment of Waste Water	19	19
治理废气	Treatment of Waste Gas	25	32
治理固体废物	Treatment of Solid Wastes	1	3
治理噪声	Treatment of Noise Pollution	1	4
治理其他	Treatment of Other Pollution	5	15
资金来源合计（万元）	**Total Funds (10 000 yuan)**	**78880**	**50284**
排污费补助	Pollution Discharge Fees Subsidy	3696	154
政府其他补助	Other Government Subsidy	10776	5846
企业自筹	Self-raised Fund	64408	44284
资金使用合计（万元）	**Total Expenditures (10 000 yuan)**	**78880**	**50284**
治理废水	Treatment of Waste Water	6399	4954
治理废气	Treatment of Waste Gas	71856	34278
治理固体废物	Treatment of Solid Wastes	13	4636
治理噪声	Treatment of Noise Pollution	44	132
治理其他	Treatment of Other Pollution	568	6284
本年竣工项目数（个）	**Number of Projects Completed in Current Year (unit)**	**70**	**34**
当年竣工项目新增设计处理利用“三废”能力	**Newly Added Designed Capacity of the Projects Completed in Current Year for the Treatment and Utilization of "Three Wastes"**		
废　水（吨/日）	Waste Water (ton/day)	5340	16095
废　气（万标立方米/时）	Waste Gas (10 000 cu.m/hour)	2333	828
固体废物（吨/日）	Solid Wastes (ton/day)		

表9.11 生活污染物排放情况（2013－2014年）
DISCHARGE OF DOMESTIC POLLUTANTS (2013-2014)

项　目	Item	2013	2014
生活污水排放量（万吨）	Volume of Domestic Waste Water Discharged (10 000 tons)	108937	110705
生活污水中化学需氧量排放量（吨）	Discharge of CCD in Domestic Waste Water (ton)	218601	212662
生活二氧化硫排放量（吨）	Discharge of Sulfur Dioxide from Daily Life (ton)	53261	52129
生活烟尘排放量（吨）	Discharge of Dust from Daily Life (ton)	4401	4105

重/庆/统/计/年/鉴

主要统计指标解释

自然资源

指人类可以直接从自然界获得，并用于生产和生活的物质资源。自然资源一般可以分成可再生资源和非再生资源两大类。可再生资源指在较短时间内可以再生、可以循环利用的资源，包括土地资源、水资源、气候资源、生物资源和海洋资源等。非再生资源指在使用后不能再生的资源，包括矿产资源和地热能源。

土地资源

土地指陆地的表层部分，它主要由岩石、岩石的风化物和土壤构成。土地资源按利用类型可以分为农用地、建筑用地和未利用地。农用地包括耕地、园地、林地、牧草地和水面。建筑用地包括居民点及工矿用地、交通用地和水利设施用地。未利用地指农用地和建筑用地以外的土地，包括滩涂、荒漠、戈壁、冰川和石山等。

耕地面积

指经过开垦用以种植各种农作物并经常进行耕耘的土地面积，包括种有作物的土地面积、休闲地、新开荒地和抛荒未满三年的土地面积。

林业用地面积

指生长乔木、竹类、灌木、沿海红树林等林木的土地面积，包括有林地、灌木林、疏林地、未成林造林地、迹地、苗圃等。

草地面积

指牧区和农区用于放牧牲畜或割草，植被盖度在5%以上的草原、草坡、草山等面积。包括天然的和人工种植或改良的草地面积。

森林资源

指森林、林木、林地以及依托森林、林木、林地生存的野生动物、植物和微生物。林木指树木和竹子。森林指以乔木为主体的植物群落，是集生的乔木及与共同作用的植物、动物、微生物和土壤、气候等的总体。

活立木总蓄积量

指一定范围内土地上全部树木蓄积的总量，包括森林蓄积、疏林蓄积、散生木蓄积和四旁（村旁、路旁、水旁、宅旁）树蓄积。

森林面积

指由乔木树种构成，郁闭度0.2以上（含0.2）的林地或冠幅宽度10米以上的林带的面积，即有林地面积。森林面积包括天然起源和人工起源的针叶林面积、阔叶林面积、针阔混交林面积和竹林面积，不包括灌木林地面积和疏林地面积。

森林蓄积量

指一定森林面积上存在着的林木树干部分的总材积。它是反映一个国家或地区森林资源总规模和水平的基本指标之一，也是反映森林资源的丰富程度、衡量森林生态环境优劣的重要依据。

森林覆盖率

指一个国家或地区森林面积占土地面积的百分比。森林覆盖率是反映森林资源的丰富程度和生态平衡状况的重要指标。在计算森林覆盖率时，森林面积包括郁闭度0.2以上的乔木林地面积和竹林地面积、国家特别规定的灌木林地面积、农田林网以及四旁（村旁、路旁、水旁、宅旁）林木的覆盖面积。计算公式为：

森林覆盖率（%）=森林面积/土地总面积×100%

水资源

水在自然界中以固体、液体和气态三种聚集状态存在，分布于海洋、陆地（包括土壤）以及大气之中，通过水循环形成水资源。水资源包括经人类控制并直接可供灌溉、发电、给水、航运、养殖等用途的地表水和地下水，以及江河、湖泊、井、泉、潮汐、港湾和养殖水域等。水资源是发展国民经济不可缺少的重要自然资源。

主要统计指标解释

地表水和地下水

陆地上的水因空间分布不同，可以分为地表水和地下水。地表水指分别存在于河流、湖泊、沼泽、冰川和冰盖等水体中水分的总称，又称陆地水。地下水指储存在地面以下饱和岩土孔隙、裂隙及溶洞中的水。

径流

指大气降水扣除损耗外，从地表和地下向流域出口断面汇集的水流。径流可分为地表径流、地下径流和壤中流。地表径流指沿地表向河流、湖泊、沼泽、海洋等汇集的水流；地下径流指沿潜水层或隔水层间的含水层，向河流、湖泊、沼泽、海洋等汇集的地下水水流。

径流量

指在一定时段内通过河流某一过水断面的水量，用以反映一个国家或地区水资源的丰歉程度。计算公式为：

径流量=降水量－蒸发量

矿产资源

矿产指由地质作用形成，具有利用价值的，呈固态、液态、气态的自然资源，是社会生产发展的重要物质基础。目前我国已发现矿种有170多种，按其特点和用途，可分为能源矿产（如煤炭、石油、天然气、地热）、金属矿产（如铁矿、锰矿、铜矿、铅矿、铝土矿）、非金属矿产（如金刚石、石灰石、粘土）和水气矿产（如地下水、矿泉水、二氧化碳气）四大类。其中：金属矿产按其物质成份和性质又可分为：黑色金属矿产、有色金属矿产、贵金属矿产、稀有金属矿产、稀土金属矿产、分散元素金属矿产六类。

矿产基础储量

基础储量是查明矿产资源的一部分。它能满足现行采矿和生产所需的指标要求，是控制的、探明的并通过可行性或预可行性研究认为属于经济的、边界经济的部分，用未扣除设计、采矿损失的数量表示。

气候

指地球与大气之间长期能量交换与质量交换所形成的一种自然环境状态，它是多种因素综合作用的结果。气候既是人类生活和生产的环境要素之一，又是供给人类生活和生产的重要资源。气温、降水、湿度等气象要素的多年平均值是用来描述一个地区气候状况的主要参数，而各种气象要素某年、某月的平均值（或总量）则可以反映出该时期天气气候状况的重要特征。

气温

指空气的温度，我国一般以摄氏度（℃）为单位表示。气象观测的温度表是放在离地面约1.5米处通风良好的百叶箱里测量的，因此，通常说的气温指的是离地面1.5米处百叶箱的温度。其统计计算方法为：

月平均气温是全月各日的平均气温相加，除以该月的天数而得。

年平均气温是将12个月的月平均气温累加后除以12而得。

相对湿度

指空气中实际所含水蒸气密度和同温度下饱和水蒸气密度的百分比值。其统计方法与气温相同。

降水量

指从天空降落到地面的液态或固态（经融化后）水，未经蒸发、渗透、流失而在地面上积聚的深度。其统计计算方法为：

月降水量是将全月各日的降水量累加而得。

年降水量是将12个月的月降水量累加而得。

日照时数

指太阳实际照射地面的时间。其统计方法与降水量相同。

化学需氧量(COD)排放量

为工业废水中COD排放量与生活污水中COD排放量之和。化学需氧量指用化学氧化剂氧化水中有机污染物时所需的氧量。一般利用化学氧化剂将废水中可氧化的物质（有机物、亚硝酸盐、亚铁盐、硫化物等）氧化分解，然后根据残留的氧化剂的量计算出氧的消耗量，来表示废水中有机物的含量，反映水体有机物污染程度。COD值越高，表示水中有机污染物污染越重。

二氧化硫排放量

指报告期内工业SO_2排放量与生活SO_2排放量之和。

主要统计指标解释

工业废水排放量

指经过企业厂区所有排放口排到企业外部的工业废水量。包括生产废水、外排的直接冷却水、超标排放的矿井地下水和与工业废水混排的厂区生活污水，不包括外排的间接冷却水（清污不分流的间接冷却水应计算在内）。

工业废水排放达标量

指报告期内废水中各项污染物指标都达到国家或地方排放标准的外排工业废水量，包括未经处理外排达标的，经废水处理设施处理后达标排放的，以及经污水处理厂处理后达标排放的。

工业废气排放量

指报告期内企业厂区内燃料燃烧和生产工艺过程中产生的各种排入空气的含有污染物的气体的总量，以标准状态（273K，101325Pa）计算。测算公式为：

工业废气排放量=燃料燃烧过程中废气排放量+生产工艺过程中废气排放量

工业二氧化硫排放量

指报告期内企业在燃料燃烧和生产工艺过程中排入大气的SO_2总量，计算公式为：

工业SO_2排放量=燃料燃烧过程中SO_2排放量+生产工艺过程中SO_2排放量

工业烟尘排放量

指企业厂区内的燃料燃烧过程中产生的烟气中夹带的颗粒物排放量。

工业粉尘排放量

指企业在生产工艺过程中排放的能在空气中悬浮一定时间的固体颗粒物排放量。如钢铁企业的耐火材料粉尘、焦化企业的筛焦系统粉尘、烧结机的粉尘、石灰窑的粉尘、建材企业的水泥粉尘等。不包括电厂排入大气的烟尘。

工业固体废物产生量

指报告期内企业在生产过程中产生的固体状、半固体状和高浓度液体状废弃物的总量，包括危险废物、冶炼废渣、粉煤灰、炉渣、煤矸石、尾矿、放射性废物和其他废物等；不包括矿山开采的剥离废石和掘进废石（煤矸石和呈酸性或碱性的废石除外）。酸性或碱性废石是指采掘的废石其流经水、雨淋水的ＰＨ值小于4或ＰＨ值大于10.5者。

工业固体废物综合利用量

指报告期内企业通过回收、加工、循环、交换等方式，从固体废物中提取或者使其转化为可以利用的资源、能源和其他原材料的固体废物量（包括当年利用往年的工业固体废物累计贮存量），如用作农业肥料、生产建筑材料、筑路等。综合利用量由原产生固体废物的单位统计。

工业固体废物贮存量

指报告期内企业以综合利用或处置为目的，将固体废物暂时贮存或堆存在专设的贮存设施或专设的集中堆存场所内的数量。专设的固体废物贮存场所或贮存设施必须有防扩散、防流失、防渗漏、防止污染大气、水体的措施。

工业固体废物处置量

指报告期内企业将固体废物焚烧或者最终置于符合环境保护规定要求的场所，并不再回取的工业固体废物量（包括当年处置往年的工业固体废物累计贮存量）。处置方法有填埋（其中危险废物应安全填埋）、焚烧、专业贮存场（库）封场处理、深层灌注、回填矿井及海洋处置（经海洋管理部门同意投海处理）等。

工业固体废物排放量

指报告期内企业将所产生的固体废物排到固体废物污染防治设施、场所以外的数量，不包括矿山开采的剥离废石和掘进废石（煤矸石和呈酸性或碱性的废石除外）。

“三废”综合利用产品产值

指报告期内利用“三废”（废液、废气、废渣）作为主要原料生产的产品产值（现行价），已经销售或准备销售的应计算产品产值，留作生产上自用的不应计算产品产值。

主要统计指标解释

城镇生活污水排放量

指城镇居民每年排放的生活污水。用人均系数法测算。测算公式为：

城镇生活污水排放量=城镇生活污水排放系数×市镇非农业人口×365

生活及其他烟尘排放量

指除工业生产活动以外的所有社会、经济活动及公共设施的经营活动中燃烧所排放的烟尘纯重量。以生活及其他煤炭消费量为基础进行测算。

Explanatory Notes on Main Statistical Indicators

Natural Resources

Refer to material resources that could be obtained from the nature by human being and used for production and living. Natural resources in general can be classified as renewable resources and non-renewable resources. Renewable resources refer to resources that could be renewed and recycled during a relatively short period of time, including land resource, water resource, climate resource, biology resource and marine resource. Non-renewable resources include resources that could not be renewed, such as minerals and geothermal resource.

Land Resource

Land refers to the surface of the earth, consisting of mainly rocks and its weathering and earth. Land resource can be classified, by its utilization, as land for agriculture, land for construction and unused land. Land for agriculture included cultivated land, plantation land, forestland, grassland and waters. Land for construction includes land for residential purpose, for manufacturing and mining, for transportation and for water-conservancy projects. Unused land refers to land other than land for agriculture and construction, including beaches, deserts, Gobi glaciers and rock mountains.

Area of Cultivated Land

Refers to area of land reclaimed for the regular cultivation of various farm crops, including crop-cover land, fallow, newly reclaimed land and land laid idle for less than 3 years.

Area of Afforestated Land

Refers to area for Land for trees bamboo, bushes and mangrove, including forest-covered land, bush-covered land, sparse forest land, land planned for afforestation and nurseries of young trees.

Area of Grassland

Refers to areas of grassland, grass-slopes and grass-covered hills with a vegetation-covering rate of over 5% that are used for animal husbandry or harvesting of grass. It includes natural, cultivated and improved grassland areas.

Forest Resource

Refers to forests, trees, forestland and wild animals, plants and microorganism that live on forest and trees. Trees include trees and bamboo. Forest refers to the population of clusters of trees and other plants, animals and microorganism as well as the earth and climate that have interactions with the trees.

Total Standing Stock Volume

Refers to the total stock volume of trees growing in land, including trees in forest, tress in sparse forest, scattered trees and trees planted by the side of villages, farm houses and along roads and rivers.

Forest Area

Refers to the area of forest where trees and bamboo grow with canopy density above 0.2, including land of natural woods and planted woods, but excluding bush land and thin forest land. It reflects the total areas of afforestation.

Stock Volume of Forest

Refers to total stock volume of wood growing in forest area, which shows the total size and level of forest resources of a country or a region. It is also an important indicator illustrating the richness of forest resource and the status of forest ecological environment.

Forest Coverage Rate

Refers to the ratio of area of afforested land to total land area. It is a very important indicator that reflects the status of abundance of forest resource and balance of the ecosystem. Forest area includes the area of trees and bamboo grow with canopy density above 0.2, the area of shrubby tree according to regulations of the government, the area of forest land inside farm land and the area of trees planted by the side of villages, farm houses and along roads and rivers.The formula for calculating forest coverage rate is as follows.

Forestry coverage rate (%) = (Area of Afforested Land / Area of Total Land) × 100%

EXPLANATORY NOTES TO MAJOR STATISTICAL INDICATORS

Water Resource

Water exists in the nature in solid, liquid and gaseous states, is distributed in the ocean, land (including earth) and air, and constitutes the water resource through the circulation of water. Water resource includes the surface water and ground water that is controlled by the human being for irrigation, power-generation, water supply, navigation and cultivation. It also includes rivers, Lakes, wells, springs, tides, and gulf and water area for cultivation. Water resource as an important natural resource is indispensable for the development of the national economy.

Surface Water and Ground Water

Water on earth can be divided into surface water and ground water according to its distribution. Surface water refers to moisture exists in rivers, lakes, swamps, glaciers, icecaps and so on. It is also called land water. The underground water refers to water deposited under-ground in the cranny and the hole of saturated rock soil and in water-eroded cave.

Runoff

Refers to the water gathered at the way out of the cross section of drainage area either from the surface or underground after deducting the wastage of the precipitation. Runoff can be divided into surface runoff, underground runoff and within soil runoff. Surface runoff refers to water flow to the rivers, lakes, swamps, and seas on the surface of the earth. Underground runoff refers to water flow to rivers, swamps, and seas through the water-bearing stratum of confined layer or unconfined layer.

Volume of Runoff

Refers to the total volume of water running through a certain cross section of a river during a certain period of time, reflecting the water resource condition in a country or a region. The formula for calculating volume or runoff is as follows:

Runoff=Precipitation-Evaporation

Mineral Resources

Refer to useful minerals, with solid state, liquid state, gaseity, due to the geological process. Minerals are important natural resources, and important material base for social development. At present, there are more than 170 types of minerals discovered in China. They can be categorized into four groups: energy producing minerals (including coal, petroleum, natural gas and terrestrial heat), metallic minerals (including iron, manganese, copper, lead and bauxite), non metallic minerals (including diamond, limestone and clay), and water/gas related minerals (including ground water, mineral water and carbon dioxide). Metallic minerals can be further classified as ferrous, non-ferrous, noble metal, rare metal, rare earth metal and dispersed metals.

Ensured Mineral Reserves

Refer to the actual mineral reserves, which equal to the proven mineral reserves (including industrial reserves and prospective reserves) minus extracted parts and underground losses.

Climate

Refers to the natural environmental status formed by the long-time exchange of energy and mass between the earth and the atmosphere, and is the result of interaction of many factors. Climate is both one of the environment factors and also the important resources for the living and production activities of the human being. The average values across several years of meteorological factors such as temperature, rainfall and humidity are used as important parameters to describe the climate of a region, while the average values (or total values) of a given year of month of meteorological factors reflect the key characteristics of climate for that period of time.

Temperature

Refers to the air temperature. China uses centigrade (°C) as the unit. The thermometry used for weather observation is put in a breezy shutter, which is 1.5 meters high from the ground. Therefore, the commonly used temperature refers to the temperature in the breezy shutter 1.5 meters away from the ground. The calculation method is as follows:

Monthly average temperature is the summation of average daily temperature of one month divided by the actual days of that particular month.

Annual average temperature is the summation of monthly average of a year divided by 12 months.

Relative Humidity

Refers to the ratio of actual water vapor pressure to the saturation water vapor pressure under the current temperature. The calculation method is the same as that of temperature.

Volume of Precipitation

Refers to the deepness of liquid state of solid state (thawed) water falling from the sky to the ground that has not been evaporated, infiltrated or run off. The calculation method is as follows:

Monthly precipitation is the summation of daily precipitation of a month.

Annual precipitation is the summation of 12 months' precipitation of a year.

Sunshine Hours

Refer to the actual hours of sun irradiating the earth. The calculation method is the same as that of the precipitation.

COD Emission

Refers to the total volume of COD emitted from industrial activities and life activities.COD refers to the amount of oxygen required when chemical oxidants are used to oxidize organic pollutants in water. Chemical oxidants are used to oxidize possible material in water, such as organic material, nitrite, ferrous salt, sulfide and so on. Then according to residual amount of oxidants to calculate consumption of oxygen, it is said that how much organic pollutants are in water. A higher value of COD corresponds to more serious pollution by organic pollutants.

SO_2 Emission

Refer to the total volume of SO_2 emitted from industrial activities and life activities within a given period of time.

Volume of Industrial Waste Water Discharged

Refers to the volume of industrial waste water discharged, through all outlets, to the outside of industrial enterprises, including waste water produced, direct - cooling water, underground water from mines that does not meet the standard of discharge, and the domestic sewage mixed up with industrial waste water when discharged, but excluding discharged indirect - cooling water.

Volume of Waste Water up to the Standard for Discharge

Refers to the volume of discharged industrial wastewater that, with or without treatment, has come up to the national or local standards for discharge.

Industrial Waste Air Emission

Refers to discharge into atmosphere of waste air containing pollutants generated from fuel burning and production process in enterprises within a given period of time. It is calculated at standard status (273K, 101325Pa) as:

Industrial waste air emission = emission through fuel burning + emission through production process

Industrial SO_2 Emission

Refers to volume of sulphur dioxide emission from fuel burning and production process in premises of enterprises for a given period of time. Its calculation formula is:

Industrial SO_2 Emission = SO_2 Emission from fuel burning + SO_2 Emission from production process

Industrial Soot Emission

Refers to volume of soot in smoke emitted in process of fuel burning in premises of enterprises.

Industrial Dust Emission

Refers to volume of dust emitted by production process of enterprises and suspended in the air for a given period of time, including dust from refractory material of iron and steel works, dust from coke-screening systems and sintering machines of coke plants, dust from lime kilns and dust from cement production in building material enterprises, but excluding soot and dust emitted from power plants.

Volume of Industrial Solid Wastes Produced

Refers to total volume of solid, semi-solid and high concentration liquid residues produced by industrial enterprises from production process in a given period of time, including hazardous wastes, slag, coal ash, gangue, tailings, radioactive residues and other wastes, but excluding stones stripped or dug out in mining (gangue and acid or alkaline stones not included). A stone is acid or alkaline depending on the pH value of the water below 4 or above 10.5 when the stone is in or soaked by the water.

EXPLANATORY NOTES TO MAJOR STATISTICAL INDICATORS

Volume of Industrial Solid Wastes Utilized in a Comprehensive Way

Refers to volume of solid wastes from which useful materials can be extracted or which can be converted into usable resources, energy or other materials by means of reclamation, processing, recycling and exchange (including utilizing in the year the stocks of industrial solid wastes of the previous year). Examples of such utilizations include fertilizers, building materials and road materials. The information shall be collected by the producing units of the wastes.

Volume of Industrial Solid Wastes Stored up

Refers to the volume of industrial solid wastes temporarily stored up or piled with special facilities or piled in the special sites for the purpose of utilization or treatment in future. The special facilities or special sites for storing up solid wastes should have the measures against spreading or being washed away to other places, permeating the soil or causing air pollution or water contamination.

Volume of Industrial Solid Wastes Treated

Refers to quantity of industrial solid wastes which are burnt or placed ultimately in the sites meeting the requirements for environmental protection and not salvaged or recycled (including disposition in the year of those wastes of previous years). The disposition includes landfill (Safe landfills should be conducted for hazardous wastes), incineration, containment spaces, deep underground disposal, backfill in mining pits and disposal at sea (accepted by management of sea).

Volume of Industrial Solid Wastes Discharged

Refers to volume of industrial solid wastes discharged by producing enterprises to disposal facilities or to other sites. The wastes exclude stones stripped or dug from mining (gangue and acid or alkaline waste stones not included).

Output Value of Products Made from Utilization of Waste Gas, Waste Water and Industrial Solid Wastes

Refers to the value of products (calculated at current prices) made by industrial enterprises using recovered waste water, waste gas or solid wastes as main raw materials. Only the value of the products, which have been sold or are ready, to be sold should be included. The value of the products, which will be used in the production of the enterprises, should not be included.

Urban Consumption Waste Water Discharge

Refers to annual discharge of consumption waste water by urban households. Its calculation formula is:

Discharge = Discharge of Consumption Wastewater by Urban Households × Urban Non-agricultural Population × 365

Soot Emission by Consumption and Others

Refers to net volume of soot emitted by fuel burning from all social and economic activities and operation of public facilities other than industrial activities. It is calculated on the basis of coal consumption by households and others.

第 10 章

要素市场

MARKETS OF KEY FACTORS

简要说明
BRIEF INTRODUCTION

本章资料中的国有土地使用权出让与划拨、城市房产市场交易情况由市统计局固定资产投资处根据市国土资源和房屋管理局资料整理提供，亿元以上商品市场由市统计局贸易外经处提供，技术市场由市统计局社会科技处根据市科学技术委员会资料整理提供，人才市场、劳动力市场和证券市场情况由市统计局综合处根据市人才交流服务中心、市就业服务管理局、市发展和改革委员会和重庆证监局资料整理编辑。

货币流通、保险业务和有价证券的相关资料详见第十七章金融。

The data on transaction and allotment of the right to use the state-owned land and the real estate markets in urban areas are sorted and compiled by Division of Statistics of Investment in Fixed Assets, Chongqing Municipal Bureau of Statistics on the basis of the data provided by Chongqing Administration of Land, Resources and Housing; the data of the transaction of the commodity markets with transaction value over 100 million yuan are provided by Division of Trade and External Economic Relations Statistics, Chongqing Municipal Bureau of Statistics; the data of transactions of technology exchanges are provided by Division of Social and Technology Statistics, Chongqing Municipal Bureau of Statistics on the basis of the data from Chongqing Science and Technology Commission; the data of the human resource markets, labor force markets and securities markets are sorted and compiled by Division of Comprehensive Statistics, Chongqing Municipal Bureau of Statistics on the basis of the data from Chongqing Human Resource Exchanges Service Center, Chongqing Administration of Employment Services, Chongqing Development and Reform Commission and China Securities Regulatory Commission Chongqing Bureau.

See Chapter 17 Financial Intermediation for the data on currency, insurance and securities.

表10.1 国有土地使用权出让与划拨情况（2013－2014年）
TRANSACTIONS AND ALLOTMENT OF THE RIGHT TO USE THE STATE-OWNED LAND (2013-2014)

指 标	Item	2013	2014
土地使用权出让	**Transaction of Right to Use State-owned Land**		
地 块（宗）	Land Parcel (parcel)	3172	1775
面 积（公顷）	Land Area (hectare)	6973	7184
出让价款（亿元）	Value of Transaction (100 million yuan)	1675	1248
土地使用权划拨	**Allotment of Right to Use State-owned Land**		
地 块（宗）	Land Parcel (parcel)	991	1145
面 积（公顷）	Land Area (hectare)	5902	9558

表10.2 城市房产市场交易情况（2013－2014年）
REAL ESTATE MARKETS IN URBAN AREA (2013-2014)

指 标	Item	2013	2014
房产转让	**Housing Transactions**		
成交面积（万平方米）	**Area of Transactions (10 000 sq.m)**	**3336.49**	**2911.25**
#住 宅	Residential Buildings	2847.88	2301.89
商品房	Commercialized Buildings	2367.36	2252.96
存量房	Buildings in Stock	969.13	658.29
成交金额（亿元）	**Total Value of Transactions (100 million yuan)**	**2174.41**	**1878.70**
#住 宅	Residential Buildings	1745.17	1366.07
商品房	Commercialized Buildings	1714.03	1608.29
存量房	Buildings in Stock	460.38	270.41

注：本表为主城九区的数据。
Note: The table above shows the data of the 9 urban districts.

表10.3 亿元以上商品市场交易情况（2013－2014年）

TRANSACTIONS OF COMMODITY MARKETS WITH TRANSACTION VALUE OVER 100 MILLION YUAN (2013-2014)

单位：万元 (10 000 yuan)

指　标	Item	摊位数量（个） Number of Stands (unit)		总成交额 Total Volume of Transactions	
		2013	2014	2013	2014
合　计	**Total**	**91490**	**101736**	**33072063**	**34063093**
食品、饮料、烟酒类	Food, Beverages, Tobacco and Liquor	25760	27424	7046755	7402780
服装鞋帽、针、纺织品类	Clothing, Shoes, Hats and Textiles	20732	21332	4907158	5706185
化妆品类	Cosmetics	816	820	159610	167189
金银珠宝类	Gold,Silver and Jewelry	20	41	10695	12663
日用品类	Articles for Daily Use	5457	5472	937399	856584
五金电料类	Hardwear and Electrical Materials	4411	5826	1042840	945986
体育、娱乐用品类	Sports and Entertainment Articles	327	320	62467	65579
书报杂志类	Newspapers and Magazines	46	92	970	3716
电子出版物及音像制品类	E-journal and Video Products	78	80	9544	11585
家用电器和音像制品类	Household Electric Appliances and Video Products	627	874	342435	335788
中西药品类	Traditional Chinese and Western Medicines	105	90	18653	21433
文化办公用品类	Cultural and Office Articles	2767	2431	566391	376193
家具类	Furniture	3671	3748	1714109	1665920
通讯器材类	Communication Appliances	816	1256	236752	439431
木材及制品类	Wood and Wooden Products	615	616	180856	220175
石油及制品类	Petroleum and Related Products	12	12	100	120
化工材料及制品类	Chemical Materials and Products	266	262	67296	77549
金属材料类	Metal Materials	4079	5145	7974175	7404801
建筑及装潢材料类	Building and Decoration Materials	9394	9821	2344871	2370227
机电产品及设备类	Mechanical and Electrical Products	3882	4504	1185729	1328145
#农机类	Agricultural Machinery	57	59	815	835
汽车类	Automobiles	2707	5907	2840369	2879955
种子饲料类	Seeds and Feedstuff	431	428	204099	188599
棉麻类	Cotton and Hemp	93	13	3348	1737
其他类	Others	4375	5219	1215052	1580303

表10.4 技术市场交易情况（2014年）
TRANSACTIONS OF TECHNOLOGY EXCHANGES (2014)

单位：项、万元 (item, 10 000 yuan)

指 标	Item	技术买方 Purchases of Technology		技术卖方 Sales of Technology	
		项 数 Number	金 额 Value	项 数 Number	金 额 Value
总 计	**Total**	**3978**	**1739878.47**	**4042**	**1665987.83**
#企业法人	Corporations	1412	1444563.00	2306	1166003.82
事业法人	Public Institutions	1700	46725.87	1732	149984.01
机关法人	Governments	866	248589.60	4	350000.00

表10.5 人才市场人才流动情况（2013－2014年）
HUMAN RESOURCE MARKETS AND EXCHANGES (2013-2014)

指 标	Item	2013	2014
人力资源服务机构（个）	Human Resource Service Agencies (unit)	265	501
公共就业服务机构（个）	Public Employment Service Agencies (unit)	21	34
人才公共服务机构（个）	Human Resource Public Service Agencies (unit)	15	22
综合性公共就业和人才服务机构（个）	Comprehensive Public Employment and Human Resources Service Organizations (unit)	17	2
国有性质的服务企业（个）	State-owned Service Corporations (unit)	30	61
民营性质的服务企业（个）	Private Service Corporations (unit)	182	360
外资性质的服务企业（个）	Foreign-funded Service Corporations (unit)		5
港资性质的服务企业（个）	Service Corporations with Investment from Hong Kong (unit)		2
澳资性质的服务企业（个）	Service Corporations with Investment from Macao (unit)		
台资性质的服务企业（个）	Service Corporations with Investment from Taiwan (unit)		
行业所属服务机构（个）	Service Corporations from Industry (unit)		3
民办非企业等其他性质的服务机构（个）	Other Private Non-corporate Service Corporations (unit)		12
设立人力资源市场个数（固定招聘场所）（个）	Number of Human Resource Markets (Fixed Recruitment Places) (unit)	255	535
举办人力资源招聘会（次）	Number of Job Fairs (time)	4159	6087
登记求职或要求流动人员 （人）	Number of Registered Persons in Need of New Job (person)	2882108	5255598
参加人力资源招聘会人数（人）	Persons Participating in Job Fairs (person)	2085716	1877948
参加人力资源招聘会用人单位数（个）	Enterprises Participating in Job Fairs (unit)	150449	140166
现存档案总量	Total Amount of Current Archives	855323	1053849
当年流动人员职称评定（人）	Number of Exchanged Persons Evaluated for Professional Titles in Current Year (person)	4611	4870
评定高级职称人数	Senior Titles	412	522
评定中级职称人数	Medium Titles	1203	1424
评定初级职称人数	Junior Titles	2996	2924

注：2014年起，按照最新的人力资源服务机构划分标准进行统计。
Note: The data since 2014 has been calculated according to the new dividing standard of human resource services.

表10.6 公共就业服务机构介绍情况（2013－2014年）
STATISTICS ON THE PUBLIC JOB SERVICES AND INTERMEDIATION AGENCIES (2013-2014)

指　标	Item	2013	2014
公共就业服务机构（个）	**Number of Job Services Agencies (unit)**		
#区县及以上	At District & County Level and above	41	41
登记招聘单位数（个）	**Number of Registered Employers (unit)**	**95746**	**76540**
登记招聘人数（人次）	**Number of Persons to Be Employed (person-time)**	**1367898**	**1249355**
登记求职人次（人次）	**Number of Registered Job Applicants (person-time)**	**906492**	**866891**
#女　性	Female	385765	364738
#城镇登记失业人员	Registered Unemployed Persons in Urban Areas	416073	401766
#高校毕业生	College Graduates	70696	39111
#农村劳动力	Rural Labor Force	370239	327987
职业指导人数（人次）	**Number of Persons under Vocational Guidance (person-time)**	**735048**	**594569**
介绍成功人次（人次）	**Number of Persons Employed through Job Services (person-time)**	**416595**	**321682**
#女　性	Female	184426	20511
#城镇登记失业人员	Registered Unemployed Persons in Urban Areas	187865	146308
#高校毕业生	College Graduates	41712	19013
#农村劳动力	Rural Labor Force	169359	119692

表10.7 证券市场基本情况（2013－2014年）
GENERAL STATISTICS ON SECURITY MARKETS (2013-2014)

指　标	Item	2013	2014
境内上市公司数（A、B股）（家）	Number of Listed Companies (A and B Shares) in Mainland (unit)	37	40
境内上市外资股（B股）（只）	Number of Listed Companies of Foreign Fund (B Shares) in Mainland (unit)	1	1
IPO和增发股票量（万股）	Number of Shares of IPO and Additional Equity Offer (10 000 shares)	349506	525675
股票总发行股本（亿股）	Total Capital Stock (100 million shares)	325.26	377.83
#流通股本	Negotiable Capital	249.61	273.83
企业债券发行额（亿元）	Volume Enterprise Bonds Issued (100 million yuan)	238.00	273.00
股票市价总值（亿元）	Total Market Capitalization of Shares (100 million yuan)	2805.99	4456.67
#股票流通市值	Negotiable Market Capitalization	2090.68	3344.32
股票筹资额（亿元）	Raised Capital of Shares (100 million yuan)	131.2	180.88
投资者开户数（万户）	Total Accounts of Investors (10 000 accounts)	203.31	213.48
期货总成交额（亿元）	Total Future Turnover (100 million yuan)	97873.58	12308.48

注：股票发行量、总发行股本、市价总值和筹资额均不含H股。
Note: H share is not included in the number of shares, total capital stock, total market capitalization and raised capital of shares.

第 11 章

农业和农村经济

AGRICULTURE AND RURAL ECONOMY

简要说明
BRIEF INTRODUCTION

本章反映全市农业生产和农村经济的基本情况，内容主要包括农村基本情况、农业生产条件与生产情况、农作物播种面积、农林牧渔产品产量、农林牧渔业产值、农业商品产值和商品率、乡镇企业等方面的统计资料。

本章资料由国家统计局重庆调查总队根据市农委、市林业局、市水利局和调查总队等资料整理提供。乡镇企业的有关情况由重庆市统计局综合处根据市乡镇企业管理局提供的资料整理、编辑。

The data in this chapter show the basic conditions of agricultural production and rural economy, including basic statistics on rural areas, basic conditions of agricultural production, sown area of farm crops, output of farming, forestry, animal husbandry and fishery products, gross output value of farming, forestry, animal husbandry and fishery, output value of agricultural commodities and rate of commercialization, and township-owned enterprises.

The data in this chapter are provided by Chongqing Agriculture Commission, Municipal Bureau of Forestry, Municipal Bureau of Water Conservancy and NBS Survey Office in Chongqing, and sorted and compiled by NBS Survey Office in Chongqing. The data of township-owned enterprises are provided by Municipal Administration of Township-owned Enterprises and sorted and compiled by Division of Comprehensive Statistics, Municipal Bureau of Statistics.

表11.1 主要年份农村基本情况
BASIC STATISTICS ON RURAL AREAS IN MAJOR YEARS

年 份 Year	乡村户数（万户） Number of Rural Households (10 000 households)	乡村人口（万人） Rural Population (10 000 persons)	乡村从业人员（万人） Rural Employed Population (10 000 persons)
1949		1446.24	650.59
1952		1546.01	692.81
1957		1685.98	762.15
1962		1506.16	692.19
1965		1676.21	755.99
1970		1977.85	857.78
1975		2264.67	921.67
1978		2316.54	926.32
1980	534.19	2294.08	980.75
1985	573.00	2355.39	1114.34
1986	596.13	2365.34	1154.26
1987	626.70	2391.29	1184.92
1988	650.27	2412.04	1218.03
1989	671.51	2427.70	1249.12
1990	686.26	2446.38	1273.06
1991	697.61	2471.48	1314.79
1992	699.94	2476.10	1350.71
1993	700.88	2463.53	1352.26
1994	710.34	2482.05	1356.59
1995	706.86	2454.17	1349.34
1996	709.86	2464.23	1330.44
1997	708.64	2452.75	1320.91
1998	709.84	2445.12	1316.95
1999	710.99	2442.47	1342.99
2000	710.28	2440.32	1352.60
2001	714.67	2438.79	1345.15
2002	718.31	2443.21	1342.17
2003	718.65	2436.47	1340.25
2004	714.99	2425.25	1361.54
2005	718.84	2430.93	1366.91
2006	714.86	2418.40	1382.62
2007	717.49	2413.95	1378.29
2008	724.06	2405.64	1379.89
2009	723.55	2385.95	1379.94
2010	727.77	2366.66	1379.35
2011	721.14	2324.50	1369.98
2012	724.14	2303.10	1365.29
2013	717.99	2262.40	1328.79
2014	714.50	2246.31	1312.96

表11.2 主要年份农业生产条件

CONDITIONS OF AGRICULTURAL PRODUCTION IN MAJOR YEARS

年份 Year	有效灌溉面积（万公顷） Irrigated Area (10 000 hectares)	农用机械总动力（万千瓦） Total Agricultural Machinery Power (10 000 kw)	农村用电量（万千瓦时） Electricity Consumption in Rural Areas (10 000 kwh)	农用化肥施用量（折纯）（万吨） Consumption of Chemical Fertilizers (net) (10 000 tons)	农膜使用量（万吨） Consumption of Farm Plastic Film (10 000 tons)	农药使用量（万吨） Consumption of Chemical Pesticides (10 000 tons)
1949	5.48					
1952	6.73					
1957	13.40					
1962	21.31	4	1852			
1965	26.10	10	3791			
1970	31.92	22	12655			
1975	42.84	54	21045			
1978	56.27	101	28542	21.63	0.33	0.64
1980	60.42	155	37953	29.21	0.37	0.71
1985	60.98	219	63309	31.76	0.50	0.73
1986	60.12	240	71471	36.70	0.51	0.79
1987	59.27	259	83229	38.26	0.57	0.78
1988	58.41	278	79637	38.29	0.61	0.81
1989	57.56	291	89611	44.72	0.65	0.81
1990	58.02	300	97091	48.13	0.80	0.87
1991	58.55	316	104430	52.08	0.97	1.01
1992	58.96	324	115831	52.75	1.07	1.05
1993	59.26	343	134027	54.51	1.18	1.27
1994	59.53	366	160197	58.55	1.28	1.29
1995	59.79	386.05	174847	62.02	1.43	1.46
1996	60.08	409.91	196788	65.55	1.53	1.69
1997	61.14	454.07	227302	69.64	1.59	1.68
1998	61.41	506.64	242934	71.18	1.77	1.82
1999	62.05	558.54	260029	71.03	1.86	1.84
2000	62.60	586.47	278728	72.00	1.96	1.85
2001	63.19	628.07	301140	72.58	1.94	1.91
2002	64.12	665.57	338717	73.37	2.53	1.93
2003	64.97	695.67	366535	71.59	2.42	1.95
2004	61.68	728.31	384627	77.02	2.68	1.95
2005	61.81	775.96	428943	79.20	2.75	1.95
2006	62.13	820.01	460291	80.54	2.82	1.96
2007	63.37	860.31	484478	84.32	3.01	2.04
2008	65.89	903.15	550949	88.14	3.09	2.10
2009	67.20	967.41	614832	91.17	3.47	2.20
2010	68.53	1071.09	647738	91.82	3.66	2.10
2011	69.29	1141.00	703706	95.58	3.93	2.03
2012	70.30	1162.00	738000	96.02	4.09	1.95
2013	67.52	1198.88	761193	96.64	4.29	1.84
2014	67.73	1243.34	783145	97.26	4.38	1.84

表11.3 农作物播种面积（1978－2014年）
SOWN AREA OF FARM CORPS (1978-2014)

单位：公顷 (hectare)

年 份 Year	农作物 总播种面积 Total Sown Area	其 中 of which					
		#粮 食 Grain	其 中 of which #稻 谷 Rice	#油 料 Oil-bearing Crops	其 中 of which #油菜籽 Rapeseeds	#蔬 菜 Vegetables	#烟 叶 Tobacco
1978	3498061	3177221	849243	92351	71374	95954	26582
1980	3345304	3048196	828317	116577	89369	78400	10416
1985	3214717	2748498	820140	176866	137367	140569	30956
1986	3232433	2710205	819858	183859	143792	159811	40897
1987	3241258	2697509	807797	180579	143292	160867	41729
1988	3287399	2727164	821305	185171	150612	171444	54056
1989	3381959	2788700	836231	188593	154505	177979	75726
1990	3438950	2847370	821986	203171	168751	183873	66607
1991	3526637	2889404	816684	224412	188989	197049	70859
1992	3522037	2874889	819262	215622	179402	200686	81258
1993	3513064	2870480	804560	184964	147692	222621	82461
1994	3493884	2877837	800342	174643	135505	225902	54997
1995	3526684	2876853	799482	201550	162572	236283	58939
1996	3585745	2889834	802279	202483	159584	257106	77657
1997	3605420	2881902	797955	191800	152222	267203	99482
1998	3614446	2900656	794636	192330	148896	290397	56603
1999	3592496	2862143	788576	197151	151801	301389	63969
2000	3590815	2773404	776636	226384	173185	327094	70775
2001	3555871	2714600	763964	225046	167911	366330	55210
2002	3464566	2606866	757195	236325	173930	359674	56012
2003	3307179	2410369	738486	236724	176836	386990	57237
2004	3435957	2516507	749300	244129	173815	390237	52995
2005	3444733	2501263	747949	252421	187333	399970	51508
2006	3073880	2155500	672300	187290	133680	417414	48879
2007	3134700	2195800	652130	192920	135370	432906	43553
2008	3215064	2215407	673538	215531	150170	481563	47749
2009	3308300	2229493	682041	237025	173643	552233	52579
2010	3359387	2243887	683907	254993	191847	589093	42733
2011	3413088	2259413	686485	257096	196200	618631	46165
2012	3477694	2259606	686996	271016	204557	652660	49989
2013	3515790	2253905	688657	283508	215603	681707	49323
2014	3540352	2242522	689673	299963	232581	708068	45964

表11.4 主要年份农林牧渔产品产量

OUTPUT OF FARMING, FORESTRY, ANIMAL HUSBANDRY AND FISHERY IN MAJOR YEARS

年份 Year	粮食（万吨） Grain (10 000 tons)	其中 of which #稻谷 Rice	#豆类 Beans	油料（万吨） Oil-bearing Crops (10 000 tons)	其中 of which #油菜籽 Rapeseeds	麻类（吨） Fiber Crops (ton)	甘蔗（万吨） Sugarcane (10 000 tons)
1949	402.68	246.57		0.90		1416	8.78
1952	470.97	281.33		3.19		1889	10.61
1957	596.55	316.39		5.13		1811	6.86
1962	378.23	191.26		1.40		598	1.04
1965	566.17	293.32		3.87		1048	14.47
1970	564.37	307.80		2.68		666	9.00
1975	603.72	325.84		4.13		632	24.87
1978	814.71	345.07	29.07	7.71	6.03	1659	31.20
1980	835.43	341.59	22.20	11.57	9.28	6172	36.64
1985	948.97	461.73	22.26	18.12	13.63	25787	30.24
1986	1004.92	493.41	25.02	20.91	15.85	21719	31.42
1987	1004.51	499.56	22.34	20.89	16.14	35995	29.43
1988	958.02	503.00	20.53	19.25	14.94	31013	29.32
1989	1044.88	541.81	17.25	18.78	14.38	18932	24.41
1990	1085.07	550.40	19.93	22.02	17.74	12707	20.55
1991	1115.28	535.90	21.53	26.92	22.81	11487	26.07
1992	1050.24	509.07	18.48	25.18	21.40	9716	14.33
1993	1052.72	479.90	21.90	21.70	17.22	9257	12.30
1994	1134.10	523.13	25.94	19.26	15.31	11471	9.39
1995	1153.68	532.63	30.38	25.12	20.54	11092	8.76
1996	1172.14	542.64	20.10	23.60	18.66	10898	8.27
1997	1184.63	552.44	21.90	23.34	18.34	11175	8.08
1998	1155.36	519.38	22.17	25.11	19.03	7541	7.28
1999	1143.05	533.01	21.93	24.09	17.33	6826	7.59
2000	1131.21	525.43	24.60	31.06	22.61	8406	9.06
2001	1035.35	466.45	23.32	29.96	21.91	8857	10.08
2002	1082.15	484.42	27.78	35.04	25.84	12139	12.06
2003	1087.20	494.29	32.21	38.27	28.51	9620	11.35
2004	1144.57	509.55	38.11	41.75	30.99	10209	11.77
2005	1168.19	521.43	42.16	42.71	31.81	12362	11.46
2006	808.40	344.90	29.24	28.94	23.47	11846	10.16
2007	1088.00	491.59	35.12	30.68	23.19	15399	11.26
2008	1153.20	529.39	37.78	35.68	26.54	16982	11.18
2009	1137.20	511.30	39.83	40.54	30.95	15869	11.57
2010	1156.13	518.57	41.93	44.45	34.22	14700	11.68
2011	1126.90	493.50	43.49	46.51	35.14	14455	11.80
2012	1138.54	498.00	45.04	50.11	37.71	10186	11.88
2013	1148.13	503.08	46.03	53.14	40.11	9461	10.94
2014	1144.54	503.19	46.60	56.94	43.97	9046	10.29

表11.4 续表1 continued1

年 份 Year	烟 叶 （吨） Tobacco (ton)	蔬 菜 （万吨） Vegetables (10 000 tons)	茶 叶 （吨） Tea (ton)	蚕 茧 （吨） Silkworm Cocoons (ton)	水 果 （万吨） Fruits (10 000 tons)	牛 奶 （吨） Cow Milk (ton)	禽 蛋 （万吨） Poultry Eggs (10 000 tons)
1949	8535		916	761	6.02	1171	
1952	9238		1059	1236	7.75	1292	
1957	8247		1914	1588	7.14	2621	
1962	2566		1981	1325	8.80	3925	
1965	4654		2369	2306	6.83	6576	
1970	1667		2927	6608	4.54	9651	
1975	8146		4884	10477	7.12	11940	
1978	22528	243.95	8004	15404	7.91	15891	4.46
1980	8098	229.86	9217	25751	15.69	17277	5.51
1985	36239	390.86	16172	33130	24.70	29677	8.77
1986	46724	421.94	16893	32693	28.61	32665	9.44
1987	44992	439.00	18267	35755	29.57	36474	9.98
1988	68928	460.93	18676	41748	20.50	39126	10.17
1989	62093	469.31	18568	42063	37.19	40308	11.24
1990	74393	499.61	18103	43502	35.08	46293	12.01
1991	98156	533.00	18264	47757	40.75	51988	12.94
1992	124705	541.38	17178	50686	41.38	56579	14.61
1993	113208	558.23	19522	54505	56.85	54880	15.71
1994	68904	569.83	21920	57408	52.87	48514	17.32
1995	77981	593.91	17452	27000	59.29	39153	19.18
1996	132355	637.03	15536	27402	56.62	40297	20.85
1997	164736	668.44	14996	28072	60.72	45129	23.50
1998	79970	711.30	15299	29226	74.10	46587	24.46
1999	95653	737.11	14441	24177	71.70	46614	26.29
2000	104082	775.42	14526	29098	81.68	55989	27.89
2001	80064	779.96	14142	32396	82.61	67791	29.79
2002	87052	833.84	14093	33856	113.41	80952	31.58
2003	86048	840.17	14320	27802	128.59	90608	35.36
2004	85036	863.57	16064	29376	137.22	85143	36.55
2005	90173	890.47	16545	31092	154.63	86076	39.15
2006	91945	888.76	17087	27488	145.74	83456	30.30
2007	71513	945.21	18853	29196	175.89	86095	32.30
2008	85513	994.52	21696	24388	193.28	77842	33.11
2009	99905	1177.45	22569	19464	212.87	79422	35.97
2010	81030	1309.54	25237	20321	238.47	79819	37.22
2011	93608	1407.97	27895	20118	261.16	80000	37.42
2012	102908	1509.34	31372	20594	291.19	77300	40.05
2013	96604	1600.64	34200	18161	318.86	67976	41.09
2014	84391	1689.11	33753	17714	347.61	56901	43.21

注：2006年起禽蛋产量已根据第二次农业普查数据重新进行了调整。
Note: Output of Poultry Eggs has been adjusted according to the sencond National Agricultural Census since 2006.

表11.4 续表2 continued2

年 份 Year	水产品（吨） Aquatic Products (ton)	肉猪出栏头数（万头） Number of Slaughtered Fattened Hogs (10 000 heads)	猪年末头数（万头） Number of Hogs at Year End (10 000 heads)	大牲畜年末存栏头数（万头） Number of Large Animals at Year End (10 000 heads)	其中 of which #牛 Cattle and Buffaloes	肉类总产量（万吨） Output of Meat (10 000 tons)	其中 of which #猪肉 Pork
1949	3576	174.70		107.90		11.00	
1952	4119	254.80		122.50		16.00	
1957	6515	345.10		131.20		21.70	
1962	3791	76.90		115.60		6.90	
1965	6964	421.50		128.00		25.60	
1970	7649	414.50		150.20		23.10	
1975	10797	489.90		151.10		28.10	
1978	14362	542.70	914.98	142.15	141.58	40.51	37.38
1980	17734	797.63	1165.05	141.75	141.19	59.89	55.92
1985	42838	1140.06	1353.02	128.91	127.62	84.45	79.96
1986	47805	1190.22	1377.37	129.39	128.10	88.56	83.15
1987	51854	1243.78	1418.69	128.24	126.96	92.76	86.89
1988	58419	1345.77	1448.48	128.35	127.07	99.85	94.02
1989	65707	1375.38	1471.66	127.92	126.64	102.41	96.09
1990	65482	1375.79	1429.13	129.18	127.63	102.92	96.12
1991	71813	1429.45	1440.56	129.77	128.21	107.45	99.87
1992	74459	1469.47	1444.16	130.80	128.84	111.47	102.66
1993	89227	1492.99	1438.96	130.54	129.24	113.73	104.30
1994	103492	1555.69	1476.05	132.50	132.41	121.61	108.48
1995	121289	1610.14	1489.55	136.61	135.72	127.22	112.27
1996	140656	1637.51	1477.06	140.43	137.89	133.22	114.18
1997	160692	1699.74	1475.25	144.01	141.04	141.86	119.66
1998	178607	1720.14	1492.95	152.48	149.24	140.00	121.61
1999	191313	1703.19	1512.18	163.88	160.58	140.50	120.61
2000	200345	1724.96	1509.91	167.45	164.05	143.91	122.45
2001	196967	1746.85	1533.03	168.63	165.05	147.88	124.87
2002	211568	1781.69	1548.89	170.52	166.85	152.40	127.48
2003	224893	1828.49	1583.03	172.58	169.31	159.51	131.82
2004	239255	1909.32	1640.75	173.56	170.08	167.01	136.43
2005	250568	2006.39	1708.80	174.48	170.69	178.39	144.46
2006	226129	1732.70	1377.40	97.71	94.00	151.50	124.80
2007	255372	1783.20	1422.94	98.15	94.44	159.27	130.27
2008	190600	1898.67	1566.47	107.36	103.61	177.58	140.65
2009	203900	2003.11	1604.07	122.85	119.39	187.72	146.52
2010	224300	2010.51	1557.87	131.39	128.08	192.46	147.55
2011	275600	2020.87	1540.57	127.86	124.53	196.28	148.55
2012	330720	2050.76	1524.31	133.58	130.51	201.21	150.73
2013	385000	2104.46	1502.25	139.68	136.66	207.85	154.95
2014	443409	2150.83	1483.76	143.64	140.66	214.21	158.54

注：本表中除水产品外，其余数据从2006年起已根据第二次农业普查数据重新进行了调整。
Note: Except the data of aquatic products, the other data in this table have been adjusted according to the Second National Agricultural Census since 2006.

表11.5 主要年份农林牧渔业总产值

GROSS OUTPUT VALUE OF FARMING, FORESTRY,ANIMAL HUSBANDRY AND FISHERY IN MAJOR YEARS

单位：万元 (10 000 yuan)

年 份 Year	农林牧渔业总产值 Gross Output Value	其 中 of which				
		农 业 Farming	林 业 Forestry	牧 业 Animal Husbandry	渔 业 Fishery	农林牧渔服务业 Agricultural Services
1949	142123	111424	3837	26293	568	
1952	186367	140707	6523	38205	932	
1957	240351	176658	10816	51916	961	
1962	153506	120349	4605	28245	307	
1965	165688	122775	5799	36617	497	
1970	269234	192504	11128	64604	998	
1975	295062	210016	18048	65660	1338	
1978	357616	262881	17236	75731	1768	
1980	417925	296840	16160	102514	2411	
1985	739003	477570	43546	208842	9044	
1986	801998	516990	42045	231097	11867	
1987	902072	564063	40932	282816	14262	
1988	1104369	641751	49662	393394	19561	
1989	1243819	706771	49328	463300	24420	
1990	1460003	858133	55308	518757	27805	
1991	1595286	938353	60038	565193	31702	
1992	1713839	995009	70992	612498	35340	
1993	2073607	1197742	77531	749776	48558	
1994	2831816	1552652	86981	1127394	64789	
1995	3778259	2278927	106732	1304229	88371	
1996	4249903	2713807	115493	1311666	108937	
1997	4393508	2678892	117313	1468914	128389	
1998	4288839	2549365	150929	1444758	143787	
1999	4168780	2496237	115588	1409527	147428	
2000	4126272	2447376	108236	1419910	150750	
2001	4311666	2503968	112044	1544041	151613	
2002	4609755	2640760	135143	1661965	171887	
2003	4885655	2701156	145824	1776384	183251	79040
2004	6127723	3329516	184814	2309374	212464	91555
2005	6621943	3583035	199704	2494965	237959	106280
2006	5752428	3230078	223069	2042194	159087	98000
2007	7207260	4095523	178527	2644768	184442	104000
2008	8713871	4730118	217986	3441474	211481	112811
2009	9131080	5311679	258084	3194244	242699	124374
2010	10211328	6233343	304021	3265542	272083	136339
2011	12653319	7512246	380907	4253262	349432	157471
2012	14020347	8418088	434776	4539045	449928	178510
2013	15137376	9091758	480170	4828044	538155	199249
2014	15949591	9678717	535593	4863605	649279	222398

注：1）按照国民经济行业分类标准（GB/T4754-2002），从2003年起增加了农林牧渔服务业（下表同）。
2）2006年以来为第二次农普衔接数。从2007年起，因口径变化，对农业和林业总产值进行了调整。

Note: a) According to the national standard of industry classification (GB/T4754-2002), the gross output value has included agricultural services since 2003 (the same below).
b) The numbers after 2006 are the coordination numbers of the Second National Agricultural Census. The total output value of agriculture and forestry has been modified since 2007 due to the change of statistical scope.

表11.6 主要年份农林牧渔业总产值增幅（上年=100）

GROSS OUTPUT VALUE INDICES OF FARMING, FORESTRY, ANIMAL HUSBANDRY AND FISHERY IN MAJOR YEARS (PRECEDING YEAR=100)

年 份 Year	农林牧渔业总产值 Gross Output Value	其 中 of which				
		农 业 Farming	林 业 Forestry	牧 业 Animal Husbandry	渔 业 Fishery	农林牧渔服务业 Agricultural Services
1952	119.9	116.8	123.7	135.7	111.2	
1957	129.0	126.7	144.5	133.4	156.4	
1962	63.9	69.9	58.0	39.4	49.5	
1965	151.1	137.2	125.4	275.5	194.9	
1970	101.5	100.3	88.5	109.7	107.3	
1975	108.2	110.6	129.7	94.6	134.0	
1978	123.2	126.7	119.1	109.7	121.2	
1980	115.3	105.9	99.6	165.8	121.0	
1985	144.1	130.9	210.2	169.8	292.2	
1986	105.8	106.3	83.9	109.3	119.4	
1987	102.7	102.1	89.0	106.3	110.3	
1988	101.8	97.3	99.1	111.7	115.2	
1989	106.4	108.4	99.9	103.0	111.0	
1990	102.7	101.1	96.4	106.4	106.8	
1991	106.2	105.3	102.1	108.2	113.9	
1992	101.9	98.7	110.4	107.3	100.9	
1993	104.1	103.4	104.8	104.6	120.8	
1994	105.6	103.5	101.8	109.0	115.4	
1995	106.3	105.1	106.7	107.7	116.8	
1996	102.8	101.8	101.3	103.6	116.2	
1997	103.3	102.0	95.8	105.4	115.7	
1998	102.4	101.5	117.2	101.6	112.4	
1999	99.8	100.7	75.7	100.4	108.5	
2000	101.0	100.3	86.6	102.9	104.5	
2001	102.1	100.3	109.7	104.1	101.9	
2002	101.7	99.7	102.3	104.2	105.6	
2003	104.6	103.5	119.6	104.8	106.8	
2004	105.7	105.5	108.8	104.9	108.4	116.5
2005	105.2	103.9	100.8	106.9	106.0	113.3
2006	96.8	94.9	99.9	99.6	89.0	105.7
2007	109.5	114.8	105.1	101.6	110.2	106.0
2008	107.1	107.7	104.5	106.7	104.0	104.3
2009	106.4	106.8	106.6	105.7	108.8	104.8
2010	105.9	106.7	110.2	103.8	110.0	104.4
2011	104.8	105.2	111.0	102.5	118.4	105.0
2012	105.1	105.1	109.9	103.4	120.0	104.0
2013	104.6	104.3	108.0	103.5	117.0	105.3
2014	104.3	103.9	108.0	103.5	115.2	105.3

注：本表指数按可比价计算；其中1952年以1949年为100。
Note: Indices of this table are calculated at constant prices. The index of 1952 is calculated with the index of 1949 equal to 100.

表11.7 农林牧渔业总产值（2013－2014年）
GROSS OUTPUT VALUE OF FARMING, FORESTRY, ANIMAL HUSBANDRY AND FISHERY (2013-2014)

单位：万元 (10 000 yuan)

指 标	Item	农林牧渔业总产值 Gross Output Value		指 数 上年=100 Index Preceding Year=100
		2013	2014	
总 计	**Total**	**15137376**	**15949591**	**104.3**
农 业	Farming	9091758	9678717	103.9
谷物及其他作物	Cereal and Other Crops	3819231	3869642	100.8
#谷 物	Cereal	2041849	2033877	
豆 类	Beans	323494	328398	
油 料	Oil-bearing Crops	391029	420446	107.1
烟 草	Tobacco	199907	209833	108.0
蔬菜园艺作物	Vegetables and Gardening	3835116	4193033	105.1
#蔬 菜（含菜用瓜）	Vegetables (including Melons as Vegetables)	3505436	3834875	105.2
花 卉	Flowers	100267	111647	
水果、坚果、饮料和香料作物	Fruits, Nuts, Drinks and Spices	1289727	1452554	108.8
#水果、坚果（含果用瓜）	Fruits and Nuts (including Melons as Fruits)	954270	1097531	
茶及其他饮料	Tea and Other Drinks	122864	130336	
#茶	Tea	122864	130336	
中药材	Traditional Chinese Medical Materials	147684	163487	109.0
林 业	Forestry	480170	535593	108.0
林木的培育和种植	Forest Cultivation	239158	266779	106.4
#造 林	Afforestation	86357	96040	
竹木采运	Bamboo Felling and Transportation	41741	46597	112.8
林产品	Forest Products	199271	222218	108.9
牧 业	Animal Husbandry	4828044	4863605	103.5
牲畜饲养	Livestock Raising	334960	391424	124.5
#牛	Cattle	227172	271729	108.9
奶产品	Milk Products	27056	22872	83.7
猪的饲养	Hog Raising	2610347	2477381	102.2
家禽饲养	Poultry Raising	1544078	1684139	104.5
#禽 蛋	Poultry Eggs	485375	532010	105.2
狩猎和捕捉动物	Animal Hunting			
其他畜牧业	Others	338659	310660	88.2
#蚕 茧	Silkworm Cocoons	56589	58188	
渔 业	Fishery	538155	649279	115.2
#内陆水域水产品	Aquatic Products in Inland Water Areas	538155	649279	115.2
#养 殖	By Breeding	489061	594491	
#鱼 类	Fish	531275	636865	
农林牧渔服务业	Agricultural Services	199249	222398	105.3

注：本表数据绝对值按现价计算，指数按可比价计算。
Note: The absolute figures in this table are calculated at current prices whereas the indices are calculated at constant prices.

表11.8 农村基本情况（2013－2014年）
BASIC STATISTICS ON RURAL AREAS (2013-2014)

指 标	Item	2013	2014
户 数（万户）	**Number of Households (10 000 households)**	**717.99**	**714.50**
人 口（万人）	**Population (10 000 persons)**	**2262.40**	**2246.31**
乡村从业人员（万人）	**Rural Employed Population (10 000 persons)**	**1328.79**	**1312.96**
按性别分	By Sex		
男	Male	707.95	697
女	Female	620.84	615.96
按产业分	By Sector		
#第一产业	Primary Industry	563.69	562.53
农村基础设施（个）	**Rural Infrastructure (unit)**		
自来水受益村数	Number of Villages with Access to Tap Water	6446	6708
通有线电视村数	Number of Villages with Access to Cable Televisions		7123
通宽带村数	Number of Villages with Access to Internet		7241

注：从2001年起，民政部门调整乡、镇、村的区划，村个数均比往年减少。
Note: The number of villages is less than that in previous years due to the administrative adjustment since 2001.

表11.9 农业生产条件（2013－2014年）
CONDITIONS OF AGRICULTURAL PRODUCTION (2013-2014)

指 标	Item	2013	2014
农业机械化情况	**Agricultural Mechanization**		
农业机械总动力（万千瓦）	Total Agricultural Machinery Power (10 000 kw)	1198.88	1243.34
农用大中型拖拉机数（万台）	Number of Large and Medium-sized Agricultural Tractors (10 000 units)	0.38	0.38
小型拖拉机数（万台）	Number of Small Tractors (10 000 units)	0.78	0.80
农用排灌动力机械台数（万台）	Number of Drainage and Irrigation Engines (10 000 units)	90.32	100.20
农用水泵（万台）	Pumps (10 000 units)	98.89	100.23
机动脱粒机（万台）	Motorized Threshing Machines (10 000 units)	63.11	74.15
农用运输车（万辆）	Farm Tracks (10 000 vehicles)	4.34	4.43
农业主要能源及物耗	**Main Agricultural Energy and Material Consumption**		
农村用电量（万千瓦时）	Electricity Consumed in Rural Areas (10 000 kwh)	761193	783145
乡村办电站（个）	Power Stations in Rural Areas (unit)	798	
乡村办电站发电量（万千瓦时）	Capacity of Power Station in Rural Areas (10 000 kwh)	245330	
有效灌溉面积（公顷）	Irrigated Area (hectare)	67.52	67.73
化肥施用量（折纯量）（万吨）	Consumption of Chemical Fertilizer (net) (10 000 tons)	96.64	97.26
#氮 肥	Nitrogenous Fertilizer	49.67	49.88
磷 肥	Phosphate Fertilizer	17.93	17.91
钾 肥	Potash Fertilizer	5.40	5.42
复合肥	Compound Fertilizer	23.64	24.05
农用塑料薄膜使用量（万吨）	Consumption of Farm Plastic Film (10 000 tons)	4.29	4.38
#地膜使用量	Consumption of Farm Plastic Film	2.22	2.30
地膜覆盖面积（公顷）	Area Covered by Farm Plastic Film (hectare)	230515	237447
农用柴油使用量（万吨）	Consumption of Diesel Oil (10 000 tons)	21.63	22.46
农药使用量（万吨）	Consumption of Chemical Pesticides (10 000 tons)	1.84	1.84

表11.10 主要农作物播种面积及产量（2013－2014年）

SOWN AREA AND OUTPUT OF MAJOR FARM CROPS (2013-2014)

指标	Item	播种面积(公顷) Sown Area (hectare)		总产量(吨) Total Output (ton)		单位产量(公斤/公顷) Yield Per Unit (kg/ha)	
		2013	2014	2013	2014	2013	2014
粮　食	**Grain**	**2253905**	**2242522**	**11481297**	**11445396**	**5094**	**5104**
谷　物	Cereal	1292121	1276878	8046797	7968368	6227.6	6240.5
稻　谷	Rice	688657	689673	5030783	5031855	7305.2	7296.0
中　稻	Middle Rice	688657	689673	5030783	5031855	7305.2	7296.0
小　麦	Wheat	107600	86980	337000	269560	3132.0	3099.1
玉　米	Corn	466733	467873	2580815	2559712	5529.5	5471.0
高　粱	Sorghum	22196	25178	84500	93232	3807.0	3703.0
其他谷物	Other Cereal	6935	7174	13699	14009	1975.3	1952.7
豆　类	Beans	236019	237507	460250	466032	1950.1	1962.2
#大　豆	Soybean	101517	103432	195959	203757	1930.3	1970.0
薯　类	Tubers	725765	728137	2974250	3010996	4098.1	4135.2
#马铃薯	Potato	356268	358314	1216750	1224001	3415.3	3416.0
油　料	**Oil-bearing Crops**	**283508**	**299963**	**531375**	**569359**	**1874.3**	**1898.1**
#花　生	Peanut	56679	56602	116642	116441	2058.0	2057.2
油菜籽	Rapeseed	215603	232581	401045	439652	1860.1	1890.3
芝　麻	Sesame Seed	7056	6977	7259	7050	1028.7	1010.4
麻　类	**Fiber Crops**	**5793**	**5657**	**9461**	**9046**	**1633.2**	**1599.1**
#苎　麻	Ramie	5729	5588	9364	8944	1634.5	1600.5
黄红麻	Jute and Ambary Hemp	55	61	89	95	1616.2	1549.0
糖　料（甘蔗）	**Sugar Crops (sugarcane)**	**2948**	**2659**	**109360**	**102927**	**37091.3**	**38713.2**
烟　叶	**Tobacco**	**49323**	**45964**	**96604**	**84391**	**1958.6**	**1836.0**
#烤　烟	Flue-cured Tobacco	42948	39878	82384	70943	1918.2	1779.0
蔬菜、瓜果	**Vegetables and Melons**	**704265**	**729050**	**16430403**	**17336091**	**23330.0**	**23779.0**
#蔬　菜（含菜用瓜）	Vegetables (including Melons as Vegetables)	681707	708068	16006420	16891140	23480.0	23855.0

表11.11 林牧渔业生产情况（2013－2014年）
OUTPUT OF FORESTRY, ANIMAL HUSBANDRY AND FISHERY (2013-2014)

指 标	Item	2013	2014
林 业	**Forestry**		
当年造林面积（公顷）	Increased Forest Area in Current Year (hectare)	227283	215756
年末封山育林面积（公顷）	Year-end Area of Hillsides Closed for Afforestation (hectare)	75051	
零星（四旁）植树（万株）	Scattered (Four-side) Tree Planting (10 000 plants)	10512	6740
育苗面积（公顷）	Seeding Raising Area (hectare)	19995	23010
当年苗木产量（万株）	Output of Plants in Current Year (10 000 plants)	81500.28	57820
中幼林抚育作业面积（公顷）	Actual Tending Area for Young and Middle Forest (hectare)	133393	125029
牧 业	**Animal Husbandry**		
年末大牲畜总头数（万头）	Number of Large Animals (year-end, 10 000 heads)	139.68	143.64
#农事劳役头数	Number of Draught Animals	44.34	44.53
年末生猪存栏头数（万头）	Number of Hogs (year-end, 10 000 heads)	1502.25	1483.76
年末羊只数（万只）	Number of Sheep and Goats (year-end, 10 000 heads)	185.23	209.58
年内出栏肥猪头数（万头）	Number of Slaughtered Fattened Hogs (10 000 heads)	2104.46	2150.83
年内出栏羊只数（万只）	Number of Slaughtered Sheep and Goats (10 000 heads)	227.43	249.89
年内出栏家禽（万只）	Number of Slaughtered Poultry (10 000 heads)	23161.24	23601.30
渔 业	**Fishery**		
水产品养殖面积（公顷）	Cultured Areas of Aquatic Products (hectare)	88039	93602
#池 塘	Ponds	51027	53813
水 库	Reservoirs	28554	28925

表11.12 林牧渔业主要产品产量（2013－2014年）
OUTPUT OF THE MAJOR PRODUCTS OF FORESTRY, ANIMAL HUSBANDRY AND FISHERY (2013-2014)

单位：吨 (ton)

指 标	Item	2013	2014
水 果	Fruits	3188578	3476148
#柑 桔	Citrus	1931925	2072409
肉 类	Meat	2078522	2142054
#猪 肉	Pork	1549503	1585394
禽 肉	Meat of Poultry	357804	366389
兔 肉	Meat of Rabbit	60399	66077
奶 类	Milk	67979	56901
#牛 奶	Cow Milk	67976	56901
蜂 蜜	Honey	15689	17854
水产品	Aquatic Products	385000	443409
#养 殖	Cultured Aquatic Products	370200	423076
年末实有茶园面积（公顷）	Area of Tea Plantations (year-end) (hectare)	35940	37711
#本年采摘面积	Picked Area in Current Year	22567	28449
年末果园面积（公顷）	Area of Orchards (year-end) (hectare)	296381	315384
#梨 园	Pear	36736	35807
柑 桔	Citrus	158346	192492

表11.13 主要农产品产量与建国以来最高年产量的比较（2014年）

OUTPUT OF MAJOR AGRICULTURAL PRODUCTS IN COMPARISON WITH THE PEAK YEAR SINCE THE FOUNDATION OF PRC (2014)

单位：万吨 (10 000 tons)

指 标	Item	2014	建国以来最高产量 Output in the Peak Year Since the Foundation of PRC		2014年为建国以来最高年份的比重（%） 2014 as Percentage of Peak Year (%)
			年 份 Year	产 量 Output	
粮食总产量	Total Output of Grain	1144.54	1997	1184.63	96.6
#稻 谷	Rice	503.19	1997	552.44	91.1
小 麦	Wheat	26.96	1995	156.24	17.3
玉 米	Corn	255.97	2013	258.08	99.2
豆 类	Beans	46.60	2013	46.03	101.3
薯 类	Tubers	301.10	2013	297.43	101.2
油菜籽	Rapeseed	43.97	2013	40.10	109.6
麻 类	Fiber Crops	0.90	1985	2.60	34.8
甘 蔗	Sugarcane	10.29	1980	36.64	28.1
烤 烟	Flue-cured Tobacco	7.09	1997	11.00	64.5
蔬菜类	Vegetables	1689.11	2013	1600.64	105.5
年末生猪存栏头数（万头）	Number of Hogs (year-end, 10 000 heads)	1483.76	2005	1708.80	86.8
肉 类	Meat	214.21	2013	207.85	103.1
#猪 肉	Pork	158.54	2013	154.95	102.3
禽 肉	Meat of Poultry	36.64	2013	35.78	102.4
奶 类	Milk	5.69	2003	9.06	62.8
禽 蛋	Poultry Eggs	43.21	2013	41.09	105.2
水产品	Aquatic Products	44.34	2013	38.50	115.2
蚕 茧	Silkworm Cocoon	1.77	1994	5.74	30.8
茶 叶	Tea	3.38	2013	3.42	98.8
水 果	Fruits	347.61	2013	318.86	109.0

表11.14 农业商品产值和商品率（2013－2014年）

OUTPUT VALUE OF AGRICULTURAL COMMODITIES AND RATE OF COMMERCIALIZATION (2013-2014)

指 标	Item	农业商品产值（万元） Output Value of Agricultural Commodities (10 000 yuan)		农业商品率（%） Rate of Commercialization (%)	
		2013	2014	2013	2014
总 计	**Total**	**9484770**	**10144245**	**63.5**	**64.5**
农 业	Farming	4919700	5363191	54.1	55.4
#粮 食	Grain	1004985	1070493	33.0	34.6
蔬 菜	Vegetables	2463730	2496503	65.9	66.5
水 果	Fruits	736907	750419	73.7	74.5
林 业	Forestry	331647	373376	69.1	69.7
牧 业	Animal Husbandry	3794872	3875216	78.6	79.7
#猪	Hogs	2195284	1969518	79.1	79.5
渔 业	Fishery	438552	532462	81.5	82.0

表11.15 乡镇企业主要指标（2013－2014年）
MAIN INDICATORS OF TOWNSHIP-OWNED ENTERPRISES (2013-2014)

单位：万元 (10 000 yuan)

指　标	Item	2013	2014
企业单位数（个）	Number of Enterprises (unit)	80123	85195
#工　业	Industry	29250	31837
#集体企业	Collective-owned Enterprises	154	161
私有企业	Private Enterprises	29091	31664
从业人数（人）	Employees (person)	2501404	2561766
#集体企业	Collective-owned Enterprises	42825	43259
私有企业	Private Enterprises	2458579	2517805
总产值	Gross Output Value	86589908	97967822
#集体企业	Collective-owned Enterprises	554175	607400
私有企业	Private Enterprises	86035733	97351234
工业总产值	Gross Industrial Output Value	54565476	62251693
#集体企业	Collective-owned Enterprises	237265	261453
私有企业	Private Enterprises	54316068	61990103
乡镇企业增加值	Value-added of Township Enterprises	22538405	25403102
#工　业	Industry	14781524	17099844
营业收入	Business Income	85123417	95648928
#集体企业	Collective-owned Enterprises	532275	573125
私有企业	Private Enterprises	84585692	95074934
利润总额	Total Pre-tax Profits	3483269	3966050
实交税金	Taxes Paid	2438424	2639594
#所得税	Income Tax	372347	383797
工资总额	Total Wage Bill	7917996	8849152
#集体企业	Collective-owned Enterprises	1312804	1408213
私有企业	Private Enterprises	6605192	7440367
年末固定资产原值	Original Value of Fixed Assets at Year-end	18370123	21575709
#集体企业	Collective-owned Enterprises	202255	225123
私有企业	Private Enterprises	18167868	21349165
银行（信用社）贷款余额	Bank (Credit Cooperative) Loan Balance	5410907	6684635

主要统计指标解释

■ 农林牧渔业总产值

指以货币表现的农、林、牧、渔业全部产品和对农林牧渔业生产活动进行的各种支持性服务活动的价值总量，它反映一定时期内农林牧渔业生产总规模和总成果。1957年以前的农林牧渔业总产值中包括了厩肥和农民自给性手工业(如农民自制衣服、鞋、袜，自己从事粮食初步加工等)。1958年及以后，林业中增加了村及村以下竹木采伐产值；牧业中取消了厩肥产值；副业中取消了农民自给性手工业产值，增加了村及村以下办的工业产值； 渔业中增加了海洋捕捞水产品产值。1980年及以后，在副业中增加了农民家庭兼营工业商品部分的产值。从1984年起村及村以下工业产值划归工业。从1993年起取消副业，将野生动物的捕猎划入牧业、野生植物采集和农民家庭兼营商品性工业划归农业。从2003年起，执行新的国民经济行业分类标准，农林牧渔业总产值中包括了农林牧渔服务业产值。林业中增加了森林采运业产值。农业中取消了家庭兼营商品性工业产值，将野生林产品的采集划归林业。第一次农业普查以后，由于畜牧业产品年报数据与普查数据之间存在一定的差距，国家统计局农调总队对畜牧业年报数据与普查数据进行衔接，相应的畜牧业产值进行调整。第二次农业普查后，国家统计局再次对种植业、畜牧业、林业、渔业、服务业数据进行了衔接与调整。

农林牧渔业总产值的计算方法通常是按农、林、牧、渔业产品及其副产品的产量分别乘以各自单位产品价格求得；少数生产周期较长，当年没有产品或产品产量不易统计的，则采用间接方法匡算其产值；然后将五业产值相加即为农林牧渔业总产值。

■ 粮食产量

指全社会的产量。包括国有经济经营的、集体统一经营的和农民家庭经营的粮食产量，还包括工矿企业办的农场和其他生产单位的产量。粮食除包括稻谷、小麦、玉米、高粱、谷子及其他杂粮外，还包括薯类和豆类。其产量计算方法，豆类按去豆荚后的干豆计算；薯类（包括甘薯和马铃薯，不包括芋头和木薯）1963年以前按每4公斤鲜薯折 1 公斤粮食计算，从1964年开始及以后改为按5公斤鲜薯折 1 公斤粮食计算。城市郊区作为蔬菜的薯类（如：马铃薯等）按鲜品计算，并且不作粮食统计。其他粮食一律按脱粒后的原粮计算。1989年以前全国粮食产量数据主要靠全面报表取得，1989年开始使用抽样调查数据。

■ 油料产量

指全部油料作物的生产量。包括花生、油菜籽、芝麻、向日葵籽，胡麻籽（亚麻籽）和其他油料。不包括大豆，也不包括木本油料和野生油料。花生以带壳干花生计算。

■ 水产品产量

指人工养殖的水产品和天然生长的水产品的捕捞量。包括海水的鱼类、虾蟹类、贝类和藻类以及内陆水域的鱼类、虾蟹类和贝类，不包括淡水生植物。水产品产量是通过各级水产和统计部门逐级上报取得数据。1995年及以前，贝类中牡蛎按鲜肉计算；蚶、蛤、蛙按 5 斤鲜品折 1 斤计算。1996年以后则统一按鲜品计算。

■ 肉产量

指各种牲畜及家禽、兔等动物肉产量总计。猪、羊、骡、骆驼肉产量按去掉头蹄下水后带骨肉的胴体重量计算，牛肉产量按去骨后的净肉重量计算，兔禽肉产量按屠宰后去毛和内脏后的重量计算，可用住户调查资料推算。

■ 期初（末）畜禽存栏头（只）数

指报告期初（末）农村各种合作经济组织和国营农场、农民个人、机关、团体、学校、工矿企业，部队等单位以及城镇居民饲养的大牲畜、猪、羊、家禽等畜禽的存栏头（只）数。

■ 农作物播种面积

指实际播种或移植有农作物的面积，凡是实际种植有农作物的面积，不论种植在耕地上还是种植在非

主要统计指标解释

耕地上，均包括在农作物播种面积中。在播种季节基本结束后，因遭灾而重新改种和补种的农作物面积，也包括在内。它是反映我国耕地面积利用情况的一个重要指标。目前，农作物播种面积主要包括粮食、棉花、油料、糖料、麻类、烟叶、蔬菜和瓜类、药材和其它农作物九大类。

■ 有效灌溉面积

指具有一定的水源，地块比较平整，灌溉工程或设备已经配套，在一般年景下当年能够进行正常灌溉的耕地面积。在一般情况下，有效灌溉面积应等于灌溉工程或设备已经配备，能够进行正常灌溉的水田和水浇地面积之和。它是反映我国耕地抗旱能力的一个重要指标。

■ 农用化肥施用量

指本年内实际用于农业生产的化肥数量，包括氮肥、磷肥，钾肥和复合肥。化肥施用量要求按折纯量计算数量。折纯法化肥施用量是把氮肥、磷肥和钾肥分别按含氮、含五氧化二磷、含氧化钾的百分之一百成份折算后的数量。复合肥按其所含主要成分折算。公式为：

折纯量=实物量 × 某种化肥有效成份含量的百分比

■ 农业机械总动力

指主要用于农、林、牧、渔业的各种动力机械的动力总和。包括耕作机械、排灌机械、收获机械、农用运输机械、植物保护机械、牧业机械、林业机械、渔业机械和其他农业机械［内燃机按引擎马力折成瓦（特）计算，电动机按功率折成瓦（特）计算］。不包括专门用于乡、镇、村、组办工业、基本建设、非农业运输、科学试验和教学等非农业生产方面用的动力机械与作业机械。

■ 乡村从业人员

指乡村人口中劳动年龄在16周岁以上实际参加生产经营活动并取得实物或货币收入的人员，包括劳动年龄内经常参加劳动的人员，也包括超过劳动年龄但经常参加劳动的人员，但不包括户口在家的在外学生、现役军人和丧失劳动能力的人，也不包括待业人员和家务劳动者。从业人员按从事主业时间最长（时间相同按收入）分为农业从业人员、工业从业人员、建筑业从业人员、交通运输业、仓储及邮电通信业从业人员、批零贸易及餐饮业从业人员、其他非农行业从业人员。

Explanatory Notes on Main Statistical Indicators

Gross Output Value of Farming Forestry, Animal Husbandry and Fishery

Refers to the total value of products of farming, forestry, animal husbandry and fishery, and total value of services rendered to support farming, forestry, animal husbandry and fishery activities. It reflects the total scale and results of agricultural production during a given period. Prior to 1957, Chinas gross agricultural output value included barnyard manure and handicraft products for self-consumption (clothes, shoes, stockings, and initial grain processing undertaken by peasants). Since 1958, cutting and felling of bamboo and trees by villages and other cooperative organizations under villages have been included in forestry; value of barnyard manure has been excluded from animal husbandry; self consumed handicrafts has been excluded from sideline occupations, while the output value of industries run by villages and cooperative organizations under village had been included in sideline occupations and the output value of fish catches by motor fishing boats has been added to fishery. Since 1980, the value of handicraft products made for sale by individuals in households had been added to sideline occupations. Since 1984, industries run by villages and under villages have been included in the sector of industry. Since 1993, the subdivision of sideline occupations has been canceled, and the hunting of wild animals has been classified into animal husbandry, and the gathering of wild plants and commodity industry run by rural household have been included in farming. A new industrial classification of economic activities was introduced in 2003. Under the new classification, value of services to farming, forestry, animal husbandry and fishery is included in the gross output value of agriculture, value of wood felling and transport is included in forestry, value of industrial output by rural households is not included in agriculture, and the collection of wild forest products is taken from agriculture and included in the forestry. The first agriculture census of China revealed some discrepancy between the production of animal products from the annual reports and that from the census. Efforts were made by the Rural Socio-economic Survey Organization of NBS to adjust the output value of animal husbandry to make the figures from the annual reports consistent with the census data. After the Second Agriculture Census of China, the National Bureau of Statistics adjustment the data of farming, animal husbandry, forestry, fisheries and services once again.

Gross output value of agriculture is obtained by first multiplying the output of each product or by product by its price, resulting in the output value of each single item. For a small number of products, annual output of which is not available or difficult to get due to the long production (growing) process involved, the output value is estimated through an indirect approach. The sum of output value of all products of farming, forestry, animal husbandry and fishery is then equal to the gross output value of agriculture.

Grain Yield

Refers to the total output in the whole country including grains produced by state farms, collective units, rural households, as well as by farms affiliated to industrial and mining enterprises and other production units. Grain includes rice, wheat, corn, sorghum, millet and other miscellaneous grains as well as tubers and bean. Output of beans refers to dry beans without pods. The output of tubers (sweet potatoes and potatoes, not including taros and cassava) was converted into that of grain at the ratio 4:1, i.e. 4 kilograms of fresh tubers was equivalent to 1 kilogram of grain up to 1963. Since 1964 the ratio for conversion has been 5:1. Tubers supplied as vegetables (such as potatoes) in cities and suburbs are calculated as fresh vegetables and their output is not included in the output of grain. Output of all other grains refers to husked grain. Data on grain production before 1989 were obtained through Comprehensive Statistical Reporting System. Since 1989, data from sample surveys are used.

Yield of Oil-bearing Crops

Refers to the total yield of oil-bearing crops of various kinds, including peanuts, (dry, in shell) rapeseeds, sesame, sunflower seeds, flax seeds, and other oil-bearing crops. Soybeans, oil-bearing woody plants, and oil-bearing crops are not included.

Output of Aquatic Products

Refers to catches of both artificially cultured and naturally grown aquatic products, including fish, shrimps, crabs and shellfish in sea and inland water as well as seaweed. Freshwater plants are not included. Data on output of aquatic products are reported by aquatic product and statistical agencies level by level. Before 1995, among the shellfish, the oyster was counted as fresh meat; 5 kilograms of ark shell, clams and frogs are equivalent to 1 kilogram of fresh aquatic products; they are all counted as fresh aquatic products since 1996.

□ Output of Meat

Refers to the total meat of livestock. Data, which refers to the meat of slaughtered hogs, cattle, sheep and goats with head, feet and offal taken away, and refers to the meat of slaughtered animials such as rabbit with feather, visceral taken away.

□ Number of Livestock or Poultry in Hand at the Beginning (or End) of the Reference Period

Refers to the total number of large animals, pigs, sheep, fowls, etc., raised by rural cooperative organizations, state farms, rural individuals, government agencies, schools, industrial and mining enterprises, army, and urban residents at the beginning (or end) of the reference period.

□ Sown Area of Crops

Refers to area of land sown or trans-planted with crops regardless of being in cultivated area or non-cultivated area. Area of land resown due to natural disasters is also included. At present, the sown area of crops mainly include the following 9 categories of crops: grain, cotton, oil-bearing crops, sugar crops, fiber crops, Tobacco, Vegetables and melons, medicinal materials and other farm crops.

□ Irrigated Area

Refers to areas that are effectively irrigated, i.e. level land, which has water source and complete sets of irrigation facilities to lift and move adequate water for irrigation purpose under normal conditions. Under normal conditions, irrigated area is the sum of watered fields and irrigated fields where irrigation systems or equipment have been installed for regular irrigation purpose. This important indicator reflects drought resistance capacity of the cultivated land in China.

□ Consumption of Chemical Fertilizers for Farming

Refers to the quantity of chemical fertilizers applied in agriculture in the year, including nitrogenous fertilizer, phosphate fertilizer, potash fertilizer, and compound fertilizer. The consumption of chemical fertilizers is required in calculation to convert the gross weight into weight containing 100% effective component (e.g. 100% nitrogen content in nitrogenous fertilizer, 100% phosphorous pentoxide content in phosphate fertilizer, 100% potassium oxide content in potash fertilizer). Compound fertilizer is converted with its major component. The formula is:

Volume of effective component=physical quantity × effective component of certain chemical fertilizer (%)

□ Total Power of Farm Machinery

Refers to total mechanical power of machinery used in farming, forestry, animal husbandry, and fishery, including sloughing, irrigation and drainage, harvesting, transport, plant protection, stockbreeding, forestry and fishery. The power of internal combustion engines is required to convert horsepower into watts and the power of electric motors is required to be converted into watts. Machinery employed for non-agricultural purposes, such as the machines used in township-run and village-run industry, construction, non-agricultural transport, scientific experiments and teaching, is excluded.

□ Rural Employed Persons

Refer to rural labor forces aged over 16 years old who are engaged in real production and management activities and receive payment in kind or wages, including those covered within the age frame and regularly participating in production activities, and those who are out of the range of age frame and also participating in production activities regularly. Excluding students studying in other places with their permanent residence registered in local areas, servicemen and persons incapable of working; also excluding those who are waiting for jobs and those engaged in household work. Persons employed are classified as rural employed persons; industrial employed persons; construction industry employed persons; transport, storage and telecommunications industries employed persons; whole sales and retail sales trade and catering industry employed persons and other non-agricalture employed persons according to the longest period of employment in major activities (or using income indicator when period of employment is the same).

第 12 章

工　业

INDUSTRY

简要说明

BRIEF INTRODUCTION

本章资料主要包括工业企业主要指标，规模以上（即指年主营业务收入2000万元及以上）工业企业单位数、主要经济指标和效益指标，国有控股工业企业的主要经济指标和效益指标，私营工业企业的主要经济指标和效益指标，外商投资和港澳台投资企业的主要经济指标和效益指标，大中型工业企业的主要经济指标和效益指标，主要工业产品产量以及占全国当年产量的比重。本章资料由市统计局工业处整理提供。

The data in this chapter cover the main indicators of industrial enterprises; the number, main economic indicators and benefit indicators of enterprises above designated size (enterprises with annual revenue from principal business 20 million yuan and above); the main economic indicators and benefit indicators of state-holding industrial enterprises, private industrial enterprises, industrial enterprises with Hong Kong, Macao, Taiwan and foreign funds and large and medium-sized industrial enterprises; the output of major industrial products and their percentage to nation total in this year. The data in this chapter are sorted and provided by Division of Industry Statistics, Chongqing Municipal Bureau of Statistics.

表12.1 工业企业主要指标（1978－2014年）
MAJOR INDICATORS OF INDUSTRIAL ENTERPRISES (1978-2014)

单位：万元 (10 000 yuan)

年 份 Year	单位数（个） Number of Enterprises (unit)	从业人员平均人数（人） Average Emloyment (person)	工业总产值 Industrial Gross Output Value	
			绝对值 Value	指 数（上年=100） Index Preceding Year=100
1978	8037	951217	643444	100.0
1980	10963	998963	772307	104.6
1985	9924	1251649	1408126	117.2
1986	12454	1473491	1604215	104.1
1987	11556	1511086	1921043	112.4
1988	11303	1552189	2529674	116.1
1989	10976	1587712	2991130	102.4
1990	10763	1610473	2993490	100.7
1991	10780	1652984	3424558	111.8
1992	9693	1662144	4191279	116.3
1993	9083	1752822	5847377	118.2
1994	9713	1692108	7185418	115.4
1995	11474	1724173	7651109	115.2
1996	2332	1474400	7304148	
1997	2210	1428600	7947952	114.4
1998	2000	1164200	7667894	100.7
1999	1975	1004400	8585525	118.9
2000	2040	907900	9623226	113.6
2001	2054	841900	10728325	115.5
2002	2072	820103	12283741	119.8
2003	2243	843341	15889928	126.7
2004	2634	900546	21427261	129.9
2005	2946	924204	25258684	118.6
2006	3214	968440	32142340	127.4
2007	3942	1082675	43632489	133.6
2008	6119	1321310	57558984	129.3
2009	6412	1372758	67729015	115.2
2010	7130	1465587	91435532	128.4
2011	4778	1457566	118470581	128.2
2012	4985	1549702	130951235	118.0
2013	5559	1694189	157854080	114.5
2014	6158	1771250	187823331	114.6

注：1）本表统计口径1996年以前为全部独立核算工业企业，1996年-2006年为全部国有及规模以上（即年主营业务收入在500万元及以上）非国有工业企业，2007年为规模以上（即年主营业务收入在500万元及以上）工业企业，2011年为规模以上（即年主营业务收入在2000万元及以上）工业企业（下表同）。
2）工业总产值的绝对值按现价计算。由于工业统计制度变更，工业总产值指数2003年及以前按可比价计算，2004年起按现价计算。

Note: a) The statistic scope of this table is all the industrial enterprises with independent accounting system before 1996, is all the state-owned industrial enterprises and non-state-owned industrial enterprises over designated size (with annual revenue from principal business 5 million yuan and above) from 1996 to 2006, and is the industrial enterprises over designated size (with annual revenue from principal business 5 million yuan and above) in 2007 and is the industrial enterprises over designated size (with annual revenue from principal business 20 million yuan and above) in 2011 (the same below).
b) Gross output value of industry are calculated at current prices. As industry statistic system has been changed, the index of industrial gross output value in 2003 and previous years is calculated at constant prices, while the index is calculated at current prices since 2004.

表12.1 续表 continued

单位：万元 (10 000 yuan)

年 份 Year	年末固定资产 Year-end Fixed Assets		流动资产合计 Total Circulating Assets	主营业务收入 Revenue from Principal Business	利税总额 Total Pre-tax Profits	利润总额 Total Profits
	原 值 Original Value	净 值 Net Value				
1978	706016	475301	298093	595593	119300	
1980	823370	540178	329897	708120	146213	
1985	1339800	923111	604983	1449426	260677	
1986	1445859	970019	743986	1559353	225749	
1987	1635303	1135872	908572	1897962	251220	
1988	1830786	1254850	1062157	2472560	358610	
1989	2063326	1405200	1441939	2734475	365348	
1990	2314886	1490850	1942657	2782262	253309	
1991	2585930	1647544	2418353	3338105	291455	
1992	2947902	1784094	2852708	4167995	365134	
1993	3424857	2106423	3484050	6124846	551046	
1994	4953046	2967592	4631636	6294911	573144	
1995	7307273	4057468	5702467	7524836	580345	
1996	7708153	5398622	5749079	7113430	480449	-49429
1997	8578673	5952377	6959065	7981695	460736	-116702
1998	9866758	6940364	7202796	7809127	393220	-193078
1999	10840971	7604150	7733524	8546131	572648	-67491
2000	11515782	7848443	8157646	9593576	855670	156449
2001	12056356	7958216	8874861	10732455	1016889	238170
2002	12730167	8282507	9228472	12357157	1320260	405426
2003	13424490	8576299	10305605	15950727	1910901	859689
2004	14970250	9738481	11641381	21088433	2420163	1155898
2005	16779752	11001178	13571979	25151726	2564825	1155912
2006	20266728	13551444	15484263	32008042	3192103	1557631
2007	24067348	16421036	18541937	42629860	5025623	2405387
2008	30254424	20829025	24807777	56676087	6017115	3086786
2009	34109428	22757818	28630140	66247114	7105030	3560249
2010	44634155	29639590	36084780	90390303	10118841	5185939
2011	50234507	30341715	45089210	113823442	11643029	6603471
2012	58315944	36101279	53572842	128803222	12244123	6453886
2013	72786258	46301592	62293267	155817793	17342546	9076025
2014	85835043	54276237	71747271	186886282	22189470	12296456

表12.2 主要工业产品产量（1978－2014年）
OUTPUT OF MAJOR INDUSTRIAL PRODUCTS (1978-2014)

年 份 Year	天然气（亿立方米） Natural Gas (100 million cu.m)	发电量（亿千瓦时） Electricity (100 million kwh)	钢 材（万吨） Steel Products (10 000 tons)	铝 材（万吨） Aluminum Products (10 000 tons)	水 泥（万吨） Cement (10 000 tons)	汽 车（万辆） Motor Vehicles (10 000 units)	其中 of which #轿 车（万辆） Cars (10 000 units)	摩托车（万辆） Motorcycles (10 000 units)
1978	0.09	29.60	73.09	1.47	96.14	0.16		
1980	15.78	33.32	76.52	2.27	129.10	0.23		0.27
1985	24.47	36.67	86.35	4.50	262.78	0.89		47.18
1986	25.88	41.96	94.99	4.55	269.20	0.61		31.94
1987	28.39	54.73	111.36	5.00	308.29	0.90		27.14
1988	29.44	66.38	121.06	5.01	353.43	1.66		44.47
1989	31.96	72.64	102.59	4.99	345.39	2.02		36.85
1990	34.59	73.75	109.61	3.97	351.85	2.18		38.22
1991	35.86	84.05	105.67	5.51	428.56	3.04		48.48
1992	36.44	91.95	112.24	5.55	517.31	4.56		69.37
1993	37.14	118.41	162.74	5.79	562.32	6.82		120.38
1994	41.87	124.36	130.74	6.19	642.62	8.77		170.23
1995	45.00	127.62	120.68	5.93	820.57	11.47		220.17
1996	26.10	128.73	117.55	7.36	648.76	12.41	1.34	177.36
1997	30.69	139.88	116.08	9.31	862.10	16.07	2.89	177.04
1998	33.24	158.67	131.01	10.62	1173.59	15.74	3.56	126.90
1999	34.74	158.27	135.10	12.11	1197.60	21.85	4.46	174.93
2000	38.98	167.90	156.98	13.98	1402.78	24.59	4.82	191.07
2001	41.88	170.41	161.42	16.82	1511.18	24.38	4.31	253.53
2002	45.41	184.75	201.48	19.94	1679.52	33.13	6.78	323.42
2003	47.29	188.64	235.24	21.60	1927.00	40.45	12.06	441.32
2004	51.57	232.82	288.10	26.23	1906.23	42.89	15.73	473.07
2005	57.09	234.03	294.70	39.36	2100.69	42.15	15.33	420.84
2006	70.88	275.44	382.87	66.41	2533.84	51.99	26.30	534.60
2007	71.11	325.22	436.57	81.13	2819.92	70.80	41.80	638.25
2008	79.50	396.64	487.20	79.76	3230.51	76.64	40.72	774.90
2009	75.70	428.26	477.44	75.15	3610.99	118.65	63.30	761.74
2010	67.48	456.71	699.91	102.79	4598.04	161.58	85.17	849.23
2011	62.94	529.57	948.17	134.45	4935.15	172.20	93.67	879.59
2012	55.76	536.53	1150.22	94.41	5499.59	184.46	102.40	877.51
2013	50.91	586.13	1290.55	109.79	6120.40	215.06	108.14	810.94
2014	48.05	644.50	1323.45	133.41	6666.61	262.89	111.32	844.62

表12.2 续表 continued

年 份 Year	电子计算机整机（万台）Computers (10 000 sets)	打印机（万台）Marking Machine (10 000 sets)	移动通信手持机（手机）（万台）Mobile Telephones (10 000 sets)	维纶纤维（万吨）PVA Fiber (10 000 tons)	硫 酸（万吨）Sulphuric Acid (10 000 tons)	啤 酒（万千升）Beer (10 000 kiloliters)	卷 烟（亿支）Cigarettes (100 million pieces)	农用化肥（万吨）Chemical Fertilizer (10 000 tons)
1978					12.76		87.70	20.23
1980					15.85		115.75	13.10
1985					15.09	3.47	246.70	15.23
1986					20.86	4.16	314.90	17.28
1987					23.25	5.18	346.95	21.70
1988					25.31	6.26	355.65	21.55
1989					27.33	5.90	356.20	21.60
1990					25.24	5.91	357.85	24.58
1991					33.10	6.67	368.85	28.24
1992					34.28	7.74	439.10	28.86
1993					25.96	15.61	437.10	31.73
1994					25.31	16.69	430.65	35.59
1995					48.84	18.89	502.25	54.37
1996				1.71	51.29	28.54	453.91	78.97
1997				1.23	52.00	40.05	507.38	66.07
1998				0.90	59.47	50.66	369.35	73.40
1999				0.63	61.83	50.81	482.85	74.27
2000				0.77	50.65	50.42	343.50	72.26
2001				1.03	65.77	39.91	338.50	77.57
2002				1.11	85.64	41.36	343.80	82.53
2003				1.18	99.18	44.42	387.50	89.97
2004				1.30	135.51	46.21	386.32	104.22
2005				1.56	150.08	53.87	396.08	121.89
2006				1.52	190.44	64.73	406.00	127.82
2007				1.57	223.78	76.49	426.00	154.20
2008				1.47	172.31	68.01	451.00	127.06
2009			374.93	1.23	202.29	72.77	476.00	152.00
2010	193.43		650.26	1.26	222.00	75.20	501.00	181.49
2011	2547.82		592.48	1.55	176.76	77.31	516.00	169.52
2012	4160.88	901.35	1095.76	1.41	221.54	77.23	551.00	206.63
2013	5593.34	1943.69	3695.78	1.79	209.35	80.04	571.00	204.33
2014	6446.78	1616.29	9418.24	1.62	202.83	73.72	576.00	213.99

表12.3 工业企业经济效益指标（1992－2014年）
INDICATORS ON ECONOMIC BENEFIT OF INDUSTRIAL ENTERPRISES (1992-2014)

单位：%（%）

年 份 Year	经济效益综合指数 Comprehensive Index of Economic Benefits	总资产贡献率 Ratio of Total Assets to Industrial Output Value	资本保值增值率 Ratio of Assets Appreciation YOY	资产负债率 Asset-Liability Ratio
1992	76.2			
1993	84.6			
1994	83.9			
1995	73.0			
1996	63.8	2.8	125.7	68.6
1997	60.3	2.7	113.9	68.4
1998	57.3	5.0	103.0	68.3
1999	67.7	5.5	101.4	67.1
2000	87.1	6.3	112.1	64.8
2001	95.2	6.9	108.3	62.7
2002	109.8	7.8	120.7	61.3
2003	129.7	9.9	115.8	60.8
2004	140.9	10.6	120.2	60.8
2005	139.4	10.0	116.2	59.7
2006	153.7	10.5	114.4	59.8
2007	187.7	12.6	118.2	59.7
2008	204.0	12.2	117.6	60.0
2009	204.4	12.1	114.6	60.3
2010	226.0	13.6	125.0	60.3
2011	244.1	13.7	120.5	60.7
2012	262.5	12.6	121.1	63.0
2013	254.1	14.2	118.0	63.8
2014	284.9	15.4	115.8	62.4

表12.3 续表 continued

年 份 Year	流动资产周转率（次） Turnover Ratio of Circulating Assets (time)	成本费用利润率 Ratio of Profits to Cost	全员劳动生产率（元/人年） Overall Labor Productivity (yuan/person-year)	产品销售率 Sales as Percentage of Output
1992	1.4	3.2	7296	97.0
1993	1.6	3.1	10758	97.1
1994	1.4	2.7	12638	96.4
1995	1.2	0.7	11804	96.3
1996	1.3	-1.2	13546	96.5
1997	1.2	-1.8	14972	95.6
1998	1.1	-2.4	16690	97.2
1999	1.1	-1.1	23385	97.5
2000	1.2	1.7	31081	99.1
2001	1.2	2.3	37750	97.9
2002	1.3	3.4	46464	98.1
2003	1.5	5.7	55957	97.8
2004	1.8	5.8	66148	99.9
2005	1.9	4.9	77511	98.8
2006	2.1	5.2	87750	98.4
2007	2.3	6.1	127993	97.1
2008	2.4	5.8	156167	98.0
2009	2.3	5.8	159484	98.3
2010	2.5	6.1	183031	98.1
2011	2.6	6.0	213463	97.4
2012	2.4	5.4	223843	97.8
2013	2.5	6.2	230218	98.0
2014	2.7	7.0	270083	98.2

注：1）经济效益综合指数1997年前由资金利税率、增加值率、流动资产周转率、成本费用利润率、全员劳动生产率、产品销售率等六项指标构成，从1997年起由总资产贡献率、资本保值增值率、资产负债率、流动资产周转率、成本费用利润率、全员劳动生产率、产品销售率等七项指标构成。

2）由于部分指标无法取得，因此2008年资本保值增值率、全员劳动生产率采用2008年12月快报数代替，其余指标均取自2008年经济普查数。

Note: a) Comprehensive index of economic benefits before 1997 are composed of 6 items, namely ratio of pretax profits to total industrial assets, ratio of value-added to gross industrial output value, turnover ratio of circulating assets, ratio of profits to cost, overall labor productivity and sales as percentage of output, and since 1997 are composed of 7 items, namely ratio of total assets to industrial output value, ratio of assets appreciation YOY, asset-liability ratio, turnover ratio of circulating assets, ratio of profits to cost, overall labor productivity and sales as percentage of output.

b) Because some of the indices are not available, the index of industrial gross output value, value-added of industry and its index in 2008 are replaced by the accumulated value in December 2008, and other indices are the data from the census of economy in 2008.

表12.4 规模以上工业企业单位数（2013 – 2014年）

NUMBER OF INDUSTRIAL ENTERPRISES ABOVE DESIGNATED SIZE (2013-2014)

单位：个 (unit)

指 标	Item	2013	2014
总 计	**Total**	**5559**	**6158**
#国有控股企业	State-holding Enterprises	482	497
#亏损企业	Loss-generating Enterprises	571	607
按登记注册类型分	**By Status of Registration**		
内资企业	Domestic-funded Enterprises	5214	5787
国有企业	State-owned Enterprises	41	38
集体企业	Collective-owned Enterprises	46	44
股份合作企业	Cooperative Share Holding Enterprises	19	18
国有联营	State Joint Ownership Enterprises		
集体联营	Collective Joint Ownership Enterprises	1	2
国有与集体联营	Joint State-Collective Enterprises	1	
其他联营	Other Joint Ownership Enterprises	1	1
国有独资公司	Soly State-funded Corporations	133	141
其他有限责任公司	Other Limited Liability Corporations	1249	1503
股份有限公司	Share-holding Corporations Ltd.	161	170
私营独资	Soly Private-funded Enterprises	350	281
私营合作	Cooperative Private Enterprises	71	58
私营有限责任公司	Private Limited Liability Corporations	2890	3277
私营股份有限公司	Private Share-holding Corporations Ltd.	236	239
其他内资	Other Enterprises	15	15
港澳台商投资企业	Enterprises Funded by Hong Kong, Macao and Taiwan	138	147
合资经营	Joint-ventures	66	66
合作经营	Cooperative Enterprises	2	2
独 资	Enterprises with Sole Investment	66	76
投资股份有限公司	Share-holding Corporations Ltd.	4	3
其 他	Others		
外商投资企业	Foreign-funded Enterprises	207	224
中外合资经营	Joint-ventures	114	114
中外合作经营	Cooperative Enterprises	6	6
外资企业	Enterprises with Sole Investment	81	96
外商投资股份有限公司	Share-holding Corporations Ltd.	5	7
其 他	Others	1	1
按轻重工业分	**By Light and Heavy Industries**		
轻工业	Light Industry	2016	2167
重工业	Heavy Industry	3543	3991
按企业规模分	**By Size**		
大型企业	Large	211	227
中型企业	Medium	1047	1107
小型企业	Small	4156	4621
微型企业	Mini	145	203

表12.5 规模以上工业企业主要产品产量占全国的比重（2014年）
OUTPUT OF MAJOR INDUSTRIAL PRODUCTS OF INDUSTRIA ENTERPRISES ABOVE DESIGNATED SIZED AS PERCENTAGE OF NATION TOTAL (2014)

产　品	Products	全　国 Nation Total	重　庆 Chongqing	重庆占全国比重(%) Chongqing as % of Nation Total
维纶纤维（万吨）	PVA Fiber (10 000 tons)	11.00	1.62	14.7
布（亿米）	Cloth (100 million m)	703.60	5.76	0.8
蚕　丝（万吨）	Silk (10 000 tons)	16.73	0.47	2.8
原　盐（万吨）	Salt (10 000 tons)	6433.80	219.98	3.4
卷　烟（亿支）	Cigarettes (100 million pieces)	26098.50	576.00	2.2
白　酒（万千升）	Liquor (10 000 kiloliters)	1256.90	19.80	1.6
啤　酒（万千升）	Beer (10 000 kiloliters)	4922.00	73.72	1.5
软饮料（万吨）	Soft Beverage (10 000 tons)	16677.10	273.62	1.6
乳制品（万吨）	Dairy Products (10 000 tons)	2651.80	14.78	0.6
发电量（亿千瓦小时）	Electricity (100 million kwh)	54637.60	674.05	1.2
天然气（亿立方米）	Natural Gas (100 million cu.m)	1234.10	48.05	3.9
生　铁（万吨）	Pig Iron (10 000 tons)	71159.90	444.63	0.6
粗　钢（万吨）	Crude Steel (10 000 tons)	82269.80	796.39	1.0
成品钢材（万吨）	Steel Products (10 000 tons)	112557.20	1323.45	1.2
铝　材（万吨）	Auminum Products (10 000 tons)	4845.80	133.41	2.8
水　泥（万吨）	Cement (10 000 tons)	247619.10	6666.61	2.7
硫　酸（万吨）	Sulphuric Acid (10 000 tons)	8846.30	202.83	2.3
纯　碱（万吨）	Soda Ash (10 000 tons)	2514.70	118.38	4.7
烧　碱（万吨）	Caustic Soda (10 000 tons)	3180.10	32.67	1.0
农用化学肥料（万吨）	Chemical Fertilizer (10 000 tons)	6933.50	214.00	3.1
合成氨（万吨）	Synthetic Ammonia (10 000 tons)	5699.50	214.19	3.8
中成药（万吨）	Traditional Chinese Medicine (10 000 tons)	367.20	9.27	2.5
冰醋酸（万吨）	Glacial Acetic Acid (10 000 tons)	537.10	40.73	7.6
精甲醇（万吨）	Refined Methanol (10 000 tons)	3740.70	173.25	4.6
涂　料（万吨）	Paint (10 000 tons)	1648.20	23.09	1.4
卫生陶瓷（万件）	Toilet Wares (10 000 tons)	19619.80	299.19	1.5
变压器（万千伏安）	Transformers (10 000 kilovolt-amperes)	170076.50	4064.57	2.4
汽　车（万辆）	Motor Vehicles (10 000 units)	2389.50	262.89	11.0
#轿　车	Cars	1253.10	111.32	8.9
摩托车（万辆）	Motorcycles (10 000 units)	2691.70	859.43	31.9
微型计算机设备（万台）	Microcomputers (10 000 sets)	35090.70	6446.78	18.4
显示器（万台）	Display (10 000 sets)	16396.10	1467.34	8.9
打印机（万台）	Marking Machine (10 000 sets)	6600.90	1616.29	24.5
移动通信手持机（手机）（万台）	Mobile Telephone (10 000 sets)	176444.30	9418.24	5.3

表12.6 规模以上工业企业主要经济指标（2014年）
MAIN ECONOMIC INDICATORS OF INDUSTRIAL ENTERPRISES ABOVE DESIGNATED SIZE (2014)

指标	Item	单位数（个）Number of Enterprises (unit)
总计	**Total**	**6158**
按登记注册类型分	**By Status of Registration**	
内资企业	Domestic-funded Enterprises	5787
#国有企业	State-owned	38
集体企业	Collective-owned	44
港澳台投资企业	Funded by Hong Kong, Macao and Taiwan	147
外商投资企业	Foreign-funded	224
按轻、重工业分	**By Light and Heavy Industries**	
轻工业	Light Industry	2167
重工业	Heavy Industry	3991
按企业规模分	**By Size**	
大型企业	Large	227
中型企业	Medium	1107
小型企业	Small	4621
微型企业	Mini	203
按行业分	**By Sector**	
煤炭开采和洗选业	Mining and Washing of Coal	335
石油和天然气开采业	Extraction of Petroleum and Natural Gas	2
黑色金属矿采选业	Mining and Processing of Ferrous Metal Ores	19
有色金属矿采选业	Mining and Processing of Non-Ferrous Metal Ores	3
非金属矿采选业	Mining and Processing of Nonmetal Ores	112
开采辅助活动	Mining Support Activities	
其他采矿业	Mining of Other Ores	
农副食品加工业	Processing of Food from Agricultural Products	410
食品制造业	Manufacture of Foods	128
酒、饮料和精制茶制造业	Liquor, Beverage and Refined Tea	88
烟草制品业	Manufacture of Tobacco	4
纺织业	Manufacture of Textile	107
纺织服装、鞋、帽制造业	Manufacture of Textile Wearing Apparel, Footware and Caps	83
皮革、毛皮、羽毛（绒）及其制品业	Manufacture of Leather, Fur, Feather and Related Products	86
木材加工及木竹藤棕草制品业	Processing of Timber, Manufacture of Wood, Bamboo, Rattan, Palm and Straw Products	72
家具制造业	Manufacture of Furniture	58
造纸及纸制品业	Manufacture of Paper and Paper Products	96
印刷业、记录媒介的复制	Printing, Reproduction of Recording Media	98
文教、工美、体育和娱乐用品制造业	Manufacture of Culture, Education, Handicraft, Fine Arts, Sports and Entertainment Articles	27
石油加工、炼焦及核燃料加工业	Processing of Petroleum, Coking, Processing of Nuclear Fuel	23
化学原料及化学制品制造业	Manufacture of Raw Chemical Materials and Chemical Products	272
医药制造业	Manufacture of Medicines	120
化学纤维制造业	Manufacture of Chemical Fibers	3
橡胶和塑料制品业	Manufacture of Rubber and Plastics	247
非金属矿物制品业	Manufacture of Non-metallic Mineral Products	601
黑色金属冶炼及压延加工业	Smelting and Pressing of Ferrous Metals	170
有色金属冶炼及压延加工业	Smelting and Pressing of Nonferrous Metals	112
金属制品业	Manufacture of Metal Products	254
通用设备制造业	Manufacture of General Purpose Machinery	327
专用设备制造业	Manufacture of Special Purpose Machinery	212
汽车制造业	Manufacture of Motor Vehicles	786
铁路、船舶、航空航天和其他运输设备制造业	Manufacture of Railway, Ship, Aviation and Other Transporting Equipment	537
电气机械及器材制造业	Manufacture of Electrical Machinery and Equipment	248
通信设备、计算机及其他电子设备制造业	Manufacture of Communication Equipment, Computers and Other Electronic Equipment	220
仪器仪表及文化、办公用机械制造业	Manufacture of Measuring Instruments and Machinery for Cultural Activity and Office Work	90
其他制造业	Other Manufacture	18
废弃资源综合利用业	Comprehensive Utilization of Waste Resources	20
金属制品、机械和设备修理业	Repair of Metal Products, Machinery and Equipment	7
电力、热力的生产和供应业	Production and Supply of Electric Power and Heat Power	84
燃气生产和供应业	Production and Supply of Gas	48
水的生产和供应业	Production and Supply of Water	31

单位：万元 (10 000 yuan)

从业人员平均人数（万人） Average Employment (10 000 persons)	工业总产值 Gross Industrial Output Value	工业销售产值 Sales Value of Industry	其 中 of which	实收资本 Paid-in Capital	其 中 of which	
			#出口交货值 Value of Export Delivery		#国家资本 State Capital	#外商资本 Foreign Capital
177.12	**187823331**	**184387213**	**27256450**	**23034589**	**4694451**	**2027539**
146.94	137490626	135055292	5438531	17734731	4014813	118439
2.43	1502948	1569609	15825	816729	500909	
0.85	292518	283004	38	34556	1200	
11.90	16728918	16458574	10776792	2215968	316935	461988
18.28	33603786	32873348	11041127	3083890	362703	1447113
55.60	48765294	47630539	3148280	5122917	493824	512287
121.52	139058037	136756675	24108170	17911672	4200627	1515252
63.63	87127548	85921034	23347197	9253081	2199397	1079266
57.78	48606568	47573565	2585018	6050780	1249339	471045
55.45	49685636	48545801	1239851	7405327	1189621	454305
0.26	2403578	2346814	84384	325401	56094	22923
14.22	3660670	3613178	76	1292609	59793	
0.14	222290	222151		26515	18396	
0.43	118967	112925		27605	18845	
0.10	59587	60081		3030		
1.25	1067069	1044636	10114	163881	36735	3400
6.86	7857450	7674137	135628	517813	100858	28574
2.80	1967872	1913209	18153	171800	8033	2596
2.24	1727097	1649905	37927	240144	34678	58010
0.43	1627432	1631713		118200	81959	
2.17	1831733	1829855	282330	145619	2741	8875
2.49	1219640	1137367	166500	85312	4000	5630
2.84	1669663	1649473	73004	40185	6539	100
0.98	598328	586594	14633	56906		
1.18	873749	879329	716	74167	802	
2.01	2479828	2441622	41064	707948	8	326926
1.72	1410655	1393451	105363	174667	6610	11990
1.05	838534	829085	75816	52780		
0.43	627203	643635	18	67967	22776	
8.08	8358897	8150998	221341	2077724	557804	231990
5.03	3967569	3752541	218335	610763	55766	1577
0.08	58632	56580	202	2267		
5.07	4642796	4347619	135183	604767	15240	159097
12.31	10165366	9890131	151501	1842037	157513	104894
4.91	7579704	7441069	84722	855392	26777	440
3.12	6647793	6673495	245176	1072801	115239	
5.79	4703376	4635856	150556	463926	150016	8122
7.09	6072038	5830116	485874	870074	283023	79365
3.70	3369250	3259687	171721	347718	74596	9432
28.74	37761966	37390541	707657	3093736	500331	649133
16.31	14721514	14327984	1764882	1679780	286834	54919
7.09	9672926	9503296	220908	865209	136403	24235
16.59	28875857	28546345	21606175	1309305	261105	194347
2.47	1596164	1558734	64238	397186	39216	25267
0.69	719532	705373	66566	150907	16098	
0.21	223527	222158		95014		
0.29	151788	150994		10462		
4.52	7252113	7216629	72	2019231	1329411	3622
0.96	1141795	1138617		361899	184897	35000
0.75	282965	276106		337246	101410	

表12.6 续表1 continued1

指 标	Item	资 产 Total Assets
总 计	**Total**	**156524650**
按登记注册类型分	**By Status of Registration**	
内资企业	Domestic-funded Enterprises	128009358
#国有企业	State-owned	5141983
集体企业	Collective-owned	196462
港澳台投资企业	Funded by Hong Kong, Macao and Taiwan	9818364
外商投资企业	Foreign-funded	18696928
按轻、重工业分	**By Light and Heavy Industries**	
轻工业	Light Industry	34981679
重工业	Heavy Industry	121542971
按企业规模分	**By Size**	
大型企业	Large	75164692
中型企业	Medium	38604050
小型企业	Small	39839067
微型企业	Mini	2916841
按行业分	**By Sector**	
煤炭开采和洗选业	Mining and Washing of Coal	5907773
石油和天然气开采业	Extraction of Petroleum and Natural Gas	1267506
黑色金属矿采选业	Mining and Processing of Ferrous Metal Ores	205216
有色金属矿采选业	Mining and Processing of Non-Ferrous Metal Ores	41356
非金属矿采选业	Mining and Processing of Nonmetal Ores	783040
开采辅助活动	Mining Support Activities	
其他采矿业	Mining of Other Ores	
农副食品加工业	Processing of Food from Agricultural Products	3071240
食品制造业	Manufacture of Foods	1176471
酒、饮料和精制茶制造业	Liquor, Beverage and Refined Tea	1501584
烟草制品业	Manufacture of Tobacco	1020516
纺织业	Manufacture of Textile	915004
纺织服装、鞋、帽制造业	Manufacture of Textile Wearing Apparel, Footware and Caps	518937
皮革、毛皮、羽毛（绒）及其制品业	Manufacture of Leather, Fur, Feather and Related Products	490404
木材加工及木竹藤棕草制品业	Processing of Timber, Manufacture of Wood, Bamboo, Rattan, Palm and Straw Products	357991
家具制造业	Manufacture of Furniture	535294
造纸及纸制品业	Manufacture of Paper and Paper Products	2353549
印刷业、记录媒介的复制	Printing, Reproduction of Recording Media	1002310
文教、工美、体育和娱乐用品制造业	Manufacture of Culture, Education, Handicraft, Fine Arts, Sports and Entertainment Articles	527388
石油加工、炼焦及核燃料加工业	Processing of Petroleum, Coking, Processing of Nuclear Fuel	476059
化学原料及化学制品制造业	Manufacture of Raw Chemical Materials and Chemical Products	10055319
医药制造业	Manufacture of Medicines	4547967
化学纤维制造业	Manufacture of Chemical Fibers	29991
橡胶和塑料制品业	Manufacture of Rubber and Plastics	2768268
非金属矿物制品业	Manufacture of Non-metallic Mineral Products	10478407
黑色金属冶炼及压延加工业	Smelting and Pressing of Ferrous Metals	7502448
有色金属冶炼及压延加工业	Smelting and Pressing of Nonferrous Metals	5591165
金属制品业	Manufacture of Metal Products	3805720
通用设备制造业	Manufacture of General Purpose Machinery	5371496
专用设备制造业	Manufacture of Special Purpose Machinery	2707205
汽车制造业	Manufacture of Motor Vehicles	29024813
铁路、船舶、航空航天和其他运输设备制造业	Manufacture of Railway, Ship, Aviation and Other Transporting Equipment	12399706
电气机械及器材制造业	Manufacture of Electrical Machinery and Equipment	6144202
通信设备、计算机及其他电子设备制造业	Manufacture of Communication Equipment, Computers and Other Electronic Equipment	10321117
仪器仪表及文化、办公用机械制造业	Manufacture of Measuring Instruments and Machinery for Cultural Activity and Office Work	1711948
其他制造业	Other Manufacture	1109333
废弃资源综合利用业	Comprehensive Utilization of Waste Resources	185509
金属制品、机械和设备修理业	Repair of Metal Products, Machinery and Equipment	76920
电力、热力的生产和供应业	Production and Supply of Electric Power and Heat Power	17291875
燃气生产和供应业	Production and Supply of Gas	1596780
水的生产和供应业	Production and Supply of Water	1652823

单位：万元 (10 000 yuan)

其 中 of which	固定资产 Fixed Assets		负 债	其 中 of which
#流动资产 Circulating Assets	原 值 Original Value	净 值 Net Value	Total Liabilities	#流动负债 Total Circulating Liabilities
71747271	**85835043**	**54276237**	**97614263**	**73496102**
57045366	70435139	44724186	78278547	57737756
1314369	3244490	2365231	3671290	2868436
107668	76084	41076	127936	111208
4776353	5693460	3451807	6201609	4443290
9925552	9706445	6100245	13134107	11315056
18028509	16965661	9940459	18742454	14605513
53718762	68869382	44335778	78871810	58890590
34603864	41294595	25539233	48363747	37722561
17678982	22905979	13650816	23542432	17552225
18186126	20875165	14637579	23794560	17314157
1278299	759304	448609	1913525	907159
1744165	2755714	1760706	3083290	1690706
47337	769839	647048	1152043	1085336
82487	91414	72114	156298	128413
30139	4548	1775	33606	29761
272310	372071	208794	358147	296348
1364595	1828808	1126452	1364996	1059535
550410	551106	388979	554048	441348
782439	777406	435085	821044	568602
745450	355629	123679	528094	498624
356092	514061	295424	349130	193921
294916	180769	135629	220832	178677
285789	977780	132360	214428	137174
150071	198997	148590	183443	149979
283085	159918	124009	283601	226151
973600	1448260	956847	1301162	786335
445928	641108	361060	505992	402598
189691	363437	262755	204733	191533
276826	276184	117928	125644	91157
3278782	6883908	4384789	6540624	4990022
2256641	1868664	1374715	2413491	1946265
12876	17356	13237	14302	12852
1290376	1962605	973926	1566843	1113276
4524266	6203717	4009305	6595260	5237762
2538168	5514949	4095263	5316680	3660158
1979664	3585346	2382186	3810187	2468254
2031572	1550531	1078946	2209320	1908442
3506340	1883770	1164371	3253378	2817723
1596059	979082	599314	1559340	1302987
16219918	11230508	6718953	18425452	16512195
6971196	5477287	2808326	7783776	6315583
4269828	1530991	856722	3525151	2688127
6688247	4298702	3013689	7878058	6206769
1209134	420879	221381	865934	775100
573114	512261	319207	871073	696755
55090	124066	93041	67048	55347
34765	47138	37706	39958	30081
2646760	17666077	11631790	11768809	5645136
725447	681001	402503	867360	563695
463699	1129157	797637	801688	393379

表12.6 续表2 continued2

指 标	Item	所有者权益 Creditors' Equity
总 计	**Total**	**57897116**
按登记注册类型分	**By Status of Registration**	
内资企业	Domestic-funded Enterprises	48808103
#国有企业	State-owned	1470912
集体企业	Collective-owned	66858
港澳台投资企业	Funded by Hong Kong, Macao and Taiwan	3558924
外商投资企业	Foreign-funded	5530089
按轻、重工业分	**By Light and Heavy Industries**	
轻工业	Light Industry	15966178
重工业	Heavy Industry	41930938
按企业规模分	**By Size**	
大型企业	Large	26792136
中型企业	Medium	14940849
小型企业	Small	15614326
微型企业	Mini	549805
按行业分	**By Sector**	
煤炭开采和洗选业	Mining and Washing of Coal	2734952
石油和天然气开采业	Extraction of Petroleum and Natural Gas	115464
黑色金属矿采选业	Mining and Processing of Ferrous Metal Ores	48817
有色金属矿采选业	Mining and Processing of Non-Ferrous Metal Ores	7650
非金属矿采选业	Mining and Processing of Nonmetal Ores	418599
开采辅助活动	Mining Support Activities	
其他采矿业	Mining of Other Ores	
农副食品加工业	Processing of Food from Agricultural Products	1675791
食品制造业	Manufacture of Foods	614829
酒、饮料和精制茶制造业	Liquor, Beverage and Refined Tea	677102
烟草制品业	Manufacture of Tobacco	492422
纺织业	Manufacture of Textile	550006
纺织服装、鞋、帽制造业	Manufacture of Textile Wearing Apparel, Footware and Caps	242170
皮革、毛皮、羽毛（绒）及其制品业	Manufacture of Leather, Fur, Feather and Related Products	264970
木材加工及木竹藤棕草制品业	Processing of Timber, Manufacture of Wood, Bamboo, Rattan, Palm and Straw Products	173010
家具制造业	Manufacture of Furniture	244968
造纸及纸制品业	Manufacture of Paper and Paper Products	1043826
印刷业、记录媒介的复制	Printing, Reproduction of Recording Media	493046
文教、工美、体育和娱乐用品制造业	Manufacture of Culture, Education, Handicraft, Fine Arts, Sports and Entertainment Articles	321143
石油加工、炼焦及核燃料加工业	Processing of Petroleum, Coking, Processing of Nuclear Fuel	149287
化学原料及化学制品制造业	Manufacture of Raw Chemical Materials and Chemical Products	3469040
医药制造业	Manufacture of Medicines	2080637
化学纤维制造业	Manufacture of Chemical Fibers	15674
橡胶和塑料制品业	Manufacture of Rubber and Plastics	1158327
非金属矿物制品业	Manufacture of Non-metallic Mineral Products	3821237
黑色金属冶炼及压延加工业	Smelting and Pressing of Ferrous Metals	2174088
有色金属冶炼及压延加工业	Smelting and Pressing of Nonferrous Metals	1772198
金属制品业	Manufacture of Metal Products	1544889
通用设备制造业	Manufacture of General Purpose Machinery	2096944
专用设备制造业	Manufacture of Special Purpose Machinery	1134028
汽车制造业	Manufacture of Motor Vehicles	10530448
铁路、船舶、航空航天和其他运输设备制造业	Manufacture of Railway, Ship, Aviation and Other Transporting Equipment	4577177
电气机械及器材制造业	Manufacture of Electrical Machinery and Equipment	2590316
通信设备、计算机及其他电子设备制造业	Manufacture of Communication Equipment, Computers and Other Electronic Equipment	2438817
仪器仪表及文化、办公用机械制造业	Manufacture of Measuring Instruments and Machinery for Cultural Activity and Office Work	845405
其他制造业	Other Manufacture	229151
废弃资源综合利用业	Comprehensive Utilization of Waste Resources	116873
金属制品、机械和设备修理业	Repair of Metal Products, Machinery and Equipment	36562
电力、热力的生产和供应业	Production and Supply of Electric Power and Heat Power	5422730
燃气生产和供应业	Production and Supply of Gas	729034
水的生产和供应业	Production and Supply of Water	845489

单位：万元 (10 000 yuan)

主营业务收入 Revenue from Principal Business	主营业务成本 Cost of Principal Business	主营业务税金及附加 Tax and Extra Charges of Principal Business	本年应交增值税 VAT Payable	利润总额 Total After-tax Profits	利税总额 Total Pre-tax Profits	应付职工薪酬 Total Wages
186886282	**158326043**	**2658617**	**7203582**	**12296456**	**22189470**	**10879072**
136168372	114473557	1981021	5870930	9138456	17019893	8945667
1617598	1262459	11134	45198	-34357	23891	231904
304583	254161	3304	11222	14596	29260	34872
16519927	15145037	34502	241111	621475	897747	683606
34197983	28707450	643094	1091541	2536525	4271831	1249799
47836150	38977344	1138103	2013652	3634217	6795596	3170848
139050132	119348699	1520514	5189930	8662239	15393874	7708224
87831288	75158830	1843358	3101923	5223359	10184476	4693237
48073405	40581051	373263	2182359	3471582	6031647	3327213
48446680	40467432	430548	1852839	3518478	5811499	2727956
2534908	2118731	11448	66461	83037	161848	130667
3661289	3001602	60594	311999	249113	625292	821030
215469	143419	6533	5003	36082	47617	18258
137103	84209	2341	10597	-2476	10594	24259
61819	54262	1055	5054	4626	10736	4668
1053015	818027	26106	50739	75353	152644	68912
7732144	6695430	52949	299501	482963	835805	352174
1997719	1598259	19639	95880	156179	272142	141219
1712312	1256646	54534	98127	139795	292607	149245
1517866	532345	769761	175002	125380	1073255	84610
1828501	1592112	10142	108173	157204	275537	111008
1125439	891420	7221	40492	99895	147608	115631
1672997	1434062	9006	55936	138452	203604	156912
585550	487940	5687	18426	44937	69301	46262
882491	675455	9194	33217	88161	130828	63123
2411533	2006327	11946	89879	226887	328773	101033
1376359	1134014	8694	52333	122521	183555	101479
829007	693879	3625	59384	114458	177591	46799
655628	561064	6177	27411	45666	80137	33529
8079005	6988021	62801	377333	170210	611724	543460
3760808	2772758	24281	186611	330123	541133	352135
57933	51585	406	2156	2749	5310	4320
4528154	3803334	39673	236797	336432	612926	278934
9912535	8165689	84457	444026	750579	1284933	650684
7452406	6803642	55397	401172	400777	857695	272964
6475816	5836402	32133	328948	256245	617862	211118
4602403	3923234	32242	186669	372770	592249	336897
6078163	4812506	42820	209270	494521	746887	429546
3256997	2564054	29582	158910	373900	562638	227861
39192983	31270817	893950	1500989	3795225	6193241	2025216
14263610	12222748	102991	500693	788602	1393794	884239
9813486	8445008	68542	331129	648886	1049059	396061
28653625	27076176	62071	291596	620351	974421	804012
1520221	1189688	8544	54123	115460	178162	163576
726691	664115	1755	6490	45201	54111	95859
220823	187695	1371	7498	13511	22411	8944
150795	127564	1592	12803	13783	28187	20729
7218378	6536861	35854	394507	290309	723042	560563
1168794	996535	10216	22017	134568	167453	100772
296415	227139	2734	12691	37060	54609	71036

表12.7 规模以上工业企业经济效益指标（2014年）
INDICATORS ON ECONOMIC BENEFIT OF INDUSTRIAL ENTERPRISES ABOVE DESIGNATED SIZE (2014)

指 标	Item	总资产贡献率 Ratio of Total Assets to Industrial Output Value
总 计	**Total**	**15.4**
按登记注册类型分	**By Status of Registration**	
内资企业	Domestic-funded Enterprises	14.7
#国有企业	State-owned	1.5
集体企业	Collective-owned	15.4
港澳台投资企业	Funded by Hong Kong, Macao and Taiwan	9.6
外商投资企业	Foreign-funded	24.9
按轻、重工业分	**By Light and Heavy Industries**	
轻工业	Light Industry	20.5
重工业	Heavy Industry	14.2
按企业规模分	**By Size**	
大型企业	Large	14.5
中型企业	Medium	18.0
小型微型企业	Small&Mini	15.3
按行业分	**By Sector**	
煤炭开采和洗选业	Mining and Washing of Coal	11.7
石油和天然气开采业	Extraction of Petroleum and Natural Gas	3.9
黑色金属矿采选业	Mining and Processing of Ferrous Metal Ores	8.0
有色金属矿采选业	Mining and Processing of Non-Ferrous Metal Ores	26.0
非金属矿采选业	Mining and Processing of Nonmetal Ores	21.1
开采辅助活动	Mining Support Activities	
其他采矿业	Mining of Other Ores	
农副食品加工业	Processing of Food from Agricultural Products	28.1
食品制造业	Manufacture of Foods	24.8
酒、饮料和精制茶制造业	Liquor, Beverage and Refined Tea	20.4
烟草制品业	Manufacture of Tobacco	106.2
纺织业	Manufacture of Textile	31.2
纺织服装、鞋、帽制造业	Manufacture of Textile Wearing Apparel, Footware and Caps	29.7
皮革、毛皮、羽毛（绒）及其制品业	Manufacture of Leather, Fur, Feather and Related Products	42.5
木材加工及木竹藤棕草制品业	Processing of Timber, Manufacture of Wood, Bamboo, Rattan, Palm and Straw Products	20.6
家具制造业	Manufacture of Furniture	25.7
造纸及纸制品业	Manufacture of Paper and Paper Products	15.0
印刷业、记录媒介的复制	Printing, Reproduction of Recording Media	20.1
文教、工美、体育和娱乐用品制造业	Manufacture of Culture, Education, Handicraft, Fine Arts, Sports and Entertainment Articles	33.8
石油加工、炼焦及核燃料加工业	Processing of Petroleum, Coking, Processing of Nuclear Fuel	17.7
化学原料及化学制品制造业	Manufacture of Raw Chemical Materials and Chemical Products	7.7
医药制造业	Manufacture of Medicines	13.1
化学纤维制造业	Manufacture of Chemical Fibers	19.0
橡胶和塑料制品业	Manufacture of Rubber and Plastics	24.1
非金属矿物制品业	Manufacture of Non-metallic Mineral Products	13.9
黑色金属冶炼及压延加工业	Smelting and Pressing of Ferrous Metals	13.8
有色金属冶炼及压延加工业	Smelting and Pressing of Nonferrous Metals	18.8
金属制品业	Manufacture of Metal Products	16.5
通用设备制造业	Manufacture of General Purpose Machinery	15.1
专用设备制造业	Manufacture of Special Purpose Machinery	21.6
汽车制造业	Manufacture of Motor Vehicles	21.9
铁路、船舶、航空航天和其他运输设备制造业	Manufacture of Railway, Ship, Aviation and Other Transporting Equipment	12.4
电气机械及器材制造业	Manufacture of Electrical Machinery and Equipment	18.2
通信设备、计算机及其他电子设备制造业	Manufacture of Communication Equipment, Computers and Other Electronic Equipment	9.2
仪器仪表及文化、办公用机械制造业	Manufacture of Measuring Instruments and Machinery for Cultural Activity and Office Work	11.1
其他制造业	Other Manufacture	6.1
废弃资源综合利用业	Comprehensive Utilization of Waste Resources	12.4
金属制品、机械和设备修理业	Repair of Metal Products, Machinery and Equipment	36.9
电力、热力的生产和供应业	Production and Supply of Electric Power and Heat Power	6.5
燃气生产和供应业	Production and Supply of Gas	10.5
水的生产和供应业	Production and Supply of Water	3.8

单位：% (%)

资本保值增值率 Ratio of Assets Appreciation YOY	资产负债率 Asset-Liability Ratio	流动资产周转率（次） Turnover Ratio of Circulating Assets (time)	成本费用利润率 Ratio of Profits to Cost	全员劳动生产率（元/人年） Overall Labor Productivity (yuan/person-year)	产品销售率 Sales as Percentage of Output
115.8	**62.4**	**2.7**	**7.0**	**270083**	**98.2**
117.7	61.2	2.4	7.1	260795	98.2
112.4	71.4	1.2	-2.0	184751	104.4
119.4	65.1	2.9	5.0	107100	96.8
109.2	63.2	3.5	3.8	211758	98.4
106.9	70.3	3.5	9.0	382676	97.8
117.0	53.6	2.7	8.3	258845	97.7
115.4	64.9	2.6	6.8	275219	98.4
109.3	64.3	2.6	6.2	313802	98.6
117.4	61.0	2.8	8.4	233777	97.9
125.9	60.1	2.6	7.6	257794	97.7
110.0	52.2	2.2	6.9	128128	98.7
224.2	90.9	4.6	19.6	600087	99.9
98.9	76.2	2.2	-1.4	170836	94.9
42.2	81.3	2.1	8.2	176122	100.8
110.6	45.8	3.9	7.8	241479	97.9
139.6	44.4	5.7	6.7	270402	97.7
102.3	47.1	3.7	8.4	188792	97.2
109.2	54.7	2.2	9.2	271351	95.5
102.3	51.8	2.1	16.7	2963016	100.3
130.3	38.2	5.2	9.4	230229	99.9
115.3	42.6	3.8	9.7	147412	93.3
154.9	43.7	6.0	8.8	185393	98.8
130.4	51.2	3.9	8.3	166860	98.0
129.4	53.0	3.2	11.1	212328	100.6
105.2	55.3	2.5	10.3	357409	98.5
121.1	50.5	3.1	9.7	248473	98.8
134.0	38.8	4.4	15.9	256790	98.9
136.6	26.4	2.4	7.6	411949	102.6
102.8	65.1	2.5	2.1	256016	97.5
118.4	53.1	1.7	9.6	244109	94.6
141.2	47.7	4.5	5.0	137639	96.5
127.8	56.6	3.5	8.1	260708	93.6
106.0	62.9	2.2	8.2	250273	97.3
122.9	70.9	3.0	5.5	341591	98.2
111.9	68.1	3.4	8.8	546318	100.4
112.7	58.1	2.3	8.7	237389	98.6
107.1	60.6	1.7	9.1	238939	96.0
127.2	57.6	2.1	13.0	279756	96.8
116.5	63.5	2.5	10.5	343684	99.0
113.0	62.8	2.1	5.8	241013	97.3
116.7	57.4	2.3	7.0	291994	98.3
135.7	76.3	4.3	2.2	193219	98.9
111.2	50.6	1.3	8.0	183391	97.7
118.1	78.5	1.3	5.9	460451	98.1
396.4	36.1	4.0	6.6	287701	99.4
169.7	52.0	4.3	10.3	198891	99.5
120.0	68.1	2.8	4.0	505222	99.5
122.9	54.3	1.7	12.2	294961	99.7
109.5	48.5	0.8	10.8	196096	97.6

表12.7 续表 continued

指　标	Item	销售利润率 Rate of Return on Sale
总　计	**Total**	**6.7**
按登记注册类型分	**By Status of Registration**	
内资企业	Domestic-funded Enterprises	6.7
#国有企业	State-owned	-2.1
集体企业	Collective-owned	4.8
港澳台投资企业	Funded by Hong Kong, Macao and Taiwan	3.8
外商投资企业	Foreign-funded	8.3
按轻、重工业分	**By Light and Heavy Industries**	
轻工业	Light Industry	7.6
重工业	Heavy Industry	6.5
按企业规模分	**By Size**	
大型企业	Large	6.0
中型企业	Medium	7.9
小型微型企业	Small&Mini	7.1
按行业分	**By Sector**	
煤炭开采和洗选业	Mining and Washing of Coal	6.8
石油和天然气开采业	Extraction of Petroleum and Natural Gas	16.8
黑色金属矿采选业	Mining and Processing of Ferrous Metal Ores	-1.8
有色金属矿采选业	Mining and Processing of Non-Ferrous Metal Ores	7.5
非金属矿采选业	Mining and Processing of Nonmetal Ores	7.2
开采辅助活动	Mining Support Activities	
其他采矿业	Mining of Other Ores	
农副食品加工业	Processing of Food from Agricultural Products	6.3
食品制造业	Manufacture of Foods	7.8
酒、饮料和精制茶制造业	Liquor, Beverage and Refined Tea	8.2
烟草制品业	Manufacture of Tobacco	8.3
纺织业	Manufacture of Textile	8.6
纺织服装、鞋、帽制造业	Manufacture of Textile Wearing Apparel, Footware and Caps	8.9
皮革、毛皮、羽毛（绒）及其制品业	Manufacture of Leather, Fur, Feather and Related Products	8.3
木材加工及木竹藤棕草制品业	Processing of Timber, Manufacture of Wood, Bamboo, Rattan, Palm and Straw Products	7.7
家具制造业	Manufacture of Furniture	10.0
造纸及纸制品业	Manufacture of Paper and Paper Products	9.4
印刷业、记录媒介的复制	Printing, Reproduction of Recording Media	8.9
文教、工美、体育和娱乐用品制造业	Manufacture of Culture, Education, Handicraft, Fine Arts, Sports and Entertainment Articles	13.8
石油加工、炼焦及核燃料加工业	Processing of Petroleum, Coking, Processing of Nuclear Fuel	7.0
化学原料及化学制品制造业	Manufacture of Raw Chemical Materials and Chemical Products	2.1
医药制造业	Manufacture of Medicines	8.8
化学纤维制造业	Manufacture of Chemical Fibers	4.7
橡胶和塑料制品业	Manufacture of Rubber and Plastics	7.4
非金属矿物制品业	Manufacture of Non-metallic Mineral Products	7.6
黑色金属冶炼及压延加工业	Smelting and Pressing of Ferrous Metals	5.4
有色金属冶炼及压延加工业	Smelting and Pressing of Nonferrous Metals	8.7
金属制品业	Manufacture of Metal Products	8.1
通用设备制造业	Manufacture of General Purpose Machinery	8.1
专用设备制造业	Manufacture of Special Purpose Machinery	11.5
汽车制造业	Manufacture of Motor Vehicles	9.7
铁路、船舶、航空航天和其他运输设备制造业	Manufacture of Railway, Ship, Aviation and Other Transporting Equipment	5.5
电气机械及器材制造业	Manufacture of Electrical Machinery and Equipment	6.6
通信设备、计算机及其他电子设备制造业	Manufacture of Communication Equipment, Computers and Other Electronic Equipment	2.2
仪器仪表及文化、办公用机械制造业	Manufacture of Measuring Instruments and Machinery for Cultural Activity and Office Work	7.6
其他制造业	Other Manufacture	6.2
废弃资源综合利用业	Comprehensive Utilization of Waste Resources	6.1
金属制品、机械和设备修理业	Repair of Metal Products, Machinery and Equipment	9.1
电力、热力的生产和供应业	Production and Supply of Electric Power and Heat Power	4.0
燃气生产和供应业	Production and Supply of Gas	11.5
水的生产和供应业	Production and Supply of Water	12.5

单位：% (%)

流动比率 Current Ratio	速动比率 Quick Ratio	产权比率 Equity Ratio	人均实现利税（元） Per Capita Pre-tax Profits (yuan)	从业人员人均工资（元） Per Capita Wages of Employees (yuan)
1.0	**0.8**	**1.7**	**125275**	**61420**
1.0	0.8	1.6	115836	60886
0.5	0.4	2.5	9831	95422
1.0	0.6	1.9	34274	40848
1.1	0.9	1.7	75413	57425
0.9	0.7	2.4	250419	68361
1.2	1.0	1.2	122230	57028
0.9	0.7	1.9	129198	63436
0.9	0.7	1.8	160061	73760
1.0	0.8	1.6	109690	57583
1.1	0.8	1.6	107229	51322
1.0	0.9	1.1	43979	57755
0.0	0.0	10.0	342079	131163
0.6	0.5	3.2	24672	56495
1.0	0.5	4.4	112771	49029
0.9	0.8	0.9	122566	55333
1.3	0.9	0.8	121882	51356
1.3	0.9	0.9	97062	50367
1.4	0.9	1.2	130517	66508
1.5	0.5	1.1	2509364	197825
1.8	1.3	0.6	126748	51064
1.7	0.9	0.9	59380	46517
2.1	1.6	0.8	71749	55296
1.0	0.7	1.1	70571	47110
1.3	1.0	1.2	110824	53471
1.2	1.0	1.3	163943	50381
1.1	0.9	1.0	106842	59068
1.0	0.8	0.6	168588	44427
3.0	2.3	0.8	188558	78892
0.7	0.5	1.9	75691	67244
1.2	0.9	1.2	107677	70070
1.0	0.8	0.9	63598	51737
1.2	0.8	1.4	120926	55032
0.9	0.7	1.7	104340	52837
0.7	0.4	2.5	174612	55571
0.8	0.6	2.2	296017	67614
1.1	0.9	1.4	102361	58227
1.2	0.9	1.6	105311	60566
1.2	0.9	1.4	152109	61602
1.0	0.8	1.8	215494	70496
1.1	1.0	1.7	85456	54205
1.6	1.3	1.4	147945	55859
1.1	0.9	3.2	58789	48477
1.6	1.2	1.0	72244	66330
0.8	0.6	3.8	78056	138025
1.0	0.8	0.6	106618	42548
1.2	0.9	1.1	98349	72327
0.5	0.5	2.2	159993	124040
1.3	1.2	1.2	174104	104774
1.2	1.1	1.0	72474	94275

表12.8 国有控股工业企业主要经济指标（2014年）
MAIN ECONOMIC INDICATORS OF STATE-HOLDING INDUSTRIAL ENTERPRISES (2014)

指　标	Item	单位数（个） Number of Enterprises (unit)
总　计	**Total**	**497**
按登记注册类型分	**By Status of Registration**	
内资企业	Domestic-funded Enterprises	466
#国有企业	State-owned	38
集体企业	Collective-owned	1
港澳台投资企业	Funded by Hong Kong, Macao and Taiwan	7
外商投资企业	Foreign-funded	24
按轻、重工业分	**By Light and Heavy Industries**	
轻工业	Light Industry	117
重工业	Heavy Industry	380
按企业规模分	**By Size**	
大型企业	Large	76
中型企业	Medium	166
小型企业	Small	236
微型企业	Mini	19
按行业分	**By Sector**	
煤炭开采和洗选业	Mining and Washing of Coal	18
石油和天然气开采业	Extraction of Petroleum and Natural Gas	2
黑色金属矿采选业	Mining and Processing of Ferrous Metal Ores	1
有色金属矿采选业	Mining and Processing of Non-Ferrous Metal Ores	
非金属矿采选业	Mining and Processing of Nonmetal Ores	3
开采辅助活动	Mining Support Activities	
其他采矿业	Mining of Other Ores	
农副食品加工业	Processing of Food from Agricultural Products	23
食品制造业	Manufacture of Foods	10
酒、饮料和精制茶制造业	Liquor, Beverage and Refined Tea	5
烟草制品业	Manufacture of Tobacco	4
纺织业	Manufacture of Textile	2
纺织服装、鞋、帽制造业	Manufacture of Textile Wearing Apparel, Footware and Caps	1
皮革、毛皮、羽毛（绒）及其制品业	Manufacture of Leather, Fur, Feather and Related Products	2
木材加工及木竹藤棕草制品业	Processing of Timber, Manufacture of Wood, Bamboo, Rattan, Palm and Straw Products	
家具制造业	Manufacture of Furniture	
造纸及纸制品业	Manufacture of Paper and Paper Products	2
印刷业、记录媒介的复制	Printing, Reproduction of Recording Media	6
文教、工美、体育和娱乐用品制造业	Manufacture of Culture, Education, Handicraft, Fine Arts, Sports and Entertainment Articles	
石油加工、炼焦及核燃料加工业	Processing of Petroleum, Coking, Processing of Nuclear Fuel	2
化学原料及化学制品制造业	Manufacture of Raw Chemical Materials and Chemical Products	41
医药制造业	Manufacture of Medicines	14
化学纤维制造业	Manufacture of Chemical Fibers	
橡胶和塑料制品业	Manufacture of Rubber and Plastics	5
非金属矿物制品业	Manufacture of Non-metallic Mineral Products	29
黑色金属冶炼及压延加工业	Smelting and Pressing of Ferrous Metals	13
有色金属冶炼及压延加工业	Smelting and Pressing of Nonferrous Metals	14
金属制品业	Manufacture of Metal Products	12
通用设备制造业	Manufacture of General Purpose Machinery	28
专用设备制造业	Manufacture of Special Purpose Machinery	14
汽车制造业	Manufacture of Motor Vehicles	50
铁路、船舶、航空航天和其他运输设备制造业	Manufacture of Railway, Ship, Aviation and Other Transporting Equipment	20
电气机械及器材制造业	Manufacture of Electrical Machinery and Equipment	14
通信设备、计算机及其他电子设备制造业	Manufacture of Communication Equipment, Computers and Other Electronic Equipment	14
仪器仪表及文化、办公用机械制造业	Manufacture of Measuring Instruments and Machinery for Cultural Activity and Office Work	20
其他制造业	Other Manufacture	3
废弃资源综合利用业	Comprehensive Utilization of Waste Resources	
金属制品、机械和设备修理业	Repair of Metal Products, Machinery and Equipment	
电力、热力的生产和供应业	Production and Supply of Electric Power and Heat Power	75
燃气生产和供应业	Production and Supply of Gas	23
水的生产和供应业	Production and Supply of Water	27

单位：万元 (10 000 yuan)

从业人员平均人数（万人） Average Emloyment (10 000 persons)	工业总产值 Gross Output Value	工业销售产值 Sales Value of Industry	其 中 of which #出口交货值 Value of Export Delivery	实收资本 Paid-in Capital	其 中 of which #国家资本 State Capital	#外商资本 Foreign Capital
40.03	**49294881**	**48618544**	**907373**	**10860060**	**4450787**	**422225**
34.80	34730344	34259498	605118	9256304	3925760	100776
2.43	1502948	1569609	15825	816729	500909	
0.02	12129	11711		3000		
0.75	909451	888567	3456	469349	297919	35000
4.49	13655087	13470479	298800	1134408	227108	286449
6.44	6239421	6113662	324010	1245017	459983	29933
33.59	43055460	42504882	583363	9615043	3990804	392293
26.70	35547432	35076973	668121	6116594	2178017	331656
9.96	8070399	7906119	150793	2444001	1136433	24636
3.36	4627314	4624506	57637	2065662	1084443	58981
0.01	1049736	1010946	30822	233803	51893	6952
5.30	783199	754462		1005430	59793	
0.14	222290	222151		26515	18396	
0.11	36657	36022		18845	18845	
0.19	273406	266703		45956	36695	
0.86	1251584	1250077	820	178489	97183	
0.57	391760	375015	1302	42849	5759	
0.13	38963	38882		27471	22499	
0.43	1627432	1631713		118200	81959	
0.12	104148	115759	64680	2980	2700	
0.01	3271	3271		4000	4000	
0.21	57952	50065		6539	6539	
0.02	14221	13757		3000		
0.12	47910	45109	448	21961	5757	
0.18	164015	184440		27727	22776	
3.39	3191233	3080279	138561	1059228	498224	15174
1.36	922439	832522	61535	183394	47312	
0.21	185350	155995		72358	4282	
1.48	1154272	1154123	123355	552928	115852	3798
1.88	1568492	1598028		493018	26777	
1.09	2185747	2143608	63617	769362	106876	
0.99	519178	511207	18162	186534	149684	
1.99	1472426	1407123	48076	380896	276348	20880
0.61	829990	796430	2097	101094	71816	5333
8.11	19443990	19277034	115113	1547735	449465	303510
1.56	1231094	1217809	138694	490331	271979	29933
0.63	811727	805455	25548	159429	132116	
0.71	1009548	981967	21405	321436	247957	1055
1.23	825946	799308	28014	274704	38384	3920
0.52	603724	588947	55875	141695	16098	
4.44	7181338	7145853	72	1989245	1329411	3622
0.74	890984	888573		293215	184897	35000
0.71	250596	246860		313497	100410	

表12.8 续表1 continued1

指 标	Item	资 产 Total Assets
总 计	**Total**	**71975338**
按登记注册类型分	**By Status of Registration**	
内资企业	Domestic-funded Enterprises	62995473
#国有企业	State-owned	5141983
集体企业	Collective-owned	18677
港澳台投资企业	Funded by Hong Kong, Macao and Taiwan	1723972
外商投资企业	Foreign-funded	7255893
按轻、重工业分	**By Light and Heavy Industries**	
轻工业	Light Industry	7474441
重工业	Heavy Industry	64500898
按企业规模分	**By Size**	
大型企业	Large	45677215
中型企业	Medium	13177719
小型企业	Small	11272142
微型企业	Mini	1848262
按行业分	**By Sector**	
煤炭开采和洗选业	Mining and Washing of Coal	3736944
石油和天然气开采业	Extraction of Petroleum and Natural Gas	1267506
黑色金属矿采选业	Mining and Processing of Ferrous Metal Ores	123584
有色金属矿采选业	Mining and Processing of Non-Ferrous Metal Ores	
非金属矿采选业	Mining and Processing of Nonmetal Ores	200580
开采辅助活动	Mining Support Activities	
其他采矿业	Mining of Other Ores	
农副食品加工业	Processing of Food from Agricultural Products	605218
食品制造业	Manufacture of Foods	265407
酒、饮料和精制茶制造业	Liquor, Beverage and Refined Tea	219354
烟草制品业	Manufacture of Tobacco	1020516
纺织业	Manufacture of Textile	22840
纺织服装、鞋、帽制造业	Manufacture of Textile Wearing Apparel, Footware and Caps	6583
皮革、毛皮、羽毛（绒）及其制品业	Manufacture of Leather, Fur, Feather and Related Products	39009
木材加工及木竹藤棕草制品业	Processing of Timber, Manufacture of Wood, Bamboo, Rattan, Palm and Straw Products	
家具制造业	Manufacture of Furniture	
造纸及纸制品业	Manufacture of Paper and Paper Products	19896
印刷业、记录媒介的复制	Printing, Reproduction of Recording Media	66996
文教、工美、体育和娱乐用品制造业	Manufacture of Culture, Education, Handicraft, Fine Arts, Sports and Entertainment Articles	
石油加工、炼焦及核燃料加工业	Processing of Petroleum, Coking, Processing of Nuclear Fuel	84010
化学原料及化学制品制造业	Manufacture of Raw Chemical Materials and Chemical Products	5381834
医药制造业	Manufacture of Medicines	1709440
化学纤维制造业	Manufacture of Chemical Fibers	
橡胶和塑料制品业	Manufacture of Rubber and Plastics	177892
非金属矿物制品业	Manufacture of Non-metallic Mineral Products	2373535
黑色金属冶炼及压延加工业	Smelting and Pressing of Ferrous Metals	4972162
有色金属冶炼及压延加工业	Smelting and Pressing of Nonferrous Metals	3000473
金属制品业	Manufacture of Metal Products	1139539
通用设备制造业	Manufacture of General Purpose Machinery	2746751
专用设备制造业	Manufacture of Special Purpose Machinery	1148033
汽车制造业	Manufacture of Motor Vehicles	15459698
铁路、船舶、航空航天和其他运输设备制造业	Manufacture of Railway, Ship, Aviation and Other Transporting Equipment	1595539
电气机械及器材制造业	Manufacture of Electrical Machinery and Equipment	1538954
通信设备、计算机及其他电子设备制造业	Manufacture of Communication Equipment, Computers and Other Electronic Equipment	1106440
仪器仪表及文化、办公用机械制造业	Manufacture of Measuring Instruments and Machinery for Cultural Activity and Office Work	1025599
其他制造业	Other Manufacture	1022183
废弃资源综合利用业	Comprehensive Utilization of Waste Resources	
金属制品、机械和设备修理业	Repair of Metal Products, Machinery and Equipment	
电力、热力的生产和供应业	Production and Supply of Electric Power and Heat Power	17141479
燃气生产和供应业	Production and Supply of Gas	1204816
水的生产和供应业	Production and Supply of Water	1552530

单位：万元 (10 000 yuan)

其 中 of which #流动资产 Circulating Assets	固定资产 Fixed Assets 原 值 Original Value	净 值 Net Value	负 债 Total Liabilities	其 中 of which #流动负债 Total Circulating Liabilities
27014098	**44289147**	**29297203**	**48194194**	**33787232**
22999506	38588611	25993673	42071254	28454814
1314369	3244490	2365231	3671290	2868436
9639	10345	8021	10380	10380
526731	1719421	808129	877072	601585
3487861	3981116	2495401	5245868	4730834
3698623	3898864	2493706	4696977	3570424
23315475	40390283	26803497	43497217	30216808
18585070	26991920	16744979	29126563	22756265
4775071	8445515	5742641	9554721	5929959
2847882	8267331	6468923	8117856	4344635
806075	584381	340660	1395053	756373
1021268	1346147	757705	2099720	1143105
47337	769839	647048	1152043	1085336
32963	73696	64499	115722	96274
82781	110430	34051	147590	115003
206605	480875	326000	231855	190373
127093	136084	98704	186136	153348
162139	53741	40355	222858	13044
745450	355629	123679	528094	498624
17914	3654	2022	9425	5081
6084	1145	464	1601	1550
29460	12052	5183	16672	11410
10557	10345	8021	10759	10380
24461	57867	25851	46101	43730
44457	51004	16605	27017	25762
1428796	3994988	2641034	3867125	2731895
913165	781353	604941	1181203	968336
42725	174553	118312	114182	76417
852508	1653753	1090727	1696616	1346587
1429277	3332920	2947428	3867977	2480177
686520	2239800	1383808	2460235	1436157
563378	550982	437750	680740	600671
1997427	734755	452335	1790205	1516076
723694	278256	193751	754151	634312
8227726	5982251	3590903	9493912	8633843
759173	757739	387079	1236011	1046261
1230809	228540	122535	1233830	893364
766235	326199	197755	612019	497103
695670	214540	120301	540156	472566
531383	481331	294727	819035	658260
2623054	17537464	11534660	11666952	5604603
536619	508144	296746	634015	428774
447371	1049072	732228	750240	368812

表12.8 续表2 continued2

指 标	Item	所有者权益 Creditors' Equity
总 计	**Total**	**23580690**
按登记注册类型分	**By Status of Registration**	
内资企业	Domestic-funded Enterprises	20726224
#国有企业	State-owned	1470912
集体企业	Collective-owned	8297
港澳台投资企业	Funded by Hong Kong, Macao and Taiwan	844451
外商投资企业	Foreign-funded	2010015
按轻、重工业分	**By Light and Heavy Industries**	
轻工业	Light Industry	2764283
重工业	Heavy Industry	20816407
按企业规模分	**By Size**	
大型企业	Large	16548060
中型企业	Medium	3593710
小型企业	Small	3121706
微型企业	Mini	317214
按行业分	**By Sector**	
煤炭开采和洗选业	Mining and Washing of Coal	1596200
石油和天然气开采业	Extraction of Petroleum and Natural Gas	115464
黑色金属矿采选业	Mining and Processing of Ferrous Metal Ores	7862
有色金属矿采选业	Mining and Processing of Non-Ferrous Metal Ores	
非金属矿采选业	Mining and Processing of Nonmetal Ores	52818
开采辅助活动	Mining Support Activities	
其他采矿业	Mining of Other Ores	
农副食品加工业	Processing of Food from Agricultural Products	367332
食品制造业	Manufacture of Foods	79271
酒、饮料和精制茶制造业	Liquor, Beverage and RRefined Tea	-3503
烟草制品业	Manufacture of Tobacco	492422
纺织业	Manufacture of Textile	13414
纺织服装、鞋、帽制造业	Manufacture of Textile Wearing Apparel, Footware and Caps	4982
皮革、毛皮、羽毛（绒）及其制品业	Manufacture of Leather, Fur, Feather and Related Products	22336
木材加工及木竹藤棕草制品业	Processing of Timber, Manufacture of Wood, Bamboo, Rattan, Palm and Straw Products	
家具制造业	Manufacture of Furniture	
造纸及纸制品业	Manufacture of Paper and Paper Products	8297
印刷业、记录媒介的复制	Printing, Reproduction of Recording Media	20895
文教、工美、体育和娱乐用品制造业	Manufacture of Culture, Education, Handicraft, Fine Arts, Sports and Entertainment Articles	
石油加工、炼焦及核燃料加工业	Processing of Petroleum, Coking, Processing of Nuclear Fuel	38582
化学原料及化学制品制造业	Manufacture of Raw Chemical Materials and Chemical Products	1501702
医药制造业	Manufacture of Medicines	528227
化学纤维制造业	Manufacture of Chemical Fibers	
橡胶和塑料制品业	Manufacture of Rubber and Plastics	62062
非金属矿物制品业	Manufacture of Non-metallic Mineral Products	676731
黑色金属冶炼及压延加工业	Smelting and Pressing of Ferrous Metals	1103642
有色金属冶炼及压延加工业	Smelting and Pressing of Nonferrous Metals	535086
金属制品业	Manufacture of Metal Products	457855
通用设备制造业	Manufacture of General Purpose Machinery	956765
专用设备制造业	Manufacture of Special Purpose Machinery	392125
汽车制造业	Manufacture of Motor Vehicles	5965620
铁路、船舶、航空航天和其他运输设备制造业	Manufacture of Railway, Ship, Aviation and Other Transporting Equipment	359540
电气机械及器材制造业	Manufacture of Electrical Machinery and Equipment	306375
通信设备、计算机及其他电子设备制造业	Manufacture of Communication Equipment, Computers and Other Electronic Equipment	491973
仪器仪表及文化、办公用机械制造业	Manufacture of Measuring Instruments and Machinery for Cultural Activity and Office Work	485443
其他制造业	Other Manufacture	196849
废弃资源综合利用业	Comprehensive Utilization of Waste Resources	
金属制品、机械和设备修理业	Repair of Metal Products, Machinery and Equipment	
电力、热力的生产和供应业	Production and Supply of Electric Power and Heat Power	5376880
燃气生产和供应业	Production and Supply of Gas	570800
水的生产和供应业	Production and Supply of Water	796644

单位：万元 (10 000 yuan)

主营业务收入 Revenue from Principal Business	主营业务成本 Cost of Principal Business	主营业务税金及附加 Tax and Extra Charges of Principal Business	利润总额 Total After-tax Profits	利税总额 Total Pre-tax Profits	工资总额 Total Wages
50196027	**40820489**	**1679925**	**3380055**	**7314989**	**3598282**
34966649	29511301	1099675	1529444	4223577	3041733
1617598	1262459	11134	-34357	23891	231904
11972	9020		1023	1516	1784
913173	788782	5804	98391	133046	80312
14316205	10520407	574446	1752221	2958367	476236
6065483	4326149	807097	312272	1485697	560465
44130545	36494341	872829	3067784	5829292	3037817
36328948	28924369	1606181	2902178	6195440	2498071
8134889	7217464	45019	150765	560046	734037
4555642	3750607	27560	316316	517360	249883
1176548	928050	1166	10796	42143	116291
798547	747498	12875	-22588.1	66809.1	367004
215469	143419	6533	36081.9	47617.4	18258
62664	51225	592	-7044.2	-6319.7	7894
256387	219478	3386	5920.4	21987.4	12479
1355837	1188423	9961	57285.4	113828.8	49920
376478	312933	6085	10716.8	39795.4	36494
41255	23297	1140	-7259.4	-1599.4	8193
1517866	532345	769761	125379.8	1073254.8	84610
103535	99055	92	2899.9	3964.3	5319
3119	851	37	130	536.7	1303
54848	48419	198	3523.6	4988.7	6181
14018	10965	10	1035.2	1584.5	1784
44910	30019	407	9177.7	12666	6713
191620	154165	2702	14411.4	23695.3	16790
3017227	2716120	8916	-138080.8	1590	260022
840470	617268	5169	26782.3	82870.7	107620
154698	138531	725	302.6	6270.4	13166
1155150	952201	10249	6878.6	80896.3	95676
1539521	1574861	1371	14582.9	42223	114525
1949435	1891022	2037	-62902	75433.3	105010
510516	448716	1839	18460.3	29440.5	74142
1620966	1134799	7354	125882	186577.5	157468
821992	620346	10214	135149.8	186023.1	58582
20789144	15746947	756701	2533203.9	4151204.5	865107
1022060	897432	11892	-17956.2	43433.1	124319
1060701	957195	1276	16095.2	28076.9	44183
982961	913600	1056	-418.1	13188.9	63346
765068	601435	3750	37995.3	64157.3	91912
601289	559106	383	35636	38139.5	86399
7149144	6485839	34838	288882.6	718463.2	555783
920992	803552	6222	101138.3	120699.6	90495
258142	199427	2156	28752.3	43491.6	67586

表12.9 国有控股工业企业经济效益指标（2014年）
INDICATORS ON ECONOMIC BENEFIT OF STATE-HOLDING INDUSTRIAL ENTERPRISES (2014)

指 标	Item	总资产贡献率 Ratio of Total Assets to Industrial Output Value
总 计	**Total**	**11.6**
按轻、重工业分	**By Light and Heavy Industries**	
轻工业	Light Industry	21.0
重工业	Heavy Industry	10.5
按企业规模分	**By Size**	
大型企业	Large	14.7
中型企业	Medium	6.2
小型微型企业	Small&Mini	6.2
按行业分	**By Sector**	
煤炭开采和洗选业	Mining and Washing of Coal	2.8
石油和天然气开采业	Extraction of Petroleum and Natural Gas	3.9
黑色金属矿采选业	Mining and Processing of Ferrous Metal Ores	-1.6
有色金属矿采选业	Mining and Processing of Non-Ferrous Metal Ores	
非金属矿采选业	Mining and Processing of Nonmetal Ores	14.6
开采辅助活动	Mining Support Activities	
其他采矿业	Mining of Other Ores	
农副食品加工业	Processing of Food from Agricultural Products	19.4
食品制造业	Manufacture of Foods	18.1
酒、饮料和精制茶制造业	Liquor, Beverage and Refined Tea	-0.5
烟草制品业	Manufacture of Tobacco	106.2
纺织业	Manufacture of Textile	16.8
纺织服装、服饰业	Manufacture of Textile Wearing Apparel, Footware and Caps	7.4
皮革、毛皮、羽毛及其制品和制鞋业	Manufacture of Leather, Fur, Feather and Related Products	13.3
木材加工和木、竹、藤、棕、草制品业	Processing of Timber, Manufacture of Wood, Bamboo, Rattan, Palm and Straw Products	
家具制造业	Manufacture of Furniture	
造纸和纸制品业	Manufacture of Paper and Paper Products	9.1
印刷和记录媒介复制业	Printing, Reproduction of Recording Media	21.6
文教、工美、体育和娱乐用品制造业	Manufacture of Culture, Education, Handicraft, Fine Arts, Sports and Entertainment Articles	
石油加工、炼焦和核燃料加工业	Processing of Petroleum, Coking, Processing of Nuclear Fuel	30.1
化学原料和化学制品制造业	Manufacture of Raw Chemical Materials and Chemical Products	1.8
医药制造业	Manufacture of Medicines	6.5
化学纤维制造业	Manufacture of Chemical Fibers	
橡胶和塑料制品业	Manufacture of Rubber and Plastics	7.2
非金属矿物制品业	Manufacture of Non-metallic Mineral Products	6.4
黑色金属冶炼和压延加工业	Smelting and Pressing of Ferrous Metals	3.6
有色金属冶炼和压延加工业	Smelting and Pressing of Nonferrous Metals	5.2
金属制品业	Manufacture of Metal Products	3.3
通用设备制造业	Manufacture of General Purpose Machinery	8.1
专用设备制造业	Manufacture of Special Purpose Machinery	16.6
汽车制造业	Manufacture of Motor Vehicles	26.8
铁路、船舶、航空航天和其他运输设备制造业	Manufacture of Railway, Ship, Aviation and Other Transporting Equipment	4.0
电气机械和器材制造业	Manufacture of Electrical Machinery and Equipment	3.7
计算机、通信和其他电子设备制造业	Manufacture of Communication Equipment, Computers and Other Electronic Equipment	1.4
仪器仪表制造业	Manufacture of Measuring Instruments and Machinery for Cultural Activity and Office Work	7.0
其他制造业	Other Manufacture	4.9
废弃资源综合利用业	Comprehensive Utilization of Waste Resources	
金属制品、机械和设备修理业	Repair of Metal Products, Machinery and Equipment	
电力、热力生产和供应业	Production and Supply of Electric Power and Heat Power	6.5
燃气生产和供应业	Production and Supply of Gas	9.6
水的生产和供应业	Production and Supply of Water	3.2

单位： % (%)

资本保值增值率 Ratio of Assets Appreciation YOY	资产负债率 Asset-Liability Ratio	流动资产周转率（次） Turnover Ratio of Circulating Assets (time)	成本费用利润率 Ratio of Profits to Cost	全员劳动生产率（元/人年） Overall Labor Productivity (yuan/person-year)	产品销售率 Sales as Percentage of Output
110.8	**67.0**	**1.9**	**7.0**	**356474**	**98.6**
112.7	62.8	1.7	5.7	410205	98.0
110.5	67.4	2.0	7.2	346178	98.7
107.1	63.8	2.0	8.5	386175	98.7
109.5	72.5	1.8	1.8	220592	98.0
133.3	72.5	1.6	5.9	522961	99.3
106.7	56.2	1.0	-2.1	85150	96.3
224.2	90.9	4.6	19.6	600087	99.9
66.2	93.6	3.2	-6.3	60728	98.3
94.9	73.6	3.2	2.3	286285	97.6
143.2	38.3	6.6	4.5	328343	99.9
112.7	70.1	3.1	2.9	160801	95.7
	101.6	0.3	-15.1	43715	99.8
102.3	51.8	2.1	16.7	2963016	100.3
132.9	41.3	5.8	2.9	209686	111.2
106.5	24.3	0.5	3.6	73732	100.0
116.1	42.7	3.1	4.0	66605	86.4
98.8	54.1	1.3	7.9	269268	96.7
	68.8	1.9	23.3	95419	94.2
191.7	32.2	4.3	8.3	253599	112.5
94.9	71.9	2.2	-4.3	200154	96.5
111.1	69.1	0.9	3.3	205484	90.3
101.8	64.2	3.6	0.2	147631	84.2
98.4	71.5	1.4	0.6	205621	100.0
102.8	77.8	1.1	0.8	112348	101.9
86.7	82.0	3.2	-2.9	508852	98.1
104.5	59.7	1.0	3.3	166477	98.5
95.4	65.2	0.8	9.1	234274	95.6
149.7	65.7	1.2	19.4	439828	96.0
111.4	61.4	2.6	13.6	644288	99.1
88.4	77.5	1.5	-1.5	199825	98.9
101.2	80.2	0.9	1.5	199163	99.2
193.5	55.3	1.3		297534	97.3
108.7	52.7	1.1	5.1	170844	96.8
125.3	80.1	1.2	5.5	541103	97.6
105.1					
120.2	68.1	2.8	4.1	508345	99.5
118.7	52.6	1.8	11.5	294656	99.7
109.6	48.3	0.7	9.3	178818	98.5

表12.9 续表 continued

指 标	Item	销售利润率 Rate of Return on Sale
总 计	**Total**	**6.7**
按轻、重工业分	**By Light and Heavy Industries**	
轻工业	Light Industry	5.2
重工业	Heavy Industry	7.0
按企业规模分	**By Size**	
大型企业	Large	8.0
中型企业	Medium	1.9
小型微型企业	Small&Mini	5.7
按行业分	**By Sector**	
煤炭开采和洗选业	Mining and Washing of Coal	-2.8
石油和天然气开采业	Extraction of Petroleum and Natural Gas	16.8
黑色金属矿采选业	Mining and Processing of Ferrous Metal Ores	-11.2
有色金属矿采选业	Mining and Processing of Non-Ferrous Metal Ores	
非金属矿采选业	Mining and Processing of Nonmetal Ores	2.3
开采辅助活动	Mining Support Activities	
其他采矿业	Mining of Other Ores	
农副食品加工业	Processing of Food from Agricultural Products	4.2
食品制造业	Manufacture of Foods	2.9
酒、饮料和精制茶制造业	Liquor, Beverage and Refined Tea	-17.6
烟草制品业	Manufacture of Tobacco	8.3
纺织业	Manufacture of Textile	2.8
纺织服装、服饰业	Manufacture of Textile Wearing Apparel, Footware and Caps	4.2
皮革、毛皮、羽毛及其制品和制鞋业	Manufacture of Leather, Fur, Feather and Related Products	6.4
木材加工和木、竹、藤、棕、草制品业	Processing of Timber, Manufacture of Wood, Bamboo, Rattan, Palm and Straw Products	
家具制造业	Manufacture of Furniture	
造纸和纸制品业	Manufacture of Paper and Paper Products	7.4
印刷和记录媒介复制业	Printing, Reproduction of Recording Media	20.4
文教、工美、体育和娱乐用品制造业	Manufacture of Culture, Education, Handicraft, Fine Arts, Sports and Entertainment Articles	
石油加工、炼焦和核燃料加工业	Processing of Petroleum, Coking, Processing of Nuclear Fuel	7.5
化学原料和化学制品制造业	Manufacture of Raw Chemical Materials and Chemical Products	-4.6
医药制造业	Manufacture of Medicines	3.2
化学纤维制造业	Manufacture of Chemical Fibers	
橡胶和塑料制品业	Manufacture of Rubber and Plastics	0.2
非金属矿物制品业	Manufacture of Non-metallic Mineral Products	0.6
黑色金属冶炼和压延加工业	Smelting and Pressing of Ferrous Metals	1.0
有色金属冶炼和压延加工业	Smelting and Pressing of Nonferrous Metals	-3.2
金属制品业	Manufacture of Metal Products	3.6
通用设备制造业	Manufacture of General Purpose Machinery	7.8
专用设备制造业	Manufacture of Special Purpose Machinery	16.4
汽车制造业	Manufacture of Motor Vehicles	12.2
铁路、船舶、航空航天和其他运输设备制造业	Manufacture of Railway, Ship, Aviation and Other Transporting Equipment	-1.8
电气机械和器材制造业	Manufacture of Electrical Machinery and Equipment	1.5
计算机、通信和其他电子设备制造业	Manufacture of Communication Equipment, Computers and Other Electronic Equipment	
仪器仪表制造业	Manufacture of Measuring Instruments and Machinery for Cultural Activity and Office Work	5.0
其他制造业	Other Manufacture	5.9
废弃资源综合利用业	Comprehensive Utilization of Waste Resources	
金属制品、机械和设备修理业	Repair of Metal Products, Machinery and Equipment	
电力、热力生产和供应业	Production and Supply of Electric Power and Heat Power	4.0
燃气生产和供应业	Production and Supply of Gas	11.0
水的生产和供应业	Production and Supply of Water	11.1

单位：% (%)

流动比率 Current Ratio	速动比率 Quick Ratio	产权比率 Equity Ratio	人均实现利税（元） Per Capita Pre-tax Profits (yuan)	从业人员人均工资（元） Per Capita Wages of Employees (yuan)
0.8	**0.6**	**2.0**	**182729**	**89886**
1.0	0.7	1.7	230795	87065
0.8	0.6	2.1	173519	90426
0.8	0.6	1.8	232004	93547
0.8	0.6	2.7	56221	73687
0.7	0.6	2.8	166207	108776
0.9	0.8	1.3	12598	69204
		10.0	342079	131163
0.3	0.2	14.7	-55828	69731
0.7	0.6	2.8	115057	65302
1.1	0.9	0.6	132884	58277
0.8	0.6	2.4	69499	63734
12.4	7.5	-63.6	-12237	62686
1.5	0.5	1.1	2509364	197825
3.5	2.7	0.7	34353	46092
3.9	3.8	0.3	41605	100984
2.6	1.5	0.8	23554	29185
1.0	0.5	1.3	102890	115825
0.6	0.3	2.2	102063	54092
1.7	0.4	0.7	128849	91299
0.5	0.4	2.6	470	76814
0.9	0.8	2.2	61092	79336
0.6	0.1	1.8	29873	62726
0.6	0.5	2.5	54830	64848
0.6	0.2	3.5	22464	60931
0.5	0.3	4.6	68946	95978
0.9	0.8	1.5	29868	75218
1.3	1.0	1.9	93984	79321
1.1	0.9	1.9	304208	95801
1.0	0.8	1.6	511926	106685
0.7	0.6	3.4	27771	79488
1.4	1.1	4.0	44823	70535
1.5	1.3	1.2	18495	88832
1.5	1.2	1.1	52165	74731
0.8	0.6	4.2	72855	165042
0.5	0.5	2.2	161772	125142
1.3	1.2	1.1	163527	122605
1.2	1.1	0.9	61620	95758

表12.10 私营工业企业主要经济指标（2014年）
MAIN ECONOMIC INDICATORS OF PRIVATE INDUSTRIAL ENTERPRISES (2014)

指　标	Item	单位数（个）Number of Enterprises (unit)
总　计	**Total**	**3855**
按登记注册类型分	**By Status of Registration**	
私营独资企业	Solely Private-funded Enterprises	281
私营合伙企业	Private Partnership Enterprises	58
私营有限责任公司	Private Limited Liability Companies	3277
私营股份有限公司	Private Share-holding Companies	239
按轻、重工业分	**By Light and Heavy Industries**	
轻工业	Light Industry	1459
重工业	Heavy Industry	2396
按企业规模分	**By Size**	
大型企业	Large	58
中型企业	Medium	572
小型企业	Small	3094
微型企业	Mini	131
按行业分	**By Sector**	
煤炭开采和洗选业	Mining and Washing of Coal	239
石油和天然气开采业	Extraction of Petroleum and Natural Gas	
黑色金属矿采选业	Mining and Processing of Ferrous Metal Ores	18
有色金属矿采选业	Mining and Processing of Non-Ferrous Metal Ores	2
非金属矿采选业	Mining and Processing of Nonmetal Ores	78
开采辅助活动	Mining Support Activities	
其他采矿业	Mining of Other Ores	
农副食品加工业	Processing of Food from Agricultural Products	282
食品制造业	Manufacture of Foods	78
酒、饮料和精制茶制造业	Liquor, Beverage and Refined Tea	57
烟草制品业	Manufacture of Tobacco	
纺织业	Manufacture of Textile	83
纺织服装、鞋、帽制造业	Manufacture of Textile Wearing Apparel, Footware and Caps	57
皮革、毛皮、羽毛（绒）及其制品业	Manufacture of Leather, Fur, Feather and Related Products	68
木材加工及木竹藤棕草制品业	Processing of Timber, Manufacture of Wood, Bamboo, Rattan, Palm and Straw Products	46
家具制造业	Manufacture of Furniture	48
造纸及纸制品业	Manufacture of Paper and Paper Products	58
印刷业、记录媒介的复制	Printing, Reproduction of Recording Media	61
文教、工美、体育和娱乐用品制造业	Manufacture of Culture, Education, Handicraft, Fine Arts, Sports and Entertainment Articles	18
石油加工、炼焦及核燃料加工业	Processing of Petroleum, Coking, Processing of Nuclear Fuel	14
化学原料及化学制品制造业	Manufacture of Raw Chemical Materials and Chemical Products	142
医药制造业	Manufacture of Medicines	64
化学纤维制造业	Manufacture of Chemical Fibers	1
橡胶和塑料制品业	Manufacture of Rubber and Plastics	163
非金属矿物制品业	Manufacture of Non-metallic Mineral Products	395
黑色金属冶炼及压延加工业	Smelting and Pressing of Ferrous Metals	119
有色金属冶炼及压延加工业	Smelting and Pressing of Nonferrous Metals	59
金属制品业	Manufacture of Metal Products	177
通用设备制造业	Manufacture of General Purpose Machinery	209
专用设备制造业	Manufacture of Special Purpose Machinery	139
汽车制造业	Manufacture of Motor Vehicles	460
铁路、船舶、航空航天和其他运输设备制造业	Manufacture of Railway, Ship, Aviation and Other Transporting Equipment	375
电气机械及器材制造业	Manufacture of Electrical Machinery and Equipment	170
通信设备、计算机及其他电子设备制造业	Manufacture of Communication Equipment, Computers and Other Electronic Equipment	83
仪器仪表及文化、办公用机械制造业	Manufacture of Measuring Instruments and Machinery for Cultural Activity and Office Work	44
其他制造业	Other Manufacture	10
废弃资源综合利用业	Comprehensive Utilization of Waste Resources	11
金属制品、机械和设备修理业	Repair of Metal Products, Machinery and Equipment	5
电力、热力的生产和供应业	Production and Supply of Electric Power and Heat Power	2
燃气生产和供应业	Production and Supply of Gas	17
水的生产和供应业	Production and Supply of Water	3

单位：万元 (10 000 yuan)

从业人员平均人数（万人） Average Emloyment (10 000 persons)	工业总产值 Gross Output Value	工业销售产值 Sales Value of Industry	其　中 of which #出口交货值 Value of Export Delivery	实收资本 Paid-in Capital	其　中 of which #国家资本 State Capital	#外商资本 Foreign Capital
77.80	**71620487**	**70261788**	**2720908**	**5193164**	**14314**	**11103**
3.84	2661834	2619726	20043	113163	321	
1.20	603855	588841	6	35574		
67.09	61775914	60434468	2278920	4349864	13993	11103
5.67	6578884	6618754	421940	694564		
30.91	26431274	25896696	1688098	1677006	5022	9075
46.89	45189213	44365092	1032811	3516159	9292	2028
12.59	16028617	15731017	1237502	854513	7842	8875
28.47	23984398	23621129	845497	1221511	380	200
36.58	30689396	30007880	624347	3066733	6092	2028
0.16	918076	901762	13563	50408		
5.98	2116575	2102435		199509		
0.32	82310	76903		8760		
0.08	30463	30957		1030		
0.74	562176	553286	10114	59430	10	
4.13	4322644	4267403	83136	183200	787	
1.30	806862	781433	4586	72226	2274	
0.99	883557	827180	37927	69265		
1.62	1408345	1397150	193500	129520		8875
1.20	611308	568442	81659	35903		
2.20	1418080	1408156	40786	26102		
0.60	401173	394126		34963		
0.75	498237	491643		49643	802	
0.75	693872	690109		31793	8	
0.91	757054	750681	85482	66256	669	
0.65	696678	695688	60089	30660		
0.12	331919	332804	18	21698		
2.72	2470255	2403716	45871	282678	200	
1.66	1399410	1334071	14968	129322	150	
0.02	23304	21252		1000		
2.46	2009478	1949975	26500	149928	21	2028
7.32	6129564	5991185	14105	645141		
2.22	4787558	4627120	84722	283212		
1.34	2652640	2752505	109679	134485		
3.69	3281711	3238089	119314	175472	332	
3.31	2747217	2661841	244986	239710	400	
2.10	1848232	1798907	136906	117378	121	
11.68	9548333	9375417	155185	496982	7850	
9.63	9289471	9104028	978667	670517	680	200
3.85	5152874	5085726	74425	443890	10	
2.27	3816562	3711827	97188	180839		
0.67	382475	378537	10497	53960		
0.14	78917	81353	10600	4165		
0.12	131666	130383		87851		
0.08	53493	53126		1280		
0.01	8865	8865		1506		
0.15	164169	163595		51146		
0.04	23041	21876		22749		

表12.10 续表1 continued1

指 标	Item	资 产 Total Assets
总 计	**Total**	**41356715**
按登记注册类型分	**By Status of Registration**	
私营独资企业	Solely Private-funded Enterprises	1112351
私营合伙企业	Private Partnership Enterprises	252341
私营有限责任公司	Private Limited Liability Companies	34758969
私营股份有限公司	Private Share-holding Companies	5233054
按轻、重工业分	**By Light and Heavy Industries**	
轻工业	Light Industry	14718739
重工业	Heavy Industry	26637976
按企业规模分	**By Size**	
大型企业	Large	11135481
中型企业	Medium	11927104
小型企业	Small	17538943
微型企业	Mini	755188
按行业分	**By Sector**	
煤炭开采和洗选业	Mining and Washing of Coal	1315981
石油和天然气开采业	Extraction of Petroleum and Natural Gas	
黑色金属矿采选业	Mining and Processing of Ferrous Metal Ores	81632
有色金属矿采选业	Mining and Processing of Non-Ferrous Metal Ores	18410
非金属矿采选业	Mining and Processing of Nonmetal Ores	307570
开采辅助活动	Mining Support Activities	
其他采矿业	Mining of Other Ores	
农副食品加工业	Processing of Food from Agricultural Products	1504824
食品制造业	Manufacture of Foods	439848
酒、饮料和精制茶制造业	Liquor, Beverage and Refined Tea	499192
烟草制品业	Manufacture of Tobacco	
纺织业	Manufacture of Textile	734522
纺织服装、鞋、帽制造业	Manufacture of Textile Wearing Apparel, Footware and Caps	289198
皮革、毛皮、羽毛（绒）及其制品业	Manufacture of Leather, Fur, Feather and Related Products	390064
木材加工及木竹藤棕草制品业	Processing of Timber, Manufacture of Wood, Bamboo, Rattan, Palm and Straw Products	241944
家具制造业	Manufacture of Furniture	312152
造纸及纸制品业	Manufacture of Paper and Paper Products	283573
印刷业、记录媒介的复制	Printing, Reproduction of Recording Media	383423
文教、工美、体育和娱乐用品制造业	Manufacture of Culture, Education, Handicraft, Fine Arts, Sports and Entertainment Articles	338040
石油加工、炼焦及核燃料加工业	Processing of Petroleum, Coking, Processing of Nuclear Fuel	274890
化学原料及化学制品制造业	Manufacture of Raw Chemical Materials and Chemical Products	1704035
医药制造业	Manufacture of Medicines	1050438
化学纤维制造业	Manufacture of Chemical Fibers	12913
橡胶和塑料制品业	Manufacture of Rubber and Plastics	1031105
非金属矿物制品业	Manufacture of Non-metallic Mineral Products	4911392
黑色金属冶炼及压延加工业	Smelting and Pressing of Ferrous Metals	1936527
有色金属冶炼及压延加工业	Smelting and Pressing of Nonferrous Metals	1535136
金属制品业	Manufacture of Metal Products	1837777
通用设备制造业	Manufacture of General Purpose Machinery	1324970
专用设备制造业	Manufacture of Special Purpose Machinery	920434
汽车制造业	Manufacture of Motor Vehicles	6754585
铁路、船舶、航空航天和其他运输设备制造业	Manufacture of Railway, Ship, Aviation and Other Transporting Equipment	6451063
电气机械及器材制造业	Manufacture of Electrical Machinery and Equipment	2546032
通信设备、计算机及其他电子设备制造业	Manufacture of Communication Equipment, Computers and Other Electronic Equipment	1052546
仪器仪表及文化、办公用机械制造业	Manufacture of Measuring Instruments and Machinery for Cultural Activity and Office Work	295296
其他制造业	Other Manufacture	41334
废弃资源综合利用业	Comprehensive Utilization of Waste Resources	151312
金属制品、机械和设备修理业	Repair of Metal Products, Machinery and Equipment	22766
电力、热力的生产和供应业	Production and Supply of Electric Power and Heat Power	2322
燃气生产和供应业	Production and Supply of Gas	311520
水的生产和供应业	Production and Supply of Water	47952

单位：万元 (10 000 yuan)

其 中 of which #流动资产 Circulating Assets	固定资产 Fixed Assets 原 值 Original Value	固定资产 Fixed Assets 净 值 Net Value	负 债 Total Liabilities	其 中 of which #流动负债 Total Circulating Liabilities
21441749	**21686867**	**12230542**	**22346951**	**17574175**
356673	713124	516897	403877	258248
84956	164306	94945	101809	72830
18261776	18453798	10338218	18968085	15237601
2738344	2355639	1280483	2873180	2005496
7597530	7743003	4045281	7401263	5590856
13844219	13943864	8185261	14945689	11983319
6082541	5154326	2770779	6600170	5066140
5921471	8075260	4035093	6154624	4911106
9119210	8317654	5339392	9278201	7522060
318528	139627	85279	313957	74869
483462	862787	558877	553627	335352
49524	17718	7615	40576	32139
12941	2488	1155	13685	9839
124107	155438	113072	128197	111248
587290	993144	570512	578320	439470
192326	176703	135361	192707	131782
260579	249638	174823	225914	197983
260840	431246	246931	245932	120550
174058	98373	74613	144921	111000
213479	946670	116724	159812	106826
96520	147968	113960	123111	95083
120205	109942	89616	123514	75001
132287	169497	106928	149893	98055
179380	288184	160442	185256	143322
64968	336053	247648	135360	127368
188830	181064	71734	60534	44977
830468	1031107	617273	963609	788863
470319	388354	294825	493644	339383
6959	6774	4201	3313	3313
567905	694720	251195	521733	394169
2280040	2656502	1633169	2823366	2124915
780535	1819492	967024	1052489	811839
690399	896260	718601	699213	483518
992916	704272	441440	1007228	876820
678931	625804	363471	696028	604953
529961	333220	234154	482052	384765
3864843	2823787	1578203	4655092	3997324
3885749	2890687	1372532	3769112	3012743
1632991	677437	424314	1367142	1013133
648774	527961	259059	340173	262795
209610	116922	55266	122897	109076
29781	15458	11022	16284	15031
39161	116429	86190	53818	50948
4610	21568	17440	6907	5180
231	930	288	816	37
151819	133818	81602	195542	109502
4950	38455	29263	15135	5873

表12.10 续表2 continued2

指 标	Item	所有者权益 Creditors' Equity
总 计	**Total**	**18407272**
按登记注册类型分	**By Status of Registration**	
私营独资企业	Solely Private-funded Enterprises	689410
私营合伙企业	Private Partnership Enterprises	145665
私营有限责任公司	Private Limited Liability Companies	15261332
私营股份有限公司	Private Share-holding Companies	2310866
按轻、重工业分	**By Light and Heavy Industries**	
轻工业	Light Industry	7123990
重工业	Heavy Industry	11283282
按企业规模分	**By Size**	
大型企业	Large	4529095
中型企业	Medium	5731532
小型企业	Small	7937970
微型企业	Mini	208675
按行业分	**By Sector**	
煤炭开采和洗选业	Mining and Washing of Coal	728613
石油和天然气开采业	Extraction of Petroleum and Natural Gas	
黑色金属矿采选业	Mining and Processing of Ferrous Metal Ores	40955
有色金属矿采选业	Mining and Processing of Non-Ferrous Metal Ores	4725
非金属矿采选业	Mining and Processing of Nonmetal Ores	175353
开采辅助活动	Mining Support Activities	
其他采矿业	Mining of Other Ores	
农副食品加工业	Processing of Food from Agricultural Products	907451
食品制造业	Manufacture of Foods	243630
酒、饮料和精制茶制造业	Liquor, Beverage and RefinedTea	269970
烟草制品业	Manufacture of Tobacco	
纺织业	Manufacture of Textile	480526
纺织服装、鞋、帽制造业	Manufacture of Textile Wearing Apparel, Footware and Caps	116262
皮革、毛皮、羽毛（绒）及其制品业	Manufacture of Leather, Fur, Feather and Related Products	222092
木材加工及木竹藤棕草制品业	Processing of Timber, Manufacture of Wood, Bamboo, Rattan, Palm and Straw Products	118135
家具制造业	Manufacture of Furniture	181979
造纸及纸制品业	Manufacture of Paper and Paper Products	128847
印刷业、记录媒介的复制	Printing, Reproduction of Recording Media	195124
文教、工美、体育和娱乐用品制造业	Manufacture of Culture, Education, Handicraft, Fine Arts, Sports and Entertainment Articles	201597
石油加工、炼焦及核燃料加工业	Processing of Petroleum, Coking, Processing of Nuclear Fuel	31641
化学原料及化学制品制造业	Manufacture of Raw Chemical Materials and Chemical Products	729988
医药制造业	Manufacture of Medicines	505271
化学纤维制造业	Manufacture of Chemical Fibers	9599
橡胶和塑料制品业	Manufacture of Rubber and Plastics	469115
非金属矿物制品业	Manufacture of Non-metallic Mineral Products	2053508
黑色金属冶炼及压延加工业	Smelting and Pressing of Ferrous Metals	878004
有色金属冶炼及压延加工业	Smelting and Pressing of Nonferrous Metals	837193
金属制品业	Manufacture of Metal Products	785904
通用设备制造业	Manufacture of General Purpose Machinery	623984
专用设备制造业	Manufacture of Special Purpose Machinery	432865
汽车制造业	Manufacture of Motor Vehicles	2056480
铁路、船舶、航空航天和其他运输设备制造业	Manufacture of Railway, Ship, Aviation and Other Transporting Equipment	2656341
电气机械及器材制造业	Manufacture of Electrical Machinery and Equipment	1154186
通信设备、计算机及其他电子设备制造业	Manufacture of Communication Equipment, Computers and Other Electronic Equipment	707611
仪器仪表及文化、办公用机械制造业	Manufacture of Measuring Instruments and Machinery for Cultural Activity and Office Work	171790
其他制造业	Other Manufacture	25037
废弃资源综合利用业	Comprehensive Utilization of Waste Resources	97494
金属制品、机械和设备修理业	Repair of Metal Products, Machinery and Equipment	15859
电力、热力的生产和供应业	Production and Supply of Electric Power and Heat Power	1506
燃气生产和供应业	Production and Supply of Gas	115823
水的生产和供应业	Production and Supply of Water	32817

单位：万元 (10 000 yuan)

主营业务收入 Revenue from Principal Business	主营业务成本 Cost of Principal Business	主营业务税金及附加 Tax and Extra Charges of Principal Business	利润总额 Total After-tax Profits	利税总额 Total Pre-tax Profits	应付薪酬 Total Wages
70579919	**59377628**	**622186**	**5113710**	**8637103**	**4026062**
2598500	2058039	38277	253331	411393	178060
610726	476482	13713	54283	104925	66772
60708089	51341898	526887	4346436	7334061	3486770
6662604	5501209	43310	459660	786723	294460
26089919	21729990	207406	1986344	3241858	1574407
44489999	37647639	414781	3127366	5395244	2451655
16018638	13721916	116542	958108	1730346	791517
23724002	19915401	211882	1900931	3184038	1535002
29915884	24939938	285419	2200667	3631103	1690173
921395	800374	8343	54004	91616	9370
2104261	1652421	35620	212775	443486	316382
74439	32984	1749	4568	16914	16365
32694	27498	868	2600	6047	3529
558444	419881	17583	52441	96576	38976
4223578	3614860	29944	291251	503360	208046
788256	633851	5931	50740	85868	56114
849212	667605	20917	72286	132558	60875
1408803	1221411	7978	127516	227393	83740
577310	450718	5148	55134	76412	53218
1427010	1231576	7431	117720	173789	131638
391580	327488	3846	29117	44903	25931
496660	370906	6171	45224	68748	36107
658687	557130	4357	50005	80859	34030
749469	626566	5104	51780	79369	47653
696616	599305	2387	83195	139406	31785
340463	307927	1414	17826	35626	9186
2400586	2011089	38395	142530	273348	157608
1333171	1000163	10676	133174	207387	97425
21742	19272	84	1748	3246	1680
1977271	1660021	13592	140601	214437	113374
5961576	5002656	51213	462029	758404	372162
4685321	4123077	44693	324196	631022	115726
2751403	2399260	16468	168141	312753	66486
3260105	2761236	24972	287899	460050	207894
2668445	2168306	25824	238295	376383	167780
1799264	1435690	14466	192323	298709	109843
9438247	8013558	82555	554341	961967	637100
9210461	7911011	48823	507036	867918	460646
5103806	4322939	44316	367894	583064	199446
3747240	3128583	41420	250602	357001	105234
382756	304271	2383	32856	48322	33974
88404	73996	932	6399	11778	8066
129185	109682	786	5976	9951	4605
53126	43980	474	4940	9263	4552
7643	6619	97	737	877	302
160816	123758	3339	21724	31677	6224
21870	16334	234	6092	8233	2366

表12.11 私营工业企业经济效益指标（2014年）

INDICATORS ON ECONOMIC BENEFIT OF PRIVATE INDUSTRIAL ENTERPRISES (2014)

指 标	Item	总资产贡献率 Ratio of Total Assets to Industrial Output Value
总 计	**Total**	**22.3**
按轻、重工业分	**By Light and Heavy Industries**	
轻工业	Light Industry	23.4
重工业	Heavy Industry	21.6
按企业规模分	**By Size**	
大型企业	Large	16.6
中型企业	Medium	28.5
小型微型企业	Small&Mini	21.6
按行业分	**By Sector**	
煤炭开采和洗选业	Mining and Washing of Coal	35.0
石油和天然气开采业	Extraction of Petroleum and Natural Gas	
黑色金属矿采选业	Mining and Processing of Ferrous Metal Ores	22.4
有色金属矿采选业	Mining and Processing of Non-Ferrous Metal Ores	32.9
非金属矿采选业	Mining and Processing of Nonmetal Ores	32.3
开采辅助活动	Mining Support Activities	
其他采矿业	Mining of Other Ores	
农副食品加工业	Processing of Food from Agricultural Products	34.7
食品制造业	Manufacture of Foods	21.5
酒、饮料和精制茶制造业	Liquor, Beverage and Refined Tea	28.2
烟草制品业	Manufacture of Tobacco	
纺织业	Manufacture of Textile	32.0
纺织服装、服饰业	Manufacture of Textile Wearing Apparel, Footware and Caps	28.3
皮革、毛皮、羽毛及其制品和制鞋业	Manufacture of Leather, Fur, Feather and Related Products	45.5
木材加工和木、竹、藤、棕、草制品业	Processing of Timber, Manufacture of Wood, Bamboo, Rattan, Palm and Straw Products	19.9
家具制造业	Manufacture of Furniture	23.7
造纸和纸制品业	Manufacture of Paper and Paper Products	30.3
印刷和记录媒介复制业	Printing, Reproduction of Recording Media	23.4
文教、工美、体育和娱乐用品制造业	Manufacture of Culture, Education, Handicraft, Fine Arts, Sports and Entertainment Articles	41.4
石油加工、炼焦和核燃料加工业	Processing of Petroleum, Coking, Processing of Nuclear Fuel	13.6
化学原料和化学制品制造业	Manufacture of Raw Chemical Materials and Chemical Products	17.8
医药制造业	Manufacture of Medicines	21.2
化学纤维制造业	Manufacture of Chemical Fibers	27.2
橡胶和塑料制品业	Manufacture of Rubber and Plastics	22.6
非金属矿物制品业	Manufacture of Non-metallic Mineral Products	16.5
黑色金属冶炼和压延加工业	Smelting and Pressing of Ferrous Metals	34.3
有色金属冶炼和压延加工业	Smelting and Pressing of Nonferrous Metals	22.3
金属制品业	Manufacture of Metal Products	26.3
通用设备制造业	Manufacture of General Purpose Machinery	29.6
专用设备制造业	Manufacture of Special Purpose Machinery	33.8
汽车制造业	Manufacture of Motor Vehicles	15.5
铁路、船舶、航空航天和其他运输设备制造业	Manufacture of Railway, Ship, Aviation and Other Transporting Equipment	15.0
电气机械和器材制造业	Manufacture of Electrical Machinery and Equipment	24.1
计算机、通信和其他电子设备制造业	Manufacture of Communication Other Electronic Equipment	35.0
仪器仪表制造业	Manufacture of Measuring Cultural Activity and Office	17.4
其他制造业	Other Manufacture	31.2
废弃资源综合利用业	Comprehensive Utilization of Waste	6.9
金属制品、机械和设备修理业	Repair of Metal Products,	41.7
电力、热力生产和供应业	Production and Supply of Electric	38.2
燃气生产和供应业	Production and Supply of Gas	11.7
水的生产和供应业	Production and Supply of Water	17.8

单位：% (%)

资本保值增值率 Ratio of Assets Appreciation YOY	资产负债率 Asset-Liability Ratio	流动资产周转率（次） Turnover Ratio of Circulating Assets (time)	成本费用利润率 Ratio of Profits to Cost	全员劳动生产率（元/人年） Overall Labor Productivity (yuan/person-year)	产品销售率 Sales as Percentage of Output
123.9	**54.0**	**3.3**	**7.8**	**252934**	**98.1**
121.6	50.3	3.5	8.3	239108	98.0
125.5	56.1	3.2	7.6	262046	98.2
116.8	59.3	2.7	6.3	340583	98.1
122.5	51.6	4.0	8.7	236079	98.5
128.3	52.4	3.3	8.0	235961	97.8
111.6	42.1	4.3	11.4	167543	99.3
109.8	49.7	1.5	6.8	210254	93.4
27.1	74.3	2.5	8.9	139727	101.6
125.2	41.7	4.5	10.8	231258	98.4
153.8	38.4	7.3	7.4	259056	98.7
124.1	43.8	4.1	6.9	161041	96.9
136.6	45.3	3.3	9.6	299341	93.6
130.4	33.5	5.4	10.0	240156	99.2
121.6	50.1	3.4	10.5	148779	93.0
163.1	41.0	6.7	9.0	203697	99.3
129.0	50.9	4.1	8.1	171444	98.2
126.9	39.6	4.1	10.2	186115	98.7
95.9	52.9	5.0	8.3	251816	99.5
122.7	48.3	4.2	7.4	241927	99.2
163.7	40.0	10.7	13.6	324570	99.9
143.2	22.0	1.8	5.6	780627	100.3
100.3	56.6	2.9	6.4	254796	97.3
118.8	47.0	2.8	11.2	260986	95.3
98.9	25.7	3.1	8.8	214995	91.2
126.1	50.6	3.5	7.7	226303	97.0
114.0	57.4	2.6	8.4	253631	97.7
162.9	54.4	6.0	7.5	524062	96.7
156.7	45.6	4.0	6.6	491538	103.8
115.6	54.8	3.3	9.8	260261	98.7
127.4	52.5	4.0	9.9	226261	96.9
118.2	52.4	3.4	12.1	264136	97.3
132.2	68.9	2.5	6.2	213420	98.2
117.9	58.5	2.4	5.8	263630	98.0
108.3	53.7	3.2	7.8	286667	98.7
119.6	32.3	5.8	7.3	380061	97.3
119.9	41.6	1.8	9.4	176923	99.0
164.0	39.4	3.0	7.9	164074	104.1
759.9	35.6	3.3	4.9	318192	99.0
181.4	30.3	11.5	10.6	220682	99.3
185.2	35.1	33.1	10.9	458545	100.0
141.8	62.8	1.1	15.2	305815	99.7
106.0	31.6	4.4	34.2	349058	94.9

表12.11 续表 continued

指 标	Item	销售利润率 Rate of Return on Sale
总 计	**Total**	**7.3**
按轻、重工业分	**By Light and Heavy Industries**	
轻工业	Light Industry	7.6
重工业	Heavy Industry	7.0
按企业规模分	**By Size**	
大型企业	Large	6.0
中型企业	Medium	8.0
小型微型企业	Small&Mini	7.3
按行业分	**By Sector**	
煤炭开采和洗选业	Mining and Washing of Coal	10.1
石油和天然气开采业	Extraction of Petroleum and Natural Gas	
黑色金属矿采选业	Mining and Processing of Ferrous Metal Ores	6.1
有色金属矿采选业	Mining and Processing of Non-Ferrous Metal Ores	8.0
非金属矿采选业	Mining and Processing of Nonmetal Ores	9.4
开采辅助活动	Mining Support Activities	
其他采矿业	Mining of Other Ores	
农副食品加工业	Processing of Food from Agricultural Products	6.9
食品制造业	Manufacture of Foods	6.4
酒、饮料和精制茶制造业	Liquor, Beverage and Refined Tea	8.5
烟草制品业	Manufacture of Tobacco	
纺织业	Manufacture of Textile	9.1
纺织服装、服饰业	Manufacture of Textile Wearing Apparel, Footware and Caps	9.6
皮革、毛皮、羽毛及其制品和制鞋业	Manufacture of Leather, Fur, Feather and Related Products	8.3
木材加工和木、竹、藤、棕、草制品业	Processing of Timber, Manufacture of Wood, Bamboo, Rattan, Palm and Straw Products	7.4
家具制造业	Manufacture of Furniture	9.1
造纸和纸制品业	Manufacture of Paper and Paper Products	7.6
印刷和记录媒介复制业	Printing, Reproduction of Recording Media	6.9
文教、工美、体育和娱乐用品制造业	Manufacture of Culture, Education, Handicraft, Fine Arts, Sports and Entertainment Articles	11.9
石油加工、炼焦和核燃料加工业	Processing of Petroleum, Coking, Processing of Nuclear Fuel	5.2
化学原料和化学制品制造业	Manufacture of Raw Chemical Materials and Chemical Products	5.9
医药制造业	Manufacture of Medicines	10.0
化学纤维制造业	Manufacture of Chemical Fibers	8.0
橡胶和塑料制品业	Manufacture of Rubber and Plastics	7.1
非金属矿物制品业	Manufacture of Non-metallic Mineral Products	7.8
黑色金属冶炼和压延加工业	Smelting and Pressing of Ferrous Metals	6.9
有色金属冶炼和压延加工业	Smelting and Pressing of Nonferrous Metals	6.1
金属制品业	Manufacture of Metal Products	8.8
通用设备制造业	Manufacture of General Purpose Machinery	8.9
专用设备制造业	Manufacture of Special Purpose Machinery	10.7
汽车制造业	Manufacture of Motor Vehicles	5.9
铁路、船舶、航空航天和其他运输设备制造业	Manufacture of Railway, Ship, Aviation and Other Transporting Equipment	5.5
电气机械和器材制造业	Manufacture of Electrical Machinery and Equipment	7.2
计算机、通信和其他电子设备制造业	Manufacture of Communication Equipment, Computers and Other Electronic Equipment	6.7
仪器仪表制造业	Manufacture of Measuring Instruments and Machinery for Cultural Activity and Office Work	8.6
其他制造业	Other Manufacture	7.4
废弃资源综合利用业	Comprehensive Utilization of Waste Resources	4.6
金属制品、机械和设备修理业	Repair of Metal Products, Machinery and Equipment	9.3
电力、热力生产和供应业	Production and Supply of Electric Power and Heat Power	9.7
燃气生产和供应业	Production and Supply of Gas	13.5
水的生产和供应业	Production and Supply of Water	27.9

单位：% (%)

流动比率 Current Ratio	速动比率 Quick Ratio	产权比率 Equity Ratio	人均实现利税（元） Per Capita Pre-tax Profits (yuan)	从业人员人均工资（元） Per Capita Wages of Employees (yuan)
1.2	**1.0**	**1.2**	**111039**	**51762**
1.4	1.1	1.0	104919	50944
1.2	0.9	1.3	115072	52300
1.2	1.0	1.5	137452	62875
1.2	0.9	1.1	111845	53920
1.2	1.0	1.2	101363	46281
1.5	1.2	0.8	74092	52870
1.5	1.3	1.0	53491	51756
1.3	0.3	2.9	78325	45707
1.1	0.9	0.7	131467	53058
1.3	1.0	0.6	121888	50378
1.5	1.0	0.8	66027	43148
1.3	1.0	0.8	133727	61286
2.2	1.5	0.5	140670	51803
1.6	0.8	1.3	63513	44234
2.0	1.6	0.7	78859	59732
1.0	0.6	1.0	74826	43210
1.6	1.2	0.7	92317	48485
1.4	0.9	1.2	108579	45696
1.3	1.1	1.0	87488	52528
0.5	0.4	0.7	215765	49196
4.2	3.7	1.9	306858	79117
1.1	0.8	1.3	100569	57987
1.4	1.1	1.0	125196	58814
2.1	1.6	0.4	135263	70000
1.4	1.1	1.1	87067	46033
1.1	0.9	1.4	103675	50875
1.0	0.7	1.2	284783	52227
1.4	1.1	0.8	234149	49776
1.1	0.9	1.3	124530	56274
1.1	0.8	1.1	113574	50628
1.4	1.0	1.1	142459	52386
1.0	0.8	2.3	82377	54614
1.3	1.1	1.4	90115	47815
1.6	1.3	1.2	151403	51796
2.5	1.8	0.5	157512	46350
1.9	1.6	0.7	71918	50564
2.0	0.8	0.7	83467	56680
0.8	0.6	0.6	81633	37773
0.9	0.5	0.4	117254	57615
6.3	5.9	0.5	95359	32826
1.4	1.4	1.7	212884	41829
0.8	0.8	0.5	223127	64122

表12.12 内资工业企业主要经济指标（2014年）
MAIN ECONOMIC INDICATORS OF INDUSTRIAL ENTERPRISES WITH DOMESTIC FUNDS (2014)

指 标	Item	单位数（个）Number of Enterprises (unit)
总 计	**Total**	**5787**
按登记注册类型分	**By Status of Registration**	
#国有企业	State-owned	38
集体企业	Collective-owned	44
按轻、重工业分	**By Light and Heavy Industries**	
轻工业	Light Industry	2071
重工业	Heavy Industry	3716
按企业规模分	**By Size**	
大型企业	Large	163
中型企业	Medium	987
小型企业	Small	4441
微型企业	Mini	196
按行业分	**By Sector**	
煤炭开采和洗选业	Mining and Washing of Coal	334
石油和天然气开采业	Extraction of Petroleum and Natural Gas	2
黑色金属矿采选业	Mining and Processing of Ferrous Metal Ores	19
有色金属矿采选业	Mining and Processing of Non-Ferrous Metal Ores	3
非金属矿采选业	Mining and Processing of Nonmetal Ores	111
开采辅助活动	Mining Support Activities	
其他采矿业	Mining of Other Ores	
农副食品加工业	Processing of Food from Agricultural Products	398
食品制造业	Manufacture of Foods	125
酒、饮料和精制茶制造业	Liquor, Beverage and Refined Tea	78
烟草制品业	Manufacture of Tobacco	4
纺织业	Manufacture of Textile	106
纺织服装、鞋、帽制造业	Manufacture of Textile Wearing Apparel, Footware and Caps	73
皮革、毛皮、羽毛（绒）及其制品业	Manufacture of Leather, Fur, Feather and Related Products	85
木材加工及木竹藤棕草制品业	Processing of Timber, Manufacture of Wood, Bamboo, Rattan, Palm and Straw Products	71
家具制造业	Manufacture of Furniture	57
造纸及纸制品业	Manufacture of Paper and Paper Products	84
印刷业、记录媒介的复制	Printing, Reproduction of Recording Media	93
文教、工美、体育和娱乐用品制造业	Manufacture of Culture, Education, Handicraft, Fine Arts, Sports and Entertainment Articles	24
石油加工、炼焦及核燃料加工业	Processing of Petroleum, Coking, Processing of Nuclear Fuel	23
化学原料及化学制品制造业	Manufacture of Raw Chemical Materials and Chemical Products	252
医药制造业	Manufacture of Medicines	117
化学纤维制造业	Manufacture of Chemical Fibers	3
橡胶和塑料制品业	Manufacture of Rubber and Plastics	230
非金属矿物制品业	Manufacture of Non-metallic Mineral Products	582
黑色金属冶炼及压延加工业	Smelting and Pressing of Ferrous Metals	169
有色金属冶炼及压延加工业	Smelting and Pressing of Nonferrous Metals	106
金属制品业	Manufacture of Metal Products	246
通用设备制造业	Manufacture of General Purpose Machinery	306
专用设备制造业	Manufacture of Special Purpose Machinery	198
汽车制造业	Manufacture of Motor Vehicles	703
铁路、船舶、航空航天和其他运输设备制造业	Manufacture of Railway, Ship, Aviation and Other Transporting Equipment	521
电气机械及器材制造业	Manufacture of Electrical Machinery and Equipment	233
通信设备、计算机及其他电子设备制造业	Manufacture of Communication Equipment, Computers and Other Electronic Equipment	149
仪器仪表及文化、办公用机械制造业	Manufacture of Measuring Instruments and Machinery for Cultural Activity and Office Work	82
其他制造业	Other Manufacture	18
废弃资源综合利用业	Comprehensive Utilization of Waste Resources	20
金属制品、机械和设备修理业	Repair of Metal Products, Machinery and Equipment	7
电力、热力的生产和供应业	Production and Supply of Electric Power and Heat Power	81
燃气生产和供应业	Production and Supply of Gas	45
水的生产和供应业	Production and Supply of Water	29

单位：万元 (10 000 yuan)

从业人员平均人数（万人）Average Emloyment (10 000 persons)	工业总产值 Gross Output Value	工业销售产值 Sales Value of Industry	其 中 of which #出口交货值 Value of Export Delivery	实收资本 Paid-in Capital	其 中 of which #国家资本 State Capital	#外商资本 Foreign Capital
146.94	**137490626**	**135055292**	**5438531**	**17734731**	**4014813**	**118439**
2.43	1502948	1569609	15825	816729	500909	
0.85	292518	283004	38	34556	1200	
50.10	43004391	42103932	2575015	3973976	452351	12865
96.84	94486235	92951360	2863516	13760755	3562463	105574
42.85	46860185	46218761	2431960	6412575	1772341	104019
50.99	42398702	41682171	1887621	4732379	1140081	2650
52.84	45890384	44869791	1051051	6290816	1050423	4818
0.26	2341355	2284569	67900	298961	51968	6952
14.18	3656771	3609278	76	1292577	59793	
0.14	222290	222151		26515	18396	
0.43	118967	112925		27605	18845	
0.10	59587	60081		3030		
1.24	1063038	1040629	10114	160481	36735	
6.57	7122158	7046262	104657	469470	98040	
2.56	1753795	1696163	18001	159343	8033	690
1.53	1235386	1171948	37927	134988	22499	
0.43	1627432	1631713		118200	81959	
2.15	1807516	1806239	282330	144619	2741	8875
1.75	919474	870538	89196	48376	4000	
2.82	1666996	1647145	71371	39740	6539	100
0.97	585192	573463	14633	56306		
0.91	613231	604712		67958	802	
1.18	1053938	1033870	23144	94362	8	
1.55	1265650	1244825	86492	144910	6610	
0.73	745685	743924	64445	35649		
0.43	627203	643635	18	67967	22776	
7.72	7508598	7337051	216106	1677359	452717	
4.90	3882755	3665068	137501	597086	55766	
0.08	58632	56580	202	2267		
3.60	3557337	3436889	26577	279617	5503	2028
11.00	9065365	8853173	16776	1289375	153313	
4.87	7567279	7428484	84722	854392	26777	
2.94	5837452	5874775	208547	963369	115239	
5.54	4565948	4500777	143346	426735	150016	2000
6.23	5027636	4818794	299139	666314	255942	
3.35	3023650	2920240	165104	284854	64825	
22.22	22525900	22315966	567562	1852400	322480	98471
15.44	13733184	13383996	1488366	1542274	248728	3200
6.09	8546820	8510448	182791	752096	134403	2450
4.24	6149861	5986754	998621	553835	252629	
2.21	1300583	1273318	34128	360710	36716	625
0.69	719532	705373	66566	150907	16098	
0.21	223527	222158		95014		
0.29	151788	150994		10462		
4.32	6849997	6814512	72	1828650	1154580	
0.66	825239	822062		202299	79897	
0.67	225237	218378		252621	101410	

表12.12 续表1 continued1

指 标	Item	资 产 Total Assets
总 计	**Total**	**128009358**
按登记注册类型分	**By Status of Registration**	
#国有企业	State-owned	5141983
集体企业	Collective-owned	196462
按轻、重工业分	**By Light and Heavy Industries**	
轻工业	Light Industry	29803795
重工业	Heavy Industry	98205564
按企业规模分	**By Size**	
大型企业	Large	55986384
中型企业	Medium	33033176
小型企业	Small	36141392
微型企业	Mini	2848407
按行业分	**By Sector**	
煤炭开采和洗选业	Mining and Washing of Coal	5894114
石油和天然气开采业	Extraction of Petroleum and Natural Gas	1267506
黑色金属矿采选业	Mining and Processing of Ferrous Metal Ores	205216
有色金属矿采选业	Mining and Processing of Non-Ferrous Metal Ores	41356
非金属矿采选业	Mining and Processing of Nonmetal Ores	772266
开采辅助活动	Mining Support Activities	
其他采矿业	Mining of Other Ores	
农副食品加工业	Processing of Food from Agricultural Products	2736209
食品制造业	Manufacture of Foods	1041200
酒、饮料和精制茶制造业	Liquor, Beverage and Refined Tea	914356
烟草制品业	Manufacture of Tobacco	1020516
纺织业	Manufacture of Textile	898869
纺织服装、鞋、帽制造业	Manufacture of Textile Wearing Apparel, Footware and Caps	389623
皮革、毛皮、羽毛（绒）及其制品业	Manufacture of Leather, Fur, Feather and Related Products	489663
木材加工及木竹藤棕草制品业	Processing of Timber, Manufacture of Wood, Bamboo, Rattan, Palm and Straw Products	353095
家具制造业	Manufacture of Furniture	372876
造纸及纸制品业	Manufacture of Paper and Paper Products	519163
印刷业、记录媒介的复制	Printing, Reproduction of Recording Media	873462
文教、工美、体育和娱乐用品制造业	Manufacture of Culture, Education, Handicraft, Fine Arts, Sports and Entertainment Articles	379131
石油加工、炼焦及核燃料加工业	Processing of Petroleum, Coking, Processing of Nuclear Fuel	476059
化学原料及化学制品制造业	Manufacture of Raw Chemical Materials and Chemical Products	9019009
医药制造业	Manufacture of Medicines	4363969
化学纤维制造业	Manufacture of Chemical Fibers	29991
橡胶和塑料制品业	Manufacture of Rubber and Plastics	1671353
非金属矿物制品业	Manufacture of Non-metallic Mineral Products	8463049
黑色金属冶炼及压延加工业	Smelting and Pressing of Ferrous Metals	7480387
有色金属冶炼及压延加工业	Smelting and Pressing of Nonferrous Metals	5058351
金属制品业	Manufacture of Metal Products	3705518
通用设备制造业	Manufacture of General Purpose Machinery	4613918
专用设备制造业	Manufacture of Special Purpose Machinery	2396220
汽车制造业	Manufacture of Motor Vehicles	20383858
铁路、船舶、航空航天和其他运输设备制造业	Manufacture of Railway, Ship, Aviation and Other Transporting Equipment	11782539
电气机械及器材制造业	Manufacture of Electrical Machinery and Equipment	5347204
通信设备、计算机及其他电子设备制造业	Manufacture of Communication Equipment, Computers and Other Electronic Equipment	3157712
仪器仪表及文化、办公用机械制造业	Manufacture of Measuring Instruments and Machinery for Cultural Activity and Office Work	1551308
其他制造业	Other Manufacture	1109333
废弃资源综合利用业	Comprehensive Utilization of Waste Resources	185509
金属制品、机械和设备修理业	Repair of Metal Products, Machinery and Equipment	76920
电力、热力的生产和供应业	Production and Supply of Electric Power and Heat Power	16684295
燃气生产和供应业	Production and Supply of Gas	904520
水的生产和供应业	Production and Supply of Water	1379719

单位：万元 (10 000 yuan)

其 中 of which	固定资产 Fixed Assets		负 债	其 中 of which
#流动资产 Circulating Assets	原 值 Original Value	净 值 Net Value	Total Liabilities	#流动负债 Total Circulating Liabilities
57045366	**70435139**	**44724186**	**78278547**	**57737756**
1314369	3244490	2365231	3671290	2868436
107668	76084	41076	127936	111208
15483602	14357708	8334167	15951092	12430962
41561764	56077430	36390018	62327455	45306794
24963448	30537101	18929719	34704388	26645580
14776271	19916799	11715381	20115308	14721352
16055039	19236352	13636528	21568387	15475535
1250609	744887	442558	1890464	895288
1742351	2738061	1752409	3071445	1688892
47337	769839	647048	1152043	1085336
82487	91414	72114	156298	128413
30139	4548	1775	33606	29761
268093	365671	203486	348148	290073
1122889	1695067	1051130	1127445	829015
509822	456175	325444	501433	388733
531554	417454	283048	511798	260704
745450	355629	123679	528094	498624
349774	490355	287571	343769	191750
222899	148532	115145	181299	144637
285465	977239	131942	214216	136961
148490	195384	145274	183004	149979
152566	128215	102456	156747	99297
226997	269225	166853	258606	198593
390317	544425	305573	432594	334699
93690	355859	258527	147527	137415
276826	276184	117928	125644	91157
2857497	5946217	3842209	5974836	4486389
2159968	1815417	1331722	2317357	1859466
12876	17356	13237	14302	12852
940240	1164762	448492	815190	628097
3826355	4719927	3089078	5291472	4277648
2521125	5506421	4090246	5297438	3640916
1718489	3346300	2228333	3476006	2191431
1980148	1473832	1036572	2153754	1864092
3018471	1564345	964712	2815486	2422670
1410912	750715	538040	1377030	1144249
11456350	7429721	4262117	12594460	11022388
6636062	5210988	2867532	7391937	5987721
3751911	1393839	758081	3207505	2419430
2376967	977250	462994	1716037	1548409
1075048	375517	200626	794807	714796
573114	512261	319207	871073	696755
55090	124066	93041	67048	55347
34765	47138	37706	39958	30081
2538446	16439742	11156713	11457958	5404310
443713	470729	287613	512588	330955
430677	869323	604515	618590	315715

表12.12 续表2 continued2

指　标	Item	所有者权益 Creditors' Equity
总　计	**Total**	**48808103**
按登记注册类型分	**By Status of Registration**	
#国有企业	State-owned	1470912
集体企业	Collective-owned	66858
按轻、重工业分	**By Light and Heavy Industries**	
轻工业	Light Industry	13610324
重工业	Heavy Industry	35197778
按企业规模分	**By Size**	
大型企业	Large	21273198
中型企业	Medium	12822122
小型企业	Small	14168995
微型企业	Mini	543788
按行业分	**By Sector**	
煤炭开采和洗选业	Mining and Washing of Coal	2733138
石油和天然气开采业	Extraction of Petroleum and Natural Gas	115464
黑色金属矿采选业	Mining and Processing of Ferrous Metal Ores	48817
有色金属矿采选业	Mining and Processing of Non-Ferrous Metal Ores	7650
非金属矿采选业	Mining and Processing of Nonmetal Ores	417823
开采辅助活动	Mining Support Activities	
其他采矿业	Mining of Other Ores	
农副食品加工业	Processing of Food from Agricultural Products	1578664
食品制造业	Manufacture of Foods	532173
酒、饮料和精制茶制造业	Liquor, Beverage and Refined Tea	399120
烟草制品业	Manufacture of Tobacco	492422
纺织业	Manufacture of Textile	539232
纺织服装、鞋、帽制造业	Manufacture of Textile Wearing Apparel, Footware and Caps	178943
皮革、毛皮、羽毛（绒）及其制品业	Manufacture of Leather, Fur, Feather and Related Products	264541
木材加工及木竹藤棕草制品业	Processing of Timber, Manufacture of Wood, Bamboo, Rattan, Palm and Straw Products	168553
家具制造业	Manufacture of Furniture	209403
造纸及纸制品业	Manufacture of Paper and Paper Products	254500
印刷业、记录媒介的复制	Printing, Reproduction of Recording Media	437597
文教、工美、体育和娱乐用品制造业	Manufacture of Culture, Education, Handicraft, Fine Arts, Sports and Entertainment Articles	230092
石油加工、炼焦及核燃料加工业	Processing of Petroleum, Coking, Processing of Nuclear Fuel	149287
化学原料及化学制品制造业	Manufacture of Raw Chemical Materials and Chemical Products	2998518
医药制造业	Manufacture of Medicines	1992774
化学纤维制造业	Manufacture of Chemical Fibers	15674
橡胶和塑料制品业	Manufacture of Rubber and Plastics	813066
非金属矿物制品业	Manufacture of Non-metallic Mineral Products	3129869
黑色金属冶炼及压延加工业	Smelting and Pressing of Ferrous Metals	2171269
有色金属冶炼及压延加工业	Smelting and Pressing of Nonferrous Metals	1578904
金属制品业	Manufacture of Metal Products	1500956
通用设备制造业	Manufacture of General Purpose Machinery	1784794
专用设备制造业	Manufacture of Special Purpose Machinery	1005853
汽车制造业	Manufacture of Motor Vehicles	7745215
铁路、船舶、航空航天和其他运输设备制造业	Manufacture of Railway, Ship, Aviation and Other Transporting Equipment	4351849
电气机械及器材制造业	Manufacture of Electrical Machinery and Equipment	2112121
通信设备、计算机及其他电子设备制造业	Manufacture of Communication Equipment, Computers and Other Electronic Equipment	1438317
仪器仪表及文化、办公用机械制造业	Manufacture of Measuring Instruments and Machinery for Cultural Activity and Office Work	755892
其他制造业	Other Manufacture	229151
废弃资源综合利用业	Comprehensive Utilization of Waste Resources	116873
金属制品、机械和设备修理业	Repair of Metal Products, Machinery and Equipment	36562
电力、热力的生产和供应业	Production and Supply of Electric Power and Heat Power	5126000
燃气生产和供应业	Production and Supply of Gas	391546
水的生产和供应业	Production and Supply of Water	755484

单位：万元 (10 000 yuan)

主营业务收入 Revenue from Principal Business	主营业务成本 Cost of Principal Business	主营业务税金及附加 Tax and Extra Charges of Principal Business	利润总额 Total After-tax Profits	利税总额 Total Pre-tax Profits	工资总额 Total Wages
136168372	**114473557**	**1981021**	**9138456**	**17019893**	**8945667**
1617598	1262459	11134	-34357	23891	231904
304583	254161	3304	14596	29260	34872
42203107	34312538	1090620	3188823	6104089	2819800
93965264	80161019	890401	5949633	10915804	6125867
46963128	39650836	1212682	2716644	6033685	3332062
42077228	35591013	340449	2991380	5291809	2929592
44654123	37163865	416828	3354081	5541923	2553902
2473893	2067842	11062	76352	152475	130111
3657389	2998474	60507	248988	624998	820086
215469	143419	6533	36082	47617	18258
137103	84209	2341	-2476	10594	24259
61819	54262	1055	4626	10736	4668
1049569	814011	26101	76513	153799	68875
7104437	6117853	50688	466857	804437	332948
1703151	1371164	17825	130483	230823	127232
1194490	907648	34887	111502	214552	90391
1517866	532345	769761	125380	1073255	84610
1804885	1573096	9905	154812	271728	109080
867388	679137	5817	80776	111215	79620
1670782	1432157	9006	138373	203525	156614
572420	477548	5490	42386	65633	45422
607874	460069	7495	53846	82317	42192
1007118	852156	6725	80571	133288	57183
1228825	1017875	7739	105504	158719	84840
743545	635968	2793	89357	147905	35737
655628	561064	6177	45666	80137	33529
7293223	6348605	60586	130121	523976	514701
3671088	2711788	23863	318694	529284	340507
57933	51585	406	2749	5310	4320
3490135	2931240	31895	279900	485919	178948
8821343	7332388	76614	668941	1138370	565775
7439821	6792563	55141	400019	855478	271700
5676019	5119825	28943	200974	534263	200569
4460343	3795591	31908	366644	583133	324589
5035643	3983726	37600	376726	594240	367485
2911379	2265649	28285	347310	524715	205501
23221076	19489796	314199	1781373	2910209	1434368
13323463	11386789	92921	753938	1323830	818365
8720437	7487669	55573	567951	914190	343807
6033833	5054956	56934	430372	612181	229995
1244823	967708	7331	88390	139763	141972
726691	664115	1755	45201	54111	95859
220823	187695	1371	13511	22411	8944
150795	127564	1592	13783	28187	20729
6817525	6198956	33060	251257	661619	541337
808733	678370	7753	79955	107688	59799
243486	184527	2447	31403	45740	60855

表12.13 内资工业企业经济效益指标（2014年）
INDICATORS ON ECONOMIC BENEFIT OF INDUSTRIAL ENTERPRISES WITH DOMESTIC FUNDS (2014)

指 标	Item	总资产贡献率 Ratio of Total Assets to Industrial Output Value
总 计	**Total**	**14.7**
按轻、重工业分	**By Light and Heavy Industries**	
轻工业	Light Industry	21.6
重工业	Heavy Industry	12.6
按企业规模分	**By Size**	
大型企业	Large	12.0
中型企业	Medium	17.7
小型微型企业	Small&Mini	16.0
按行业分	**By Sector**	
煤炭开采和洗选业	Mining and Washing of Coal	11.7
石油和天然气开采业	Extraction of Petroleum and Natural Gas	3.9
黑色金属矿采选业	Mining and Processing of Ferrous Metal Ores	8.0
有色金属矿采选业	Mining and Processing of Non-Ferrous Metal Ores	26.0
非金属矿采选业	Mining and Processing of Nonmetal Ores	21.5
开采辅助活动	Mining Support Activities	
其他采矿业	Mining of Other Ores	
农副食品加工业	Processing of Food from Agricultural Products	30.4
食品制造业	Manufacture of Foods	24.1
酒、饮料和精制茶制造业	Liquor, Beverage and Refined Tea	24.6
烟草制品业	Manufacture of Tobacco	106.2
纺织业	Manufacture of Textile	31.3
纺织服装、服饰业	Manufacture of Textile Wearing Apparel, Footware and Caps	30.0
皮革、毛皮、羽毛及其制品和制鞋业	Manufacture of Leather, Fur, Feather and Related Products	42.5
木材加工和木、竹、藤、棕、草制品业	Processing of Timber, Manufacture of Wood, Bamboo, Rattan, Palm and Straw Products	19.8
家具制造业	Manufacture of Furniture	23.8
造纸和纸制品业	Manufacture of Paper and Paper Products	27.2
印刷和记录媒介复制业	Printing, Reproduction of Recording Media	20.0
文教、工美、体育和娱乐用品制造业	Manufacture of Culture, Education, Handicraft, Fine Arts, Sports and Entertainment Articles	39.2
石油加工、炼焦和核燃料加工业	Processing of Petroleum, Coking, Processing of Nuclear Fuel	17.7
化学原料和化学制品制造业	Manufacture of Raw Chemical Materials and Chemical Products	7.4
医药制造业	Manufacture of Medicines	13.3
化学纤维制造业	Manufacture of Chemical Fibers	19.0
橡胶和塑料制品业	Manufacture of Rubber and Plastics	30.9
非金属矿物制品业	Manufacture of Non-metallic Mineral Products	14.9
黑色金属冶炼和压延加工业	Smelting and Pressing of Ferrous Metals	13.8
有色金属冶炼和压延加工业	Smelting and Pressing of Nonferrous Metals	12.9
金属制品业	Manufacture of Metal Products	16.7
通用设备制造业	Manufacture of General Purpose Machinery	14.1
专用设备制造业	Manufacture of Special Purpose Machinery	22.8
汽车制造业	Manufacture of Motor Vehicles	15.0
铁路、船舶、航空航天和其他运输设备制造业	Manufacture of Railway, Ship, Aviation and Other Transporting Equipment	12.4
电气机械和器材制造业	Manufacture of Electrical Machinery and Equipment	18.4
计算机、通信和其他电子设备制造业	Manufacture of Communication Equipment, Computers and Other Electronic Equipment	19.8
仪器仪表制造业	Manufacture of Measuring Instruments and Machinery for Cultural Activity and Office Work	9.8
其他制造业	Other Manufacture	6.1
废弃资源综合利用业	Comprehensive Utilization of Waste Resources	12.4
金属制品、机械和设备修理业	Repair of Metal Products, Machinery and Equipment	36.9
电力、热力生产和供应业	Production and Supply of Electric Power and Heat Power	6.3
燃气生产和供应业	Production and Supply of Gas	12.4
水的生产和供应业	Production and Supply of Water	3.4

单位：% (%)

资本保值增值率 Ratio of Assets Appreciation YOY	资产负债率 Asset-Liability Ratio	流动资产周转率（次） Turnover Ratio of Circulating Assets (time)	成本费用利润率 Ratio of Profits to Cost	全员劳动生产率（元/人年） Overall Labor Productivity (yuan/person-year)	产品销售率 Sales as Percentage of Output
117.7	**61.2**	**2.4**	**7.1**	**260795**	**98.2**
117.7	53.5	2.8	8.2	256811	97.9
117.6	63.5	2.3	6.6	262855	98.4
110.2	62.0	1.9	6.0	303260	98.6
118.2	60.9	2.9	7.6	232547	98.3
128.6	60.2	2.7	7.9	253648	97.8
110.0	52.1	2.2	6.9	128300	98.7
224.2	90.9	4.6	19.6	600087	99.9
98.9	76.2	2.2	1.4	170836	94.9
42.2	81.3	2.1	8.2	176122	100.8
111.0	45.2	4.0	8.0	241069	97.9
142.3	41.2	6.4	7.1	263227	98.9
122.6	48.2	3.4	8.3	180906	96.7
114.9	56.0	2.3	10.6	282612	94.9
102.3	51.8	2.1	16.7	2963016	100.3
130.4	38.2	5.2	9.4	229085	99.9
115.3	46.5	3.9	10.3	158424	94.7
155.0	43.8	6.0	8.8	185952	98.8
129.0	51.8	3.9	8.0	165015	98.0
123.2	42.0	4.0	9.9	185045	98.6
110.0	49.8	4.5	8.7	244502	98.1
123.1	49.5	3.2	9.3	244549	98.4
156.1	38.9	7.9	13.7	306531	99.8
136.6	26.4	2.4	7.6	411949	102.6
105.4	66.3	2.6	1.8	239450	97.7
116.3	53.1	1.7	9.5	244774	94.4
141.2	47.7	4.5	5.0	137639	96.5
135.3	48.8	3.7	8.8	285830	96.6
106.0	62.5	2.3	8.2	249523	97.7
151.3	70.8	3.0	5.5	343374	98.2
113.0	68.7	3.5	3.6	509822	100.6
113.0	58.1	2.3	8.8	240737	98.6
107.3	61.0	1.6	8.3	220075	95.9
128.7	57.5	2.1	13.6	280481	96.6
121.5	61.8	2.1	8.0	248621	99.1
114.2	62.8	2.0	5.9	242078	97.5
109.2	60.0	2.4	6.9	297771	99.6
143.0	54.3	2.6	7.7	338093	97.4
111.8	51.2	1.2	7.4	169309	97.9
118.1	78.5	1.3	5.9	460451	98.1
396.4	36.1	4.0	6.6	287701	99.4
169.7	52.0	4.3	10.3	198891	99.5
121.5	68.7	2.7	3.7	497695	99.5
121.4	56.7	1.9	10.6	317110	99.6
106.3	44.8	0.7	11.5	175903	97.0

表12.13 续表 continued

指 标	Item	销售利润率 Rate of Return on Sale
总 计	**Total**	**6.7**
按轻、重工业分	**By Light and Heavy Industries**	
轻工业	Light Industry	7.6
重工业	Heavy Industry	6.3
按企业规模分	**By Size**	
大型企业	Large	5.8
中型企业	Medium	7.1
小型微型企业	Small&Mini	7.3
按行业分	**By Sector**	
煤炭开采和洗选业	Mining and Washing of Coal	6.8
石油和天然气开采业	Extraction of Petroleum and Natural Gas	16.8
黑色金属矿采选业	Mining and Processing of Ferrous Metal Ores	-1.8
有色金属矿采选业	Mining and Processing of Non-Ferrous Metal Ores	7.5
非金属矿采选业	Mining and Processing of Nonmetal Ores	7.3
开采辅助活动	Mining Support Activities	
其他采矿业	Mining of Other Ores	
农副食品加工业	Processing of Food from Agricultural Products	6.6
食品制造业	Manufacture of Foods	7.7
酒、饮料和精制茶制造业	Liquor, Beverage and Refined Tea	9.4
烟草制品业	Manufacture of Tobacco	8.3
纺织业	Manufacture of Textile	8.6
纺织服装、服饰业	Manufacture of Textile Wearing Apparel, Footware and Caps	9.3
皮革、毛皮、羽毛及其制品和制鞋业	Manufacture of Leather, Fur, Feather and Related Products	8.3
木材加工和木、竹、藤、棕、草制品业	Processing of Timber, Manufacture of Wood, Bamboo, Rattan, Palm and Straw Products	7.4
家具制造业	Manufacture of Furniture	8.9
造纸和纸制品业	Manufacture of Paper and Paper Products	8.0
印刷和记录媒介复制业	Printing, Reproduction of Recording Media	8.6
文教、工美、体育和娱乐用品制造业	Manufacture of Culture, Education, Handicraft, Fine Arts, Sports and Entertainment Articles	12.0
石油加工、炼焦和核燃料加工业	Processing of Petroleum, Coking, Processing of Nuclear Fuel	7.0
化学原料和化学制品制造业	Manufacture of Raw Chemical Materials and Chemical Products	1.8
医药制造业	Manufacture of Medicines	8.7
化学纤维制造业	Manufacture of Chemical Fibers	4.7
橡胶和塑料制品业	Manufacture of Rubber and Plastics	8.0
非金属矿物制品业	Manufacture of Non-metallic Mineral Products	7.6
黑色金属冶炼和压延加工业	Smelting and Pressing of Ferrous Metals	5.4
有色金属冶炼和压延加工业	Smelting and Pressing of Nonferrous Metals	3.5
金属制品业	Manufacture of Metal Products	8.2
通用设备制造业	Manufacture of General Purpose Machinery	7.5
专用设备制造业	Manufacture of Special Purpose Machinery	11.9
汽车制造业	Manufacture of Motor Vehicles	7.7
铁路、船舶、航空航天和其他运输设备制造业	Manufacture of Railway, Ship, Aviation and Other Transporting Equipment	5.7
电气机械和器材制造业	Manufacture of Electrical Machinery and Equipment	6.5
计算机、通信和其他电子设备制造业	Manufacture of Communication Equipment, Computers and Other Electronic Equipment	7.1
仪器仪表制造业	Manufacture of Measuring Instruments and Machinery for Cultural Activity and Office Work	7.1
其他制造业	Other Manufacture	6.2
废弃资源综合利用业	Comprehensive Utilization of Waste Resources	6.1
金属制品、机械和设备修理业	Repair of Metal Products, Machinery and Equipment	9.1
电力、热力生产和供应业	Production and Supply of Electric Power and Heat Power	3.7
燃气生产和供应业	Production and Supply of Gas	9.9
水的生产和供应业	Production and Supply of Water	12.9

单位：%(%)

流动比率 Current Ratio	速动比率 Quick Ratio	产权比率 Equity Ratio	人均实现利税（元） Per Capita Pre-tax Profits (yuan)	从业人员人均工资（元） Per Capita Wages of Employees (yuan)
1.0	**0.8**	**1.6**	**115836**	**60886**
1.3	1.0	1.2	121861	56288
0.9	0.7	1.8	112720	63264
0.9	0.8	1.6	140802	77757
1.0	0.8	1.6	103785	57456
1.1	0.8	1.6	107260	50563
1.0	0.9	1.1	44064	57827
		10.0	342079	131163
0.6	0.5	3.2	24672	56495
1.0	0.5	4.4	112771	49029
0.9	0.8	0.8	123762	55424
1.4	1.0	0.7	122529	50713
1.3	1.0	0.9	90285	49766
2.0	1.4	1.3	140602	59160
1.5	0.5	1.1	2509364	197825
1.8	1.3	0.6	126579	50813
1.5	0.9	1.0	63457	45430
2.1	1.6	0.8	72054	55447
1.0	0.6	1.1	67803	46923
1.5	1.1	0.8	90379	46324
1.1	0.8	1.0	113099	48522
1.2	0.9	1.0	102724	54909
0.7	0.5	0.6	202195	48855
3.0	2.3	0.8	188558	78892
0.6	0.5	2.0	67885	66683
1.2	0.9	1.2	107971	69461
1.0	0.8	0.9	63598	51737
1.5	1.1	1.0	134831	49654
0.9	0.8	1.7	103457	51419
0.7	0.4	2.4	175609	55773
0.8	0.6	2.2	181920	68295
1.1	0.9	1.4	105211	58564
1.3	0.9	1.6	95339	58959
1.2	0.9	1.4	156580	61323
1.0	0.8	1.6	130985	64597
1.1	1.0	1.7	85753	53001
1.6	1.2	1.5	149993	56414
1.5	1.2	1.2	144554	54254
1.5	1.2	1.1	63362	64363
0.8	0.6	3.8	78056	138025
1.0	0.8	0.6	106618	42548
1.2	0.9	1.1	98349	72327
0.5	0.5	2.2	153110	125275
1.3	1.3	1.3	162966	90494
1.4	1.3	0.8	67893	90330

表12.14 外商投资和港澳台投资工业企业主要经济指标（2014年）

MAIN ECONOMIC INDICATORS OF INDUSTRIAL ENTERPRISES WITH HONG KONG, MACAO, TAIWAN AND FOREIGN FUNDS (2014)

指　标	Item	单位数（个） Number of Enterprises (unit)
总　计	**Total**	**371**
按登记注册类型分	**By Status of Registration**	
#港澳台投资企业	Funded by Hong Kong, Macao and Taiwan	147
外商投资企业	Foreign-funded	224
按轻、重工业分	**By Light and Heavy Industries**	
轻工业	Light Industry	96
重工业	Heavy Industry	275
按企业规模分	**By Size**	
大型企业	Large	64
中型企业	Medium	120
小型企业	Small	180
微型企业	Mini	7
按行业分	**By Sector**	
煤炭开采和洗选业	Mining and Washing of Coal	1
石油和天然气开采业	Extraction of Petroleum and Natural Gas	
黑色金属矿采选业	Mining and Processing of Ferrous Metal Ores	
有色金属矿采选业	Mining and Processing of Non-Ferrous Metal Ores	
非金属矿采选业	Mining and Processing of Nonmetal Ores	1
开采辅助活动	Mining Support Activities	
其他采矿业	Mining of Other Ores	
农副食品加工业	Processing of Food from Agricultural Products	12
食品制造业	Manufacture of Foods	3
酒、饮料和精制茶制造业	Liquor, Beverage and Refined Tea	10
烟草制品业	Manufacture of Tobacco	
纺织业	Manufacture of Textile	1
纺织服装、鞋、帽制造业	Manufacture of Textile Wearing Apparel, Footware and Caps	10
皮革、毛皮、羽毛（绒）及其制品业	Manufacture of Leather, Fur, Feather and Related Products	1
木材加工及木竹藤棕草制品业	Processing of Timber, Manufacture of Wood, Bamboo, Rattan, Palm and Straw Products	1
家具制造业	Manufacture of Furniture	1
造纸及纸制品业	Manufacture of Paper and Paper Products	12
印刷业、记录媒介的复制	Printing, Reproduction of Recording Media	5
文教、工美、体育和娱乐用品制造业	Manufacture of Culture, Education, Handicraft, Fine Arts, Sports and Entertainment Articles	3
石油加工、炼焦及核燃料加工业	Processing of Petroleum, Coking, Processing of Nuclear Fuel	
化学原料及化学制品制造业	Manufacture of Raw Chemical Materials and Chemical Products	20
医药制造业	Manufacture of Medicines	3
化学纤维制造业	Manufacture of Chemical Fibers	
橡胶和塑料制品业	Manufacture of Rubber and Plastics	17
非金属矿物制品业	Manufacture of Non-metallic Mineral Products	19
黑色金属冶炼及压延加工业	Smelting and Pressing of Ferrous Metals	1
有色金属冶炼及压延加工业	Smelting and Pressing of Nonferrous Metals	6
金属制品业	Manufacture of Metal Products	8
通用设备制造业	Manufacture of General Purpose Machinery	21
专用设备制造业	Manufacture of Special Purpose Machinery	14
汽车制造业	Manufacture of Motor Vehicles	83
铁路、船舶、航空航天和其他运输设备制造业	Manufacture of Railway, Ship, Aviation and Other Transporting Equipment	16
电气机械及器材制造业	Manufacture of Electrical Machinery and Equipment	15
通信设备、计算机及其他电子设备制造业	Manufacture of Communication Equipment, Computers and Other Electronic Equipment	71
仪器仪表及文化、办公用机械制造业	Manufacture of Measuring Instruments and Machinery for Cultural Activity and Office Work	8
其他制造业	Other Manufacture	
废弃资源综合利用业	Comprehensive Utilization of Waste Resources	
金属制品、机械和设备修理业	Repair of Metal Products, Machinery and Equipment	
电力、热力的生产和供应业	Production and Supply of Electric Power and Heat Power	3
燃气生产和供应业	Production and Supply of Gas	3
水的生产和供应业	Production and Supply of Water	2

单位：万元 (10 000 yuan)

从业人员平均人数（万人）Average Emloyment (10 000 persons)	工业总产值 Gross Output Value	工业销售产值 Sales Value of Industry	其 中 of which #出口交货值 Value of Export Delivery	实收资本 Paid-in Capital	其 中 of which #国家资本 State Capital	#外商资本 Foreign Capital
30.19	**50332704**	**49331922**	**21817919**	**5299858**	**679638**	**1909101**
11.90	16728918	16458574	10776792	2215968	316935	461988
18.28	33603786	32873348	11041127	3083890	362703	1447113
5.51	5760903	5526607	573265	1148942	41473	499422
24.68	44571801	43805315	21244654	4150917	638164	1409679
20.78	40267363	39702273	20915237	2840506	427056	975248
6.79	6207866	5891394	697397	1318401	109258	468395
2.61	3795252	3676010	188800	1114512	139197	449487
0.00	62223	62245	16484	26440	4126	15971
0.03	3900	3900		32		
	4031	4007		3400		3400
0.29	735291	627875	30971	48343	2817	28574
0.25	214078	217046	152	12457		1906
0.72	491712	477956		105155	12179	58010
0.03	24217	23617		1000		
0.73	300166	266829	77304	36936		5630
0.01	2667	2328	1633	445		
0.01	13136	13131		600		
0.27	260518	274617	716	6209		
0.83	1425890	1407753	17920	613586		326926
0.17	145006	148626	18870	29757		11990
0.32	92848	85161	11371	17131		
0.36	850299	813947	5235	400365	105088	231990
0.12	84813	87473	80834	13677		1577
1.46	1085459	910730	108607	325150	9737	157069
1.31	1100001	1036958	134725	552661	4200	104894
0.04	12425	12586		1000		440
0.19	810341	798719	36628	109432		
0.24	137428	135079	7210	37191		6122
0.86	1044402	1011321	186735	203760	27082	79365
0.35	345600	339446	6618	62864	9771	9432
6.52	15236066	15074575	140094	1241336	177851	550662
0.87	988330	943988	276517	137506	38106	51719
1.00	1126106	992848	38116	113112	2000	21785
12.35	22725996	22559591	20607554	755470	8476	194347
0.26	295581	285416	30111	36476	2500	24641
0.20	402117	402117		190581	174831	3622
0.30	316555	316555		159600	105000	35000
0.08	57728	57728		84625		

表12.14 续表1 continued1

指 标	Item	资 产 Total Assets
总 计	**Total**	**28515292**
按登记注册类型分	**By Status of Registration**	
#港澳台投资企业	Funded by Hong Kong, Macao and Taiwan	9818364
外商投资企业	Foreign-funded	18696928
按轻、重工业分	**By Light and Heavy Industries**	
轻工业	Light Industry	5177885
重工业	Heavy Industry	23337407
按企业规模分	**By Size**	
大型企业	Large	19178309
中型企业	Medium	5570875
小型企业	Small	3697675
微型企业	Mini	68434
按行业分	**By Sector**	
煤炭开采和洗选业	Mining and Washing of Coal	13659
石油和天然气开采业	Extraction of Petroleum and Natural Gas	
黑色金属矿采选业	Mining and Processing of Ferrous Metal Ores	
有色金属矿采选业	Mining and Processing of Non-Ferrous Metal Ores	
非金属矿采选业	Mining and Processing of Nonmetal Ores	10775
开采辅助活动	Mining Support Activities	
其他采矿业	Mining of Other Ores	
农副食品加工业	Processing of Food from Agricultural Products	335031
食品制造业	Manufacture of Foods	135271
酒、饮料和精制茶制造业	Liquor, Beverage and Refined Tea	587228
烟草制品业	Manufacture of Tobacco	
纺织业	Manufacture of Textile	16135
纺织服装、鞋、帽制造业	Manufacture of Textile Wearing Apparel, Footware and Caps	129314
皮革、毛皮、羽毛（绒）及其制品业	Manufacture of Leather, Fur, Feather and Related Products	742
木材加工及木竹藤棕草制品业	Processing of Timber, Manufacture of Wood, Bamboo, Rattan, Palm and Straw Products	4896
家具制造业	Manufacture of Furniture	162419
造纸及纸制品业	Manufacture of Paper and Paper Products	1834386
印刷业、记录媒介的复制	Printing, Reproduction of Recording Media	128848
文教、工美、体育和娱乐用品制造业	Manufacture of Culture, Education, Handicraft, Fine Arts, Sports and Entertainment Articles	148257
石油加工、炼焦及核燃料加工业	Processing of Petroleum, Coking, Processing of Nuclear Fuel	
化学原料及化学制品制造业	Manufacture of Raw Chemical Materials and Chemical Products	1036311
医药制造业	Manufacture of Medicines	183997
化学纤维制造业	Manufacture of Chemical Fibers	
橡胶和塑料制品业	Manufacture of Rubber and Plastics	1096915
非金属矿物制品业	Manufacture of Non-metallic Mineral Products	2015358
黑色金属冶炼及压延加工业	Smelting and Pressing of Ferrous Metals	22061
有色金属冶炼及压延加工业	Smelting and Pressing of Nonferrous Metals	532814
金属制品业	Manufacture of Metal Products	100202
通用设备制造业	Manufacture of General Purpose Machinery	757578
专用设备制造业	Manufacture of Special Purpose Machinery	310985
汽车制造业	Manufacture of Motor Vehicles	8640955
铁路、船舶、航空航天和其他运输设备制造业	Manufacture of Railway, Ship, Aviation and Other Transporting Equipment	617167
电气机械及器材制造业	Manufacture of Electrical Machinery and Equipment	796998
通信设备、计算机及其他电子设备制造业	Manufacture of Communication Equipment, Computers and Other Electronic Equipment	7163405
仪器仪表及文化、办公用机械制造业	Manufacture of Measuring Instruments and Machinery for Cultural Activity and Office Work	160641
其他制造业	Other Manufacture	
废弃资源综合利用业	Comprehensive Utilization of Waste Resources	
金属制品、机械和设备修理业	Repair of Metal Products, Machinery and Equipment	
电力、热力的生产和供应业	Production and Supply of Electric Power and Heat Power	607580
燃气生产和供应业	Production and Supply of Gas	692261
水的生产和供应业	Production and Supply of Water	273104

单位：万元 (10 000 yuan)

其 中 of which	固定资产 Fixed Assets		负 债	其 中 of which
#流动资产 Circulating Assets	原 值 Original Value	净 值 Net Value	Total Liabilities	#流动负债 Total Circulating Liabilities
14701905	**15399905**	**9552051**	**19335717**	**15758346**
4776353	5693460	3451807	6201609	4443290
9925552	9706445	6100245	13134107	11315056
2544907	2607953	1606291	2791362	2174550
12156998	12791952	7945760	16544355	13583796
9640417	10757494	6609514	13659359	11076981
2902711	2989181	1935434	3427124	2830873
2131087	1638812	1001051	2226173	1838621
27690	14418	6052	23060	11871
1814	17653	8297	11845	1814
4217	6400	5307	9999	6275
241706	133741	75322	237551	230520
40589	94931	63534	52614	52614
250885	359952	152037	309246	307897
6319	23706	7853	5361	2171
72017	32238	20484	39533	34040
324	541	418	213	213
1580	3613	3316	439	
130519	31703	21553	126854	126854
746603	1179035	789995	1042556	587742
55612	96684	55487	73399	67899
96001	7579	4228	57206	54118
421286	937692	542580	565788	503633
96673	53246	42993	96134	86800
350137	797843	525434	751654	485179
697911	1483791	920227	1303788	960113
17043	8528	5018	19242	19242
261175	239046	153853	334181	276822
51424	76699	42375	55566	44350
487869	319426	199658	437892	395053
185147	228367	61274	182310	158738
4763568	3800786	2456836	5830992	5489807
335134	266299	146157	391839	327862
517917	137152	98641	317646	268697
4311280	3321453	2345332	6162021	4658360
134086	45362	20755	71128	60304
108314	1226335	475078	310851	240826
281735	210272	114890	354772	232740
33023	259834	193122	183099	77664

表12.14 续表2 continued2

指 标	Item	所有者权益 Creditors' Equity
总 计	**Total**	**9089014**
按登记注册类型分	**By Status of Registration**	
#港澳台投资企业	Funded by Hong Kong, Macao and Taiwan	3558924
外商投资企业	Foreign-funded	5530089
按轻、重工业分	**By Light and Heavy Industries**	
轻工业	Light Industry	2355854
重工业	Heavy Industry	6733160
按企业规模分	**By Size**	
大型企业	Large	5518938
中型企业	Medium	2118727
小型企业	Small	1445331
微型企业	Mini	6017
按行业分	**By Sector**	
煤炭开采和洗选业	Mining and Washing of Coal	1814
石油和天然气开采业	Extraction of Petroleum and Natural Gas	
黑色金属矿采选业	Mining and Processing of Ferrous Metal Ores	
有色金属矿采选业	Mining and Processing of Non-Ferrous Metal Ores	
非金属矿采选业	Mining and Processing of Nonmetal Ores	776
开采辅助活动	Mining Support Activities	
其他采矿业	Mining of Other Ores	
农副食品加工业	Processing of Food from Agricultural Products	97127
食品制造业	Manufacture of Foods	82657
酒、饮料和精制茶制造业	Liquor, Beverage and Refined Tea	277982
烟草制品业	Manufacture of Tobacco	
纺织业	Manufacture of Textile	10774
纺织服装、鞋、帽制造业	Manufacture of Textile Wearing Apparel, Footware and Caps	63227
皮革、毛皮、羽毛（绒）及其制品业	Manufacture of Leather, Fur, Feather and Related Products	429
木材加工及木竹藤棕草制品业	Processing of Timber, Manufacture of Wood, Bamboo, Rattan, Palm and Straw Products	4457
家具制造业	Manufacture of Furniture	35565
造纸及纸制品业	Manufacture of Paper and Paper Products	789326
印刷业、记录媒介的复制	Printing, Reproduction of Recording Media	55449
文教、工美、体育和娱乐用品制造业	Manufacture of Culture, Education, Handicraft, Fine Arts, Sports and Entertainment Articles	91051
石油加工、炼焦及核燃料加工业	Processing of Petroleum, Coking, Processing of Nuclear Fuel	
化学原料及化学制品制造业	Manufacture of Raw Chemical Materials and Chemical Products	470522
医药制造业	Manufacture of Medicines	87863
化学纤维制造业	Manufacture of Chemical Fibers	
橡胶和塑料制品业	Manufacture of Rubber and Plastics	345261
非金属矿物制品业	Manufacture of Non-metallic Mineral Products	691368
黑色金属冶炼及压延加工业	Smelting and Pressing of Ferrous Metals	2819
有色金属冶炼及压延加工业	Smelting and Pressing of Nonferrous Metals	193294
金属制品业	Manufacture of Metal Products	43934
通用设备制造业	Manufacture of General Purpose Machinery	312151
专用设备制造业	Manufacture of Special Purpose Machinery	128175
汽车制造业	Manufacture of Motor Vehicles	2785234
铁路、船舶、航空航天和其他运输设备制造业	Manufacture of Railway, Ship, Aviation and Other Transporting Equipment	225328
电气机械及器材制造业	Manufacture of Electrical Machinery and Equipment	478195
通信设备、计算机及其他电子设备制造业	Manufacture of Communication Equipment, Computers and Other Electronic Equipment	1000500
仪器仪表及文化、办公用机械制造业	Manufacture of Measuring Instruments and Machinery for Cultural Activity and Office Work	89513
其他制造业	Other Manufacture	
废弃资源综合利用业	Comprehensive Utilization of Waste Resources	
金属制品、机械和设备修理业	Repair of Metal Products, Machinery and Equipment	
电力、热力的生产和供应业	Production and Supply of Electric Power and Heat Power	296729
燃气生产和供应业	Production and Supply of Gas	337489
水的生产和供应业	Production and Supply of Water	90005

单位：万元 (10 000 yuan)

主营业务收入 Revenue from Principal Business	主营业务成本 Cost of Principal Business	主营业务税金及附加 Tax and Extra Charges of Principal Business	利润总额 Total After-tax Profits	利税总额 Total Pre-tax Profits	应付职工薪酬 Total Wages
50717910	**43852486**	**677597**	**3158000**	**5169577**	**1933405**
16519927	15145037	34502	621475	897747	683606
34197983	28707450	643094	2536525	4271831	1249799
5633043	4664806	47483	445395	691508	351047
45084867	39187680	630114	2712606	4478070	1582358
40868160	35507993	630676	2506716	4150791	1361174
5996178	4990037	32814	480202	739838	397621
3792557	3303567	13720	164398	269576	174054
61015	50889	387	6685	9373	556
3900	3129	88	125	293	943
3446	4017	5	1160	1155	37
627707	577577	2262	16106	31368	19226
294568	227095	1815	25696	41318	13987
517822	348998	19647	28294	78054	58854
23617	19016	236	2392	3809	1929
258051	212283	1404	19120	36393	36011
2215	1905		79	79	298
13130	10392	197	2552	3667	840
274617	215386	1700	34315	48510	20931
1404415	1154172	5221	146316	195485	43850
147534	116139	955	17017	24836	16639
85462	57912	832	25102	29686	11062
785783	639416	2215	40089	87748	28759
89720	60970	418	11429	11849	11627
1038019	872094	7778	56532	127007	99986
1091192	833301	7843	81638	146563	84909
12586	11079	256	758	2217	1264
799798	716578	3190	55271	83600	10549
142060	127643	334	6126	9117	12308
1042520	828779	5220	117795	152647	62061
345617	298405	1297	26589	37922	22360
15971907	11781021	579751	2013851	3283032	590848
940147	835959	10069	34664	69965	65874
1093048	957339	12970	80935	134869	52255
22619792	22021220	5138	189979	362241	574017
275398	221980	1213	27070	38399	21604
400853	337905	2794	39052	61423	19226
360061	318165	2464	54613	59765	40973
52929	42613	287	5657	8870	10181

表12.15 外商投资和港澳台投资工业企业经济效益指标（2014年）
INDICATORS ON ECONOMIC BENEFIT OF INDUSTRIAL ENTERPRISES WITH HONG KONG, MACAO, TAIWAN AND FOREIGN FUNDS (2014)

指　标	Item	总资产贡献率 Ratio of Total Assets to Industrial Output Value
总　计	**Total**	**19.6**
按轻、重工业分	**By Light and Heavy Industries**	
轻工业	Light Industry	14.0
重工业	Heavy Industry	20.9
按企业规模分	**By Size**	
大型企业	Large	21.9
中型企业	Medium	19.8
小型微型企业	Small&Mini	8.1
按行业分	**By Sector**	
煤炭开采和洗选业	Mining and Washing of Coal	2.2
石油和天然气开采业	Extraction of Petroleum and Natural Gas	
黑色金属矿采选业	Mining and Processing of Ferrous Metal Ores	
有色金属矿采选业	Mining and Processing of Non-Ferrous Metal Ores	
非金属矿采选业	Mining and Processing of Nonmetal Ores	-7.7
开采辅助活动	Mining Support Activities	
其他采矿业	Mining of Other Ores	
农副食品加工业	Processing of Food from Agricultural Products	9.1
食品制造业	Manufacture of Foods	30.5
酒、饮料和精制茶制造业	Liquor, Beverage and Refined Tea	13.9
烟草制品业	Manufacture of Tobacco	
纺织业	Manufacture of Textile	23.9
纺织服装、服饰业	Manufacture of Textile Wearing Apparel, Footware and Caps	28.6
皮革、毛皮、羽毛及其制品和制鞋业	Manufacture of Leather, Fur, Feather and Related Products	9.7
木材加工和木、竹、藤、棕、草制品业	Processing of Timber, Manufacture of Wood, Bamboo, Rattan, Palm and Straw Products	74.9
家具制造业	Manufacture of Furniture	30.0
造纸和纸制品业	Manufacture of Paper and Paper Products	11.5
印刷和记录媒介复制业	Printing, Reproduction of Recording Media	21.0
文教、工美、体育和娱乐用品制造业	Manufacture of Culture, Education, Handicraft, Fine Arts, Sports and Entertainment Articles	20.0
石油加工、炼焦和核燃料加工业	Processing of Petroleum, Coking, Processing of Nuclear Fuel	
化学原料和化学制品制造业	Manufacture of Raw Chemical Materials and Chemical Products	9.6
医药制造业	Manufacture of Medicines	7.1
化学纤维制造业	Manufacture of Chemical Fibers	
橡胶和塑料制品业	Manufacture of Rubber and Plastics	13.7
非金属矿物制品业	Manufacture of Non-metallic Mineral Products	9.8
黑色金属冶炼和压延加工业	Smelting and Pressing of Ferrous Metals	10.8
有色金属冶炼和压延加工业	Smelting and Pressing of Nonferrous Metals	74.4
金属制品业	Manufacture of Metal Products	10.2
通用设备制造业	Manufacture of General Purpose Machinery	20.6
专用设备制造业	Manufacture of Special Purpose Machinery	12.5
汽车制造业	Manufacture of Motor Vehicles	38.2
铁路、船舶、航空航天和其他运输设备制造业	Manufacture of Railway, Ship, Aviation and Other Transporting Equipment	12.5
电气机械和器材制造业	Manufacture of Electrical Machinery and Equipment	17.2
计算机、通信和其他电子设备制造业	Manufacture of Communication Equipment, Computers and Other Electronic Equipment	4.6
仪器仪表制造业	Manufacture of Measuring Instruments and Machinery for Cultural Activity and Office Work	24.3
其他制造业	Other Manufacture	
废弃资源综合利用业	Comprehensive Utilization of Waste Resources	
金属制品、机械和设备修理业	Repair of Metal Products, Machinery and Equipment	
电力、热力生产和供应业	Production and Supply of Electric Power and Heat Power	12.1
燃气生产和供应业	Production and Supply of Gas	8.0
水的生产和供应业	Production and Supply of Water	5.6

单位：% (%)

资本保值增值率 Ratio of Assets Appreciation YOY	资产负债率 Asset-Liability Ratio	流动资产周转率（次） Turnover Ratio of Circulating Assets (time)	成本费用利润率 Ratio of Profits to Cost	全员劳动生产率（元/人年） Overall Labor Productivity (yuan/person-year)	产品销售率 Sales as Percentage of Output
107.9	**67.8**	**3.5**	**7.2**	**315273**	**98.0**
113.1	53.9	2.3	8.4	277354	95.9
106.3	70.9	3.8	7.1	323733	98.3
106.8	71.2	4.3	6.5	335545	98.6
113.8	61.5	2.1	14.0	243012	94.9
103.5	59.7	1.8	4.6	341915	96.9
370.0	86.7	2.2	3.4	56906	100.0
40.1	92.8	0.8	-22.4	430411	99.4
107.0	70.9	2.6	2.6	431616	85.4
49.9	38.9	7.5	9.3	270351	101.4
101.8	52.7	2.1	5.9	247323	97.2
129.4	33.2	3.7	11.4	320581	97.5
115.2	30.6	3.6	7.8	121090	88.9
113.4	28.7	6.8	3.7	64945	87.3
222.7	9.0	8.3	21.6	294397	100.0
148.4	78.1	2.2	13.8	304465	105.4
103.7	56.8	1.9	11.4	518324	98.7
110.4	57.0	2.7	13.1	283545	102.5
99.5	38.6	0.9	38.0	143757	91.7
89.5	54.6	1.9	5.3	607977	95.7
162.5	52.3	1.0	14.3	217708	103.1
113.2	68.5	3.0	5.7	198895	83.9
106.3	64.7	1.6	8.0	256558	94.3
101.1	87.2	0.7	6.6	127121	101.3
105.0	62.7	3.1	48.5	1123805	98.6
102.4	55.5	2.9	4.4	161162	98.3
105.9	57.8	2.2	12.6	375764	96.8
116.8	58.6	1.9	8.3	272764	98.2
104.4	67.5	3.5	14.5	667488	98.9
94.4	63.5	2.9	3.7	222154	95.5
170.6	39.9	2.1	8.0	256643	88.2
127.2	86.0	5.3	0.8	143475	99.3
107.6	44.3	2.1	10.7	302724	96.6
98.2	51.2	3.7	10.7	669480	100.0
124.8	51.3	1.3	15.9	246335	100.0
142.7	67.0	2.1	8.3	366567	100.0

表12.15 续表 continued

指 标	Item	销售利润率 Rate of Return on Sale
总 计	**Total**	**6.8**
按轻、重工业分	**By Light and Heavy Industries**	
轻工业	Light Industry	7.9
重工业	Heavy Industry	6.7
按企业规模分	**By Size**	
大型企业	Large	6.1
中型企业	Medium	13.1
小型微型企业	Small&Mini	4.4
按行业分	**By Sector**	
煤炭开采和洗选业	Mining and Washing of Coal	3.2
石油和天然气开采业	Extraction of Petroleum and Natural Gas	
黑色金属矿采选业	Mining and Processing of Ferrous Metal Ores	
有色金属矿采选业	Mining and Processing of Non-Ferrous Metal Ores	
非金属矿采选业	Mining and Processing of Nonmetal Ores	-33.7
开采辅助活动	Mining Support Activities	
其他采矿业	Mining of Other Ores	
农副食品加工业	Processing of Food from Agricultural Products	2.6
食品制造业	Manufacture of Foods	8.7
酒、饮料和精制茶制造业	Liquor, Beverage and Refined Tea	5.5
烟草制品业	Manufacture of Tobacco	
纺织业	Manufacture of Textile	10.1
纺织服装、服饰业	Manufacture of Textile Wearing Apparel, Footware and Caps	7.4
皮革、毛皮、羽毛及其制品和制鞋业	Manufacture of Leather, Fur, Feather and Related Products	3.6
木材加工和木、竹、藤、棕、草制品业	Processing of Timber, Manufacture of Wood, Bamboo, Rattan, Palm and Straw Products	19.4
家具制造业	Manufacture of Furniture	12.5
造纸和纸制品业	Manufacture of Paper and Paper Products	10.4
印刷和记录媒介复制业	Printing, Reproduction of Recording Media	11.5
文教、工美、体育和娱乐用品制造业	Manufacture of Culture, Education, Handicraft, Fine Arts, Sports and Entertainment Articles	29.4
石油加工、炼焦和核燃料加工业	Processing of Petroleum, Coking, Processing of Nuclear Fuel	
化学原料和化学制品制造业	Manufacture of Raw Chemical Materials and Chemical Products	5.1
医药制造业	Manufacture of Medicines	12.7
化学纤维制造业	Manufacture of Chemical Fibers	
橡胶和塑料制品业	Manufacture of Rubber and Plastics	5.5
非金属矿物制品业	Manufacture of Non-metallic Mineral Products	7.5
黑色金属冶炼和压延加工业	Smelting and Pressing of Ferrous Metals	6.0
有色金属冶炼和压延加工业	Smelting and Pressing of Nonferrous Metals	45.2
金属制品业	Manufacture of Metal Products	4.3
通用设备制造业	Manufacture of General Purpose Machinery	11.3
专用设备制造业	Manufacture of Special Purpose Machinery	7.7
汽车制造业	Manufacture of Motor Vehicles	12.6
铁路、船舶、航空航天和其他运输设备制造业	Manufacture of Railway, Ship, Aviation and Other Transporting Equipment	3.7
电气机械和器材制造业	Manufacture of Electrical Machinery and Equipment	7.4
计算机、通信和其他电子设备制造业	Manufacture of Communication Equipment, Computers and Other Electronic Equipment	0.8
仪器仪表制造业	Manufacture of Measuring Instruments and Machinery for Cultural Activity and Office Work	9.8
其他制造业	Other Manufacture	
废弃资源综合利用业	Comprehensive Utilization of Waste Resources	
金属制品、机械和设备修理业	Repair of Metal Products, Machinery and Equipment	
电力、热力生产和供应业	Production and Supply of Electric Power and Heat Power	9.7
燃气生产和供应业	Production and Supply of Gas	15.2
水的生产和供应业	Production and Supply of Water	10.7

单位：% (%)

流动比率 Current Ratio	速动比率 Quick Ratio	产权比率 Equity Ratio	人均实现利税（元） Per Capita Pre-tax Profits (yuan)	从业人员人均工资（元） Per Capita Wages of Employees (yuan)
0.9	**0.7**	**2.1**	**181404**	**64048**
1.2	0.9	1.2	125592	63757
0.9	0.7	2.5	193855	64113
0.9	0.7	2.5	199784	65515
1.0	0.8	1.6	154013	58531
1.2	0.9	1.6	106587	66719
1.0	0.8	6.5	8604	27657
0.7	0.6	12.9	-427741	13556
1.1	0.5	2.5	107352	65796
0.8	0.6	0.6	167145	56581
0.8	0.5	1.1	108999	82187
2.9	2.4	0.5	140040	70904
2.1	1.0	0.6	49636	49115
1.5	1.0	0.5	6031	22748
		0.1	261957	60021
1.0	0.9	3.6	179867	77609
1.3	1.1	1.3	236407	53030
0.8	0.7	1.3	143642	96234
1.8	1.6	0.6	92221	34366
0.8	0.7	1.2	241530	79161
1.1	0.9	1.1	96023	94225
0.7	0.5	2.2	86712	68263
0.7	0.6	1.9	111743	64737
0.9	0.6	6.8	54751	31200
0.9	0.8	1.7	2101401	56839
1.2	0.7	1.3	37456	50565
1.2	1.0	1.4	177641	72223
1.2	1.0	1.4	109034	64290
0.9	0.6	2.1	503347	90587
1.0	0.8	1.7	80198	75509
1.9	1.7	0.7	135411	52465
0.9	0.8	6.2	29340	46494
2.2	1.8	0.8	147517	82997
0.5	0.3	1.1	310215	97098
1.2	1.2	1.1	198556	136123
0.4	0.3	2.0	111148	127578

表12.16 大中型工业企业主要经济指标（2014年）

MAIN ECONOMIC INDICATORS OF LARGE & MEDIUM-SIZED INDUSTRIAL ENTERPRISES (2014)

指 标	Item	单位数(个) Number of Enterprises (unit)	从业人员平均人数(万人) Average Emloyment (10 000 persons)	工业总产值 Gross Output Value
总 计	**Total**	**1334**	**121.41**	**135734116**
按登记注册类型分	**By Status of Registration**			
内资企业	Domestic-funded Enterprises	1150	93.84	89258887
#国有企业	State-owned	17	2.15	1242115
集体企业	Collective-owned	9	0.52	115634
港澳台投资企业	Funded by Hong Kong, Macao and Taiwan	69	10.80	15614542
外商投资企业	Foreign-funded	115	16.77	30860687
按轻、重工业分	**By Light and Heavy Industries**			
轻工业	Light Industry	455	35.47	31954629
重工业	Heavy Industry	879	85.94	103779487

指 标	Item	固定资产净值 Net Value of Fixed Assets	负 债 Total Liabilities	其中 of which: #流动负债 Total Circulating Liabilities
总 计	**Total**	**39190049**	**71906179**	**55274786**
按登记注册类型分	**By Status of Registration**			
内资企业	Domestic-funded Enterprises	30645100	54819695	41366933
#国有企业	State-owned	1563839	2156881	1540564
集体企业	Collective-owned	19016	63714	55884
港澳台投资企业	Funded by Hong Kong, Macao and Taiwan	3141933	5409653	3767342
外商投资企业	Foreign-funded	5403016	11676830	10140511
按轻、重工业分	**By Light and Heavy Industries**			
轻工业	Light Industry	6796436	13053838	10139437
重工业	Heavy Industry	32393613	58852341	45135350

单位：万元 (10 000 yuan)

工业销售产值 Sales Value of Industry	其中 of which #出口交货值 Value of Export Delivery	实收资本 Paid-in Capital	其中 of which #国家资本 State Capital	#外商资本 Foreign Capital	资产 Total Assets	其中 of which #流动资产 Circulating Assets	固定资产原值 Original Value of Fixed Assets
133494599	**25932215**	**15303860**	**3448736**	**1550311**	**113768742**	**52282846**	**64200575**
87900932	4319580	11144954	2912422	106669	89019559	39739718	50453900
1318862	15687	748354	441499		3529871	1095696	2250935
114730	38	19387			89124	30157	36604
15416730	10694439	1881844	303429	437182	8475049	4042180	5219456
30176937	10918196	2277063	232885	1006461	16274134	8500949	8527219
31279227	2520743	3193602	329025	458260	24182344	12797985	12030375
102215372	23411472	12110259	3119712	1092051	89586399	39484861	52170200

所有者权益 Creditors' Equity	主营业务收入 Revenue from Principal Business	主营业务成本 Cost of Principal Business	主营业务税金及附加 Tax and Extra Charges of Principal Business	利润总额 Total After-tax Profits	利税总额 Total Pre-tax Profits	工资总额 Total Wages
41732985	**135904693**	**115739880**	**2216621**	**8694941**	**16216123**	**8020449**
34095320	89040355	75241850	1553131	5708024	11325495	6261655
1372990	1208292	1087315	5233	-53950	-13697	203160
25409	111896	90989	818	2734	7615	18450
3042189	15369453	14171280	27719	551236	785414	623233
4595476	31494885	26326751	635771	2435682	4105215	1135562
11122282	31395334	25179605	987172	2409311	4832241	2186878
30610703	104509359	90560275	1229450	6285630	11383882	5833572

表12.17 大中型工业企业经济效益指标（2014年）

INDICATORS ON ECONOMIC BENEFIT OF LARGE & MEDIUM-SIZED INDUSTRIAL ENTERPRISES (2014)

指　标	Item	总资产贡献率 Ratio of Total Assets to Industrial Output Value
总　计	**Total**	**15.7**
按登记注册类型分	**By Status of Registration**	
内资企业	Domestic-funded Enterprises	14.1
#国有企业	State-owned	0.9
集体企业	Collective-owned	8.8
港澳台投资企业	Funded by Hong Kong, Macao and Taiwan	9.8
外商投资企业	Foreign-funded	27.4
按轻、重工业分	**By Light and Heavy Industries**	
轻工业	Light Industry	21.0
重工业	Heavy Industry	14.2

指　标	Item	销售利润率 Rate of Return on Sale
总　计	**Total**	**6.6**
按登记注册类型分	**By Status of Registration**	
内资企业	Domestic-funded Enterprises	6.4
#国有企业	State-owned	-4.5
集体企业	Collective-owned	2.4
港澳台投资企业	Funded by Hong Kong, Macao and Taiwan	3.6
外商投资企业	Foreign-funded	8.7
按轻、重工业分	**By Light and Heavy Industries**	
轻工业	Light Industry	7.7
重工业	Heavy Industry	6.3

单位：%（%）

资本保值增值率 Ratio of Assets Appreciation YOY	资产负债率 Asset-Liability Ratio	流动资产周转率（次） Turnover Ratio of Circulating Assets (time)	成本费用利润率 Ratio of Profits to Cost	全员劳动生产率（元/人年） Overall Labor Productivity (yuan/person-year)	产品销售率 Sales as Percentage of Output
16.4	**63.2**	**2.7**	**7.0**	**275717**	**98.4**
17.0	61.6	2.3	6.7	264838	98.5
0.6	61.1	1.2	-3.7	168677	106.2
26.6	71.5	3.8	2.4	83784	99.2
12.3	63.8	3.9	3.7	206793	98.7
9.6	71.8	3.8	9.5	381019	97.8
21.6	54.0	2.5	8.4	272388	97.9
14.8	65.7	2.7	6.6	277090	98.5

流动比率 Current Ratio	速动比率 Quick Ratio	产权比率 Equity Ratio	人均实现利税（元） Per Capita Pre-tax Profits (yuan)	从业人员人均工资（元） Per Capita Wages of Employees (yuan)
1.0	**0.8**	**1.7**	**136089**	**66061**
1.0	0.8	1.6	120689	66727
0.7	0.6	1.6	-6369	94462
0.5	0.3	2.5	14667	35536
1.1	0.9	1.8	72698	57686
0.8	0.6	2.5	263131	67730
1.3	1.0	1.2	136240	61657
0.9	0.7	1.9	136026	67878

表12.18 规模以上工业企业主要产品产量（2013－2014年）
OUTPUT OF MAJOR PRODUCTS OF INDUSTRIAL ENTERPRISES ABOVE DESIGNATED SIZE (2013-2014)

产　品	Products	2013	2014
化学纤维（万吨）	Chemical Fiber (10 000 tons)	4.60	5.01
纱（吨）	Yarn (ton)	184181	197010
布（万米）	Cloth (10 000 m)	56089.70	57626.33
印染布（万米）	Printed and Dyed Fabric (10 000 m)	20071.30	18576.89
毛　线（吨）	Knitting Wool (ton)	618	631
蚕　丝（吨）	Silk (ton)	5443	4730
丝织品（蚕丝及交织机织物（含蚕丝≥50%））（万米）	Silk Products (silk and mixture fabric (with content of silk ≥50%)) (10 000 m)	1524.10	1737.96
电视机（万部）	TV Sets (10 000 units)	0.89	
#彩色电视机	Color TV Sets	0.89	
微型计算机设备（台）	Microcomputers (units)	55933412	64467784
#笔记本计算机	Laptops	54709065	63488385
显示器（万台）	Display (10 000 setss)	995.00	1467.34
打印机（万台）	Marking Machine (10 000 setss)	1944.00	1616.29
移动通信手持机（手机）（万台）	Mobile Telephones (10 000 setss)	3696.00	9418.24
摩托车（万辆）	Motorcycles (10 000 units)	810.94	859.43
机制纸及纸板（吨）	Machine-made Paper and Paperboard (ton)	2509071	3111882
日用陶瓷制品（万件）	Household Ceramics (10 000 pcs)	350	299
日用玻璃制品（吨）	Daily-use Glassware (ton)	386473	415111
合成洗涤剂（吨）	Synthetic Detergents (ton)	54012	47624
干电池（折一号电池）（万只）	Dry Cells (equivalent to No.1 battery) (10 000 units)	14348.80	18452.70
卷　烟（亿支）	Cigarettes (100 million pieces)	571.00	576.00
白　酒（万千升）	Liquor (10 000 kiloliters)	17.49	19.80
啤　酒（万千升）	Beer (10 000 kiloliters)	80.04	73.72
罐　头（吨）	Canned Food (ton)	80018	93476
食用植物油（吨）	Edible Vegetable Oil (ton)	851027	899435
皮　鞋（万双）	Leather Shoes (10 000 pairs)	7615.80	9142.00
服　装（万件）	Garments (10 000 pcs)	10949.10	10700.00
乳制品（万吨）	Dairy Products (10 000 tons)	13.74	14.78
无酒精饮料（软饮料）（吨）	Non-alcoholic Beverage (soft) (ton)	2884102	2736151
焦　炭（万吨）	Coke (10 000 tons)	348.51	266.47
发电量（万千瓦时）	Electricity (10 000 kwh)	5861300.00	6445000.00
天然气（万立方米）	Natural Gas (10 000 cu.m)	509072.00	480500.00
生　铁（万吨）	Pig Iron (10 000 tons)	556.22	444.63
粗　钢（万吨）	Crude Steel (10 000 tons)	876.43	796.39
钢　材（万吨）	Steel Products (10 000 tons)	1290.55	1323.45
#大型钢材	Large	0.72	3.91
中小型钢材	Medium	61.81	70.76
中厚钢板	Medium Rolled-steel	139.73	99.70
无缝钢管	Seamless Steel Pipe	17.96	18.20

表12.18 续表 continued

产　品	Products	2013	2014
铝　材（吨）	Auminum Products (ton)	1097862	1334066
硫　酸（吨）	Sulphuric Acid (ton)	2093532	2028291
盐　酸（吨）	Hydrochloric Acid (ton)	69716	64914
烧　碱（吨）	Caustic Soda (ton)	336346	326747
精甲醇（商品量）（吨）	Fine Methyl Alcohol (commodities) (ton)	899149	1732524
涂　料（吨）	Paint (ton)	213053	230907
塑料制品（吨）	Plastics (ton)	1137037	230907
合成橡胶（吨）	Synthetic Rubber (ton)	26490	25783
化学原料药（吨）	Chemical Raw Material (ton)	13169	16335
中成药（吨）	Traditional Chinese Medicine (ton)	82466	92732
轮胎外胎（万条）	Tire (10 000 units)	3250.97	2916.74
水　泥（万吨）	Cement (10 000 tons)	6120.40	6666.61
人造板（立方米）	Artificial Boards (cu.m)	868025.10	1037589.51
矿山设备（吨）	Mining Equipment (ton)	66881	50671
起重设备（起重机）（吨）	Hoist and Derrick (ton)	55427	55349
房间空气调节器（台）	Air-Conditioners (unit)	9849869	13630160
发电设备（千瓦）	Generating Equipment (kw)	3064924	1896728
交流电动机（万千瓦）	AC Motors (10 000 kw)	376.44	511.33
变压器（万千伏安）	Transformer Products (10 000 kva)	3866.22	4064.57
金属切削机床（台）	Metal-cutting Machines (unit)	4645	4760
汽　车（辆）	Motor Vehicles (unit)	2150555	2628864
#轿　车	Cars	1081381	1113229
内燃机（发动机）（万千瓦）	Internal Combustion Engines (10 000 kw)	18375.09	22878.47
泵（台）	Industry Pumps (unit)	661057	641723
风　机（台）	Air Pumps (unit)	64020	154400
气体压缩机（台）	Gas Compressors (unit)	236437	2370690
轴　承（万套）	Bearings (10 000 sets)	10279.10	11339.76
工业锅炉（蒸吨）	Industry Boilers (ton)	1382.70	981.25
民用钢质船舶（载重吨）	Civil Steel Ships (ton)	1437824	1400921
合成氨（吨）	Synthetic Ammonia (ton)	2001001	2141860
化　肥（100%）（吨）	Chemical Fertilizer (100%) (ton)	2043340	2139906
#氮　肥	Nitrogen Fertilizer	1518266	1587797
磷　肥	Phosphate Fertilizer	522095	537871
配混合饲料（吨）	Mingled Forage (ton)	2765712	3076177
化学农药原药（吨）	Chemical Pesticides (ton)	2349	5854

重/庆/统/计/年/鉴

主要统计指标解释

■ 工业

指从事自然资源的开采，对采掘品和农产品进行加工和再加工的物质生产部门。具体包括：（1）对自然资源的开采，如采矿、晒盐、森林采伐等（不包括禽兽捕猎和水产捕捞）；（2）对农副产品的加工、再加工，如粮油加工、食品加工、轧花、缫丝、纺织、制革等；（3）对采掘品的加工、再加工，如炼铁、炼钢、化工生产、石油加工、机器制造、木材加工等，以及电力、自来水、煤气的生产和供应等；（4）对工业品的修理、翻新，如机器设备的修理、交通运输工具（包括小卧车）的修理等。

工业统计调查单位为独立核算法人工业企业。

独立核算法人工业企业指从事工业生产经营活动的单位。独立核算法人工业企业应同时具备以下条件：①依法成立，有自己的名称、组织机构和场所，能够承担民事责任；②独立拥有和使用资产，承担负债，有权与其他单位签订合同；③独立核算盈亏，并能够编制资产负债表。

本年鉴中涉及的企业登记注册类型：

（1）国有企业：指企业全部资产归国家所有，并按《中华人民共和国企业法人登记管理条例》规定登记注册的非公司制的经济组织。不包括有限责任公司中的国有独资公司。

（2）集体企业：指企业资产归集体所有，并按《中华人民共和国企业法人登记管理条例》规定登记注册的经济组织。

（3）股份合作企业：指以合作制为基础，由企业职工共同出资入股，吸收一定比例的社会资产投资组建，实行自主经营，自负盈亏，共同劳动，民主管理，按劳分配与按股分红相结合的一种集体经济组织。

（4）联营企业：两个及两个以上相同或不同所有制性质的企业法人或事业单位法人，按自愿、平等、互利的原则，共同投资组成的经济组织称为联营企业。联营企业包括国有联营企业、集体联营企业、国有与集体联营企业和其他联营企业。

国有联营企业：指所有联营单位均为国有。

集体联营企业：指所有联营单位均为集体。

国有与集体联营企业：指联营单位既有国有也有集体。

其他联营企业：指上述三种联营企业之外的其他联营形式的企业。

（5）有限责任公司：根据《中华人民共和国公司登记管理条例》规定登记注册，由两个以上，五十个以下的股东共同出资，每个股东以其所认缴的出资额对公司承担有限责任，公司以其全部资产对其债务承担责任的经济组织称为有限责任公司。有限责任公司分为国有独资公司以及其他有限责任公司。

国有独资公司：指国家授权的投资机构或者国家授权的部门单独投资设立的有限责任公司。

其他有限责任公司：指国有独资公司以外的其他有限责任公司。

（6）股份有限公司：指根据《中华人民共和国公司登记管理条例》规定登记注册，其全部注册资本由等额股份构成并通过发行股票筹集资本，股东以其认购的股份对公司承担有限责任，公司以其全部资产对其债务承担责任的经济组织。

（7）私营企业：指由自然人投资设立或由自然人控股，以雇佣劳动为基础的营利性经济组织。包括按照《公司法》、《合伙企业法》、《私营企业暂行条例》以及《个人独资企业法》规定登记注册的私营有限责任公司、私营股份有限公司、私营合伙企业、私营独资企业和个人独资企业。

（8）其他内资企业：指上述第（1）至第（7）之外的其他内资经济组织。

（9）与港澳台商合资经营企业：指港澳台地区投资者与内地企业依照《中华人民共和国中外合资经营企业法》及有关法律的规定，按合同规定的比例投资设立、分享利润和分担风险的企业。

（10）与港澳台商合作经营企业：指港澳台地区投资者与内地企业依照《中华人民共和国中外合作经营企业法》及有关法律的规定，依照合作合同的约定进行投资或提供条件设立、分配利润和分担风险的企业。

（11）港澳台商独资经营企业：指依照《中华人民共和国外资企业法》及有关法律的规定，在内地由港

主要统计指标解释

澳台地区投资者全额投资设立的企业。

（12）港澳台商投资股份有限公司：指根据国家有关规定，经外经贸部依法批准设立，其中港、澳、台商的股本占公司注册资本的比例达25%以上的股份有限公司。凡其中港、澳、台商的股本占公司注册资本的比例小于25%的，属于内资企业中的股份有限公司。

（13）中外合资经营企业：指外国企业或外国人与中国内地企业依照《中华人民共和国中外合资经营企业法》及有关法律的规定，按合同规定的比例投资设立、分享利润和分担风险的企业。

（14）中外合作经营企业：指外国企业或外国人与中国内地企业依照《中华人民共和国中外合作经营企业法》及有关法律的规定，依照合作合同的约定进行投资或提供条件设立、分配利润和分担风险的企业。

（15）外资企业：指依照《中华人民共和国外资企业法》及有关法律的规定，在中国内地由外国投资者全额投资设立的企业。

（16）外商投资股份有限公司：指根据国家有关规定，经外经贸部依法批准设立，其中外资的股本占公司注册资本的比例达25% 以上的股份有限公司。凡其中外资股本占公司注册资本的比例小于25%的，属于内资企业中的股份有限公司。

■ 国有控股企业

是指在企业的全部实收资本中，国有经济成分的出资人拥有的实收资本(股本)所占企业全部实收资本(股本)的比例大于50%的国有绝对控股。

在企业的全部实收资本中，国有经济成分的出资人拥有的实收资本(股本)所占比例虽未大于50%，但相对大于其他任何一方经济成分的出资人所占比例的国有相对控股；或者虽不大于其他经济成分，但根据协议规定拥有企业实际控制权的国有协议控股。

投资双方各占50%，且未明确由谁绝对控股的企业，若其中一方为国有经济成分的，一律按国有控股处理。

■ 轻工业

指主要提供生活消费品和制作手工工具的工业。按其所使用的原料不同，可分为两大类：(1)以农产品为原料的轻工业，是指直接或间接以农产品为基本原料的轻工业。主要包括食品制造、饮料制造、烟草加工、纺织、缝纫、皮革和毛皮制作、造纸以及印刷等工业；(2)以非农产品为原料的轻工业，是指以工业品为原料的轻工业。主要包括文教体育用品、化学药品制造、合成纤维制造、日用化学制品、日用玻璃制品、日用金属制品、手工工具制造、医疗器械制造、文化和办公用机械制造等工业。

■ 重工业

指为国民经济各部门提供物质技术基础的主要生产资料的工业。按其生产性质和产品用途，可以分为下列三类：(1)采掘(伐)工业，是指对自然资源的开采，包括石油开采、煤炭开采、金属矿开采、非金属矿开采等工业；(2)原材料工业，指向国民经济各部门提供基本材料、动力和燃料的工业。包括金属冶炼及加工、炼焦及焦炭、化学、化工原料、水泥、人造板以及电力、石油和煤炭加工等工业；(3)加工工业，是指对工业原材料进行再加工制造的工业。包括装备国民经济各部门的机械设备制造工业、金属结构、水泥制品等工业，以及为农业提供的生产资料如化肥、农药等工业。

根据上述划分原则，修理业中以重工业产品为修理作业对象的划为重工业，反之划为轻工业。

■ 工业总产值

指工业企业在本年内生产的以货币形式表现的工业最终产品和提供工业劳务活动的总价值量。

(1)工业总产值计算应遵循的原则

①工业生产的原则。即凡是企业在本年内生产的最终产品和提供的劳务，均应包括在内。其中的最终产品，不管是否在本年内销售，只要是本年内生产的，就应包括在内。凡不是工业生产的产品，均不得计入工业总产值。

②最终产品的原则。即企业生产的成品价值必须是本企业生产的，经检验合格不需再进行任何加工的最终产品。企业对外销售的半成品也应视为最终产品计入工业总产值。而在本企业内各车间转移的半成品和在制品只能计算其期末期初差额价值。

③“工厂法”原则。即以法人工业企业作为一个整体计算工业总产值，是其本年内生产的最终产品和提供劳务的总价值量。

(2)工业总产值的内容

主要统计指标解释

包括三部分：生产的成品价值、对外加工费收入、自制半成品在制品期末期初差额价值。

①成品价值：指企业在本年内生产，并在本年内不再进行加工，经检验合格、包装入库的已经销售和准备销售的全部工业成品(包括半成品)价值合计。成品价值中包括企业生产的自制设备及提供给本企业在建工程、其他非工业部门和生活福利部门等单位使用的成品价值，但不包括用订货者来料加工的成品(半成品)价值。

工业总产值是按现行价格计算的。成品价值按成品实物量乘以本年不含应交增值税(销项税额)的产品实际销售平均单价计算。会计核算中按成本价格转帐的自制设备和自产自用的成品，按成本价格计算生产成品价值。

②对外加工费收入：指企业在本年内完成的对外承做的工业品加工(包括用订货者来料加工生产)的加工费收入和对外工业品修理作业所收取的加工费收入。对外加工费收入按不含应交增值税(销项税额)的价格计算，可根据会计“产品销售收入”科目的有关资料取得。

对于以对外加工生产为主，对外加工费收入所占比重较大的企业，如果对外加工费收入出现跨年度支付的情况，为保证总产值生产口径计算的准确性，则应将对外加工费收入按实际情况调整，记录本年应实际收取的对外加工费收入。

③自制半成品在制品期末期初差额价值。为了使工业总产值与工业中间投入中的物耗价值一致，以便同口径地计算工业增加值，规定本指标的计算原则是：凡是企业会计产品成本核算中计算半成品、在制品成本，则工业总产值中必须包括自制半成品在制品期末期初差额价值。反之则不包括。

自制半成品在制品期末期初差额价值等于自制半成品在制品期末价值减去期初价值后的余额，如果期末价值小于期初价值，该指标为负值，企业在计算产值时，应按负值计算，不能作为零处理。

(3)工业总产值计算的几种具体规定

①凡自备原材料，不论其加工繁简程度如何，一律按全价，即包括自备原材料的价值，计算工业总产值。

②凡来料加工，加工企业一律按财务上结算的加工费计算工业总产值，即不包括定货者来料的价值。一般分两种情况：a、工业企业之间的来料加工，加工企业(即承包单位)按财务上结算的加工费计算工业总产值；委托加工的企业(即发包单位)按全价计算工业总产值。b、工业企业与非工业企业之间的来料加工，当工业企业作为加工企业时一律按加工费计算工业总产值。

③自制半成品、在制品期末期初差额价值，原则上应计入工业总产值，但如果会计产品成本核算中不计算自制半成品、在制品成本，则不计入工业总产值；如果会计产品成本核算中计算自制半成品、在制品成本的，则计入工业总产值。

■ 工业销售产值

指以货币形式表现的，工业企业在本年内销售的本企业生产的工业产品或提供工业性劳务价值的总价值量。工业销售产值包括的内容为：(1)销售成品价值；(2)对外加工费收入。区分来料加工与自备原材料生产的依据同工业总产值中的规定。

■ 出口交货值

指工业企业交给外贸部门或自营（委托）出口（包括销往香港、澳门、台湾），用外汇价格结算的产品价值，以及外商来样、来料加工、来件装配和补偿贸易等生产的产品价值。在计算出口交货值时，要把外汇价格按交易时的汇率折算成人民币计算。

■ 资产合计

指企业拥有或控制的能以货币计量的经济资源，包括各种财产、债权和其他权利。资产按其流动性(即资产的变现能力和支付能力)划分为：流动资产、长期投资、固定资产、无形资产、递延资产和其他资产。根据会计“资产负债表”中“资产总计”项的期末数填列。

（1）流动资产：指企业可以在一年内或者超过一年的一个生产周期内变现或者耗用的资产，包括现金及各种存款、短期投资，应收及预付款项、存货等。根据会计“资产负债表”中“流动资产合计”项的期末数填列。

（2）固定资产：指企业使用期限超过一年的房屋、建筑物、机器、机械、运输工具以及其他与生产、经营有关的设备、器具、工具等。不属于生产经营主要设备的物品，单位价值在2000元以上，并且使用年限超过2年的，也应当作为固定资产。“固定资产合计”根据会计“资产负债表”中“固定资产合计”项的期末数填列。

主要统计指标解释

负债合计

指企业所承担的能以货币计量，将以资产或劳务偿付的债务，偿还形式包括货币、资产或提供劳务。

负债一般按偿还期长短分为流动负债和长期负债。根据会计“资产负债表”中“负债合计”的期末数填列。

（1）流动负债：指企业在一年内或超过一年的一个营业周期内需要偿还的债务，包括短期借款、应付票据、应付帐款、预收帐款、应付工资、应交税金、应付利润、预提费用等。根据企业会计“资产负债表”中“流动负债合计”的期末数填报。

（2）长期负债：指企业偿还期在一年以上或者超过一年的一个营业周期以上的债务，包括长期借款、长期应付款、应付债券等。根据会计“资产负债表”中的“长期负债合计”的期末数填报。

所有者权益

指所有者在企业资产中享有的经济利益，它等于企业资产减去负债后的余额。包括实收资本（或股本）、资本公积、盈余公积、未分配利润等。根据会计“资产负债表”中的“所有者权益合计”项的期末数填列。

主营业务收入

指企业经营主要业务所取得的收入总额。根据会计“利润表”中对应指标的本年累计数填列。若执行2006年《企业会计制度》的企业，用“营业收入”的本期累计数代替。

主营业务成本

指企业经营主要业务发生的实际成本。根据会计“利润表”中对应指标的本年累计数填列。若执行2006年《企业会计制度》的企业，用“营业成本”的本期累计数代替。

主营业务税金及附加

指企业经营主要业务应负担的营业税、消费税、城市维护建设税、资源税、土地增值税、教育费附加。根据会计“利润表”中对应指标的本年累计数填列。若执行2006年《企业会计制度》的企业，用“营业税金及附加”的本期累计数代替。

营业利润

指企业从事生产经营活动所取得的利润，即主营业务收入减主营业务成本和主营业务税金及附加，加其他业务利润，减去营业费用、管理费用、财务费用后的金额。本指标根据会计“利润表”中对应指标的“本年累计数”填列。

应交增值税

指企业按税法规定，从事货物销售或提供加工、修理修配劳务等增加货物价值的活动本期应交纳的税金。指企业在报告期应交增值税额。计算公式为：

本年应交增值税=销项税额-(进项税额-进项税额转出)-出口抵减内销产品应纳税额-减免税款+出口退税

利润总额

指企业在生产经营过程中各种收入扣除各种耗费后的盈余，反映企业在报告期内实现的亏盈总额，包括营业利润、补贴收入、投资净收益和营业外收支净额。根据会计“利润表”中的对应指标的本期累计数填列。

利税总额

指企业利润总额、产品销售税金及附加、应交增值税之和。

工业经济效益综合指数

是综合衡量地区工业经济效益总体水平的一种特殊相对数，是反映一定时期工业经济运行质量的主要指标。工业经济效益综合指数由总资产贡献率、资本保值增值率、资产负债率、流动资产周转率、成本费用利润率、全员劳动生产率和产品销售率的实际数值分别除以该项指标的全国标准值，并乘以各自的权数，加总后除以总权数求得。该指标可从静态水平和动态趋势上较为全面地反映各地区工业经济效益的变化情况，并可在一定程度上消除地区对比的不可比因素。

总资产贡献率

反映企业全部资产的获利能力，是企业经营业绩和管理水平的集中体现，是评价和考核企业盈利能力的核心指标。计算公式为：

总资产贡献率（%）=（利润总额+税金总额+利息支出）/平均资产总额×100%

主要统计指标解释

资本保值增值率

反映企业净资产的变动状况，是企业发展能力的集中体现。计算公式为：

资本保值增值率（%）＝报告期期末所有者权益/上年同期期末所有者权益×100%

资产负债率

该指标既反映企业经营风险的大小，也反映企业利用债权人提供的资金从事经营活动的能力。计算公式为：资产负债率（%）=负债总额/资产总额×100%

流动资产周转次数

指在一定时期内流动资产完成的周转次数，反映流动资产的周转速度。计算公式为：

流动资产周转次数＝产品销售收入/全部流动资产平均余额

成本费用利润率

指在一定时期内实现的利润与成本费用之比，是反映工业生产成本及费用投入的经济效益指标，同时也是反映降低成本的经济效益的指标。计算公式为：

成本费用利润率（%）＝利润总额/成本费用总额×100%

全员劳动生产率

指根据产品的价值量指标计算的平均每一就业人员在单位时间内的产品生产量。是考核企业经济活动的重要指标，是企业生产技术水平、经营管理水平、职工技术熟练程度和劳动积极性的综合表现。目前，我国的全员劳动生产率是将工业企业的增加值除以同一时期全部就业人员的平均人数来计算的。计算公式为：

全员劳动生产率＝工业增加值/全部从业人员平均人数

产品销售率

指工业销售产值与同期全部工业总产值之比，反映工业产品已实现销售的程度，分析工业产销衔接情况，研究工业产品满足社会需求程度的指标。计算公式为：

产品销售率（%）＝现价工业销售产值/报告期现价工业总产值×100%

销售利润率

指企业利润与销售收入的比率。计算公式为：

销售利润率（%）＝利润/销售收入×100%

资本积累率

指企业所有者权益增长额与年初所有者权益的比率。计算公式为：

资本积累率（%）＝所有者权益增长额/年初所有者权益×100%

流动比率

指流动资产与流动负债的比率，它表明每一元流动负债有多少流动资产作为偿还的保证，反映企业用可在短期内转变为现金的流动资产偿还到期流动负债的能力。计算公式为：

流动比率＝流动资产/流动负债

速动比率

指企业速动资产与流动负债的比率。计算公式为：

速动比率＝速动资产/流动负债

产权比率

指企业负债总额与所有者权益的比率，是企业财务结构稳健与否的重要标志，也称资本负债率。计算公式为：

产权比率＝负债总额/所有者权益

Explanatory Notes on Main Statistical Indicators

□ Industry

Refers to the material production sector which is engaged in extraction of natural resources and processing and reprocessing of minerals and agricultural products, including I) extraction of natural resources, such as mining, salt production, logging (but not including hunting and fishing); II) processing and reprocessing of farm and sideline produces, such as rice husking, flour milling, wine making, oil pressing, cotton ginning, silk reeling, spinning and weaving, and leather making; III)manufacture of industrial products, such as steel making, iron smelting, chemicals manufacturing, petroleum processing, machine building, timber processing; water and gas production and electricity generation and supply; IV) repairing of industrial products such as the repairing of machinery and means of transport (including cars). Prior to 1984, the rural industry run by villages and cooperative organizations under village was classified into agriculture. Since 1984, it has been grouped into industry.

In industrial statistics surveys, the units of enquiry are corporate industrial enterprises with independent accounting systems.

Corporate industrial enterprises with independent accounting systems refer to enterprises engaging in industrial production activities, which meet the following requirements: (I)They are established legally, having their own names, organizations, location and able to take civil liability; (II)They possess and use their assets independently, assume liabilities and are entitled to sign contracts with other units; (III) They are financially independent and compile their own balance sheets.

Types of enterprise registration involved in this yearbook are as the following:

(I) State-owned Enterprises: refer to non-corporation economic units where the entire assets are owned by the state and which have registered in accordance with the Regulation of the People's Republic of China on the Management of Registration of Corporate Enterprises. Excluded from this category are sole state-funded corporations in the limited liability corporations.

(II) Collective-owned Enterprises: refer to economic units where the assets are owned collectively and which have registered in accordance with the Regulation of the People's Republic of China on the Management of Registration of Corporate Enterprises.

(III) Cooperative Enterprises: refer to a form of collective economic units (enterprises) where capitals come mainly from employees as their shares, with certain proportion of capital from the outside, where production is organized on the basis of independent operation, independent accounting for profits and losses, joint work, democratic management, and a distribution system that integrates remuneration according to work with dividend according to capital share.

(IV) Joint Ownership Enterprises: refer to economic units established by two or more corporate enterprises or corporate institutions of the same or different ownership, through joint investment on the basis of equality, voluntary participation and mutual benefits. They include state joint ownership enterprises, collective joint ownership enterprises, joint state-collective enterprises, other joint ownership enterprises. They include:

a) State-owned joint-operation enterprises (joint operation between State-owned enterprises);

b) Collective joint-operation enterprises (joint operation between collective enterprises);

c) State-collective joint-operation enterprises (joint operation between state and collective enterprises);

d) Other joint-operation enterprises(joint operation exclude state and collective enterprises).

(V) Limited Liability Corporations: refer to economic units established with investment from 2-50 investors and registered in accordance with the Regulation of the People's Republic of China on the Management of Registration of Corporations, each investor bearing limited liability to the corporation depending on its share of investment, and the corporation bearing liability to its debt to the maximum of its total assets. Limited liability corporations include exclusive state-funded limited liability corporations and other limited liability corporations.

Exclusive state-funded limited liability corporations: State-authorized investment institutions or departments of State has authorized the establishment of a separate investment in the limited liability company.

Other limited liability corporations:corporation exclude exclusive state-funded limited liability company.

(VI) Share holding Corporations Ltd.: refer to economic units registered in accordance with the Regulation of the People's Republic of China on the Management of Registration of Corporations, with total registered capitals divided into equal shares and raised through issuing stocks. Each investor bears limited liability to the corporation depending on the holding of shares, and the corporation bears liability to its debt to the maximum of its total assets.

(VII) Private Enterprises: refer to profit-making economic units invested and established by natural persons, or controlled by natural persons using employed labor. Included in this category are private limited liability corporations, private share-holding corporations Ltd., private partnership enterprises and private-funded enterprises registered in accordance with the Corporation Law, Partnership Enterprises Law and Interim Regulations on Private Enterprise.

(VIII) Other Domestic-funded Enterprises: refer to domestic-funded economic units other than those mentioned above.

(IX) Joint-venture Enterprises with Funds from Hong Kong, Macao and Taiwan: refer to enterprises jointly established by invertors from Hong Kong, Macao and Taiwan with enterprises in the mainland of China in accordance with the Law of the People's Republic of China on Sino-foreign Joint Venture Enterprises and other relevant laws, where the share of investment, profits and risks is stipulated in the contract.

(X) Cooperative Enterprises with Funds from Hong Kong Macau and Taiwan: established by investors from Hong Kong, Macau and Taiwan with enterprises in the mainland of China in accordance with the Law of the People's Republic of China on Sino-foreign Cooperative Enterprises and other relevant laws, where the investment or provision of facilities, and the share of profits and risks is stipulated in the cooperative contract.

(XI) Enterprises with Sole (exclusive) Investment from Hong Kong, Macau and Taiwan: refer to enterprises established in the mainland of China with exclusive investment from investors from Hong Kong, Macau and Taiwan in accordance with the Law of the People's Republic of China on Foreign-Funded Enterprises and other relevant laws.

(XII) Share-holding Corporations Ltd. with Investment from Hong Kong, Macau and Taiwan: refer to share-holding corporations Ltd. established with the approval from the former Ministry of Foreign Trade and Economic Relations in line with relevant state regulations, where the share of investment from Hong Kong, Macau or Taiwan businessmen exceeds 25% of the total registered capital of the corporation. In case the share of investment from Hong Kong, Macau or Taiwan is less than 25% of the total registered capital, the enterprise is to be classified as domestic-funded share-holding corporation Ltd.

(XIII) Joint-venture Enterprises with Foreign Investment: refer to enterprises jointly established by foreign enterprises or foreigners with enterprises in the mainland of China in accordance with the Law of the People's Republic of China on Sino-foreign Joint Venture Enterprises and other relevant laws, where the share of investment, profits and risks is stipulated in the contract.

(XIV) Cooperation Enterprises with Foreign Investment: refer to enterprises jointly established by foreign enterprises or foreigners with enterprises in the mainland of China in accordance with the Law of the People's Republic of China on Sino-foreign Cooperative Enterprises and other relevant laws, where the investment or provision of facilities, and the share of profits and risks is stipulated in the cooperative contract.

(XV) Enterprises with Sole (exclusive) Foreign Investment: refer to enterprises established in the mainland of China with exclusive investment from foreign investors in accordance with the Law of the People's Republic of China on Foreign-Funded Enterprises and other relevant laws.

(XVI) Share-holding Corporations Ltd. with Foreign Investment: refer to share-holding corporations Ltd. established with the approval from the Ministry of Foreign Trade and Economic Relations in line with relevant state regulations, where the share of investment from foreign investors exceeds 25% of the total registered capital of the corporation. In case the share of foreign investment is less than 25% of the total registered capital, the enterprise is to be classified as domestic-funded share-holding corporation Ltd.

☐ State-holding Enterprises

Refer to a classification of enterprises of mixed ownership. It means the state-owned asset of total assets is more than that of other owners. The classification shows the status of share held by state-owned economy.

☐ Light Industry

Refers to the industry that produces consumer goods and hand tools. It consists of two categories, depending on the materials used:

(I) Industries using farm products as raw materials. These are the branches of light industry which directly or indirectly use farm products as basic raw materials, including the manufacture of food

EXPLANATORY NOTES TO MAJOR STATISTICAL INDICATORS

and beverages, tobacco processing, textile, clothing, fur and leather manufacturing, paper making, printing, etc.

(II) Industries using non-farm products as raw materials. These are the branches of light industry which use manufactured goods as raw materials, including the manufacture of cultural, educational articles and sports goods, chemicals, synthetic fibre, chemical products for daily use, glass products for daily use, metal products for daily use, hand tools, medical apparatus and instruments, and the manufacture of cultural and office machinery.

□ Heavy Industry

Refers to the industry which produces capital goods, and provides various sectors of the national economy with necessary material and technical basis for production. It consists of the following three branches according to the purpose of production or the use of products:

(I) Mining, quarrying and logging industry, which refers to the industry that extracts natural resources, including extraction of petroleum, coal, metal and non-metal ores.

(II) Raw materials industry refers to the industry that provides various sectors of the national economy with raw materials, fuels and power. It includes smelting and processing of metals, coking and coke chemistry, chemical materials and building materials such as cement, plywood, and power, petroleum refining and coal dressing.

(III) Manufacturing industry which refers to the industry that processes raw materials. It includes machine-building industries which equip sectors of the national economy; industries producing metal structure and cement products; and industries producing means of agricultural production, such as chemical fertilizers and pesticides.

In accordance with the above principles of classification, the repairing trades, which are engaged primarily in repairing products of heavy industry, are classified as heavy industry while those which are engaged in repairing products of light industry are classified as light industry.

□ Gross Industrial Output Value

Refers to the total volume of final industrial products produced and industrial services provided in this year.

(I) Principles for calculations

①Statistics on industrial production follow the principle that all products produced by the enterprises and accepted through quality check during the reference period are to be included no matter whether they are sold or not during the reference period.

②Determination of final products follows the principle that all products that are included in the calculation of gross industrial output value are the final products of the enterprise which have been accepted through quality check and require no further processing. If an enterprise has semi-finished products to sell, these intermediate products are considered as the final products of the enterprise.

Finished and semi-finished products which tranfer in the workshop can only calculate the difference value between the end and the beginning.

③Gross industrial output value is calculated following the principle of factory approach, i.e. industrial enterprise is used as the basic accounting unit in calculating the gross industrial output value. By this approach, value of the same product is not to be double-counted, and the output value of different workshops (branch factories) within the enterprise should not be added. However, this approach allows the possibility of double counting between enterprises.

(II) Content

Gross industrial output value consists of 3 components: value of the finished products during the reference period, income from processing for external parties, and value of change in semi-finished products between the end and the beginning of the reference period.

①Value of finished products during the reference period: refers to the value of all finished (semi-finished) industrial products that are produced during the reference period without the need for further processing, checked for acceptance, packed and put into the warehouse of the enterprise, including the value of own-produced equipment and the value of products provided to the projects under construction of the enterprise, and to other non-industrial or welfare units. Value of finished products does not include the value of finished products (semi-finished products) that are produced using the materials from the clients who place the orders.

Value of finished products during the reference period is calculated by the quantity of products produced using own materials multiplied by the average unit prices at which products are sold (excluding value-added tax). Own-produced equipment and products produced for own use are valued at cost prices as in the case of enterprise accounting.

②Income from external processing: refers to income from contracted external processing of industrial products (including processing of industrial products using materials from the clients), and the income from industrial repairing work provided to other parties. Income from external processing is calculated using information from the item "products sales income" in the enterprise accounting at the prices with value-added tax excluded.

If the income from external processing is paid beyond one year, Enterprises which the share of income from processing service is significant should adjust and record actual income from external processing this year.

③Value of change in semi-finished products between the end and the beginning of the reference period.If the enterprise accounting excludes the cost of semi-finished products,then it should not be included in the gross industrial output value,and the reverse if otherwise.

Value of change in semi-finished products between the end and the beginning of the reference period:refers to the value of change in semi-finished products between the end and the beginning of the reference period. If the value of the end is less than the beginning, the index is negative and not dealted as zero.

(3) Method of calculation

①All products produced using own materials are to be calculated with full value in reporting the gross industrial output value irrespective of the complexity of production.

②For external processing, it allows calculate using processing fee.There are two cases: a、Between industrial enterprises.For gross industrial output value, processing enterprises calculate using processing fee and Commissioned processing calculate using full price.b、Between industrial enterprise and non-industrial enterprise.When industrial enterprise is processing enterprise,it allows caluculate using processing fee.

③The value of change in semi-finished products should be included in the gross industrial output value if it is included in the accounting record of the enterprise, otherwise it should not be included.

□ Industrial Sales Value

Is the total volume of industrial products produced and sold by industrial enterprises in a given period in monetary terms. It includes: (I) the value of finished-products; (II) the value for external processing. The difference between all products produced using own materials and external processing for calculation of industrial sales value is as same as the calculation of gross industry output value.

□ Value of Export Delivery

Refers to the value of products exported via foreign trade agencies or by the industrial enterprises on their own (including the export to Hong Kong, Macao and Taiwan), as well as the value of products in the productions like processing with foreign designs, processing on given materials, assembling of supplied parts and compensation trade, which is settled by foreign exchanges. The value of export delivery should be calculated in RMB according to the exchange rate at the time of trade.

□ Total Assets

Refer to all assets which are owned or controlled by enterprises, including circulating assets, long-term investment, fixed assets, intangible assets and deferred assets, other long-term assets, and deferred taxes, etc. The summation of above items is equal to total assets shown in the balance sheets of the enterprises. Total assets correspond to the summation item of total assets shown in the balance sheets of the enterprises

(I) Circulating assets (working capital) refer to assets which can be cashed in or spent or consumed in an operating cycle of one year or over one year, including cash, all kinds of deposits, short term investment, receivables, advance payment, stock, etc. Circulating assets correspond to the summation item of circulation assets shown in the balance sheets of the enterprises.

(II) Fixed assets refer to the assets with high unit value can keep its original body in use and last for a long period. Refers to the use of more than one year of housing, buildings, machines, machinery, transport equipment and other production and business-related equipment, apparatus, tools, etc. Some items which are not belong to the production and operation of major equipment, but the unit value of more than 2,000 yuan, and the use of more than two years, should also be as fixed assets. Fixed assets correspond to the summation item of fixed assets shown in the balance sheets of the enterprises.

□ Total Liabilities

Refer to the debts that enterprises are responsible for repayment, including liquid liabilities and long-term liabilities. The forms of reimbursement are including currency,assets and providing labor services.Total liabilities correspond to the summation item of liabilities shown in the balance sheets of the enterprises.

(I) Liquid liabilities (also called quick liabilities or immediate

EXPLANATORY NOTES TO MAJOR STATISTICAL INDICATORS

liabilities) refer to enterprises total debt payable within an operating cycle of one year or over one year, including short term loans, payables and advance payments, wages payable, taxes payable and profit payable, etc. Liquid liabilities correspond to the summation item of liquid liabilities shown in the balance sheets of the enterprises.

(II) Long-term liabilities refers to total debt payable within an operating cycle of one year or over one year, including long-term loans, payable liabilities, long-term payables, etc. Long-term liabilities correspond to the summation item of long-term shown in the balance sheets of the enterprises.

□ Creditors' Equity

Refers to investors' ownership of net assets of the enterprise. It is equal to the total assets of the enterprise minus its total liabilities, including the primary input from investors, capital accumulation fund, surplus accumulation fund and undistributed profit.It is the last digital of "creditors' equity" in "balance sheet". Creditors equity correspond to the summation item of creditors' equity shown in the balance sheets of the enterprises.

□ Revenue from Principal Business

Refers to the toal of revenue from principal business. It is the annual accumulation of the corresponding item in the "profit table" of the accountant. For enterprises that follow the 2006 Enterprise Accounting Standards, the year-end accumulation of Operating income is used as a substitute.

□ Cost of Principal Business

Refers to real costs from principal business. It is the annual accumulation of the corresponding item in the "profit table" of the accountant. For enterprises that follow the 2006 Enterprise Accounting Standards, the year-end accumulation of Operating costs is used as a substitute.

□ Tax and Extra Charges from Principal Business

Refer to the tax and charges including the business tax, consumption tax, city maintenance and construction tax, resources tax, land increasing value tax and extra charges for education and etc. It is the annual accumulation of the corresponding item in the "profit table" of the accountant. For enterprises that follow the 2006 Enterprise Accounting Standards, the year-end accumulation of tax and extra charges from the sales of products is used as a substitute.

□ Profit from business

Refers to the profits from operation activities, that is the main business income minus the cost of main business and main business tax and surcharges, add other business profits, minus operating expenses, management fees, finance charges. It is the annual accumulation of the corresponding item in the "profit table" of the accountant.

□ Value Added Tax Payable

Refers to the amount of the value-added tax, which should be paid by the enterprises in the reporting period.According to the tax laws, increasing the activities of the current value of the goods,such as the sale of goods or the provision of processing, repair workshop and other services should pay taxes.It is calculated as follows:

Value added tax payable=tax on sales-(tax on purchases-transferred tax on purchases)- Tax credits-tax cut +export rebate

□ Total Profits

Refers to the annual accumulation of the corresponding item in the "profit table" of the accountant. It is the profits gained from the revenues in the reference period, including business profits, subsidies, net income of investment and net income of other business.

□ Total Value of Profit and Tax (Pre-tax Profits)

Refers to the sum of the total profits, products sales tax and surcharges and the value added tax payable of industrial enterprises. It is also called Pre-tax profits.

□ Industrial Comprehensive Index of Economic Efficiency

Is a special kind of relative figure to comprehensively measure overall economic efficiency of regional industry, showing the quality of industrial economic efficiency of the reference period. Industrial comprehensive index of economic efficiency is calculated with 7 items of ratio of total assets to industrial output value, ratio of creditors' equity of current year to that of previous year, ratio of liabilities to assets, turnover ratio of output value, circulating funds, ratio of profits to cost, overall labor productivity, ratio of sales to products. The actual figure of every indicator above is divided by responding national standard numerical value, and the results multiply correlative weight coefficients, then the total number is divided by general weight coefficient. The index comprehensively reflects the changes of regional industrial economic efficiency in static and dynamic status, eliminating the incomparable factors at a certain extent.

☐ Ratio of Total Assets to Industrial Output Value

Reflects the profit-making capability of all assets of the enterprise and is a key indicator manifesting the performance and management and evaluating the profit-making potential of the enterprise. It is calculated as follows:

Ratio of Total Assets to Industrial Output (%) = [(Total profits + Total taxes + Interest payment) / average assets] × 100%

☐ Capital Maintenance and Appreciation Rate

Reflects the changes of an enterprise's net assets. It epitomizes the growth capability of an enterprise. Its calcuating formula is:

Capital Maintenance and appreciation rate = Ownership equity at the end of the reporting period/Ownership equity at the same period of the previous year.

☐ Ratio of Liabilities to Assets

Reflect both the operation risk and the capability of the enterprise in making use of the capital from the creditors. It is calculated as follows:

Ratio of liabilities to assets (%) = Total liabilities/total assets×100%

☐ Turnover Ratio of Circulating Funds

Refers to times of turnover of circulating funds in a given period of time, which reflects the speed of the turnover of working capital and is calculated as follows:

Turnover Ratio of Circulating Funds (%) = Sales Revenue of Products/Average Balance of Total Circulating Funds×100%

☐ Ratio of Profits to Costs

Refers to the ratio of profits realized in a given period to the total costs in the same period, which reflects the economic efficiency of input cost and is calculated as follows:

Ratio of Profits to Cost (%) =Total Profits/Total Costs×100%

☐ Overall Labor Productivity

Refers to the average output per employed person in industrial enterprises in value terms. At present, the value added and the average number of staff and workers of an industrial enterprises in a given period are used to calculate the overall labor productivity. The formula used is:

Overall Labor Productivity = (Value Added of Industry) / (Average Number of Staff and Workers)

☐ Ratio of Sales to Products

Refers to the ratio of total sales in a given period to the gross output value in the same period, which reflects the extent of industrial output sold and is calculated as follows:

Ratio of Sales to Products (%) =Total Sales (at Current Prices) / Gross Output Value (at Current Prices) ×100%

☐ Ratio of Profits to Sales

Refers to the ratio of total profits to the sales revenue in a given period and is calculated as follows:

Ratio of Profits to Sales (%) =Total Profits /Sales Revenue×100%

☐ Ratio of Accumulated Capital to Original Capital

Refers to the ratio of the increased volume of creditors' equity to the creditors' equity at the year's beginning. The formula used is:

Ratio of Accumulated Capital to Original Capital (%) = Increased Volume of Creditors' Equity / Creditors' Equity at Year's Beginning×100%

☐ Current Ratio

Refers to the ratio of the circulating assets to the circulating liabilities, i.e. the amount of circulating assets as the guarantee to pay off each yuan of circulating liabilities, which reflects the ability of the enterprise to pay off the due circulating liabilities with the circulating assets realizable in a short period of time. The formula is:

Current Ratio (%) = Circulating Assets / Circulating Liabilities

EXPLANATORY NOTES TO MAJOR STATISTICAL INDICATORS

☐ Quick Ratio

Refers to the ratio of quick assets to circulating liabilities of the enterprise, and is calculated as the follows:

Quick Ratio = Quick Assets / Circulating Liabilities

☐ Ratio of Equity to Production

Refers to the ratio of total liabilities to creditors' equity. It is the sign of financial stability of the enterprises, and also called ratio of total liabilities to total capital. The formula is:

Ratio of Equity to Production = Total Liabilities / Creditors' Equity

第 13 章

建 筑 业

CONSTRUCTION

简要说明

BRIEF INTRODUCTION

本章资料包括全市按登记注册地统计的建筑业基本情况、建筑企业房屋施工及竣工面积和劳务分包建筑业企业主要指标、各类建筑施工企业主要经济指标等，由市统计局固定资产投资处提供。全市建筑业增加值情况参见本书第二章国民经济核算。

The data in this chapter include the general information of all the construction enterprises with the place of registration in Chongqing, the main indicators on the floor space of buildings under construction and completed of construction enterprises and on the labor subcontractors in construction industry, as well as the main economic indicators on various construction enterprises. The data in this chapter are provided by Division of Statistics of Investment in Fixed Assets, Chongqing Municipal Bureau of Statistics. See Chapter 2 National Economic Accounting of this book for the value added of construction industry.

表13.1 建筑业基本情况（1985－2014年）
BASIC STATISTICS ON CONSTRUCTION INDUSTRY (1985-2014)

年 份 Year	企业数 （个） Number of Enterprises (unit)	年末从业人数 （万人） Number of Employed Persons at Year-end (10 000 persons)	总产值 （万元） Gross Output Value (10 000 yuan)	房屋建筑施工面积 （万平方米） Floor Space of Buildings under Construction (10 000 sq.m)	房屋建筑竣工面积 （万平方米） Floor Space of Buildings Completed (10 000 sq.m)
1985	298	14.12	96201	684.85	340.18
1986	291	17.12	112719	674.54	345.37
1987	303	18.08	138515	740.55	350.79
1988	399	20.71	183070	866.76	372.69
1989	400	20.60	196510	853.54	391.35
1990	445	20.89	220685	905.58	450.19
1991	465	21.50	262155	915.31	458.23
1992	482	23.58	340256	1015.59	490.88
1993	607	22.47	426228	1238.22	537.78
1994	561	26.61	656959	1456.78	577.22
1995	556	28.24	810548	1678.02	656.38
1996	1473	64.43	2052964	4065.24	2276.97
1997	1501	68.98	2440552	4451.06	2562.73
1998	1655	80.46	2896198	5275.68	2837.02
1999	1735	75.49	3175927	5481.86	2974.82
2000	1785	73.37	3486579	6088.49	3083.72
2001	1721	83.99	4368064	7962.27	4341.38
2002	1778	82.05	5015839	8707.39	4711.06
2003	1760	81.80	5862095	9754.10	4939.62
2004	2442	86.91	6902774	10184.46	5167.65
2005	2310	83.10	7835658	10722.57	5155.18
2006	2455	86.72	8950918	11522.42	5309.27
2007	2486	96.97	11287118	13866.76	5750.65
2008	2483	105.42	14963195	15618.93	6485.30
2009	2465	118.88	19152495	16475.84	7473.16
2010	2467	139.33	25343196	19489.39	8292.00
2011	2530	134.84	33288252	21976.19	8989.56
2012	2575	138.59	39756696	26269.73	11601.82
2013	2578	170.45	47312167	29884.62	12240.32
2014	2591	167.45	55522069	32886.88	12815.64

注：1) 1993年实行一套表制度，附营建筑企业有所增加；1996年以前口径范围包括全民、城镇集体建筑安装企业，1996年-2001年为资质等级四级以上的建筑企业(下表同)。
2) 2002年起建筑业执行新建筑资质，2002年房屋建筑施工、竣工面积和2003年起所有数据不含劳务分包企业(下表同)。

Note: a) As the system of one suit of tables was implemented in 1993, the affiliated construction enterprises increased. The statistics scope before 1996 included the whole people-owned, collective-owned construction and installation enterprises; while the statistics scope from 1996 to 2001 included the construction and installation enterprises of qualification Grade-4 and above (the same below).
b) The new grade system was carried out in construction in 2002. The data of floor space under construction and completed in 2002, and all the data since 2003 exclude the data of labor subcontractors (the same below).

表13.2 建筑业企业房屋施工及竣工面积（2013－2014年）
FLOOR SPACE OF BUILDINGS UNDER CONSTRUCTION AND COMPLETED BY CONSTRUCTION ENTERPRISES (2013-2014)

指　标	Item	2013	2014
房屋建筑施工面积（万平方米）	**Floor Space of Buildings under Construction (10 000 sq.m)**	**29884.62**	**32886.88**
#本年新开工面积	Floor Space of Buildings Newly Started This Year	13539.90	14524.33
#实行投标承包面积	Floor Space Contracted by Bidding	18869.84	19373.71
#本年新开工	Newly Started This Year	9069.20	8998.81
房屋建筑竣工面积（万平方米）	**Floor Space of Buildings Completed (10 000 sq.m)**	**12240.32**	**12815.64**
住宅房屋	Residential Buildings	9170.92	9843.20
商业及服务用房屋	Buildings for Business and Services	725.37	738.43
#批发和零售业用房	Buildings for Wholesale and Retail	191.96	262.48
住宿和餐饮业用房	Buildings for Hotels and Catering Services	89.97	91.59
居民服务业用房	Buildings for Residential Services	407.41	377.39
办公用房	Office Buildings	422.17	485.90
科研、教育、医疗用房屋	Buildings for Scientific Research, Education, Medical Cares	353.75	303.26
#科学研究用房屋	Buildings for Scientific Research	33.48	37.42
教育用房屋	Buildings for Education	222.09	187.28
医疗用房屋（卫生医疗用房）	Buildings for Health and Medical Cares	98.18	78.55
文化、体育和娱乐用房	Buildings for Culture, Sports and Entertainment	99.10	74.67
厂房及建筑物	Works and Buildings	1002.72	976.66
#厂　房	Works	636.99	535.24
仓　库	Warehouses	54.45	46.54
其他未列明的房屋建筑物	Other Buildings	411.84	346.99

表13.3 劳务分包建筑业企业主要指标（2013－2014年）
MAIN INDICATORS ON LABOR SUBCONTRACTORS IN CONSTRUCTION INDUSTRY (2013-2014)

单位：万元 (10 000 yuan)

指　标	Item	2013	2014
企业数（个）	Number of Enterprises (unit)	318	307
年末从业人数（人）	Number of Employed Persons at Year-end (person)	195523	182752
企业总收入	Total Revenue	1437830	1286777
#劳务收入	Revenue from Labor Services	1207183	1282729
税　金	Tax	57634	41117
利润总额	Total Profits	19396	15699
从业人员劳动报酬	Earnings of Employed Persons	662173	599937

表13.4 建筑施工企业主要经济指标（2013－2014年）
MAIN ECONOMIC INDICATORS ON CONSTRUCTION ENTERPRISES (2013-2014)

指　标	Type	2013	2014
企业数（个）	**Number of Enterprises (unit)**	**2578**	**2591**
年末从业人数（万人）	**Number of Employed Persons at Year-end (10 000 persons)**	**170.45**	**167.45**
总产值（万元）	**Gross Output Value (10 000 yuan)**	**47312167**	**55522069**
按登记注册类型分	By Status of Registration		
内资企业	Domestic-funded Enterprises	47283058	55437083
#国　有	State-owned Enterprises	5848044	5699170
其他有限责任	Other Limited Liability Enterprises	20800796	26224192
私　营	Private Enterprises	16781164	20506187
按构成分	By Constitution		
#建筑工程	Construction	42834259	50038213
安装工程	Installation	2878035	3335376
按行业分	By Sector		
#房屋和土木工程建筑业	Construction of Buildings and Civil Engineering	43701387	51268518
#房屋工程建筑业	Buildings	34535651	41083836
建筑安装业	Construction Installation	1766437	2055091
建筑装饰业	Construction Decoration	1233821	1322604
按资质等级分	By Grade		
施工总承包	General Contractors of Construction	43630879	51477889
#一　级	First Grade	21794773	25413340
二　级	Second Grade	13687422	15688719
专业承包	Specialized Contractors of Construction	3681288	4044179
#一　级	First Grade	1582464	1689131
二　级	Second Grade	1090451	1198656
竣工产值（万元）	**Output Value of Completed Construction (10 000 yuan)**	**25372732**	**27559311**
按登记注册类型分	By Status of Registration		
内资企业	Domestic-funded Enterprises	25352627	27554367
#国　有	State-owned Enterprises	2276404	1990412
其他有限责任	Other Limited Liability Enterprises	10481745	12504552
私　营	Private Enterprises	9730423	11028202
按行业分	By Sector		
#房屋和土木工程建筑业	Construction of Buildings and Civil Engineering	23714561	25717536
#房屋工程建筑业	Buildings	19746888	21961685
建筑安装业	Construction Installation	779875	833933
建筑装饰业	Construction Decoration	585408	643860
按资质等级分	By Grade		
施工总承包	General Contractors of Construction	23595316	25968284
#一　级	First Grade	10265352	10801932
二　级	Second Grade	8308354	8524195
专业承包	Specialized Contractors of Construction	1777416	1591027
#一　级	First Grade	716825	503171
二　级	Second Grade	533207	552178
房屋建筑施工面积（万平方米）	**Floor Space of Buildings under Construction (10 000 sq.m)**	**29884.62**	**32886.88**
房屋建筑竣工面积（万平方米）	**Floor Space of Buildings Completed (10 000 sq.m)**	**12240.32**	**12815.64**
年末自有机械设备台数（万台）	**Number of Machinery and Equipment Self-owned (year-end) (10 000 sets)**	**18.67**	
年末自有机械设备总功率（万千瓦）	**Total Power of Machinery and Equipment Self-owned (year-end) (10 000 kw)**	**461.98**	

表13.5 国有建筑施工企业主要经济指标（2013－2014年）

MAIN ECONOMIC INDICATORS ON STATE-OWNED CONSTRUCTION ENTERPRISES (2013-2014)

指 标	Type	2013	2014
企业数（个）	**Number of Enterprises (unit)**	**106**	**98**
年末从业人数（万人）	**Number of Employed Persons at Year-end (10 000 persons)**	**13.52**	**10.23**
总产值（万元）	**Gross Output Value (10 000 yuan)**	**5848044**	**5699170**
按构成分	By Constitution		
#建筑工程	Construction	5270944	4996067
安装工程	Installation	300131	261342
按行业分	By Sector		
#房屋和土木工程建筑业	Construction of Buildings and Civil Engineering	5513835	5311211
#房屋工程建筑业	Buildings	2005455	1599117
建筑安装业	Construction Installation	71388	89229
建筑装饰业	Construction Decoration	11541	4995
按资质等级分	By Grade		
施工总承包	General Contractors of Construction	5471698	5408064
#一 级	First Grade	3493840	3602056
二 级	Second Grade	1567011	1266908
专业承包	Specialized Contractors of Construction	376346	291106
#一 级	First Grade	236081	140624
二 级	Second Grade	84068	104051
竣工产值（万元）	**Output Value of Completed Construction (10 000 yuan)**	**2276404**	**1990412**
按行业分	By Sector		
#房屋和土木工程建筑业	Construction of Buildings and Civil Engineering	2150115	1779311
#房屋工程建筑业	Buildings	865509	473425
建筑安装业	Construction Installation	31222	28981
建筑装饰业	Construction Decoration	1915	
按资质等级分	By Grade		
施工总承包	General Contractors of Construction	2020647	1894380
#一 级	First Grade	817970	1331144
二 级	Second Grade	959330	267095
专业承包	Specialized Contractors of Construction	255757	96032
#一 级	First Grade	167315	23378
二 级	Second Grade	58017	67967
房屋建筑施工面积（万平方米）	**Floor Space of Buildings under Construction (10 000 sq.m)**	**1379.87**	**1094.16**
房屋建筑竣工面积（万平方米）	**Floor Space of Buildings Completed (10 000 sq.m)**	**401.97**	**201.18**
年末自有机械设备台数（万台）	**Number of Machinery and Equipment Self-owned (year-end) (10 000 sets)**	**2.19**	
年末自有机械设备总功率（万千瓦）	**Total Power of Machinery and Equipment Self-owned (year-end) (10 000 kw)**	**70.74**	

表13.6 其他有限责任制建筑施工企业主要经济指标（2013－2014年）

MAIN ECONOMIC INDICATORS ON OTHER CONSTRUCTION ENTERPRISES OF LIMITED LIABILITY (2013-2014)

指 标	Type	2013	2014
企业数（个）	**Number of Enterprises (unit)**	**828**	**860**
年末从业人数（万人）	**Number of Employed Persons at Year-end (10 000 persons)**	**72.16**	**75.39**
总产值（万元）	**Gross Output Value (10 000 yuan)**	**20800796**	**26224192**
按构成分	By Constitution		
#建筑工程	Construction	18730987	23689018
安装工程	Installation	1309941	1688626
按行业分	By Sector		
#房屋和土木工程建筑业	Construction of Buildings and Civil Engineering	19228783	24284155
#房屋工程建筑业	Buildings	15433839	19042150
建筑安装业	Construction Installation	900199	965511
建筑装饰业	Construction Decoration	483112	610382
按资质等级分	By Grade		
施工总承包	General Contractors of Construction	19282073	24488854
#一 级	First Grade	11938689	14776924
二 级	Second Grade	4749526	6404666
专业承包	Specialized Contractors of Construction	1518723	1735337
#一 级	First Grade	807372	919179
二 级	Second Grade	282938	261361
竣工产值（万元）	**Output Value of Completed Construction (10 000 yuan)**	**10481745**	**12504552**
按行业分	By Sector		
#房屋和土木工程建筑业	Construction of Buildings and Civil Engineering	9816306	11932643
#房屋工程建筑业	Buildings	9006046	10163379
建筑安装业	Construction Installation	376691	340263
建筑装饰业	Construction Decoration	192728	174570
按资质等级分	By Grade		
施工总承包	General Contractors of Construction	9779122	11918516
#一 级	First Grade	5443085	6262870
二 级	Second Grade	2805675	3794054
专业承包	Specialized Contractors of Construction	702623	586036
#一 级	First Grade	258970	165331
二 级	Second Grade	182853	128185
房屋建筑施工面积（万平方米）	**Floor Space of Buildings under Construction (10 000 sq.m)**	**13890.17**	**16925.21**
房屋建筑竣工面积（万平方米）	**Floor Space of Buildings Completed (10 000 sq.m)**	**5504.89**	**5889.55**
年末自有机械设备台数（万台）	**Number of Machinery and Equipment Self-owned (year-end) (10 000 sets)**	**8.90**	
年末自有机械设备总功率（万千瓦）	**Total Power of Machinery and Equipment Self-owned (year-end) (10 000 kw)**	**218.26**	

表13.7 私营建筑施工企业主要经济指标（2013－2014年）

MAIN ECONOMIC INDICATORS ON PRIVATE CONSTRUCTION ENTERPRISES (2013-2014)

指　标	Type	2013	2014
企业数（个）	**Number of Enterprises (unit)**	**1456**	**1461**
年末从业人数（万人）	**Number of Employed Persons at Year-end (10 000 persons)**	**74.67**	**73.02**
总产值（万元）	**Gross Output Value (10 000 yuan)**	**16781164**	**20506187**
按构成分	By Constitution		
#建筑工程	Construction	15383244	18767923
安装工程	Installation	988957	1146035
按行业分	By Sector		
#房屋和土木工程建筑业	Construction of Buildings and Civil Engineering	15365711	18944203
#房屋工程建筑业	Buildings	14745963	18143683
建筑安装业	Construction Installation	599138	748601
建筑装饰业	Construction Decoration	646830	597394
按资质等级分	By Grade		
施工总承包	General Contractors of Construction	15298172	18884804
#一　级	First Grade	4902153	6386008
二　级	Second Grade	6520009	7234411
专业承包	Specialized Contractors of Construction	1482992	1621383
#一　级	First Grade	373203	383515
二　级	Second Grade	618788	734387
竣工产值（万元）	**Output Value of Completed Construction (10 000 yuan)**	**9730423**	**11028202**
按行业分	By Sector		
#房屋和土木工程建筑业	Construction of Buildings and Civil Engineering	9010926	10214678
#房屋工程建筑业	Buildings	8660971	9815240
建筑安装业	Construction Installation	249863	357178
建筑装饰业	Construction Decoration	366718	332321
按资质等级分	By Grade		
施工总承包	General Contractors of Construction	9054137	10313602
#一　级	First Grade	2422775	2761180
二　级	Second Grade	4040067	3953096
专业承包	Specialized Contractors of Construction	676286	714600
#一　级	First Grade	188990	156997
二　级	Second Grade	256840	327074
房屋建筑施工面积（万平方米）	**Floor Space of Buildings under Construction (10 000 sq.m)**	**10965.02**	**12503.98**
房屋建筑竣工面积（万平方米）	**Floor Space of Buildings Completed (10 000 sq.m)**	**4948.31**	**5859.60**
年末自有机械设备台数（万台）	**Number of Machinery and Equipment Self-owned (year-end) (10 000 sets)**	**6.60**	
年末自有机械设备总功率（万千瓦）	**Total Power of Machinery and Equipment Self-owned (year-end) (10 000 kw)**	**143.41**	

表13.8 施工总承包建筑施工企业主要经济指标（2013－2014年）
MAIN ECONOMIC INDICATORS ON GENERAL CONTRACTORS OF CONSTRUCTION (2013-2014)

指 标	Type	2013	2014
企业数（个）	**Number of Enterprises (unit)**	**1605**	**1638**
年末从业人数（万人）	**Number of Employed Persons at Year-end (10 000 persons)**	**159.01**	**155.80**
总产值（万元）	**Gross Output Value (10 000 yuan)**	**43630879**	**51477889**
按登记注册类型分	By Status of Registration		
内资企业	Domestic-funded Enterprises	43607948	51396854
#国 有	State-owned Enterprises	5471698	5408064
其他有限责任	Other Limited Liability Enterprises	19282073	24488854
私 营	Private Enterprises	15298172	18884804
按构成分	By Constitution		
#建筑工程	Construction	40696182	47839636
安装工程	Installation	1637975	1887204
按行业分	By Sector		
#房屋和土木工程建筑业	Construction of Buildings and Civil Engineering	42323277	49676316
#房屋工程建筑业	Buildings	34211913	40589718
建筑安装业	Construction Installation	746536	935401
建筑装饰业	Construction Decoration	167010	178301
按资质等级分	By Grade		
#一 级	First Grade	21794773	25413340
二 级	Second Grade	13687422	15688719
竣工产值（万元）	**Output Value of Completed Construction (10 000 yuan)**	**23595316**	**25968284**
按登记注册类型分	By Status of Registration		
内资企业	Domestic-funded Enterprises	23577261	25968284
#国 有	State-owned Enterprises	2020647	1894380
其他有限责任	Other Limited Liability Enterprises	9779122	11918516
私 营	Private Enterprises	9054137	10313602
按行业分	By Sector		
#房屋和土木工程建筑业	Construction of Buildings and Civil Engineering	23082719	25205790
#房屋工程建筑业	Buildings	19657971	21810069
建筑安装业	Construction Installation	277445	363042
建筑装饰业	Construction Decoration	45752	112641
按资质等级分	By Grade		
#一 级	First Grade	10265352	10801932
二 级	Second Grade	8308354	8524195
房屋建筑施工面积（万平方米）	**Floor Space of Buildings under Construction (10 000 sq.m)**	**29640.17**	**32019.60**
房屋建筑竣工面积（万平方米）	**Floor Space of Buildings Completed (10 000 sq.m)**	**12140.39**	**12658.50**
年末自有机械设备台数（万台）	**Number of Machinery and Equipment Self-owned (year-end) (10 000 sets)**	**16.05**	
年末自有机械设备总功率（万千瓦）	**Total Power of Machinery and Equipment Self-owned (year-end) (10 000 kw)**	**411.65**	

表13.9 专业承包建筑施工企业主要经济指标（2013－2014年）
MAIN ECONOMIC INDICATORS ON SPECIALIZED CONTRACTORS OF CONSTRUCTION (2013-2014)

指　标	Type	2013	2014
企业数（个）	**Number of Enterprises (unit)**	**973**	**953**
年末从业人数（万人）	**Number of Employed Persons at Year-end (10000persons)**	**11.44**	**11.65**
总产值（万元）	**Gross Output Value (10 000 yuan)**	**3681288**	**4044180**
按登记注册类型分	By Status of Registration		
内资企业	Domestic-funded Enterprises	3675110	4040229
#国　有	State-owned Enterprises	376347	291106
其他有限责任	Other Limited Liability Enterprises	1518723	1735338
私　营	Private Enterprises	1482992	1621383
按构成分	By Constitution		
#建筑工程	Construction	2138077	2198577
安装工程	Installation	1240060	1448172
按行业分	By Sector		
#房屋和土木工程建筑业	Construction of Buildings and Civil Engineering	1377136	1592202
#房屋工程建筑业	Buildings	323738	494118
建筑安装业	Construction Installation	1019902	1119690
建筑装饰业	Construction Decoration	1066811	1144303
按资质等级分	By Grade		
#一　级	First Grade	1582464	1689131
二　级	Second Grade	1090451	1198656
竣工产值（万元）	**Output Value of Completed Construction (10 000 yuan)**	**1777415**	**1591027**
按登记注册类型分	By Status of Registration		
内资企业	Domestic-funded Enterprises	1775366	1586083
#国　有	State-owned Enterprises	255756	96032
其他有限责任	Other Limited Liability Enterprises	702622	586036
私　营	Private Enterprises	676286	714600
按行业分	By Sector		
#房屋和土木工程建筑业	Construction of Buildings and Civil Engineering	631843	511746
#房屋工程建筑业	Buildings	88917	151616
建筑安装业	Construction Installation	502430	470891
建筑装饰业	Construction Decoration	539656	531219
按资质等级分	By Grade		
#一　级	First Grade	716825	503171
二　级	Second Grade	533207	552178
房屋建筑施工面积（万平方米）	**Floor Space of Buildings under Construction (10 000 sq.m)**	**244.45**	**867.28**
房屋建筑竣工面积（万平方米）	**Floor Space of Buildings Completed (10 000 sq.m)**	**99.93**	**157.14**
年末自有机械设备台数（万台）	**Number of Machinery and Equipment Self-owned (year-end) (10 000 sets)**	**2.62**	
年末自有机械设备总功率（万千瓦）	**Total Power of Machinery and Equipment Self-owned (year-end) (10 000 kw)**	**50.33**	

表13.10 房屋和土木工程建筑施工企业主要经济指标（2013－2014年）
MAIN ECONOMIC INDICATORS ON CONSTRUCTION ENTERPRISES OF BUILDINGS AND CIVIL ENGINEERING (2013-2014)

指 标	Type	2013	2014
企业数（个）	**Number of Enterprises (unit)**	**1646**	**1684**
年末从业人数（万人）	**Number of Employed Persons at Year-end (10 000 persons)**	**157.57**	**154.97**
总产值（万元）	**Gross Output Value (10 000 yuan)**	**43701387**	**51268518**
按登记注册类型分	By Status of Registration		
内资企业	Domestic-funded Enterprises	43699037	51268518
#国 有	State-owned Enterprises	5513835	5311211
其他有限责任	Other Limited Liability Enterprises	19228783	24284155
私 营	Private Enterprises	15366686	18944203
按构成分	By Constitution		
#建筑工程	Construction	41281687	48143445
安装工程	Installation	1300117	1595759
按资质等级分	By Grade		
施工总承包	General Contractors of Construction	42323277	49676316
#一 级	First Grade	21387672	24932059
二 级	Second Grade	13109716	14993848
专业承包	Specialized Contractors of Construction	1378110	1592202
#一 级	First Grade	792886	806478
二 级	Second Grade	368865	455076
竣工产值（万元）	**Output Value of Completed Construction (10 000 yuan)**	**23714561**	**25717536**
按登记注册类型分	By Status of Registration		
内资企业	Domestic-funded Enterprises	23712711	25717536
#国 有	State-owned Enterprises	2150115	1779311
其他有限责任	Other Limited Liability Enterprises	9816306	11932643
私 营	Private Enterprises	9010926	10214678
按资质等级分	By Grade		
施工总承包	General Contractors of Construction	23082719	25205790
#一 级	First Grade	10228675	10677132
二 级	Second Grade	8041557	8165795
专业承包	Specialized Contractors of Construction	631842	511745
#一 级	First Grade	346628	171945
二 级	Second Grade	136335	157216
房屋建筑施工面积（万平方米）	**Floor Space of Buildings under Construction (10 000 sq.m)**	**29582.06**	**32530.10**
房屋建筑竣工面积（万平方米）	**Floor Space of Buildings Completed (10 000 sq.m)**	**12117.24**	**12675.49**
年末自有机械设备台数（万台）	**Number of Machinery and Equipment Self-owned (year-end) (10 000 sets)**	**16.66**	
年末自有机械设备总功率（万千瓦）	**Total Power of Machinery and Equipment Self-owned (year-end) (10 000 kw)**	**429.52**	

表13.11 建筑安装企业主要经济指标（2013－2014年）
MAIN ECONOMIC INDICATORS ON CONSTRUCTION ENTERPRISES OF INSTALLATION (2013-2014)

指　标	Type	2013	2014
企业数（个）	**Number of Enterprises (unit)**	**343**	**342**
年末从业人数（万人）	**Number of Employed Persons at Year-end (10 000 persons)**	**6.25**	**6.25**
总产值（万元）	**Gross Output Value (10 000 yuan)**	**1766437**	**2055091**
按登记注册类型分	By Status of Registration		
内资企业	Domestic-funded Enterprises	1745857	1974055
#国　有	State-owned Enterprises	71388	89229
其他有限责任	Other Limited Liability Enterprises	900199	965511
私　营	Private Enterprises	599138	748601
按构成分	By Constitution		
#建筑工程	Construction	474263	598411
安装工程	Installation	1228077	1311498
按资质等级分	By Grade		
施工总承包	General Contractors of Construction	746536	935401
#一　级	First Grade	300987	356174
二　级	Second Grade	237956	284311
专业承包	Specialized Contractors of Construction	1019901	1119690
#一　级	First Grade	204090	260946
二　级	Second Grade	337023	337128
竣工产值（万元）	**Output Value of Completed Construction (10 000 yuan)**	**779875**	**833933**
按登记注册类型分	By Status of Registration		
内资企业	Domestic-funded Enterprises	763669	833933
#国　有	State-owned Enterprises	31222	28981
其他有限责任	Other Limited Liability Enterprises	376691	340263
私　营	Private Enterprises	249863	357178
按资质等级分	By Grade		
施工总承包	General Contractors of Construction	277445	363042
#一　级	First Grade	28748	34216
二　级	Second Grade	99655	88114
专业承包	Specialized Contractors of Construction	502430	470891
#一　级	First Grade	72801	111164
二　级	Second Grade	163500	144180
房屋建筑施工面积（万平方米）	**Floor Space of Buildings under Construction (10 000 sq.m)**	**263.59**	**297.36**
房屋建筑竣工面积（万平方米）	**Floor Space of Buildings Completed (10 000 sq.m)**	**102.92**	**103.52**
年末自有机械设备台数（万台）	**Number of Machinery and Equipment Self-owned (year-end) (10 000 sets)**	**0.77**	
年末自有机械设备总功率（万千瓦）	**Total Power of Machinery and Equipment Self-owned (year-end) (10 000 kw)**	**7.07**	

表13.12 建筑装饰企业主要经济指标（2013－2014年）
MAIN ECONOMIC INDICATORS ON CONSTRUCTION ENTERPRISES OF DECORATION (2013-2014)

指　标	Type	2013	2014
企业数（个）	**Number of Enterprises (unit)**	**458**	**435**
年末从业人数（万人）	**Number of Employed Persons at Year-end (10 000 persons)**	**5.18**	**4.82**
总产值（万元）	**Gross Output Value (10 000 yuan)**	**1233821**	**1322604**
按登记注册类型分	By Status of Registration		
内资企业	Domestic-funded Enterprises	1228442	1319414
#国　有	State-owned Enterprises	11541	4995
其他有限责任	Other Limited Liability Enterprises	483112	610382
营　私	Private Enterprises	646830	597394
按构成分	By Constitution		
#建筑工程	Construction	757509	752907
安装工程	Installation	273793	338789
按资质等级分	By Grade		
施工总承包	General Contractors of Construction	167010	178301
#一　级	First Grade	106114	125106
二　级	Second Grade	33617	40279
专业承包	Specialized Contractors of Construction	1066811	1144303
#一　级	First Grade	487518	571915
二　级	Second Grade	344990	372829
竣工产值（万元）	**Output Value of Completed Construction (10 000 yuan)**	**585408**	**643860**
按登记注册类型分	By Status of Registration		
内资企业	Domestic-funded Enterprises	584159	639676
#国　有	State-owned Enterprises	1915	
其他有限责任	Other Limited Liability Enterprises	192728	174570
私　营	Private Enterprises	366718	332321
按资质等级分	By Grade		
施工总承包	General Contractors of Construction	45752	112641
#一　级	First Grade	7929	90584
二　级	Second Grade	19632	14234
专业承包	Specialized Contractors of Construction	539656	531219
#一　级	First Grade	235444	193386
二　级	Second Grade	215779	235759
房屋建筑施工面积（万平方米）	**Floor Space of Buildings under Construction (10 000 sq.m)**	**14.17**	**14.80**
房屋建筑竣工面积（万平方米）	**Floor Space of Buildings Completed (10 000 sq.m)**	**1.25**	**0.50**
年末自有机械设备台数（万台）	**Number of Machinery and Equipment Self-owned (year-end) (10 000 sets)**	**0.77**	
年末自有机械设备总功率（万千瓦）	**Total Power of Machinery and Equipment Self-owned (year-end) (10 000 kw)**	**14.20**	

表13.13 建筑施工企业按资质等级分主要财务和经济效益指标（2014年）

MAIN INDICATORS ON FINANCE AND ECONOMIC BENEFIT OF CONSTRUCTION ENTERPRISES BY GRADE (2014)

单位：万元 (10 000 yuan)

指 标	Item	合 计 Total	其中 of which 施工总承包 General Contractors	专业承包 Specialized Contractors
企业数（个）	Number of Enterprises (unit)	2591	1638	953
年末从业人数（万人）	Number of Employed Persons at Year-end (10 000 persons)	167.45	155.80	11.65
自有固定资产原价	Original Value of Fixed Assets Owned	4283855	3684073	599782
自有固定资产净价	Net Value of Fixed Assets Owned	2695491	2331101	364390
总产值	Gross Output Value	55522069	51477889	4044180
实收资本	Paid-in Capital	8195321	7238717	956604
资产合计	Total Assets	47229555	42170093	5059462
#流动资产	Current Assets	37464433	33157717	4306716
固定资产	Fixed Assets	4020426	3593449	426977
负债合计	Total Liabilities	33032085	29424697	3607388
流动负债	Current Liabilities	29269091	25937545	3331546
非流动负债	Non-current Liabilities	2283123	2073881	209242
所有者权益	Creditors' Equity	14197470	12745395	1452075
利税总额	Total Pre-tax Profits	4501937	4168877	333060
#利润总额	Total Profits	2745114	2551803	193311
营业收入	Operating Revenue	50703949	46360888	4343061
#主营业务收入	Revenue from Major Business	50667180	46329497	4337683
房屋建筑施工面积（万平方米）	Floor Space of Buildings under Construction (10 000 sq.m)	32886.88	32019.60	867.28
房屋建筑竣工面积（万平方米）	Floor Space of Buildings Completed (10 000 sq.m)	12815.64	12658.50	157.14
全员劳动生产率：	Overall Labor Productivity			
按总产值计算（元/人）	In Terms of Gross Output Value (yuan/person)	303360	302852	309991
房屋建筑面积竣工率（%）	Rate of Floor Space of Buildings Completed (%)	39.0	39.5	18.1
资产负债率（%）	Asset-Liability Ratio (%)	69.9	69.8	71.3

表13.14 建筑施工企业按行业分主要财务和经济效益指标（2014年）
MAIN INDICATORS ON FINANCE AND ECONOMIC BENEFIT OF CONSTRUCTION ENTERPRISES BY SECTOR (2014)

单位：万元 (10 000 yuan)

指 标	Item	合 计 Total	其中 of which 房屋和土木工程建筑业 Building and Civil Engineering	建筑安装业 Construction Installation	建筑装饰业 Construction Decoration
企业数（个）	Number of Enterprises (unit)	2591	1684	342	435
年末从业人数（万人）	Number of Employed Persons at Year-end (10 000 persons)	167.45	154.97	6.25	4.82
自有固定资产原价	Original Value of Fixed Assets Owned	4283855	3496888	529954	127690
自有固定资产净价	Net Value of Fixed Assets Owned	2695491	2133092	399893	77632
总产值	Gross Output Value	55522069	51268518	2055091	1322604
实收资本	Paid-in Capital	8195321	7146562	512632	358823
资产合计	Total Assets	47229555	41901661	2756282	1761018
#流动资产	Current Assets	37464433	33229387	2018769	1574951
固定资产	Fixed Assets	4020426	3263574	530832	90844
负债合计	Total Liabilities	33032085	29329757	1986003	1206328
流动负债	Current Liabilities	29269091	26052758	1630433	1121760
非流动负债	Non-current Liabilities	2283123	1913791	296285	35116
所有者权益	Creditors' Equity	14197470	12571904	770279	554690
利税总额	Total Pre-tax Profits	4501937	4157486	172865	112086
#利润总额	Total Profits	2745114	2536197	110187	53871
营业收入	Operating Revenue	50703949	46389842	1957402	1644747
#主营业务收入	Revenue from Major Business	50667180	46361988	1955882	1641984
房屋建筑施工面积（万平方米）	Floor Space of Buildings under Construction (10 000 sq.m)	32886.88	32530.10	297.36	14.80
房屋建筑竣工面积（万平方米）	Floor Space of Buildings Completed (10 000 sq.m)	12815.64	12675.49	103.52	0.50
全员劳动生产率：	Overall Labor Productivity				
按总产值计算（元/人）	In Terms of Gross Output Value (yuan/person)	303360	303913	297417	229416
房屋建筑面积竣工率（%）	Rate of Floor Space of Buildings Completed (%)	39.0	39.0	34.8	3.4
资产负债率（%）	Asset-Liability Ratio (%)	69.9	70.0	72.1	68.5

主要统计指标解释

■ 建筑业统计单位

指从事房屋、构筑物建造和设备安装活动的法人企业。建筑业法人企业应具有建筑业资质并能够独立核算，同时其应具备以下条件：①依法成立，有自己的名称、组织机构和场所，能够承担民事责任；②独立拥有和使用资产，承担负债，有权与其他单位签订合同；③独立核算盈亏，能够编制资产负债表。

■ 建筑业总产值

是以货币形式表现的建筑业企业在一定时期内生产的建筑业产品和提供的服务的总和。建筑业总产值包括：

⑴建筑工程产值：指列入建筑工程预算内的各种工程价值。

⑵安装工程产值：指设备安装工程价值，不包括被安装设备本身的价值。

⑶其他产值：建筑业总产值中除建筑工程、安装工程以外的产值。包括房屋构筑物修理产值、非标准设备制造产值、总包企业向分包企业收取的管理费以及不能明确划分的施工活动所完成的产值。

a. 房屋构筑物修理产值：指房屋和构筑物修理所完成的产值，但不包括被修理房屋、构筑物本身价值和生产设备的修理产值。

b. 非标准设备制造产值：指加工制造没有定型的非标准生产设备的加工费和原材料价值(如化工厂、炼油厂用的各种罐、槽，矿井生产统一使用的各种漏斗、三角槽、阀门等)以及附属加工厂为本企业承建工程制作的非标准设备的价值。

■ 建筑业增加值

指建筑业企业在报告期内以货币形式表现的建筑业生产经营活动的最终成果。

从2004年第一次全国经济普查开始，建筑业现价增加值按生产法和分配法(收入法)两种方法计算，以收入法的计算结果为准，即从收入的角度出发，根据生产要素在生产过程中应得的收入份额计算。具体计算方法：经济普查年度建筑业增加值按照《经济普查年度GDP核算方案》计算，非经济普查年度建筑业增加值按照《非经济普查年度GDP核算方案》计算。

■ 房屋建筑施工面积

指在报告期内施过工的全部房屋建筑面积，包括本期新开工的房屋面积、上期施工跨入本期继续施工的房屋面积、上期停缓建在本期恢复施工的房屋面积、本期竣工的房屋面积及本期施工后又停缓建的房屋面积。

■ 房屋建筑竣工面积

指在报告期内房屋建筑按照设计要求全部完工，达到了使用条件，经验收鉴定合格，正式移交使用单位的房屋建筑面积。

Explanatory Notes on Main Statistical Indicators

Statistical Unit in the Construction Industry

Refers to a corporate enterprise engaged in the construction of buildings and structures and in the installation of equipment. A corporate construction enterprise should have qualification certificates with independent accounting system, and should meet the following 3 requirements: a) being set up in line with relevant legal basis, having its full name, organization and location, and capable of taking civil liabilities; b) independently possessing and using its assets and assuming its liabilities, and entitled to sign contracts with other institutions; and c) making independent accounts of its profits and losses, and capable of compiling its own balance sheet.

Gross Output Value of Construction

Refers to total of construction products and services, expressed in money terms, produced or rendered by construction and installation enterprises during a given period of time. It includes:

(I) Output value of construction projects: the value of projects covered by the project budgets;

(II) Output value of installation projects: the value of the installation of equipment, (excluding the value of the equipment to be installed);

(III) Other output values: the output value of construction industry apart from that of construction projects and installation projects. It includes: output value of repair of buildings and structures; output value of non-standard equipment manufacturing; overhead expenses received by contracted enterprises from the sub-contracted enterprises and the completed output value of construction activities for which there is no clear definition.

a. Output value of repair of buildings and structures: the value created through the repairs of buildings or structures. It does not include the value of buildings or structures being repaired and the value of the repair of production equipment;

b. Output value of manufactured non-standard equipment: the value of non-standard production equipment, including raw materials and manufacturing cost, made for the construction project (i.e., chemical plant; kettles or tanks used by refineries; various fillers, triangle tanks, valves used by mines). It also includes the output value of equipment manufactured by subsidiary workshops.

Value-added of Construction

Refers to the final result of the activities of production and operation of enterprises of the construction industry in monetary terms during the reference period.

Starting from the 2004 economic census, value-added of construction is calculated by both production approach and income approach, with the figures from the income approach as the final figures., Under the income approach,, calculation starts from the perspective of income and is based on the share of income derived from the production process by the relevant factors of production.. Specifically, value-added of construction for the Census years is calculated in accordance with the Programme of Compilation of GDP and National Accounts for the Year of Economic Census, and value-added of construction for other years is calculated in accordance with the Programme of Compilation of GDP and National Accounts for the Non Economic Census Years.

Floor Space of Buildings Under Construction

Refers to floor space of buildings under construction during the reference period, including the floor space of buildings for which construction has newly started; buildings for which construction has started earlier and is continuing during the reference period; and buildings for which construction has been suspended earlier but has restarted during the reference period; buildings completed during the reference period; and buildings under construction but construction has subsequently been during the reference period.

Floor Space of Buildings Completed

Refers to the floor space of buildings that are completed in the reference period in accordance with the requirements of the design, up to the standard for being put into use, and having been checked and accepted by departments concerned as qualified ones.

第 14 章

运输和邮电

TRANSPORT,POSTAL AND TELECOMMUNICATION SERVICES

简要说明
BRIEF INTRODUCTION

本章反映全市交通运输业和邮电通信业情况，主要包括货物和旅客运输量、港口吞吐量、交通基础设施和运输营运工具、民用车辆和船舶、主要港口码头泊位和仓库、邮电业务、电信主要通信能力和邮电通信水平。本章资料由市统计局服务业统计处负责整理编辑。

交通运输有关资料来源于市交通委员会、市公安局、成都铁路局、民航重庆安全监督管理局和市统计局。邮电通信业资料来源于市邮政局和市通信管理局。

The data in this chapter show the conditions of transport, postal and telecommunication services, mainly covering the data of freight and passenger traffic, freight handled at ports, transport infrastructure and means, civil motor vehicles and transport vessels, berths and warehouses at major ports, business volume of postal and telecommunication services, main communication capacity of telecommunications and level of postal and telecommunication services. The data in this chapter are sorted and compiled by Division of Service Statistics, Chongqing Municipal Bureau of Statistics.

The data of transport are provided by Communications Commission of Chongqing Municipality, Chongqing Public Security Bureau, Chengdu Railway Bureau, CAAC Chongqing Safety Supervision and Administrative Bureau and Chongqing Municipal Bureau of Statistics. The data of postal and telecommunication services are provided by Post Bureau of Chongqing and Chongqing Communications Administration.

表14.1 主要年份客货运输量及周转量
PASSENGER AND FREIGHT TRAFFIC AND PASSENGER-KILOMETERS AND FREIGHT TON-KILOMETERS IN MAJOR YEARS

年 份 Year	客运量 （万人） Passenger Traffic (10 000 persons)	旅客周转量 （万人公里） Passenger-kilometers (10 000 person-km)	货运量 （万吨） Freight Traffic (10 000 tons)	货物周转量 （万吨公里） Freight ton-kilometers (10 000 ton-km)
1952	82		134	31531
1957	121		842	632103
1962	965	12619	808	147390
1965	1707	23268	2365	141406
1970	2136	27461	2536	111415
1975	3602	40180	3226	276337
1978	5294	293741	4816	1189803
1980	7846	417025	4469	1106294
1985	16923	975571	13513	2004938
1986	18308	1119673	14860	2184266
1987	21002	1160714	15618	2296505
1988	21119	1206942	22881	2470614
1989	22692	1185786	20764	2676052
1990	20332	1068775	15546	2452448
1991	26598	1176783	16186	2702591
1992	32924	1543492	17419	3005694
1993	34025	1724473	18841	3282548
1994	36340	1890785	21130	3077590
1995	39731	2104270	22796	3359847
1996	42370	2094740	24339	3150421
1997	46199	2242533	23979	2972254
1998	49020	2346281	25328	2684566
1999	52442	2434000	25190	2742000
2000	56969	2577859	26852	3063900
2001	59244	2662900	28212	3253200
2002	61918	2776900	29787	3376300
2003	58290	2526100	32565	3680300
2004	63495	2994200	36434	5180300
2005	60436	3018038	39200	6248968
2006	61228	3015761	42808	8213853
2007	77187	3938936	49973	10497955
2008	107191	4430156	63651	14864332
2009	114598	4814394	68491	16442995
2010	126804	5497718	81385	20103977
2011	141499	6808274	96782	25302835
2012	157800	7553916	86398	26480626
2013	66645	6520061	87115	22932580
2014	70056	7257895	97287	25888734

注：1) 1996年起铁路数据按重庆现地域进行了调整。
2) 2013年，据交通专项调查数据，对公路、水路客（货）运量和客（货）运周转量进行了调整。
Note: a) The data of railway have been adjusted according to present administrative divisions of Chongqing since 1996.
b) The data of freight traffic and freight ton-kilometers were adjusted according to the transport survey data in 2013.

表14.2 主要年份港口吞吐量和公路线路里程
VOLUME OF FREIGHT HANDLED IN COASTAL PORTS AND LENGTH OF HIGHWAYS IN MAJOR YEARS

年份 Year	港口货物吞吐量（万吨） Freight Handled in Coastal Ports (10 000 tons)	其中 of which 进港 In-port	出港 Out-port	公路线路里程（公里） Length of Highways (km)	其中 of which 高速公路 Expressways
1952	61.80	26.60	35.20	743	
1957	356.10	73.10	283.00	1021	
1962	173.50	93.40	80.10	6044	
1965	217.10	115.70	101.40	7221	
1970	267.00	161.00	106.00	7538	
1975	228.90	108.90	120.00	9753	
1978	369.80	184.10	185.70	15421	
1980	378.20	194.10	184.10	16811	
1985	438.30	195.40	242.90	19377	
1986	532.70	303.40	229.30	19666	
1987	553.70	292.28	261.42	19942	
1988	570.30	296.14	274.16	20609	
1989	651.93	330.74	321.19	20944	
1990	572.50	275.70	296.80	21162	
1991	566.10	262.77	303.33	21474	
1992	664.90	326.80	338.10	21804	
1993	687.70	299.50	388.20	21990	
1994	665.65	289.26	376.39	22148	
1995	853.00	390.00	463.00	22556	
1996	1076.00	492.00	584.00	26892	114
1997	2548.70	977.20	1571.50	27045	114
1998	2477.30	1186.60	1290.70	27210	134
1999	2599.84	1610.44	989.40	28086	134
2000	2448.00	1485.00	963.00	30354	232
2001	2839.87	1690.39	1149.48	30654	320
2002	3004.00	1718.41	1285.59	31060	399
2003	3243.76	1796.24	1447.52	31407	580
2004	4539.00	2337.09	2201.91	32344	714
2005	5251.30	2758.11	2493.19	98218	748
2006	5420.43	2747.65	2672.78	100299	778
2007	6433.54	3330.46	3103.08	104705	1049
2008	7892.80	4349.38	3543.42	108632	1165
2009	8611.62	4833.29	3778.33	110951	1577
2010	9668.42	5682.24	3986.18	116949	1861
2011	11605.67	7338.72	4266.95	118562	1861
2012	12502.40	7670.01	4832.39	120728	1909
2013	13676.00	8618.55	5057.34	122846	2312
2014	14664.78	8946.76	5718.03	127392	2401

注：2006年起，公路线路里程包括村道，2005年数据按同口径进行了调整。
Note: The length of highways has included village roads since 2006, and the data of 2005 has been adjusted according to the same scope.

表14.3 主要年份邮电通信指标
INDICATORS OF POSTAL AND TELECOMMUNICATION SERVICES IN MAJOR YEARS

年 份 Year	邮政局、所（个） Number of Postal Offices (unit)	邮电业务总量（万元） Total Business Volume of Postal and Telecommunication Services (10 000 yuan)	其 中 of which #电 信 Telecommunication Services	邮电业务收入（万元） Business Revenue from Postal and Telecommunication Services (10 000 yuan)	其 中 of which #电 信 Telecommunication Services
1952	1023	12		133	
1957	1846	33		874	
1962	1747	102		1000	
1965	1751	245		1461	
1970	2166	267		1371	
1975	1933	2190		1726	
1978	1925	2650		2103	
1980	1917	5071		2650	
1985	1853	7268		5796	
1986	1862	8264		6840	
1987	1896	9719		7675	
1988	1918	11853		10120	
1989	2025	14351		11734	
1990	2056	18999		14222	
1991	2047	23708		20585	
1992	2075	31305		27608	
1993	2041	47627		41653	
1994	1957	70543		71212	
1995	2220	109627		157568	
1996	2314	159929		167313	
1997	1821	233471	211458	223052	184899
1998	1958	345932	319375	264846	219493
1999	1958	519537	490494	401767	349001
2000	2018	858200	822824	544369	482075
2001	2154	706000	635041	663200	593050
2002	2202	867600	791573	770500	695409
2003	2218	1213062	1128172	870787	788000
2004	2121	1686491	1592416	1006050	918555
2005	2068	2101467	1996000	1121730	1030130
2006	2008	2761750	2634708	1197759	1099750
2007	1981	3658095	3505910	1315347	1194089
2008	1927	4247535	4065296	1518100	1397500
2009	1838	4898417	4646833	1633300	1477100
2010	1775	1997363	1795756	1790807	1598773
2011	1678	2426432	2167301	2023921	1776624
2012	1635	2771655	2458900	2311346	2006441
2013	1684	3298926	2907701	2573186	2187644
2014	1720	4180875	3710644	2696119	2218948

注：1996年前邮政电信合营，1996年前电信数据包含在邮电通信指标中；邮电业务总量2001年前为1990年不变价口径，2001年至2009年为2000年不变价口径；2010年及以后为2010年不变价口径。

Note: Before 1996, postal services and telecommunication services were managed together, so the data of telecommunication services before 1996 was included in the postal and telecommunication services. The data of total business volume of postal and telecommunication services before 2001 were calculated at 1990 constant price, the data from 2001 to 2009 were calculated at 2000 constant price, while the data of 2010 and afterwards were calculated at 2010 constant price.

表14.4 邮电业务主要指标（1985－2014年）
MAIN INDICATORS OF POSTAL AND TELECOMMUNICATION SERVICES (1985-2014)

年份 Year	函件（万件） Number of Letters (10 000 pcs)	特快专递（万件） Pieces of Express Mail Services (10 000 pcs)	邮政部门报刊累计数（万份） Accumulated Issue of Newspapers and Magazines (10 000 copies)	长途电话（万分钟） Long-distance Calls (10 000 minutes)	移动电话用户（万户） Mobile Telephone Subscribers (10 000 subscribers)	固定互联网络用户（万户） Subscribers of Internet Services (10 000 subscribers)	本地电话年末用户（万户） Subscribers of Local Telephone at Year-end (10 000 subscribers)	其中 of which: #城市电话用户 Urban Fixed Telephone Subscribers
1985	8961		32750	477			3.80	3.10
1986	10210		34696	515			4.83	3.42
1987	11755	1	36902	595			5.39	3.93
1988	12432	1	40591	707			6.07	4.58
1989	11609	2	16162	724			6.62	5.17
1990	11544	2	16037	873	0.08		7.25	5.70
1991	11539	3	17540	1227	0.09		8.87	7.15
1992	13618	7	18216	2132	0.15		12.63	10.69
1993	16013	22	18464	3519	0.59		18.53	16.30
1994	16519	40	15491	7022	1.73		29.00	25.39
1995	14633	52	16453	11650	3.62		37.24	32.10
1996	14100	63	15572	18288	9.00	0.03	66.50	56.33
1997	12159	68	28025	23527	19.15	0.20	126.25	108.91
1998	12715	97	30922	23912	40.73	0.76	156.28	123.52
1999	13266	145	33532	22210	79.90	2.49	197.88	148.22
2000	11542	210	31232	23424	160.00	10.00	268.43	186.93
2001	13561	260	27506	22555	245.80	28.60	337.70	221.40
2002	18038	235	27177	23607	424.70	55.60	413.63	262.34
2003	20497	272	25945	23408	619.40	88.65	533.40	343.80
2004	18426	334	19833	26115	811.61	122.16	642.39	425.49
2005	12499	348	22369	27450	943.40	128.66	688.91	456.51
2006	9553	386	22455	27018	1064.60	140.60	725.50	469.07
2007	6579	520	22178	28379	1176.90	169.30	723.13	459.27
2008	5476	1608	23475	233680	1281.70	189.57	688.10	435.10
2009	5218	2240	25281	254955	1440.92	203.80	627.73	397.80
2010	4927	2829	24942	386223	1664.40	263.10	582.70	376.40
2011	6146	4068	31217	582024	1801.19	326.78	571.25	384.54
2012	5706	5498	32440	936647	2069.65	388.07	575.71	409.31
2013	5348	10615	34834	746564	2380.78	505.00	580.33	430.29
2014	4700	13886	35824	807641	2589.89	539.70	582.97	441.22

注：1)2008年起对长途电话通话时长统计口径作了调整，同时长途电话计量单位改为通话时长计量（万分钟）。1985年-2007年长途电话计量单位为（万次）；
2)2009年起特快专递包括快递公司数据，2008年数据按同口径进行了调整。

Note: a) Since 2008, the data of long-distance calls has been calculated by hold-on time (10 000 min). From 1985 to 2007, the data of long-distance calls was calculated at 10 000 times.
b) Since 2009, the data of express mail services has included the data of express delivery companies and the data of 2008 has been adjusted according to the same scope.

表14.5 交通基础设施和交通运输营运工具（2013－2014年）
TRANSPORT INFRASTRUCTURE AND TRANSPORT MEANS (2013-2014)

指　标	Item	2013	2014
交通基础设施	**Transport Infrastructure**		
公路线路里程（公里）	Length of Highways (km)	122846	127392
按行政等级分	By Administrative Level		
#国　道	National	3157	3147
省　道	Provincial	8565	8629
按技术等级分	By Technical Level		
等级公路	Expressway and Class I-IV Highways	90358	98680
#高速公路	Expressway	2312	2401
一级公路	First Class	618	662
二级公路	Second Class	7669	7766
等外公路	Highways Below Class IV	32488	28712
公路桥梁数量（座）	Number of Highway-bridges (unit)	10153	10238
公路桥梁总延米（延米）	Extended Length of Highway-bridges (extended meter)	700664	711530
铁路营运里程（公里）	Length of Railways in Operation (km)	1680	1774
内河航道里程（公里）	Length of Navigable Inland Waterways (km)	4451	4451
#等级航道	Standard Waterways	1866	1866
与重庆正班通航城市（个）	Number of Navigable Cities from Chongqing (city)	130	147
国　内	Domestic Routes	96	105
国　际（地区）	International (regional) Routes	34	42
交通运输营运工具	**Transport Means**		
公路营运载货汽车（辆）	Business Trucks (unit)	257327	271343
公路营运载客汽车（辆）	Business Buses and Cars (unit)	51733	55184
运输船舶实有数（艘）	Transportation Vessels (unit)	3700	3531
#交通部门	Transportation Department	2379	2363
机动船	Motor Vessels	2309	2318
驳　船	Barges	70	45
重庆机场飞行起降架次（万架次）	Throughput of Civil Aircrafts in Chongqing Airport (10 000 flights)	21.35	23.81

表14.6 民用车辆、船舶拥有量（2013－2014年）

POSSESSION OF CIVIL MOTOR VEHICLES AND TRANSPORT VESSELS (2013-2014)

指　标	Item	2013	2014
民用车辆拥有量（辆）	**Possession of Civil Motor Vehicles (unit)**	**4076180**	**4410723**
#私人民用车辆拥有量	Private Vehicles	3615390	3928035
#载客汽车	Buses and Cars	1312873	1717215
载货汽车	Trucks	166966	184823
#汽　车	Motor Vehicles	1929330	2371706
载客汽车	Buses and Cars	1565415	1983773
载货汽车	Trucks	344434	369367
其它汽车	Others	19481	18566
摩托车	Motorcycles	2111131	2002261
民用船舶拥有量（艘）	**Possession of Civil Transport Vessels (unit)**	**3700**	**3531**
#私人船舶拥有量	Private Vessels	1321	1168
#机动船	Motor Vessels	1311	1160
#客　船	Passenger Vessels	671	584
货　船	Cargo Vessels	633	576
驳　船	Barges	10	8
#机动船	Motor Vessels	3620	3478
#客　船	Passenger Vessels	1189	1014
货　船	Cargo Vessels	2408	2436
驳　船	Barges	80	53

表14.7 客货运输量、周转量及港口吞吐量（2013－2014年）

PASSENGER AND FREIGHT TRAFFIC, PASSENGER-KILOMETERS AND FREIGHT TON-KILOMETERS AND VOLUME OF FREIGHTS HANDLED IN COASTAL PORTS (2013-2014)

指 标	Item	2013	2014
客运量总计（万人）	**Total Passenger Traffic (10 000 persons)**	**66645.11**	**70056.08**
铁 路	Railway	3251.43	4056.70
公 路	Highway	61243.00	63630.00
水 路	Waterway	689.26	712.13
民 航	Civil Aviation	1461.43	1657.25
旅客周转量总计（亿人公里）	**Total Passenger-kilometers (100 million person-km)**	**652.01**	**725.79**
铁 路	Railway	119.80	142.34
公 路	Highway	333.27	352.58
水 路	Waterway	7.26	7.57
民 航	Civil Aviation	191.67	223.31
货运量总计（万吨）	**Total Freight Traffic (10 000 tons)**	**87114.66**	**97286.97**
铁 路	Railway	2336.66	1951.68
公 路	Highway	71842.00	81206.00
水 路	Waterway	12924.09	14117.00
民 航	Civil Aviation	11.92	12.29
货物周转量总计（亿吨公里）	**Total Freight Ton-kilometers (100 million ton-km)**	**2293.26**	**2588.87**
铁 路	Railway	175.30	157.98
公 路	Highway	695.89	797.80
水 路	Waterway	1420.44	1631.33
民 航	Civil Aviation	1.63	1.77
港口货物吞吐量（万吨）	**Total Cargo Handled at Ports (10 000 tons)**	**13675.89**	**14664.78**
#集装箱	In Which: Containers	1040.84	1194.35
进港量	In-port	8618.55	8946.76
出港量	Out-port	5057.34	5718.03
空港吞吐量	**Throughput of Airports**		
旅 客（万人）	Passengers (10 000 persons)	2568.64	2973.26
货 物（万吨）	Cargo (10 000 tons)	28.20	30.47

注：1) 2012年将四川航空纳入统计范围，交通运输客运货运量（周转量）同期出现相应变化。
2) 2011年起，空港吞吐量包含黔江武陵机场。

Note: a) Sichuan Airline was taken into statistics in 2012, so the data of passenger and freight traffic (turnover) in 2012 was changed.
b) The data of Qianjiang Wuling Airport has been included in the throughput of airports since 2011.

表14.8 主要港口码头泊位数（2013－2014年）
NUMBER OF BERTHS IN MAIN COASTAL PORTS (2013-2014)

指　标	Item	2013	2014
码头岸线长度（米）	**Length of Quay Line (m)**	**16905**	**17030**
生产用	For Productive Use	14405	14530
非生产用	For Non-productive Use	2500	2500
泊位个数（个）	**Number of Berths (unit)**	**195**	**196**
生产用	For Productive Use	154	155
非生产用	For Non-productive Use	41	41

表14.9 主要港口码头仓库（2013－2014年）
WAREHOUSES IN MAIN COASTAL PORTS (2013-2014)

指　标	Item	2013	2014
年末职工人数（人）	Number of Staff and Workers at Year-end (person)	7281	6503
仓库总面积（平方米）	Total Area of Warehouses (sq.m)	264200	77900
堆场总面积（平方米）	Total Area of Stacking Yard (sq.m)	996269	971800
集装箱吞吐量（吨）	Containers Handled in Coastal Ports (ton)	9469004	10782513
国际集装箱	International Containers	3830421	4419665
国内集装箱	Domestic Containers	5638583	6362848
集装箱吞吐量（TEU）	Containers Handled in Coastal Ports (TEU)	797297	896632
国际集装箱	International Containers	393927	442627
国内集装箱	Domestic Containers	403370	454005

注：TEU是“折合20英尺标准箱”的英文缩写。
Note: TEU is the abbreviation of " Twenty-foot Equivalent Unit".

表14.10 邮电业务基本情况（2013－2014年）
BASIC CONDITIONS OF POSTAL AND TELECOMMUNICATION SERVICES (2013-2014)

指　标	Item	2013	2014
邮政局（所）数（处）	Number of Postal Offices (unit)	1684	1720
邮电业务总量（万元）	Business Volume of Postal and Telecommunication Services (10 000 yuan)	3298926	4180875
邮　政	Postal Services	391225	470231
电　信	Telecommunication Services	2907701	3710644
函　件（万件）	Number of Letters (10 000 pcs)	5348	4700
包　件（万件）	Number of Parcels (10 000 pcs)	115	107
特快专递（万件）	Pieces of Express Mail Services (10 000 pcs)	10615	13886
邮政部门报刊累计数（万份）	Accumulated Issue of Newspapers and Magazines (10 000 copies)	34834	35824
长途电话（万分钟）	Long-distance Calls (10 000 min)	746564	807641
本地固定电话用户（万户）	Number of Fixed Telephone Subscribers at Year-end (10 000 subscribers)	580.33	582.97
城市电话用户	Urban Fixed Telephone Subscribers	430.29	441.22
#住宅电话	Household Fixed Telephone Subscribers	298.83	295.68
乡村电话用户	Rural Fixed Telephone Subscribers	150.03	141.75
#住宅电话	Household Fixed Telephone Subscribers	129.59	121.54
公用电话（万户）	Public Telephones (10 000 subscribers)	30.51	27.93
移动电话年末用户（万户）	Mobile Telephone Subscribers at Year-end (10 000 subscribers)	2380.78	2589.89
固定互联网络用户（万户）	Internet Subscribers (10 000 subscribers)	505.00	539.70

注：邮电业务总量2010年起为2010年不变价口径。
Note: The data of total business volume of postal and telecommunication services in 2010 was calculated at 2010 constant price.

表14.11 快递业务量（1997－2014年）
BUSINESS VOLUME OF EXPRESS SERVICES (1997-2014)

年　份 Year	快　递 (万件) Pieces of Express Mail Services (10 000 pcs)	快递业务收入 (万元) Revenue from Express Service (10 000 yuan)
1997	67.0	2127.0
1998	98.0	3201.0
1999	144.0	4245.0
2000	208.0	7544.0
2001	260.0	10484.0
2002	229.0	6600.0
2003	271.0	8031.0
2004	335.0	7611.0
2005	349.0	8401.0
2006	385.0	11153.0
2007	519.0	13941.0
2008	1651.3	35346.1
2009	2240.0	48879.2
2010	2829.4	60268.1
2011	4068.3	76828.8
2012	5497.9	103426.5
2013	10614.8	136957.5
2014	13886.3	201060.0

表14.12 电信主要通信能力（2013－2014年）
MAIN COMMUNICATION CAPACITY OF TELECOMMUNICATIONS (2013-2014)

项 目	Item	2013	2014
长话业务电路（2M）	Capacity of Long-distance Telephone Lines (2M)	587713	698864
固定交换机容量（万门）	Capacity of Local Telephone Exchanges (10 000 lines)	1126	857
移动用户交换机容量（万户）	Capacity of Mobile Telephone Exchanges (10 000 subscribers)	3810	4160
移动电话基站数（个）	Number of Base Stations of Mobile Telephones (unit)	54454	73968
移动电话信道数（万个）	Number of Signal Channels of Mobile Telephones (10 000 lines)	179	192
短信息中心容量（万条）	Capacity of SMS Center (10 000 messages)	10980	11700
光缆线路长度（万公里）	Length of Optical Cable Lines (km)	44	59

注：长话业务电路（2M）口径调整，指标包含原数据通信网长途电路，对2012年及同期数据进行了修正。
Note: The statistic scope of Capacity of Long-distance Telephone Lines (2M) was adjusted, which includes the previous data of Long-distance Lines in Telecommunication Network. The data in 2012 and the previous year have been adjusted.

表14.13 邮电通信水平（2013－2014年）
POSTAL AND TELECOMMUNICATION SERVICES AVAILABLE (2013-2014)

项 目	Item	2013	2014
平均每一邮政局所服务面积（平方公里）	Average Area Served by Every Post Office (sq.km)	48.93	47.91
平均每一邮政局所服务人口（万人）	Average Population Served by Every Post Office (10 000 persons)	1.76	1.74
平均每百人邮电业务总量（元）	Total Business Volume of Postal and Telecommunication Services per 100 Persons (yuan)	111075	139763
平均每人每年发函件数（件）	Annual Average Number of Letters Mailed Per Capita (piece)	1.80	1.57
平均每人每年自邮政部门订报刊数（份）	Annual Average Number of Newspapers and Magazines Subscribed from Postal Departments Per Capita (piece)	11.73	11.98
平均每百人拥有电话机（含移动）（部）	Number of Telephone Sets (including mobile phones) Owned Per 100 Persons (unit)	99.70	106.07
平均每百人拥有移动电话（部）	Number of Mobile Telephones Owned Per 100 Persons (unit)	80.16	86.58

注：人均指标按年末常住人口计算。
Note: The per capital indicators are calculated upon the permanent population at year-end.

重/庆/统/计/年/鉴

主要统计指标解释

货（客）运量

指在一定时期内，各种运输工具实际运送的货物（旅客）数量。是反映运输业为国民经济和人民生活服务的数量指标，也是制定和检查运输生产计划，研究运输发展规模和速度的重要指标。货运按吨计算，客运按人计算。货物不论运输距离长短或货物类别，均按实际重量统计；旅客不论行程远近或票价多少，均按一人一次作为客运量统计。半价票，小孩票也按一人统计。

货物（旅客）周转量

指在一定时期内，由各种运输工具运送的货物（旅客）数量与其相应运输距离的乘积之总和。是反映运输业生产总成果的重要指标，也是编制和检查运输生产计划，计算运输效率、劳动生产率以及核算运输单位成本的主要基础资料。通常以吨公里和人公里为计算单位。计算货物周转量通常按发出站与到达站之间的最短距离，也就是计费距离计算。计算公式为：

货物（旅客）周转量=Σ货物（旅客）运输量×运输距离

公路里程

指在一定时期内实际达到《公路工程技术标准JTG B01-2003》规定的等级公路，并经公路主管部门正式验收交付使用的公路里程数。包括大中城市的郊区公路以及通过小城镇街道部分的公路里程和公路桥梁长度、隧道长度、渡口宽度等，不包括大中城市的街道、厂矿、林区生产用道和农业生产用道的里程。两条或多条公路共同经由同一路段，只计算一次，不得重复计算里程长度。它是反映公路建设发展规模的重要指标，也是计算运输网密度等指标的基础资料。

内河航道里程

也称内河通航里程，指在一定时期内，能通航运输船舶及排筏的天然河流、湖泊水库、运河及通航渠道的长度。包括全年季节性通航累计三个月以上的航道，不包括仅供零散流放竹、木排的河道。它是反映内河水运网规模、水平和发展情况的主要指标。

民用汽车拥有量

指报告期末，在公安交通管理部门按照《机动车注册登记工作规范》，已注册登记领有民用车辆牌照的全部汽车数量。汽车拥有量统计的主要分类：根据汽车结构分为载客汽车、载货汽车及其他汽车；根据汽车所有者不同分为个人（私人）汽车、单位汽车；根据汽车的使用性质分为营运汽车、非营运汽车和特种汽车；根据汽车大小规格不同载客汽车分为大型、中型、小型和微型，载货汽车分为重型、中型、轻型和微型。

邮电业务总量

指以货币表现的邮电通信企业为社会提供各类邮电通信服务的总数量。邮电业务量按专业分类包括函件、包件、汇票、报刊发行、邮政快件、特快专递、邮政储蓄、集邮、传真、长途电话、出租电路、移动电话、分组交换数据通信、出租代维等。计算方法为各类产品乘以相应的平均单价（不变价）之和，再加上出租电路和设备、代用户维护电话交换机和线路等的服务收入。它综合反映了一定时期邮电业务发展的总成果，是研究邮电业务量构成和发展趋势的重要指标。计算公式为：

邮电业务总量=Σ（各类邮电业务量×不变单价）＋出租代维及其他业务收入=邮政业务总量＋电信业务总量

本地电话用户

指接入本地电信运营商固定电话网上的电话用户。包括：住宅用户、单位用户、公用电话用户等。按电话用户位置又分为城市电话用户和乡村电话用户。1997年以前，“市内电话用户”是指接入县城及县以上城市的电话网上的电话用户；“农村电话用户”是指接入县邮电局农话台及县以下农村电话交换点，以县城为中心（除市话用户外）联通县、乡

主要统计指标解释

（镇）、行政村、村民小组的用户。从1997年起，电话用户数分组调整为以用户所在区域划分为“城市电话用户”和“乡村电话用户”，与过去的按市内电话和农村电话划分方法不同。而电话用户总数、电话机总部数统计范围不变。

■ 城市电话用户

指直辖市、省辖市、地级市、县级市的市区、市郊区及县城（包括县人民政府所在地的县城关区或行政建制相当于县人民政府所在地的镇）范围内接入局用交换机的电话用户数，包括分布在农村地区的独立工矿区、林区、驻军等接入局用交换机的电话用户数。

■ 乡村电话用户

指县城关区以下的集镇和农村接入局用交换机的电话用户数。

■ 住宅电话用户

指安装在居民住宅或农民家里并按照住宅电话用户登记注册和收费的电话用户。包括私人付费、单位付费和按规定免费的住宅电话用户。

■ 移动电话用户

指通过移动电话交换机进入移动电话网、占用移动电话号码的各类电话用户。包括签约用户和智能网预付费用户。一个移动电话号码统计为一户。

■ 局用交换机容量

是指安装在电信运营企业内用于接续本地固定电话的电话交换机容量、有倍增设备按倍增后的数量计数。包括现用和备用的人工或自动交换机的全部容量。不包括用户交换机容量。

■ 移动电话交换机容量

指移动电话交换机根据一定话务模型和交换机处理能力计算出来的最大同时服务用户的数量。

Explanatory Notes on Main Statistical Indicators

□ Freight (Passenger) Traffic

Refers to the volume of freight (passenger) transported with various means. Freight transport is calculated in tons and passenger traffic is calculated in the number of persons. Despite the type of freight and traveling distance, the freight transport is calculated in the actual weight of the goods; and despite the traveling distance and ticket price, the passenger traffic is calculated by the principle that one person can be counted only once in one travel. The passenger who travels with a half-price ticket or a child ticket is also calculated as one person. The freight (passenger) traffic provides a quantitative measure to show how the transport industry serves the national economy and people, and is also an important indicator for planning the transport industry and for studying the development scale and speed of the transport industry.

□ Freight Ton-kilometers (Passenger-kilometers)

Refer to the sum of the products of the volume of transported cargo (passengers) multiplying by the transport distance. It is an important indicator to reflect the achievement of transportation industry. Normally, the shortest distance between the departure station and the destination station (i.e., the payable distance) is the basis to calculate the freight ton-kilometers. This is an important indicator to show the total results of the transport industry, to prepare and examine the transport plan and to measure the efficiency, the labour productivity and the unit cost of transport. The formula is as follows:

Freight Ton-kilometers (Passenger-Kilometers) = $\sum$ [Freight (Passenger) Traffic × Distance of Transportation]

□ Length of Highways

Refers to the length of highways which are built in conformity with the grades specified by the highway engineering standard formulated by the Ministry of Communications, and have been formally checked and accepted by the departments of highways and put into use. The length of highways includes that of the suburb highways at large and medium-sized cities, highways passing through streets at small cities and towns, and also the length of bridge and ferries. It does not include the length of streets in big and medium-sized cities and highways built for the production purpose at factories, mines, forest areas and agricultural areas. If two more highways go the same section of the way, the length of the section is only calculated for once and no duplication is allowed. The length of highways is an important indicator to show the development of the highway construction and to provide essential information to calculate the transport network density.

□ Length of Navigable Inland Waterways

An indicator reflecting the size and development of inland water network, it refers to the length of the natural rivers, lakes, reservoirs, canals, and ditches open to navigation during a given period, which enables the transport by ships and rafts. It includes the channels open to navigation for over an accumulative 3 months in a year, yet this does not include the river courses which are only used to float odd logs and bamboo rafts.

□ Possession of Civil Motor Vehicles

Refer to the total numbers of vehicles that are registered and received vehicles' license tags according to the Work Standard for Motor Vehicles Registration formulated by transport management office under department of public security at the end of reference period. They are divided into following categories according to the structure of motor vehicles: passenger vehicles, trucks and others; and private vehicles and vehicles for units use according to ownerships; working vehicles, non-working vehicles and special motor vehicles according to kind of usage; large passenger vehicles, medium passenger vehicles and small passenger vehicles, heavy trucks, light-heavy trucks and light trucks according to sizes of vehicles.

□ Business Volume of Postal and Telecommunication Services

Refers to the total amount of post and telecommunications services, expressed in value terms, provided by the post and telecommunications departments for the society. Postal and telecommunication services can be classified as letters, parcels, remittance, issue of newspapers and magazines, fast mail service, express mail service, saving deposits, stamps for collection, public and individual telegraph service, facsimiles, long-distance

EXPLANATORY NOTES TO MAJOR STATISTICAL INDICATORS

telephone service, leasing of telephone lines, urban paging service, mobile telephone service, data transfer and transmission, etc.. The accounting approach is to multiply the service products of all types with their average unit price (constant price) to get sum of business value, plus income from other services such as leasing of telephone lines and equipment, maintenance of telephone switchboards and lines on behalf of customers. This indicator reflects the overall results of post and telecommunications service during a given period, and is important to study the composition of business service and the development of post and telecommunications service. The formula is as follows:

Business Volume of Postal and Telecommunication Services = ∑ (Transaction of Post and Telecommunication Services × Constant Price) + Income from Leasing, Maintenance and other Services = Business Volume of Postal Services + Business Volume of Telecommunication Services

Local Telephone Subscribers

Refer to subscribers that are connected to the local telecommunication service provider through fix line network, including household subscribers, institutional subscribers and public telephones. They are also classified as city subscribers and rural subscribers according to locations. Before 1997, city subscribers referred to those connected to city telephone networks in county towns and cities, while village subscribers referred to those connected to village telephone stations at and below counties. Since 1997, the classification of telephone subscribers was modified on the basis of physical location of the subscribers as urban telephone subscribers and rural telephone subscribers, which is different from the previous classification of categorizing local telephones and rural telephones, while the definition of total subscribers and total number of telephones remain unchanged.

Urban Telephone Subscribers

Refer to subscribers telephone subscribers, located at municipalities, cities under the jurisdiction of province, cities at prefectural level, downtown and suburb of city at county level town and county towns (including country towns where county government located, and towns of county level according to the administrative organizational system), that are connected to the public line telephone network, including rural mineral area, forest area, military area.

Rural Telephone Subscribers

Refer to telephone subscribers, located at counties (towns) and villages outside the range of cities according to administrative jurisdiction.

Household Telephone Subscribers

Refer to telephone sets installed in resident dwellings, including those with telephone charges paid by individuals, by public units and free of charge.

Mobile Telephone Subscribers

Refer to the persons who own mobile telephone numbers and are connected with the mobile telephone communication network through the mobile telephone switchboards, including contracted subscribers and pre-paid subscribers for intelligent network. One mobile telephone is taken as a subscriber.

Capacity of Office Telephone Exchanges

Refers to the capacity (measured in gate) of telephone exchanges installed in the offices of telecommunication service providers for communication between fixed telephones. It includes the capacity of both manual and automatic exchanges in use and for stand-by purpose, excluding the capacity of subscribers exchanges.

Capacity of Mobile Telephone Exchanges

Refers to the capacity of the maximum services provided to subscribers at one time basing on a certain model and transacting capacity of the mobile telephone exchanges.

第 15 章

国内贸易

DOMESTIC TRADE

简要说明
BRIEF INTRODUCTION

本章主要内容有社会消费品零售总额，批发和零售业商品销售总额，限额以上批发零售和住宿餐饮业企业财务状况、限额以上住宿业和限额以上餐饮业基本经营情况，以及限额以上批发和零售业、住宿和餐饮业连锁经营情况。本章资料由市统计局贸易外经处提供。

The data in this chapter cover the total sales of the consumer goods, total sales of wholesale and retail trade, the financial indicators of wholesale and retail, hotel and catering enterprises above designated size, the operation of hotels and the enterprises in catering trade above designated size, and the operation of chain enterprises above designated size in wholesale, retail, hotel and catering trade. All the data in this chapter are provided by Division of Trade and External Economic Relations Statistics, Municipal Bureau of Statistics.

表15.1 社会消费品零售总额（1949 – 2014年）

TOTAL RETAIL SALES OF CONSUMER GOODS (1949-2014)

单位：万元 (10 000 yuan)

年 份 Year	社会消费品零售总额 Total Retail Sales of Consumer Goods	其 中 of which 国有经济 State-owned	集体经济 Collective -owned	个体及私营经济 Self-employed Individual and Private	外资及港澳台经济 Funded by Hong Kong,Macao, Taiwan & Foreign Entrepreneurs	其 他 Others
1949	46167					
1950	50695					
1951	55644					
1952	61973	19332	9941	32009		691
1953	77007	28033	13017	34889		1068
1954	83302	38415	19862	23381		1644
1955	84015	37910	18769	25264		2072
1956	98852	50892	39094	4648		4218
1957	108061	55533	43171	4458		4899
1958	119981	72248	40787	2705		4241
1959	141591	106899	26508	3006		5178
1960	156655	116749	28958	7877		3071
1961	133022	101961	20412	8403		2246
1962	124248	87477	27335	6987		2449
1963	112094	74490	31651	3913		2040
1964	122995	85845	32817	2405		1928
1965	134722	94009	35935	2318		2460
1966	147697	103011	38259	3585		2842
1967	155358	110170	40829	1502		2857
1968	132702	91591	37960	535		2616
1969	152531	110384	38638	638		2871
1970	163612	118044	40460	2120		2988
1971	172626	124688	42034	2739		3165
1972	191113	135637	45994	5863		3619
1973	195825	141100	48694	2376		3655
1974	197474	140839	50050	2682		3903
1975	217537	148811	53318	11876		3532
1976	218022	111129	95330	8200		3363
1977	233979	118830	102849	8402		3898
1978	250188	126981	112537	6599		4071
1979	301563	156918	130798	8043		5804
1980	366349	178516	162400	17649		7784
1981	405952	193060	180443	24020		8429

表15.1 续表 continued 单位：万元 (10 000 yuan)

年 份 Year	社会消费品零售总额 Total Retail Sales of Consumer Goods	其 中 of which				
		国有经济 State-owned	集体经济 Collective -owned	个体及私营经济 Self-employed Individual and Private	外资及港澳台经济 Funded by Hong Kong,Macao, Taiwan & Foreign Entrepreneurs	其 他 Others
1982	431269	201845	188198	30649		10577
1983	466704	212294	190909	53632		9869
1984	538909	229611	202957	93137		13204
1985	690779	256981	261103	155266		17429
1986	780787	290656	260816	207041		22274
1987	926227	343448	302177	253031		27571
1988	1191747	430347	372593	350032		38775
1989	1332450	445314	380342	344338		162456
1990	1371244	464257	370361	352587		184039
1991	1569138	524150	448634	359098		237256
1992	2031140	661857	554059	494300		320924
1993	2573768	933913	704291	492283	2372	440909
1994	3343325	1079062	664616	880747	3166	715734
1995	4161295	1004126	752266	1223620	23727	1157556
1996	4986299	1106800	792017	1550975	25224	1511283
1997	5681890	1137394	853410	1529836	34914	2126336
1998	6193991	1029384	710562	2103320	82477	2268248
1999	6670104	1129936	643832	2562478	115128	2218730
2000	7199508	1075849	675284	2855855	163455	2429065
2001	7823114	1190283	634269	3243281	205648	2549633
2002	8535962	1166478	544491	3717999	208733	2898261
2003	9346711	1117167	406950	4449249	221716	3151629
2004	10683290	864210	201479	7404246	210630	2002725
2005	12278119	1062661	210209	8242314	266333	2496602
2006	14315133	1741735	235363	9545634	345925	2446476
2007	17111165	1446490	254185	11391396	523912	3495182
2008	21471209	1215973	366449	13829885	751017	5307885
2009	25150155	1120799	316943	17276857	1808557	4626999
2010	30511078	1902684	456845	19040132	837470	8273947
2011	37823300	3206202	536627	23684988	2761399	7634084
2012	44029922	3308480	563925	25858861	3207278	11091378
2013	50557683	2410511	584603	33794724	1693685	12074160
2014	57106660	2512026	616649	36266710	1853831	15857444

注：2009年-2013年已根据三经普调整。
Note: The data of 2009-2013 has been adjusted according to the result of the 3rd National Economic Census.

表15.2 社会消费品零售总额（2013－2014年）
TOTAL RETAIL SALES OF CONSUMER GOODS (2013-2014)

单位：万元 (10 000 yuan)

指 标	Item	2013	2014
总 计	**Total**	**50557683**	**57106660**
按销售单位所在地分	**By Location**		
城 镇	City	48087747	54277348
#城 区	County	33584525	37930363
乡 村	Under County Level	2469936	2829312
按登记注册类型分	**By Type of Registration**		
国有经济	State-owned	2410511	2512026
集体经济	Collective-owned	584603	616649
个体及私营经济	Individual and Private	33794724	36266710
外资及港澳台经济	Funded by Hong Kong, Macao, Taiwan & Foreign Entrepreneurs	1693685	1853831
其他经济	Others	12074160	15857444
按行业分	**By Sector**		
批发和零售业	Wholesale and Retail Trades	43416266	49045298
住宿和餐饮业	Hotels and Catering Services	7141417	8061362

表15.3 限额以上住宿和餐饮业法人企业基本经营情况（2013－2014年）
BASIC CONDITIONS OF ENTERPRISES ABOVE DESIGNATED SIZE OF HOTELS AND CATERING SERVICES (2013-2014)

单位：万元 (10 000 yuan)

指 标	Item	2013	2014
营业额	Business Revenue	2326820	2592949
客房收入	From Hotel Rooms	402526	471287
餐费收入	From Meals	1748170	1928504
商品销售收入	From Commodities	87556	108723
其他收入	Other Income	88568	84435
住宿餐饮设施	Infrastructure of Hotels and Catering Services		
床位数（个）	Number of Beds (unit)	93071	115679
餐位数（位）	Number of Catering Seats (unit)	738094	788791

表15.4 批发和零售业商品销售总额（2014年）
TOTAL SALES OF ENTERPRISES IN WHOLESALE AND RETAIL TRADES (2014)

单位：万元 (10 000 yuan)

指　标	Item	销售总额 Total Sales	其中 of which 批　发 Wholesale	零　售 Retail
总　计	**Total**	**166411659**	**123401560**	**43010099**
限额以上批发和零售法人企业	**Enterprises above Designated Size in Wholesales and Retail Trade**	**96431972**	**63586367**	**32845605**
按登记注册类型分	**By Type Registration**			
内资企业	Domestic-funded Enterprises			
国有企业	State-owned Enterprises	8500545	7388858	1111687
集体企业	Collective-owned Enterprises	234693	156251	78442
股份合作企业	Cooperative Enterprises	593663	511820	81843
联营企业	Joint-owned Enterprises	1057		1057
有限责任公司	Limited-liability Companies	47475543	33253776	14221767
股份有限公司	Share Holding Corporation Ltd.	9844026	3916705	5927321
私营企业	Private Enterprises	26077687	16517488	9560199
其他企业	Other Enterprises	406126	197456	208670
港澳台商投资企业	Enterprises Funded by Hong Kong, Macao and Taiwan	1918523	1078037	840486
外商投资企业	Foreign-funded Enterprises	1380108	565975	814133
按行业分	**By Sector**			
农、林、牧产品批发业	Wholesale of Farm, Forestry and Animal Husbandry Products	632886	536147	96739
食品、饮料及烟草制品批发业	Wholesale of Food, Beverages and Tobacco	11881582	11127175	754407
纺织、服装及家电用品批发业	Wholesale of Textiles, Garments and Household Electrical Appliances	4080138	3777844	302294
文化、体育用品及器材批发业	Wholesale of Cultural, Sports Appliances and Equipment	654298	640193	14105
医药及医疗器材批发业	Wholesale of Medicines and Medical Appliances	6106220	4678173	1428047
矿产品、建材及化工产品批发业	Wholesale of Mineral Products, Building Materials and Chemical Products	30398651	27742177	2656474
机械设备、五金交电及电子产品批发业	Wholesale of Machinery, Hardware and Electronic Products	9420771	8927890	492881
贸易经纪与代理业	Trade Broker and Agency	2509	2509	
其他批发业	Other Wholesale not Classified Elsewhere	1839076	1729832	109244
综合零售业	Retail Trades	7914095	720130	7193965
食品、饮料及烟草制品专门零售业	Special Retail of Food, Beverages and Tobacco	1065895	239787	826108
纺织、服装及日用品专门零售业	Special Retail of Textiles, Garments and Daily Consumer Articles	1008065	80867	927198
文化、体育用品及器材专门零售业	Retail of Cultural, Sports Appliances and Equipment	1273919	627628	646291
医药及医疗器材专门零售业	Retail of Medicines and Medical Appliances	1219525	401166	818359
汽车、摩托车、燃料及零配件专门零售业	Retail of Motor Vehicles, Motorcycles, Fuel and Parts	13315173	1363099	11952074
家用电器及电子产品专门零售业	Special Retail of Household Electrical Appliances and Electronic Products	2590267	227925	2362342
五金、家具及室内装修材料专门零售业	Special Retail of Hardware, Furniture and Decoration Materials	2552736	724301	1828435
货摊、无店铺及其他零售业	Stalls, Non-shop and Other Retails	476168	39526	436642

表15.5 限额以上批发和零售业主要商品分类销售额（2013－2014年）
SALES OF MAIN COMMODITIES OF THE ENTERPRISES ABOVE DESIGNATED SIZE IN WHOLESALE AND RETAIL TRADES BY CATEGORY (2013-2014)

单位：亿元 (100 million yuan)

指 标	Item	销售额 Total Sales		其 中 of which 批 发 Wholesale		零 售 Retail	
		2013	2014	2013	2014	2013	2014
总 计	**Total**	**9722.84**	**10105.82**	**6613.34**	**6453.30**	**3109.50**	**3652.52**
粮油、食品、饮料、烟酒类	Grain and Oil, Food, Beverages, Tobacco and Liquor	1620.62	1836.63	1138.67	1307.11	481.95	529.52
肉禽蛋类	Meat, Poultry and Eggs	75.70	131.00	31.80	77.56	43.90	53.44
其他食品类	Other Food	800.39	858.18	459.86	488.83	340.53	369.34
饮料类	Beverages	50.69	53.43	16.57	20.05	34.12	33.38
烟酒类	Tobacco and Liquor	693.84	794.02	630.44	720.67	63.40	73.35
服装鞋帽、针、纺织品类	Clothing, Shoes, Hats and Textiles	345.27	382.03	32.92	50.66	312.35	331.37
服装类	Clothing	257.80	272.05	15.13	16.22	242.67	255.83
鞋帽类	Shoes and Hats	49.87	54.06	2.44	2.99	47.43	51.07
针、纺织品类	Knitwear and Textiles	37.60	55.92	15.36	31.45	22.24	24.47
化妆品类	Cosmetics	49.56	55.17	18.18	23.42	31.38	31.75
金银珠宝类	Gold, Silver and Jewelry	111.61	116.73	61.07	69.37	50.54	47.36
日用品类	Articles for Daily Use	165.47	188.01	33.45	33.92	132.02	154.08
#洗涤用品类	Washing Articles	49.55	55.43	7.54	8.19	42.01	47.24
儿童玩具类	Children Toys	5.06	6.96	0.78	0.89	4.28	6.07
五金、电料类	Hardware and Electrical Materials	47.54	56.85	20.12	25.32	27.42	31.53
体育、娱乐用品类	Sports and Recreation Articles	11.55	6.25	2.33	0.94	9.22	5.31
书报杂志类	Newspapers and Magazines	34.48	38.20	17.85	20.10	16.63	18.10
电子出版物及音像制品类	E-journal and Video Products	3.95	3.93	1.28	1.25	2.67	2.68
家用电器和音像器材类	Household Appliances and Video Appliances	1536.23	497.28	1277.77	204.52	258.46	292.76
中西药品类	Traditional Chinese and Western Medicines	541.11	660.28	331.97	424.10	209.14	236.18
#西 药	Western Medicines	419.36	512.82	263.61	333.18	155.75	179.64
中草药及中成药	Traditional Chinese Medicines	74.12	83.70	43.17	53.03	30.95	30.67
文化办公用品类	Cultural and Office Articles	92.80	149.61	20.68	62.30	72.12	87.31
家具类	Furniture	185.28	233.95	50.26	57.89	135.02	176.06
通讯器材类	Communication Appliances	121.06	200.34	70.61	128.03	50.45	72.31
煤炭及制品类	Coal and Related Products	335.40	375.55	322.91	362.26	12.49	13.29
木材及制品类	Wood and Wooden Products	13.20	20.63	13.20	20.63		
石油及制品类	Petroleum and Related Products	955.34	1089.97	621.32	677.37	334.02	412.60
化工材料及制品类	Chemical Materials and Related Products	458.45	604.58	458.45	604.58		
#化肥类	Fertilizers	205.48	208.97	205.48	208.97		
金属材料类	Metal Materials	1055.13	1176.18	1055.13	1176.18		
建筑及装潢材料类	Building and Decoration Materials	270.00	272.40	154.05	154.04	115.95	118.36
机电产品设备类	Mechanical and Electrical Products	299.53	328.45	242.72	272.57	56.81	55.88
#农机类	Agricultural Machinery	11.17	11.67	11.17	11.67		
汽车类	Automobiles	1104.99	1395.97	393.98	461.49	711.01	934.48
种子饲料类	Seed and Feedstuff	10.31	11.44	10.31	11.44		
棉麻类	Cotton, Hemp	9.01	8.05	8.31	7.67	0.70	0.38
其他类	Others	344.96	397.33	255.79	296.13	89.17	101.20

表15.6 限额以上批发业法人企业财务状况（2014年）
FINANCIAL INDICATORS OF WHOLESALE ENTERPRISES ABOVE DESIGNATED SIZE (2014)

指　标	Item	法人企业数（个）Number of Enterprises (unit)	流动资产合计 Total Circulating Assets	固定资产合计 Total Fixed Assets
总　计	**Total**	**2311**	**19790673**	**1488104**
按批发行业小类分	By Wholesale Sector			
农、林、牧产品批发	Wholesale of Farm, Forestry and Animal Husbandry Products	67	279853	44491
谷物、豆及薯类批发	Wholesale of Cereal, Bean and Tubers	19	59173	21314
种子批发	Wholesale of Seeds	10	16981	4457
饲料批发	Wholesale of Feedstuff	9	3572	3439
棉、麻批发	Wholesale of Cotton and Fiber Crops	3	29095	2263
林业产品批发	Wholesale of Forestry Products	10	158785	3626
牲畜批发	Wholesale of Livestock	5	3772	3489
其他农牧产品批发	Wholesale of Other Farm Products and Livestock Products	11	8475	5903
食品、饮料及烟草制品批发	Wholesale of Food, Beverages and Tobacco	352	2368686	481573
米、面制品及食用油批发	Wholesale of Rice, Flour and Edible Oil	73	468822	88418
糕点、糖果及糖批发	Wholesale of Cake, Candy and Sugar	15	32892	7205
果品、蔬菜批发	Wholesale of Fruits and Vegetables	57	82167	130317
肉、禽、蛋、奶及水产品批发	Wholesale of Meat, Poultry, Eggs and Aquatic Products	36	108762	26463
盐及调味品批发	Wholesale of Salts and Condiments	12	161722	8949
营养和保健品批发	Wholesale of Nutraceutical Products	8	14169	3808
酒、饮料及茶叶批发	Wholesale of Liquor, Beverages and Tea	78	201180	17798
烟草制品批发	Wholesale of Tobacco	39	1220726	191038
其他食品批发	Wholesale of other Food	34	78246	7577
纺织、服装及家庭用品批发	Wholesale of Textiles, Garments and Household Articles	117	1332557	41289
纺织品、针织品及原料批发	Wholesale of Textiles, Knitwear and Raw Materials	14	117516	1220
服装批发	Wholesale of Garments	16	259876	6894
鞋帽批发	Wholesale of Shoes and Hats	3	7557	83
化妆品及卫生用品批发	Wholesale of Cosmetics and Sanitary Articles	12	183988	2256
厨房、卫生间用具及日用杂货批发	Wholesale of Kitchen Utensils, Toilet Ware and Daily Consumer Articles Sundry Goods	11	32777	1098
灯具、装饰物品批发	Wholesale of Light Fittings and Decorative Articles	5	66843	1164
家用电器批发	Wholesale of Household Electrical Appliances	42	518079	26960
其他家庭用品批发	Wholesale of Other Household Articles	14	145922	1615
文化、体育用品及器材批发	Wholesale of Cultural and Sports Articles and Equipment	28	519365	16034
文具用品批发	Wholesale of Cultural Articles	4	14889	160
体育用品及器材批发	Wholesale of Sports Articles	2	36550	212
图书批发	Wholesale of Books	3	31277	593
报刊批发	Wholesale of Newspapers and Magazines			
音像制品及电子出版物批发	Wholesale of E-journals and Video Products			
首饰、工艺品及收藏品批发	Wholesale of Jewelry, Handicrafts and Collections	12	412574	13316
其他文化用品批发	Wholesale of Other Cultural Goods	7	24076	1754
医药及医疗器材批发	Wholesale of Medicines and Medical Appliances	240	2433194	122123
西药批发	Wholesale of Western Medicines	179	2018098	105952
中药批发	Wholesale of Traditional Chinese Medicines	25	101750	3502
医疗用品及器材批发	Wholesale of Medical Articles and Appliances	36	313346	12669

单位：万元 (10 000 yuan)

累计折旧 Total Depreciation	其 中 of which #本年折旧 Depreciation in This Year	资产总计 Total Assets	负债合计 Total Liabilities	实收资本 Paid-in Capital	主营业务收入 Revenue of Principal Business	主营业务成本 Cost of Principal Business	主营业务税金及附加 Taxes and Extra Charges on Principal Business	其他业务利润 Profits from Other Business
702971	**109422**	**23967974**	**17383595**	**2768856**	**60396267**	**55323452**	**534506**	**92254**
20983	1362	391184	259330	61740	620625	571845	3418	556
12696	288	127449	62405	18841	316093	301147	767	333
1330	282	26287	13240	11777	29481	25098	463	108
520	159	8006	4725	3316	45549	42008	570	93
1257	97	41195	24319	5430	81838	78071	101	
1742	172	165655	145328	13493	71158	62221	187	23
358	84	7572	2810	1770	23740	17976	411	
3081	280	15021	6504	7112	52767	45325	919	
265533	25622	3548124	1654945	375930	11142012	9333037	346872	12552
32322	4844	774988	430559	67245	1935879	1845121	7447	4569
2494	619	43737	29472	3920	134731	123975	603	999
5469	2499	397350	195245	104708	817007	734262	4237	8
8823	1743	155600	78367	51002	698692	651117	3828	1583
10471	844	274218	157081	57592	385627	328750	3833	1222
962	261	25100	19888	3872	44975	40362	210	944
9281	1555	230701	189787	21705	569314	491907	4170	1205
193469	12811	1559471	493460	55923	6123523	4736271	320239	1173
2242	447	86959	61086	9963	432263	381273	2305	850
16098	4194	1423778	1184332	87008	3576387	3172583	10581	2138
869	194	122010	100260	16821	435691	395473	141	
4255	459	283582	223093	14828	832021	667105	4594	85
137	7	7641	6525	1050	11170	9862	88	
1734	699	192233	154549	7920	277596	194109	2012	498
711	165	33875	32135	3006	43908	36158	462	
124	60	68884	59095	1516	106720	92017	169	
7501	2129	561138	474237	37344	1688689	1618352	2046	1569
768	481	154416	134436	4524	180592	159507	1069	-14
10052	2560	552446	409131	57829	606610	499913	749	568
205	46	15095	11613	3370	28435	25855	48	
212	48	36770	37208	163	16129	13327	181	
524	148	36210	30338	10200	32934	21531	78	
8552	2164	438341	311606	41577	473589	388870	373	1
559	153	26030	18366	2518	55523	50331	70	568
51432	10854	2958125	2063232	420445	5602249	5199906	10967	36222
42413	7668	2392037	1792770	299313	4794199	4492129	8222	25169
2639	1516	111840	85821	16211	392699	357884	1125	113
6380	1669	454249	184641	104921	415351	349894	1620	10941

表15.6 续表1 continued1

指　标	Item	法人企业数（个）Number of Enterprises (unit)	流动资产合计 Total Circulating Assets	固定资产合计 Total Fixed Assets
矿产品、建材及化工产品批发	Wholesale of Mineral Products, Building Materials and Chemical Products	1045	9175269	607448
煤炭及制品批发	Wholesale of Coal and Related Products	213	1431432	78228
石油及制品批发	Wholesale of Petroleum and Related Products	99	1424819	270641
非金属矿及制品批发	Wholesale of Nonmetal Mineral and Related Products	13	78116	6141
金属及金属矿批发	Wholesale of Metal and Metal Mineral	244	2648276	84746
建材批发	Wholesale of Building Materials	241	1976765	89442
化肥批发	Wholesale of Fertilizers	73	525850	32866
农药批发	Wholesale of Pesticides	1	892	1179
农用薄膜批发	Wholesale of Films for Agriculture	2	4866	36
其他化工产品批发	Wholesale of Other Chemical Products	159	1084254	44169
机械设备、五金产品及电子产品批发	Wholesale of Machinery, Hardware and Electronic Products	349	3335023	119177
农业机械批发	Wholesale of Agricultural Machinery	23	29763	6274
汽车批发	Wholesale of Automobiles	102	1012806	38856
汽车零配件批发	Wholesale of Automobile Fittings	45	321486	6275
摩托车及零配件批发	Wholesale of Motorcycle and Fittings	45	763061	31331
五金产品批发	Wholesale of Hardware	25	51218	5623
电气设备批发	Wholesale of Electric Equipment	11	60987	3692
计算机、软件及辅助设备批发	Wholesale of Computers, Software and Assistant Equipment	9	444747	6572
通讯及广播电视设备批发	Wholesale of Communication, Broadcast and TV Equipment	13	187893	1404
其他机械设备及电子产品批发	Wholesale of Other Machinery and Electronic Products	76	463063	19150
贸易经纪与代理	Trade Broker and Agency	1	165	
贸易代理	Trade Agency	1	165	
拍　卖	Auction			
其他贸易经纪与代理	Other Trade Broker and Agency			
其他批发业	Other Wholesales	112	346561	55969
再生物资回收与批发	Wholesale of Recycled Materials	89	266410	49430
其他未列明批发业	Other Wholesale not Classified Elsewhere	23	80151	6540
按登记注册类型分	**By Status of Registration**			
内资企业	Domestic-funded Enterprises	2289	18975338	1444412
国有企业	State-owned Enterprises	72	1366778	221590
集体企业	Collective-owned Enterprises	15	22417	1406
股份合作企业	Cooperative Enterprises	12	141896	10299
联营企业	Joint-owned Enterprises			
国有联营企业	State Joint-owned Enterprises			
集体联营企业	Collective Joint-owned Enterprises			
国有与集体联营企业	Joint State-collective Enterprises			
其他联营企业	Other Joint-owned Enterprises			

单位：万元 (10 000 yuan)

累计折旧 Total Depreciation	其中 of which #本年折旧 Depreciation in This Year	资产总计 Total Assets	负债合计 Total Liabilities	实收资本 Paid-in Capital	主营业务收入 Revenue of Principal Business	主营业务成本 Cost of Principal Business	主营业务税金及附加 Taxes and Extra Charges on Principal Business	其他业务利润 Profits from Other Business
268801	49111	10786565	8599441	1157308	28295547	26851474	69954	21021
38754	7612	1665414	1310313	224142	3963271	3546692	22017	7422
128093	20257	2046419	1412746	230708	6406976	6093083	8754	3552
1546	380	87519	55829	25578	242163	233711	1137	526
34609	5895	2981842	2538411	284346	7570932	7364071	11197	3904
25135	6498	2175349	1837439	221703	3939953	3725438	15469	2527
16972	3058	635758	464752	59885	1832584	1731287	5282	234
33	5	2102	614	336	18639	17874	24	
16	4	4946	3556	550	11101	10740	41	
23644	5403	1187217	975781	110061	4309929	4128578	6033	2856
46906	10904	3683115	2885605	513764	8779525	8089348	72161	17340
2307	540	42694	23568	6269	136069	120190	1789	270
10556	2060	1120663	1000360	86473	2097229	1823314	49854	4389
4068	1907	330390	269811	18804	1006162	908333	1145	1040
7423	2031	856905	720837	109070	2099168	1978349	9586	339
2591	807	61627	30537	24423	143265	127897	1185	
4236	188	81978	61223	16313	60803	54157	251	33
1721	258	482723	179660	192912	1336887	1296560	1626	8862
1172	180	196905	178040	14884	534985	514639	406	1516
12833	2935	509231	421569	44617	1364958	1265910	6320	890
		267	19	200	2239	1867	19	
		267	19	200	2239	1867	19	
23165	4816	624370	327562	94631	1771073	1603478	19786	1856
20799	4320	535517	260278	84725	1314778	1167896	18728	524
2366	496	88853	67284	9906	456295	435583	1058	1333
692353	106357	23043249	16760420	2630874	58502940	53610895	531841	92201
212710	15921	1773076	650996	85177	6915763	5502217	321310	2071
1439	227	27201	19703	3876	167734	150992	3467	265
9505	1625	160685	143951	7655	469882	430888	2833	82

表15.6 续表2 continued2

指 标	Item	法人企业数（个） Number of Enterprises (unit)	流动资产合计 Total Circulating Assets	固定资产合计 Total Fixed Assets
有限责任公司	Limited Liability Corporations	967	11507676	702104
国有独资公司	State Sole Funded Corporations	55	2808017	109980
其他有限责任公司	Other Limited Liability Corporations	912	8699660	592124
股份有限公司	Share-holding Corporations Ltd.	74	1057677	147996
私营企业	Private Enterprises	1122	4839429	353586
私营独资企业	Private-funded Enterprises	29	22104	4758
私营合伙企业	Private Partnership Enterprises	7	5637	3781
私营有限责任公司	Private Limited Liability Corporations	1050	4655618	326294
私营股份有限公司	Private Share-holding Corporations Ltd.	36	156070	18753
其他企业	Other Enterprises	27	39465	7431
港、澳、台商投资企业	Enterprises with Funds from Hong Kong, Macao and Taiwan	11	502259	31168
与港澳台商合资经营企业	Joint-venture Enterprises	4	24001	723
与港澳台商合作经营企业	Cooperative Enterprises			
港澳台商独资企业	Enterprises with Sole Fund	5	353361	2129
港澳台商投资股份有限公司	Share-holding Corporations Ltd. with Investment	1	5124	20645
其他港澳台投资企业	Other Enterprises with Funds from Hong Kong, Macao and Taiwan	1	119772	7672
外商投资企业	Foreign-funded Enterprises	11	313077	12524
中外合资经营企业	Joint-venture Enterprises	4	108095	9901
中外合作经营企业	Cooperative Enterprises			
外资企业	Enterprises with Sole Fund	6	204951	2592
外商投资股份有限公司	Share-holding Corporations Ltd. with Foreign Investment	1	31	31
其他外商投资企业	Other Foreign-funded Enterprises			
按控股情况分	**Trade Broker and Agency**			
国有控股	State-holding	254	6638678	613715
集体控股	Collective-holding	61	781630	31781
私人控股	Private-holding	1755	9122594	586975
港澳台商控股	Held by Corporation from Hong Kong, Macao and Taiwan	9	526802	30528
外商控股	Foreign-holding	10	237770	2632
其 他	Other	222	2483199	222473
按经营形式分	**By Form of Business**			
独立门店	Independent Store	1703	10321706	774572
连锁总店	Central Shop of Chain Stores	32	2301853	175476
连锁门店	Branch Shop of Chain Stores	13	65635	44023
其 他	Other	563	7101479	494034
按单位规模分	**By Size of Enterprise**			
大 型	Large	63	5036433	571487
中 型	Medium	766	9058594	575563
小 型	Small	1321	3651661	296828
微 型	Micro	161	2043985	44227

单位：万元 (10 000 yuan)

累计折旧 Total Depreciation	其 中 of which #本年折旧 Depreciation in This Year	资产总计 Total Assets	负债合计 Total Liabilities	实收资本 Paid-in Capital	主营业务收入 Revenue of Principal Business	主营业务成本 Cost of Principal Business	主营业务税金及附加 Taxes and Extra Charges on Principal Business	其他业务利润 Profits from Other Business
263817	47418	13607325	10660402	1427602	31623923	29651443	110763	33489
59550	5372	3271993	2559640	217816	6380661	6026438	9425	5634
204267	42046	10335332	8100762	1209786	25243262	23625005	101338	27856
67918	8845	1647061	974393	244950	3651231	3434905	13805	14837
135012	31774	5776474	4297009	837529	15469443	14262256	77293	41437
2399	523	29659	17136	5343	222003	200552	2098	122
1193	551	10598	2475	7861	25621	20701	850	9
123293	28717	5539442	4121691	795031	14848346	13723273	66490	41021
8128	1984	196775	155707	29294	373473	317730	7855	286
1951	548	51429	13967	24086	204965	178193	2370	18
6786	1402	538864	366799	68275	1166055	1051358	2100	
408	70	24845	11412	12880	41467	37648	141	
1320	297	358157	253089	28622	813144	759425	1685	
25	12	25769	352	7779	144356	115485	25	
5033	1024	130094	101945	18994	167088	138800	248	
3832	1663	385862	256377	69707	727271	661200	565	54
3242	1442	156008	99808	35564	376018	337193	331	3
571	202	229515	156569	33837	348021	322207	233	51
20	20	340		307	3233	1800		
406448	40590	8381912	5629691	730403	23172794	20962461	343640	19962
15998	2332	871521	713702	63252	1808528	1690361	6380	1070
229845	51585	10796277	8091326	1521067	25318536	23279384	159269	60226
6518	1383	568628	407380	56445	1218265	1099320	2853	60
619	226	262655	180355	42693	481370	448972	314	51
43544	13306	3086982	2361141	354995	8396774	7842954	22051	10885
348740	66350	12401925	9309375	1596655	34620919	31896602	265247	58760
139582	3258	2813823	1361852	85930	4941845	4058621	168134	858
19001	5031	130945	83354	43680	393563	348819	4662	655
195649	34784	8621282	6629014	1042591	20439940	19019410	96463	33291
305895	29499	6682392	4096959	587092	14733725	13029779	208161	30745
288280	54149	10800858	8182091	1352939	30544522	28380061	208377	42787
93159	23459	4368379	3124602	720668	12660556	11602065	94821	17071
15637	2316	2116345	1979943	108158	2457464	2311548	23146	1651

表15.6 续表3 continued3

指　标	Item	销售费用 Selling Expense	管理费用 Overhead	其　中 of which #税　金 Tax
总　计	**Total**	**1377695**	**944770**	**41293**
按批发行业小类分	By Wholesale Sector			
农、林、牧产品批发	Wholesale of Farm, Forestry and Animal Husbandry Products	11812	12949	519
谷物、豆及薯类批发	Wholesale of Cereal, Bean and Tubers	4530	5495	202
种子批发	Wholesale of Seeds	1411	1383	56
饲料批发	Wholesale of Feedstuff	681	806	46
棉、麻批发	Wholesale of Cotton and Fiber Crops	835	1238	31
林业产品批发	Wholesale of Forestry Products	1805	1829	56
牲畜批发	Wholesale of Livestock	1544	425	15
其他农牧产品批发	Wholesale of Other Farm Products and Livestock Products	1005	1773	114
食品、饮料及烟草制品批发	Wholesale of Food, Beverages and Tobacco	290422	402011	10985
米、面制品及食用油批发	Wholesale of Rice, Flour and Edible Oil	37405	26134	765
糕点、糖果及糖批发	Wholesale of Cake, Candy and Sugar	6035	3314	428
果品、蔬菜批发	Wholesale of Fruits and Vegetables	30126	10987	1122
肉、禽、蛋、奶及水产品批发	Wholesale of Meat, Poultry, Eggs and Aquatic Products	10289	8910	1168
盐及调味品批发	Wholesale of Salts and Condiments	14523	10856	83
营养和保健品批发	Wholesale of Nutraceutical Products	3435	1133	43
酒、饮料及茶叶批发	Wholesale of Liquor, Beverages and Tea	29310	10747	537
烟草制品批发	Wholesale of Tobacco	128478	325016	6470
其他食品批发	Wholesale of other Food	30821	4914	370
纺织、服装及家庭用品批发	Wholesale of Textiles, Garments and Household Articles	153897	49488	2411
纺织品、针织品及原料批发	Wholesale of Textiles, Knitwear and Raw Materials	2897	3862	660
服装批发	Wholesale of Garments	35978	18423	1061
鞋帽批发	Wholesale of Shoes and Hats	524	371	2
化妆品及卫生用品批发	Wholesale of Cosmetics and Sanitary Articles	48576	7896	2
厨房、卫生间用具及日用杂货批发	Wholesale of Kitchen Utensils, Toilet Ware and Daily Consumer Articles Sundry Goods	2568	2628	1
灯具、装饰物品批发	Wholesale of Light Fittings and Decorative Articles	6586	3677	91
家用电器批发	Wholesale of Household Electrical Appliances	50671	10170	532
其他家庭用品批发	Wholesale of Other Household Articles	6097	2461	63
文化、体育用品及器材批发	Wholesale of Cultural and Sports Articles and Equipment	49060	14464	35
文具用品批发	Wholesale of Cultural Articles	1443	714	1
体育用品及器材批发	Wholesale of Sports Articles	942	499	
图书批发	Wholesale of Books	6936	3163	9
报刊批发	Wholesale of Newspapers and Magazines			
音像制品及电子出版物批发	Wholesale of E-journals and Video Products			
首饰、工艺品及收藏品批发	Wholesale of Jewelry, Handicrafts and Collections	37384	7612	14
其他文化用品批发	Wholesale of Other Cultural Goods	2354	2475	11
医药及医疗器材批发	Wholesale of Medicines and Medical Appliances	157321	109257	3629
西药批发	Wholesale of Western Medicines	106473	86668	2601
中药批发	Wholesale of Traditional Chinese Medicines	13199	6944	258
医疗用品及器材批发	Wholesale of Medical Articles and Appliances	37650	15645	771

单位：万元 (10 000 yuan)

财务费用 Financial Cost	公允价值变动收益 Profit from Fair Value Changes	投资收益 Profit from Investment	营业利润 Business Profit	营业外收入 Non-business Income	其中 of which #补贴收入 Subsidize Revenue	利润总额 Total Profits	应交所得税 Payable Income Tax	应付职工薪酬(本年贷方累计发生额) Payroll Payable	应交增值税 VAT Payable
277496	**2360**	**68941**	**2016426**	**173658**	**91385**	**1856427**	**269526**	**847226**	**817790**
4696	556	14	17468	10334	5965	21191	2244	11271	4118
1287	322	-1	3825	9456	5709	9836	764	4455	1381
306		14	-74	187	104	-875	56	1650	659
326			1158	121	115	886	63	560	282
704	234		1281	412		2206	296	844	281
1348			4866	63	20	4926	893	1354	458
66			3317	75		3392	154	765	312
659			3096	21	18	821	19	1643	745
-906	478	9477	786866	84240	53545	758179	139220	385917	255990
6777	394	6014	18520	30133	9095	29004	2660	23921	4210
416			1446	2073	46	3370	467	4106	1890
5034	88	630	33263	3153	261	27090	1365	12668	2926
3220		228	22363	224	201	25023	2111	8748	2770
3746		2663	27615	1331	11	11424	1239	11964	4973
330		5	-488	27	14	579	74	1259	499
3258	-10	-287	30544	522	47	20158	3149	13023	10014
-24483	1	198	637595	45683	42806	626524	126129	299234	221798
797	5	26	16009	1095	1064	15009	2026	10994	6911
9761	41	440	156587	7173	3084	135000	23931	38690	100511
4571		14	28665	217	162	1174	269	2104	928
1229	43	67	77432	2229	2047	79610	15736	4296	71260
18			307			307	2	318	1041
162			25672	1921	734	27548	4143	7007	9840
999		229	1322	43	40	714	51	1628	230
1556			2500	6		2104	383	1331	27
820	-2	132	9617	2656	29	12052	1563	16406	16330
406			11073	99	72	11493	1785	5600	856
3443		177	40312	3128	576	43292	6710	39964	4303
394			-18			-11	22	3262	380
576			603			602	12	706	98
77		177	1021	548	541	1542	154	3562	300
2195			38107	1938	20	39917	6216	30895	2492
200			599	642	15	1242	307	1540	1034
51500	102	15960	100676	12751	836	103965	14941	84307	60470
46801	57	10731	70963	12019	269	76061	12086	61814	50507
2067	45	54	11618	214	200	10257	468	8403	2768
2633		5175	18095	518	367	17647	2388	14090	7195

表15.6 续表4 continued4

指 标	Item	销售费用 Selling Expense	管理费用 Overhead	其中 of which #税金 Tax
矿产品、建材及化工产品批发	Wholesale of Mineral Products, Building Materials and Chemical Products	388843	206054	15077
煤炭及制品批发	Wholesale of Coal and Related Products	68130	47432	4421
石油及制品批发	Wholesale of Petroleum and Related Products	126192	34142	2037
非金属矿及制品批发	Wholesale of Nonmetal Mineral and Related Products	1092	2493	153
金属及金属矿批发	Wholesale of Metal and Metal Mineral	73341	45236	2820
建材批发	Wholesale of Building Materials	54516	30979	3385
化肥批发	Wholesale of Fertilizers	17038	13709	785
农药批发	Wholesale of Pesticides	142	97	20
农用薄膜批发	Wholesale of Films for Agriculture	65	52	
其他化工产品批发	Wholesale of Other Chemical Products	48327	31915	1457
机械设备、五金产品及电子产品批发	Wholesale of Machinery, Hardware and Electronic Products	295646	123478	6531
农业机械批发	Wholesale of Agricultural Machinery	5698	2351	336
汽车批发	Wholesale of Automobiles	115659	38400	2376
汽车零配件批发	Wholesale of Automobile Fittings	51772	18448	626
摩托车及零配件批发	Wholesale of Motorcycle and Fittings	48055	20640	684
五金产品批发	Wholesale of Hardware	3773	3968	266
电气设备批发	Wholesale of Electric Equipment	2971	1447	3
计算机、软件及辅助设备批发	Wholesale of Computers, Software and Assistant Equipment	19228	7269	760
通讯及广播电视设备批发	Wholesale of Communication, Broadcast and TV Equipment	7106	10166	363
其他机械设备及电子产品批发	Wholesale of Other Machinery and Electronic Products	41384	20789	1117
贸易经纪与代理	Trade Broker and Agency		104	
贸易代理	Trade Agency		104	
拍 卖	Auction			
其他贸易经纪与代理	Other Trade Broker and Agency			
其他批发业	Other Wholesales	30694	26965	2105
再生物资回收与批发	Wholesale of Recycled Materials	24196	22677	1963
其他未列明批发业	Other Wholesale not Classified Elsewhere	6498	4288	142
按登记注册类型分	**By Status of Registration**			
内资企业	Domestic-funded Enterprises	1311625	921659	40694
国有企业	State-owned Enterprises	140929	333511	6833
集体企业	Collective-owned Enterprises	3205	3052	52
股份合作企业	Cooperative Enterprises	13610	7797	1491
联营企业	Joint-owned Enterprises			
国有联营企业	State Joint-owned Enterprises			
集体联营企业	Collective Joint-owned Enterprises			
国有与集体联营企业	Joint State-collective Enterprises			
其他联营企业	Other Joint-owned Enterprises			

单位：万元 (10 000 yuan)

财务费用 Financial Cost	公允价值变动收益 Profit from Fair Value Changes	投资收益 Profit from Investment	营业利润 Business Profit	营业外收入 Non-business Income	其中 of which #补贴收入 Subsidize Revenue	利润总额 Total Profits	应交所得税 Payable Income Tax	应付职工薪酬(本年贷方累计发生额) Payroll Payable	应交增值税 VAT Payable
171646	525	12036	621683	27516	6678	507435	45819	177826	201866
34224	124	2454	249079	2245	1566	218944	10712	27316	45636
15771	27	172	99912	3780	-5	71888	6899	63825	93435
858		124	3286	175	1	3713	154	1465	1147
44367	5	3430	40522	5108	2138	34678	6804	25388	22152
40567		259	93447	11710	668	73902	11095	21884	20746
11685	370	5423	61117	3988	2022	61947	3816	13423	3172
61			442			442	110	48	
7			196	1	1	197	1	105	
24105		174	73682	510	287	41724	6229	24372	15578
28396	657	29932	210220	23801	16361	208001	29091	92752	151317
525		-3	5115	313	309	5400	500	2417	1861
10907	150	31158	95966	3577	691	83920	13787	17846	99432
-1178		-380	28576	291	94	27465	4030	10393	1221
5531	-75	-1634	31449	3100	880	27244	2713	28713	26991
882	125	131	4768	18	12	4394	395	2819	2538
516			1598	31	21	1601	71	2057	1874
5348		2	15277	15679	13742	30920	3540	6900	5141
1370		2	1682	52		1862	157	3882	593
4495	456	656	25791	740	613	25194	3899	17726	11666
			249	89	89	338		34	
			249	89	89	338		34	
8960	2	905	82366	4627	4253	79025	7569	16467	39216
8785	2	806	71953	4397	4244	69162	5402	11815	37691
175		99	10412	229	9	9863	2167	4652	1525
272512	2360	68941	1932119	155198	74801	1754286	259347	816012	807603
-23148	24	-304	640925	51518	47566	629851	127142	307902	225181
-19		-91	6980	2755	5	6918	723	2690	2436
3843	331	459	11379	23	14	7731	451	1608	7457

表15.6 续表5 continued5

指　标	Item	销售费用 Selling Expense	管理费用 Overhead	其中 of which #税金 Tax
有限责任公司	Limited Liability Corporations	636895	313849	15464
国有独资公司	State Sole Funded Corporations	97359	54722	1907
其他有限责任公司	Other Limited Liability Corporations	539536	259127	13557
股份有限公司	Share-holding Corporations Ltd.	102793	37026	2393
私营企业	Private Enterprises	408034	222886	14224
私营独资企业	Private-funded Enterprises	3866	2794	168
私营合伙企业	Private Partnership Enterprises	957	790	126
私营有限责任公司	Private Limited Liability Corporations	390605	210667	11823
私营股份有限公司	Private Share-holding Corporations Ltd.	12606	8635	2107
其他企业	Other Enterprises	6159	3538	237
港、澳、台商投资企业	Enterprises with Funds from Hong Kong, Macao and Taiwan	32736	9586	410
与港澳台商合资经营企业	Joint-venture Enterprises	1780	1166	60
与港澳台商合作经营企业	Cooperative Enterprises			
港澳台商独资企业	Enterprises with Sole Fund	11261	1863	350
港澳台商投资股份有限公司	Share-holding Corporations Ltd. with Investment	532	488	
其他港澳台投资企业	Other Enterprises with Funds from Hong Kong, Macao and Taiwan	19163	6069	
外商投资企业	Foreign-funded Enterprises	33334	13525	189
中外合资经营企业	Joint-venture Enterprises	15037	11185	140
中外合作经营企业	Cooperative Enterprises			
外资企业	Enterprises with Sole Fund	17907	2091	49
外商投资股份有限公司	Share-holding Corporations Ltd. with Foreign Investment	390	250	
其他外商投资企业	Other Foreign-funded Enterprises			
按控股情况分	**Trade Broker and Agency**			
国有控股	State-holding	408349	473287	14640
集体控股	Collective-holding	16392	15945	847
私人控股	Private-holding	663656	377167	20905
港澳台商控股	Held by Corporation from Hong Kong, Macao and Taiwan	31562	8891	476
外商控股	Foreign-holding	22276	2673	119
其　他	Other	235460	66806	4306
按经营形式分	**By Form of Business**			
独立门店	Independent Store	789415	492104	25055
连锁总店	Central Shop of Chain Stores	111241	197060	4489
连锁门店	Branch Shop of Chain Stores	22291	7891	226
其　他	Other	454748	247715	11523
按单位规模分	**By Size of Enterprise**			
大　型	Large	501712	351605	8472
中　型	Medium	593375	388233	18210
小　型	Small	261121	174686	13282
微　型	Micro	21487	30247	1329

单位：万元 (10 000 yuan)

财务费用 Financial Cost	公允价值变动收益 Profit from Fair Value Changes	投资收益 Profit from Investment	营业利润 Business Profit	营业外收入 Non-business Income	其中 of which #补贴收入 Subsidize Revenue	利润总额 Total Profits	应交所得税 Payable Income Tax	应付职工薪酬（本年贷方累计发生额） Payroll Payable	应交增值税 VAT Payable
182468	980	49537	747497	68598	21170	659835	76026	267763	365356
47721	403	4143	95052	12915	8585	89039	14644	47911	109990
134747	577	45394	652445	55683	12586	570795	61382	219852	255367
21595	60	20211	73317	5483	280	70248	8064	37389	41062
86863	509	-870	438280	26737	5767	364400	45933	196085	164105
909		22	12637	11		11343	177	4017	3536
569		623	2339	486	486	1095	116	943	86
80232	509	-1515	401245	26175	5271	337225	43533	184097	153167
5152			22059	66	10	14736	2106	7027	7316
910	456		13742	84		15303	1008	2576	2006
2830			67626	5878	4077	73312	6768	25198	15817
268			540	1		540	80	898	547
1708			37201	5430	4077	42517	6667	6534	13475
8			27818			27818		162	
846			2068	447		2436	21	17603	1794
2154			16682	12581	12507	28829	3411	6017	-5630
2537			10095	108	59	9794	2241	3629	-7160
-384			5794	12454	12448	18242	1170	2238	1530
			793	19		793		150	
60048	1095	18919	889154	85039	60914	856978	161331	441281	394488
8857	2	-110	69928	7346	743	72520	2758	11861	8334
169663	920	11626	739159	55989	10593	646319	77649	298426	319749
2841	39	59	72999	5878	4077	78744	6691	24566	15269
-230			7192	12487	12448	19654	1186	3546	1880
36316	306	38447	237994	6919	2610	182211	19911	67546	78069
171608	2015	44741	1066782	66186	32583	948714	98821	413127	469580
-15528	3	1008	427180	26239	22276	407778	102575	146595	148366
1390	1		8044	1081	48	2753	197	12910	3209
120025	342	23193	514421	80152	36479	497181	67933	274594	196636
12361	382	23928	645786	57442	44262	637514	139165	387162	255427
172090	1316	41668	839690	81297	30807	783774	76179	331740	367077
60655	662	3334	466735	28215	10270	366934	42917	120627	156856
32390		12	64216	6703	6045	68205	11265	7697	38431

表15.7 限额以上零售业法人企业财务状况（2014年）

FINANCIAL INDICATORS OF RETAIL ENTERPRISES ABOVE DESIGNATED SIZE (2014)

指　标	Item	法人企业数（个）Number of Enterprises (unit)	流动资产合计 Total Circulating Assets	固定资产合计 Total Fixed Assets
总　计	**Total**	**2832**	**7509070**	**1770076**
按零售行业小类分	**By Retail Sector**			
综合零售	Comprehensive Retails	315	1848216	545747
百货零售	Department Stores	158	1434445	392273
超级市场零售	Supermarkets	101	379907	136088
其他综合零售	Other Comprehensive Retails	56	33865	17386
食品、饮料及烟草制品专门零售	Special Retail of Food, Beverages and Tobacco	284	202464	80168
粮油零售	Retail of Grains and Edible Oil	42	43799	13645
糕点、面包零售	Retail of Cakes and Bread	12	12255	9135
果品、蔬菜零售	Retail of Fruits and Vegetables	24	26431	12046
肉、禽、蛋、奶及水产品零售	Retail of Meat, Poultry, Eggs and Aquatic Products	51	42765	15303
营养和保健品零售	Retail of Nutraceutical Products	6	1936	653
酒、饮料及茶叶零售	Retail of Liquor, Beverages and Tea	76	32923	15689
烟草制品零售	Retail of Tobacco	3	9579	89
其他食品零售	Retail of Other Food	70	32777	13607
纺织、服装及日用品专门零售	Special Retail of Textile, Garments and Daily Consumer Articles	186	421359	115464
纺织品及针织品零售	Retail of Textiles and Knitwear	23	22313	8762
服装零售	Retail of Garments	99	234052	63739
鞋帽零售	Retail of Shoes and Hats	17	93750	31928
化妆品及卫生用品零售	Retail of Cosmetics and Sanitary Articles	8	4907	640
钟表、眼镜零售	Retail of Clocks, Watches and Glasses	15	59299	7937
箱、包零售	Retail of Suitcases and Bags	2	1310	1
厨房用具及日用杂品零售	Retail of Kitchen Utensils and Daily Consumer Articles Sundry Goods	8	1571	1727
自行车零售	Retail of Bicycles	1	127	184
其他日用品零售	Retail of Other General Merchandise	13	4032	545
文化、体育用品及器材专门零售	Special Retail of Cultural and Sports Articles	65	422398	121743
文具用品零售	Retail of Cultural Articles	30	18303	4715
体育用品及器材零售	Retail of Sports Articles	3	2457	24
图书、报刊零售	Retail of Books, Newspapers and Magazines	10	361375	89671
音像制品及电子出版物零售	Retail of Video Products and E-journals	1	44	3
珠宝首饰零售	Retail of Jewelry	14	25712	1309
工艺美术品及收藏品零售	Retail of Handicrafts and Collections	4	2693	328
乐器零售	Retail of Musical Instrument	1	165	5
照相器材零售	Retail of Cameras			
其他文化用品零售	Retail of Other Cultural Goods	2	11650	25688
医药及医疗器材专门零售	Special Retail of Medicine and Medical Appliances	148	405680	41977
药品零售	Retail of Medicine	124	381264	39570
医疗用品及器材零售	Retail of Medical Articles and Appliances	24	24416	2407
汽车、摩托车、燃料及零配件专门零售	Special Retail of Automobiles, Motorcycles, Fuel and Spare Parts	949	2914156	485702
汽车零售	Retail of Automobiles	666	2557619	338546
汽车零配件零售	Retail of Automobile Fittings	36	40399	5327
摩托车及零配件零售	Retail of Motorcycles and Parts	134	66483	6528
机动车燃料零售	Retail of Motor Fuel	113	249655	135302

单位：万元 (10 000 yuan)

累计折旧 Total Depreciation	其中 of which #本年折旧 Depreciation in This Year	资产总计 Total Assets	负债合计 Total Liabilities	实收资本 Paid-in Capital	主营业务收入 Revenue of Principal Business	主营业务成本 Cost of Principal Business	主营业务税金及附加 Taxes and Extra Charges on Principal Business	其他业务利润 Profits from Other Business
790262	**162839**	**11284563**	**7637786**	**2252886**	**27950019**	**23904700**	**286384**	**264791**
372687	47199	2906694	1975582	424067	6606787	5604982	56158	192415
283857	33925	2136799	1369256	252586	4393214	3709303	41229	130422
83959	12229	713913	576191	155904	1984501	1707271	10622	60972
4872	1045	55983	30135	15577	229072	188408	4307	1020
30312	6645	417171	195319	94160	1008227	842876	12621	2468
8789	1004	99451	44356	7141	181887	160794	1386	510
5846	2123	22448	10025	1179	66667	38190	2004	86
2566	278	65336	27307	14207	72689	62494	743	
6949	1174	65420	37486	24364	313670	270592	1958	693
146	58	4038	1636	1103	7324	5553	167	
3114	1207	51105	24857	12281	167731	136888	4622	650
46	20	9761	7352	2100	46015	40602	382	
2857	781	99611	42301	31784	152245	127765	1360	530
20820	7088	679236	461033	156596	895790	662480	13002	7144
4441	619	35205	15760	3490	32977	23993	394	25
6013	1492	402239	273668	117594	586118	435693	8818	5732
5095	1182	143870	107827	22905	116730	85063	2035	
514	110	6287	3111	1217	23881	19239	299	122
4189	3477	81263	55313	6673	98588	67714	965	1018
		1311	1175	150	3857	3293	5	
140	66	3440	727	1879	8439	6416	253	
4	4	311	26	10	854	696	2	
425	138	5310	3425	2679	24347	20374	231	247
60864	1199	697740	433001	56897	1267980	888539	32827	2022
2071	370	24104	16297	3315	72488	58782	1374	43
53	10	2499	1674	1150	4534	3887	7	
57091	215	595577	388281	17281	420278	275508	186	1977
1	1	46	124	100	1010	576		
847	286	27551	20775	4563	62957	55052	969	3
48	26	3046	1541	1390	5327	4346	41	
4	3	170	130	50	594	557	1	
749	288	44746	4178	29048	700792	489831	30247	
26144	4755	565244	432550	105683	1120122	951566	5643	3684
25273	4579	537657	415377	100240	1061060	907260	5185	3645
872	176	27588	17173	5443	59063	44306	458	39
196387	51727	4081109	3041516	1013550	11776138	10802825	47613	26006
118611	32663	3208847	2444827	507144	8898390	8167393	37605	20904
3278	969	47002	30515	8230	211057	191370	1146	1707
3945	853	76041	38964	19137	382831	340371	3496	489
70553	17243	749219	527210	479039	2283861	2103691	5366	2906

表15.7 续表1 continued1

指 标	Item	法人企业数（个）Number of Enterprises (unit)	流动资产合计 Total Circulating Assets	固定资产合计 Total Fixed Assets
家用电器及电子产品专门零售	Special Retail of Household Electrical Appliances and Electronic Products	415	722372	64935
家用视听设备零售	Retail of Household Audio and Video Appliances	83	312833	20318
日用家电设备零售	Retail of Household Electrical Appliances	161	250357	20691
计算机、软件及辅助设备零售	Retail of Computers, Software and Assistant Equipment	105	85964	9786
通信设备零售	Retail of Communication Equipment	44	60628	13648
其他电子产品零售	Retail of Other Electronic Products	22	12590	492
五金、家具及室内装饰材料专门零售	Special Retail of Hardware, Furniture and Decoration Materials	368	364753	291240
五金零售	Retail of Hardware	69	52698	8756
灯具零售	Retail of Light Fittings	20	8553	3306
家具零售	Retail of Furniture	85	229003	239585
涂料零售	Retail of Paint	4	790	731
卫生洁具零售	Retail of Sanitary Ware	4	591	120
木质装饰材料零售	Retail of Wooden Decorative Materials	22	3661	2963
陶瓷、石材装饰材料零售	Retail of Ceramics and Stone Decorative Materials	44	19724	15365
其他室内装饰材料零售	Retail of Other Indoor Decoration Materials	120	49735	20415
货摊、无店铺及其他零售业	Stall, Non-shop and Other Retails	102	207670	23101
货摊食品零售	Retail of Food by Mobile Stalls			
货摊纺织、服装及鞋零售	Retail of Textiles, Garments and Shoes by Mobile Stalls			
货摊日用品零售	Retail of Daily Consumer Articles by Mobile Stalls			
互联网零售	E-commerce Retails	26	3975	693
邮购及电视、电话零售	Retails by Post, TV and Telephone	1	16025	696
旧货零售	Retail of Used Goods	1	6185	127
生活用燃料零售	Retail of Fuel for Daily Use	29	14719	6678
其他未列明零售业	Other Retails not Classified Elsewhere	45	166767	14906
按登记注册类型分	**By Status of Registration**			
内资企业	Domestic-funded Enterprises	2792	6986958	1576451
国有企业	State-owned Enterprises	23	51093	47544
集体企业	Collective-owned Enterprises	17	9470	3065
股份合作企业	Cooperative Enterprises	14	8834	3083
联营企业	Joint-owned Enterprises	2	93	67
国有联营企业	State Joint-owned Enterprises			
集体联营企业	Collective Joint-owned Enterprises	1	93	67
国有与集体联营企业	Joint State-collective Enterprises	1		
其他联营企业	Other Joint-owned Enterprises			
有限责任公司	Limited Liability Corporations	880	3307180	604287
国有独资公司	State Sole Funded Corporations	13	60822	13184
其他有限责任公司	Other Limited Liability Corporations	867	3246358	591103
股份有限公司	Share-holding Corporations Ltd.	69	1133947	348010
私营企业	Private Enterprises	1760	2370944	564383
私营独资企业	Private-funded Enterprises	199	54416	33247
私营合伙企业	Private Partnership Enterprises	9	1998	1270
私营有限责任公司	Private Limited Liability Corporations	1463	2224592	503754
私营股份有限公司	Private Share-holding Corporations Ltd.	89	89938	26113
其他企业	Other Enterprises	27	105398	6012
港、澳、台商投资企业	Enterprises Funded by Hong Kong, Macao and Taiwan	27	317921	94365
与港澳台商合资经营企业	Joint-venture Enterprises	5	61231	24044

单位：万元 (10 000 yuan)

累计折旧 Total Depreciation	其 中 of which #本年折旧 Depreciation in This Year	资产总计 Total Assets	负债合计 Total Liabilities	实收资本 Paid-in Capital	主营业务收入 Revenue of Principal Business	主营业务成本 Cost of Principal Business	主营业务税金及附加 Taxes and Extra Charges on Principal Business	其他业务利润 Profits from Other Business
25242	7061	845783	453388	155592	2397674	2121992	23859	22266
6310	2107	345980	122605	63019	670942	590444	4541	25
9914	2689	285485	191780	43170	945022	823519	12734	8373
5127	1101	105586	73483	24355	461517	417800	2671	472
3469	1005	95393	55852	21540	248744	224216	3701	13188
422	159	13338	9669	3508	71448	66013	213	209
46620	32374	804389	484262	176856	2413808	1622512	91141	7079
3018	569	66758	38825	21507	282448	253115	5827	1055
511	114	12595	8837	2469	25743	21287	275	
34661	29157	581194	362785	109848	1653426	975069	77603	4959
101	36	1681	703	300	3227	2525	69	12
35	11	734	53	128	3930	2580	107	
407	289	9044	3798	1144	33144	25538	1063	
1852	873	39918	15319	13718	127102	102895	2285	
6035	1325	92465	53943	27743	284789	239503	3913	1053
11187	4791	287197	161135	69485	463493	406929	3520	1708
341	142	6548	2116	3895	186417	180314	399	229
561	163	16933	25740	10000	33942	25957	101	1
66	18	6313	6257	500	7183	6655	14	
3857	793	24429	14039	6995	75788	60454	554	1019
6362	3675	232974	112984	48094	160163	133549	2452	459
658641	148324	10476030	7161657	2020116	26820697	23004865	273572	247605
30719	4411	216244	121499	32484	967023	902903	2466	1925
1393	438	12976	7933	3606	60507	50348	1008	356
1078	464	13982	8373	4447	54297	46543	269	299
33	15	180	11	88	1057	834	58	
33	15	180	11	88	1057	834	58	
266546	51774	4682222	3335780	763952	11671771	10123601	95341	102766
8601	6101	191100	145637	15715	314386	280206	591	105
257945	45673	4491122	3190142	748237	11357385	9843396	94750	102661
162178	24284	1910864	1212087	242182	4662258	4078501	26120	111814
194710	66417	3518557	2364161	963566	9213960	7640370	146016	30223
29843	6723	104512	44505	26063	492438	395651	10099	902
1203	318	3292	693	1565	18265	15030	289	
155546	57019	3287003	2239467	907313	8307250	6890101	130678	26702
8118	2358	123750	79496	28626	396008	339588	4950	2619
1985	522	121005	111814	9791	189823	161765	2294	222
90818	8572	455009	282056	129510	620487	479113	8875	5988
4194	4005	95211	61593	13533	135801	110401	1543	2

表15.7 续表2 continued2

指 标	Item	法人企业数（个） Number of Enterprises (unit)	流动资产合计 Total Circulating Assets	固定资产合计 Total Fixed Assets
与港澳台商合作经营企业	Cooperative Enterprises			
港澳台商独资企业	Enterprises with Sole Fund	22	256690	70321
港澳台商投资股份有限公司	Share-holding Corporations Ltd. with Investment			
其他港澳台投资企业	Other Enterprises with Funds from Hong Kong, Macao and Taiwan			
外商投资企业	Foreign-funded Enterprises	13	204191	99260
中外合资经营企业	Joint-venture Enterprises	1	7348	572
中外合作经营企业	Cooperative Enterprises	2	52740	15041
外资企业	Enterprises with Sole Fund	9	139531	83608
外商投资股份有限公司	Share-holding Corporations Ltd. with Foreign Investment	1	4572	39
其他外商投资企业	Other Foreign-funded Enterprises			
按控股情况分	**By Holding Entity of Share**			
国有控股	State-holding	122	2016563	535081
集体控股	Collective-holding	36	15845	6963
私人控股	Private-holding	2408	3884900	848012
港澳台商控股	Held by Corporation from Hong Kong, Macao and Taiwan	27	303678	89408
外商控股	Foreign-holding	14	211611	101044
其 他	Other	225	1076473	189568
按经营形式分	**By Form of Business**			
独立门店	Independent Store	2480	4501353	964738
连锁总店	Central Shop of Chain Stores	103	1822705	507393
连锁门店	Branch Shop of Chain Stores	43	340034	74728
其 他	Other	206	844978	223217
按单位规模分	**By Size of Enterprise**			
大 型	Large	58	2545016	690396
中 型	Medium	553	3348194	707442
小 型	Small	1560	1418428	323231
微 型	Micro	661	197431	49008
按零售业态分	**By Type of Retail Business**			
有店铺零售	In-store Retail	2792	7464628	1766229
食杂店	Grocery Store	29	7543	2622
便利店	Convenience Store	27	17771	6872
折扣店	Discount Store	2	19100	98
超 市	Super Market	187	175798	58800
大型超市	Large Super Market	39	493363	145652
仓储会员店	Warehouse Membership Store	6	6314	1293
百货店	Department Store	188	1541820	399744
专业店	Specialized Store	1320	2977022	518628
专卖店	Exclusive Store	750	1820837	289010
家居建材商店	Home Furnishing Store	161	254215	199962
购物中心	Shopping Center	13	48816	92699
厂家直销中心	Factory Outlet Center	70	102030	50849
无店铺零售	Off-store Retail	40	44442	3847
电视购物	TV Shopping	1	16025	696
邮 购	Mail Order	1	5147	217
网上商店	Online Shop	30	16172	1269
自动售货亭	Automatic Vending Machine			
电话购物	Telephone Order	2	476	119

单位：万元 (10 000 yuan)

累计折旧 Total Depreciation	其中 of which #本年折旧 Depreciation in This Year	资产总计 Total Assets	负债合计 Total Liabilities	实收资本 Paid-in Capital	主营业务收入 Revenue of Principal Business	主营业务成本 Cost of Principal Business	主营业务税金及附加 Taxes and Extra Charges on Principal Business	其他业务利润 Profits from Other Business
86623	4567	359797	220463	115976	484686	368712	7332	5986
40804	5943	353525	194074	103261	508835	420722	3937	11199
2928	29	7922	7908		18342	15458	78	881
30386	3279	74980	37281	26739	158381	129633	1275	8198
7257	2612	262751	144666	73022	323471	268225	2564	1681
233	23	7872	4219	3500	8641	7405	20	438
296271	42230	3430126	2361069	367079	7815255	6888777	32092	139497
3187	802	24247	13316	7738	195189	169890	6230	450
302736	90016	5621635	3803457	1361650	14910164	12639748	190344	92266
87608	5362	430745	270210	134026	606491	478395	8571	6112
39923	6501	364468	204763	110051	651999	549738	4189	10317
60538	17928	1413343	984971	272342	3770922	3178154	44957	16148
408899	102358	6326522	4243202	1709866	18001574	15314836	234199	75698
301998	38756	3025539	2028746	236206	6673914	5675210	36663	182370
22337	5063	434993	187395	81094	927749	784033	8040	723
57028	16662	1497510	1178443	225720	2346781	2130621	7482	6000
392117	83727	4242105	2845844	402774	10157441	8328559	114890	201515
284594	47293	4789897	3438389	958913	10215465	9083896	57655	50813
96581	24111	1979717	1206410	505670	6593445	5663113	98947	11115
16970	7708	272844	147144	385529	983668	829132	14892	1348
787960	162016	11231736	7593952	2230827	27566947	23553919	285478	263299
612	140	15268	6413	8172	43988	34967	660	5
2345	623	27667	11486	8728	100474	89563	951	734
443	24	20085	12641	2508	103643	78478	823	3295
35877	4421	308517	168305	95203	751498	626817	11066	2599
105829	17368	912228	706738	170234	2316401	1999799	10339	78105
910	68	8295	6604	1442	64611	53300	3250	36
245615	27758	2183831	1431698	251371	4178333	3491422	44837	121300
245311	52675	4445318	2860984	1086705	10527012	9262354	69504	27406
106570	26807	2417110	1864194	388601	6499052	5908069	28030	22913
35509	28074	536359	322911	93408	1822012	1127781	81791	424
3752	2120	173877	91866	73679	140901	105042	1374	4927
5188	1939	183183	110113	50776	1019025	776328	32854	1555
2302	823	52827	43834	22059	383072	350782	906	1491
561	163	16933	25740	10000	33942	25957	101	1
154	68	5988	5127	1000	10099	6971	32	363
626	353	19824	6132	7379	327218	307323	714	229
1	1	595	67	730	670	523	19	1

表15.7 续表3 continued3

指　标	Item	销售费用 Selling Expense	管理费用 Overhead	其中 of which #税金 Tax
总　计	**Total**	**1613572**	**677516**	**33247**
按零售行业小类分	**By Retail Sector**			
综合零售	Comprehensive Retails	752752	198944	10689
百货零售	Department Stores	502220	140565	7219
超级市场零售	Supermarkets	240523	53361	3267
其他综合零售	Other Comprehensive Retails	10009	5018	203
食品、饮料及烟草制品专门零售	Special Retail of Food, Beverages and Tobacco	51985	28463	1953
粮油零售	Retail of Grains and Edible Oil	3821	4449	393
糕点、面包零售	Retail of Cakes and Bread	16305	4802	130
果品、蔬菜零售	Retail of Fruits and Vegetables	1298	2336	432
肉、禽、蛋、奶及水产品零售	Retail of Meat, Poultry, Eggs and Aquatic Products	13569	5540	367
营养和保健品零售	Retail of Nutraceutical Products	393	799	46
酒、饮料及茶叶零售	Retail of Liquor, Beverages and Tea	4592	5874	310
烟草制品零售	Retail of Tobacco	3304	326	1
其他食品零售	Retail of Other Food	8703	4338	274
纺织、服装及日用品专门零售	Special Retail of Textile, Garments and Daily Consumer Articles	91795	74587	2001
纺织品及针织品零售	Retail of Textiles and Knitwear	1561	3100	429
服装零售	Retail of Garments	62393	53974	607
鞋帽零售	Retail of Shoes and Hats	5967	9533	426
化妆品及卫生用品零售	Retail of Cosmetics and Sanitary Articles	2849	684	205
钟表、眼镜零售	Retail of Clocks, Watches and Glasses	16864	5860	190
箱、包零售	Retail of Suitcases and Bags	482	67	
厨房用具及日用杂品零售	Retail of Kitchen Utensils and Daily Consumer Articles Sundry Goods	230	330	55
自行车零售	Retail of Bicycles	26	19	2
其他日用品零售	Retail of Other General Merchandise	1423	1020	87
文化、体育用品及器材专门零售	Special Retail of Cultural and Sports Articles	40063	31331	641
文具用品零售	Retail of Cultural Articles	3440	3481	279
体育用品及器材零售	Retail of Sports Articles	246	428	
图书、报刊零售	Retail of Books, Newspapers and Magazines	19517	14671	31
音像制品及电子出版物零售	Retail of Video Products and E-journals	208	186	
珠宝首饰零售	Retail of Jewelry	3484	1500	7
工艺美术品及收藏品零售	Retail of Handicrafts and Collections	325	312	1
乐器零售	Retail of Musical Instrument	36	27	
照相器材零售	Retail of Cameras			
其他文化用品零售	Retail of Other Cultural Goods	12808	10726	323
医药及医疗器材专门零售	Special Retail of Medicine and Medical Appliances	84642	40150	1911
药品零售	Retail of Medicine	78322	35552	1640
医疗用品及器材零售	Retail of Medical Articles and Appliances	6320	4598	272
汽车、摩托车、燃料及零配件专门零售	Special Retail of Automobiles, Motorcycles, Fuel and Spare Parts	321049	175968	9392
汽车零售	Retail of Automobiles	224645	149314	7051
汽车零配件零售	Retail of Automobile Fittings	6973	4578	120
摩托车及零配件零售	Retail of Motorcycles and Parts	9131	6157	752
机动车燃料零售	Retail of Motor Fuel	80300	15919	1469

单位：万元 (10 000 yuan)

财务费用 Financial Cost	公允价值变动收益 Profit from Fair Value Changes	投资收益 Profit from Investment	营业利润 Business Profit	营业外收入 Non-business Income	其中 of which #补贴收入 Subsidize Revenue	利润总额 Total Profits	应交所得税 Payable Income Tax	应付职工薪酬(本年贷方累计发生额) Payroll Payable	应交增值税 VAT Payable
188473	**2920**	**31518**	**1407538**	**225589**	**14472**	**1408794**	**142596**	**944458**	**461141**
33110	1404	15663	201856	18113	9146	165864	29397	397376	116808
23803	1898	1476	138959	8016	4606	115755	19463	269530	89494
8170	-496	14186	43027	8652	4539	41605	8949	120906	24516
1137	2	1	19869	1445	1	8504	984	6939	2798
9390	513	718	64527	4809	2936	56984	4089	36697	10385
1178	195	-53	9331	2198	1305	10258	670	3937	1245
277	1	5	5185	343	306	5105	307	8602	1596
1383	73	-5	4498	176	50	3967	185	1884	156
3097	229	441	19486	713	280	14183	1425	9954	2683
64		248	596	115	65	711	53	698	99
1695	13	77	14137	208	85	12767	770	5008	2169
287			1116			1116	235	149	787
1409	3	4	10178	1058	845	8879	446	6465	1651
20068	13	2297	43732	1003	244	39663	5296	68889	25266
106			3824	25		3329	365	1970	587
10787		393	25111	577	114	20697	3490	47317	12442
7011	13	1834	8946	251		5293	253	6908	1506
98			863	2		690	129	999	223
1855		71	2403	123	114	7697	947	9999	10154
			9			9	1	74	
57			1152			846	64	516	124
35			77			77		50	17
120			1346	25	16	1026	48	1056	214
-5599		138	185751	1551	87	186753	882	29074	14054
1160			4293			3985	329	3644	785
27			-56			-69		640	49
-7253		138	22734	942	16	23441	183	20652	11637
1			40			40		116	
252			1686	425	20	2118	53	2693	1152
20			283			283	15	283	65
			-28	1		-26		34	
195			156799	183	50	156981	302	1014	367
10517	5	4877	36628	974	80	30778	3015	53852	17491
10011	5	4877	34896	946	73	28311	2630	50881	15767
506			1732	28	7	2467	385	2971	1725
84254	924	7887	302445	51601	372	295381	24481	246300	194658
69253	162	7124	199662	49537	286	222553	20075	164142	98285
939			7604	188	19	8630	798	32056	7035
2166	3	3	21245	190	64	17728	1218	11289	7488
11895	759	761	73935	1687	3	46471	2389	38814	81850

表15.7 续表4 continued4

指 标	Item	销售费用 Selling Expense	管理费用 Overhead	其中 of which #税金 Tax
家用电器及电子产品专门零售	Special Retail of Household Electrical Appliances and Electronic Products	120292	53585	3040
家用视听设备零售	Retail of Household Audio and Video Appliances	41627	9111	201
日用家电设备零售	Retail of Household Electrical Appliances	51298	20795	2126
计算机、软件及辅助设备零售	Retail of Computers, Software and Assistant Equipment	10734	12981	511
通信设备零售	Retail of Communication Equipment	15055	8776	152
其他电子产品零售	Retail of Other Electronic Products	1578	1922	50
五金、家具及室内装饰材料专门零售	Special Retail of Hardware, Furniture and Decoration Materials	126215	64812	3106
五金零售	Retail of Hardware	5116	4344	179
灯具零售	Retail of Light Fittings	734	1017	77
家具零售	Retail of Furniture	107625	46708	1773
涂料零售	Retail of Paint	134	90	2
卫生洁具零售	Retail of Sanitary Ware	68	99	15
木质装饰材料零售	Retail of Wooden Decorative Materials	2463	1312	111
陶瓷、石材装饰材料零售	Retail of Ceramics and Stone Decorative Materials	2695	2792	84
其他室内装饰材料零售	Retail of Other Indoor Decoration Materials	7381	8450	867
货摊、无店铺及其他零售业	Stall, Non-shop and Other Retails	24779	9678	516
货摊食品零售	Retail of Food by Mobile Stalls			
货摊纺织、服装及鞋零售	Retail of Textiles, Garments and Shoes by Mobile Stalls			
货摊日用品零售	Retail of Daily Consumer Articles by Mobile Stalls			
互联网零售	E-commerce Retails	2665	944	33
邮购及电视、电话零售	Retails by Post, TV and Telephone	14771	384	
旧货零售	Retail of Used Goods	324	175	114
生活用燃料零售	Retail of Fuel for Daily Use	3963	2740	71
其他未列明零售业	Other Retails not Classified Elsewhere	3056	5435	297
按登记注册类型分	**By Status of Registration**			
内资企业	Domestic-funded Enterprises	1487630	617312	31842
国有企业	State-owned Enterprises	37519	11871	559
集体企业	Collective-owned Enterprises	2814	3695	75
股份合作企业	Cooperative Enterprises	1578	1448	140
联营企业	Joint-owned Enterprises	97	25	
国有联营企业	State Joint-owned Enterprises			
集体联营企业	Collective Joint-owned Enterprises	97	25	
国有与集体联营企业	Joint State-collective Enterprises			
其他联营企业	Other Joint-owned Enterprises			
有限责任公司	Limited Liability Corporations	633678	249677	12648
国有独资公司	State Sole Funded Corporations	13385	5945	205
其他有限责任公司	Other Limited Liability Corporations	620293	243731	12443
股份有限公司	Share-holding Corporations Ltd.	393748	127392	6826
私营企业	Private Enterprises	410840	218545	11253
私营独资企业	Private-funded Enterprises	15310	11887	608
私营合伙企业	Private Partnership Enterprises	589	297	6
私营有限责任公司	Private Limited Liability Corporations	375276	196711	9743
私营股份有限公司	Private Share-holding Corporations Ltd.	19665	9650	896
其他企业	Other Enterprises	7357	4659	342
港、澳、台商投资企业	Enterprises Funded by Hong Kong, Macao and Taiwan	69956	30460	985
与港澳台商合资经营企业	Joint-venture Enterprises	14828	4522	168

单位：万元 (10 000 yuan)

财务费用 Financial Cost	公允价值变动收益 Profit from Fair Value Changes	投资收益 Profit from Investment	营业利润 Business Profit	营业外收入 Non-business Income	其中 of which #补贴收入 Subsidize Revenue	利润总额 Total Profits	应交所得税 Payable Income Tax	应付职工薪酬(本年贷方累计发生额) Payroll Payable	应交增值税 VAT Payable
11431	8	-276	84453	127171	122	138111	5269	63010	30291
2793		2	22416	71214	13	90900	1172	14500	5386
4408	-2	-364	37374	1352	73	29177	2392	26162	18938
1076	10	6	16962	361	35	12444	894	10384	3405
2964		80	6169	54240	1	4083	537	10185	1958
191			1532	4		1507	274	1779	604
23066	54	160	471387	17654	1261	472060	67680	33560	49128
1140		13	13456	14	12	12366	1874	4161	2032
148			2269			1966	61	836	261
18796		1	412721	17329	1168	430065	63850	16883	42048
30			391			148		140	57
51			1024			1024		59	29
155	12	18	2617	50	50	2615	258	662	158
743	6	9	15162	13		6889	282	2696	890
2003	36	119	23746	248	31	16987	1356	8123	3655
2236		54	16759	2712	225	23200	2487	15700	3058
-7			2284	783	75	1763	719	2235	552
2			-7273	9		-794		663	
104			-89			-89		199	114
584			7660	45		7311	460	1923	588
1554		54	14178	1875	150	15008	1308	10681	1805
172723	2920	29317	1370357	224514	14367	1362544	129799	897419	435623
1603	20	60	13450	1345	598	13654	196	19249	48243
1014		29	1687	270	10	1556	159	2488	379
529	1	9	3943	21	4	4509	153	1889	297
5			39					96	3
5			39					96	3
55466	55	22677	461436	23913	8253	505281	33027	350067	177655
1319	16		14430	2496	1918	16878	653	7412	23126
54147	39	22677	447007	21417	6336	488403	32375	342655	154529
14251	2243	5458	173916	5034	2841	101635	12272	229556	80887
96306	602	1084	706121	150725	2661	727552	83246	288603	126980
3252	75	60	57105	325	110	49126	620	11285	4718
158			1902			1582	149	369	203
90363	526	1023	627315	150003	2434	661973	82081	263687	119490
2533		1	19799	397	118	14871	396	13261	2570
3549			9765	43207		8357	746	5472	1179
13311		393	27833	905	105	24723	8180	27518	15817
2042			2583	92	33	7271	1395	6036	10995

表15.7 续表5 continued5

指 标	Item	销售费用 Selling Expense	管理费用 Overhead	其中 of which #税金 Tax
与港澳台商合作经营企业	Cooperative Enterprises			
港澳台商独资企业	Enterprises with Sole Fund	55129	25938	817
港澳台商投资股份有限公司	Share-holding Corporations Ltd. with Investment			
其他港澳台投资企业	Other Enterprises with Funds from Hong Kong, Macao and Taiwan			
外商投资企业	Foreign-funded Enterprises	55986	29744	420
中外合资经营企业	Joint-venture Enterprises	3217	1042	105
中外合作经营企业	Cooperative Enterprises	24261	7921	19
外资企业	Enterprises with Sole Fund	27402	20094	288
外商投资股份有限公司	Share-holding Corporations Ltd. with Foreign Investment	1107	687	9
其他外商投资企业	Other Foreign-funded Enterprises			
按控股情况分	**By Holding Entity of Share**			
国有控股	State-holding	592128	171577	10128
集体控股	Collective-holding	7056	6977	451
私人控股	Private-holding	761986	336046	18006
港澳台商控股	Held by Corporation from Hong Kong, Macao and Taiwan	64945	28424	911
外商控股	Foreign-holding	64046	29892	321
其 他	Other	123412	104599	3431
按经营形式分	**By Form of Business**			
独立门店	Independent Store	731480	430843	20443
连锁总店	Central Shop of Chain Stores	717330	178198	10604
连锁门店	Branch Shop of Chain Stores	71802	17593	645
其 他	Other	92960	50882	1555
按单位规模分	**By Size of Enterprise**			
大 型	Large	939168	260387	12222
中 型	Medium	463833	252267	9295
小 型	Small	177969	143741	8969
微 型	Micro	32603	21121	2761
按零售业态分	**By Type of Retail Business**			
有店铺零售	In-store Retail	1587659	671809	33192
食杂店	Grocery Store	2304	2203	533
便利店	Convenience Store	3057	2641	103
折扣店	Discount Store	199	22417	65
超 市	Super Market	47300	22896	725
大型超市	Large Super Market	294879	63256	4907
仓储会员店	Warehouse Membership Store	1171	2842	267
百货店	Department Store	482063	142492	7005
专业店	Specialized Store	386270	207855	11985
专卖店	Exclusive Store	228656	123228	4902
家居建材商店	Home Furnishing Store	96000	51108	1907
购物中心	Shopping Center	21134	13134	503
厂家直销中心	Factory Outlet Center	24626	17738	291
无店铺零售	Off-store Retail	25913	5707	55
电视购物	TV Shopping	14771	384	
邮 购	Mail Order	2031	1647	1
网上商店	Online Shop	8319	2581	53
自动售货亭	Automatic Vending Machine			
电话购物	Telephone Order	38	72	

单位：万元 (10 000 yuan)

财务费用 Financial Cost	公允价值变动收益 Profit from Fair Value Changes	投资收益 Profit from Investment	营业利润 Business Profit	营业外收入 Non-business Income	其中 of which #补贴收入 Subsidize Revenue	利润总额 Total Profits	应交所得税 Payable Income Tax	应付职工薪酬(本年贷方累计发生额) Payroll Payable	应交增值税 VAT Payable
11270		393	25250	813	72	17451	6785	21481	4822
2439		1808	9348	170		21527	4617	19521	9700
66			-637	16		-632		606	371
-693		303	4484	-39		4446	1152	8799	3795
3142		1506	5564	166		17753	3465	9666	5435
-77			-64	27		-40		450	99
9533	2228	5201	183500	16323	9733	159780	14942	330414	181294
1603	13	30	3947	865	10	4430	440	4598	2703
136959	516	21824	943567	203235	4033	888533	105562	479595	210086
12690		393	26484	884	83	18500	7449	24834	6531
2692		1808	14558	817	20	27312	4780	22783	11758
24996	163	2262	235482	3466	593	310239	9424	82234	48769
141523	1252	11104	1159835	139113	9647	1119641	115920	473847	239059
6406	1005	14505	165640	11337	3912	161898	22866	382644	131503
3743	8	70	40427	71500	120	109230	797	26765	7770
36801	655	5840	41636	3639	792	18025	3014	61202	82810
30662	1005	18166	587007	154203	5433	679978	85711	470673	246310
116002	1021	12692	271133	60723	6011	267075	31421	299246	138744
36436	797	455	469249	8479	2842	395395	21190	130431	64897
5373	97	205	80149	2183	186	66346	4274	44107	11190
188267	2920	31518	1407491	224173	14325	1401399	141656	936515	458600
514	78		3391	8		2563	185	2056	352
295		249	4517	807		4153	188	2892	1143
-294			5315	25		5340	1124	12568	1709
6973	114	154	38296	6253	4192	26616	2866	39435	6800
9635	-481	14159	32539	4728	1137	33885	8865	136205	35604
1118	16		2977	355	82	3139	405	333	729
26407	1792	3333	149854	6216	2818	122857	20418	254964	85966
52066	1129	13191	425068	136769	2078	474770	26676	304278	196713
69211	238	-119	145935	49499	784	117855	13060	149031	78170
17380	40	138	428378	17376	1256	440236	64894	20278	44703
3543		393	3972	1799	1743	3750	1727	6986	2569
1420	-5	20	167251	338	236	166236	1247	7490	4142
206			47	1416	147	7395	940	7942	2540
2			-7273	9		-794		663	
51			-270	57	52	-215	22	2381	243
30			8406	1348	95	8333	902	4012	2272
7			11			-3		107	

表15.8 限额以上住宿业法人企业财务状况（2014年）

FINANCIAL INDICATORS OF ENTERPRISES ABOVE DESIGNATED SIZE OF HOTELS (2014)

指 标	Item	法人企业数（个）Number of Enterprises (unit)	流动资产合计 Total Circulating Assets	固定资产合计 Total Fixed Assets
合 计	**Total**	**377**	**1044551**	**798051**
按住宿业行业小类分	**By Classification of Hotels**			
旅游饭店	Tourist Hotels	222	936891	656237
一般旅馆	General Hotels	129	95245	126308
其他住宿业	Other Accommodation Services	26	12415	15506
按登记注册类型分	**By Type of Registration**			
内资企业	Domestic-funded Enterprises	368	909945	701967
国有企业	State-owned Enterprises	19	14708	85286
集体企业	Collective-owned Enterprises	7	4696	5789
股份合作企业	Cooperative Enterprises	1	67	1280
联营企业	Joint-owned Enterprises			
国有联营企业	State Joint-owned Enterprises			
集体联营企业	Collective Joint-owned Enterprises			
国有与集体联营企业	State-Collective Joint-owned Enterprises			
其他联营企业	Other Joint-owned Enterprises			
有限责任公司	Limited Liability Corporations	147	469516	417084
国有独资公司	Solely State-owned Corporations	10	43620	25194
其他有限责任公司	Other Limited Liability Corporations	137	425896	391890
股份有限公司	Share-holding Corporations Ltd.	11	77256	17538
私营企业	Private Enterprises	175	342152	169085
私营独资企业	Private-funded Enterprises	15	2953	6356
私营合伙企业	Private Partnership Enterprises	4	1482	2049
私营有限责任公司	Private Limited Liability Corporations	141	279862	133209
私营股份有限公司	Private Share-holding Corporatinos Ltd.	15	57854	27470
其他企业	Other Enterprises	8	1551	5906
港、澳、台商投资企业	Enterprises Funded by Hong Kong, Macao and Taiwan	5	7670	46479
与港澳台商合资经营企业	Joint-venture Enterprises	3	5960	30426
与港澳台商合作经营企业	Cooperative Enterprises			
港澳台商独资企业	Enterprises with Sole Fund	2	1711	16053
港澳台商投资股份有限公司	Share-holding Corporations Ltd.			
其他港澳台投资企业	Other Enterprises with Funds from Hong Kong, Macao and Taiwan			

单位：万元 (10 000 yuan)

累计折旧 Total Depreciation	其 中 of which #本年折旧 Depreciation in This Year	资产总计 Total Assets	负债合计 Total Liabilities	实收资本 Paid-in Capital	主营业务收入 Revenue of Principal Business	主营业务成本 Cost of Principal Business	主营业务税金及附加 Taxes and Extra Charges on Principal Business	其他业务利润 Profits from Other Business
420049	**71543**	**2362774**	**1884820**	**513224**	**757836**	**319757**	**40465**	**14849**
377662	61941	2048745	1634337	424540	612675	242384	32922	13779
35282	7964	277234	208137	82998	116232	63272	5726	992
7105	1637	36796	42347	5685	28930	14101	1817	78
320061	64750	2074555	1666665	449160	698592	306087	37216	6572
43295	5194	108489	86092	23591	38865	18449	1799	1077
3958	508	12038	11844	2623	13828	6270	752	65
516	177	2971	1683	655	790	583	36	
178908	38424	1205720	960557	298449	358629	155806	18974	1691
14182	3065	93556	80478	23177	31813	20302	1667	611
164726	35359	1112164	880080	275272	326816	135504	17307	1079
21138	6370	108484	89967	9670	25917	9144	1667	5
69322	13581	628883	514303	111104	250537	111059	13368	3698
5208	1602	18581	18826	4169	10626	6294	482	57
2846	368	3555	1133	1555	5755	2644	328	
52741	10012	510665	400629	91121	210239	92873	11064	3592
8527	1598	96082	93716	14259	23917	9249	1494	48
2924	495	7971	2220	3069	10027	4776	621	39
18617	2858	63601	70021	26018	17308	3687	959	
14037	2075	45837	56122	13525	11624	1447	641	
4580	783	17764	13899	12493	5684	2240	317	

表15.8 续表1 continued1

指　标	Item	法人企业数（个）Number of Enterprises (unit)	流动资产合计 Total Circulating Assets	固定资产合计 Total Fixed Assets
外商投资企业	Foreign-funded Enterprises	4	126935	49606
中外合资经营企业	Joint-venture Enterprises			
中外合作经营企业	Cooperative Enterprises			
外资企业	Enterprises with Sole Fund	4	126935	49606
外商投资股份有限公司	Share-holding Corporations Ltd. with Foreign Investment			
其他外商投资企业	Other Foreign-funded Enterprises			
按控股情况分	By Holding Entity of Share			
国有控股	State-holding	56	103424	179594
集体控股	Collective-holding	15	33829	17606
私人控股	Private-holding	244	541803	355054
港澳台商控股	Held by Corporation from Hong Kong, Macao and Taiwan	5	7670	46479
外商控股	Foreign-holding	5	126946	49641
其　他	Other	52	230878	149678
按经营形式分	By Form of Business			
独立门店	Independent Store	333	994889	699518
连锁总店（总部）	Central Shop of Chain Stores	4	3446	293
连锁门店	Branch Shop of Chain Stores	16	4068	7797
其　他	Other	24	42147	90443
按单位规模分	By Size of Enterprise			
大　型	Large	4	156323	52835
中　型	Medium	91	737844	460186
小　型	Small	268	146054	273673
微　型	Micro	14	4329	11358
按星级分	By Star of Hotel			
五　星	5-Star	27	568033	316751
四　星	4-Star	56	170547	137950
三　星	3-Star	82	104809	103633
二　星	2-Star	13	2707	4508
一　星	1-Star	2	818	880
其　他	Other	197	197637	234329

单位：万元 (10 000 yuan)

累计折旧 Total Depreciation	其中 of which #本年折旧 Depreciation in This Year	资产总计 Total Assets	负债合计 Total Liabilities	实收资本 Paid-in Capital	主营业务收入 Revenue of Principal Business	主营业务成本 Cost of Principal Business	主营业务税金及附加 Taxes and Extra Charges on Principal Business	其他业务利润 Profits from Other Business
81371	3935	224618	148134	38047	41937	9982	2290	8276
81371	3935	224618	148134	38047	41937	9982	2290	8276
100149	15180	433282	296709	94124	138108	63700	6910	1859
8846	1395	57730	54562	11093	26949	12170	1453	124
137162	34174	1100941	928949	228512	381966	170615	20592	3904
18617	2858	63601	70021	26018	17308	3687	959	
81749	3990	224706	148221	38048	42784	10336	2347	8276
73527	13945	482514	386358	115430	150721	59249	8205	686
380649	58121	2142149	1743118	463960	689757	290137	36768	11516
323	62	7545	5100	2400	4433	3188	221	
7550	532	16806	6488	5559	14955	5484	696	355
31528	12828	196275	130114	41304	48693	20947	2780	2978
56779	4868	259400	213322	19852	62103	11506	3014	8380
259120	45045	1559058	1309968	357799	431783	171190	23661	1289
102765	20958	526873	348950	129720	258943	135051	13611	5162
1385	671	17444	12581	5854	5007	2010	180	19
177518	23744	1086726	964236	186620	198229	53631	10081	8533
88538	17807	457220	362088	90221	194342	92840	10092	835
69151	10390	274686	169738	78102	124379	62033	6615	1742
2483	177	9220	5761	2327	22721	14521	1237	
961	132	1699	1580	420	4293	2782	246	65
81399	19294	533224	381417	155532	213873	93950	12194	3674

表15.8 续表2 continued2

指　标	Item	销售费用 Selling Expense	管理费用 Overhead	其中 of which #税金 Tax
合　计	**Total**	**186075**	**180340**	**7412**
按住宿业行业小类分	**By Classification of Hotels**			
旅游饭店	Tourist Hotels	161247	151834	6611
一般旅馆	General Hotels	19677	21049	741
其他住宿业	Other Accommodation Services	5151	7457	60
按登记注册类型分	**By Type of Registration**			
内资企业	Domestic-funded Enterprises	168109	164537	6629
国有企业	State-owned Enterprises	10125	10793	1034
集体企业	Collective-owned Enterprises	4003	2888	156
股份合作企业	Cooperative Enterprises	32	50	
联营企业	Joint-owned Enterprises			
国有联营企业	State Joint-owned Enterprises			
集体联营企业	Collective Joint-owned Enterprises			
国有与集体联营企业	State-Collective Joint-owned Enterprises			
其他联营企业	Other Joint-owned Enterprises			
有限责任公司	Limited Liability Corporations	90117	95605	3735
国有独资公司	Solely State-owned Corporations	7924	8747	218
其他有限责任公司	Other Limited Liability Corporations	82193	86859	3517
股份有限公司	Share-holding Corporations Ltd.	6774	5979	223
私营企业	Private Enterprises	56027	48224	1377
私营独资企业	Private-funded Enterprises	1137	1024	220
私营合伙企业	Private Partnership Enterprises	1366	807	29
私营有限责任公司	Private Limited Liability Corporations	47546	38794	1039
私营股份有限公司	Private Share-holding Corporatinos Ltd.	5978	7599	90
其他企业	Other Enterprises	1031	998	104
港、澳、台商投资企业	Enterprises Funded by Hong Kong, Macao and Taiwan	5393	9283	31
与港澳台商合资经营企业	Joint-venture Enterprises	4351	6938	31
与港澳台商合作经营企业	Cooperative Enterprises			
港澳台商独资企业	Enterprises with Sole Fund	1042	2345	1
港澳台商投资股份有限公司	Share-holding Corporations Ltd.			
其他港澳台投资企业	Other Enterprises with Funds from Hong Kong, Macao and Taiwan			

单位：万元（10 000 yuan）

财务费用 Financial Cost	公允价值变动收益 Profit from Fair Value Changes	投资收益 Profit from Investment	营业利润 Business Profit	营业外收入 Non-business Income	其中 of which #补贴收入 Subsidize Revenue	利润总额 Total Profits	应交所得税 Payable Income Tax	应付职工薪酬(本年贷方累计发生额) Payroll Payable	应交增值税 VAT Payable
49083	**-162**	**5337**	**-5810**	**10367**	**4363**	**-7822**	**6659**	**215998**	**1720**
43812	-112	5156	-7291	9802	4277	-8184	5513	187636	637
4455	-50	181	1787	289	34	726	1059	21369	1041
816			-306	277	53	-364	88	6993	42
41957	-162	2431	-11816	10280	4363	-13886	5149	203303	1657
1228		42	-3390	3179	2747	63	355	11380	4
127		21	-25	466	25	291	161	2182	
14			74					67	
25186	-99	2672	-23724	5286	1445	-20655	1946	132124	318
155			-6398	3347	459	-3063	83	15505	93
25031	-99	2672	-17326	1939	986	-17592	1863	116620	225
1196			1377	410		1402	251	7270	46
13999	-63	-401	11418	919	126	2587	2308	49350	608
656		20	920	19		857	36	1238	300
109			502			314	7	636	
10921	-63	-421	12699	868	113	4384	2136	41839	306
2314			-2703	32	13	-2967	130	5637	3
207		98	2454	20	20	2425	129	929	680
4473			-6487	5		-6480		4508	5
3672			-5426	5		-5434		3704	4
801			-1061			-1046		804	1

表15.8 续表3 continued3

指 标	Item	销售费用 Selling Expense	管理费用 Overhead	其中 of which #税 金 Tax
外商投资企业	Foreign-funded Enterprises	12574	6521	752
中外合资经营企业	Joint-venture Enterprises			
中外合作经营企业	Cooperative Enterprises			
外资企业	Enterprises with Sole Fund	12574	6521	752
外商投资股份有限公司	Share-holding Corporations Ltd. with Foreign Investment			
其他外商投资企业	Other Foreign-funded Enterprises			
按控股情况分	By Holding Entity of Share			
国有控股	State-holding	36043	39180	1691
集体控股	Collective-holding	7552	8386	176
私人控股	Private-holding	86321	79436	3352
港澳台商控股	Held by Corporation from Hong Kong, Macao and Taiwan	5393	9283	31
外商控股	Foreign-holding	12575	6664	752
其 他	Other	38192	37391	1409
按经营形式分	By Form of Business			
独立门店	Independent Store	168357	161584	6496
连锁总店（总部）	Central Shop of Chain Stores	439	569	5
连锁门店	Branch Shop of Chain Stores	3886	3194	42
其 他	Other	13394	14993	870
按单位规模分	By Size of Enterprise			
大 型	Large	18687	9825	1056
中 型	Medium	116280	122096	4399
小 型	Small	50535	46767	1896
微 型	Micro	573	1653	61
按星级分	By Star of Hotel			
五 星	5-Star	62928	60327	2163
四 星	4-Star	43672	42513	1740
三 星	3-Star	25960	22504	1338
二 星	2-Star	910	1020	72
一 星	1-Star	833	253	21
其 他	Other	51772	53724	2078

单位：万元 (10 000 yuan)

财务费用 Financial Cost	公允价值变动收益 Profit from Fair Value Changes	投资收益 Profit from Investment	营业利润 Business Profit	营业外收入 Non-business Income	其中 of which #补贴收入 Subsidize Revenue	利润总额 Total Profits	应交所得税 Payable Income Tax	应付职工薪酬(本年贷方累计发生额) Payroll Payable	应交增值税 VAT Payable
2653		2906	12493	82		12544	1510	8188	58
2653		2906	12493	82		12544	1510	8188	58
4404		256	-12129	7354	3948	-5619	622	43726	165
183		261	-1896	470	25	-676	175	5554	0
30728	-162	66	-1359	1954	184	-10280	2085	76209	776
4473			-6487	5		-6480		4508	5
2659		2906	12441	82		12493	1510	8314	58
6637		1848	3620	502	206	2740	2267	77686	716
45102	-162	3587	-1625	7056	1576	-7375	6832	147941	1527
212			-245	256		-2	1	954	26
248			1148	18	8	1292	68	3252	166
3521		1750	-5088	3037	2779	-1737	-242	63851	1
9177		2700	13259	99		13333	2995	11941	74
33260		2700	-27262	6274	1313	-32694	1458	147471	236
6591	-63	-63	7754	3987	3050	11121	2191	55975	1409
55	-99		439	7		417	15	612	
31315		3373	-14528	3812	375	-14158	3382	45705	173
5609	-99	165	597	1260	542	-4211	1263	84203	48
3086		352	7135	979	482	7138	942	29995	308
328			4548	100	99	4635	561	1898	389
104			108	113	75	286	127	266	
8642	-63	1447	-3671	4102	2790	-1513	385	53931	801

表15.9 限额以上餐饮业法人企业财务状况（2014年）

FINANCIAL INDICATORS OF ENTERPRISES ABOVE DESIGNATED SIZE OF CATERING SERVICES (2014)

指　标	Item	法人企业数（个）Number of Enterprises (unit)	流动资产合计 Total Circulating Assets	固定资产合计 Total Fixed Assets
总　计	Total	1120	487933	463454
按餐饮业行业小类分	By Sector			
正餐服务	Dinner Services	1071	432641	418980
快餐服务	Fast Food Services	22	33236	21053
饮料及冷饮服务	Beverage and Cold Beverage Services	3	311	155
茶馆服务	Tea House Services			
咖啡馆服务	Cafe Services	2	184	69
酒吧服务	Bar Services			
其他饮料及冷饮服务	Other Beverage and Cold Beverage Services	1	127	86
其他餐饮业	Other Catering Services	24	21745	23266
小吃服务	Snack Services	1	396	193
餐饮配送服务	Food Delivery Services	4	8400	4479
其他未列明餐饮业	Other Catering Business	19	12949	18595
按登记注册类型分	By Type of Registration			
内资企业	Domestic-funded Enterprises	1112	441254	416800
国有企业	State-owned Enterprises	2	452	714
集体企业	Collective-owned Enterprises	22	1964	2021
股份合作企业	Cooperative Enterprises	4	354	1554
联营企业	Joint-owned Enterprises			
国有联营企业	State Joint-owned Enterprises			
集体联营企业	Collective Joint-owned Enterprises			
国有与集体联营企业	State-Collective Joint-owned Enterprises			
其他联营企业	Other Joint-owned Enterprises			
有限责任公司	Limited Liability Corporations	293	222649	128894
国有独资公司	Solely State-owned Corporations	4	43983	11255
其他有限责任公司	Other Limited Liability Corporations	289	178666	117640
股份有限公司	Share-holding Corporations Ltd.	15	32049	33530
私营企业	Private Enterprises	738	169151	241994
私营独资企业	Private-funded Enterprises	164	14864	29779
私营合伙企业	Private Partnership Enterprises	14	1370	2159
私营有限责任公司	Private Limited Liability Corporations	534	146790	200467
私营股份有限公司	Private Share-holding Corporatinos Ltd.	26	6127	9590

单位：万元 (10 000 yuan)

累计折旧 Total Depreciation	其中 of which #本年折旧 Depreciation in This Year	资产总计 Total Assets	负债合计 Total Liabilities	实收资本 Paid-in Capital	主营业务收入 Revenue of Principal Business	主营业务成本 Cost of Principal Business	主营业务税金及附加 Taxes and Extra Charges on Principal Business	其他业务利润 Profits from Other Business
189643	**51593**	**1246129**	**668915**	**326914**	**1796248**	**1060812**	**74397**	**14423**
163869	38189	1101059	567322	304877	1630373	988202	67545	8998
17414	11107	73152	47199	6042	112185	42234	5843	5421
210	37	472	220	135	6315	4152	160	
10		259	57	85	4815	3185	78	
200	37	213	163	50	1500	967	82	
8150	2261	71446	54174	15859	47376	26225	849	4
72	58	1053	1953	600	434	215	23	
2231	393	14007	4395	3400	17039	10036	101	
5847	1810	56385	47826	11859	29904	15973	725	4
165912	44853	1135158	628842	279291	1650738	964570	66509	9006
1016	102	1356	839	272	8109	7205	268	7
1499	210	4459	2199	1785	25197	18475	539	4
468	268	2030	533	1312	7131	4460	359	
59559	20425	440662	273010	83183	445652	236995	18854	3263
5674	477	55868	22774	6919	19881	9705	993	621
53885	19948	384794	250237	76264	425771	227289	17861	2641
20852	1473	137270	89765	9757	73956	33909	4280	
79830	21236	525185	242492	179574	1053225	639951	40243	4667
13287	3457	49389	11385	20291	140475	84093	6536	417
725	204	4143	1013	2922	17500	12083	626	30
62149	15850	453118	218250	148747	863534	525085	31356	4137
3670	1726	18535	11844	7614	31717	18690	1725	83

表15.9 续表1 continued1

指 标	Item	法人企业数（个）Number of Enterprises (unit)	流动资产合计 Total Circulating Assets	固定资产合计 Total Fixed Assets
其他企业	Other Enterprises	38	14635	8093
港、澳、台商投资企业	Enterprises Funded by Hong Kong, Macao and Taiwan	4	6294	19242
与港澳台商合资经营企业	Joint-venture Enterprises	1	629	12205
与港澳台商合作经营企业	Cooperative Enterprises			
港澳台商独资企业	Enterprises with Sole Fund	2	5568	6998
港澳台商投资股份有限公司	Share-holding Corporations Ltd.			
其他港澳台投资企业	Other Enterprises with Funds from Hong Kong, Macao and Taiwan	1	97	38
外商投资企业	Foreign-funded Enterprises	4	40385	27412
中外合资经营企业	Joint-venture Enterprises			
中外合作经营企业	Cooperative Enterprises			
外资企业	Enterprises with Sole Fund	4	40385	27412
外商投资股份有限公司	Share-holding Corporations Ltd.			
其他外商投资企业	Other Foreign-funded Enterprises			
按控股情况分	**By Holding Entity of Share**			
国有控股	State-holding	20	70951	43813
集体控股	Collective-holding	28	5914	2876
私人控股	Private-holding	993	302967	338975
港澳台商控股	Held by Corporation from Hong Kong, Macao and Taiwan	3	5665	7036
外商控股	Foreign-holding	4	40385	27412
其 他	Other	72	62051	43342
按经营形式分	**By Form of Business**			
独立门店	Independent Store	1039	333209	354361
连锁总店	Central Shop of Chain Stores	39	84515	69446
连锁门店	Branch Shop of Chain Stores	18	49373	29852
其 他	Other	24	20836	9796
按单位规模分	**By Size of Enterprise**			
大 型	Large	12	114855	75238
中 型	Medium	87	145319	105230
小 型	Small	929	223643	274825
微 型	Micro	92	4116	8161

单位：万元 (10 000 yuan)

累计折旧 Total Depreciation	其 中 of which #本年折旧 Depreciation in This Year	资产总计 Total Assets	负债合计 Total Liabilities	实收资本 Paid-in Capital	主营业务收入 Revenue of Principal Business	主营业务成本 Cost of Principal Business	主营业务税金及附加 Taxes and Extra Charges on Principal Business	其他业务利润 Profits from Other Business
2689	1139	24196	20005	3407	37468	23575	1968	1065
7409	1846	30235	22597	8941	14094	4184	791	5249
3884	1051	14872	10850	6123	4011	279	224	
3474	795	15122	11257	2418	9478	3743	533	5249
51		241	490	400	605	163	34	
16322	4895	80737	17475	38682	131417	92059	7097	169
16322	4895	80737	17475	38682	131417	92059	7097	169
16048	3477	128788	71794	21271	67285	36879	3144	637
2012	232	10201	5234	2674	33921	23109	816	41
126119	29024	864436	464143	239377	1399539	837653	55577	6081
3525	795	15362	11747	2818	10083	3906	567	5249
16322	4895	80737	17475	38682	131417	92059	7097	169
25617	13171	146604	98521	22091	154004	67207	7196	2247
113695	29796	871409	489337	257528	1141920	681474	47222	7555
53376	15039	250772	141161	19116	435279	234146	18857	5736
15793	5309	85034	18915	42300	127543	94331	6717	74
6779	1450	38914	19502	7970	91507	50861	1602	1059
57242	16265	297362	135728	56176	489032	290859	22480	237
52603	14192	323591	178812	63490	447351	244716	13620	8522
78745	20710	611254	350965	199504	825063	505361	36812	5634
1053	427	13923	3410	7744	34802	19877	1486	31

表15.9 续表2 continued2

指　标	Item	销售费用 Selling Expense	管理费用 Overhead	其 中 of which #税　金 Tax
总　计	**Total**	**272504**	**130160**	**6928**
按餐饮业行业小类分	**By Sector**			
正餐服务	Dinner Services	216580	109959	6174
快餐服务	Fast Food Services	46674	11272	372
饮料及冷饮服务	Beverage and Cold Beverage Services	318	217	100
茶馆服务	Tea House Services			
咖啡馆服务	Cafe Services	8	193	100
酒吧服务	Bar Services			
其他饮料及冷饮服务	Other Beverage and Cold Beverage Services	310	24	
其他餐饮业	Other Catering Services	8932	8713	283
小吃服务	Snack Services	18	1068	
餐饮配送服务	Food Delivery Services	2762	1963	56
其他未列明餐饮业	Other Catering Business	6152	5682	227
按登记注册类型分	**By Type of Registration**			
内资企业	Domestic-funded Enterprises	248136	117895	6781
国有企业	State-owned Enterprises	4	8	
集体企业	Collective-owned Enterprises	1095	866	7
股份合作企业	Cooperative Enterprises	234	172	88
联营企业	Joint-owned Enterprises			
国有联营企业	State Joint-owned Enterprises			
集体联营企业	Collective Joint-owned Enterprises			
国有与集体联营企业	State-Collective Joint-owned Enterprises			
其他联营企业	Other Joint-owned Enterprises			
有限责任公司	Limited Liability Corporations	99130	40574	2173
国有独资公司	Solely State-owned Corporations	6171	5429	129
其他有限责任公司	Other Limited Liability Corporations	92959	35145	2045
股份有限公司	Share-holding Corporations Ltd.	16320	10760	163
私营企业	Private Enterprises	127688	63330	4091
私营独资企业	Private-funded Enterprises	6287	5864	1032
私营合伙企业	Private Partnership Enterprises	1382	998	168
私营有限责任公司	Private Limited Liability Corporations	115323	53409	2589
私营股份有限公司	Private Share-holding Corporatinos Ltd.	4696	3060	302

单位：万元 (10 000 yuan)

财务费用 Financial Cost	公允价值变动收益 Profit from Fair Value Changes	投资收益 Profit from Investment	营业利润 Business Profit	营业外收入 Non-business Income	其中 of which #补贴收入 Subsidize Revenue	利润总额 Total Profits	应交所得税 Payable Income Tax	应付职工薪酬(本年贷方累计发生额) Payroll Payable	应交增值税 VAT Payable
21147	**84**	**1703**	**234823**	**9173**	**1065**	**200206**	**16500**	**252596**	**5873**
18467	84	1703	221516	8427	650	188182	14073	233233	4850
478			11374	600	408	11688	1951	9538	175
79			1294	18		487	94	160	
79			1177			353	88	103	
			116	18		134	5	57	
2122			640	128	8	-152	382	9666	848
2			-892	1				376	
-65			2262	7	5	1936	261	4324	848
2186			-730	120	3	-2088	121	4966	
20548	84	1703	223948	8493	1065	188965	14641	224555	5868
5			619	2		53		714	
84			4397	7		3491	122	2183	1
50			1856			1845		599	
6514	11	718	45609	7323	768	41499	4810	65084	2141
108		651	-1888	4075	131	2804	484	4513	24
6406	11	67	47497	3248	637	38695	4326	60571	2118
2891			5607	8	4	5464	1079	20710	1
10378	56	956	160565	1142	287	133114	8475	130216	3725
975	-7	727	38077	157	4	30390	1687	11703	1154
135		80	2442	15		1455	68	2188	19
8782	81	143	116662	871	269	98574	6361	111794	2553
485	-17	6	3384	99	14	2695	359	4531	

表15.9 续表3 continued3

指 标	Item	销售费用 Selling Expense	管理费用 Overhead	其 中 of which #税 金 Tax
其他企业	Other Enterprises	3666	2184	259
港、澳、台商投资企业	Enterprises Funded by Hong Kong, Macao and Taiwan	6859	5972	148
与港澳台商合资经营企业	Joint-venture Enterprises	1076	2475	
与港澳台商合作经营企业	Cooperative Enterprises			
港澳台商独资企业	Enterprises with Sole Fund	5275	3443	148
港澳台商投资股份有限公司	Share-holding Corporations Ltd.			
其他港澳台投资企业	Other Enterprises with Funds from Hong Kong, Macao and Taiwan	508	55	
外商投资企业	Foreign-funded Enterprises	17509	6293	
中外合资经营企业	Joint-venture Enterprises			
中外合作经营企业	Cooperative Enterprises			
外资企业	Enterprises with Sole Fund	17509	6293	
外商投资股份有限公司	Share-holding Corporations Ltd.			
其他外商投资企业	Other Foreign-funded Enterprises			
按控股情况分	**By Holding Entity of Share**			
国有控股	State-holding	10795	10702	477
集体控股	Collective-holding	2017	1629	41
私人控股	Private-holding	189337	92475	5783
港澳台商控股	Held by Corporation from Hong Kong, Macao and Taiwan	5783	3497	148
外商控股	Foreign-holding	17509	6293	
其 他	Other	47063	15564	479
按经营形式分	**By Form of Business**			
独立门店	Independent Store	152950	90140	6109
连锁总店	Central Shop of Chain Stores	104443	31103	677
连锁门店	Branch Shop of Chain Stores	7149	4605	79
其 他	Other	7963	4313	63
按单位规模分	**By Size of Enterprise**			
大 型	Large	96396	24840	156
中 型	Medium	89589	43456	1491
小 型	Small	85794	60224	4726
微 型	Micro	725	1640	556

单位：万元 (10 000 yuan)

财务费用 Financial Cost	公允价值变动收益 Profit from Fair Value Changes	投资收益 Profit from Investment	营业利润 Business Profit	营业外收入 Non-business Income	其中 of which #补贴收入 Subsidize Revenue	利润总额 Total Profits	应交所得税 Payable Income Tax	应付职工薪酬(本年贷方累计发生额) Payroll Payable	应交增值税 VAT Payable
626	16	29	5296	11	6	3499	156	5049	
566			970	70		897	357	2439	
627			-669			-671		1546	
-62			1795	70		1725	357	760	
			-155			-156		134	
34			9905	610		10344	1501	25602	5
34			9905	610		10344	1501	25602	5
154		651	6557	4088	131	10685	1057	12079	1199
135			6756	20	1	5862	123	3216	2
17747	84	1043	195784	4203	923	159689	11236	191675	4638
-62			1639	70		1569	357	894	
34			9905	610		10344	1501	25602	5
3139		8	14183	181	10	12057	2226	19131	29
15936	84	1703	159608	7463	555	130002	11253	161881	4600
4441			33126	589	5	29970	2847	58587	349
179			15884	834	423	13490	1852	24312	170
591			26206	286	83	26745	548	7817	754
4282			37036	733	20	35277	3619	76744	5
5226	-22	662	56857	5164	708	57282	3371	62405	2522
11462	115	1048	130056	3271	337	98805	9098	111028	3122
178	-9	-7	10874	5		8842	412	2419	224

表15.10 按行业和业态分连锁零售企业基本情况（2014年）
BASIC CONDITIONS OF CHAIN RETAIL ENTERPRISES BY SECTOR AND BUSINESS CATEGORIES (2014)

指　标	Item	总店数（个） Number of Head Stores (unit)	门店总数（个） Number of Stores (unit)	年末从业人数（人） Engaged Persons at Year-end (persons)	年末零售营业面积（平方米） Operating Area of Retail Enterprises at Year-end (sq.m)	商品销售额（万元） Total Sales of Commodities (10 000 yuan)	商品购进总额（万元） Purchases Value (10 000 yuan)	统一配送商品购进额（万元） Centralized Purchase and Delivery (10 000 yuan)
总　计	**Total**	**76**	**9504**	**84958**	**3908603**	**7795611**	**5133105**	**4868646**
按行业分	**By Sector**							
#综合零售	Integrated Retail	29	3844	61098	3026681	5797244	3340630	3162122
食品、饮料及烟草制品专门零售	Retail of Food, Beverages and Tobacco	8	448	1277	12373	40455	36813	36813
纺织、服装及日用品专门零售	Special Retail of Textiles, Garments and Daily Consumer Articles	9	168	2053	59009	107454	79680	41510
文化、体育用品及器材专门零售	Retail of Cultural, Sports Appliances and Equipments	2	114	2599	140314	401234	376726	376726
医药及医疗器材专门零售	Retail of Medicines and Medical Appliances	20	4789	13590	310747	659043	506594	463666
汽车、摩托车、燃料及零配件专门零售	Retail of Motor Vehicles, Motorcycles, Fuel and Parts	4	29	123	2765	8439	7807	2954
家用电器及电子产品专门零售	Special Retail of Household Electrical Appliances and Electronic Products	4	112	4218	356714	781742	784855	784855
五金、家具及室内装修材料专门零售	Special Retail of Hardware, Furniture and Decoration Materials							
无店铺及其他零售	Non-shop and Other Retails							
按业态分	**By Business Categories**							
便利店	Convenience Store	2	48	230	3649	15630	16205	16205
折扣店	Discount Store							
超　市	Super Market	18	3335	15279	574307	568451	534071	519717
大型超市	Hyper Market	3	107	22698	634312	1365523	1141857	995535
仓储会员店	Warehouse Club							
百货店	Department Store	5	324	22859	1811223	3836675	1637072	1630666
专业店	Specialty Store	35	5142	20112	665938	1627269	1422514	1346476
#加油站	Gas Station							
专卖店	Franchised Store	10	478	3578	205149	366609	365754	355841
家居建材商店	Building Material Store							
厂家直销中心	Factory Outlets Center	1	2	10	400	2377	1936	1936
其　他	Other Store	2	68	192	13625	13078	13696	2270

表15.11 按行业分连锁餐饮企业基本情况（2014年）
BASIC CONDITIONS OF CHAIN CATERING ENTERPRISES BY SECTOR (2014)

指 标	Item	总店数（个）Number of Head Stores (unit)	门店总数（个）Number of Stores (unit)	年末从业人员（人）Engaged Persons at Year-end (persons)	年末餐饮营业面积（平方米）Operating Area of Catering Enterprises at Year-end (sq.m)	餐位数（位）Number of Dining-seats (unit)	营业额（万元）Business Revenue (10 000 yuan)	商品购进总额（万元）Total Purchases Value (10 000 yuan)	统一配送商品购进额（万元）Centralized Purchase and Delivery (10 000 yuan)
总 计	**Total**	**26**	**2596**	**105336**	**1745559**	**636611**	**1283532**	**863259**	**194652**
正餐服务业	Restaurant	22	2429	101820	1723445	628476	1230494	833476	164869
快餐服务业	Fast Food	2	57	3014	18703	7200	38801	19475	19475
饮料及冷饮服务业	Beverages and Cold Drinks	1	4	50	1280	303	4891	4233	4233
其他餐饮服务业	Others	1	106	452	2131	632	9346	6075	6075

表15.12 批发和零售业连锁经营情况（2013–2014年）
OPERATION OF CHAIN ENTERPRISES IN WHOLESALE AND RETAIL TRADES (2013-2014)

指 标	Item	合计 Total 2013	合计 Total 2014	其中 of which #直营店 Regular Chain 2013	其中 of which #直营店 Regular Chain 2014
门店总数（个）	Number of Stores (unit)	12453	12233	3535	3745
年末从业人员数（人）	Engaged Persons at Year-end (person)	98721	97565	82930	82866
年末零售营业面积（平方米）	Business Area of Catering Services at Year-end (sq.m)	4072692	4278303	3693655	3920291
连锁门店商品购进额（万元）	Total Purchases Value of Chain Retail Stores (10 000 yuan)	8484407	8609218	8208939	8325084
#统一配送商品购进额	Centralized Purchase and Delivery	5567049	5357880	5374568	5169221
#自有配送中心配送商品购进额	Purchases of Self-owned Delivery Center	3791594	3691481	3668161	3572681
非自有配送中心配送商品购进额	Purchases of Non-self-owned Delivery Center	1406895	1270780	1359422	1219827
连锁门店商品销售额（万元）	Total Sales (Wholesale & Retail)	10677341	11632099	10382571	11308970
#零售额	Retail Sales	7411215	9618686	7204179	9384773

表15.13 住宿和餐饮业连锁经营情况（2013–2014年）

OPERATION OF CHAIN ENTERPRISES IN HOTELS AND CATERING SERVICES (2013-2014)

指　标	Item	合　计 Total		其　中 of which #直营店 Regular Chain	
		2013	2014	2013	2014
门店总数（个）	Number of Stores (unit)	2408	2596	523	601
年末从业人员数（人）	Engaged Persons at Year-end (person)	106141	105336	19662	23723
年末餐饮营业面积（平方米）	Business Area of Catering Enterprises at Year-end (sq.m)	1470522	1745559	388497	483747
客房数（间）	Number of Rooms (room)	266	338	266	338
床位数（个）	Number of beds (unit)	516	626	516	626
餐位数（位）	Number of Dinning-seats (unit)	661190	636611	138047	148940
连锁门店商品购进额（万元）	Total Purchases Value of Chain Retail Stores (10 000 yuan)	791669	863259	239645	280515
#统一配送商品购进额	Centralized Purchase and Delivery	169472	194652	99103	118961
#自有配送中心配送商品购进额	Purchases of Self-owned Delivery Center	113109	123990	69442	75344
非自有配送中心配送商品购进额	Purchases of Non-self-owned Delivery Center	53219	53002	28509	29135
连锁门店营业额（万元）	Business Revenue of Chain Retail Stores (10 000 yuan)	1172876	1283532	383169	408124
#餐费收入	From Meals	1167254	1270076	377547	395406
商品销售额	Total Sales of Commodities	3783	12758	3783	12021

重/庆/统/计/年/鉴

主要统计指标解释

社会消费品零售总额

指企业（单位、个体户）通过交易直接售给个人、社会集团非生产、非经营用的实物商品金额，以及提供餐饮服务所取得的收入金额。个人包括城乡居民和入境人员，社会集团包括机关、社会团体、部队、学校、企事业单位、居委会或村委会等。

批发业

指批发商向批发、零售单位及其他企事业、机关单位批量销售生活用品和生产资料的活动，以及从事进出口贸易和贸易经纪与代理的活动。批发商可以对所批发的货物拥有所有权，并以本单位、公司的名义进行交易活动；也可以不拥有货物的所有权，而以中介身份做代理销售商。还包括各类商品批发市场中固定摊位的批发活动。

零售业

指百货商店、超级市场、专门零售商店、品牌专卖店、售货摊等主要面向最终消费者（如居民等）的销售活动。包括以互联网、邮政、电话、售货机等方式的销售活动，还包括在同一地点，后面加工生产，前面销售的店铺（如前店后厂的面包房）。不包括：谷物、种子、饲料、牲畜、矿产品、生产用原料、化工原料、农用化工产品、机械设备（乘用车、计算机及通信设备等除外）等生产资料的销售（列入批发业）；非零售单位附带的零售活动，如汽车修理单位销售汽车零件（列入单位主业所对应的行业类别中）；商业零售单位所在商厦的物业管理（列入物业管理）；商业零售单位所在的商品市场、商业大厦的市场管理活动（列入市场管理）。

批发和零售业商品购进、销售、库存额

指各种登记注册类型的批发和零售业企业(单位)以本企业(单位)为总体的，从国内、国外市场购进的商品总量，销售和出口的商品总量，库存的商品总量等情况。该指标可以反映商品流转过程中商品的购进、销售、库存之间的比例关系和存在的问题。

商品销售额

指对本单位以外的单位和个人出售的商品金额（包括售给本单位消费用的商品，含增值税）。商品销售包括（1）售给城乡居民和社会集团消费用的商品；（2）售给农业、工业、建筑业、运输邮电业、服务业、公用事业等国民经济各行业用于生产、经营用的商品，包括售予批发和零售业作为转卖或加工后转卖的商品；（3）对国（境）外直接出口的商品。不包括：（1）未通过买卖行为付出的商品，如随机构变动移交给其他企业单位的商品、借出的商品、归还受其他单位委托代保管的商品、付出的加工原料和赠送给其他单位的样品等；（2）经本单位介绍，由买卖双方直接结算，本单位只收取手续费的业务；（3）购货退回的商品；（4）商品损耗和损失；（5）出售本单位自用的废旧物资。

住宿业

指有偿为顾客提供临时住宿的服务活动。不包括提供长期住宿场所的活动，如出租房屋、公寓等（列入房地产开发经营）。

餐饮业

指在一定场所，对食物进行现场烹饪、调制，并出售给顾客主要供现场消费的服务活动。

营业额

指住宿和餐饮业单位在经营活动中因提供服务或销售商品等取得的收入。包括：客房收入、餐费收入、商品销售额和其他收入。其中，客房收入指住宿和餐饮业单位在经营活动中因提供住宿服务取得的收入。餐费收入指住宿和餐饮业单位因为顾客提供就餐服务取得的收入，包括经烹饪、调制加工后出售的各种食品，如主食、炒菜、凉拌菜等的收入。

主要统计指标解释

连锁总店（总部）

指负责连锁企业资源（商号、商誉、经营模式、服务标准、管理模式等等）的开发、配置、控制或使用等功能的企业核心管理机构。连锁经营是指经营同类商品或服务，使用统一商号的若干店铺，在同一总店（总部）的管理下，采取统一采购或特许经营等方式，实现规模效益的组织形式，包括直营连锁、特许连锁和自愿连锁三种形式。其中，直营连锁是指连锁店铺由连锁公司全资或控股开设，在总部的直接控制下，开展统一经营的连锁经营形式；特许连锁是指拥有注册商标、企业标志、专利、专有技术等经营资源的企业（特许人），以合同形式将其拥有的经营资源许可其他经营者（被特许人）使用，被特许人按合同约定在统一的经营模式下开展经营，并向特许人支付特许经营费用的连锁经营形式；自愿连锁是指若干个店铺或企业自愿组合起来，在不改变各自资产所有权关系的情况下，以同一个品牌形象面对消费者，以共同进货为纽带开展的连锁经营形式。

Explanatory Notes on Main Statistical Indicators

Total Retail Sales of Consumer Goods

Refer to the amount obtained by enterprises (units, self-employed individuals) through direct sales of non-production and non-business physical commodity to individuals, social institutions, and revenue from providing catering services. Individuals include rural and urban households, population from abroad, social institutions include government agencies, social organizations, military units, schools, institutions, neighbourhood (village) committees.

Wholesale Trade

Refers to the activities of wholesaler selling at wholesale commodities for daily use and capital goods to enterprises of wholesale and retail trades and other enterprises, institutions and government offices, including the activities of wholesaler engaged in import and export and acting as a trade agent. The wholesaler may have the right of ownership over the commodities of wholesale and trade in the name of its own's or a company, the wholesaler may not have the right of ownership, only acts an agent. The wholesale trade also include the activities of wholesaler at the fixed stalls of the wholesale market of different commodities.

Retail Trade

Refers to the activities of department store, supermarket, franchised store, brand store, retail stall and on-the-spot-making-selling store selling commodities to the final consumers (citizens) by any means including internet, post, telephone, sales machine. Retail trade excludes the activities of sales of capital goods such a grain, seed, feed, livestock, mineral products, raw material for production, industrial chemicals, chemical products for farm, machine and equipment (vehicle, computer and communication equipment), and the activities of supplementary sales of non-retailer such as the sales of spare parts of car repair business (listed as branch in correspondence with principle business), property management of buildings of retail units (listed as property management); market management of commercial markets and buildings of retail units (listed as market management) .

Purchase, Sales and Stock of Commodities by Wholesale and Retail Trades

Refer to the total volume of commodities purchased, total volume of sales and exports, and the stock of commodities by wholesale and retail enterprises (establishments) of different status of registration from domestic and overseas markets. This indicator reflects the relationship among purchase, sales and stock of commodities in the circulation of goods and reveals the existing problems.

Total Sales of Commodities

Refer to value of commodities sold by the establishments to other establishments and individuals (including goods sold for self consumption, including the value-added tax). The commodities include: (I) commodities sold to urban and rural residents and social groups for their consumption; (II) commodities sold to establishments in all industries for their production and operation, including agriculture, industry, construction, transportation, post and telecommunications, catering services, and public utility including commodities sold to wholesale and retail establishments for re-selling, with or without further processing; and (III) commodities for direct export to abroad. Excluded are (I) extended commodities without trading, such as goods handed over to other enterprises and institutions because of the change of organizations, lent goods, returned goods preserved for others, extended processing materials and samples donated to others, (II)goods of direct settlement between buyer and seller with handling fees introduced by others, (III) goods returned after purchase, (IV) damaged and spoiled goods,(V) waste and used goods of self use,

Hotel Services

Refer to the charged accommodation services provided to customers, excluding the long term accommodation service activities such as rental housing and apartments(it is under real estate development and management).

Catering Services

Refer to the activities of enterprises providing on-the-spot services of selling food cooked and prepared to the customer in certain sites

□ Business Revenue

Refers to revenue of hotels and catering services received from providing services or selling commodities through business activities, including income from hotels, from catering services, from selling of commodities and from other services. Income from hotels refers to income of hotels and catering services by providing lodging services through business activities. Income from catering services refers to income of hotels and catering services by providing catering services, including selling of cooked or prepared foods, such as staple food, cooked dishes, or cold dishes.

□ Chain Head Stores (headquarter)

Refer to the core leading stores responsible for development, allocation, administration and utilization of resources (name of stores, brand of stores, operation model, service standard, management way, etc.) of chain stores. Chain stores refers to the stores engaged in providing homogeneous commodities or services, with the central leadership of head store (headquarters) and guided by common policies, conduct centralized purchase and distributed selling of commodities, in order to gain better efficiency through standardized operation. The chain stores include regular chain stores, franchise chain stores and voluntary chain stores.

Regular Chain store refers to chain stores that are invested or controlled by the headquarters. They operate under direct and unified management from the headquarters.

Franchise chain store refers to the chain stores (franchisees) which are franchised with operation resources such as trade marks, names, patent and operation know-how by the franchisors in form of contract and pay the operation fees to the franchisors.

Voluntary chain store refers to the stores operate jointly on the voluntary bases while maintaining their status of independent legal entities with full ownership of their assets. They sell goods of same brand from same channel of resource to the consumers.

第16章

对外经济贸易和旅游业

FOREIGN ECONOMIC RELATIONS,TRADE AND TOURISM

简要说明
BRIEF INTRODUCTION

本章内容包括全市进出口、利用外资、对外承包工程和劳务合作、旅游情况，以及利用内资方面的资料。进出口、利用外资、对外承包工程和劳务合作、旅游和国外友好城市交流资料由市统计局贸易外经处分别根据重庆海关、市对外贸易经济委员会、市旅游局和市政府外事办公室的有关资料加工整理，利用内资数据由市统计局贸易外经处提供。

The data in this chapter include the statistics on imports & exports, utilization of foreign capital, contracted projects and labor cooperation with foreign countries (territories) and tourism as well as the utilization of domestic capital. The data of imports & exports, utilization of foreign capital, contracted projects and labor cooperation with foreign countries and territories, tourism and communications with foreign twin cities and tourism are provided by Chongqing Customs, Chongqing Foreign Trade and Economic Relations Commission, Chongqing Tourism Administration and Foreign Affairs Office of Chongqing Municipal Government, and sorted and compiled by Division of Trade and External Economic Relations Statistics, Chongqing Municipal Bureau of Statistics. The data of utilization of domestic capital are provided by Division of Trade and External Economic Relations Statistics of Municipal Bureau of Statistics.

表16.1 人民币汇率（年平均价）（1985－2014年）

REFERENCE EXCHANGE RATE OF RENMINBI (PERIOD AVERAGE) (1985-2014)

单位：人民币元 (RMB yuan)

年 份 Year	100美元 100 US Dollars	100日元 100 Japanese Yen	100港元 100 Hong Kong Dollars	100欧元 100 Euros
1985	293.66	1.2457	37.57	
1986	345.28	2.0694	44.22	
1987	372.21	2.5799	47.74	
1988	372.21	2.9082	47.70	
1989	376.51	2.7360	48.28	
1990	478.32	3.3233	61.39	
1991	532.33	3.9602	68.45	
1992	551.46	4.3608	71.24	
1993	576.20	5.2020	74.41	
1994	861.87	8.4370	111.53	
1995	835.10	8.9225	107.96	
1996	831.42	7.6352	107.51	
1997	828.98	6.8600	107.09	
1998	827.91	6.3488	106.88	
1999	827.83	7.2932	106.66	
2000	827.84	7.6864	106.18	
2001	827.70	6.8075	106.08	
2002	827.70	6.6237	106.07	800.58
2003	827.70	7.1466	106.24	936.13
2004	827.68	7.6552	106.23	1029.00
2005	819.17	7.4484	105.30	1019.53
2006	797.18	6.8570	102.62	1001.90
2007	760.40	6.4632	97.46	1041.75
2008	694.51	6.7427	89.19	1022.27
2009	683.10	7.2986	88.12	952.70
2010	676.95	7.7279	87.13	897.25
2011	645.88	8.1050	82.97	900.11
2012	631.25	7.9037	81.38	810.67
2013	619.32	6.3323	79.85	822.19
2014	614.28	5.8196	79.22	816.51

表16.2 进出口总值（1987－2014年）
TOTAL VALUE OF IMPORTS AND EXPORTS (1987-2014)

单位：万美元（USD 10 000）

年 份 Year	进出口总值 Total Imports and Exports	其 中 of which 进 口 Imports	 出 口 Exports	进出口差额 Balance of Imports and Exports
1987	29681	12235	17446	5211
1988	41078	18907	22171	3264
1989	60299	31247	29052	-2195
1990	68095	35366	32729	-2637
1991	61950	22701	39249	16548
1992	74244	33377	40867	7490
1993	85470	44310	41160	-3150
1994	123957	52430	71527	19097
1995	141859	57126	84733	27607
1996	158543	99178	59365	-39813
1997	167843	89828	78015	-11813
1998	103386	51975	51411	-564
1999	121044	72005	49039	-22966
2000	178547	79025	99522	20497
2001	183384	73136	110248	37112
2002	179401	70282	109119	38837
2003	259488	100979	158509	57530
2004	385735	176616	209119	32503
2005	429283	177229	252054	74825
2006	547013	211821	335192	123371
2007	744546	293774	450772	156998
2008	952121	379939	572182	192243
2009	770859	342851	428008	85157
2010	1242634	493759	748875	255116
2011	2921786	937973	1983813	1045840
2012	5320358	1463315	3857043	2393728
2013	6870410	2190661	4679749	2489088
2014	9545024	3204089	6340935	3136846

表16.3 利用外资基本情况（1985－2014年）
BASIC STATISTICS ON UTILIZATION OF FOREIGN CAPITAL (1985-2014)

单位：万美元（USD 10 000）

年 份 Year	新签利用外资协议（合同）数（个） Number of Newly Signed Agreements (Contracts) of Foreign Capital Utilization (unit)	其 中 of which #外商直接投资 Foreign Direct Investment	协议合同金额 Value of Agreements and Contracts	其 中 of which #外商直接投资 Foreign Direct Investment	实际利用外资额 Foreign Capital Actually Utilized	其 中 of which #外商直接投资 Foreign Direct Investment
1985	28		3991		2499	427
1986	21	6	2957	1528	3596	790
1987	31	10	3320	774	4509	1924
1988	72	18	54862	1913	13153	2069
1989	39	15	3887	7141	22479	756
1990	81	55	19133	6245	14489	332
1991	110	80	12074	4252	16143	977
1992	516	443	59665	37919	29745	10247
1993	795	681	106629	72892	41970	25915
1994	453	364	65266	47932	65644	44953
1995	341	280	112473	74567	61554	37926
1996	233	160	35873	24232	44151	21878
1997	289	229	77109	46017	98208	38466
1998	263	222	75099	47577	55163	43107
1999	199	169	70115	50688	32699	23893
2000	237	190	86888	35716	34532	24436
2001	191	172	71884	44261	42442	25649
2002	169	148	64824	50215	45034	28089
2003	218	187	71397	55301	56654	31112
2004	281	258	66621	66315	68214	40508
2005	266	208	81877	80213	70423	51575
2006	252	223	112960	111558	87667	69595
2007	263	240	440891	440499	122011	102857
2008	197	135	283124	208757	285688	245196
2009	220	161	379861	244278	419178	337577
2010	261	232	628902	402848	636956	304264
2011	361	326	633609	624570	1057862	582575
2012	294	248	559368	505724	1057661	352418
2013	248	192	405748	382459	1059715	414353
2014	250	203	462645	448258	1062946	423348

注：1）2004年起，新签利用外资协议(合同)数、协议合同金额均不含对外借款。
2）2007年起，外商直接投资数据为上报国家商务部口径。
Note: a) Foreign loans have been excluded from the number of newly signed agreements (contracts) of foreign capital utilization and the value of agreements and contracts since 2004.
b) The data of foreign direct investment has become the data reported to the Ministry of Commerce since 2007.

表16.4 对外承包工程和劳务合作（1985－2014年）

CONTRACTED PROJECTS AND LABOR COOPERATION WITH FOREIGN COUNTRIES AND TERRITORIES (1985-2014)

单位：万美元（USD 10 000）

年　份 Year	签订合同数（个） Number of Contracts (unit)	合同金额 Value of Contracts	实际完成营业额 Value of Turnover Fulfilled
1985	9	2109	572
1986	18	1571	337
1987	15	1540	572
1988	13	2640	2683
1989	27	2605	2574
1990	14	2971	2189
1991	16	4329	2436
1992	19	3765	2896
1993	13	9440	2704
1994	45	4106	4132
1995	33	4032	3757
1996	35	6654	3160
1997	22	2607	2725
1998	24	1969	3203
1999	235	4591	3842
2000	231	9232	5806
2001	232	11590	6700
2002	117	12200	7959
2003	94	13450	8810
2004	81	14805	10078
2005	70	18498	12138
2006	72	21447	16050
2007	67	30714	20585
2008	55	86398	30673
2009	80	104463	36885
2010	48	81560	45074
2011	49	66797	43738
2012	42	107550	58406
2013	104	111288	103450
2014	132	117065	103488

注：因统计制度变更，2011年起数据均为对外承包工程。

Note: Due to the modification of statistics system, the data only includes the contracted projects with foreign countries and territories since 2011.

表16.5 国际旅游人数和外汇收入（1983－2014年）
NUMBER OF INTERNATIONAL TOURISTS AND FOREIGN EXCHANGE EARNINGS (1983-2014)

年 份 Year	接待入境旅游人数（人次） Number of Overseas Visitor Arrivals Received (person-time)	其 中 of which #外国人 Foreigners	#港澳台同胞 Chinese Compatriots from Hong Kong, Macao and Taiwan	旅游外汇收入（万美元） Foreign Exchange Earnings from Tourism (USD 10 000)	入境旅游者人均逗留天数（天） Average Staying Period of Overseas Visitors per Capita (day)
1983	23032	18706	3997	26	1.3
1984	28094	21110	6505	259	1.7
1985	49508	40460	8370	527	2.1
1986	55152	44290	8904	860	1.7
1987	60894	52177	8253	1063	1.5
1988	64181	45193	18711	1281	1.5
1989	41248	21454	19595	1027	1.6
1990	69609	19913	49570	1823	1.3
1991	81745	29625	51950	2354	1.6
1992	141165	52949	88050	3997	1.3
1993	135596	59140	76025	4819	1.4
1994	138593	93408	44180	5432	1.5
1995	142892	93625	48942	6333	2.0
1996	161761	108163	53238	7090	2.3
1997	259414	154919	103720	10548	2.7
1998	163738	116288	47211	8837	3.2
1999	184936	133629	51173	9726	3.2
2000	266081	192863	73218	13837	3.2
2001	313254	219214	94040	16341	3.1
2002	461484	310934	150550	21802	2.7
2003	234521	181744	52777	11323	2.8
2004	434423	338892	95531	20308	2.7
2005	523872	418076	105796	26436	3.0
2006	603239	488249	114990	30872	3.2
2007	761676	622427	139249	38231	3.2
2008	871907	742792	129115	44977	3.0
2009	1048125	847967	200158	53721	3.0
2010	1370231	1039598	330633	70320	3.4
2011	1864016	1326135	537881	96806	3.9
2012	2242834	1526320	716514	116832	3.4
2013	2422605	1619340	803265	126831	3.1
2014	2637590	1686523	951067	135444	2.7

表16.6 按商品类别分的进出口总值（2013－2014年）
TOTAL VALUE OF IMPORTS AND EXPORTS BY COMMODITY CATEGORY (2013-2014)

单位：万美元（USD 10 000）

商品类别	Categories of Commodities	进口 Imports 2013	进口 Imports 2014	出口 Exports 2013	出口 Exports 2014
总 值	**Total Value**	**2190661**	**3204089**	**4679749**	**6340935**
#初级产品	Primary Goods	258993	167622	41333	34219
工业制成品	Manufactured Goods	1931668	3036467	4638416	6306716
按进出口商品类章分	**By Category of Imported and Exported Goods**				
活动物、动物产品	Live Animals and Animal Products	1356	959	10340	7196
植物产品	Vegetable Products	91442	47483	13292	5235
动植物油脂及分解产品、精制食用油脂，动植物蜡	Animal or Vegetable Fats and Oils and Their Cleavage Products, Prepared Edible Fats, Animal or Vegetable Waxes	6119	1430	120	109
食品、饮料、酒及醋；烟草及烟草代用品的制品	Prepared Foodstuffs; Beverages, Spirits and Vinegar; Tobacco and Manufactured Tobacco Substitutes	3458	3984	11353	12888
矿产品	Mineral Products	108837	71019	3736	5442
化学工业及其相关工业的产品	Products of The Chemical or Industries Allied	65006	69003	97180	122834
塑料及其制品、橡胶及其制品	Plastics and Articles Thereof Rubber and Articles Thereof	66779	97350	136029	120468
生皮、皮革、毛皮及制品；鞍具及挽具；旅行用品、手提包及类似品；动物肠线（蚕胶丝除外）制品	Raw Hides and Skins, Leather, Fur Skins and Articles Thereof; Saddlery and Harness; Travel Goods, Handbags and Similar Containers; Articles of Animal Gut (Other Than Silk-Worm Gut)	768	1541	73875	54751
木及木制品；木炭；软木及软木制品；稻草、秸秆、针茅或其他编结材料制品；蓝筐及柳条编结品	Wood and Articles of Wood; Wood Charcoal; Cork and Articles of Cork; Manufactures of Straw, of Esparto or of Other Plaiting Materials; Basket Ware and Wickerwork	302	947	1786	3059
木浆及其他纤维状纤维素浆；回收（废碎）纸或纸板；纸、纸板及其制品	Pulp of Wood or of Other Fibrous Cellulosic Material; Waste and Scrap of Paper or Paperboard; Paper and Paperboard and Articles Thereof	27280	22401	35284	43616

表16.6 续表 continued

单位：万美元（USD 10 000）

商品类别	Categories of Commodities	进口 Imports		出口 Exports	
		2013	2014	2013	2014
纺织原料及纺织制品	Textiles and Textile Articles	7560	10476	171788	255658
鞋、帽、伞、杖、鞭及其零件；已加工的羽毛及其制品；人造花；人发制品	Footwear, Headgear, Umbrellas, Sun Umbrellas, Walking-Sticks, Seat-Sticks, Whips, Riding-Crops and Parts Thereof; Prepared Feathers and Articles Made Therewith; Artificial Flowers; Articles of Human Hair	685	845	72450	91879
石料、石膏、水泥、石棉、云母及类似材料的制品；陶瓷产品；玻璃及其制品	Articles of Stone, Plaster, Cement, Asbestos, Mica or Similar Materials; Ceramic Products; Glass and Glassware	2397	4196	152588	143783
天然或养殖珍珠、宝石或半宝石、贵金属、包贵金属	Natural or Cultured Pearls, Precious or Semi-Precious Stones, Precious Metals, Metals Clad With Precious Metal and Stones	18615	814759	225484	1044259
贱金属及其制品	Base Metals and Articles of Base Metal	51237	63392	173546	218012
机器、机械器具、电气设备及其零件；录音机及放声机、电视图象、声音的录制和重放设备及其零件、附件	Machinery and Mechanical Appliances; Electrical Equipment; Parts Thereof; Sound Recorders and Reproducers, Television Image and Sound Recorders and Reproducers; and Parts and Accessories of Such Articles	1332350	1515474	2855655	3560285
车辆、航空器、船舶及运输设备	Vehicles, Aircraft, Vessels and Associated Transport Equipment	116736	174548	337297	365777
光学、照相、电影、计量、检验、医疗或外科用仪器及设备、精密仪器及设备；钟表；乐器；上述物品的零件、附件	Optical, Photographic, Cinematographic, Measuring, Checking, Precision, Medical or Surgical Instruments and Apparatus; Clocks And Watches; Musical Instruments; Parts and Accessories Thereof	70614	87594	37766	37980
武器、弹药及其零件、附件	Arms and Ammunition; Parts and Accessories Thereof			30	295
杂项制品	Miscellaneous Manufactured Articles	3920	4574	268387	246161
艺术品、收藏品及古玩	Works of Art, Collectors' Pieces and Antiques	27	55	1763	1116
特殊交易品及未分类商品	Commodities and Transactions not Classified According to Kind	215173	212059		133

表16.7 按贸易方式分的进出口总值（2013－2014年）
TOTAL VALUE OF IMPORTS AND EXPORTS BY CUSTOMS REGIME (2013-2014)

单位：万美元（USD 10 000）

指 标	Item	进出口总值 Total Imports and Exports		其 中 of which 进 口 Imports		其 中 of which 出 口 Exports	
		2013	2014	2013	2014	2013	2014
总 计	**Total**	**6870410**	**9545024**	**2190661**	**3204089**	**4679749**	**6340935**
一般贸易	Ordinary Trade	2641526	2983232	755611	765638	1885915	2217594
国家间国际组织无偿援助和赠送的物资	Donations by Foreign Countries and International Associations	789	247		8	789	239
其他境外捐赠物资	Other Donations from Abroad	28	3	28	3		
加工贸易	Processing Trade	3282175	5442724	616021	1408880	2666154	4033844
补偿贸易	Compensation Trade						
来料加工装配贸易	Processing and Assembling Trade	34729	69419	29207	43294	5522	26125
进料加工贸易	Feeding Processing Trade	3247446	5373305	586813	1365586	2660633	4007719
加工贸易进口设备	Equipment Importation for Processing Trade	14		14			
寄售代销贸易	Consignment Trade						
边境小额贸易（边民互市贸易除外）	Petty Trade in Border Areas (excluding the barter trade between border residents)						
对外承包工程出口货物	Goods Exportation for Contracted Projects with Foreign Countries	6316	31286			6316	31286
租赁贸易	Leasing Trade	190	19893		19703	190	190
外商投资企业作为投资进口的设备物品	Imported Equipment and Materials as Investment of Foreign-Funded Enterprises	18822	15520	18822	15520		
出料加工贸易	Outward Processing Trade						
易货贸易	Barter Trade	6				6	
免税外汇商品	Tax-Free Commodities on Foreign Exchange						
保税监管场所进出境货物	Inbound and Outbound Goods in Bonded Warehouses	11568	25236	7107	16318	4461	8918
海关特殊监管区域物流货物	Transit Goods in Specialized Bonded Warehouses	863965	1006163	789664	958571	74301	47592
海关特殊监管区域进口设备	Imported Equipment in Specialized Bonded Warehouses	2445	18494	2445	18494		
其 他	Others	42566	2226	949	954	41617	1272

表16.8 按国别（地区）分的进出口总值（2013－2014年）
IMPORTS AND EXPORTS BY COUNTRIES OR REGIONS (2013-2014)

单位：万美元（USD 10 000）

国　别（地区）	Country (Region)	进出口总值 Total Imports and Exports		其　中 of which			
				进　口 Imports		出　口 Exports	
		2013	2014	2013	2014	2013	2014
进出口贸易总值	**Total Import Export Value**	**6870410**	**9545024**	**2190661**	**3204089**	**4679749**	**6340935**
亚　洲	**Asia**	**3384969**	**5517899**	**1521227**	**2522712**	**1863742**	**2995187**
#巴　林	Bahrain	3060	2512	1	13	3060	2499
孟加拉国	Bangladesh	11257	16079	997	220	10260	15859
文　莱	Brunei	7237	9316			7237	9316
缅　甸	Burma	43921	424482		378495	43921	45987
柬埔寨	Cambodia	7798	6841	148	13	7651	6828
朝　鲜	DPRK	10160	11639	2673	3631	7487	8008
香　港	Hong Kong	636825	1358294	154921	77674	481904	1280620
印　度	India	195251	161221	6489	5215	188763	156006
印度尼西亚	Indonesia	145162	156966	10473	5682	134689	151284
伊　朗	Iran	24561	53484	2811	2826	21750	50658
伊拉克	Iraq	6237	5011			6237	5011
以色列	Israel	10583	9368	599	802	9983	8565
日　本	Japan	176950	299901	107904	122999	69046	176901
约　旦	Jordan	5731	5169			5730	5169
科威特	Kuwait	5344	6508	1617	2847	3726	3661
老　挝	Laos	5190	6655	1	1	5189	6654
黎巴嫩	Lebanon	8511	4627	1	1	8510	4625
澳　门	Macau	7238	12216		2	7238	12214
马来西亚	Malaysia	529682	554338	389374	378103	140308	176235
阿　曼	Oman	8889	3588	1	563	8888	3025
巴基斯坦	Pakistan	30482	34282	2	86	30480	34196
菲律宾	Philippines	121273	167328	80638	122547	40636	44780
卡塔尔	Qatar	8022	4900	1581	1764	6441	3136
沙特阿拉伯	Saudi Arabia	38238	42884	5206	12493	33031	30391
新加坡	Singapore	165921	174450	51019	38582	114902	135867
韩　国	South Korea	190072	750023	124458	638438	65614	111585
斯里兰卡	Sri Lanka	4594	6430	61	163	4533	6268
泰　国	Thailand	113030	144093	46311	75797	66719	68296
土耳其	Turkey	39550	42251	1706	3106	37844	39145
阿拉伯联合酋长国	UAE	159456	177527	21	275	159435	177252
也门共和国	Yemen	4796	5247			4796	5247
越　南	Vietnam	78789	250990	20886	116766	57903	134225
中华人民共和国	China	292729	311572	292729	311572		
台　湾	Taiwan	268542	282375	218440	221740	50101	60635
非　洲	**Africa**	**261140**	**358673**	**63443**	**127949**	**197697**	**230724**
阿尔及利亚	Algeria	22066	18070			22066	18070
安哥拉	Angora	10557	24668			10557	24668
贝　宁	Benin	2802	3479			2802	3479
喀麦隆	Cameroon	2502	4237			2502	4237
刚　果	Congo	423	1317			423	1317
吉布提	Djibouti	3215	3012			3215	3012
埃　及	Egypt	9323	13145	195	526	9128	12619

表16.8 续表1 continued1

单位：万美元（USD 10 000）

国别（地区）	Country (Region)	进出口总值 Total Imports and Exports 2013	2014	其中 of which 进口 Imports 2013	2014	出口 Exports 2013	2014
埃塞俄比亚	Ethiopia	1999	3413	3	59	1997	3354
加　蓬	Gabon	733	1342	234	677	498	665
加　纳	Ghana	10481	10614	4758	1852	5724	8762
几内亚	Guinea	2527	2560			2527	2560
科特迪瓦(象牙海岸)	Cote d'Ivoire	1310	2553			1310	2553
肯尼亚	Kenya	9410	11271	1	26	9409	11245
利比利亚	Liberia	1324	1760			1324	1760
利比亚	Libya	2643	1776			2643	1776
马达加斯加	Madagascar	1841	1635	2	8	1839	1627
马拉维	Malawi	955	464			955	464
毛里塔尼亚	Mauritania	371	1959		1686	371	274
毛里求斯	Mauritius	893	1293	1	2	892	1291
摩洛哥	Morocco	6486	6072	212	482	6274	5590
莫桑比克	Mozambique	5645	6776	574		5071	6776
纳米比亚	Namibia	357	612			357	612
尼日利亚	Nigeria	26121	43224	13	657	26108	42567
留尼汪	Reunion	310	405			310	405
塞内加尔	Senegal	1137	5410			1137	5410
南　非(阿扎尼亚)	South Africa	96343	141653	53439	110937	42905	30716
苏　丹	Sudan	4867	1415			4867	1415
坦桑尼亚	Tanzania	6200	9288	1	23	6199	9264
多　哥	Togo	14766	11986		1	14766	11984
突尼斯	Tunisia	3202	3936	33	105	3168	3831
乌干达	Uganda	1344	1244			1344	1244
布基纳法索	Burkina Faso	85	424			85	424
扎伊尔	Zaire	5023	13781	3978	10469	1046	3312
斯威士兰	Swaziland	10	487		434	10	52
欧　洲	**Europe**	**1519730**	**1698521**	**260548**	**278892**	**1259182**	**1419629**
比利时	Belgium	30541	36305	3044	2304	27497	34001
丹　麦	Demark	6190	6708	729	621	5461	6087
英　国	UK	105346	132421	26371	24378	78976	108042
德　国	Germany	582002	683307	126719	120227	455283	563081
法　国	France	63660	88103	6537	20964	57124	67139
爱尔兰	Ireland	1877	3424	498	869	1379	2555
意大利	Italy	75755	66649	36806	22917	38949	43732
卢森堡	Luxembourg	399	374	86	220	313	154
荷　兰	Holland	314285	253626	5920	4483	308365	249144
希　腊	Greece	8705	37306	22	10	8683	37296
葡萄牙	Portugal	6590	9938	1052	1867	5538	8071
西班牙	Spain	34184	39175	6868	9418	27316	29757
阿尔巴尼亚	Albania	454	355	1	29	453	326
奥地利	Austria	6436	6817	2793	3392	3644	3425
保加利亚	Bulgaria	1635	2034	72	115	1563	1919
芬　兰	Finland	59943	50210	1409	3705	58534	46505
匈牙利	Hungary	5103	7386	1015	1008	4088	6378
马耳他	Malta	6364	3556	623	488	5741	3068
挪　威	Norway	4167	4669	371	970	3795	3698

表16.8 续表2 continued2

单位：万美元（USD 10 000）

国　别（地区）	Country (Region)	进出口总值 Total Imports and Exports		其中 of which 进口 Imports		出口 Exports	
		2013	2014	2013	2014	2013	2014
波　兰	Poland	26060	24989	1824	2653	24236	22336
罗马尼亚	Romania	7853	11728	3575	7177	4279	4551
瑞　典	Sweden	25335	17445	6635	5270	18700	12175
瑞　士	Switzerland	19231	43552	13663	36539	5568	7013
爱沙尼亚	Estonia	1201	1865	40	84	1161	1781
拉脱维亚	Latvia	1298	1914	18	9	1280	1905
立陶宛	Lithuania	9277	5659	15	17	9262	5641
格鲁吉亚	Georgia	1889	3831	51	2	1838	3829
阿塞拜疆	Azerbaijan	1562	3315			1562	3315
白俄罗斯	Belarus	862	458	1	10	861	448
俄罗斯	Russia	72576	111978	2015	2240	70561	109739
乌克兰	Ukraine	9294	6654	1131	22	8163	6632
斯洛文尼亚共和国	Slovenia	3889	2672	23	28	3867	2644
克罗地亚共和国	Croatia	1608	1855	37	6	1571	1849
捷克共和国	Czech	16727	22462	6230	6291	10496	16172
斯洛伐克共和国	Slovakia	6219	4037	4321	490	1898	3548
马其顿	Macedonia	146	300	3	6	143	295
塞尔维亚	Serbia	640	1069	10	3	630	1067
拉丁美洲	**Latin America**	**422045**	**387428**	**116940**	**86141**	**305105**	**301287**
阿根廷	Argentina	33616	19248	5026	5840	28590	13408
玻利维亚	Bolivia	550	818	7		543	818
巴　西	Brazil	139167	107122	84274	42565	54893	64557
智　利	Chile	31843	29219	4320	1177	27522	28042
哥伦比亚	Columbia	23024	29674	184	31	22840	29643
哥斯达黎加	Costa Rica	2236	3523	523	854	1713	2669
多米尼加共和国	Dominica	1963	2929	213	71	1750	2858
厄瓜多尔	Ecuador	5393	6308	41	9	5352	6299
危地马拉	Guatemala	3201	3132	7	3	3194	3129
圭亚那	Guyana	576	480	8	14	569	466
洪都拉斯	Honduras	2304	1549	4	1	2300	1548
牙买加	Jamaica	1761	1003			1761	1003
墨西哥	Mexico	102012	128872	17087	31067	84925	97805
尼加拉瓜	Nicaragua	5736	1772	13	8	5723	1763
巴拿马	Panama	13668	6854	3		13664	6854
巴拉圭	Paraguay	6132	6465		3	6132	6462
秘　鲁	Peru	21016	18922	86	283	20931	18639
萨尔瓦多	El Salvador	1001	1311		4	1001	1307
乌拉圭	Uruguay	15680	13175	4134	4063	11546	9112
委内瑞拉	Venezuela	7788	2716	886		6902	2716
北美洲	**North America**	**1136146**	**1437047**	**165720**	**156591**	**970426**	**1280456**
加拿大	Canada	71579	69442	8536	8210	63043	61232
美　国	USA	1064565	1367602	157184	148381	907381	1219221
大洋洲	**Oceania**	**144067**	**145341**	**60470**	**31690**	**83597**	**113651**
澳大利亚	Australia	132695	128718	59259	31325	73435	97393
新西兰	New Zealand	10081	15381	1211	353	8870	15028
巴布亚新几内亚	Papua New Guinea	738	715		11	738	704
东盟组织	**Asean**	**1218005**	**1895460**	**598850**	**1115987**	**619155**	**779473**
欧盟组织	**European Union**	**1407667**	**1520616**	**243243**	**239004**	**1164424**	**1281612**

表16.9 主要商品出口数量和金额（2013－2014年）

MAIN EXPORT COMMODITIES IN VOLUME AND VALUE (2013-2014)

单位：万美元（USD 10 000）

品　名	Name	数　量 Volume		金　额 Value	
		2013	2014	2013	2014
肉及杂碎（吨）	Meat and Meat Offal (ton)	7283	6588	3526	3362
#猪　肉（吨）	Pork (ton)	2746	3149	1191	1446
冻　鸡（吨）	Frozen Chicken (ton)	2385	1712	754	543
粮　食（吨）	Cereals (ton)	1761	922	780	419
#谷物及谷物粉（吨）	Cereal and Cereal Flour (ton)	656	540	162	146
#稻谷和大米（吨）	Rice (ton)	551	537	158	145
薯类及含有淀粉的块茎（吨）	Tubers (ton)	1066	343	612	266
蔬　菜（吨）	Vegetables (ton)	23187	20598	3521	3380
#鲜或冷藏蔬菜（吨）	Fresh or Frozen Vegetables (ton)	3805	1082	832	391
干的食用菌类（吨）	Dried Edible Mushroom (ton)	244	247	430	536
茶　叶（吨）	Tea (ton)	5385	3115	499	275
辣椒干（吨）	Dried Chili (ton)	22	196	8	100
猪肉罐头（吨）	Canned Pork (ton)	4165	4230	1067	1036
蘑菇罐头（吨）	Canned Mushroom (ton)	1255	1098	216	183
肠　衣（吨）	Casings (ton)	1817	1718	1433	1361
填充用羽毛；羽绒（吨）	Feathers and Down for Stuffing (ton)	1127	419	5417	2342
中药材及中式成药（吨）	Medical Materials and Medicaments of Chinese Type (ton)	18969	5523	10389	2904
#植物性药材（吨）	Botanical Medicine Materials (ton)	18942	5480	10373	2878
烤　烟（吨）	Flue-cured Tobacco (ton)	8896	9309	3796	4445
肥　料（吨）	Fertilizers (ton)	125941	169580	4253	5812
#矿物肥料及化肥（吨）	Mineral Fertilizers and Chemical Fertilizers (ton)	92807	159959	3706	5644
#尿　素（吨）	Urea (ton)	32974	88616	1103	2724
磷酸氢二铵（吨）	Diammonium Phosphate (ton)	762	3915	47	205
印刷品（吨）	Presswork (ton)	5671	4459	4524	3423
生　丝（吨）	Raw Silk (ton)	34	99	183	491
粘土及其他耐火矿物（吨）	Clay and Other Fire-resisting Minerals (ton)	41005	21479	961	1616
#天然石墨（吨）	Natural Graphite (ton)	6932	7998	305	406
稀土及其制品（吨）	Rare Earth and Products (ton)	27	54	105	168
氧化铝（吨）	Aluminum Oxide (ton)	109	263	50	101
钨　品（吨）	Tungsten Products (ton)	37	25	134	157
#钨及其制品（吨）	Tungsten and Processed Products (ton)	27	25	109	157
碳酸钠（纯碱）（吨）	Sodium Carbonate (ton)	142014	156933	2680	3373
合成有机染料（吨）	Synthetic Organic Dyestuffs (ton)	1323	853	789	543
医药品（吨）	Medical and Pharmaceutical Products (ton)	6271	6601	10558	10639
#抗菌素（制剂除外）（吨）	Bacteriophage (Excluding Preparation) (ton)	153	145	2329	2579
医用敷料（吨）	Pharmaceutical Goods (ton)	527	194	411	229
洗衣粉（吨）	Washing Powder (ton)	1729	1401	301	327
松香及树脂酸（吨）	Resin and Resin Acid (ton)	264	1186	64	288
农　药（吨）	Pesticides (ton)	3536	3577	1426	1134
初级形状的聚氯乙烯（吨）	PVC in Primary Forms (ton)	205	396	123	131
家用或装饰用木制品（吨）	Wood Products for Household or Decoration Use (ton)	180	308	99	218
纸及纸板（未切成形的）（吨）	Paper and Paperboard (Unchopped in shape) (ton)	20355	32812	9506	15252
#牛皮纸（吨）	Kraft paper (ton)	893	2122	435	870

表16.9 续表1 continued

单位：万美元（USD 10 000）

品 名	Name	数 量 Volume		金 额 Value	
		2013	2014	2013	2014
纺织纱线、织物及制品	Yarn, Textile and Products			68910	87470
#棉纱线（吨）	Cotton Yarn (ton)	1559	1773	1059	1318
丝织物	Silk Textile			1211	1239
棉机织物	Cotton Textile			2044	4206
亚麻及苎麻机织物（万米）	Flax or Ramie Woven Fabric (10,000 meters)	2407	3948	13074	22039
合成短纤与棉混纺机织物（万米）	Synthetic Short Fibre and Cotton-fibre Mixture Woven Fabric (10,000 meters)	997	1764	1103	2237
地 毯（万平方米）	Carpets (10,000 sq. meters)	156	194	1220	2066
塑料编织袋（周转袋除外）（万条）	Bags of PP or PE Strip (excluding Turnover Bags) (10,000 pcs)	865	610	240	172
花岗岩石材及制品（吨）	Granite and Products (ton)	21598	33918	4947	3247
平板玻璃（万平米）	Plate Glass	609	785	1350	1098
玻璃制品（吨）	Glass Products (ton)	61908	37938	30908	14303
#玻璃器皿（吨）	Glass Ware (ton)	39412	15496	22936	6337
陶瓷产品（吨）	Porcelain and Pottery Ware (ton)	173014	205350	65456	78366
#家用陶瓷（吨）	Ceramics for Household Use (ton)	14006	52261	7891	35653
建筑用陶瓷（吨）	Ceramics for Building Use (ton)	131341	139446	34518	31719
装饰用陶瓷（吨）	Ceramics for Decoration Use (ton)	21173	7177	18652	7518
钢 材（吨）	Rolled Steel (ton)	97708	343645	13091	34187
#钢铁棒材（吨）	Bar Iron and Steel (ton)	7656	14560	775	1070
角钢及型钢（吨）	Angle Steel and Structural Steel (ton)	8623	14227	1105	2705
钢铁板材（吨）	Sheet Iron and Steel (ton)	60292	276996	6038	20864
钢铁线材（吨）	Iron and Steel Wire (ton)	6009	15444	755	1615
钢铁管配件（吨）	Iron and Steel Pipe and Fittings (ton)	3870	4905	1120	2296
未锻轧的铜及铜材（吨）	Unwrought Copper and Rolled Copper (ton)	4188	5944	3414	4875
#未锻轧的铜（包括铜合金）（吨）	Unwrought Copper (including Copper Alloy) (ton)	2	1413	2	911
铜 材（吨）	Rolled Copper (ton)	4186	4531	3412	3964
未锻轧的铝及铝材（吨）	Unwrought Aluminum and Rolled Aluminum (ton)	46544	69415	13526	18651
#未锻轧的铝（包括铝合金）（吨）	Unwrought Aluminum (including Aluminum Alloy) (ton)	1488	12810	314	2642
铝 材（吨）	Rolled Aluminum (ton)	45056	56605	13213	16010
镁及其制品（包括废碎料）（吨）	Magnesium and Products (Including Scrap) (ton)	12662	9060	3491	2389
未锻轧的锰（吨）	Unwrought Manganese (ton)	14927	22066	3199	4628
钢铁或铜制标准紧固件（吨）	Iron or Copper Nails, Bolts, etc. (ton)	7501	13962	2660	4312
不锈钢厨具、餐具等家用器具（吨）	Household Utensils like Stainless Steel Cookers and Tableware (ton)	4097	10629	1625	8764
餐桌、厨房及其他家用搪瓷器（吨）	Enamel Ware for Dining, Kitchen and Other Home Use (ton)	21	257	4	250
手用或机用工具（吨）	Tools for Manual or Mechanical Use (ton)	13719	14605	7404	8799
电 扇（百台）	Electric Fan (100 sets)	17364	24690	1688	2732
空气调节器（百台）	Air Conditioner (100 sets)	113	187	396	540
冰 箱（百台）	Refrigerator (100 sets)	46	68	219	417
纺织机械及零件	Textile Machinery			1845	3527
工业用缝纫机（百台）	Sewing Machine for Industrial Use (100 sets)	125	386	371	1008
金属加工机床（台）	Machine Tools (set)	200588	251258	1764	4047
#车 床（百台）	Lathe (set)	1108	1136	174	362
铣 床（百台）	Milling Machine (set)	262	149	27	146
电子计算器（包括袖珍数据记录机）（千台）	Electronic Calculator (including mini data recorder) (1,000 sets)	3675	3276	838	648
自动数据处理设备及其部件（千台）	Automatic Data Processing Machines and Components (1,000 sets)	87004	107502	2246906	2779305

表16.9 续表2 continued

单位：万美元（USD 10 000）

品　名	Name	数　量 Volume 2013	2014	金　额 Value 2013	2014
#自动数据处理设备（千台）	Automatic Data Processing Machines (1,000 sets)	48797	58697	1985132	2555363
#平板电脑（千台）	Tablet PC (1,000 sets)		4188		73916
便携式电脑（千台）	Notebook Computer (1,000 sets)	48683	54350	1980908	2465960
微型电脑（千台）	Micro Computer (1,000 sets)	114	159	4175	7393
中央处理部件（千台）	CPU Components (1,000 sets)	179	750	2648	12824
显示器（千台）	Displays (1,000 sets)	3306	4966	29129	39941
#液晶显示器（千台）	LCD (1,000 sets)	3306	4966	29129	39941
存储部件（千台）	Storage Components (1,000 sets)	1810	2881	5101	7020
键盘、鼠标器（千个）	Keyboards and Mouses (1,000 sets)	10112	19027	3941	6199
自动数据处理设备的零件（吨）	Parts for Auto Data Processing Equipment (ton)	3735	4264	23648	26701
打印机（包括多功能一体机）（千台）	Printers (Including Multi-Purpose Printers) (1,000 sets)	17781	14835	217335	147421
液晶显示板（万个）	LCD Panel (10,000 pcs)	56	71	1914	2415
轴　承（万套）	Bearing (10,000 sets)	1930	2899	3617	6198
电动机及发电机（万台）	Electric Motors and Generators (10 000 sets)	238	80	1796	2266
变压器（万个）	Transformer (10 000 units)	9342	9149	5803	4887
静止式变流器（万个）	Static Converters (10 000 units)	3513	4961	8936	13650
原电池（万个）	Primary Cells and Batteries (10 000 units)	9675	9913	946	863
蓄电池（万个）	Electric Accumulators (10,000 pcs)	559	1825	9246	18554
#铅酸蓄电池（万个）	Lead-Acid Batteries (10 000 units)	89	355	3842	7534
太阳能电池（万个）	Solar Batteries (10 000 units)	89	16	788	1143
电话机　（万台）	Telephone Sets (10,000 sets)	124	1066	11062	50971
#手持或车载无线电话机（万台）	Mobile Phones or Car Phones (10,000 sets)	93	1023	10503	50362
扬声器（万个）	Speakers (10,000 pcs)	263	630	1963	4531
激光唱机（百台）	CD Players (100 sets)	113	379	29	150
录、放像机（百台）	Video Recorders and Players (100 sets)	5626	11117	1372	2816
#DVD播放机（百台）	DVD Players (100 sets)	1878	9850	934	2384
声音录制或重放设备（百台）	Audio Recording or Replay Equipment (100 sets)	3895	20237	400	1194
收音设备（包括收录音机及散件）（百台）	Radio Sets (including Sound Recording Apparatus) (100 sets)	20292	22220	2204	2987
彩色电视机（百台）	TV Sets (Including Components) (100 sets)	2358	3085	2419	4654
#液晶电视机（百台）	Colored TV Sets (Including Components) (100 sets)		781		891
录放音、像机及唱机的零附件	Components and Accessories of Sound and Video Recorder and Player			399	297
电视、收音机及电讯设备零附件（吨）	Parts of TV sets, Radio Sets and Telecommunication Equipment (ton)	2242	1763	2601	3492
电容器（吨）	Electrical Capacitor (ton)	219	240	1751	10864
印刷电路（万块）	Printed Circuit Board (10,000 pcs)	2491	6024	3684	5947
通断保护电路装置及零件	Electrical Apparatus for Switching or Protecting Electrical Circuits			4280	9026
二极管及类似半导体器件（百万个）	Diode and Semi Conductors (1 million pcs)	1660	1055	22777	7189
集成电路（百万个）	IC (1 million pcs)	930	803	56389	51723
#处理器及控制器（万个）	Processors and Controllers (10,000 pcs)	86494	69918	47982	24602
存储器（万个）	Computer Memory (10,000 pcs)	486	4932	558	23253
放大器（万个）	Amplifiers (10,000 pcs)	96	237	273	469
电线和电缆（吨）	Insulated Wire or Cable (ton)	5625	8867	5008	14251
集装箱（个）	Containers (pcs)	13	45	3	211
汽　车（辆）	Motor Vehicles (including parts) (unit)	115167	132230	78256	96880
#小轿车（辆）	Cars (unit)	17609	33225	11997	26796
小客车（九座及以下的）（辆）	Minivans (Less Than 9 Seats) (unit)	44645	48626	36710	40009
货　车（辆）	Trucks (unit)	51848	48509	26823	26630

表16.9 续表3 continued

单位：万美元(USD 10 000)

品　名	Name	数 量 Volume		金 额 Value	
		2013	2014	2013	2014
汽车零配件	Parts of Motor Vehicles			43823	74958
摩托车（辆）	Motorcycles (unit)	3639277	3542910	170175	167817
自行车（辆）	Bicycles (unit)	105144	80429	471	596
摩托车及自行车的零配件	Parts of Motorcycles and Bicycles			29769	36024
船　舶（艘）	Ships (unit)	439	50	5247	1435
#液货船（包括液化天然气船）（艘）	Liquid Cargo Ships (Including Liquid Gas Ships) (unit)	5	2	5050	1159
散货船（艘）	Bulk Carrier (unit)		1		164
照相机（万架）	Cameras (10,000 sets)	4	2	94	108
#数字式相机（万台）	Digital Cameras (10,000 sets)	1	1	28	102
眼镜及其零件	Glasses and Parts			2666	3503
医疗仪器及器械	Medical Instruments and Appliances			3736	4548
手　表（万只）	Watches (10,000 pcs)	1734	1981	2906	3573
#机械手表（万只）	Mechanical Watches (10,000 pcs)	10	51	16	154
电动手表（万只）	Electronic Watches (10,000 pcs)	1724	1930	2890	3419
日用钟（万只）	Clocks (10 000 sets)	526	280	2655	1844
家具及其零件	Furniture			125664	84937
床垫、寝具及类似品	Mattress and Bed Linens			5563	5215
灯具、照明装置及零件	Lights, Illumination Devices and Similar Products			80482	97014
箱包及类似容器	Suitcases, Bags and Similar Containers			70846	50853
体育用品及设备	Sports Appliances and Equipment			8670	9360
服装及衣着附件	Garments and Accessories			123692	189687
#织物制服装	Textile Garments			104185	169744
#非针织钩编织物服装	Non Knitted or Crocheted Garments			35644	94242
针织或钩编的服装	Knitted or Crocheted Garments			68541	75502
皮革手套（万双）	Leather Gloves (10,000 pairs)	31	24	430	395
织物制手套（万双）	Textile Gloves (10,000 pairs)	1781	1334	1365	1541
织物制袜子（万双）	Textile Socks (10,000 pairs)	5227	3872	2126	1609
帽　类（万个）	Hats (10,000 pcs)	4240	4075	3987	4257
鞋　类（万双）	Footwear (10,000pairs)			48014	69918
#鞋（万双）	Shoes (10,000 pairs)	3280	3991	44856	67604
#底面以橡塑制的鞋（万双）	Shoes with Outer of Rubber or Artificial Plastic Materials (10,000 pairs)	1033	2176	10133	33157
皮面鞋（万双）	Leather Shoes (10,000 pairs)	339	954	5083	19548
橡塑底纺织为面的鞋（万双）	Textile Shoes with Outer of Rubber or Artificial Plastic Materials (10,000 pairs)	413	805	6384	13945
鞋靴零件；护腿及类似品（吨）	Footwear Accessories, Leg Warmer and Similar Products (ton)	3037	2847	3158	2314
塑料制品（吨）	Plastic Articles (ton)	81264	65095	87350	66971
玩　具	Toys			1269	2558
游戏机及零附件（万台）	Video Game Consoles (10,000 sets)	176	509	3332	3901
圣诞用品（吨）	Articles for Christmas (ton)	7844	7569	15336	16584
足球、篮球、排球（万个）	Footballs, Basketballs and Volleyballs (10,000 pcs)	139	49	453	165
艺术品、收藏品及古董	Artworks, Collections and Antiques			1763	1116
贵金属或包贵金属的首饰	Precious Metal Jewelry			47688	940338
伞（万把）	Umbrellas (10 000 pcs)	195	140	1221	1155
农产品	Agricultural Products			36980	31393
机电产品	Mechanical and Electrical Products			3501691	4253876
高新技术产品	High and New-tech Products			2483624	3108367

表16.10 主要商品进口数量和金额（2013－2014年）
MAIN IMPORT COMMODITIES IN VOLUME AND VALUE (2013-2014)

单位：万美元（USD 10 000）

品 名	Name	数 量 Volume		金 额 Value	
		2013	2014	2013	2014
水海产品（吨）	Aquatic and Marine Products (ton)		936		644
乳 品（吨）	Diary Products (ton)		427		461
#奶 粉（吨）	Milk Powder (ton)		159		419
粮 食（吨）	Cereals (ton)	1448881	828428	90834	46629
#大 豆（吨）	Soybean (ton)	1444000	801265	88464	44883
食用植物油（吨）	Edible Vegetable Oil (ton)	40032	10147	5052	944
#菜子油和芥子油（吨）	Canola Oil (ton)	39823	10002	4954	901
酒 类（升）	Liquor (liter)	1482736	1313815	712	482
#葡萄酒（升）	Wine (liter)	1474591	1052151	706	442
饲料用鱼粉（吨）	Fish Meal (ton)	20240	14820	2401	1862
天然橡胶（包括胶乳）（吨）	Natural Rubber (including Latex) (ton)	28132	43906	7729	9860
合成橡胶（包括胶乳）（吨）	Synthetic Rubber (including Latex) (ton)	12924	18978	4445	4779
原 木（吨）	Sawn Timber (cubic meter)	158	21285	8	396
纸 浆（吨）	Paper Pulp (ton)	62359	79820	4343	5286
棉 花（吨）	Cotton (ton)	8362	5632	2191	1649
铁矿砂及其精矿（万吨）	Iron Ore (10 000 tons)	606	470	81038	47558
锰矿砂及其精矿（吨）	Manganese Ore (ton)	31757	91789	549	1946
铬矿砂及其精矿（吨）	Chromium Ore (ton)	17181	44834	381	974
铅矿砂及其精矿（吨）	Lead Ore (ton)		13749		1315
煤及褐煤（吨）	Coal and Lignite Coal (ton)	569024	264284	8624	2127
#炼焦煤（吨）	Agglomerating Coal (ton)	466810	66264	7607	646
其他烟煤（吨）	Other Soft Coal (ton)	102211	198020	1016	1481
成品油（吨）	Refined Oil (ton)	5902	4909	725	834
二甲苯（吨）	Xylene (ton)	185639	246105	27763	31673
乙二醇（吨）	Ethylene Glycol (ton)	10712	95137	1130	9094
医药品（吨）	Pharmaceutical Products (ton)	152	38	2121	1102
#抗菌素（制剂除外）（吨）	Bacteriophage (Excluding Preparation) (ton)	19	8	1156	1039
初级形状的塑料（吨）	Primary-Shaped Plastics (ton)	171992	226616	30475	41558
#初级形状的聚乙烯（吨）	Primary-Shaped Polyethylene (ton)	60776	77980	9073	12418
初级形状的低密度聚乙烯（吨）	Primary-Shaped Low-Density Polyethylene (ton)	39002	47860	5923	7741
初级形状的聚丙烯（吨）	Primary-Shaped Polypropylene (ton)	2379	6227	453	1008
初级形状的苯乙烯聚合物（吨）	Primary-Shaped Styrene Polymer (ton)	37117	62881	7647	12275
#ABS树脂（吨）	ABS Resin (ton)	30172	33247	6191	6697
初级形状的聚酯（吨）	Primary-Shaped Polyester (ton)	3841	7669	1423	2464
非泡沫塑料的板、片、膜、箔（吨）	Non-Foam-Plastic Plates, Sheets, Films and Foils (ton)	1253	1457	989	1185
废 纸（吨）	Waste Paper (ton)	687276	470147	16074	10885
纸及纸板(未切成形的)（吨）	Paper and Paperboard (Unchopped in Shape) (ton)	3360	1670	924	555
纺织纱线、织物及制品	Yarn, Textile and Products			1941	2604
#棉机织物	Cotton Textile			282	362
合成纤维长丝机织物（万米）	Synthetic Filament Yarn Textile (10 000 m)	139	101	360	371
涂覆浸渍塑料的织物（吨）	Plastic Coated or Impregnated Textile (ton)	72	356	88	396
服装及衣着附件	Garment and Accessories			3541	6444
玻璃纤维及其制品（吨）	Glass Fiber and Products (ton)	182	93	176	213
废金属（吨）	Waste Metal (ton)	75999	65500	12974	10720
#废 铝（吨）	Waste Aluminum (ton)	75999	65500	12974	10720
钢 材（吨）	Rolled Steel (ton)	111070	122843	11917	12455
#角钢及型钢（吨）	Angle Steel and Structural Steel (ton)	3384	4120	653	777
钢铁板材（吨）	Sheet Iron and Steel (ton)	107330	117945	10671	10944
钢铁制标准紧固件（吨）	Iron Nails, Bolts, etc. (ton)	13504	18105	9332	12537
未锻轧的铜及铜材（吨）	Unwrought Copper and Rolled Copper (ton)	6025	18614	4390	12658
#未锻轧的铜（包括铜合金）（吨）	Unwrought Copper (Including Copper Alloy) (ton)	6003	18423	4195	12177
铜 材（吨）	Rolled Copper (ton)	22	191	195	481

表16.10 续表 continued

单位：万美元（USD 10 000）

品　名	Name	数　量 Volume		金　额 Value	
		2013	2014	2013	2014
未锻轧的铝及铝材（吨）	Unwrought Aluminum and Rolled Aluminum (ton)	748	741	280	332
#铝　材（吨）	Rolled Aluminum (ton)	348	741	142	332
钢铁或铝制结构体及其部件（吨）	Steel or Aluminum Structure and Components (ton)	17	634	29	1181
活塞式内燃机的零件（吨）	Parts of Piston Combustion Engines (ton)	10049	9217	17096	15744
液泵及液体提升机（台）	Liquid Pump and Liquid Lifter (unit)	858085	1060765	8686	8112
制冷设备用压缩机（台）	Compressors for Refrigeration (unit)	7112	13865	469	632
非家用型水的过滤、净化机器（台）	Water Filter Machine Not for Home Use (set)	1816	83	241	351
机械提升搬运装卸设备及零件	Mechanical Lifting, Handling, Loading and Unloading Equipment and Parts			9457	12156
建筑及采矿用机械及零件	Building and Mining Machinery and Parts			1006	1000
制造纸及纸制品用机械及零件	Paper and Paper Products Manufacture Machinery and Parts			2157	4517
印刷. 装订机械及零件	Printing and Binding Machinery and Parts			128450	72467
纺织机械及零件	Textile Machinery and Parts			805	788
金属加工机床（台）	Machine Tools (set)	834	984	35643	26218
#加工中心（台）	Processing Centers (set)	273	559	14919	14011
数控机床（台）	CNC Machine Tools (set)	264	161	14925	6640
金属轧机及零件	Rolling Mill and Parts			682	519
橡胶或塑料加工机械及零件	Rubber or Plastic Processing Machinery and Parts			1166	6753
型模及金属铸造用型箱	Dies and Boxes for Metal Casting			1794	1468
阀　门（万套）	Valves (10 000 sets)	273	406	5761	4399
自动数据处理设备及其部件（千台）	Automatic Data Processing Machines and Components (1 000 sets)	81370	86443	204267	232240
#自动数据处理设备（千台）	Automatic Data Processing Machines (1 000 sets)		1	196	1288
存储部件（千台）	Memory Unit (1 000 sets)	64049	72643	195026	216844
自动数据处理设备的零件（吨）	Parts for Auto Data Processing Equipment (ton)	816	1794	66721	181281
制造单晶柱或晶圆用的机器及装置（台）	Crystal Column or Wafer Manufacturing Machines and Devices (set)	13	78	270	1226
制造半导体或电路用的机器及装置（台）	Machines and Devices for the Manufacture of Semiconductor Devices and IC (set)	48	47	452	826
制造平板显示器用的机器及装置（台）	Machines and Devices for the Manufacture of Flat Display (set)	76	116	4807	21458
电动机及发电机（万台）	Electric Motors and Generators (10 000 sets)	6642	4616	10269	7707
变压、整流、电感器及零件	Transformers, Rectifiers, Inductors and Parts			13981	6786
蓄电池（万个）	Electric Accumulators (10 000 pcs)	14553	17877	23440	26800
无线电导航雷达及遥控设备（台）	Radio Navigation Radars and Remote Control Equipment (set)	1003370	1426375	1481	2085
摄像机、数字照相机及摄录一体机（百台）	Video Cameras and Digital Cameras (100 sets)	102320	80845	4837	3509
收音设备(包括收录音机及散件)（百台）	Radio Devices (Including Radio and Recorder and Components) (100 sets)	70	127	76	256
电视、收音机及电讯设备的零附件（吨）	Parts of TV sets, Radio Sets and Telecommunication Equipment (ton)	153	146	1414	1148
电容器（吨）	Electrical Capacitors (ton)	815	868	8566	9598
电阻器（吨）	Resistor (ton)	53	72	643	834
印刷电路（万块）	Printed Circuit (10 000 units)	13348	19779	4286	5060
通断保护电路装置及零件	Electrical Apparatus for Switching or Protecting Electrical Circuits			23851	27220
二极管及类似半导体器件（百万个）	Diode and Semi Conductors (1 million pcs)	5337	5655	14425	12585
集成电路（百万个）	IC (1 million pcs)	2420	3102	596848	687305
电线和电缆（吨）	Insulated Wire or Cable (ton)	4497	2663	7456	4898
汽　车（辆）	Motor Vehicles (including parts) (unit)	71	58	661	427
汽车零配件	Parts of Motor Vehicles			119166	184084
飞机及其他航空器（架）	Planes and Other Aircrafts (unit)	4	20	856	21778
#空载重量超过2吨的飞机（架）	Planes over 2 Ton of Empty-load Weight (unit)		4		19703
液晶显示板（万个）	LCD Panel (10 000 units)	1120	1227	4542	17119
医疗仪器及器械	Medical Instruments and Appliances			9827	8285
计量检测分析自控仪器及器具	Metering, Testing, Analyzing and Auto Controlling Instruments and Appliances			49244	57201
印刷品（吨）	Printed Matters (ton)	408	397	5449	5316
塑料制品（吨）	Plastic Articles (ton)	2550	3453	3383	4381
农产品	Agricultural Products			105014	55999
机电产品	Mechanical and Electrical Products			1541492	1804994
高新技术产品	High and New-tech Products			1147623	1385412

表16.11 利用外资情况（2013－2014年）
UTILIZATION OF FOREIGN CAPITAL (2013-2014)

单位：万美元（USD 10 000）

指 标	Item	2013	2014
新签利用外资协议（合同）数（个）	**Number of Newly Signed Agreements (Contracts) of Foreign Capital Utilization (unit)**	**248**	**250**
外商直接投资	Foreign Direct Investment	192	203
外商其他投资	Other Foreign Investment	56	47
协议（合同）额	**Value of Agreements (Contracts)**	**405748**	**462645**
外商直接投资	Foreign Direct Investment	382459	448258
外商其他投资	Other Foreign Investment	23289	14387
实际利用外资额	**Foreign Capital Actually Utilized**	**1059715**	**1062946**
外商直接投资	Foreign Direct Investment	414353	423348
外商其他投资	Other Foreign Investment	56750	43928
对外借款	Foreign Loans	113904	70906
其他利用外资	Other Foreign Capital Utilized	474708	524764

注：1) 2004年起，新签利用外资协议(合同)数、协议合同金额数均不含对外借款。
2) 2007年起，外商直接投资数据为上报国家商务部口径。
Note:a) Foreign loans have been excluded from the number of newly signed agreements (contracts) of foreign capital utilization and the value of agreements and contracts since 2004.
b) The data of foreign direct investment has become the data reported to the Ministry of Commerce since 2007.

表16.12 对外承包工程和劳务合作（2013－2014年）
CONTRACTED PROJECTS AND LABOR SERVICES WITH FOREIGN COUNTRIES AND TERRITORIES (2013-2014)

指 标	Item	2013	2014
对外承包工程签订合同数（个）	Number of Contracts Signed (unit)	104	132
对外承包工程合同金额（万美元）	Value of Contracts (USD 10 000)	111288	117065
对外承包工程营业额（万美元）	Value of Turnover Fulfilled (USD 10 000)	103450	103488
对外劳务合作派出人数（人）	Labor Exported (person)	10416	10426

表16.13 实际利用内资（1996–2014年）
ACTUAL UTILIZATION OF DOMESTIC CAPITAL (1996-2014)

单位：万元 (10 000 yuan)

年 份 Year	总 计 Total	按资金来源分 By Source of Domestic Capital			按产业分 By Sector		
		东部地区 Eastern Region	中部地区 Middle Region	西部地区 Western Region	第一产业 Primary Industry	第二产业 Secondary Industry	第三产业 Tertiary Industry
1996	341109	228986	25379	86744	2831	105369	232909
1997	378156	253856	28135	96165	3139	116812	258205
1998	395891	265762	29454	100675	3286	122291	270314
1999	406169	272661	30219	103289	3371	125466	277332
2000	430388	288919	32021	109448	3572	132947	293869
2001	463819	311381	34517	117921	3857	143292	316670
2002	515296	314469	64164	136663	12748	180584	321964
2003	572766	357869	78764	136133	15593	260960	296213
2004	868731	600433	85290	183008	18667	471589	378475
2005	2058990	1480168	146817	432005	38813	949952	1070225
2006	2982509	2408160	140849	433500	30800	1262178	1689531
2007	4300287	3284574	274940	740773	39961	2232621	2027705
2008	8428422	6608697	549696	1270029	90772	4077438	4260212
2009	14680196	11432656	1017089	2230451	334215	7069998	7275983
2010	26382949	20152791	2075639	4154519	730882	11385667	14266400
2011	49198400	34891428	4993544	9313428	1598697	22073414	25526289
2012	59146368	39987932	5689892	13468544	2283784	27139587	29722997
2013	60071981	41347326	5886121	12838534	2409618	23814257	33848106
2014	72468937	47912908	6760518	17795511	3399354	29803838	39265745

表16.14 外商直接投资项目（企业）数、合同额和实际投资额（2013－2014年）

NUMBER, CONTRACTED VALUE AND ACTUAL INVESTMENT OF PROJECTS (ENTERPRISES) FUNDED BY FOREIGN DIRECT INVESTMENT (2013-2014)

单位：万美元（USD 10 000）

指 标	Item	签定项目（合同）数（个） Number of Projects (Contracts) Signed (unit)		
		2013	2014	至当年底累计 Year-end Accumulation
总 计	**Total**	**192**	**203**	**5916**
按投资方式分	**By Investment Mode**			
合资经营	Joint Venture	44	65	2767
合作经营	Cooperative Operation	4		296
独资经营	Solely Foreign-Funded	144	138	2838
股份制	Share Holding			11
合作开发	Cooperative Operation			
其 他	Others			4
按行业分	**By Sector**			
第一产业	Primary Industry	3	8	158
第二产业	Secondary Industry	49	50	3344
工 业	Industry	48	47	3114
建筑业	Construction	1	3	230
第三产业	Tertiary Industry	140	145	2414
批发和零售业	Wholesale and Retail Trades	29	24	238
交通运输、仓储及邮政业	Transport, Storage, Post and Communication	8	8	127
住宿和餐饮业	Hotels and Catering Services	8	11	261
信息传输、软件和信息技术服务业	Information Transmission, Computer Services and Softwares	8	12	91
金融业	Financial Intermediation	8	28	48
房地产业	Real Estate	14	15	666
租赁和商务服务业	Leasing and Business Services	52	39	840
科学研究和技术服务业	Scientific Research, Technical Service and Geologic Prospecting	5	2	34
水利、环境和公共设施管理业	Management of Water Conservancy, Environment and Public Facilities	3		28
居民服务、修理和其他服务业	Services to Households and Other Services	1	3	33
教 育	Education			22
文化、体育与娱乐业	Culture, Sports and Entertainment	3	2	18
其 他	Others	1	1	8
按主要国别（地区）分	**By Country (Region)**			
香 港	Hong Kong	90	102	2640
印度尼西亚	Indonesia			15
日 本	Japan	9	3	263
韩 国	South Korea	8	17	132
澳 门	Macao	1		52
马来西亚	Malaysia	1	1	66
台 湾	Taiwan	19	18	913
泰 国	Thailand		2	52
新加坡	Singapore	10	12	232
比利时	Belgium	1		5
法 国	France	1	1	40
瑞 典	Sweden		1	11
瑞 士	Switzerland			7
英 国	UK	1	2	72
美 国	USA	7	10	545
加拿大	Canada	4	2	124
澳大利亚	Australia			69
新西兰	New Zealand			17

注：1）本表当年底累计数据除实际利用外资累计数按行业分组和按主要国别分组为1998年开始的累计数外，其余均为1979年开始的累计数。
2）2007年起，外商直接投资数据为上报商务部口径。
3）因减资或股权转移，合同（协议）额可能为负数。

单位：万美元（USD 10 000）

协议投资额 Contracted Foreign Investment			实际利用额 Foreign Capital Actually Utilized		
2013	2014	至当年底累计 Year-end Accumulation	2013	2014	至当年底累计 Year-end Accumulation
382459	**448258**	**4133255**	**414353**	**423348**	**3252413**
51197	112785	1224185	61584	88257	996059
6298	3580	231102	6516	5526	95418
326615	332696	2617835	329643	328915	2091855
-1651	-803	56433	16610	650	65228
		3700			3853
396	5508	69572	240	177	9019
80512	64897	1426915	96655	75981	971849
80496	63183	1361699	96639	74973	959801
16	1714	65216	16	1008	12047
301551	377853	2636768	317458	347190	2119676
11841	4027	108675	4662	4882	50194
24475	25045	138652	8348	18542	71853
-2524	291	51521	142	128	23695
5478	3523	20052	5341	4731	12793
22611	92248	143681	22196	49836	102463
184198	208274	1703046	200308	197119	1461129
54418	28876	350729	57761	66954	289936
-1590	366	2387	100	81	627
1660	-50	52015	16523		55014
1621	4436	47584	1619	4907	45535
		5028			4742
-565	10717	12600	450	10	1030
-72	100	798	8		665
296657	367004	2808369	274364	331290	2093044
		2017			75
10050	1640	111596	7719	3966	85035
1367	17284	44641	1103	13221	30377
-147		8991	434		3374
90	16	11479	607	9	4085
353	2435	64986	508	1314	31682
	506	9216		15	1340
23659	17121	243408	24719	22542	211293
94	30	309	54	47	208
4056	4	15915		2	9936
5	78	4635	878		3736
		1510	96	256	4692
19	7053	32462	80	5566	19947
-209	2193	85619	197	726	32161
-685	170	24796		191	6767
12		9373	11		4011
		2251			198

Note: a) In terms of the data of "Year-end Accumulation" in the table above, except the data of"Foreign Capital Actually Utilized" by sector and by country (region) which are accumulated since 1998, all the other data are accumulated since 1979.
b) The data of foreign direct investment has become the data reported to the Ministry of Commerce since 2007.
c) Due to capital reduction or stock transfer, the value of contracts (agreements) might be negative.

表16.15 实际利用内资项目资金来源情况（2013－2014年）
ACTUAL UTILIZATION OF DOMESTIC CAPITAL BY SOURCE (2013-2014)

单位：万元 (10 000 yuan)

项 目	Item	2013	2014
总 计	**Total**	**60071981**	**72468937**
按资金来源分组	**By Source of Domestic Capital**		
北 京	Beijing	10167220	10717181
天 津	Tianjin	656588	916181
河 北	Hebei	824821	1462149
山 西	Shanxi	415521	790152
内蒙古	InnerMongolia	101899	138667
辽 宁	Liaoning	452538	1115405
吉 林	Jilin	35692	210149
黑龙江	Heilongjiang	174156	104878
上 海	Shanghai	4951286	5677938
江 苏	Jiangsu	3229249	4027397
浙 江	Zhejiang	5892945	6118663
安 徽	Anhui	865487	865426
福 建	Fujian	3367216	3751362
江 西	Jiangxi	393557	444071
山 东	Shandong	1745051	2555429
河 南	Henan	758720	1165414
湖 北	Hubei	2261466	2170298
湖 南	Hunan	981522	1010130
广 东	Guangdong	9870873	11503945
广 西	Guangxi	229848	443222
海 南	Hainan	189539	67258
四 川	Sichuan	9392725	11787043
贵 州	Guizhou	895910	1241854
云 南	Yunnan	875586	2060119
西 藏	Tibet	29439	175994
陕 西	Shaanxi	845096	1216198
甘 肃	Gansu	12413	192493
青 海	Qinghai	55647	31883
宁 夏	Ningxia	48005	112431
新 疆	Xinjiang	351966	395607
按区域分组	**By District**		
东部地区	Eastern Region	41347326	47912908
中部地区	Middle Region	5886121	6760518
西部地区	Western Region	12838534	17795511

表16.16 实际利用内资项目资金行业分布情况（2013–2014年）

ACTUAL UTILIZATION OF DOMESTIC CAPITAL BY SECTOR (2013-2014)

单位：万元 (10 000 yuan)

项 目	Item	2013	2014
总 计	**Total**	**60071981**	**72468937**
按行业分	**By Sector**		
第一产业	Primary Industry	2409618	3399354
第二产业	Secondary Industry	23814257	29803838
采矿业	Mining and Quarrying	764430	1145970
制造业	Manufacturing	17429410	23208818
电力、燃气及水的生产和供应业	Production and Supply of Electricity, Gas and Water	1982220	2130094
建筑业	Construction	3638197	3318956
第三产业	Tertiary Industry	33848106	39265745
批发和零售业	Wholesale and Retail Trades	2023309	2786322
交通运输、仓储和邮政业	Transport, Storage and Post	2814748	2619715
住宿和餐饮业	Hotels and Catering Services	884721	918964
信息传输、软件和信息技术服务业	Information Transmission, Software and IT Service	311819	577236
金融业	Financial Intermediation	2654791	1670411
房地产业	Real Estate	19605803	24823906
租赁和商务服务业	Leasing and Business Services	2038326	1638214
科学研究和技术服务业	Scientific Research and Technical Services	518343	415637
水利、环境和公共设施管理业	Management of Water Conservancy, Environment and Public Utilities	1383989	1249785
居民服务、修理和其他服务业	Services to Households, Repair and Other Services	510641	575677
教 育	Education	257692	242786
卫生和社会工作	Health and Social Undertakings	119305	121188
文化、体育和娱乐业	Culture, Sports and Entertainment	724619	1625904
公共管理、社会保障和社会组织	Public Management, Social Security and Social Organizations		

表16.17 1000万元以上利用内资项目合同（协议、计划）资金来源情况（2013－2014年）

UTILIZATION OF CONTRACTED (AGREED, PLANNED) DOMESTIC CAPITAL ABOVE 10 MILLION YUAN BY SOURCE (2013-2014)

单位：万元 (10 000 yuan)

项目	Item	外省投入的项目合同（协议、计划）总资金 Total Contracted (Agreed, Planned) Capital From Outside Chongqing	
		2013	2014
总计	**Total**	**235164906**	**283207930**
按资金来源分	**By Source of Domestic Capital**		
北京	Beijing	45963484	53486541
天津	Tianjin	2279505	3212245
河北	Hebei	3267933	4572754
山西	Shanxi	1970342	2254348
内蒙古	Inner Mongolia	288000	272400
辽宁	Liaoning	1365007	2167777
吉林	Jilin	30836	326451
黑龙江	Heilongjiang	558280	441503
上海	Shanghai	22412415	24721948
江苏	Jiangsu	12229113	14276883
浙江	Zhejiang	20715111	24839676
安徽	Anhui	2809213	2674093
福建	Fujian	11108378	12438335
江西	Jiangxi	1990690	2197702
山东	Shandong	6891246	9418989
河南	Henan	2165309	2760948
湖北	Hubei	5917498	7595192
湖南	Hunan	2644410	3424069
广东	Guangdong	42848502	48160984
广西	Guangxi	547975	942845
海南	Hainan	342026	323340
四川	Sichuan	33148834	43963660
贵州	Guizhou	2472865	3115783
云南	Yunnan	6436873	8335462
西藏	Tibet	88235	320000
陕西	Shaanxi	3010252	4052487
甘肃	Gansu	44970	595570
青海	Qinghai	250408	248996
宁夏	Ningxia	271596	276349
新疆	Xinjiang	1095600	1790600
按区域分组	**By District**		
东部地区	Eastern Region	169877673	197882425
中部地区	Middle Region	17778982	21576260
西部地区	Western Region	47508251	63749245

表16.18 1000万元以上实际利用内资项目资金来源情况（2013–2014年）

ACTUAL UTILIZATION OF DOMESTIC CAPITAL ABOVE 10 MILLION YUAN BY SOURCE (2013-2014)

单位：万元 (10 000 yuan)

项 目	Item	实际利用内资 Domestic Capital Actually Utilized	
		2013	2014
总 计	**Total**	**56060199**	**67679046**
按资金来源分	**By Source of Domestic Capital**		
北 京	Beijing	9966263	10482098
天 津	Tianjin	608154	817697
河 北	Hebei	741165	1336212
山 西	Shanxi	348928	680311
内蒙古	Inner Mongolia	73607	94240
辽 宁	Liaoning	356100	1026407
吉 林	Jilin	210	165852
黑龙江	Heilongjiang	157767	72219
上 海	Shanghai	4636059	5307240
江 苏	Jiangsu	2960232	3743956
浙 江	Zhejiang	5629338	5680826
安 徽	Anhui	787615	754510
福 建	Fujian	3109498	3382104
江 西	Jiangxi	306987	335280
山 东	Shandong	1615699	2404164
河 南	Henan	658057	1053129
湖 北	Hubei	2087531	1952154
湖 南	Hunan	871002	883489
广 东	Guangdong	9552442	11107977
广 西	Guangxi	169290	385378
海 南	Hainan	154136	32516
四 川	Sichuan	8511926	11051003
贵 州	Guizhou	738220	1029690
云 南	Yunnan	763936	1891285
西 藏	Tibet	23542	162569
陕 西	Shaanxi	808441	1164481
甘 肃	Gansu		171541
青 海	Qinghai	46551	23699
宁 夏	Ningxia	44758	108029
新 疆	Xinjiang	332745	378990
按区域分组	**By District**		
东部地区	Eastern Region	39329086	45321197
中部地区	Middle Region	5218097	5896944
西部地区	Western Region	11513016	16460905

表16.19 1000万元以上利用内资项目合同（协议、计划）资金行业分布及登记注册类型情况（2013－2014年）

UTILIZATION OF CONTRACTED (AGREED, PLANNED) DOMESTIC CAPITAL ABOVE 10 MILLION YUAN BY SECTOR AND BY REGISTRATION (2013-2014)

单位：万元 (10 000 yuan)

项　目	Item	外省投入的项目合同（协议、计划）总资金 Total Contracted (Agreed, Planned) Capital From Outside Chongqing	
		2013	2014
总　计	**Total**	**235164906**	**283207930**
按行业分	**By Sector**		
第一产业	Primary Industry	9087537	11635962
第二产业	Secondary Industry	91751479	106131003
采矿业	Mining and Quarrying	2568560	3464540
制造业	Manufacturing	68562609	80860758
电力、燃气及水的生产和供应业	Production and Supply of Electricity, Gas and Water	8330943	8835199
建筑业	Construction	12289367	12970506
第三产业	Tertiary Industry	134325890	165440965
批发和零售业	Wholesale and Retail Trades	5091870	8404218
交通运输、仓储和邮政业	Transport, Storage and Post	12120619	11296839
住宿和餐饮业	Hotels and Catering Services	1660773	2015360
信息传输、软件和信息技术服务业	Information Transmission, Software and IT Service	4243235	5338700
金融业	Financial Intermediation	3974914	7225225
房地产业	Real Estate	88311731	107814954
租赁和商务服务业	Leasing and Business Services	5925493	6563449
科学研究和技术服务业	Scientific Research and Technical Services	2066400	1923069
水利、环境和公共设施管理业	Management of Water Conservancy, Environment and Public Utilities	4197024	5943223
居民服务、修理和其他服务业	Services to Households, Repair and Other Services	1807682	2400900
教　育	Education	584167	754517
卫生和社会工作	Health and Social Undertakings	109600	55328
文化、体育和娱乐业	Culture, Sports and Entertainment	4232382	5705183
公共管理、社会保障和社会组织	Public Management, Social Security and Social Organizations		
按外省单位登记注册类型分	**By Status of Registration**		
国有企业	State-owned Enterprises	13655101	15919135
集体企业	Collective-owned Enterprises	1296000	1326000
股份合作企业	Cooperative Enterprises	1402238	1755438
联营企业	Joint-owned Enterprises	140874	15000
有限责任公司	Limited Liabilities Corporation	127224413	150740778
股份有限公司	Share-holding Ltd.	70075880	83636321
私营企业	Private Enterprises	7628331	7627258
其他企业	Other Enterprises	470180	1351800
个　人	Individual	13138289	20638450
其　他	Others	133600	197750

表16.20 1000万元以上利用内资项目资金行业分布及登记注册类型情况（2013–2014年）
UTILIZATION OF DOMESTIC CAPITAL ABOVE 10 MILLION YUAN BY SECTOR AND BY REGISTRATION (2013-2014)

单位：万元 (10 000 yuan)

项 目	Item	实际利用内资 Domestic Capital Actually Utilized	
		2013	2014
总 计	**Total**	**56060199**	**67679046**
按行业分	**By Sector**		
第一产业	Primary Industry	2163559	2975567
第二产业	Secondary Industry	22445293	28311751
采矿业	Mining and Quarrying	717922	1078757
制造业	Manufacturing	16425595	22159897
电力、燃气及水的生产和供应业	Production and Supply of Electricity, Gas and Water	1956076	2085588
建筑业	Construction	3345700	2987509
第三产业	Tertiary Industry	31451347	36391728
批发和零售业	Wholesale and Retail Trades	1315945	2025155
交通运输、仓储和邮政业	Transport, Storage and Post	2684688	2443436
住宿和餐饮业	Hotels and Catering Services	494617	484900
信息传输、软件和信息技术服务业	Information Transmission, Software and IT Service	177180	421010
金融业	Financial Intermediation	2588815	1521001
房地产业	Real Estate	19445709	24600395
租赁和商务服务业	Leasing and Business Services	1734892	1300160
科学研究和技术服务业	Scientific Research and Technical Services	475884	324042
水利、环境和公共设施管理业	Management of Water Conservancy, Environment and Public Utilities	1359707	1189348
居民服务、修理和其他服务业	Services to Households, Repair and Other Services	372984	389182
教 育	Education	175257	177450
卫生和社会工作	Health and Social Undertakings	40705	27202
文化、体育和娱乐业	Culture, Sports and Entertainment	584964	1488447
公共管理、社会保障和社会组织	Public Management, Social Security and Social Organizations		
按外省单位登记注册类型分	**By Status of Registration**		
国有企业	State-owned Enterprises	3317257	2765712
集体企业	Collective-owned Enterprises	362808	442955
股份合作企业	Cooperative Enterprises	395901	437204
联营企业	Joint-owned Enterprises	62324	7000
有限责任公司	Limited Liabilities Corporation	29307179	36579047
股份有限公司	Share-holding Ltd.	14776206	18480177
私营企业	Private Enterprises	1631523	1728556
其他企业	Other Enterprises	96670	390678
个 人	Individual	4600872	6785717
其 他	Others	9459	62000

表16.21 旅游基本情况（2013－2014年）
BASIC STATISTICS ON TOURISM (2013-2014)

指 标	Item	2013	2014
接待入境旅游人数（人次）	**Number of Overseas Visitor Arrivals Received (person-time)**	**2422605**	**2637590**
外国人	Foreigners	1619340	1686523
#亚 洲	Asia	729829	854635
#日 本	Japan	196109	211691
韩 国	South Korea	158332	249923
印度尼西亚	Indonesia	29640	28565
马来西亚	Malaysia	69009	70223
新加坡	Singapore	98657	93893
泰 国	Thailand	118883	142722
欧 洲	Europe	358469	334569
#英 国	UK	70932	65406
法 国	France	61489	54456
德 国	Gemany	89663	87426
意大利	Italy	28119	29863
俄罗斯	Russia	18140	17671
美 洲	America	306963	258221
#美 国	USA	231019	192991
加拿大	Canada	61863	54321
大洋洲	Oceania	70240	68730
#澳大利亚	Australia	60196	59799
非 洲	Africa	15563	13660
香港同胞	Compatriots from Hong Kong	327514	337892
澳门同胞	Compatriots from Macao	15523	28941
台湾同胞	Compatriots from Taiwan	460228	584234
来渝国际旅游者平均逗留天数（天）	**Average Period Foreign Tourists Staying in Chongqing (day)**	**3.1**	**2.7**
旅行社组织国内居民出境旅游人数（万人天）	**Number of Outbound Chinese Tourists Organized by Travel Agencies (10 000 person-days)**	**690.64**	**757.78**
国际旅游外汇收入（万美元）	**Foreign Exchange Earnings from International Tourism (USD 10 000)**	**126831**	**135444**
星级饭店数（个）	**Number of Star-Rated Hotel (unit)**	**257**	**249**
年末旅行社数（个）	**Number of Travel Agencies at Year-end (unit)**	**514**	**559**
出境旅行社	International Travel Agencies	50	62
一般旅行社	Domestic Travel Agencies	464	497
年末旅行社从业人员（人）	**Number of Employees of Travel Agencies at Year-end (person)**	**9558**	**8564**
出境旅行社	International Travel Agencies	5588	5976
一般旅行社	Domestic Travel Agencies	3970	2588

表16.22 星级饭店基本情况（2013－2014年）
BASIC STATISTICS ON STAR-RATED HOTELS (2013-2014)

指　标	Item	2013	2014
星级饭店数（个）	**Number of Star-rated Hotels (unit)**	**257**	**249**
按星级分	By Star Level		
#五星级	5-star	24	27
四星级	4-star	54	54
三星级	3-star	135	131
按注册类型分	By Registration		
内　资	Domestic Funded	248	241
外商及港澳台投资	Foreign-funded and Funded by Hong Kong, Macao and Taiwan	9	8
按饭店客房规模分	By Capacity		
300间以上	With 300 Rooms and Above	15	16
200-299间	With 200-299 Rooms	21	21
100-199间	With 100-199 Rooms	80	79
99间以下	With Less Than 100 Rooms	141	133
星级饭店客房数（间）	**Number of Rooms in Star-rated Hotels (unit)**	**29994**	**30273**
#五星级	5-star	7405	7835
四星级	4-star	8669	8821
三星级	3-star	12008	11540
星级饭店床位数（张）	**Number of Beds in Star-rated Hotels (unit)**	**50325**	**50325**
#五星级	5-star	11118	11620
四星级	4-star	14212	14432
三星级	3-star	21262	20413

表16.23 重庆与国外友好城市交流（2013－2014年）
COMMUNICATIONS WITH FOREIGN TWIN CITIES (2013-2014)

指　标	Item	2013	2014
与国外结成友好城市累计数（个）	**Total Number of Foreign Twin Cities with Chongqing (unit)**	**31**	**34**
出访交流考查	**People Sent for Study Tour**		
批　数（批）	Number of Groups (group)	22	35
人（人次）	Number of People (person-time)	129	160
派出进修生	**People Sent Abroad for Further Studies**		
批　数（批）	Number of Groups (group)	4	5
人（人次）	Number of People (person-time)	6	5
接待来访团组	**Visitor Groups Received**		
批　数（批）	Number of Groups (group)	23	13
人（人次）	Number of People (person-time)	335	110

重/庆/统/计/年/鉴

主要统计指标解释

进出口总额

指实际进出我国国境的货物总金额。包括对外贸易实际进出口货物，来料加工装配进出口货物，国家间、联合国及国际组织无偿援助物资和赠送品，华侨、港澳台同胞和外籍华人捐赠品，租赁期满归承租人所有的租赁货物，进料加工进出口货物，边境地方贸易及边境地区小额贸易进出口货物(边民互市贸易除外)，中外合资企业、中外合作经营企业、外商独资经营企业进出口货物和公用物品，到、离岸价格在规定限额以上的进出口货样和广告品(无商业价值、无使用价值和免费提供出口的除外)，从保税仓库提取在中国境内销售的进口货物，以及其他进出口货物。该指标可以观察一个国家在对外贸易方面的总规模。我国规定出口货物按离岸价格统计，进口货物按到岸价格统计。

商品经营单位所在地进、出口额

指在所在地海关注册登记的有进出口经营权的企业实际进、出口额。

进出口统计国别（地区）

进口货物统计原产国（地），出口货物统计最终目的国（地）。原产国指进口货物的生产、开采或加工制造的国家。对经过几个国家加工制造的进口货物，以最后一个对货物进行经济上可以视为实质性加工的国家作为该货物的原产国。原产国确实不详时，按“国别不详”统计。最终目的国指出口货物已知的消费、使用或进一步加工制造的国家。最终目的国不能确定时，按货物出口时尽可能预知的最后运往国统计。

外商直接投资

指外国投资者在我国境内通过设立外商投资企业、合伙企业、与中方投资者共同进行石油资源的合作勘探开发以及设立外国公司分支机构等方式进行投资。外国投资者可以用现金、实物、无形资产、股权等投资，还可以用从外商投资企业获得的利润进行再投资。

外商其他投资

指除对外借款和外商直接投资以外的各种利用外资的形式。包括企业在境内外股票市场公开发行的以外币计价的股票发行价总额，国际租赁进口设备的应付款，补偿贸易中外商提供的进口设备、技术、物料的价款，加工装配贸易中外商提供的进口设备、物料的价款。

入境游客

指来中国（大陆）观光、度假、探亲访友、就医疗养、购物、参加会议或从事经济、文化、体育、宗教活动的外国人、港澳台同胞等游客（即入境旅游人数）。统计时，入境游客按每入境一次统计。

旅游外汇收入

指入境旅游者在中国（大陆）境内旅行、游览过程中用于交通、参观展览、住宿、餐饮、购物、娱乐等全部花费。

对外承包工程

指各对外承包公司以招标议标承包方式承揽的下列业务：(1)承包国外工程建设项目；(2)承包我国对外经援项目；(3)承包我国驻外机构的工程建设项目；(4)承包我国境内利用外资进行建设的工程项目；(5)与外国承包公司合营或联合承包工程项目时我国公司分包部分；(6)对外承包兼营的房屋开发业务。对外承包工程的营业额是以货币表现的本期内完成的对外承包工程的工作量，包括以前年度签订的合同和本年度新签订的合同在报告期内完成的工作量。

对外劳务合作

指以收取工资的形式向业主或承包商提供技术和劳动服务的活动。我国对外承包公司在境外开办的合营企业，中国公司同时又提供劳务的，其劳务部分也纳入劳务合作统计。劳务合作营业额按报告期内向雇主提交的结算数(包括工资、加班费和奖金等)统计。

主要统计指标解释

■ 内资

指重庆市以外中华人民共和国境内（不包括港、澳、台地区）的企、事业单位、社会团体及其他投资者，来渝以从事经济社会活动为主要目的，遵循市场机制法则，本着互利互惠的原则进行的独资、合资、参股合作等而流入的资金。它不包括中央和各级政府无偿捐赠等。

Explanatory Notes on Main Statistical Indicators

Total Imports and Exports at Customs

Refer to the real value of commodities imported and exported across the border of China. They include the actual imports and exports through foreign trade, imported and exported goods under the processing and assembling trades and materials, supplies and gifts as aid given gratis between governments and by the United Nations and other international organizations, and contributions donated by overseas Chinese, compatriots in Hong Kong and Macao and Chinese with foreign citizenship, leasing commodities owned by tenant at the expiration of leasing period, the imported and exported commodities processed with imported materials, commodities trading in border areas (excluding mutual exchange goods), the imported and exported commodities and articles for public use of the Sino-foreign joint ventures, cooperative enterprises and ventures with sole foreign investment. Also included is import or export of samples and advertising goods for which CIF or FOB value are beyond the permitted ceiling (excluding goods of no trading or use value and free commodities for export), imported goods sold in China from bonded warehouses and other imported or exported goods. The indicator of the total imports and exports at customs can be used to observe the total size of external trade in a country. In accordance with the stipulation of the Chinese government, imports are calculated at CIF, while exports are calculated at FOB.

Import Export Value by Location of Commodity Management Units

Refers to actual value of imports and exports carried out by corporations which have been registered by the local Customs house and are vested with right to run import export business.

Imports and Exports by Countries (Regions)

Refers to the origin countries (regions) of imports and the destination countries (regions) of export. The origin countries refer to the countries where the imported products were produced, exploited, processed or manufactured. As for the imported products processed and manufactured by more than one country, the country where those products were actually processed from the economic point of view for the last time should be regarded as the origin country. Where the origin is unclear, it should be calculated as "Origin Unknown". The destination countries refer to the countries where the exported products will be consumed, used or further processed and manufactured. Where the final destination is unclear, it should be calculated as the last known destination.

Foreign Direct Investment

Refers to foreign investment in China through the establishment of foreign invested enterprises, cooperative exploration and development of petroleum resources with domestic investors and the establishment of branch organizations of foreign enterprises. Foreign investment can be made in forms of cash, physical investment, technical know-how and reinvestment of the foreign enterprises with the profits gained from the investment.

Other Foreign Investment

Refers to all forms of utilization of foreign capitals other than foreign borrowings and foreign direct investment. It includes the total value of stock shares in foreign currencies issued by enterprises at domestic or foreign stock exchanges, rent payable for the imported equipment through international leasing arrangement, cost of imported equipment, technology and materials provided by foreign counterparts in compensation trade and processing and assembly trade.

Visitor arrivals

Refer to the number of foreigners, Chinese compatriots from Hong Kong, Macao and Taiwan Chinese (mainland) who come to China (mainland) for sight-seeing, vacation, visiting relatives, medical treatment, shopping, attending conference, or to engage in economic, cultural, sports and religious activities. In compiling statistics, each time of entering China is counted as one person-time.

Foreign Exchange Earnings from Tourism

Refer to the total expenditures cost in the process of foreigners' tourism in the mainland of China, including traffic, visit, accommodation, table, shopping and amusement expenditures.

EXPLANATORY NOTES TO MAJOR STATISTICAL INDICATORS

Overseas Contracted Project

Refers to projects undertaken by Chinese contractors (project contracting companies) through bidding process. They include: (I) overseas civil engineering construction projects financed by foreign investors; (II) overseas projects financed by the Chinese government through its foreign aid programs; (III) construction projects of Chinese diplomatic missions, trade offices and other institutions stationed abroad; (IV) construction projects in China financed by foreign investment; (V)sub-contracted projects to be taken by Chinese contractors through a joint umbrella project with foreign contractor(s); (VI) housing development projects. The business income from international contracted projects is the work volume of contracted projects completed during the reference period, expressed in monetary terms, including completed work on projects signed in previous years.

Overseas Labour Services

Refer to the activities of providing technology and labour services to employers or contractors in the forms of receiving salaries and wages. Labour services providing by contractual joint ventures of Chinese international contracting corporations should be included in the statistics of service co-operation with foreign countries. The business income of labour service cooperation is the income in the form of wages and salaries, overtime pay, bonuses and other remuneration received from the employers during the reference period.

Domestic Capital

Refers to capital inpoured by the way of sole investment, joint venture and cooperative operation from the corporations, social unions and other investors within China boundaries but outside Chongqing municipality (excluding Hong Kong, Macao, Taiwan) who consider engaging economic and social activities as their main destination in Chongqing, and follow the market system on behalf of equality. It excludes the subscription for no payment of central and local governments.

第 17 章

金融业

FINANCIAL STATISTICS

简要说明

BRIEF INTRODUCTION

本章资料包括全市金融机构信贷收支、证券和保险业情况，由市统计局综合处根据有关部门资料整理编辑。资料分别来源于中国人民银行重庆营业部、重庆市发展和改革委员会、重庆证监局、重庆保监局和重庆保险行业协会。

The data in this chapter include the statistics on credit funds balance of financial institutions, securities and insurance, which are sorted and compiled by Division of Comprehensive Statistics, Chongqing Municipal Bureau of Statistics. The data are provided by Chongqing Business Department of the People's Bank of China, Chongqing Development and Reform Commission, China Securities Regulatory Commission Chongqing Bureau, China Insurance Regulatory Commission Chongqing Bureau and Insurance Association of Chongqing.

表17.1 主要金融机构数（2013－2014年）
NUMBER OF MAIN FINANCIAL INSTITUTIONS (2013-2014)

单位：个 (unit)

指　标	Item	2013	2014
银行机构	**Banks**		
法人/市级分行	Corporate Entity / Branch at Municipal Level	86	95
#法　人	Corporate Entity	42	46
#村镇银行	Village and Township Bank	30	31
#市级分行	Branches at Municipal Level	44	49
中　资	Domestic Funded	32	34
外　资	Foreign Funded	12	15
支　行	Sub-branches	2292	2457
分理处	Banking Offices	1995	1924
储蓄所	Saving Offices	25	20
保险机构	**Insurance Institutions**		
保险公司法人机构	Corporate Entity of Insurance Companies	3	3
内资保险公司	Dometic-funded Insurance Companies		
省（市）级分公司	Branches at Provincial (Municipal) Level	36	37
中心支公司	Central Sub-branches	74	78
支公司	Sub-branches	430	477
营销服务部	Marketing & Service Departments	574	566
中外合资、外资保险公司	Insurance Joint-venturse with Foreign Investment and Wholly Foreign-owned Insurance Companies	6	7
外资保险公司代表处	Agencies of Foreign-funded Insurance Companies	1	1
专业保险中介机构	Professional Insurance Intermediary Institutions		
保险代理公司	Insurance Agent Companies	31	36
保险公估公司	Insurance Assessment Companies	7	9
保险经纪公司	Insurance Broker Companies	19	18
证券机构	**Security Institutions**		
证券公司	Security Companies	1	1
证券分公司	Branch Companies	8	13
营业部	Business Departments	141	160

注：1）中外合资、外资金融机构数只统计到省（市）级。
2）保险机构数不含中国出口信用保险公司重庆营业管理部。
3）银行机构数含信托公司、财务公司、金融租赁公司和汽车金融公司等银行业金融机构。

Note: a) Joint-venture financial institutions with foreign investment and wholly foreign-owned financial institutions are accounted up to provincial (municipal) level only.
b) Chongqing Business Department of China Export & Credit Insurance Corporation is not incuded in the number of insurance institutions.
c) The number of banks includes the financial institutions like trust companies, financial companies, financial leasing companies and automobile financial companies, etc.

表17.2 地方金融市场运行情况（2013－2014年）
OPERATION OF LOCAL FINANCIAL MARKET (2013-2014)

单位：个 (unit)

指　标	Item	2013	2014
融资担保行业	**Financing Guarantee**		
家　数（家）	Number (unit)	160	167
注册资本（亿元）	Registered Capital (100 million yuan)	296.7	337.6
在保余额（亿元）	Guaranteed Balance (100 million yuan)	1497.5	1809.6
小额贷款公司行业	**Small Loan Companies**		
家　数（家）	Number (unit)	242	263
注册资本（亿元）	Registered Capital (100 million yuan)	512.7	587.7
贷款余额（亿元）	Balance of Loans (100 million yuan)	553.8	796.1
上市与挂牌	**Listed Companies**		
境内外上市公司家数（家）	Number of Companies Listed Overseas (unit)	53	58
境内外上市公司市值（亿元）	Market Value of Companies Listed Overseas (100 million yuan)	2806	6093
新三板挂牌家数（家）	Number of Companies Listed in NEEQ Market (unit)		22
重庆股份转让中心挂牌家数（家）	Number of Companies Listed in Chongqing Share Transfer Center (unit)	146	243
股权投资类企业	**Equity Investment Companies**		
备案家数（家）	Numberof Companies Registered (unit)	252	438
注册及认缴资本（亿元）	Registered and Subscribed Capital (100 million yuan)	519.6	684.9
金融要素市场	**Financial Factor Market**		
家　数（家）	Number of Companies (unit)	13	13
交易量（亿元）	Turnover (100 million yuan)	1675.0	9035.4

注：1）境外是指在其他国家和地区上市的企业。
2）股权投资类企业为按照地方口径，在市金融办备案的企业。
3）金融要素市场的交易量为当年累计交易量。

Note: a) Overseas refers to the companies listed in the stock market of other countries or regions.
b) Equity investment companies refer to those registered with Chongqing Financial Affairs Office according to the local statistic scope.
c) The turnover of financial factor market refers to the accumulative turnover of the year.

表17.3 金融机构（含外资）存贷款年末余额（1980－2014年）
YEAR-END DEPOSIT AND LOAN BALANCE OF FINANCIAL INSTITUTIONS (INCLUDING FOREIGN-FUNDED INSTITUTIONS) (1980-2014)

单位：亿元 (100 million yuan)

年 份 Year	本外币存款余额 Total Deposit Balance of RMB and Foreign Currencies	人民币存款余额 Total Deposit Balance of RMB	其 中 of which #企业存款 Enterprise Deposits	#储蓄存款 Urban and Rural Saving Deposits	本外币贷款余额 Total Loan Balance of RMB and Foreign Currencies	人民币贷款余额 Total Loan Balance of RMB	其 中 of which 短期贷款 Short-term Loans	中长期贷款 Medium & Long-term Loans
1980		29.15	11.32	6.22		42.19	40.96	1.23
1981		33.98	11.86	8.35		50.29	47.69	2.21
1982		38.66	12.44	10.56		55.30	51.50	3.05
1983		45.22	15.29	13.34		63.25	58.14	4.32
1984		70.86	25.40	18.39		84.53	70.42	11.76
1985		62.38	22.87	25.41		101.56	84.85	14.89
1986		84.57	27.94	34.79		131.70	110.61	18.86
1987		110.37	31.84	44.46		163.63	125.85	22.99
1988		123.47	38.22	50.50		183.32	141.01	25.90
1989		146.71	39.27	68.17		214.41	167.66	29.65
1990		198.00	48.51	92.17		268.40	205.63	38.30
1991		253.57	63.76	121.95		336.85	249.51	58.82
1992		315.70	83.75	154.45		408.64	294.63	78.75
1993		386.86	89.57	198.05		495.71	357.59	98.88
1994		518.27	143.26	285.40		596.96	409.16	136.46
1995		676.70	193.38	401.45		755.39	501.66	185.89
1996	885.91	846.43	266.42	500.71	968.71	913.93	601.10	219.05
1997	1147.92	1098.67	429.42	580.67	1224.01	1156.13	873.14	248.06
1998	1359.52	1306.04	483.80	724.54	1443.65	1358.61	978.51	299.59
1999	1638.21	1580.80	544.00	909.10	1693.64	1611.68	1093.09	398.22
2000	1982.21	1904.71	645.54	1085.36	1966.40	1881.29	1246.81	470.70
2001	2377.99	2294.05	750.81	1317.17	1969.97	1871.98	1043.84	631.26
2002	2903.42	2821.04	909.43	1595.01	2338.17	2244.72	1191.70	754.57
2003	3512.82	3438.61	1098.15	1896.56	2976.67	2774.81	1378.85	1010.69
2004	4105.09	4039.61	1230.85	2189.73	3309.13	3246.28	1362.75	1346.91
2005	4784.76	4727.72	1337.05	2545.85	3779.28	3719.52	1471.86	1810.83
2006	5587.50	5519.75	1551.98	2949.05	4443.84	4388.28	1510.73	2392.26
2007	6662.36	6576.68	1997.71	3228.15	5197.08	5131.69	1597.12	3220.70
2008	8102.00	8021.95	2377.48	3988.96	6384.03	6320.81	1617.52	4093.50
2009	11084.82	10933.00	3770.43	4908.68	8856.56	8766.06	1499.85	6563.63
2010	13613.97	13454.98	4666.88	5839.66	10999.87	10888.15	1686.11	8705.32
2011	16128.87	15832.81	8254.56	6990.25	13195.16	13001.39	2529.81	9968.14
2012	19423.90	18934.83	9851.06	8361.64	15594.18	15131.22	3626.89	10919.76
2013	22789.17	22202.10	11697.54	9622.31	18005.69	17381.55	4613.86	12105.13
2014	25160.11	24501.54	12788.24	10774.12	20630.69	20011.50	5404.51	13615.01

注：2011年起“企业存款”更名为“单位存款”。
Note: The index of "enterprise deposit" is replaced by "corporate deposit" since 2011.

表17.4 金融机构（含外资）本外币信贷收支表（2013－2014年）

SOURCES AND USES OF RMB AND FOREIGN CURRENCIES CREDIT FUNDS OF FINANCIAL INSTITUTIONS (INCLUDING FOREIGN-FUNDED INSTITUTIONS) (2013-2014)

单位：亿元 (100 million yuan)

项　目	Item	2013	2014
各项存款余额	Total Deposit Balance	22789.17	25160.11
单位存款	Corporate Deposit	12247.08	13408.00
活期存款	Demand Deposits	4773.64	4947.14
定期存款	Fixed Deposits	2974.15	3325.07
个人存款	Personal deposit	9893.28	11027.13
储蓄存款	Urban and Rural Saving Deposits	9648.41	10803.06
各项贷款余额	Total Loan Balance	18005.69	20630.69
短期贷款	Short-term Loans	5153.08	5905.90
中长期贷款	Medium & Long-term Loans	12183.85	13723.10
有价证券及投资	Securities and Investment	1325.73	2871.19
有价证券	Securities	703.55	1075.43
股权及其他投资	Equity and Other Investment	622.18	1795.75

注：外币折本币所用汇率为当年最后一个交易日的中间汇率。

Note: The exchange rates between foreign currencies and RMB are the middle rates on the last trading day in current year.

表17.5 金融机构（含外资）人民币信贷收支表（2013－2014年）

SOURCES AND USES OF RMB CREDIT FUNDS OF FINANCIAL INSTITUTIONS (INCLUDING FOREIGN-FUNDED INSTITUTIONS) (2013-2014)

单位：亿元 (100 million yuan)

项　目	Item	2013	2014
各项存款余额	Total Deposit Balance	22202.10	24501.54
单位存款	Corporate Deposits	11697.54	12788.24
#活期存款	Demand Deposits	4662.58	4772.79
定期存款	Fixed Deposits	2766.33	3042.61
通知存款	Call Deposits	110.65	125.38
保证金存款	Margine Deposits	1520.76	1950.88
个人存款	Personal Deposits	9866.12	10996.90
储蓄存款	Savings Deposits	9622.31	10774.12
保证金存款	Margine Deposits	19.22	18.47
结构性存款	Structured Deposits	224.59	204.31
财政性存款	Fiscal Deposits	150.48	252.12
临时性存款	Temporary Deposits	17.53	13.74
委托存款	Trusted Deposits	64.98	83.21
其他存款	Other Deposits	405.44	367.33
外汇买卖(来源方)	Purchases and Sales of Foreign Exchange (on Source Side)	713.60	828.40
各项贷款余额	Total Loan Balance	17381.55	20011.50
#短期贷款	Short-term Loans	4613.86	5404.51
#个人短期消费贷款	Personal Short-term Consumer Loans	253.42	425.07
中长期贷款	Medium & Long-term Loans	12105.13	13615.01
#个人中长期消费贷款	Personal Medium & Long-term Consumer Loans	3781.67	4634.63
票据融资	Bill Financing	326.06	532.00
#贴　现	Discount	326.06	532.00
有价证券	Negotiable securities	703.55	1075.43
股权及其他投资	Equity and Other Investment	622.18	1795.75
同业往来（运用方）	Inter-bank Loans (on User Side)	193.64	32.83
外汇买卖（运用方）	Funds Outstanding for Foreign Exchange (on User Side)	717.75	832.72
固定资产	Fixed Assets	245.91	267.14
库存现金	Cash on Hand	134.87	142.23

表17.6 按行业分金融机构（不含外资）本外币贷款结构（2013－2014年）

LOAN COMPOSITION OF RMB AND FOREIGN CURRENCIES OF FINANCIAL INSTITUTIONS (EXCLUDING FOREIGN-FUNDED INSTITUTIONS) (BY SECTOR) (2013-2014)

单位：亿元 (100 million yuan)

项 目	Item	2013	2014
贷款总计	**Total Loans**	**17675.38**	**20084.90**
按行业分	**By Sector**		
#农、林、牧、渔业	Farming, Forestry, Animal Husbandry and Fishery	243.88	214.38
采矿业	Mining and Quarrying	232.83	235.57
制造业	Manufacturing	2520.27	2544.90
电力、燃气及水的生产和供应业	Production and Supply of Electricpower,Gas & Water	538.68	632.72
建筑业	Construction	1094.85	1207.33
批发和零售业	Wholesale and Retail Trades	1185.30	1326.50
交通运输、仓储和邮政业	Transport, Storage and Post	1845.73	2156.90
住宿和餐饮业	Hotels and Catering Services	124.30	137.56
信息传输、软件和信息技术服务业	Information Transmission, Software and IT Services	40.62	45.09
金融业	Financial Intermediation	41.51	38.25
房地产业	Real Estate	1384.95	1619.22
租赁和商务服务业	Leasing and Business Services	1133.40	1317.99
科学研究和技术服务业	Scientific Research and Technology Services	25.15	31.76
水利、环境和公共设施管理业	Administration of Water Conservancy, Environment and Public Utilities	1781.28	1637.84
居民服务、修理和其他服务业	Household Services and Repairs and Other Services	40.25	33.75
教 育	Education	115.13	119.53
卫生和社会工作	Health and Social Work	62.38	94.49
文化、体育和娱乐业	Culture, Sports and Entertainment	43.78	47.78
公共管理、社会保障和社会组织	Public Administration, Social Security and Social Organization	10.88	111.31
对境外贷款	Loans Abroad	10.42	13.56
个人贷款	Individual Loans	5199.80	6518.48

表17.7 金融机构（含外资）房地产贷款投向表（2013－2014年）

LOANS TO REAL ESTATE FROM FINANCIAL INSTITUTIONS (INCLUDING FOREIGN-FUNDED INSTITUTIONS) (2013-2014)

单位：亿元 (100 million yuan)

项 目	Item	2013	2014
合 计	Total Loans	5121.68	6219.63
房地产开发贷款	Loans to Real Estate Development	1469.73	1754.12
地产开发贷款	Loans to Land Development	255.09	400.86
#政府土地储备机构贷款	Loans to Government Land Reserve Institutions	186.67	354.63
房产开发贷款	Loans to Housing Development	1214.64	1353.26
住房开发贷款	Loans to Residential Housing Development	981.01	1119.50
#保障性住房开发贷款	Loans to Low-income Housing Development	274.77	301.92
商业用房开发贷款	Loans to Housing for Commercial Use	204.03	197.39
其他房产开发贷款	Loans to Other Housing Development	29.61	36.36
购房贷款	Housing Purchase Loan	3651.95	4465.51
企业购房贷款	Enterprise Housing Purchase Loan	56.87	61.69
商业用房贷款	Loan for Housing for Commercial Use	56.83	59.66
住房贷款	Loan for Housing for Residential Use	0.03	2.03
个人购房贷款	Individual Housing Loan	3594.70	4403.77
个人商业用房贷款	Loan for Housing for Commercial Use	160.52	205.89
个人住房贷款	Loan for Housing for Residential Use	3434.18	4197.88
新建房贷款	Loan for Newly Built Housing	2708.13	3328.83
#抵押贷款	Mortgage Loan	2648.50	3242.64
再交易房贷款	Loan for Second-hand Housing	726.06	869.06
个人购买保障性住房贷款	Individual Loan for Purchasing Low-income Housing	12.29	11.69

注：“保障性住房开发贷款”在2012年之前为“经济适用房开发贷款”。
Note: The index of "loans to low-income housing development" was formerly "loans to affordable housing development" before 2012.

表17.8 金融机构（含外资）—境内大中小型企业人民币贷款情况统计表（2013 – 2014年）

STATISTICS ON THE RMB LOANS TO THE DOMESTIC LARGE, MEDIUM AND SMALL ENTERPRISES FROM FINANCIAL INSTITUTIONS (INCLUDING FOREIGN-FUNDED INSTITUTIONS) (2013-2014)

单位：亿元 (100 million yuan)

项　目	Item	大型企业贷款		中型企业贷款		小型企业贷款	
		2013	2014	2013	2014	2013	2014
境内企业贷款合计	**Total Loans to Domestic Enterprises**	**4136.29**	**4045.73**	**4199.59**	**4550.47**	**2424.41**	**2773.73**
#农、林、牧、渔业	Farming, Forestry, Animal Husbandry and Fishery	30.83	24.28	94.95	64.90	89.05	85.21
采矿业	Mining and Quarrying	104.07	130.58	63.78	37.29	41.35	34.97
制造业	Manufacturing	752.10	765.95	604.76	567.25	515.24	570.11
电力、燃气及水的生产和供应业	Production and Supply of Electricpower,Gas & Water	141.27	161.81	161.64	220.88	182.11	166.04
建筑业	Construction	365.32	374.36	475.58	519.64	199.09	224.60
批发和零售业	Wholesale and Retail Trades	185.49	184.87	423.56	434.26	426.64	542.44
交通运输、仓储和邮政业	Transport, Storage and Post	1004.26	966.81	298.28	475.81	249.13	344.46
#政府投融资平台	Government Investment and Financing Platform	736.95	725.87	98.50	215.09	35.02	45.23
住宿和餐饮业	Hotels and Catering Services	17.04	16.14	76.71	86.17	26.10	31.27
信息传输、计算机服务和软件业	Data Transmission, Computer Services and Software	10.11	11.24	12.25	9.79	8.76	15.26
金融业	Financial Intermediation	6.08	6.67	23.24	4.68	11.38	22.06
房地产业	Real Estate	370.39	399.78	790.07	864.86	99.10	99.77
#政府投融资平台	Government Investment and Financing Platform	58.24	213.94	114.13	92.08	11.20	42.92
租赁和商务服务业	Leasing and Business Services	371.53	319.55	523.65	690.59	218.90	278.41
#政府投融资平台	Government Investment and Financing Platform	217.46	202.41	283.75	344.66	64.25	109.45
科学研究和技术服务业	Scientific Research and Technology Service	12.84	7.17	1.70	8.88	4.23	7.60
水利、环境和公共设施管理业	Administration of Water Conservancy, Environment and Public Utilities	726.58	624.48	603.87	534.18	333.02	328.19
#政府投融资平台	Government Investment and Financing Platform	420.29	550.04	384.68	382.02	152.25	182.77
居民服务、修理和其他服务业	Household Services and Other Services	0.83	6.37	18.47	4.94	10.26	11.76
教　育	Education	10.79	11.74	9.66	6.78	2.84	1.99
卫生和社会工作	Health and Social Work	1.30	4.01	3.66	4.13	4.12	6.31
文化、体育和娱乐业	Culture, Sports and Entertainment	20.75	22.21	13.79	14.04	2.93	2.83
公共管理、社会保障和社会组织	Public Administration, Social Security and Social Organization	4.70	7.70		1.40	0.15	0.46
境内企业贷款合计	**Total Loans to Domestic Enterprises**	**4136.29**	**4045.73**	**4199.59**	**4550.47**	**2424.41**	**2773.73**
正常类贷款	Pass Loan	4005.66	3908.72	4027.82	4348.68	2326.42	2673.77
关注类贷款	Special Mention Loan	130.32	136.03	159.17	177.58	78.17	76.52
次级类贷款	Substandard Loan	0.06	0.92	7.40	14.74	12.11	13.40
可疑类贷款	Doubtful Loan	0.25	0.06	3.05	7.34	5.85	8.93
损失类贷款	Loss Loan			2.15	2.13	1.85	1.11
境内企业贷款合计	**Total Loans to Domestic Enterprises**	**4136.29**	**4045.73**	**4199.59**	**4550.47**	**2424.41**	**2773.73**
信用贷款	Fiduciary Loan	924.07	853.07	463.23	486.33	266.37	261.72
保证贷款	Guaranteed Loan	871.64	943.82	922.79	949.27	763.88	924.40
抵（质）押贷款	Mortgage Loan	2340.58	2248.85	2813.57	3114.87	1394.16	1587.60
境内企业贷款合计	**Total Loans to Domestic Enterprises**	**4136.29**	**4045.73**	**4199.59**	**4550.47**	**2424.41**	**2773.73**
国有控股企业	State-holding Enterprise	3322.54	3185.29	2039.24	2193.44	1127.28	1192.58
集体控股企业	Collective-holding Enterprise	65.39	73.45	300.44	293.69	93.18	103.53
私人控股企业	Private-holding Enterprise	593.34	660.15	1685.69	1900.40	1168.20	1437.30
港澳台商控股企业	Hong Kong, Macao or Taiwan-holding Enterprise	91.61	79.26	125.68	112.11	23.87	27.96
外商控股企业	Foreign-holding Enterprise	63.41	47.59	48.54	50.82	11.88	12.36

注：境内企业授信户数仅在单家法人机构表中列示。
Note: The nubmer of domestic enterprise accounts is only listed in the table of single corporate entity.

表17.9 上市公司情况（1993－2014年）
STATISTICS ON LISTED COMPANIES (1993-2014)

单位：个 (unit)

年 份 Year	全市总计 Total	其 中 of which					
		上交所 Shanghai Stock Exchange	深交所 Shenzhen Stock Exchange	仅发A股公司 A Share Only	发A、B股公司 A&B Shares	仅发B股公司 B Share Only	发A、H股公司 A&H Shares
1993	3	1	2	3			
1994	5	2	3	5			
1995	7	3	4	6		1	
1996	11	4	7	10		1	
1997	19	8	11	17	1	1	
1998	19	8	11	17	1	1	
1999	22	9	13	20	1	1	
2000	25	11	14	23	1	1	
2001	26	12	14	24	1	1	
2002	27	13	14	25	1	1	
2003	27	13	14	25	1	1	
2004	29	14	15	27	1	1	
2005	29	14	15	27	1	1	
2006	29	14	15	27	1	1	
2007	30	15	15	27	1	1	1
2008	31	15	16	28	1	1	1
2009	31	15	16	28	1	1	1
2010	34	16	18	31	1	1	1
2011	36	20	16	33	1	1	1
2012	37	19	18	34	1	1	1
2013	37	19	18	34	1	1	1
2014	40	21	19	37	1	1	1

注：本表不包括仅发H股的公司。
Note: Companies with H share only are not included in this tables.

表17.10 有价证券发行情况（1981－2014年）
ISSUANCE OF SECURITIES (1981-2014)

单位：亿元 (100 million yuan)

年份 Year	企业债券发行额 Issued Value of Corporate Bonds	股票发行量（万股） Amount of Issued Shares（10 000shares）	其中 of which A股 A Shares	B股 B Shares	股票筹资额 Raised Capital	其中 of which A股 A Shares	B股 B Shares	股转系统 Share Transfer System
1981								
1982								
1983								
1984								
1985								
1986	1.50							
1987	0.59							
1988	1.85							
1989	0.39							
1990	1.95							
1991	3.90							
1992	5.45							
1993	4.18	7220	7220		2.08	2.08		
1994	1.17	3000	3000		1.13	1.13		
1995		17200	5200	12000	5.30	0.52	4.78	
1996	3.60	50610	15610	35000	10.41	4.56	5.85	
1997	4.85	42039	42039		26.76	26.76		
1998	3.40	5000	5000		3.75	3.75		
1999	4.10	10000	10000		7.21	7.21		
2000		29600	29600		22.63	22.63		
2001		3108	3108		4.73	4.73		
2002	15.00	2000	2000		3.16	3.16		
2003		3275	3275		3.74	3.74		
2004		22285	22285		15.65	15.65		
2005	17.00							
2006	30.00	31133	31133		14.63	14.63		
2007	20.00	51929	51929		26.37	26.37		
2008	45.00	22062	22062		12.73	12.73		
2009	105.00	237708	237708		17.56	17.56		
2010	91.00	809055	809055		149.00	149.00		
2011	74.00	192243	192243		158.02	158.02		
2012	260.00	43744	43744		30.00	30.00		
2013	238.00	349506	385319	-35813	131.23	131.23		
2014	273.00	525675	525675		180.88	180.83		0.05

注：股票发行量和筹资额均不含H股。
Note: The amount of issued shares and raised capital don't include H share.

表17.11 保险业务基本情况（1996－2014年）
BASIC STATISTICS ON INSURANCE BUSINESS (1996-2014)

单位：亿元 (100 million yuan)

年 份 Year	保费收入 Premium	其中 of which 财产保险 Property Insurance	人身保险 Life Insurance	赔款及给付 Claim and Payments	其中 of which 财产保险 Property Insurance	人身保险 Life Insurance
1996	12.82	8.05	4.77	6.48	4.44	2.04
1997	19.52	9.03	10.49	7.18	4.39	2.79
1998	22.77	9.31	13.46	10.64	6.55	4.09
1999	25.39	10.04	15.35	8.91	4.96	3.95
2000	27.71	10.72	16.99	8.27	5.28	2.99
2001	33.72	11.32	22.40	11.25	5.91	5.34
2002	46.17	13.31	32.86	14.20	7.57	6.63
2003	57.93	15.24	42.69	14.53	8.56	5.97
2004	66.51	17.45	49.06	16.25	9.43	6.82
2005	73.10	19.46	53.64	17.59	10.54	7.05
2006	93.24	24.17	69.07	20.51	12.08	8.43
2007	124.68	33.10	91.58	35.25	18.44	16.81
2008	200.55	37.76	162.80	45.64	22.59	23.05
2009	244.70	47.05	197.65	56.63	28.88	27.75
2010	321.08	65.96	255.12	62.10	32.05	30.05
2011	311.81	81.63	230.19	73.98	39.31	34.66
2012	331.03	95.20	235.83	91.78	52.23	39.55
2013	359.23	112.52	246.71	124.60	62.98	61.62
2014	407.26	138.87	268.39	151.43	74.07	77.36

表17.12 按险种分的保险业务指标（2013－2014年）
STATISTICS ON INSURANCE BUSINESS BY CLASSIFICATION (2013-2014)

单位：万元 (10 000 yuan)

项 目	Item	保 费 Premium 2013	2014	赔款及给付 Claim and Payment 2013	2014
合 计	**Total**	**3592327**	**4072588**	**1246005**	**1514260**
财产保险	**Property Insurance**	**1125205**	**1388692**	**629849**	**773606**
企业财产保险	Enterprise Property Insurance	46810	51238	19104	17447
家庭财产保险	Family Property Insurance	1920	2808	466	554
机动车辆保险	Motor Vehicle Insurance	911970	1141592	542444	659080
工程保险	Engineering Insurance	20859	25664	5296	5719
责任保险	Liability Insurance	48114	56682	21013	27656
信用保险	Export Credit Insurance	10143	11757	3984	15871
保证保险	Guarantee Insurance	32965	47546	2347	7781
船舶保险	Ship Insurance	8833	9847	6550	9815
货物运输保险	Freight Transport Insurance	16355	17613	11281	12026
特殊风险保险	Special Risks Insurance	518	411	17	310
农业保险	Agriculture Insurance	26629	22903	17339	16812
其他保险	Other Insurances	88	632	9	535
人身保险	**Life Insurance**	**2467123**	**2683896**	**616155**	**740654**
人寿保险	Life Insurance	2084162	2229371	491603	551732
健康保险	Health Insurance	244802	296375	89797	153014
意外伤害保险	Personal Accident Insurance	138158	158150	34756	35908

主要统计指标解释

■ 信贷资金

指金融机构以信用方式积聚和分配的货币资金。金融机构信贷资金的来源有各项存款、金融债券发行、应付及暂收款、对国际金融机构负债、流通中货币、各项准备、所有者权益和其他项目等；信贷资金的运用有各项贷款、有价证券及投资、应收及预付款、委托投资、金银占款、外汇占款、库存现金、财政借款及在国际金融机构中的资产等。

■ 存款

指企业、机关、团体或居民根据资金必须收回的原则，把货币资金存入银行或其他信贷机构保管并取得一定利息的一种信用活动形式。根据存款对象或性质的不同可划分为企业存款、财政存款、机关团体存款、基本建设存款、储蓄存款、农村存款、委托存款、其他存款等科目。它是银行信贷资金的主要来源。

■ 贷款

指银行或其他信贷机构根据资金必须归还的原则，按一定利率，为企业、个人等提供资金的一种信用活动形式。我国银行贷款分为短期贷款、委托及信托类贷款、其他类贷款等。

■ 金融机构往来

指各金融机构之间的资金往来，包括同业存放款和同业拆借款。

■ 准备金

指各金融机构在中央银行的存款及缴存中央银行的法定准备金。

■ 证券

由债券购买者承购的或因销售产品而拥有的，可在金融市场上交易并代表一定债权的书面证明。包括政府债券、金融债券、企业债券、商业票据、股票、支付固定收入但不提供法人企业残余价值分享权的优先股等。

■ 股票

指股票购买者及直接投资者对其投资企业净资产所拥有的权益。股票是股份公司签发的证明股东投资并按其所持股份享有权益和承担义务的权益性证券。

■ 保险公司

在中国境内的、经过保险监督部门批准设立，并依法登记注册的各类商业保险公司。

■ 保费

指投保人为取得保险人在约定范围内所承担赔偿责任而支付给保险人的费用。

■ 赔款

指保险人根据保险合同的规定，向被保险人支付的赔偿保险责任损失的金额。

■ 给付

包括死伤医疗给付和满期给付。死伤医疗给付是指保险人根据人寿保险及长期健康保险合同的规定，因被保险人在保险期内发生保险责任范围内的保险事故支付给被保险人（或受益人）的金额。满期给付是指被保险人生存期满，保险人按人寿保险合同规定支付给被保险人的满期保险金额。

Explanatory Notes on Main Statistical Indicators

Credit Funds

Refer to the funds issued as loans by banking institutions. The sources of credit funds of the banking institutions included deposits, issue of financial bonds, account-payable and temporary gathering, liabilities to international financial institutions, currency in circulation, various reserves, owners rights and interests and other items. The credit funds can be used in forms of loans, securities and investment, account receivable and advance payment, entrusted investment, gold, foreign exchange, cash on hand, government debt and assets in the international financial institutions.

Deposit

Is a form of credit by which enterprises, institutions, organizations or households can put money into banks and other credit institutions for safekeeping and interest earning under the principle of free withdrawal. According to different depositors, deposits are divided into enterprise deposits, treasury deposits, deposits of government agencies and organizations, capital construction deposits, savings deposits, rural saving deposits, entrusted deposits and other deposits. Deposits are major sources of the credit funds of banks.

Loan

Is a form of credit by which banks and other credit institutions provide funds at certain interest rate to enterprises and individuals in the light of the principle of unconditional repayment. Loans from Chinese banks include short-term loan, medium-term and long-term loans, entrusted loans, and other loans.

Transactions between Financial Institutions

Refer to flow of capital between financial institutions, including inter-bank deposits and loans.

Reserve Funds

Refer to savings of financial institutions in the central bank and designated reserves to the central bank.

Securities

Refer to written certificates representing creditors' rights, purchased by bond holders or owned by selling products, which can be transacted at the financial markets. They include government bonds, financial bonds, corporation bonds, commercial drafts, stocks, preferential stocks that provide fixed income without the right to share the residual value of corporations, etc.

Stocks

Refer to the rights by stockholders and direct investors on the net assets of corporations they invested in. Stocks refer to negotiable securities on creditor's rights, issued by stock companies certifying the investment by stockholders and their rights and duties depending on their stocks.

Insurance Companies

Refer to commercial insurance companies of various forms registered by law and established in China with the approval of insurance regulatory agencies.

Premium

Is the fee paid by the insurant based on a proportion of the benefit he or she may get from the insurance plus the insurance value. It includes the income from the deposit of property insurance and personal insurance.

Settled Claim

Is the compensation paid by the insurer to the insurant in accordance with the insurance contract.

Payment

Includes payment for death, injury or medical treatment and mature payment. Payment for death, injury or medical treatment refers to the money paid to the insurant (of the beneficiary) in accordance with the life of health insurance contract when the insurant encounters accidents within the insured period covered in the contract. Mature payment refers to the mature payment to the insurant in accordance with the life insurance contract at the end of the insured period for the loss which has been checked and found to be in the range of liability of the insurance after an accident has happened to the insured property or to a person who has insured his life. It is further divided into settled and unsettled claim.

第 18 章

教育、科技和文化业

EDUCATION,SCIECE,TECHNOLOGY AND CULTURE

简要说明

BRIEF INTRODUCTION

本章资料主要包括全市教育事业、科学技术活动和文化事业的基本情况，由市统计局社会科技统计处根据调查资料和有关部门资料整理编辑。

教育部分包括各类教育的学校、教师和学生情况，由市教育委员会提供；专利资料由市知识产权局提供；商标申请注册来源于市工商行政管理局；产品质量监督抽查由市质量技术监督局提供；文化部分主要包括图书馆、文物、群众艺术文化、广播电视、新闻出版等情况，资料主要来自市文化委。

The data in this chapter include the basic statistics on education, scientific & technological activities and culture undertakings. All the data are compiled by Division of Social and Technology Statistics, Chongqing Municipal Bureau of Statistics on the basis of the data from survey and related departments.

The statistics of education cover the data of schools, teachers and students of various kinds, which were provided by Chongqing Education Commission. The data of patent are provided by Chongqing Intellectual Property Office. The data of trademark application and registration are provided by Chongqing Administration for Industry and Commerce. The data of sampling supervision & check on quality of products are provided by Chongqing Bureau of Quality and Technical Supervision. The data of culture mainly include public libraries, cultural relics, mass arts & culture, radio and television, and press and publication, which are provided by Chongqing Cultural Commission.

表18.1 主要年份各级各类学校数
NUMBER OF SCHOOLS BY LEVEL AND TYPE IN MAJOR YEARS

单位：所 (unit)

年 份 Year	普通高等学校 Regular Institutions of Higher Education	普通中学 Regular Secondary Schools	小 学 Primary Schools	特殊教育学校 Special Schools	幼儿园 Kindergartens
1952	7	128	12920		
1957	9	249	16201		
1962	10	402	14148		
1965	11	696	31503		
1970	11	1700	21253		
1975	8	1366	25465		
1978	13	2948	25002		
1980	16	1989	25120		
1985	18	1788	22793	7	5800
1986	19	1739	22486	19	5230
1987	19	1759	22094	18	5542
1988	20	1753	21629	20	5009
1989	20	1751	20972	23	4726
1990	20	1753	20248	24	5232
1991	20	1762	19829	29	4486
1992	20	1766	19496	32	4814
1993	20	1746	18849	30	4061
1994	20	1725	18175	31	4094
1995	22	1638	19637	30	6046
1996	22	1651	16779	36	5538
1997	22	1606	16261	37	5741
1998	22	1555	15737	37	5412
1999	23	1552	15223	42	6007
2000	22	1568	14730	42	6659
2001	29	1607	13076	44	3726
2002	29	1574	12031	38	3477
2003	33	1564	10966	41	3093
2004	34	1511	10409	43	3408
2005	35	1414	9558	43	3287
2006	38	1373	8754	44	3376
2007	38	1361	7990	43	3351
2008	47	1325	7575	41	3582
2009	51	1304	7096	36	3700
2010	53	1273	5544	36	4105
2011	59	1259	5248	36	4114
2012	60	1231	4810	36	4401
2013	63	1200	4728	36	4547
2014	63	1179	4586	36	4669

注：1) 2001年起幼儿园资料按教育部对幼儿园数的认定标准统计，与以往年数不可比（下表同）。
2) 2008年学校数含“独立学院”数。

Note: a) The data of kindergartens have been calculated in accordance with the definition by Ministry of Education since 2001, not comparable with that of previous years (the same below).
b) Number of schools in 2008 includes the number of "non-university tertiary".

表18.2 主要年份各级各类学校在校学生数
NUMBER OF STUDENTS ENROLLMENT BY LEVEL AND TYPE IN MAJOR YEARS

单位：人 (person)

年 份 Year	普通高等学校 Regular Institutions of Higher Education	普通中学 Regular Secondary Schools	小 学 Primary Schools	特殊教育学校 Special Schools	幼儿园 Kindergartens
1952	6437	61345	1524145		
1957	15211	181423	1539805		
1962	21173	163628	1640036		
1965	17408	266504	1967997		
1970	4235	651232	2130534		
1975	10194	963304	3415196		
1978	16357	1631581	4035934		
1980	25349	1323181	4316902		
1985	39871	1102702	3857331	418	296336
1986	44454	1107545	3610433	543	306591
1987	47644	1122462	3279059	571	409209
1988	49981	1124510	2858642	669	389185
1989	48449	1111706	2581889	831	351175
1990	49331	1080755	2393235	803	413552
1991	49964	978204	2314986	1179	505799
1992	54121	868431	2361261	1966	549271
1993	63795	790396	2500362	1850	445940
1994	71118	876008	2595400	1415	534177
1995	73398	977079	2638555	1783	577162
1996	79929	1012654	2737051	1832	588854
1997	83764	1002915	2854307	1706	590464
1998	86913	1083691	2884385	2325	613298
1999	101601	1282599	2802741	9007	625666
2000	132512	1477861	2761308	21160	640804
2001	170006	1540317	2777859	18383	599282
2002	211221	1574357	2797557	17199	587645
2003	255266	1663728	2779441	14483	572538
2004	303913	1707489	2718999	15973	544759
2005	357926	1735166	2609754	12463	536266
2006	405118	1794129	2523824	12151	530842
2007	445800	1834364	2384527	11773	535457
2008	485013	1907856	2243916	12172	574187
2009	523279	1920158	2081367	13189	632170
2010	565868	1908158	1999407	14618	708711
2011	613026	1838917	1954818	16978	842846
2012	670174	1747002	1943177	13083	892635
2013	707610	1678976	1989128	15622	893338
2014	740534	1627301	2034165	13893	894679

注：本章普通高等学校数据均含研究生（以下各表同）。
Note: The data of regular institutions of higher education in this chapter include postgraduates(the same applies to the following tables).

表18.3 主要年份各级各类学校专任教师数

NUMBER OF FULL-TIME TEACHERS BY LEVEL AND TYPE IN MAJOR YEARS

单位：人 (person)

年 份 Year	普通高等学校 Regular Institutions of Higher Education	普通中学 Regular Secondary Schools	小 学 Primary Schools	特殊教育学校 Special Schools	幼儿园 Kindergartens
1952	839	3385	41698		
1957	2193	7940	52530		
1962	3297		55213		
1965	3336		78503		
1970	3177	24970	73695		
1975	3574	42893			
1978	3914				
1980	5025	60953	125304		
1985	8061	58886	119119	74	11937
1986	8236	55071	113724	101	12054
1987	8622	57044	112163	113	15090
1988	8823	60450	111596	145	15873
1989	8726	61938	109691	186	15898
1990	8677	64056	110580	186	17443
1991	8596	64934	111305	277	19313
1992	8696	65030	111667	321	19244
1993	8777	63555	113834	326	18388
1994	9186	65316	116603	360	19729
1995	9409	67498	117497	353	19948
1996	9400	69503	117711	383	20111
1997	9432	70661	119881	411	20665
1998	9498	72333	121062	400	20962
1999	9987	76158	120229	469	21088
2000	10449	81766	119014	569	22598
2001	12125	85030	118623	474	12067
2002	13954	87427	117543	510	11666
2003	16013	89560	115212	543	12141
2004	18214	92051	114007	541	12351
2005	20184	93997	114326	556	13220
2006	23717	95782	113724	584	13615
2007	26089	99807	119831	652	14270
2008	28398	103111	119161	670	15507
2009	29883	106544	117460	699	16579
2010	31070	109303	116057	715	19966
2011	33110	110951	115343	763	22807
2012	35744	112452	114036	804	26735
2013	37130	113880	115204	852	30199
2014	38944	114076	116360	878	32921

表18.4 研究生基本情况（1996－2014年）
BASIC STATISTICS ON POSTGRADUATES (1996-2014)

单位：人 (person)

年 份 Year	在校学生数 Total Enrollment	招生数 New Enrollment	毕业生数 Graduates
1996	2953	1052	762
1997	3199	1108	847
1998	3726	1389	862
1999	5032	2132	991
2000	6233	2686	1084
2001	8358	3410	1401
2002	11110	4423	1616
2003	14763	6392	2715
2004	19367	8202	3426
2005	24363	9436	4193
2006	29000	10475	5492
2007	32145	11312	7483
2008	35005	12376	8925
2009	39080	14159	9759
2010	43149	14851	10347
2011	45213	15341	12351
2012	46569	15925	13844
2013	48210	16324	14189
2014	48979	16647	14915

表18.5 主要年份文化机构数
NUMBER OF CULTURAL INSTITUTIONS IN MAJOR YEARS

单位：个 (unit)

年 份 Year	艺术表演团体 Specialized Troupes	文化馆、艺术馆 Cultural Centers and Art Centers	图书馆 Libraries
1975	54	33	10
1978	54	36	10
1980	55	35	21
1985	54	35	25
1986	52	35	26
1987	51	35	26
1988	45	35	27
1989	44	35	35
1990	42	39	36
1991	42	39	38
1992	42	39	38
1993	41	39	41
1994	36	40	41
1995	36	40	42
1996	39	46	42
1997	39	47	42
1998	39	47	42
1999	36	46	42
2000	35	44	42
2001	36	44	42
2002	32	44	43
2003	32	44	44
2004	29	44	44
2005	29	42	43
2006	78	41	43
2007	84	41	43
2008	177	41	43
2009	160	41	43
2010	381	41	43
2011	282	41	43
2012	244	41	43
2013	443	41	43
2014	512	41	43

注：艺术表演团体数据2006年起统计口径调整为含系统内、系统外两部分。
Note: The data of specialized troupes has included the units either inside or outside the public-owned system since 2006.

表18.6 教育事业基本情况（2013－2014年）
BASIC STATISTICS ON EDUCATION (2013-2014)

单位：人、所 (person, unit)

指　标	Item	2013	2014
学校数	**Number of Schools**		
高等学校	Higher Education	67	67
普通高等学校	Regular Higher Education Institutions	63	63
本科院校	HEIs Offering Degree Programs	24	25
#独立学院	Independent Institutions	6	6
专科院校	Higher Vocational Colleges	39	38
成人高等学校	Adult Higher Education Institutions	4	4
高中阶段学校	Senior Secondary Education	482	477
普通高中	Regular Senior Secondary Schools	261	258
中等职业学校	Vocational Secondary Schools	221	219
义务教育学校	Compulsory Education	5667	5507
普通初中	Regular Junior Secondary Schools	939	921
普通小学	Regular Primary Schools	4728	4586
特殊教育学校	Special Education	36	36
幼儿园	Kindergartens	4547	4669
工读学校	Correctional Work-Study Schools	3	2
成人中学	Adult Secondary Schools	12	14
成人小学	Adult Primary Schools	334	343
#扫盲班	Literacy Courses	161	143
在校学生数	**Total Enrollment**		
高等教育	Higher Education	1008925	1070636
研究生	Postgraduates	48210	48979
博　士	Doctor's Degree	5435	5474
硕　士	Master's Degree	42775	43505
普通本专科	Undergraduate in Regular HEIs	659400	691555
本　科	Normal Courses	420129	433586
专　科	Short-cycle Courses	239271	257969
成人本专科	Undergraduate in Adult HEIs	144674	155517
本　科	Normal Courses	32588	32134
专　科	Short-cycle Courses	112086	123383
在职人员攻读博硕士学位	Employees Enrolled in Graduate Programs Leading to Doctor and Master Degrees	19581	20623
网络本专科	Web-based Undergraduates	137060	153962
本　科	Normal Courses	62573	69168
专　科	Short-cycle Courses	74487	84794
高中阶段教育	Senior Secondary Education	1174343	1127025
普通高中	Regular Senior Secondary Schools	661384	647915

表18.6 续表1 continued1

单位：人、所 (person, unit)

指　标	Item	2013	2014
中等职业教育	Vocational Secondary Education	512959	479110
义务教育	Compulsory Education	3006720	3013551
普通初中	Regular Junior Secondary Schools	1017592	979386
普通小学	Regular Primary Schools	1989128	2034165
特殊教育	Special Education	15622	13893
学前教育	Pre-school Education	893338	894679
工读学校	Correctional Work-Study Schools	35	80
成人中学	Adult Secondary Schools	1753	2245
成人小学	Adult Primary Schools	48191	31948
#扫盲班	Literacy Courses	16868	7148
招生数	**New Enrollment**		
高等教育	Higher Education	352167	371132
研究生	Postgraduates	16324	16647
博　士	Doctor's Degree	1240	1258
硕　士	Master's Degree	15084	15389
普通本专科	Undergraduate in Regular HEIs	192014	206112
本　科	Normal Courses	108947	110235
专　科	Short-cycle Courses	83067	95877
成人本专科	Undergraduate in Adult HEIs	61672	62451
本　科	Normal Courses	12490	12611
专　科	Short-cycle Courses	49182	49840
在职人员攻读博硕士学位	Employees Enrolled in Graduate Programs Leading to Doctor and Master Degrees	8179	5841
网络本专科	Web-based Undergraduates	73978	80081
本　科	Normal Courses	33147	34711
专　科	Short-cycle Courses	40831	45370
高中阶段教育	Senior Secondary Education	394205	359820
普通高中	Regular Senior Secondary Schools	221024	209843
中等职业教育	Vocational Secondary Education	173181	149977
义务教育	Compulsory Education	705883	685480
普通初中	Regular Junior Secondary Schools	330158	324807
普通小学	Regular Primary Schools	375725	360673
特殊教育	Special Education	3316	2609
学前教育	Pre-school Education	445590	443489
工读学校	Correctional Work-Study Schools	13	55
成人中学	Adult Secondary Schools		
成人小学	Adult Primary Schools		
#扫盲班	Literacy Courses		

表18.6 续表2 continued2

单位：人 (person)

指 标	Item	2013	2014
毕业生数	**Graduates**		
高等教育	Higher Education	254079	286026
研究生	Postgraduates	14189	14915
博 士	Doctor's Degree	895	889
硕 士	Master's Degree	13294	14026
普通本专科	Undergraduate in Regular HEIs	148684	165817
本 科	Normal Courses	82490	92380
专 科	Short-cycle Courses	66194	73437
成人本专科	Undergraduate in Adult HEIs	40101	48037
本 科	Normal Courses	9787	11975
专 科	Short-cycle Courses	30314	36062
在职人员攻读博硕士学位	Employees Enrolled in Graduate Programs Leading to Doctor and Master Degrees		
网络本专科	Web-based Undergraduates	51105	57257
本 科	Normal Courses	21939	24370
专 科	Short-cycle Courses	29166	32887
高中阶段教育	Senior Secondary Education	350048	369935
普通高中	Regular Senior Secondary Schools	214128	221234
中等职业教育	Vocational Secondary Education	135920	148701
义务教育	Compulsory Education	703930	665208
普通初中	Regular Junior Secondary Schools	377479	348076
普通小学	Regular Primary Schools	326451	317132
特殊教育	Special Education	2101	1729
学前教育	Pre-school Education	390541	383902
工读学校	Correctional Work-Study Schools	8	10
成人中学	Adult Secondary Schools	1239	1746
成人小学	Adult Primary Schools	69973	35647
#扫盲班	Literacy Courses	25981	6585
教职工数	**Teachers and Staff**		
高等学校	Higher Education	54989	56603
普通高等学校	Regular Higher Education Institutions	53790	55406
本科院校	HEIs Offering Degree Programs	37998	39168
#独立学院	Independent Institutions	5776	6130
专科院校	Higher Vocational Colleges	15792	16238
成人高等学校	Adult Higher Education Institutions	1199	1197
高中阶段、义务教育学校	Senior Secondary Education and Compulsory Education	274466	275190
普通中学	Regular Secondary Schools	133838	133288
中等职业	Vocational Secondary Schools	23824	24222

表18.6 续表3 continued3

单位：人 (person)

指　标	Item	2013	2014
普通小学	Regular Primary Schools	116804	117680
特殊教育学校	Special Education	971	986
幼儿园	Pre-school Education	59744	64693
工读学校	Correctional Work-Study Schools	33	28
成人中学	Adult Secondary Schools	44	41
成人小学	Adult Primary Schools	888	794
#扫盲班	Literacy Courses	393	308
专任教师数	**Full-time Teachers**		
高等学校	Higher Education	37728	39560
普通高等学校	Regular Higher Education Institutions	37130	38944
本科院校	HEIs Offering Degree Programs	25992	27233
#独立学院	Independent Institutions	4120	4431
专科院校	Higher Vocational Colleges	11138	11711
成人高等学校	Adult Higher Education Institutions	598	616
高中阶段学校	Senior Secondary Education	57338	58405
普通高中	Regular Senior Secondary Schools	37698	38376
中等职业教育	Vocational Secondary Schools	19640	20029
义务教育	Compulsory Education	191386	192060
普通初中	Regular Junior Secondary Schools	76182	75700
普通小学	Regular Primary Schools	115204	116360
特殊教育学校	Special Education	852	878
幼儿园	Kindergartens	30199	32921
工读学校	Correctional Work-Study Schools	23	24
成人中学	Adult Secondary Schools	31	21
成人小学	Adult Primary Schools	451	389
#扫盲班	Literacy Courses	230	161
每一教师负担学生数	**Student-Teacher Ratio**		
小　学	Primary Schools	17.3	17.5
普通初中	Regular Junior Secondary Schools	13.4	12.9
普通高中	Regular Senior Secondary Schools	17.5	16.9
中　职（不含技工校）	Secondary Vocational Schools (not including technical schools)	24.4	22.3
普通高等学校	Regular Higher Education Institutions	17.3	17.1
每十万人口在校学生数	**Student Enrollment per 100 000 population**		
高等教育	Higher Education	2894	3017
高中阶段	Senior Secondary Education	3988	3795
初中阶段	Junior Secondary Education	3455	3298
小　学	Primary Education	6754	6849
幼儿园	Kindergartens	3033	3012

表18.7 各级学校入学率及升学率（2013－2014年）
NET ENROLLMENT RATIO AND PROMOTION RATE OF SCHOOLS BY LEVEL (2013-2014)

单位：%（%）

指 标	Item	2013	2014
小学学龄儿童入学率	Net Enrollment Ratio of Primary Schools	99.98	99.99
初中适龄人口入学率	Net Enrollment Ratio of Junior Secondary Schools	99.85	99.75
高中阶段毛入学率	Gross Enrollment Ratio of Senior Secondary Schools	88.96	92.00
高等教育毛入学率	Gross Enrollment Ratio of Higher Education	35.0	37.4
初中毕业生升学率	Promotion Rate of Junior Secondary School Graduates	96.27	97.01
#升普通高中	To Regular Senior Secondary Schools	58.55	60.29
小学毕业生升学率	Promotion Rate of Primary School Graduates	101.14	100.00

表18.8 普通高等学校分科学生数（2014年）
STUDENT ENROLLMENT IN REGULAR HIGHER EDUCATION INSTITUTIONS BY FIELD OF STUDY (2014)

单位：人（person）

项 目	Item	在校学生数 Total Enrollment	其 中 of which #本 科 Undergraduate Courses	招生数 New Enrollment	其 中 of which #本 科 Undergraduate Courses	毕业生数 Graduates	其 中 of which #本 科 Undergraduate Courses
总 计	**Total**	**482565**	**433586**	**126882**	**110235**	**107295**	**92380**
哲 学	Philosophy	680	349	202	108	185	56
经济学	Economics	26832	25276	6852	6411	5622	5093
法 学	Law	29950	23613	8017	5725	7770	5485
教育学	Education	16651	13449	5259	4090	3690	2622
文 学	Literature	57866	54353	14364	13073	14461	13165
历史学	History	2206	1921	581	483	533	442
理 学	Science	30166	26441	7869	6674	7203	6163
工 学	Engineering	142926	126737	38199	32702	30687	26570
农 学	Agriculture	8986	7583	2754	2204	1976	1588
医 学	Medicine	24925	19987	5891	4094	5046	3534
管理学	Administrators	94977	88912	24817	23098	21167	19110
艺术学	Art	46400	44965	12077	11573	8955	8552

注：1）本表仅指研究生、普通本科学生。不含普通专科、成人本专科学生、网络本专科学生和在职人员攻读学位人员。
2）不含在渝军事院校。

Note: a) The table here above only covers the data of postgraduates and undergraduates. The data of junior college, adult undergraduates and web-based undergraduates are not included.
b) The data of military universities in Chongqing are not included.

表18.9 中等职业教育学校分科学生情况（2014年）
STUDENTS IN VOCATIONAL SECONDARY SCHOOLS BY FIELD OF STUDY (2014)

单位：人 (person)

项　目	Item	毕业生数 Graduates	招生数 New Enrollment	在校学生数 Total Enrollment
总　计	**Total**	**115701**	**115977**	**339110**
农林类	Agriculture and Forestry	9795	5122	16039
资源与环境类	Resources and Environment	288	269	855
能源类	Energy	301	158	360
土木水利工程类	Civil and Hydraulic Engineering	6610	9997	27036
加工制造类	Manufacturing	18255	19503	53778
石油化工类	Petroleum and Chemical	278	207	760
轻纺食品类	Light Industry, Textile and Food	1318	1058	3438
交通运输类	Communication & Transportation	8625	14759	37265
信息技术类	Information Technologies	25066	19807	63635
医药卫生类	Medicine and Health	9579	11326	33873
休闲保健类	Leisure and Health	525	982	2078
财经商贸类	Finance and Trade	8994	10115	28185
旅游类	Tourism	5933	6886	20199
文化艺术	Culture and Arts	3707	3750	11689
体育类	Sports	145	300	851
教育类	Education	14297	10201	34467
司法类	Judicature	596	527	1605
社会公共事务类	Social and Public Affairs	576	521	1278
其　他	Others	813	489	1719

注：本表不含技工学校。
Note: The data of vestibule schools are not included in this table.

表18.10 各级学校在校女学生和女专任教师数（2013－2014年）

NUMBER OF FEMALE STUDENTS AND FEMALE FULL-TIME TEACHERS BY SCHOOL LEVEL (2013-2014)

单位：人 (person)

项 目	Item	2013	2014
女学生数	**Number of Female Students**	**2946430**	**2979936**
高等教育	Higher Education	513425	547071
#研究生	Postgraduate	23913	24795
普通本专科学校	Undergraduate in Regular HEIs	352213	372779
高中教育阶段	High School Education	566440	569205
普通高中	Regular High School	339700	333587
中等职业教育	Vocational Secondary Schools	226740	235618
义务教育	Compulsory Education	1419491	1422237
普通初中	Regular Junior Secondary School	481929	463294
普通小学	Regular Primary School	937562	958943
女学生占学生总数的百分比（%）	**Percentage of Female Students to Total Students (%)**	**47.9**	**48.4**
高等教育	Higher Education	50.9	51.1
#研究生	Postgraduate	49.6	50.6
普通本专科学校	Undergraduate in Regular HEIs	53.4	53.9
高中教育阶段	High School Education	48.2	50.5
普通高中	Regular High School	51.4	51.5
中等职业教育	Vocational Secondary Schools	44.2	49.2
义务教育	Compulsory Education	47.2	47.2
普通初中	Regular Junior Secondary School	47.4	47.3
普通小学	Regular Primary School	47.1	47.1
女专任教师数	**Number of Female Full-time Teachers**	**174745**	**180032**
普通高等学校	Regular Higher Education Institutions	16953	17970
高中阶段学校	High School Education	27281	25796
普通高中	Regular High School	17448	18063
中等职业学校	Vocational Secondary Schools	9833	7733
义务教育学校	Compulsory Education	99632	102661
普通初中	Regular Junior Secondary School	35852	36290
普通小学	Regular Primary School	63780	66371
女专任教师占专任教师总数的百分比（%）	**Percentage of Female Full-time Teachers to Total Full-time Teachers (%)**	**55.0**	**55.5**
普通高等学校	Regular Higher Education Institutions	45.7	46.1
高中阶段学校	High School Education	47.6	44.2
普通高中	Regular High School	46.3	47.1
中等职业学校	Vocational Secondary Schools	50.1	38.6
义务教育学校	Compulsory Education	52.1	53.5
普通初中	Regular Junior Secondary School	47.1	47.9
普通小学	Regular Primary School	55.4	57.0

表18.11 科技经费、科技奖励情况（2013－2014年）

FUNDS AND REWARDS FOR SCIENTIFIC AND TECHNOLOGICAL RESEARCH (2013-2014)

单位：项 (item)

指　标	Item	2013	2014
科学支出（万元）	**Expenditure of Scientific Research (10 000 yuan)**	**392584**	**381647**
市　级	Municipal	124999	132406
区　县	District and County	267585	249241
科技奖励情况（项）	**Rewards for Scientific and Technological Research (unit)**		
国家科学技术奖励	National Rewards for Scientific and Technological Research	6	10
最高科学技术奖	Top Science and Technology Award		
自然科学奖	Award for Natural Sciences		1
一等奖	1st Prize		
二等奖	2nd Prize		1
技术发明奖	Award for Technological Invention	1	1
一等奖	1st Prize		
二等奖	2nd Prize	1	1
科技进步奖	Award for Science and Technology Progress	5	8
特　等	Special Prize		1
一等奖	1st Prize	1	
二等奖	2nd Prize	4	7
国际科学技术合作奖	International Science and Technology Cooperation Award		
重庆市科学技术奖励	Chongqing Rewards for Scientific and Technological Research	180	142
科技突出贡献奖	Prize for The Outstanding Contribution in Science and Technology Research		
自然科学奖	Award for Natural Sciences	22	16
一等奖	1st Prize	3	3
二等奖	2nd Prize	6	3
三等奖	3rd Prize	13	10
技术发明奖	Award for Technological Invention	9	4
一等奖	1st Prize	2	1
二等奖	2nd Prize	1	2
三等奖	3rd Prize	6	1
科技进步奖	Award for Science and Technology Progress	138	117
一等奖	1st Prize	9	14
二等奖	2nd Prize	49	21
三等奖	3rd Prize	80	82
企业技术创新奖	Aword for Enterprises Technology Innovation	9	5
国际科学技术合作奖	Aword for International Science and Technology cooperation	2	

注：2013年重庆市科学技术奖励数据做了调整。
Note: The data of Chongqing rewards for scientific and technological research has been adjusted.

表18.12 科学技术协会活动情况（2014年）
ACTIVITIES OF SCIENCE AND TECHNOLOGY ASSOCIATIONS (2014)

指 标	Item	合 计 Total	其 中 of which 市级科协 Science and Technology Associations at Municipal Level	市级学会 Learned Societies at Municipal Level	区县科协 Science and Technology Associations below Municipal Level
国内学术会议	**Domestic Academic Meetings**				
举办次数（次）	Number of Meetings (time)	477	45	294	138
参加人数（人次）	Number of Participants (person-times)	79351	14500	45832	19019
交流论文数（篇）	Number of Theses Presented (piece)	9952	1300	6705	1947
境内国际学术会议	**International Academic Conference in Chongqing**				
举办次数	Number of Conferences	34	11	22	1
参加人数（人次）	Number of Participants (person-time)	6519	3150	3349	20
境外专家学者（人次）	Foreign Experts and Scholars (person-time)	310	145	163	2
交流论文（篇）	Number of Theses Presented (piece)	2053	414	1629	10
科普活动	**Science Popularization Activities**				
举办科普宣讲活动（次）	Number of Science Popularization Lectures (time)	2443	265	974	1204
宣讲活动受众人数（万人次）	Number of Audience (10 000 person-time)	353.26	118.12	104.73	130.42
举办青少年科学营（次）	Number of Science and Technology Summer (Winter) Camps for Teenagers (time)	17	1	6	10
参加人数（人次）	Number of Participants (person-time)	1664	290	445	929
举办青少年科技竞赛（项）	Number of Teenagers Science and Technology Competitions (unit)	220	11	29	180
参加人数（万人次）	Number of Participants (10 000 person-time)	357.79	220.06	29.16	108.57
获奖人数（人次）	Number of Prize Winners (person-time)	25035	3601	6775	14659

表18.13 研究与试验发展（R&D）活动基本情况（2014年）
BASIC STATISTICS ON R&D ACTIVITIES (2014)

指 标	Item	合 计 Total	科研机构 Research Institutes	高等院校 Colleges & Universities
有R&D活动的单位数（个）	Units Engaged in R&D Activities (unit)	1193	24	87
R&D经费内部支出（万元）	Inner Expenditure of R&D Funds (10 000 yuan)	2018528	86538	168264
#基础研究	Basic Research	69354	9921	58203
应用研究	Application Research	189040	40499	94153
试验发展	Testing Development	1760134	36118	15908
#日常性支出	Daily Expenditure	1650418	49068	130247
#人员劳务费	Remuneration for Personnel	567723	21312	32432
#资产性支出	Expenditure for Assets	368110	37470	38017
#仪器和设备	Facilities	330489	13470	35032
#政府资金	Funds from Government	232515	70716	81595
企业资金	Funds from Enterprises	1735805	5187	65610
境外资金	Foreign Funds	4056	18	699
其他资金	Others	46152	10617	20361
R&D人员（人）	R&D Personnel (person)	93167	3763	17257
#女 性	Female	22410	1193	6213
#全时人员	Full-time Employees	57247	2815	5396
#博士毕业	With Doctor's Degree	6040	463	4830
硕士毕业	With Master's Degree	13049	1254	6799
本科毕业	With Bachelor's Degree	27027	1618	5005
R&D人员全时当量（人年）	Full-time Personnel (person-year)	58354	3321	6912
#研究人员	Researchers	24868	1945	6010
#基础研究	Personnel of Basic Research	3797	510	3177
应用研究	Personnel of Application Research	6781	1638	3332
试验发展	Personnel of Testing Development	47776	1173	403
R&D项目（课题）数（项）	Number of R&D Projects (Topics) (items)	28462	1340	18417
R&D项目（课题）人员全时当量（人年）	Number of Full-time Persons for Each R&D Project (Topic) (person-year)	52366	2674	6909
R&D项目（课题）经费支出（万元）	Expenditure for R&D Projects (Topics) (10 000 yuan)	1692728	32044	142936
研究机构机构数（个）	Number of Research Institutions (unit)	1123	27	308
研究机构R&D人员（人）	R&D Personnel in Research Institutions (person)	34351	3763	3727
#博士和硕士	With Doctor's Degree and Master's Degree	8381	1717	3043
研究机构R&D经费支出（万元）	Research Institutions' Expenditure for R&D (10 000 yuan)	873552	86538	41445
研究机构仪器设备原价（万元）	Original Price of Instruments and Equipment in Research Institutions (10 000 yuan)	1119732	117272	189024
#进 口	Imported	317562	35574	74681
专利申请数（件）	Number of Patent Applications (pcs)	16524	370	2777
#发明申请	Invention Patent	5882	283	1696
有效发明专利数（件）	Number of Effective Invention Patents (pcs)	11192	338	3832
专利所有权转让及许可数（件）	Number of Patent Right Transfers and Permissions (pcs)	271	5	52
专利所有权转让及许可收入（万元）	Income from Patent Right Transfers and Permissions (10 000 yuan)	12683	1	301
形成国家或行业标准数（项）	Number of National or Industrial Standards Newly Formed (items)	569	20	23
发表科技论文（篇）	Number of Scientific and Technical Theses Published (theses)	38405	1603	31641
出版科技著作（种）	Scientific and Technical Works Published (kind)	1200	65	1106

表18.13 续表 continued

指 标	Item	企 业 Enterprises	其中 of which #工业企业 Industrial Enterprises	其 他 Others
有R&D活动的单位数（个）	Units Engaged in R&D Activities (unit)	1021	974	61
R&D经费内部支出（万元）	Inner Expenditure of R&D Funds (10 000 yuan)	1746623	1664720	17103
#基础研究	Basic Research	1013	361	218
应用研究	Application Research	47759	28533	6628
试验发展	Testing Development	1697852	1635826	10256
#日常性支出	Daily Expenditure	1456561	1385908	14541
#人员劳务费	Remuneration for Personnel	505185	478174	8794
#资产性支出	Expenditure for Assets	290062	278812	2561
#仪器和设备	Facilities	280126	271406	1861
#政府资金	Funds from Government	69348	61569	10855
企业资金	Funds from Enterprises	1661255	1588620	3754
境外资金	Foreign Funds	3284	2756	56
其他资金	Others	12737	11775	2438
R&D人员（人）	R&D Personnel (person)	69282	64348	2865
#女 性	Female	13987	12764	1017
#全时人员	Full-time Employees	48263	44931	773
#博士毕业	With Doctor's Degree	593	461	154
硕士毕业	With Master's Degree	4272	3151	724
本科毕业	With Bachelor's Degree	19790	17968	614
R&D人员全时当量（人年）	Full-time Personnel (person-year)	46719	43797	1403
#研究人员	Researchers	16013	14466	900
#基础研究	Personnel of Basic Research	88	41	23
应用研究	Personnel of Application Research	1219	683	592
试验发展	Personnel of Testing Development	45412	43073	788
R&D项目（课题）数（项）	Number of R&D Projects (Topics) (items)	8200	7879	505
R&D项目（课题）人员全时当量（人年）	Number of Full-time Persons for Each R&D Project (Topic) (person-year)	41644	39090	1139
R&D项目（课题）经费支出（万元）	Expenditure for R&D Projects (Topics) (10 000 yuan)	1506770	1451617	10977
研究机构机构数（个）	Number of Research Institutions (unit)	765	753	23
研究机构R&D人员（人）	R&D Personnel in Research Institutions (person)	26322	25335	539
#博士和硕士	With Doctor's Degree and Master's Degree	3432	3060	189
研究机构R&D经费支出（万元）	Research Institutions' Expenditure for R&D (10 000 yuan)	740327	726453	5241
研究机构仪器设备原价（万元）	Original Price of Instruments and Equipment in Research Institutions (10 000 yuan)	807703	790738	5732
#进 口	Imported	204640	202650	2667
专利申请数（件）	Number of Patent Applications (pcs)	13283	12908	94
#发明申请	Invention Patent	3859	3696	44
有效发明专利数（件）	Number of Effective Invention Patents (pcs)	6991	6272	31
专利所有权转让及许可数（件）	Number of Patent Right Transfers and Permissions (pcs)	214	210	
专利所有权转让及许可收入（万元）	Income from Patent Right Transfers and Permissions (10 000 yuan)	12382	12362	
形成国家或行业标准数（项）	Number of National or Industrial Standards Newly Formed (items)	515	482	11
发表科技论文（篇）	Number of Scientific and Technical Theses Published (theses)	3008	2026	2153
出版科技著作（种）	Scientific and Technical Works Published (kind)	3		26

表18.14 大中型工业企业科技机构情况（2014年）

SCIENTIFIC AND TECHNOLOGICAL INSTITUTIONS OF LARGE & MEDIUM-SIZED INDUSTRIAL ENTERPRISES (2014)

项 目	Item	科技机构数（个） Number of Institutions (unit)	科技机构科技活动人数（人） Personnel of Institutions (person)	科技机构经费内部支出（万元） Inner Expenditures for Science and Technology (10 000 yuan)
总 计	**Total**	**442**	**33383**	**960371**
按隶属关系分	**By Relationship**			
中 央	Central	66	11079	451542
地 方	Local	376	22304	508829
按登记注册类型分	**By Registration**			
内资企业	Domestic-funded	387	28463	763764
国有企业	State-owned	13	1203	21957
集体企业	Collective-owned			
股份合作企业	Cooperative Enterprise			
联营企业	Joint Ownership Enterprises			
有限责任公司	Limited Liability Corporations	159	10620	239247
股份有限公司	Share Holding Limited Corporations	59	8150	283334
私营企业	Private Enterprises	156	8490	219228
其他企业	Private Limited Liability Corporations			
港、澳、台商投资企业	Enterprises Funded by Hong Kong, Macao and Taiwan	26	1402	18511
合资经营企业	Joint-venture Enterprises	13	740	11536
合作经营企业	Cooperative Enterprises			
独资经营企业	Enterprises with Sole Funded from Hong Kong, Macao and Taiwan	9	400	4608
投资股份有限公司	Share-holding Corporations Ltd. with Investment from Hong Kong, Macao and Taiwan	4	262	2367
外商投资企业	Foreign Funded Enterprises	29	3518	178095
中外合资经营企业	Joint-venture Enterprises	22	3021	169835
中外合作经营企业	Cooperation Enterprises	2	233	3615
外资企业	Enterprises with Sole Fund	4	113	1395
外商投资股份有限公司	Share-holding Corporations Ltd.	1	151	3250
按行业分	**By Sector**			
采矿业	Mining	2	37	322
煤炭开采和洗选业	Mining and Washing of Coal			
石油和天然气开采业	Extraction of Petroleum and Natural Gas			
黑色金属矿采选业	Mining and Processing of Ferrous Metal Ores			
有色金属矿采选业	Mining and Processing of Non-Ferrous Metal Ores	1	4	1
非金属矿采选业	Mining and Processing of Nonmetal Ores	1	33	322
开采辅助活动	Mining Support Activities			
其他采矿业	Mining of Other Ores			
制造业	Manufacture	437	33122	956566
农副食品加工业	Processing of Food from Agricultural Products	13	372	16444
食品制造业	Manufacture of Foods	12	236	4749

表18.14 续表 continued

项　目	Item	科技机构数（个）Number of Institutions (unit)	科技机构科技活动人数（人）Personnel of Institutions (person)	科技机构经费内部支出（万元）Inner Expenditure for Science and Technology (10 000 yuan)
酒、饮料和精制茶制造业	Liquor, Beverages and Refined Tea	7	401	4119
烟草制品业	Manufacture of Tobacco			
纺织业	Manufacture of Textile	4	87	2783
纺织服装、服饰业	Manufacture of Textile Wearing Apparel, Footwear and Caps			
皮革、毛皮、羽毛及其制品和制鞋业	Manufacture of Leather, Fur, Feather and Related Products	6	105	1346
木材加工和木、竹、藤、棕、草制品业	Processing of Timber, Manufacture of Wood, Bamboo, Rattan, Palm and Straw Products			
家具制造业	Manufacture of Furniture	2	156	3725
造纸和纸制品业	Manufacture of Paper and Paper Products	5	139	983
印刷和记录媒介复制业	Printing, Reproduction of Recording Media	2	37	64
文教、工美、体育和娱乐用品制造业	Manufacture of Culture, Education, Handicraft, Fine Arts, Sports and Entertainment Articles	2	60	1450
石油加工、炼焦和核燃料加工业	Processing of Petroleum, Coking, Processing of Nuclear Fuel	1	88	1393
化学原料和化学制品制造业	Manufacture of Raw Chemical Materials and Chemical Products	29	1454	33613
医药制造业	Manufacture of Medicines	41	2577	49124
化学纤维制造业	Manufacture of Chemical Fibers	2	10	324
橡胶和塑料制品业	Manufacture of Rubber and Plastics	6	478	6959
非金属矿物制品业	Manufacture of Non-metallic Mineral Products	25	1219	20090
黑色金属冶炼和压延加工业	Smelting and Pressing of Ferrous Metals	15	314	3774
有色金属冶炼和压延加工业	Smelting and Pressing of Nonferrous Metals	13	803	18204
金属制品业	Manufacture of Metal Products	4	70	1417
通用设备制造业	Manufacture of General Purpose Machinery	33	2284	49791
专用设备制造业	Manufacture of Special Purpose Machinery	13	1132	30075
汽车制造业	Manufacture of Motor Vehicles	70	12273	506529
铁路、船舶、航空航天和其他运输设备制造业	Manufacture of Railway, Ship, Aviation and Other Transporting Equipment	50	4454	132187
电气机械和器材制造业	Manufacture of Electrical Machinery and Equipment	33	1370	20751
计算机、通信和其他电子设备制造业	Manufacture of Communication Equipment, Computers and Other Electronic Equipment	16	404	7982
仪器仪表制造业	Manufacture of Measuring Instruments and Machinery for Cultural Activity and Office Work	21	1366	19738
其他制造业	Other Manufacture	3	129	885
废弃资源综合利用业	Comprehensive Utilization of Waste Resources	9	1104	18067
金属制品、机械和设备修理业	Repair of Metal Products, Machinery and Equipment			
电力、热力、燃气及水生产和供应业	Production and Supply of Electric Power, Heat Power and Gas	3	224	3483
电力、热力生产和供应业	Production and Supply of Electric Power and Heat Power	2	216	3458
燃气生产和供应业	Production and Supply of Gas	1	8	25
水的生产和供应业	Production and Supply of Water			

表18.15 规模以上工业企业科技机构情况（2014年）
SCIENTIFIC AND TECHNOLOGICAL INSTITUTIONS OF INDUSTRIAL ENTERPRISES ABOVE DESIGNATED SIZE (2014)

项　目	Item	科技机构数（个） Number of Institutions (unit)	科技机构科技活动人数（人） Personnel of Institutions (person)	科技机构经费内部支出（万元） Inner Expenditures for Science and Technology (10 000 yuan)
总　计	**Total**	**753**	**38800**	**1049097**
按隶属关系分	**By Relationship**			
中　央	Central	72	11192	453688
地　方	Local	681	27608	595409
按登记注册类型分	**By Registration**			
内资企业	Domestic-funded	686	33487	848742
国有企业	State-owned	15	1264	22418
集体企业	Collective-owned			
股份合作企业	Cooperative Enterprise			
联营企业	Joint Ownership Enterprises			
有限责任公司	Limited Liability Corporations	249	12097	270174
股份有限公司	Share Holding Limited Corporations	72	8602	290252
私营企业	Private Enterprises	350	11524	265898
其他企业	Private Limited Liability Corporations			
港、澳、台商投资企业	Enterprises Funded by Hong Kong, Macao and Taiwan	31	1608	20891
合资经营企业	Joint-venture Enterprises	17	916	13516
合作经营企业	Cooperative Enterprises			
独资经营企业	Enterprises with Sole Funded from Hong Kong,Macao and Taiwan	10	430	5008
投资股份有限公司	Share-holding Corporations Ltd. with Investment from Hong Kong, Macao and Taiwan	4	262	2367
外商投资企业	Foreign Funded Enterprises	36	3705	179464
中外合资经营企业	Joint-venture Enterprises	27	3144	170893
中外合作经营企业	Cooperation Enterprises	2	233	3615
外资企业	Enterprises with Sole Fund	6	177	1705
外商投资股份有限公司	Share-holding Corporations Ltd.	1	151	3250
按行业分	**By Sector**			
采矿业	Mining	4	61	360
煤炭开采和洗选业	Mining and Washing of Coal			
石油和天然气开采业	Extraction of Petroleum and Natural Gas	1	21	3
黑色金属矿采选业	Mining and Processing of Ferrous Metal Ores			
有色金属矿采选业	Mining and Processing of Non-Ferrous Metal Ores	1	4	1
非金属矿采选业	Mining and Processing of Nonmetal Ores	2	36	357
开采辅助活动	Mining Support Activities			
其他采矿业	Mining of Other Ores			
制造业	Manufacture	744	38464	1043943
农副食品加工业	Processing of Food from Agricultural Products	32	601	18385
食品制造业	Manufacture of Foods	23	345	6519

表18.15 续表 continued

项　目	Item	科技机构数（个）Number of Institutions (unit)	科技机构科技活动人数（人）Personnel of Institutions (person)	科技机构经费内部支出（万元）Inner Expenditures for Science and Technology (10 000 yuan)
酒、饮料和精制茶制造业	Liquor, Beverage and Refined Tea	15	492	6890
烟草制品业	Manufacture of Tobacco			
纺织业	Manufacture of Textile	5	107	4638
纺织服装、服饰业	Manufacture of Textile Wearing Apparel, Footware and Caps	7	269	160
皮革、毛皮、羽毛及其制品和制鞋业	Manufacture of Leather, Fur, Feather and Related Products	7	119	1874
木材加工和木、竹、藤、棕、草制品业	Processing of Timber, Manufacture of Wood, Bamboo, Rattan, Palm and Straw Products	1	8	43
家具制造业	Manufacture of Furniture	3	161	3734
造纸和纸制品业	Manufacture of Paper and Paper Products	6	186	1108
印刷和记录媒介复制业	Printing, Reproduction of Recording Media	4	78	295
文教、工美、体育和娱乐用品制造业	Manufacture of Culture, Education, Handicraft, Fine Arts, Sports and Entertainment Articles	2	60	1450
石油加工、炼焦和核燃料加工业	Processing of Petroleum, Coking, Processing of Nuclear Fuel	4	136	3946
化学原料和化学制品制造业	Manufacture of Raw Chemical Materials and Chemical Products	44	1665	37550
医药制造业	Manufacture of Medicines	66	2946	58875
化学纤维制造业	Manufacture of Chemical Fibers	2	10	324
橡胶和塑料制品业	Manufacture of Rubber and Plastics	16	676	10649
非金属矿物制品业	Manufacture of Non-metallic Mineral Products	48	1516	24646
黑色金属冶炼和压延加工业	Smelting and Pressing of Ferrous Metals	20	421	7926
有色金属冶炼和压延加工业	Smelting and Pressing of Nonferrous Metals	21	962	19622
金属制品业	Manufacture of Metal Products	16	229	3404
通用设备制造业	Manufacture of General Purpose Machinery	48	2526	52486
专用设备制造业	Manufacture of Special Purpose Machinery	42	1624	35662
汽车制造业	Manufacture of Motor Vehicles	116	13084	524730
铁路、船舶、航空航天和其他运输设备制造业	Manufacture of Railway, Ship, Aviation and Other Transporting Equipment	63	4668	135391
电气机械和器材制造业	Manufacture of Electrical Machinery and Equipment	57	1894	26981
计算机、通信和其他电子设备制造业	Manufacture of Communication Equipment, Computers and Other Electronic Equipment	30	813	13307
仪器仪表制造业	Manufacture of Measuring Instruments and Machinery for Cultural Activity and Office Work	34	1635	24397
其他制造业	Other Manufacture	3	129	885
废弃资源综合利用业	Comprehensive Utilization of Waste Resources	9	1104	18067
金属制品、机械和设备修理业	Repair of Metal Products, Machinery and Equipment			
电力、热力、燃气及水生产和供应业	Production and Supply of Electric Power, Heat Power and Gas	5	275	4794
电力、热力生产和供应业	Production and Supply of Electric Power and Heat Power	3	232	4289
燃气生产和供应业	Production and Supply of Gas	2	43	505
水的生产和供应业	Production and Supply of Water			

表18.16 大中型工业企业R&D人员情况（2014年）
STATISTICS ON R&D PERSONNEL IN LARGE & MEDIUM-SIZED INDUSTRIAL ENTERPRISES (2014)

项 目	Item	R&D人员数（人） R&D Personnel (person)	其 中 of which #参加项目人员 Researchers	#R&D全时人员 Full-time Employees	R&D人员折合全时当量（人年） Full-time Personnel (person-year)	其 中 of which #试验发展人员 Personnel of Testing Development
总 计	**Total**	**52266**	**46766**	**37555**	**36372**	**35742**
按隶属关系分	**By Relationship**					
中 央	Central	14470	12441	11669	11986	11719
地 方	Local	37796	34325	25886	24386	24023
按登记注册类型分	**By Registration**					
内资企业	Domestic-funded	44488	39668	32117	31267	30730
国有企业	State-owned	1537	1316	771	1240	1229
集体企业	Collective-owned	45	43		45	45
股份合作企业	Cooperative Enterprise					
联营企业	Joint Ownership Enterprises					
有限责任公司	Limited Liability Corporations	20780	18332	14671	14825	14517
股份有限公司	Share Holding Limited Corporations	9001	8005	7386	6738	6609
私营企业	Private Enterprises	13125	11972	9289	8419	8329
其他企业	Private Limited Liability Corporations					
港、澳、台商投资企业	Enterprises Funded by Hong Kong, Macao	2073	1899	1440	1251	1251
合资经营企业	Joint-venture Enterprises	1491	1349	992	799	799
合作经营企业	Cooperative Enterprises					
独资经营企业	Enterprises with Sole Funded from Hong Kong,Macao and Taiwan	397	373	263	325	325
投资股份有限公司	Share-holding Corporations Ltd. with Investment from Hong Kong, Macao and Taiwan	185	177	185	127	127
外商投资企业	Foreign Funded Enterprises	5705	5199	3998	3854	3761
中外合资经营企业	Joint-venture Enterprises	4799	4403	3357	3432	3339
中外合作经营企业	Cooperation Enterprises	238	215	189	66	66
外资企业	Enterprises with Sole Fund	580	506	384	307	307
外商投资股份有限公司	Share-holding Corporations Ltd.	88	75	68	49	49
按行业分	**By Sector**					
采矿业	Mining	867	820	391	378	377
煤炭开采和洗选业	Mining and Washing of Coal	467	431	143	30	28
石油和天然气开采业	Extraction of Petroleum and Natural Gas					
黑色金属矿采选业	Mining and Processing of Ferrous Metal Ores	362	354	212	315	315
有色金属矿采选业	Mining and Processing of Non-Ferrous Metal Ores	7	6	5	7	7
非金属矿采选业	Mining and Processing of Nonmetal Ores	31	29	31	27	27
开采辅助活动	Mining Support Activities					
其他采矿业	Mining of Other Ores					

表18.16 续表 continued

项　目	Item	R&D人员数（人） R&D Personnel (person)	其中 of which #参加项目人员 Researchers	#R&D全时人员 Full-time Employees	R&D人员折合全时当量（人年） Full-time Personnel (person-year)	其中 of which #试验发展人员 Personnel of Testing Development
制造业	Manufacture	50884	45474	37001	35680	35058
农副食品加工业	Processing of Food from Agricultural Products	521	428	263	407	400
食品制造业	Manufacture of Foods	1094	1038	272	589	581
酒、饮料和精制茶制造业	Liquor, Beverages and Refined Tea	277	249	170	156	156
烟草制品业	Manufacture of Tobacco					
纺织业	Manufacture of Textile	506	473	362	292	292
纺织服装、服饰业	Manufacture of Textile Wearing Apparel, Footwear and Caps					
皮革、毛皮、羽毛及其制品和制鞋业	Manufacture of Leather, Fur, Feather and Related Products	42	40	34	42	37
木材加工和木、竹、藤、棕、草制品业	Processing of Timber, Manufacture of Wood, Bamboo, Rattan, Palm and Straw Products					
家具制造业	Manufacture of Furniture	124	86	65	90	90
造纸和纸制品业	Manufacture of Paper and Paper Products	124	124	124	113	113
印刷和记录媒介复制业	Printing, Reproduction of Recording Media	107	91	35	61	61
文教、工美、体育和娱乐用品制造业	Manufacture of Culture, Education, Handicraft, Fine Arts, Sports and Entertainment Articles	128	122	88	94	94
石油加工、炼焦和核燃料加工业	Processing of Petroleum, Coking, Processing of Nuclear Fuel	99	88	71	92	92
化学原料和化学制品制造业	Manufacture of Raw Chemical Materials and Chemical Products	2536	2308	1542	1769	1746
医药制造业	Manufacture of Medicines	3028	2679	2372	1962	1887
化学纤维制造业	Manufacture of Chemical	9	8	8	9	9
橡胶和塑料制品业	Manufacture of Rubber and Plastics	622	552	350	333	316
非金属矿物制品业	Manufacture of Non-metallic	1822	1706	685	900	878
黑色金属冶炼和压延加工业	Smelting and Pressing of Ferrous Metals	673	592	345	344	344
有色金属冶炼和压延加工业	Smelting and Pressing of Nonferrous Metals	1331	1183	505	952	907
金属制品业	Manufacture of Metal Products	617	550	441	452	452
通用设备制造业	Manufacture of General	3929	3489	2579	2318	2318
专用设备制造业	Manufacture of Special	2304	1939	1716	1662	1596
汽车制造业	Manufacture of Motor	15007	13476	12736	11856	11625
铁路、船舶、航空航天和其他运输设备制造业	Manufacture of Railway, Ship, Aviation and Other Transporting Equipment	8308	7437	6369	5915	5863
电气机械和器材制造业	Manufacture of Electrical Machinery and Equipment	2629	2321	2080	1619	1614
计算机、通信和其他电子设备制造业	Manufacture of Communication Equipment,Computers and Other Electronic Equipment	1428	1254	1022	816	805
仪器仪表制造业	Manufacture of Measuring Instruments and Machinery for Cultural Activity and Office Work	1607	1479	1357	1161	1113
其他制造业	Other Manufacture	328	279	228	253	253
废弃资源综合利用业	Comprehensive Utilization of Waste Resources	1684	1483	1182	1423	1418
金属制品、机械和设备修理业	Repair of Metal Products, Machinery and Equipment					
电力、热力、燃气及水生产和供应业	Production and Supply of Electric Power, Heat Power and Gas	515	472	163	314	307
电力、热力生产和供应业	Production and Supply of Electric Power and Heat Power	486	447	158	299	292
燃气生产和供应业	Production and Supply of Gas	29	25	5	15	15
水的生产和供应业	Production and Supply of Water					

表18.17 规模以上工业企业R&D人员情况（2014年）

STATISTICS ON R&D PERSONNEL IN INDUSTRIAL ENTERPRISES ABOVE DESIGNATED SIZE (2014)

项目	Item	R&D人员数（人） R&D Personnel (person)	其中 of which #参加项目人员 Researchers	#R&D全时人员 Full-time Employees	R&D人员折合全时当量（人年） Full-time Personnel (person-year)	其中 of which #试验发展人员 Personnel of Testing Development
总计	**Total**	**64348**	**57605**	**44931**	**43797**	**43073**
按隶属关系分	**By Relationship**					
中央	Central	14884	12814	11889	12297	12030
地方	Local	49464	44791	33042	31500	31043
按登记注册类型分	**By Registration**					
内资企业	Domestic-funded	55945	49976	38992	38340	37712
国有企业	State-owned	1688	1438	821	1346	1335
集体企业	Collective-owned	45	43		45	45
股份合作企业	Cooperative Enterprise	15	14	15	12	12
联营企业	Joint Ownership Enterprises					
有限责任公司	Limited Liability Corporations	24902	22115	17273	17537	17183
股份有限公司	Share Holding Limited Corporations	9774	8680	7868	7316	7187
私营企业	Private Enterprises	19511	17677	13005	12083	11948
其他企业	Private Limited Liability Corporations	10	9	10	1	1
港、澳、台商投资企业	Enterprises Funded by Hong Kong, Macao and Taiwan	2344	2121	1691	1461	1461
合资经营企业	Joint-venture Enterprises	1716	1527	1205	982	982
合作经营企业	Cooperative Enterprises					
独资经营企业	Enterprises with Sole Funded from Hong Kong,Macao and Taiwan	443	417	301	352	352
投资股份有限公司	Share-holding Corporations Ltd. with Investment from Hong Kong, Macao and Taiwan	185	177	185	127	127
外商投资企业	Foreign Funded Enterprises	6059	5508	4248	3996	3900
中外合资经营企业	Joint-venture Enterprises	5088	4659	3562	3570	3474
中外合作经营企业	Cooperation Enterprises	238	215	189	66	66
外资企业	Enterprises with Sole Fund	645	559	429	310	310
外商投资股份有限公司	Share-holding Corporations Ltd.	88	75	68	49	49
按行业分	**By Sector**					
采矿业	Mining	968	901	409	434	433
煤炭开采和洗选业	Mining and Washing of Coal	467	431	143	30	28
石油和天然气开采业	Extraction of Petroleum and Natural Gas	101	81	18	56	56
黑色金属矿采选业	Mining and Processing of Ferrous Metal Ores	362	354	212	315	315
有色金属矿采选业	Mining and Processing of Non-Ferrous Metal Ores	7	6	5	7	7
非金属矿采选业	Mining and Processing of Nonmetal Ores	31	29	31	27	27
开采辅助活动	Mining Support Activities					
其他采矿业	Mining of Other Ores					

表18.17 续表 continued

项　目	Item	R&D人员数（人） R&D Personnel (person)	其中 of which #参加项目人员 Researchers	#R&D全时人员 Full-time Employees	R&D人员折合全时当量（人年） Full-time Personnel (person-year)	其中 of which #试验发展人员 Personnel of Testing Development
制造业	Manufacture	62764	56134	44331	43006	42289
农副食品加工业	Processing of Food from Agricultural Products	842	688	459	559	518
食品制造业	Manufacture of Foods	1310	1229	431	649	640
酒、饮料和精制茶制造业	Liquor, Beverage and Refined Tea	457	408	260	273	273
烟草制品业	Manufacture of Tobacco					
纺织业	Manufacture of Textile	572	524	403	336	336
纺织服装、服饰业	Manufacture of Textile Wearing Apparel, Footware and Caps	5	5	5	1	1
皮革、毛皮、羽毛及其制品和制鞋业	Manufacture of Leather, Fur, Feather and Related Products	42	40	34	42	37
木材加工和木、竹、藤、棕、草制品业	Processing of Timber, Manufacture of Wood, Bamboo, Rattan, Palm and Straw Products	34	30	9	21	21
家具制造业	Manufacture of Furniture	133	94	74	94	94
造纸和纸制品业	Manufacture of Paper and Paper Products	208	206	129	180	174
印刷和记录媒介复制业	Printing, Reproduction of Recording Media	170	124	98	124	124
文教、工美、体育和娱乐用品制造业	Manufacture of Culture, Education, Handicraft, Fine Arts, Sports and Entertainment Articles	151	143	92	111	111
石油加工、炼焦和核燃料加工业	Processing of Petroleum,Coking, Processing of Nuclear Fuel	144	132	109	105	105
化学原料和化学制品制造业	Manufacture of Raw Chemical Materials and Chemical Products	3306	2997	1986	2283	2257
医药制造业	Manufacture of Medicines	3846	3426	2963	2408	2326
化学纤维制造业	Manufacture of Chemical	9	8	8	9	9
橡胶和塑料制品业	Manufacture of Rubber and Plastics	962	856	577	530	513
非金属矿物制品业	Manufacture of Non-metallic Products	2378	2207	982	1243	1214
黑色金属冶炼和压延加工业	Smelting and Pressing of Ferrous Metals	818	728	442	439	439
有色金属冶炼和压延加工业	Smelting and Pressing of Nonferrous Metals	1666	1481	766	1084	1039
金属制品业	Manufacture of Metal Products	1321	1191	714	781	781
通用设备制造业	Manufacture of General	5077	4542	3100	3051	3051
专用设备制造业	Manufacture of Special	3398	2914	2423	2313	2241
汽车制造业	Manufacture of Motor	16655	14963	13705	13072	12811
铁路、船舶、航空航天和其他运输设备制造业	Manufacture of Railway, Ship, Aviation and Other Transporting Equipment	9155	8190	6891	6476	6423
电气机械和器材制造业	Manufacture of Electrical Machinery and Equipment	3514	3098	2701	2109	2102
计算机、通信和其他电子设备制造业	Manufacture of Communication Equipment, Computers and Other Electronic Equipment	2181	1963	1565	1331	1320
仪器仪表制造业	Manufacture of Measuring Instruments and Machinery for Cultural Activity and Office Work	2395	2182	1995	1708	1660
其他制造业	Other Manufacture	328	279	228	253	253
废弃资源综合利用业	Comprehensive Utilization of Waste Resources	1687	1486	1182	1423	1418
金属制品、机械和设备修理业	Repair of Metal Products, Machinery and Equipment					
电力、热力、燃气及水生产和供应业	Production and Supply of Electric Power, Heat Power and Gas	616	570	191	357	350
电力、热力生产和供应业	Production and Supply of Electric Power and Heat Power	587	545	186	342	335
燃气生产和供应业	Production and Supply of Gas	29	25	5	15	15
水的生产和供应业	Production and Supply of Water					

表18.18 大中型工业企业R&D活动经费支出与项目情况（2014年）
EXPENDITURE AND PROJECTS OF SCIENTIFIC & TECHNOLOGICAL ACTIVITIES OF LARGE & MEDIUM-SIZED INDUSTRIAL ENTERPRISES (2014)

单位：万元 (10 000 yuan)

项　目	Item	R&D项目数（项） Projects (unit)	研究与发展经费内部支出 Internal Expenses for R&D	技术改造经费支出 Expendi-tures for Technical Transfor - mation	技术引进经费支出 Expendi-tures for Technical Recom-mendation	购买境内技术用款 Purchases of Civil Techno - logy
总　计	**Total**	**5723**	**1404360**	**704009**	**306104**	**34356**
按隶属关系分	**By Relationship**					
中　央	Central	1440	473508	463712	284133	14208
地　方	Local	4283	930852	240297	21971	20148
按登记注册类型分	**By Registration**					
内资企业	Domestic-funded	5163	1135966	318099	11490	33701
国有企业	State-owned	280	31470	7336		
集体企业	Collective-owned	2	450	22		
股份合作企业	Cooperative Enterprise					
联营企业	Joint Ownership Enterprises					
有限责任公司	Limited Liability Corporations	2373	498333	184563	3494	9974
股份有限公司	Share Holding Limited Corporations	863	238809	39693	4428	17155
私营企业	Private Enterprises	1645	366904	86486	3568	6571
其他企业	Private Limited Liability Corporations					
港、澳、台商投资企业	Enterprises Funded by Hong Kong, Macao and Taiwan	148	45249	3729	98	105
合资经营企业	Joint-venture Enterprises	104	38048	1520	98	
合作经营企业	Cooperative Enterprises					
独资经营企业	Enterprises with Sole Funded from Hong Kong, Macao and Taiwan	22	5495	87		105
投资股份有限公司	Share-holding Corporations Ltd. with Investment from Hong Kong, Macao and Taiwan	22	1707	2122		
外商投资企业	Foreign Funded Enterprises	412	223145	382181	294515	550
中外合资经营企业	Joint-venture Enterprises	347	191170	367864	288736	520
中外合作经营企业	Cooperation Enterprises	21	8450	326		
外资企业	Enterprises with Sole Fund	37	21327	1532	5780	30
外商投资股份有限公司	Share-holding Corporations Ltd. with Foreign Investment	7	2199	12460		
按行业分	**By Sector**					
采矿业	Mining	92	7022	39571		2854
煤炭开采和洗选业	Mining and Washing of Coal	81	2250	33741		368
石油和天然气开采业	Extraction of Petroleum and Natural Gas					
黑色金属矿采选业	Mining and Processing of Ferrous Metal Ores	9	3012			
有色金属矿采选业	Mining and Processing of Non-Ferrous Metal Ores	1	538			
非金属矿采选业	Mining and Processing of Nonmetal Ores	1	1223	5830		2486
开采辅助活动	Mining Support Activities					
其他采矿业	Mining of Other Ores					

表18.18 续表 continued

单位：万元 (10 000 yuan)

项　目	Item	R&D项目数（项） Projects (unit)	研究与发展经费内部支出 Internal Expenses for R&D	技术改造经费支出 Expendi-tures for Technical Transfor - mation	技术引进经费支出 Expendi-tures for Technical Recom-mendation	购买境内技术用款 Purchases of Civil Technology
制造业	Manufacture	5548	1387775	650455	306104	31477
农副食品加工业	Processing of Food from Agricultural Products	39	18369	2215	125	35
食品制造业	Manufacture of Foods	28	15272	859	306	340
酒、饮料和精制茶制造业	Liquor, Beverage and Refined Tea	13	4627	13703		
烟草制品业	Manufacture of Tobacco					
纺织业	Manufacture of Textile	45	9163	3812		160
纺织服装、服饰业	Manufacture of Textile Wearing Apparel, Footware and Caps					
皮革、毛皮、羽毛及其制品和制鞋业	Manufacture of Leather, Fur, Feather and Related Products	4	192	120		88
木材加工和木、竹、藤、棕、草制品业	Processing of Timber, Manufacture of Wood, Bamboo, Rattan, Palm and Straw Products			195		
家具制造业	Manufacture of Furniture	7	5114			
造纸和纸制品业	Manufacture of Paper and Paper	12	5663			
印刷和记录媒介复制业	Printing, Reproduction of Recording Media	10	1831	1276		
文教、工美、体育和娱乐用品制造业	Manufacture of Culture, Education, Handicraft, Fine Arts, Sports and Entertainment Articles	9	1870	250		330
石油加工、炼焦和核燃料加工业	Processing of Petroleum, Coking, Processing of Nuclear Fuel	25	2075	688	328	
化学原料和化学制品制造业	Manufacture of Raw Chemical Materials and Chemical Products	255	73453	31821		107
医药制造业	Manufacture of Medicines	495	70003	38200	785	3129
化学纤维制造业	Manufacture of Chemical Fibers	2	493			
橡胶和塑料制品业	Manufacture of Rubber and Plastics	54	18831	1234	3582	
非金属矿物制品业	Manufacture of Non-metallic Mineral Products	206	36590	9595	54	
黑色金属冶炼和压延加工业	Smelting and Pressing of Ferrous Metals	112	35538	9097		1545
有色金属冶炼和压延加工业	Smelting and Pressing of Nonferrous Metals	208	48912	37863		300
金属制品业	Manufacture of Metal Products	28	8645	201		
通用设备制造业	Manufacture of General Purpose Machinery	384	75537	12727	6201	293
专用设备制造业	Manufacture of Special Purpose Machinery	453	53931	15838	400	
汽车制造业	Manufacture of Motor Vehicles	1395	533745	420860	289598	19918
铁路、船舶、航空航天和其他运输设备制造业	Manufacture of Railway, Ship, Aviation and Other Transporting Equipment	1133	214078	41024	3832	4229
电气机械和器材制造业	Manufacture of Electrical Machinery and Equipment	223	58271	2457	750	410
计算机、通信和其他电子设备制造业	Manufacture of Communication Equipment, Computers and Other Electronic Equipment	97	35583	1820	98	253
仪器仪表制造业	Manufacture of Measuring Instruments and Machinery for Cultural Activity and Office Work	167	25336	2133	46	
其他制造业	Other Manufacture	49	6834	32		
废弃资源综合利用业	Comprehensive Utilization of Waste Resources	95	27819	2436		340
金属制品、机械和设备修理业	Repair of Metal Products, Machinery and Equipment					
电力、热力、燃气及水生产和供应业	Production and Supply of Electric Power, Heat Power and Gas	83	9563	13984		25
电力、热力生产和供应业	Production and Supply of Electric Power and Heat Power	80	9504	13984		25
燃气生产和供应业	Production and Supply of Gas	3	59			
水的生产和供应业	Production and Supply of Water					

表18.19 规模以上工业企业R&D活动经费支出与项目情况（2014年）
EXPENDITURE AND PROJECTS OF SCIENTIFIC & TECHNOLOGICAL ACTIVITIES OF INDUSTRIAL ENTERPRISES ABOVE DESIGNATED SIZE (2014)

单位：万元 (10 000 yuan)

项　目	Item	R&D项目数（项） Projects (unit)	研究与发展经费内部支出 Internal Expenses for R&D	技术改造经费支出 Expendi-tures for Technical Transfor - mation	技术引进经费支出 Expendi-tures for Technical Recom-mendation	购买境内技术用款 Purchases of Civil Technology
总　计	**Total**	**7879**	**1664720**	**743659**	**315610**	**35497**
按隶属关系分	**By Relationship**					
中　央	Central	1516	481640	465645	284133	14228
地　方	Local	6363	1183079	278014	31477	21270
按登记注册类型分	**By Registration**					
内资企业	Domestic-funded	7202	1380730	357414	11893	34843
国有企业	State-owned	299	33347	7396		20
集体企业	Collective-owned	2	450	22		
股份合作企业	Cooperative Enterprise	3	260			
联营企业	Joint Ownership Enterprises					
有限责任公司	Limited Liability Corporations	3344	587093	196902	3502	10205
股份有限公司	Share Holding Limited Corporations	958	257219	42371	4428	17383
私营企业	Private Enterprises	2594	502214	110724	3963	7234
其他企业	Private Limited Liability Corporations	2	146			
港、澳、台商投资企业	Enterprises Funded by Hong Kong, Macao and Taiwan	198	52522	3729	98	105
合资经营企业	Joint-venture Enterprises	136	43792	1520	98	
合作经营企业	Cooperative Enterprises					
独资经营企业	Enterprises with Sole Funded from Hong Kong,Macao and Taiwan	40	7024	87		105
投资股份有限公司	Share-holding CorporationsLtd. with Investment from Hong Kong, Macao and Taiwan	22	1707	2122		
外商投资企业	Foreign Funded Enterprises	479	231468	382516	303619	550
中外合资经营企业	Joint-venture Enterprises	407	198244	368164	297839	520
中外合作经营企业	Cooperation Enterprises	21	8450	326		
外资企业	Enterprises with Sole Fund	44	22575	1567	5780	30
外商投资股份有限公司	Share-holding Corporations Ltd. with Foreign Investment	7	2199	12460		
按行业分	**By Sector**					
采矿业	Mining	94	8242	39631		2854
煤炭开采和洗选业	Mining and Washing of Coal	81	2250	33741		368
石油和天然气开采业	Extraction of Petroleum and Natural Gas	2	1220			
黑色金属矿采选业	Mining and Processing of Ferrous Metal Ores	9	3012	60		
有色金属矿采选业	Mining and Processing of Non-Ferrous Metal Ores	1	538			
非金属矿采选业	Mining and Processing of Nonmetal Ores	1	1223	5830		2486
开采辅助活动	Mining Support Activities					
其他采矿业	Mining of Other Ores					

表18.19 续表 continued

单位：万元 (10 000 yuan)

项　目	Item	R&D项目数（项） Projects (unit)	研究与发展经费内部支出 Internal Expenses for R&D	技术改造经费支出 Expendi-tures for Technical Transfor-mation	技术引进经费支出 Expendi-tures for Technical Recom-mendation	购买境内技术用款 Purchases of Civil Technology
制造业	Manufacture	7688	1646256	688606	315610	32618
农副食品加工业	Processing of Food from Agricultural Products	73	26693	4203	125	263
食品制造业	Manufacture of Foods	47	19012	860	306	340
酒、饮料和精制茶制造业	Liquor, Beverage and Refined Tea	28	8972	14413		
烟草制品业	Manufacture of Tobacco					
纺织业	Manufacture of Textile	51	12308	4249		160
纺织服装、服饰业	Manufacture of Textile Wearing Apparel, Footware and Caps	5	20	202		
皮革、毛皮、羽毛及其制品和制鞋业	Manufacture of Leather, Fur, Feather and Related Products	4	192	120		88
木材加工和木、竹、藤、棕、草制品业	Processing of Timber, Manufacture of Wood, Bamboo, Rattan, Palm and Straw Products	3	1028	389		6
家具制造业	Manufacture of Furniture	8	5243			
造纸和纸制品业	Manufacture of Paper and Paper	20	7763			
印刷和记录媒介复制业	Printing, Reproduction of Recording Media	15	3319	1308		
文教、工美、体育和娱乐用品制造业	Manufacture of Culture, Education, Handicraft, Fine Arts, Sports and Entertainment Articles	10	2378	330		330
石油加工、炼焦和核燃料加工业	Processing of Petroleum, Coking, Processing of Nuclear Fuel	36	10065	758	328	
化学原料和化学制品制造业	Manufacture of Raw Chemical Materials and Chemical Products	337	91306	32160		190
医药制造业	Manufacture of Medicines	609	82984	39353	785	3335
化学纤维制造业	Manufacture of Chemical Fibers	2	493			
橡胶和塑料制品业	Manufacture of Rubber and Plastics	125	27135	2104	3582	
非金属矿物制品业	Manufacture of Non-metallic Products	269	52084	19267	54	9
黑色金属冶炼和压延加工业	Smelting and Pressing of Ferrous	132	42069	14929		1545
有色金属冶炼和压延加工业	Smelting and Pressing of Nonferrous Metals	236	61796	42305		300
金属制品业	Manufacture of Metal Products	111	17511	843		
通用设备制造业	Manufacture of General Purpose	529	95801	13961	6208	316
专用设备制造业	Manufacture of Special Purpose	568	75301	16279	2136	25
汽车制造业	Manufacture of Motor Vehicles	1714	572793	427866	297032	20074
铁路、船舶、航空航天和其他运输设备制造业	Manufacture of Railway, Ship, Aviation and Other Transporting Equipment	1322	227348	41315	3882	4279
电气机械和器材制造业	Manufacture of Electrical Machinery and Equipment	337	76616	4346	1029	746
计算机、通信和其他电子设备制造业	Manufacture of Communication Equipment, Computers and Other Electronic Equipment	611	51865	1820	98	253
仪器仪表制造业	Manufacture of Measuring Instruments and Machinery for Cultural Activity and Office Work	339	39506	2634	46	20
其他制造业	Other Manufacture	49	6834	157		
废弃资源综合利用业	Comprehensive Utilization of Waste Resources	98	27822	2436		340
金属制品、机械和设备修理业	Repair of Metal Products, Machinery and Equipment					
电力、热力、燃气及水生产和供应业	Production and Supply of Electric Power, Heat Power and Gas	97	10221	15422		25
电力、热力生产和供应业	Production and Supply of Electric Power andHeatPower	94	10162	15326		25
燃气生产和供应业	Production and Supply of Gas	3	59			
水的生产和供应业	Production and Supply of Water			96		

表18.20 大中型工业企业新产品开发情况（2014年）

NEW PRODUCTS DEVELOPMENT OF LARGE & MEDIUM-SIZED INDUSTRIAL ENTERPRISES (2014)

单位：万元 (10 000 yuan)

项　目	Item	新产品项目数（项） Projects of New Products (unit)	新产品开发经费支出 Development Funds of New Products	新产品产值 Output Value of New Products	新产品销售收入 Sales Revenue of New Products	其中 of which #新产品出口 Exports of New Products
总　计	**Total**	**5853**	**1587440**	**33289011**	**33885785**	**3804998**
按隶属关系分	**By Relationship**					
中　央	Central	1413	531032	12680527	13997005	167190
地　方	Local	4440	1056408	20608484	19888779	3637808
按登记注册类型分	**By Registration**					
内资企业	Domestic-funded	5184	1268837	18911887	19688643	1071630
国有企业	State-owned	291	39136	264378	253499	14724
集体企业	Collective-owned	4	562	1469	1452	
股份合作企业	Cooperative Enterprise					
联营企业	Joint Ownership Enterprises					
有限责任公司	Limited Liability Corporations	2169	498000	6670273	6441269	485945
股份有限公司	Share Holding Limited Corporations	919	270119	4197261	5469541	134950
私营企业	Private Enterprises	1801	461020	7778506	7522882	436011
其他企业	Private Limited Liability Corporations					
港、澳、台商投资企业	Enterprises Funded by Hong Kong, Macao and Taiwan	190	52036	792754	666139	109283
合资经营企业	Joint-venture Enterprises	139	43485	622203	493590	29730
合作经营企业	Cooperative Enterprises					
独资经营企业	Enterprises with Sole Funded from Hong Kong, Macao and Taiwan	26	6461	120518	118623	27541
投资股份有限公司	Share-holding Corporations Ltd. with Investment from Hong Kong, Macao and Taiwan	25	2089	50033	53926	52013
外商投资企业	Foreign Funded Enterprises	479	266568	13584370	13531003	2624085
中外合资经营企业	Joint-venture Enterprises	397	242101	10239110	10152415	138503
中外合作经营企业	Cooperation Enterprises	29	6713	150803	190346	13508
外资企业	Enterprises with Sole Fund	45	15865	3136627	3130621	2472075
外商投资股份有限公司	Share-holding Corporations Ltd. with Foreign Investment	8	1890	57830	57621	
按行业分	**By Sector**					
采矿业	Mining	27	3869	3691	3534	
煤炭开采和洗选业	Coal Mining and Dressing	18	555	2144	2144	
石油和天然气开采业	Petroleum and Natural Gas Extraction					
黑色金属矿采选业	Ferrous Metals Mining and Dressing	7	1553			
有色金属矿采选业	Nonferrous Metals Mining and Dressing	1	538			
非金属矿采选业	Nonmetal Minerals Mining and Dressing	1	1223	1547	1390	
开采辅助活动	Other Minerals Mining					
其他采矿业	Manufacturing					

表18.20 续表 continued

单位：万元 (10 000 yuan)

项　目	Item	新产品项目数（项） Projects of New Products (unit)	新产品开发经费支出 Development Funds of New Products	新产品产值 Output Value of New Products	新产品销售收入 Sales Revenue of New Products	其中 of which #新产品出口 Exports of New Products
制造业	Manufacture	5804	1574782	33163508	33760439	3804998
农副食品加工业	Processing of Food from Agricultural Products	52	23029	612948	582308	2666
食品制造业	Manufacture of Foods	26	15149	83843	36780	
酒、饮料和精制茶制造业	Liquor, Beverages and Refined Tea	17	4969	170586	166114	
烟草制品业	Manufacture of Tobacco	3	1682	22255	23889	
纺织业	Manufacture of Textile	47	10021	245293	239470	21282
纺织服装、服饰业	Manufacture of Textile Wearing Apparel, Footwear and Caps	1	250	980	950	
皮革、毛皮、羽毛及其制品和制鞋业	Manufacture of Leather, Fur, Feather and Related Products	9	2280	24256	23814	5680
木材加工和木、竹、藤、棕、草制品业	Processing of Timber, Manufacture of Wood, Bamboo, Rattan, Palm and Straw Products	7	868	4036	3255	
家具制造业	Manufacture of Furniture	6	4436	3000	1000	321
造纸和纸制品业	Manufacture of Paper and Paper Products	15	6513	102846	96300	620
印刷和记录媒介复制业	Printing, Reproduction of Recording Media	10	1944	7216	7182	
文教、工美、体育和娱乐用品制造业	Manufacture of Culture, Education, Handicraft, Fine Arts, Sports and Entertainment Articles	7	1872	41215	40101	10121
石油加工、炼焦和核燃料加工业	Processing of Petroleum, Coking, Processing of Nuclear Fuel	22	1960	11896	9867	
化学原料和化学制品制造业	Manufacture of Raw Chemical Materials and Chemical Products	217	60077	1250219	1200723	44199
医药制造业	Manufacture of Medicines	481	61348	821467	730630	66546
化学纤维制造业	Manufacture of Chemical Fibers	2	493			
橡胶和塑料制品业	Manufacture of Rubber and Plastics	63	23370	543426	518977	1511
非金属矿物制品业	Manufacture of Non-metallic Mineral Products	216	43068	674275	639153	61178
黑色金属冶炼和压延加工业	Smelting and Pressing of Ferrous Metals	58	60120	1019195	956797	69359
有色金属冶炼和压延加工业	Smelting and Pressing of Nonferrous Metals	190	45320	699850	728873	23785
金属制品业	Manufacture of Metal Products	33	10029	157885	168632	5524
通用设备制造业	Manufacture of General Purpose Machinery	496	87934	875331	918431	89898
专用设备制造业	Manufacture of Special Purpose Machinery	415	53057	630040	603352	17378
汽车制造业	Manufacture of Motor Vehicles	1320	610765	16591416	17786000	332260
铁路、船舶、航空航天和其他运输设备制造业	Manufacture of Railway, Ship, Aviation and Other Transporting Equipment	1291	266740	3456786	3210644	466370
电气机械和器材制造业	Manufacture of Electrical Machinery and Equipment	228	48815	1581027	1536783	57272
计算机、通信和其他电子设备制造业	Manufacture of Communication Equipment, Computers and Other Electronic Equipment	201	58617	2917233	2915740	2511361
仪器仪表制造业	Manufacture of Measuring Instruments and Machinery for Cultural Activity and Office Work	186	29764	376417	378334	17317
其他制造业	Other Manufacture	80	8200	61432	57492	335
废弃资源综合利用业	Comprehensive Utilization of Waste Resources	105	32095	177142	178848	16
金属制品、机械和设备修理业	Repair of Metal Products, Machinery and Equipment					
电力、热力、燃气及水生产和供应业	Production and Supply of Electric Power, Heat Power and Gas	22	8789	121811	121811	
电力、热力生产和供应业	Production and Supply of Electric Power and Heat Power	19	8730	121811	121811	
燃气生产和供应业	Production and Supply of Gas	3	59			
水的生产和供应业	Production and Supply of Water					

表18.21 规模以上工业企业新产品开发情况（2014年）

NEW PRODUCTS DEVELOPMENT OF INDUSTRIAL ENTERPRISES ABOVE DESIGNATED SIZE (2014)

单位：万元 (10 000 yuan)

项　目	Item	新产品项目数（项） Projects of New Products (unit)	新产品开发经费支出 Development fund of New Products	新产品产值 Output Value of New Products	新产品销售收入 Sales Revenue of New Products	其　中 of which #新产品出口 Exports of New Products
总　计	**Total**	**8580**	**1863801**	**35702060**	**36107819**	**3873757**
按隶属关系分	**By Relationship**					
中　央	Central	1485	538070	12809770	14126353	167190
地　方	Local	7095	1325732	22892290	21981466	3706567
按登记注册类型分	**By Registration**					
内资企业	Domestic-funded	7800	1531573	21139737	21740254	1138993
国有企业	State-owned	310	40451	371386	361664	14724
集体企业	Collective-owned	4	562	1469	1452	
股份合作企业	Cooperative Enterprise	4	583	1139	1135	
联营企业	Joint Ownership Enterprises					
有限责任公司	Limited Liability Corporations	3523	595189	7102521	6858008	512178
股份有限公司	Share Holding Limited Corporations	1022	291551	4315450	5578888	135309
私营企业	Private Enterprises	2933	602996	9347052	8938891	476782
其他企业	Private Limited Liability Corporations	4	241	720	216	
港、澳、台商投资企业	Enterprises Funded by Hong Kong, Macao and Taiwan	243	56579	913510	775326	110382
合资经营企业	Joint-venture Enterprises	168	46591	714958	577301	30829
合作经营企业	Cooperative Enterprises					
独资经营企业	Enterprises with Sole Funded from Hong Kong, Macao and Taiwan	50	7899	148519	144099	27541
投资股份有限公司	Share-holding Corporations Ltd. with Investment from Hong Kong, Macao and Taiwan	25	2089	50033	53926	52013
外商投资企业	Foreign Funded Enterprises	537	275649	13648813	13592239	2624382
中外合资经营企业	Joint-venture Enterprises	446	248814	10293234	10203676	138800
中外合作经营企业	Cooperation Enterprises	29	6713	150803	190346	13508
外资企业	Enterprises with Sole Fund	54	18232	3146946	3140596	2472075
外商投资股份有限公司	Share-holding Corporations Ltd. with Foreign Investment	8	1890	57830	57621	
按行业分	**By Sector**					
采矿业	Mining	27	3869	108280	108123	
煤炭开采和洗选业	Mining and Washing of Coal	18	555	2144	2144	
石油和天然气开采业	Extraction of Petroleum and Natural Gas			104589	104589	
黑色金属矿采选业	Mining and Processing of Ferrous Metal Ores	7	1553			
有色金属矿采选业	Mining and Processing of Non-Ferrous Metal Ores	1	538			
非金属矿采选业	Mining and Processing of Nonmetal Ores	1	1223	1547	1390	
开采辅助活动	Mining Support Activities					
其他采矿业	Mining of Other Ores					

表18.21 续表 continued

单位：万元 (10 000 yuan)

项 目	Item	新产品项目数（项） Projects of New Products (unit)	新产品开发经费支出 Development funds of New Products	新产品产值 Output Value of New Products	新产品销售收入 Sales Revenue of New Products	其中 of which #新产品出口 Exports of New Products
制造业	Manufacture	8522	1848753	35469958	35875874	3873757
农副食品加工业	Processing of Food from Agricultural Products	93	31474	785377	749456	3279
食品制造业	Manufacture of Foods	52	19405	88433	41112	350
酒、饮料和精制茶制造业	Liquor, Beverages and Refined Tea	37	12146	252904	236955	
烟草制品业	Manufacture of Tobacco	3	1682	22255	23889	
纺织业	Manufacture of Textile	53	13166	264132	256696	24782
纺织服装、服饰业	Manufacture of Textile Wearing Apparel, Footwear and Caps	6	270	11980	11950	
皮革、毛皮、羽毛及其制品和制鞋业	Manufacture of Leather, Fur, Feather and Related Products	13	2400	38622	38179	5680
木材加工和木、竹、藤、棕、草制品业	Processing of Timber, Manufacture of Wood, Bamboo, Rattan, Palm and Straw Products	14	2883	43531	38581	
家具制造业	Manufacture of Furniture	10	5433	6698	4686	321
造纸和纸制品业	Manufacture of Paper and Paper Products	31	9642	115965	109420	620
印刷和记录媒介复制业	Printing, Reproduction of Recording Media	10	1944	38893	34223	
文教、工美、体育和娱乐用品制造业	Manufacture of Culture, Education, Handicraft, Fine Arts, Sports and Entertainment Articles	8	2003	47149	45984	10121
石油加工、炼焦和核燃料加工业	Processing of Petroleum, Coking, Processing of Nuclear Fuel	36	11147	79846	76538	
化学原料和化学制品制造业	Manufacture of Raw Chemical Materials and Chemical Products	284	73191	1358371	1283528	45327
医药制造业	Manufacture of Medicines	631	77705	984822	899446	73409
化学纤维制造业	Manufacture of Chemical Fibers	2	493			
橡胶和塑料制品业	Manufacture of Rubber and Plastics	167	31978	609791	587886	1511
非金属矿物制品业	Manufacture of Non-metallic Mineral Products	275	59412	805209	754918	61178
黑色金属冶炼和压延加工业	Smelting and Pressing of Ferrous Metals	85	66264	1115016	1045898	69359
有色金属冶炼和压延加工业	Smelting and Pressing of Nonferrous Metals	215	53834	761663	766180	24981
金属制品业	Manufacture of Metal Products	111	18391	216052	226863	6421
通用设备制造业	Manufacture of General Purpose Machinery	624	109863	987611	1014199	90317
专用设备制造业	Manufacture of Special Purpose Machinery	633	77878	829191	783764	21796
汽车制造业	Manufacture of Motor Vehicles	1683	652917	16816940	17997063	332468
铁路、船舶、航空航天和其他运输设备制造业	Manufacture of Railway, Ship, Aviation and Other Transporting Equipment	1500	284355	3593931	3318905	488185
电气机械和器材制造业	Manufacture of Electrical Machinery and Equipment	345	64367	1757920	1712826	73539
计算机、通信和其他电子设备制造业	Manufacture of Communication Equipment, Computers and Other Electronic Equipment	1062	79876	3038522	3027073	2521190
仪器仪表制造业	Manufacture of Measuring Instruments and Machinery for Cultural Activity and Office Work	354	44343	555622	549362	18571
其他制造业	Other Manufacture	80	8200	66372	61449	335
废弃资源综合利用业	Comprehensive Utilization of Waste Resources	105	32095	177142	178848	16
金属制品、机械和设备修理业	Repair of Metal Products, Machinery and Equipment					
电力、热力、燃气及水生产和供应业	Production and Supply of Electric Power, Heat Power and Gas	31	11179	123821	123821	
电力、热力生产和供应业	Production and Supply of Electric Power and Heat Power	27	9373	123821	123821	
燃气生产和供应业	Production and Supply of Gas	4	1806			
水的生产和供应业	Production and Supply of Water					

表18.22 专利申请受理量及专利授权量（2013－2014年）
PATENT APPLICATIONS ACCEPTED AND GRANTED (2013-2014)

单位：件 (pcs)

项　目	Item	申请受理量 Applications Accepted		专利授权量 Applications Granted	
		2013	2014	2013	2014
总　计	**Total**	**49036**	**55298**	**24828**	**24312**
按种类分	**By Type**				
发　明	Inventions	12562	19418	2360	2321
实用新型	Utility Models	24865	25114	16623	15885
外观设计	Designs	11609	10766	5845	6106
按对象分	**By Applicant**				
个　人	Individuals	15486	9722	8448	4197
大专院校	Universities and Colleges	3685	3535	2105	1950
科研单位	Research Institutions	905	863	590	402
工矿企业	Industrial and Mineral Enterprises	27589	40039	13297	17330
机关团体	Government Agencies and Organizations	1371	1139	388	433

注：2013年专利申请受理量做了调整。
Note: The data of patent accepted in 2013 has been adjusted.

表18.23 图书发行流转及销售情况（2013－2014年）
STATISTICS ON PUBLICATION, CIRCULATION AND SALES OF BOOKS (2013-2014)

单位：万册、万元 (10 000 copies, 10 000 yuan)

项　目	Item	册　数 Number of Books		金　额 Value	
		2013	2014	2013	2014
购　进	**Purchases**	**89030**	**90507**	**484056**	**491232**
销　售	**Sales**	**90947**	**89767**	**499853**	**493462**
零　售	Retail	31108	30529	187792	183247
区　县	Districts and County	19883	18997	112764	108625
县以下	Below County	11225	11532	75028	74622
批　发	Wholesale	59839	59238	312061	310215
区　县	Districts and County	38991	38001	260994	259881
县以下	Below County	20848	21237	51067	50334
库　存	**Inventory**	**2731**	**5388**	**26235**	**39802**

表18.24 规模以上工业企业专利主要指标（2013–2014年）

MAJOR INDICATORS ON THE PATENTS OF INDUSTRIAL ENTERPRISES ABOVE DESIGNATED SIZE (2013-2014)

指 标	Item	2013	2014
有专利申请的企业数（个）	Number of Enterprises with Patent Application (unit)	533	598
有专利授权的企业数（个）	Number of Enterprises with Patent Granted (unit)	492	537
拥有有效专利的企业数（累计值）（个）	Number of Enterprises with Valid Patent (cumulative value) (unit)	601	641
专利授权量（项）	Number of Patents Granted (unit)	6751	7620
专利投入（亿元）	Investment in Patent (100 million yuan)	28	32
专利许可收入（亿元）	Revenue from Patent License (100 million yuan)	20	26
专利转让收入（亿元）	Revenue from Patent Transfer (100 million yuan)	1	1
专利产品类别数量（类）	Number of Patent Categories (category)	13850	14273
专利产品产值（亿元）	Output Value of Patented Products (100 million yuan)	2346	2556
#自主研发专利产品产值	Output Value of Self-developed Patented Products	2206	2402
技术引进专利产品产值	Output Value of Imported Patented Products	140	154
#出口专利产品产值	Output Value of Exported Patented Products	69	96
专利产品销售收入（亿元）	Sales Revenue of Patented Products (100 million yuan)	2075	2328
#自主研发专利产品销售收入	Sales Revenue of Self-developed Patented Products	1894	2225
技术引进专利产品销售收入	Sales Revenue of Imported Patented Products	181	102
#出口专利产品销售收入	Sales Revenue of Exported Patented Products	82	91
被许可的有效专利量（项）	Number of Licensed Patents (unit)	1751	2333
被许可生产的专利产品产值（当年价格）（亿元）	Output Value of the Patented Products Permitted for Production (current price) (100 million yuan)	146	204
被许可生产的专利产品销售收入（亿元）	Sales Revenue of the Patented Products Permitted for Production (100 million yuan)	144	186

表18.25 各类技术合同签定及执行情况（2014年）
SIGNING AND IMPLEMENTATION OF TECHNICAL CONTRACTS BY TYPE (2014)

项 目	Item	合同数（项）Number of Contracts (item)	合同成交金额（万元）Value of Contracts (10 000 yuan)	其 中 of which	
				#技术交易额（万元）Technology Transaction Value (10 000 yuan)	技术交易额比重(%) As Percentage of Contract Value (%)
总 计	**Total**	**4072**	**1753505.69**	**654304.05**	**37.3**
技术开发	Technical Development	2178	901976.42	300587.23	33.3
技术转让	Technical Transfer	1007	151914.84	146674.04	96.6
技术咨询	Technical Consultation	224	32196.21	31908.21	99.1
技术服务	Technical Services	663	667418.22	175134.57	26.2

表18.26 新闻出版机构和人员数（2013－2014年）
NUMBER OF INSTITUTIONS AND PERSONS ENGAGED IN PRESS AND PUBLICATION (2013-2014)

单位：个、人 (unit, person)

指 标	Item	2013	2014
书刊出版社	**Publishing Houses**		
机构数	Institutions	3	3
从业人员	Personnel	2089	1802
书刊印刷厂	**Printing Houses**		
机构数	Institutions	86	89
从业人员	Personnel	8386	8475
国有书店	**State-owned Book Stores**		
机构数	Institutions	267	267
从业人员	Personnel	2603	2485

表18.27 地震监测情况（1997－2014年）
SITUATION OF EARTHQUAKE MONITORING (1997-2014)

单位：个 (unit)

年份 Year	地震台数总数 Number of Seismic Stations	其中 of which 国家级台 Number of National Stations	省级台 Number of Provincial Stations	市、县级台 Number of Municipality/County-level Stations	企业台 Number of Enterprise Stations	强震观测点 Number of Strong Motion Observation Spots	宏观观测点 Number of Macro-observation Spots
1997	7	1		6			
1998	7	1		6			
1999	8	1		7			
2000	8	1		7			
2001	8	1		7			
2002	8	1		7			
2003	7	1		6			
2004	7	1		6			
2005	7	1		6			
2006	7	1		6			
2007	15	1	13			1	
2008	44	1	35		6	2	
2009	44	1	35		6	2	
2010	44	1	35		6	2	
2011	44	1	35		6	2	
2012	44	1	35		6	2	
2013	45	1	33	4	7	34	
2014	45	1	33	4	7	34	

注：2013年的数据做了调整。
Note: The data of 2013 has been adjusted.

表18.28 图书、杂志和报纸出版情况（2013－2014年）
PUBLICATION OF BOOKS, MAGAZINES AND NEWSPAPERS (2013-2014)

指　标	Item	2013	2014
图　书	**Books Published**		
种　数（种）	Number of Publications (kind)	5329	7505
总印数（万册、万张）	Printed Copies (10 000 copies)	14775	15008
总印张数（万印张）	Printed Sheets (10 000 sheets)	93492	99597
期　刊	**Magazines Published**		
种　数（种）	Number of Publications (kind)	135	136
每期平均印数（万册）	Average Printed Copies Per Issue (10 000 copies)	264	270
总印数（万册）	Printed Copies (10 000 copies)	5682	5788
总印张数（万印张）	Printed Sheets (10 000 sheets)	34890	35652
报　纸	**Newspapers Published**		
种　数（种）	Number of Publications (kind)	26	26
每期平均印数（万份）	Average Printed Copies Per Issue (10 000 copies)	300	308
总印数（万份）	Printed Copies (10 000 copies)	62772	63828
总印张数（万印张）	Printed Sheets (10 000 sheets)	319955	326566

表18.29 气象业务站点及观测项目情况 (1997–2014年)

STATUS OF OPERATIONAL METEOROLOGICAL STATIONS AND THEIR OBSERVATION ITEMS (1997-2014)

年 份 Year	地面观测业务 Surface Observation Stations	高空探测业务 Upper-air Observation Stations	自动气象站 Automatic Weather Stations	天气雷达观测业务 Weather Radar Observation Stations	大气成分观测业务 Atmospheric Composition Observation Stations	农业气象观测业务 Agro-Meteorological Observation Stations
1997	35	1		1		13
1998	35	1		1		13
1999	35	1				13
2000	35	1		1		13
2001	35	1		1		13
2002	35	1		1		13
2003	35	1		1		13
2004	35	1	63	1		13
2005	35	1	83	1		13
2006	35	1	109	1		13
2007	35	1	257	2		13
2008	35	1	302	3		13
2009	35	1	41	3		13
2010	35	1	41	3		13
2011	35	1	655	3		13
2012	35	1	356	4	1	13
2013	35	1	1759	3		13
2014	35	1	1924	4	1	13

注：2013年的数据做了调整。
Note: The data of 2013 has been adjusted.

单位：个 (unit)

生态与农业气象试验业务 Eco- & Agro-Meteorological Observation Stations	大气本底站 Atmospheric Background Stations	闪电定位监测业务 Lightning Position Monitoring Stations	太阳辐射观测业务 Solar Radiation Observation Stations	紫外线观测业务 UV Observation	酸雨观测业务 Acid Rain Observation	臭氧观测业务 Ozone Observation	卫星云图接收业务 Satellite Cloud Images Receiving Stations
			1		4		1
			1		4		1
			1		4		1
			1		4		1
			1		4		1
			1		4		1
			1		4		1
			1	1	35		1
		5	1	1	35		1
		5	1	1	35		1
		5	1	1	35		1
		5	1	1	35		1
		5	1	1	35		1
		5	1	1	35		1
		5	1	1	35		1
1		5	1	1	35		1
		5	1	1	35		1
		5	1	1	35		1

表18.30 出入境货物检验检疫情况(2000–2014年)

GENERAL STATISTICS ON ENTRY-EXIT INSPECTION AND QUARANTINE OF FREIGHT BY REGION (2000-2014)

年份 Year	总计 Total 批次(批) Number of Batch(batch-time)	其中 of which #不合格 Disqualification	货值(万美元) Value (USD10 000)	其中 of which #不合格 Disqualification	工业品检验检疫 Commodity 批次(批) Number of Batch (batch-time)	其中 of which #不合格 Disqualification	货值(万美元) Value (USD10 000)	其中 of which #不合格 Disqualification	动物及动物产品检验检疫 批次(批) Number of Batch(batch-time)	其中 of which #不合格 Disqualification
2000	2987		26596.0		2133		24127.0		236	
2001	9938	5	70661.0	5.0	6408	1	61387.0	2.0	688	
2002	15677	2	74226.0	2.0	11034	1	62681.0	1.0	915	
2003	23890	7	97518.0	3.0	18885	4	84619.0	2.0	794	
2004	31962	17	173805.6	42.8	26860	14	157978.9	42.1	904	
2005	37696	58	208881.3	614.0	32482	57	191906.9	613.6	1055	
2006	36237	97	235993.8	1225.1	31028	97	219022.0	1225.1	1071	
2007	41441	92	318190.5	1317.7	36342	90	299003.2	1311.2	1041	
2008	44031	49	402115.6	806.9	38708	46	375530.7	797.3	902	
2009	34464	88	247022.3	506.2	28888	85	220520.3	496.6	1157	
2010	46618	52	412828.8	362.3	40834	49	376319.9	346.6	1246	
2011	53130	115	540133.8	4332.4	47308	97	498822.5	4130.7	1075	12
2012	66845	227	734526.5	4301.3	60513	190	692038.0	4126.3	1196	22
2013	65084	848	709122.5	11461.4	58479	709	671148.4	10887.3	1137	13
2014	31549	1383	358714.0	13929.3	25022	1048	318699.0	12027.2	928	42

Animal and Its Products		植物及植物产品检验检疫		Plant and Its Products		食品及化妆品检验检疫		Food and Cosmetics	
货值（万美元）Value (USD10 000)	其中 of which #不合格 Disqualification	批次（批）Number of Batch(batch-time)	其中 of which #不合格 Disqualification	货值（万美元）Value (USD10 000)	其中 of which #不合格 Disqualification	批次（批）Number of Batch(batch-time)	其中 of which #不合格 Disqualification	货值（万美元）Value (USD10 000)	其中 of which #不合格 Disqualification
1139.0		109		350.0		509		980.0	
2997.0		433		2084.0		2409	4	4193.0	3.0
5186.0		430		1314.0		3298	1	5045.0	1.0
5513.0		497		2068.0		3714	3	5318.0	1.0
7510.4		465		2365.5		3733	3	5950.8	0.7
8372.4		514		2521.2		3645	1	6080.8	0.4
7480.2		485		3099.8		3653		6391.8	
7929.4		538		4442.6		3520	2	6815.3	6.5
10265.2		495		5720.1		3926	3	10599.6	9.6
9369.0		499	1	5336.1	4.7	3920	2	11796.9	4.9
9934.1		732	2	12007.2	15.1	3806	1	14567.6	0.6
10502.4	187.0	771	2	13470.5	10.8	3976	4	17338.4	3.9
10636.7	166.8	754		14011.2		4382	15	17840.6	8.2
8801.1	200.9	899	57	11792.7	160.2	4528	65	16944.8	212.9
7462.3	424.3	1855	143	18558.8	997.6	3683	148	13139.3	462.9

表18.31 文化机构和人员数（2013－2014年）
NUMBER AND PERSONNEL IN CULTURE AND CULTURAL RELICS INSTITUTIONS (2013-2014)

指　标	Item	2013	2014
机构数（个）	**Number of Institutions (unit)**	**1727**	**1807**
艺术业	Arts	458	527
#艺术表演团体	Art Performance Troupes	443	512
艺术表演场所	Art Performance Places	15	15
文物业	Cultural Relics	101	109
图书馆业	Public Libraries	43	43
群众文化服务业	Mass Culture Services	1038	1040
艺术教育业	Culture and Education	1	1
文艺科研	Art Research Institutions	1	1
其　他	Others	85	86
从业人员数（人）	**Number of Employed Persons (person)**	**17068**	**17346**
艺术业	Arts	7157	6852
#艺术表演团体	Art Performance Troupes	6762	6692
艺术表演场所	Art Performance Places	395	160
文物业	Cultural Relics	2307	2688
图书馆业	Public Libraries	852	869
群众文化服务业	Mass Culture Services	4663	4741
艺术教育业	Culture and Education	280	305
文艺科研	Art Research Institutions	36	37
其　他	Others	1773	1854

表18.32 公共图书馆情况（2013－2014年）
BASIC STATISTICS ON PUBLIC LIBRARIES (2013-2014)

项　目	Item	总　计 Total		其　中 of which #市　级 At Municipal Level	
		2013	2014	2013	2014
总藏量（万册、件）	Total Collections (10 000 volumes)	1128.85	1242.25	382.76	411.45
书架总长度（万米）	Total Monolayer Length of Bookshelves (10 000 meters)	30	30	4	4
有效借书证数（万个）	Number of Valid Library Cards (10 000 units)	37	58	12	30
图书流通情况	Circulation of Books				
总流通人次（万人次）	Total Number of Circulation (10 000 person-times)	1147	1221	305	343
书刊外借册次（万册次）	Number of Books Borrowed by Readers (10 000 volume-times)	969	990	124	126
总支出（万元）	Total Expenditure (10 000 yuan)	19947	21923	7150	7805
#藏量购置费	Purchase Expenses	2116	2218	661	803
本年新购藏量（万册）	Number of Books Purchased During Current Year (10 000 volumes)	107	119	31	40
实际使用房屋建筑面积（万平方米）	Floor Space of Public Buildings actually used (10 000 sq.m)	25.26	26.32	5.62	5.62
#书　库	Stack Rooms	4.94	5.15	1.07	1.07
阅览室座席（个）	Seating Capacity of Reading Rooms (seat)	17369	19177	2379	2379

注：图书总藏量的统计口径变化，不包含电子图书，2012年的数据做了调整。
Note: Due to the change of the statistic scope of the data of total collection of books, where the electronic books are excluded, the data of 2012 has been adjusted.

表18.33 文物业情况（2014年）
STATISTICS ON CULTURAL RELICS (2014)

项　目	Item	文物业 Cultural Relics	其　中 of which #博物馆 Museums	#文物保护管理机构 Protection and Management Agencies
藏　品（件）	Number of Collections (pcs)	717462	646125	36898
#一级品	Grade One	1359	1349	10
经费支出（万元）	Total Expenditure (10 000 yuan)	67408.40	53569.50	5924.70

表18.34 群众艺术馆和文化馆（站）情况（2014年）
MASS ART CENTERS AND CULTURAL CENTERS (2014)

项　目	Item	合　计 Total	其　中 of which 群众艺术馆 Mass Art Centers	文化馆 Cultural Centers	文化站 Cultural Stations
单位数（个）	Number of Units (unit)	1040	1	40	999
举办展览个数（个）	Conducting Exhibitions (unit)	3630	25	367	3238
组织文艺活动次数（次）	Art Performances (time)	15720	88	2732	12900
举办培训班班次（次）	Training Courses (time)	13701	350	4282	9069

表18.35 艺术表演团体演出情况（2014年）
BASIC STATISTICS ON ART PERFORMANCE TROUPES (2014)

种　类	Item	国内演出场数（万场） Number of Performances in China (10 000 show)	国内演出观众人数（万人次） Number of Spectators of the Performances in China (10 000 person-times)
总　计	**Total**	**6.12**	**1557.48**
按登记注册类型分	**By Registration**		
国　有	State-owned	0.20	229.89
集　体	Collective-owned		
其　他	Others	5.92	1327.59
按剧种分	**By Art Troupes**		
话剧、儿童剧、滑稽剧团	Drama, Plays for Children and Comedy Troupes	0.84	111.71
歌舞、音乐类	Song and Dance Troupes, Musicals	3.02	733.06
京剧、昆曲类	Peking Opera and Kunqu Opera	0.01	7.45
#京　剧	Peking Opera Troupes	0.01	7.45
地方戏曲类	Local Opera Troupes	0.06	82.21
杂技、魔术、马戏类	Acrobatics, Performing Magic and Circus Troupes	0.02	26.78
曲艺类	Folk Arts	0.07	23.30
综合性艺术表演团体	Comprehensive Art Performance	2.09	572.98

注：艺术表演团体统计口径调整为含系统内、系统外两部分。
Note: The scope of art performance troupes includes the troupes either inside or outside the public-owned system.

表18.36 广播电台、电视台情况（2013－2014年）
STATISTICS ON RADIO AND TV STATIONS (2013-2014)

项 目	Item	2013	2014
广播电台情况	**Statistics on Radio Stations**		
广播节目套数（套）	Number of Programs (set)	35	37
广播节目综合人口覆盖率（%）	Radio Coverage of Population (%)	98.30	98.44
中短波转播发射台（座）	Transmission and Relaying Stations of Medium and Short Wave Broadcast (unit)	5	5
中短波广播发射功率（千瓦）	Power of Transmitters of Medium and Short Wave Broadcast (kw)	120	120
调频转播发射台（座）	Number of Transmission and Relaying Stations of Frequency Modulation Broadcast (unit)	60	58
调频发射功率（千瓦）	Power of Transmitters of Frequency Modulation Broadcast (kw)	164	163
全年公共广播节目播出时间（小时）	Public Programs Broadcasting Hours of the Year (hour)	158143	167824
#新闻资讯	News Programs	40512	41743
专题服务	Special Subject Programs	40844	46248
综 艺	General Entertainment Programs	26977	24638
广播剧	TV Play Programs	15824	17643
广 告	Advertising Programs	9699	11607
电视台情况	**Statistics on TV Stations**		
电视节目套数（套）	Number of Programs (unit)	46	46
电视节目综合人口覆盖率（%）	TV Coverage of Population (%)	98.88	98.95
电视转播发射台（座）	Number of Broadcast-Television Stations (unit)	47	46
电视发射功率（千瓦）	Power of Television Transmitters (kw)	101	101
全年公共电视节目播出时间（小时）	Public Programs Broadcasting Hours of the Year (hour)	299695	295355
#新闻资讯	News Programs	36442	33951
专题服务	Special Subject Programs	57307	58687
综艺益智	General Entertainment Programs	21760	22531
影视剧	TV Play Programs	121922	114765
广 告	Advertising Programs	26102	27195

表18.37 产品质量监督抽查情况（2014年）
RESULTS OF SAMPLING CHECK UNDER SUPERVISION ON THE QUALITY OF PRODUCTS (2014)

产品名称	Name of Product	监督检验企业数（个） Number of Enterprises Supervised & Checked (unit)	检验批次（批次） Number of Batches Checked (batch-time)	合格批次（批次） Number of Conforming Batches (batch-time)	批次合格率（%） Rate of Conforming Batches (%)
总　计	**Total**	**6848**	**18755**	**17725**	**94.51**
食品包装容器工具	Food Packaging, Containers and Tools	254	955	930	97.38
食品用化工产品	Chemicals for Food Use	2	3	3	100.00
食品加工设备	Food Processing Equipment	1	4	2	50.00
纺织品	Textile Products	91	303	293	96.70
服　装	Garments	192	494	450	91.09
鞋　类	Footwear	277	432	415	96.06
家用纸制品	Paper Products for Household Use	123	269	197	73.23
婴幼儿用品	Baby Products	1	1	1	100.00
家用和类似用途电器	Electrical Appliances for Household and Similar Use	48	157	150	95.54
燃气用具	Gas Appliances	51	119	108	90.76
日用电器	Electrical Appliances for Daily Use	21	28	27	96.43
眼　镜	Glasses	642	1276	1226	96.08
日用化工品	Daily Chemicals	28	80	78	97.50
通用电器产品	General Electrical Appliances	16	38	38	100.00
皮革制品	Leather Products	3	9	9	100.00
家　具	Furniture	441	729	557	76.41
其它日用消费品	Other Products for Daily Use	46	173	171	98.84
铝合金建筑型材	Aluminum Alloy Building Profile	9	42	41	97.62
塑料型材	Plastic Profile	23	86	86	100.00
水　泥	Cement	76	381	381	100.00
水泥制品、混凝土制品	Cement and Concrete Products	390	925	913	98.70
墙体材料	Wall Materials	1292	3452	3348	96.99
建筑防水材料	Water-proof Building Material	29	93	83	89.25
建筑钢材	Structural Steel	168	677	639	94.39
人造板	Artificial Slabs	75	172	138	80.23
电缆电线	Cables and Wires	70	367	357	97.28
胶粘剂	Adhesive	17	37	28	75.68
油漆涂料	Paint	313	843	813	96.44
塑料管材及管件	Plastic Pipes and Fittings	63	312	290	92.95
建筑门窗	Building Doors and Windows	230	444	400	90.09
建筑保温材料	Building Thermal Insulation Materials	54	200	185	92.50
建筑脚手架钢管扣件	Steel Scaffold Fastener of Buildings	1	6	6	100.00
其他建筑装修材料	Other Building and Decoration Materials	271	521	485	93.09
肥　料	Chemical Fertilizers	58	238	229	96.22
农　药	Pesticides	12	54	52	96.30
农业机械	Agricultural Machinery	161	402	391	97.26

表18.37 续表 continued

产品名称	Name of Product	监督检验企业数（个）Number of Enterprises Supervised & Checked (unit)	检验批次（批次）Number of Batches Checked (batch-time)	合格批次（批次）Number of Conforming Batches (batch-time)	批次合格率（%）Rate of Conforming Batches (%)
农用薄膜	Film for Agricultural Use	3	8	8	100.00
包装产品（不含食品包装物、危化品包装物）	Packing Products (excluding packing of food and dangerous products)	181	404	392	97.03
电工器材及电力设备	Electrician Apparatus and Electric Equipment	51	129	127	98.45
工业用化工产品	Chemicals for Industrial Use	53	135	135	100.00
机械电子产品	Machinery and Electronic Products	289	491	481	97.96
能源产品	Energy Products	180	523	485	92.73
消防器材（消火栓）	Fire-fighting Apparatus (Fire Hydrant)	70	233	217	93.13
劳动防护用品	Labor Protection Articles	11	24	23	95.83
救生设备	Life Saving Equipment	1	1	1	100.00
摩擦、密封材料	Friction and Sealing Material	1	1	1	100.00
冶金产品	Metallurgic Products	137	292	276	94.52
工业用橡胶制品	Rubber Products for Industrial Use	28	54	54	100.00
工业用塑料制品	Plastic Products for Industrial Use	9	15	15	100.00
工业用玻璃制品	Glass Products for Industrial Use	81	222	219	98.65
安全防范产品	Products for Safety	8	11	11	100.00
广播电视传输设备	Radio and TV Transmission Equipment	5	11	11	100.00
通用设备	General Equipment	94	299	289	96.66
其它工业生产资料	Other Industrial Means of Production	6	8	8	100.00
车用防冻液	Anti-freeze Fluid for Automobiles	1	1	1	100.00
托盘搬运车	Pallet Trucks	12	23	23	100.00
机动车灯具	Luminaire of Automobiles	26	59	57	96.61
汽车摩托车用制动器衬片	Brake Linings of Automobiles and Motorcycles	10	20	20	100.00
汽车摩托车点火线圈	Ignition Coil for Automobiles and Motorcycles	2	2	2	100.00
汽车摩托车液压制动软管总成	Hydropower Braking Hose Assembly of Automobiles and Motorcycles	2	4	4	100.00
汽车及摩托车低压线及线束	Low-tension Wire and Wire Harness of Automobiles and Motorcycles	4	8	8	100.00
汽车内饰件	Interior Decoration of Automobiles	46	169	164	97.04
汽　车	Automobiles	17	21	21	100.00
摩托车	Motorcycles	31	114	99	86.84
发动机	Engines	30	57	57	100.00
汽车、摩托车的其他零部件和附件（摩托车发动机、汽车安全带、机动车后视镜、机动车用喇叭、汽车门锁及汽车门铰链、机动车燃油箱、汽车座椅及座椅头枕、机动车回复反射器等）	Other Components and Fittings of Automobiles Motorcycles (Motorcycle Engines, Automobile Safety Belt, Rearview Mirror, Horn, Door Lock and Hinge, Petroleum Tank, Seat and Headrest and Reflectors)	68	165	162	98.18
电信终端设备	Telecommunication Terminal Equipment	5	5	5	100.00
信息技术设备	IT Equipment	8	17	17	100.00
其它电子信息类产品	Other Electronic Information Products	5	5	5	100.00
包装桶（袋）	Packing Bucket (Bag)	38	78	76	97.44
玻璃钢罐体	FRP Tank	1	1	1	100.00
烟花爆竹	Firecrackers	57	482	409	84.85
其他危化品	Other Dangerous Chemicals	31	53	53	100.00
力学计量器具	Mechanics Metering Devices	25	29	29	100.00
其　他	Others	201	259	239	92.28

注：此统计数据不包含流通环节抽查结果。
Note: The results of sample survey in commodity circulation are not included in the data above.

重/庆/统/计/年/鉴

主要统计指标解释

普通高等学校

指按照国家规定的设置标准和审批程序批准举办的，通过全国普通高等学校统一招生考试，招收高中毕业生为主要培养对象，实施高等教育的全日制大学、独立设置的学院和高等专科学校、高等职业学校和其他机构。

大学、独立设置的学院主要实施本科层次以上教育，高等专科学校、高等职业学校实施专科层次教育，其他机构是承担国家普通招生计划任务不计校数的机构。包括普通高等学校分校和批准筹建的普通高等学校等。

成人高等学校

指按照国家规定的设置标准和审批程序批准举办的，通过全国成人高等学校统一招生考试，招收具有高中毕业或同等学历的在职从业人员为主要培养对象，利用函授、业余、脱产等多种形式对其实施高等学历教育的学校。包括职工高等学校、农民高等学校、管理干部学院、教育学院、独立函授学院、广播电视大学、其他机构等。其他机构是承担国家成人招生计划任务不计校数的机构。

小学学龄儿童入学率

指调查范围内已入小学学习的学龄儿童占校内外学龄儿童总数（包括弱智儿童在内，但不包括盲聋哑儿童）的比重。计算公式：

小学学龄儿童入学率＝已入学的小学学龄儿童数/校内外小学学龄儿童总数×100%

专利

是专利权的简称，是对发明人的发明创造经审查合格后，由专利局依据专利法授予发明人和设计人对该项发明创造享有的专有权。包括发明、实用新型和外观设计。反映拥有自主知识产权的科技和设计成果情况。

有专利申请的企业

指在报告年内向国家知识产权局或中国以外的国家知识产权局（地区专利组织）提交专利申请，并收到《专利申请受理通知书》和缴纳相关费用的工业企业。

有专利授权的企业

指报告年内获得国家知识产权局或中国以外的国家知识产权局（地区专利组织）《专利授权通知书》并缴纳相关费用的工业企业。

拥有有效专利的企业（累计值）

指截至报告年末，有专利权处于维持状态的工业企业。

专利产品产值（当年价格）

工业企业在报告年度内生产的以货币形式表现的工业最终专利产品的总价值量。专利产品产值计算参照国家关于“工业总产值”的计算方法。

专利产品销售收入

工业企业在报告期内销售专利产品的货币收入总额。

发明

指对产品、方法或其改进所提出的新的技术方案。是国际通行的反映拥有自主知识产权技术的核心指标。

实用新型

指对产品的形状、构造或者其结合所提出的适于实用的新的技术方案。反映具有一定技术含量的技术成果情况。

外观设计

指对产品的形状、图案、色彩或者其结合所做出的富有美感并适于工业上应用的新设计。反映拥有自主知识产权的外观设计成果情况。

主要统计指标解释

■ 驰名商标

是指在市场上享有较高声誉并为相关公众所熟知的注册商标，也是一种法律保护手段。

■ 著名商标

著名商标的知名度介于驰名商标和普通商标之间的商标群落，是驰名商标坚实的后备力量。

■ 文化事业机构

指从事专业文化工作和为专业文化工作服务的独立建制的单位。不包括这些单位另外举办独立核算的其他机构和各部门的业余文化组织。

■ 艺术表演团体

指从事戏曲、音乐、舞蹈、杂技等专业艺术表演，有独立帐户。不包括半工半艺、半农半艺和民间职业剧团。

■ 艺术表演观众人数

指售票、包场演出或民族地区免费演出的艺术表演观众人次数，不包括彩排审查和内部观摩演出的观看人次数。

Explanatory Notes on Main Statistical Indicators

□ Regular Institutions of Higher Education

Refer to educational establishments set up according to the government evaluation and approval procedures, enrolling graduates from senior secondary schools and providing higher education courses and training for senior professionals. They include full-time universities, colleges, high professional schools, high professional vocational schools and others.

Universities and colleges are mainly providing undergraduate courses; those high professional schools and high professional vocational schools are mainly providing professional trainings; and others refer to educational establishments, which are responsible for enrolling students but not covered in the total number of schools, including: branch schools of universities and colleges, and universities and colleges that have been proved and prepared to construct.

□ Institutions of Higher Learning for Adults

Refer to educational establishments, set up in line with relevant rules approved by the government, enrolling staff and workers with senior secondary school or equivalent education, and providing higher education courses in many forms of correspondence, spare time, or full time for adults. Professionals thus trained receive a qualification equivalent to graduates studying regular courses at regular universities, colleges and professional colleges. Institutions of higher learning for adults include schools of high education for staff and workers, schools of high education for peasants, colleges for management cadres, pedagogical colleges, independent correspondence colleges, Radio and TV universities and other educational establishments. Other educational establishments are responsible for enrolling adult students but not covered in the number of schools.

□ Enrollment Rate of Primary School-aged Children

Refers to the proportion of school-aged children enrolled at schools to the total number of school-age children both in and outside schools (including retarded children, but excluding blind, deaf and mute children). The formula is:

Enrollment Rate of Primary School-aged Children =Total Primary School-aged Children at Schools/Total Primary School-age Children Both at and Outside Schools×100%

□ Patent

Is an abbreviation for the patent right and refers to the exclusive right of ownership by the inventors or designers for the creation or inventions, given from the patent offices after due process of assessment and approval in accordance with the Patent Law. Patents are granted for inventions, utility models and designs. This indicator reflects the achievements of S&T and design with independent intellectual property.

□ Enterprise with Patent Application

Refers to the industrial enterprise which has submitted patent application to the State Intellectual Property Office or the national intellectual property administration outside China (regional patent organization), received the "Notification of Patent Application Acceptance" and paid off the related fees within the year of report.

□ Enterprise with Patent Granted

Refers to the industrial enterprise which has received the "Notification of Patent Granted" from the State Intellectual Property Office or the national intellectual property administration outside China (regional patent organization) and paid off the related fees within the year of report.

□ Enterprise with Valid Patents (Cumulative Value)

Refers to the industrial enterprise with patents in the status of maintenance by the end of the year of report.

□ Output Value of Patented Products (Current Price)

Refers to the total value of the final patented industrial products produced by the industrial enterprises in the year of report in the form of currency. Refer to the calculation method of "gross industrial output value" stipulated by the state for the calculation of the output value of patented products

EXPLANATORY NOTES TO MAJOR STATISTICAL INDICATORS

□ Sales Revenue of Patented Products

Refers to the total revenue of currency from the sales of the patented products by the industrial enterprises within the year of report.

□ Inventions

Refer to the new technical proposals to the products or methods or their modifications. This is universal core indicator reflecting the technologies with independent intellectual property.

□ Utility Models

Refer to the practical and new technical proposals on the shape and structure of the product or the combination of both. This indicator reflects the condition of technological results with certain technical content.

□ Designs

Refer to the aesthetics and industrially applicable new designs for the shape, pattern and color of the product, or their combinations. This indicator reflects the appearance design achievements with independent intellectual property.

□ Famous Trade Marks

Refer to trade marks publicly known with higher honors. It is also a legal protection.

□ Well-known Trade Marks

Their fames are between famous trade marks and ordinary trade marks. And they are tough reserve force of famous trade marks.

□ Cultural Institutions

Refer to units which have their own organizational system and independent accounting system and specialize in or serve cultural development. They exclude other establishments run by these cultural institutions and amateur cultural groups established by various departments.

□ Art Troupe

Refers to the troupe who is engaged in drama, opera, music, dance, acrobatics or other art performance, opens independent accounts with banks and has self-supporting accounting system; excluding the troupes who are engaged partly in industrial or agricultural activities, partly in art performance and the professional troupes organized by the people.

□ Number of Spectators at Art Performance

Refers to the number of attendants at commercial shows, completely booked shows of free shows given in minority national areas, and does not include the number of spectators at rehearsals for examination and internal shows for study.

第 19 章

卫生、体育和其他社会活动

PUBLIC HEALTH,SPORTS AND OTHER SOCIAL ACTIVITIES

简要说明

BRIEF INTRODUCTION

本章资料主要包括卫生事业、体育事业、民政事业、劳动和社会保障事业、公检法司情况、安全生产情况、火灾事故和道路交通事故等内容，由市统计局社会科技统计处根据有关部门资料整理提供。

卫生资料来自市卫生和计划生育委员会，体育资料来源于市体育局，民政和劳动社会保障有关资料分别由市民政局、市人力资源和社会保障局提供，公检法司资料分别由市公安局、市人民检察院、市高级人民法院和市司法局提供，安全生产情况来自于市安全生产监督管理局，火灾事故和道路交通事故分别由市消防总队和市公安交通管理局提供。

The data in this chapter mainly cover public health, sports, civil affairs, labor & social securities, public security, procuratorial, legal & judicial affairs, work safety, and fires & highway traffic accidents. The data are sorted and compiled by Division of Social and Technology Statistics, Chongqing Municipal Bureau of Statistics on the basis of the data provided by other related departments.

The data on public health are provided by Chongqing Health and Family Planning Commission; the data on sports are provided by Chongqing Administration of Sports; the data on civil affairs and labor & social securities are provided by Chongqing Civil Affairs Bureau and Chongqing Administration of Labor and Social Security; the data on public security, procuratorial and legal affairs are provided by Chongqing Public Security Bureau, Chongqing People's Procuratorate, Higher People's Court and Chongqing Justice Bureau; the data on work safety are provided by Chongqing Administration of Work Safety; and the data on fires & highway traffic accidents are provided by Chongqing Fire Brigade and Chongqing Bureau of Traffic Administration.

表19.1 主要年份卫生事业情况
STATISTICS ON PUBLIC HEALTH CARE IN MAJOR YEARS

年份 Year	机构数（个） Number of Institutions (unit)	其中 of which #医院、卫生院 Hospitals and Health Centers	床位数（张） Number of Beds in Health Care Institutions (bed)	卫生技术人员（人） Medical Technical Personnel (person)	其中 of which #执业（助理）医师 Licensed (Assistant) Doctors	#注册护士 Registered Nurses
1952	742		5031	19807		
1957	2185		10255	30290		
1962	3591		22971	35681		
1965	3938		20314	36762	10234	
1970	3579	2183	25038	39813	10475	
1975	4221	2286	37300	51536	12442	
1978	4789	2294	48948	59934	12870	
1980	4686	2316	51194	65441	12806	
1985	4796	2170	54054	76486	12577	11724
1986	5095	2140	54801	77437	12895	11921
1987	5136	2136	57178	78382	13201	12156
1988	5148	2151	59514	80153	21004	13688
1989	5229	2152	61912	81219	27789	16027
1990	5248	2154	62568	82690	28824	16929
1991	5326	2153	64057	83973	28652	17163
1992	5328	2160	64978	85204	28643	17557
1993	4807	2114	65859	84125	29516	17714
1994	4795	2590	66891	85586	30915	18298
1995	4801	2505	67243	86041	31169	18692
1996	4777	2567	66339	87542	30733	19289
1997	4743	2553	69591	88423	43178	19593
1998	4643	2438	65934	83696	43423	19804
1999	4552	2351	66003	88569	44453	20263
2000	4382	2250	65666	88619	44940	20773
2001	4151	2020	64981	86430	44666	20533
2002	2725	1717	61875	79850	37873	20729
2003	2705	1682	63287	78628	37122	20629
2004	2539	1574	63899	77516	36603	20249
2005	2447	1463	64674	78780	37321	20842
2006	2478	1450	68298	79805	37511	21269
2007	2410	1447	74785	83736	38739	23972
2008	2258	1396	81950	88746	39417	26799
2009	2425	1404	92689	97199	41943	31756
2010	17495	1449	103624	111079	47969	37611
2011	17660	1407	115627	120169	49585	42767
2012	17961	1405	130813	131658	51990	49823
2013	18923	1502	147436	142218	55221	55417
2014	18766	1510	160446	154091	58007	62662

注：1）2002年起卫生统计制度变更，其指标名称和统计口径变化，与往年不可比：从2002年起卫生机构、床位、卫生技术人员统计范围均不含“医学院校”、“卫生学校”和“计生站”。卫生技术人员中，2002年前为医生和护师（士），2002年后改为执业(助理)医师和注册护士(表18-1至18-5同）。

2）2011年卫生统计口径变化，与往年不可比：从2010年起卫生机构、卫生技术人员、执业（助理医师）、注册护士统计范围均含“村卫生室”和“个体办诊所”。

Note: a) Due to the changes of health care statistic system since 2002, the indicators and statistic scopes were changed, not comparable with the previous years: since 2002, the scope of the number of health care institutions, the number of beds and the number of medial technical personnel has not included the data of “medical universities”, “health schools” and “family plan service stations”. The indicators of “doctor” and “nurse” before 2002 have been replaced by “licensed (assistant) doctors” and “registered nurses” since 2002 (the same applies to the tables from 18-1 to 18-5).

b) Due to the change of statistic scope, the date are not comparable with the previous years. The data of "village health station" and “individual-run clinics” are included in the data of health institutions, medical technical personnel, licensed (assistant) doctors and registered nurses since 2010.

表19.2 卫生事业情况（2013－2014年）
STATISTICS ON PUBLIC HEALTH CARE (2013-2014)

指　标	Item	2013	2014
执业（助理）医师数（人）	Number of Licensed (Assistant) Doctors (person)	55221	58007
医院床位数（张）	Number of Beds in Hospitals (bed)	99056	109299
孕产妇死亡率（1/10万）	Mortality Rate of Pregnant Women (per 100 000 persons)	17.1	18.3
新生儿死亡率（‰）	Mortality Rate of New Infants (‰)	3.9	3.4
甲乙类传染病发病率（1/10万）	Incidence Disease Rate of Class A and B Infections Diseases (per 100 000 persons)	254.6	250.4
农村自来水普及率（%）	Rate of Access to Tap Water in Rural Area (%)	91.0	91.1

表19.3 医院、卫生院、社区诊疗情况（2014年）
STATISTICS ON VISITS AND INPATIENTS IN HOSPITALS, HEALTH STATIONS AND COMMUNITY HEALTH CENTERS (2014)

机构类别	Type of Institution	诊疗人次（万人次） Number of Visits (10 000 person-times)	其中of which #门诊急诊 Outpatients and Emergency Treatment	健康检查人数（万人） Medical Examiniation (10 000 patients)	住院人数（万人） Number of Inpatients (10 000 patients)	每百门急诊次的入院人数（人） Number of Inpatents per 100 Visits (person)
医　院	**Hospitals**	**5512.36**	**5350.04**	**329.82**	**346.30**	**6.49**
#综合医院	General Hospitals	3858.81	3726.25	269.04	257.76	6.94
中医医院	Hospitals Specialized in Traditional Chinese Medicine	949.78	935.69	40.01	54.66	5.85
中西医结合医院	Hospitals of Integrated Traditional Chinese with WesternMedicine	56.24	55.74	3.17	4.30	7.75
口腔医院	Stomatological Hospitals	83.45	83.45	3.05	0.24	0.28
肿瘤医院	Cancer Hospitals	30.22	28.43	1.79	3.28	11.51
妇产（科）医院	OB/GYN Hospitals	31.45	29.90	1.18	1.98	6.67
儿科医院	Children's Hospital	218.25	218.25		6.55	3.00
精神病院	Mental Hospitals	110.41	106.47	2.55	4.17	3.97
传染病院	Hospitals for Infectious Diseases	11.14	11.14	1.17	0.85	7.76
社区卫生服务中心（站）	Community Health Service Center (Station)	765.65	744.18	77.73	24.20	3.29
卫生院	**Health Centers**	**2169.64**	**2103.61**	**247.16**	**157.26**	**7.53**
#乡镇卫生院	Township Health Centers	2116.29	2054.33	242.35	154.11	7.55

表19.4 卫生机构、床位、人员数（2014年）
NUMBER OF HEALTH CARE INSTITUTIONS, BEDS AND PERSONNEL (2014)

机构类别	Type of Institutions	机构数（个）Health Care Institutions (unit)	床位数（张）Beds (bed)	人员合计（人）Total Personnel (person)	其 中 of which 卫生技术人员 Medical Technical Personnel	其他技术人员 Other Technical Personnel	管理人员 Management Personnel	工勤人员 Logistic Workers
总 计	**Total**	**18766**	**160446**	**210262**	**154091**	**6199**	**9992**	**17203**
#医院、卫生院	Total Number of Hospitals	1510	148715	149731	121311	5343	8520	14557
医 院	Hospitals	565	109299	117227	94625	3827	7202	11573
#综合医院	General Hospitals	404	74515	83105	67606	2336	5195	7968
中医医院	Hospitals Specialized in Traditional Chinese Medicine	48	17028	17394	14662	447	744	1541
中西医结合医院	Hospitals of Integrated Traditional Chinese with Western Medicine WesternMedicine	9	1482	1504	1124	63	107	210
口腔医院	Stomatological Hospitals	9	138	1072	873	83	72	44
肿瘤医院	Cancer Hospitals	2	987	1382	1157	84	69	72
胸科医院	Chest Hospitals							
妇产（科）医院	OB/GYN Hospitals	10	647	1193	742	152	97	202
儿童医院	Children's Hospital	2	1555	2715	2061	223	164	267
精神病院	Mental Hospitals	21	7580	2874	2252	95	186	341
传染病院	Hospitals for Infectious Diseases	3	812	488	371	16	43	58
卫生院	Health Centers	945	39416	32504	26686	1516	1318	2984
街道卫生院	Urban Subdistrict Health Centers	12	925	989	798	50	46	95
乡镇卫生院	Township Health Centers	933	38491	31515	25888	1466	1272	2889
门诊部	Outpatient Department	347	508	1867	1597			270
采供血机构	Blood Centers	11		573	410	34	48	81
妇幼保健院（所、站）	Women and Children Care Centers	40	2880	5937	4797	186	352	602
专科疾病防治院（所）	Specialized Disease Prevention & Treatment Institutions	15	178	371	257	17	43	54
疾病预防控制中心	CDC (Epidemic Preventation Stations)	42		2676	1930	174	286	286
医学科学研究机构	Research Institutes of Medical Sciences							
医学在职培训机构	Training Institutes for Medical Staff and Workers	6		146	110	9	13	14
健康教育所（中心）	Health Care Training Centers	3		56	14	19	13	10
疗养院	Sanatoriums	4	815	211	125	4	33	49
社区卫生服务中心（站）	Community Health Service Centers	499	7350	9741	8063	293	502	883
卫生监督所	Health Supervision Institutes	39		993	922	1	55	15
其他卫生机构	Other Health Care Institutions	18	815	568	248	94	102	124
村卫生室	Village Health Stations	10778		25925	3148			
诊所、卫生所、医务室	Clinics, Health Centers and Hygienic Centers	5316		11359	11077			282

注：本表机构数包含个体办诊所、村卫生室。
Note: The number of institutions in this table includes individual-run clinics.

表19.5 卫生机构各类人员数（2013－2014年）
NUMBER OF EMPLOYED PERSONS IN HEALTH INSTITUTIONS (2013-2014)

单位：人、% (person, %)

人员分类	Type of Personnel	人 数 Personnel		构 成 Composition	
		2013	2014	2013	2014
总 计	**Total**	**197622**	**210262**	**100.00**	**100.00**
卫生技术人员	Medical Technical Personnel	142218	154091	71.96	73.29
执业医师	Licensed Doctors	41790	44197	21.15	21.02
执业助理医师	Licensed Assistant Doctors	13431	13810	6.80	6.57
注册护士	Registered Nurses	55417	62662	28.04	29.80
药剂人员	Pharmacists	7212	7618	3.65	3.62
技 师（士）	Technical Workers	6646	7203	3.36	3.43
其他人员	Others	17722	18601	8.97	8.85
其他技术人员	Other Technical Personnel	6061	6199	3.07	2.95
管理人员	Management Personnel	9573	9992	4.84	4.75
工勤人员	Logistics Workers	16400	17203	8.30	8.18
每万人口拥有卫生技术人员	**Number of Medical Technical Personnel per 10 000 Population**	**42**	**46**		
#执业（助理）医师	Licensed (Assistant) Doctors	16	17		

表19.6 结婚登记和离婚登记情况（2013－2014年）
STATISTICS ON MARRIAGES AND DIVORCES (2013-2014)

项 目	Item	2013	2014
登记结婚件数（件）	Registered Marriages (couple)	303084	304493
内地居民	Registered Marriages in the Mainland	302313	303713
涉外及华侨、港澳台居民	Registered Marriages with Foreigner or Citizen of Hong Kong, Macao and Taiwan	771	780
登记结婚人数（人）	Registered Newly Married People (person)	606168	608986
初 婚	First Marriages	440963	432617
再 婚	Remarriages	165205	176369
登记离婚件数（件）	Registered Divorces (couple)	115691	115359
#内地居民	Registered Divorces in the Mainland	115575	115232

表19.7 民政事业情况（2013－2014年）
STATISTICS ON CIVIL AFFAIRS (2013-2014)

指　标	Item	2013	2014
民政经费支出（万元）	Expenditure for Civil Affairs (10 000 yuan)	999447	1027740
城市居民最低生活保障人数（万人）	Number of Persons Receiving Minimum Living Allowance in Urban Areas (10 000 persons)	45.81	40.98
农村居民最低生活保障人数（万人）	Number of Persons Receiving Minimum Living Allowance in Rural Areas (10 000 persons)	62.66	50.24
农村五保供养人数（万人）	Number of Persons Receiving Livelihood Guaranteed in Five Aspects in Rural Areas (10 000person)	16.15	16.36
享受城镇居民最低生活保障人数占非农业人口比重（%）	Number of Persons Receiving Minimum Living Allowance in Urban Areas as Percentage to Total Non-agricultural Population (%)	3.4	3.0
提供住宿的社会服务机构床位数（张）	Number of Beds in the Social Service Institutions Providing Accommodation (pcs)	127561	164353
福利企业职工人数（人）	Number of Staff and Workers in Welfare Enterprises (person)	67649	67826
#残疾职工	Disabled Staff and Workers	25801	26068
城镇便民、利民服务网点（个）	Number of Service Stations for Urban Residents (unit)	11438	11719
福利彩票销售额（万元）	Sales of Welfare Lotteries (10 000 yuan)	435129	619904

表19.8 优抚对象基本情况（2013－2014年）
STATISTICS ON SPECIAL CARES FOR SERVICEMEN (2013-2014)

单位：人 (person)

项　目	Item	2013	2014
优抚对象	**Residents Receiving Special Cares for Serviceman**	**285730**	**280078**
享受定期抚恤金人数	Persons Receiving Regular Pensions	5966	5621
享受定期补助人数	Persons Receiving Regular Subvention	258634	253389
#在乡复员军人	Demobilized Soldiers in the Countryside	33657	29879
带病回乡退伍军人	Veterans in the Countryside	71397	68544
伤残人员	Wounded and Disabled Servicemen	21130	21068

表19.9 社会福利事业、企业单位数和工作人员数（2013－2014年）
NUMBER OF SOCIAL WELFARE INSTITUTIONS & ENTERPRISES AND EMPLOYED PERSONS (2013-2014)

单位：人、个 (person, unit)

项 目	Item	机 构 Number of Institutions and Enterprises		工作人员 Number of Personnel	
		2013	2014	2013	2014
提供住宿的社会服务机构	Social Service Institutions Providing Accommodation	1554	966	9721	9419
社会福利企业单位	Social Welfare Enterprises	741	745	67649	67826
为残疾人提供工作岗位的企业	Enterprises Employing Disabled Employees	396	398	31022	31387
其他为残疾人服务的福利机构	Other Welfare Organizations for Disabled Persons	345	347	36627	36439
军队离退休干部休养所	Veteran Service Institutions	37	36	294	281
救助管理站	Salvation Management Stations	38	38	316	319
殡葬事业单位	Funeral and Interment Institutions	112	116	1952	2094
福利彩票发行单位	Welfare Lottery Issuing Units	1	1	139	152
募捐单位	Donation Soliciting Units				
社区服务中心	Community Service Centers	277	282	1760	1727

表19.10 提供住宿的社会服务基本情况（2014年）
BASIC STATISTICS ON THE SOCIAL SERVICE INSTITUTIONS PROVIDING ACCOMMODATION (2014)

项 目	Item	院 数（个） Number of Institutions (unit)	工作人员（人） Number of Staff and Workers (person)	床位数（张） Number of Beds (bed)	年末收养人数（人） Number of Residents at Year-end (person)
提供住宿的社会服务机构	**Social Service Institutions Providing Accommodation**	**966**	**9419**	**164353**	**199383**
老年人与残疾人服务机构	Service Institutions for the Old and the Disabled	900	8232	156763	70013
智障与精神疾病服务机构	Service Institutions for the Retarded and People with Mental Diseases	9	442	2314	2095
为儿童提供住宿的社会服务机构	Social Service Institutions Providing Accommodation for Children	15	360	3390	1417
其他提供住宿的社会服务机构	Other Social Service Institutions Providing Accommodation	42	385	1886	125858

表19.11 社会活动参与情况（2013－2014年）
PARTICIPATION IN SOCIAL ACTIVITIES (2013-2014)

单位：人、个 (person, unit)

指　标	Item	2013	2014
省级人大代表人数	Number of Municipal Deputies of People's Congress	864	865
#女　性	Female	211	212
省级政协委员人数	Number of Municipal Deputies of People's Political Consultative Conferences	862	853
#女　性	Female	184	183
基层地方妇联组织数	Number of Local Women's Federation Unions	12059	12090
工会基层组织数	Number of Grassroots Trade Unions	58182	58214
工会会员人数	Membership of Trade Unions	7762468	7772845

表19.12 基本养老保险情况（2013－2014年）
STATISTICS ON BASIC PENSION INSURANCE (2013-2014)

单位：亿元、万人(100 million yuan, 10 000 persons)

指　标	Item	2013	2014
城镇企业基本养老保险参保人数	Number of Contributors to Urban Enterprise Basic Pension Insurance	760.90	814.76
#参保职工	Employees	488.13	527.05
#企　业	Enterprises	348.00	381.74
城镇企业职工基本养老保险实际支付人数	Actual Beneficiaries of Urban Enterprise Basic Pension Insurance	272.77	287.71
城镇企业职工基本养老保险基金收入	Total Revenue of Urban Enterprise Basic Pension Insurance	602.63	673.29
城镇企业职工基本养老保险基金支出	Expenditure of Urban Enterprise Basic Pension Insurance	503.63	568.87
应发养老金额	Pension Payable	461.76	541.26
实发养老金额	Pension Actually Paid	461.76	541.26
社会化发放人数	Number of Social Beneficiaries	272.77	287.71
社会化发放养老金额	Actually Paid Social Pension	461.76	541.26
离休、退休、退职人员年末人数	Number of Retires at Year-end	272.77	287.71
机关事业单位社会养老保险参保人数	Number of Contributors to Social Pension Insurance in Government and Public Institutions	12.23	12.08
城乡居民社会养老保险参保人数	Number of Urban and Rural Residents Participating in Social Pension Insurance	1122.92	1112.54

注：机关事业单位社会养老保险参保人数含市级、区县级机关事业单位参保人数。
Note: The number of contributors to social pension insurance in government and public institutions includes the contributors from the governments and public institutions at municipal, district and county levels.

表19.13 失业保险基本情况（2013－2014年）
STATISTICS ON UNEMPLOYMENT INSURANCE (2013-2014)

指　标	Item	2013	2014
年末失业保险参保人数（万人）	Unemployment Insurance Contributors at Year-end (10 000 persons)	389.67	439.07
企　业	Enterprises	335.60	378.59
事业单位	Institutions	33.17	35.15
其　他	Others	20.89	25.33
失业保险基金总收入（亿元）	Total Revenue of Unemployment Insurance (100 million yuan)	22.91	28.19
#失业保险费总收入（亿元）	Total Premium of Unemployment Insurance (100 million yuan)	21.64	25.99
失业保险基金总支出（亿元）	Total Expenditure of Unemployment Insurance (100 million yuan)	4.09	4.77
#失业保险金总支出（亿元）	Total Payment of Unemployment Insurance (100 million yuan)	2.41	2.75
失业保险基金当年末结余额（亿元）	Year-end Balance of Unemployment Insurance (100 million yuan)	71.39	94.81
年末城镇登记失业人员数（万人）	Year-end Registered Urban Unemployment (10 000 persons)	12.07	13.42
城镇登记失业人员就业人数（万人）	Registered Urban Unemployment Reemployed (10 000 persons)	26.08	26.77
领取失业保险人数（万人）	Actual Beneficiaries of Unemployment Insurance (10 000 persons)	5.62	6.88
本年领取失业保险金人次数（万人次）	Person-times of Reception of Unemployment Insurance in Current Year (10 000 person-times)	33.27	35.75

表19.14 基本医疗保险情况（2013－2014年）
STATISTICS ON BASIC MEDICAL CARE INSURANCE (2013-2014)

单位：亿元、万人 (10 000 yuan, 10 000 persons)

指　标	Item	2013	2014
城镇职工基本医疗保险参保人数	Basic Urban Workers Medical Care Insurance Contributors at Year-end	539.53	575.77
在职职工	Staff and Workers	380.63	393.39
退休人员	Retirees	158.90	158.70
城镇职工基本医疗保险基金总收入	Total Revenue of Urban Workers Basic Medical Care Insurance	161.15	202.18
城镇职工基本医疗保险基金总支出	Total Expenses of Urban Workers Basic Medical Care Insurance	155.16	178.89

表19.15 体育事业基本情况（2013－2014年）
STATISTICS ON MASS SPORTS (2013-2014)

项　目	Item	2013	2014
体育经费（万元）	Sports Expenditures (10 000 yuan)	91167	91023
体育彩票销售额（万元）	Sales Value of Sports Lotteries (10 000 yuan)	190958	282253
等级运动员（人）	Graded Athletes (person)		
国际级运动健将	International Masters of Sports	1	
运动健将	Masters of Sports	14	27
一级运动员	First Grade Athletes	230	353
二级运动员	Second Grade Athletes	1566	1090
等级裁判员（人）	Graded Referees (person)		
国际裁判	International Referees		
国家级裁判	National Referees	23	11
一级裁判	First Grade Referees	590	650
二级裁判	Second Grade Referees	933	130

注：1) 体育经费包括体育事业费和体育基建支出。
2) 因我市各区县文化体育机构整合，各区县裁判培训工作停滞，二级裁判员相对上年总量减少。

Note: a) Sports expenditures include sports funds and expenditure for sports infrastructure.
b) Due to the integration of the cultural and sports institutions at district and county level, the training of referees of all the districts and counties were halted, and the number of class-2 referees was decreased over the previous year.

表19.16 律师、公证、调解工作基本情况（2013－2014年）

STATISTICS ON LAWYERS, NOTARIZATION AND MEDIATION (2013-2014)

项　目	Item	2013	2014
律师工作	**Lawyers**		
律师事务所（所）	Number of Law Offices (unit)	607	664
执业律师（人）	Number of Licensed Lawyers (person)	6355	6798
#专　职	Full-time Lawyers	5639	6043
聘请担任法律顾问单位（家）	Number of Units with Permanent Legal Advisors (unit)	12329	13420
民事诉讼代理（件）	Agent of Civil Cases (case)	46298	56045
刑事辩护（件）	Defender of Criminal Cases (case)	9428	9578
行政诉讼代理（件）	Agent of Administrative Action (case)	2124	1842
非诉讼法律事务（件）	Cases of Non-litigious Legal Affairs (case)	4940	5140
咨询和代写法律文书	Advisory Services and Legal Documents Written on Behalf of Clients (case)	186717	202050
公证工作	**Notarization**		
公证处（个）	Number of Notary Offices (unit)	40	40
公证员（人）	Public Notaries (person)	185	185
办理公证书（件）	Notarized Documents (case)	207463	202050
人民调解工作	**Number of People's Mediation**		
人民调解委员会（个）	Number of People's Mediation Committees (unit)	13445	13126
人民调解员（人）	Number of Mediators (person)	95417	87837
调解纠纷（件）	Number of Disputes Mediated (case)	512784	543145
司法所建设	Construction of Judicial Institute		
司法所（个）	Judicial Institute (unit)	991	1021
司法助理员（人）	Judicial Assistance (person)	1916	1865
安置帮教对象（人）	Persons Resettled and Helped (person)	24504	26687
社区矫正对象（人）	Persons under Community Correction (person)	14937	14261
基层法律服务	Legal Service at Grassroots Level		
基层法律服务所（个）	Legal Service Institute at Grassroots Level (unit)	284	288
基层法律工作者（人）	Grassroots Legal Service Workers (person)	1474	1552
办理法律援助（件）	Legal Assistance Handled (case)	7812	8165

表19.17 国内外公证文书（2013－2014年）

DOMESTIC AND FOREIGN-RELATED NOTARIAL DOCUMENTS (2013-2014)

单位：件、% (case, %)

项 目	Item	国内公证文书 Domestic Notarial Documents			
		办证件数 Number of Notarial Documents Issued		比 重 Percentage	
		2013	2014	2013	2014
合 计	**Total**	**162074**	**150005**	**100.0**	**100.0**
合 同（协议）	Contract (Agreement)	30824	17132	19.0	11.4
继 承	Inheritance	26429	26565	16.3	17.7
单方法律行为	Unilateral Legal Act	56513	51703	34.9	34.5
现场监督	Field Supervision	713	691	0.4	0.5
保全证据	Evidence Preservation	2199	1015	1.4	0.7
公司章程	Corporation Constitutions	23	2		
组织资格	Organizational Qualification	14	1		
财产权	Property Rights	6	12		
身 份	Identity	1			
收养关系	Adoptive Relationship	23	86		0.1
婚姻状况	Marital Status	60	32		
亲属关系	Kinship Confirmation	1989	1548	1.2	1.0
有无违法犯罪记录	Illegal and Criminal Record Check	64	121		0.1
其他有法律意义事实	Other Facts of Legal Significance	151	68	0.1	
证 书（执照）	Certificate (License)	101	33	0.1	
签 名（印鉴）	Signature (Stamp)	30560	30767	18.9	20.5
文本相符	Conformity of Documentation	2139	1618	1.3	1.1
赋予执行效力	Executor Force	2346	9045	1.4	6.0
执行证书	Certificate of Execution	310	838	0.2	0.6
抵押登记	Mortgage Registration	482	25	0.3	
提 存	Drawing	17	18		
保 管	Storage		5544		3.7
其 他	Others	7110	3141	4.4	2.1

19.17章 续表1 continued1

单位：件、% (case, %)

项 目	Item	涉外公证文书 Foreign-related Notarial Documents			
		办证件数 Number of Notarial Documents Issued		比 重 Percentage	
		2013	2014	2013	2014
合 计	**Total**	**42039**	**48924**	**100.0**	**100.0**
合 同（协议）	Contract (Agreement)	1	7		
继 承	Inheritance				
委 托	Consignment	1922	2437	4.6	5.0
声 明	Declaration	623	559	1.5	1.1
遗 嘱	Testament				
其他单方法律行为	Other Unilateral Legal Act	161	16	0.4	
公司章程	Corporation Constitutions	4	2		
组织资格	Organizational Qualification	1			
收养关系	Adoptive Relationship	67	15	0.2	
婚姻状况	Marital Status	554	309	1.3	0.6
亲属关系	Kinship Confirmation	3998	5267	9.5	10.8
出 生	Birth	6312	7266	15.0	14.9
死 亡	Death	51	70	0.1	0.1
生存、居住	Living and Residence	78	69	0.2	0.1
学 历（学位）	Education Background (Degree)	797	281	1.9	0.6
经 历	Experience	101	15	0.2	
职 务（职称）	Post (Professional Title)	22		0.1	
身 份	Identity	19			
有无违法犯罪记录	Illegal and Criminal Record Check	3725	4222	8.9	8.6
其他有法律意义事实	Other Facts of Legal Significance	89	274	0.2	0.6
证 书（执照）	Certificate (License)	2320	7490	5.5	15.3
签 名（印鉴）	Signature (Stamp)	932	1137	2.2	2.3
文本相符	Conformity of Documentation	5570	16400	13.2	33.5
其 他	Others	14692	3088	34.9	6.3

19.17章 续表2 continued2

单位：件、% (case, %)

项 目	Item	涉港澳台公证文书 Notarial Documents Related to Hong Kong, Macao and Taiwan			
		办证件数 Number of Notarial Documents Issued		比 重 Percentage	
		2013	2014	2013	2014
合 计	**Total**	**3350**	**3121**	**100.0**	**100.0**
合 同（协议）	Contract (Agreement)	1	3		0.1
继 承	Inheritance				
委 托	Consignment	55	32	1.6	1.0
声 明	Declaration	34	42	1.0	1.3
遗 嘱	Testament	2			
其他单方法律行为	Other Unilateral Legal Act		3		0.1
公司章程	Corporation Constitutions	1			
组织资格	Organizational Qualification				
收养关系	Adoptive Relationship				
财产权	Property Right	2			
婚姻状况	Marital Status	347	60	10.4	1.9
亲属关系	Kinship Confirmation	606	677	18.1	21.7
出 生	Birth	389	355	11.6	11.4
死 亡	Death	61	66	1.8	2.1
生存、居住	Living and Residence	20	16	0.6	0.5
身 份	Identity	6		0.2	
学 历（学位）	Education Background (Degree)	12	5	0.4	0.2
经 历	Experience	8		0.2	
职 务（职称）	Post (Professional Title)	377	355	11.3	11.4
有无违法犯罪记录	Illegal and Criminal Record Check	192	185	5.7	5.9
其他有法律意义事实	Other Facts of Legal Significance	7	348	0.2	11.2
证 书（执照）	Certificate (License)	79	414	2.4	13.3
签 名（印鉴）	Signature (Stamp)	65	56	1.9	1.8
文本相符	Conformity of Documentation	235	139	7.0	4.5
其 他	Others	851	365	25.4	11.7

表19.18 公安机关立案的刑事案件情况（2013－2014年）
CRIMINAL CASES REGISTERED IN PUBLIC SECURITY ORGANS (2013-2014)

指　标	Item	2013	2014
人民警察数（人）	**Number of Police (person)**	**39773**	**40353**
刑事案件立案数（起）	**Total Registered Criminal Cases (case)**	**193935**	**174151**
刑事案件破案率（%）	**Rate of Solved Criminal Cases (%)**	**31.4**	**26.9**

表19.19 检察机关直接立案侦查案件情况（2014年）
CASES UNDER DIRECT INVESTIGATION BY PEOPLE'S PROCURATORATE (2014)

案件分类	Category of Cases	受　案（件）Cases Accepted (case)	立案件数（件）Registered Cases (case)	其中of which #大　案 Large Cases	立案人数（人）Person of Cases Registered (person)	其中of which #要　案 Key Cases	结案合计 Total Settled Cases 件 (case)	结案合计 Total Settled Cases 人 (person)
合　计	**Total**	**985**	**762**	**669**	**906**	**177**	**708**	**849**
贪污贿赂案件	**Cases on Corruption and Bribery**	**840**	**651**	**604**	**787**	**151**	**599**	**732**
贪　污	Corruption	212	111	100	187	10	107	183
贿　赂	Bribery	604	525	492	581	141	478	533
挪用公款	Misappropriation of Public Funds	18	13	12	15		14	16
集体私分	Collective Illegal Possession of Public Funds	3	2		4			
巨额财产来源不明	Unstated Source of Large Amount of Properties	1						
其　他	Others	2						
渎职案件	**Cases on Abuse and Dereliction of Duty**	**145**	**111**	**65**	**119**	**26**	**109**	**117**
滥用职权	Abuse of Power	79	60	40	67	19	51	58
玩忽职守	Dereliction of Duty	47	41	23	41	6	42	42
徇私舞弊	Fraudulent Practice	13	9	2	10	1	9	10
侵犯公民人身权利	Infringement of Citizens' Personal Rights	5	1		1		1	1
其　他	Others	1					6	6

表19.20 检察机关审查批准、决定逮捕犯罪嫌疑人和提起公诉被告人情况（2014年）

ARRESTS OF CRIMINAL SUSPECTS AND DEFENDANTS UNDER PUBLIC PROSECUTION APPROVED BY PEOPLE'S PROCURATORATE (2014)

案件类别	Category of Cases	批捕、决定逮捕合计 Total of Arrests		决定起诉合计 Total of Public Prosecutions	
		件 (case)	人 (person)	件 (case)	人 (person)
合　计	**Total**	**13562**	**17031**	**24529**	**31572**
公安、安全、监狱机关侦查	**Handled by Departments of State, Public Security and Prisons**	**13107**	**16548**	**23954**	**30883**
危害国家安全案	Offences Against State Security	1	1	1	1
危害公共安全案	Offences Against Public Security	262	309	4862	4952
破坏社会主义市场经济秩序案	Offences Against Socialist Economic Order	444	697	720	1127
侵犯公民人身、民主权利案	Offences Against Citizens' Personal and Democratic Rights	1343	1619	2341	3055
侵犯财产案	Offences Against Properties	6019	7866	8540	11774
妨害社会管理秩序案	Offences Against Social Management of Order	5031	6046	7482	9963
危害国防利益案	Offences Against National Defense	7	10	8	11
军人违反职责案	Offences on Dereliction of Duty by Servicemen				
检察机关侦查	**Handled by Procuratorates**	**455**	**483**	**575**	**689**
贪污贿赂案	Offences on Corruption and Bribery	438	463	522	632
渎职案	Offences on Abuse and Dereliction of Duty	17	20	53	57

表19.21 人民法院刑事一审案件收结案情况（2013－2014年）

FIRST TRIAL CRIMINAL CASES ACCEPTED AND SETTLED BY COURTS (2013-2014)

单位：件 (case)

类　别	Category of Cases	收　案 Accepted Cases		结　案 Settled Cases	
		2013	2014	2013	2014
合　计	**Total**	**26596**	**26012**	**25519**	**24982**
#自诉案件	Private Prosecution	145	135	124	103
危害公共安全罪	Offences against Public Security	6192	5195	6089	5131
破坏社会主义市场经济秩序罪	Offences against Socialist Economic Order	722	782	646	674
侵犯公民人身权利、民主权利罪	Offences against Citizens' Personal and Democratic Rights	2781	2712	2563	2516
侵犯财产罪	Offences against Properties	7897	8708	7661	8454
妨害社会管理秩序罪	Offences against social Management of Order	8281	7902	7981	7653
危害国防利益罪	Offences against National Defense	7	5	7	5
贪污贿赂罪	Offences on Corruption and Bribery	668	668	536	523
渎职罪	Offences on Dereliction of Duty	48	39	36	25
危害国家安全罪	Offences against Country Safety				
其　它	Others		1		1

注：收结案中含上年结转。
Note: The numbers of accepted and settled cases include the cases turned over from the previous year.

表19.22 人民法院民事、行政一审案件收结案情况（2013－2014年）

FIRST TRIAL CIVIL AND ADMINISTRATIVE CASES ACCEPTED AND SETTLED BY COURTS (2013-2014)

单位：件 (case)

类　别	Category of Cases	收　案 Accepted Cases		结　案 Settled Cases	
		2013	2014	2013	2014
民事一审案件	**First Trial of Civil Cases**	**263766**	**280150**	**235685**	**244966**
婚姻家庭纠纷案件	Disputes of Marriages and Family Affairs	46277	45833	43461	43051
继承纠纷案件	Disputes of Inheritance	7857	10044	7518	9644
合同纠纷案件	Disputes of Contracts	149769	164734	131881	140580
权属、侵权纠纷案件	Disputes of Ownership and Infrigement of Right	59863	59539	52825	51691
行政一审案件	**First Trial of Administrative Cases**	**4836**	**5361**	**4483**	**4878**

注：收案中含上年结转。
Note: The number of accepted cases includes the cases turned over from the previous year.

表19.23 安全生产情况（2002－2014年）

BASIC STATISTICS ON WORK SAFETY (2002-2014)

年　份 Year	亿元地区生产总值生产安全事故死亡率 Mortality Rate of Work Safety Accident per 100 Billion Yuan GDP	工矿商贸企业从业人员十万人生产安全事故死亡率 Mortality Rate of Work Safety Accident per 100 000 Employees of Enterprises	煤炭生产百万吨死亡率 Mortality Rate per 1 Million Tons of Coal Procuction	道路交通万车死亡率 Mortality Rate of Highway Traffic Accident per 10 000 Vehicles
2002	1.44	9.90	21.08	37.50
2003	1.41	13.43	17.82	30.70
2004	0.89	10.24	12.24	18.30
2005	0.75	10.62	13.73	14.51
2006	0.61	8.49	9.30	10.83
2007	0.47	8.05	7.64	9.26
2008	0.34	7.13	6.82	7.60
2009	0.30	6.39	5.44	6.00
2010	0.23	5.05	4.00	4.45
2011	0.17	4.51	3.00	3.13
2012	0.13	3.84	2.73	2.60
2013	0.12	3.42	2.39	2.39
2014	0.10	3.21	2.60	2.35

表19.24 安全生产事故死亡情况（2001－2014年）
BASIC STATISTICS ON DEATH TOLL OF WORK SAFETY ACCIDENTS (2001-2014)

年份 Year	生产安全事故死亡起数（起）Safety Accidents with Death Toll (case)	其中 of which: 道路交通事故 Traffic Accidents	煤矿事故 Coal Mine Accidents	火灾事故 Fires	生产安全事故死亡人数（人）Death Toll in Safety Accidents (person)	其中 of which: 道路交通事故 Traffic Accidents	煤矿事故 Coal Mine Accidents	火灾事故 Fires
2001	2225	1767	241	44	2794	2083	309	53
2002	2535	1872	323	39	3208	2245	460	43
2003	2732	1989	315	44	3613	2317	446	56
2004	2237	1434	342	56	2694	1707	419	63
2005	2117	1333	349	54	2596	1616	455	57
2006	2002	1175	288	42	2381	1424	357	44
2007	1813	1105	257	35	2197	1331	321	40
2008	1681	1063	212	35	1982	1219	280	39
2009	1679	1109	160	35	1928	1209	234	43
2010	1576	1079	136	22	1793	1215	174	28
2011	1444	983	105	24	1656	1098	135	29
2012	1374	937	89	20	1539	1052	103	20
2013	1346	908	63	1	1499	988	84	2
2014	1207	820	50	1	1379	919	85	2

表19.25 火灾事故情况（2014年）
BASIC STATISTICS ON FIRES (2014)

项目	Item	合计 Total	按事故发生程度分 By Serious Degree of Fires: 特大 Extra-Serious	重大 Serious	较大 Large	一般 Ordinary
发生（起）	Fires (case)	6378			1	6377
死亡（人）	Deaths (person)	37			4	33
受伤（人）	Injuries (person)	28			2	26
损失折款（万元）	Losses Converted into Cash (10 000 yuan)	6803.9			33.60	6770.30
平均每起事故损失（万元）	Average Loss per Fire (10 000 yuan)	1.07			33.60	1.06

注：损失折款指直接经济损失（下表同）。
Note: The Losses converted into cash refer to direct losses (the same for tables below).

表19.26 道路交通事故情况（2014年）
BASIC STATISTICS ON TRAFFIC ACCIDENTS (2014)

类别	Type	发生数（起）Number of Traffic Accidents (case)	死亡人数（人）Number of Deaths (person)	受伤人数（人）Number of Injuries (person)	损失折款（万元）Losses Converted into Cash (10 000 yuan)
总计	**Total**	**5234**	**970**	**7307**	**1531.69**
#死亡事故	Deaths	918	970	522	334.72
伤人事故	Injuries	4245		6785	1147.31
财产损失事故	Assets Losses	71			49.66
#机动车	Motor Vehicles	5039	954	7065	1505.60
#汽车	Automobiles	2827	646	3849	1219.87
摩托车	Motorcycles	2088	271	3050	262.60
拖拉机	Tractors	86	26	110	14.25
非机动车	Non-motor-driven Vehicles	107	4	158	12.64
#自行车	Bicycles	31	3	43	2.05
行人乘车人	Pedestrians and Passengers	88	12	84	13.45

注：本表数据不含高速公路交通事故。
Note: The data in this table excludes traffic accidents on expressway.

重/庆/统/计/年/鉴

主要统计指标解释

■ 等级运动员人数

指经考核正式批准授予等级运动员称号的人数。运动员等级分为国际级运动健将、运动健将、一级运动员、二级运动员、三级运动员、少年级运动员。

■ 等级裁判员人数

指经考核正式批准授予等级裁判员称号的人数。裁判员等级分为国际裁判、国家级裁判、一级裁判、二级裁判、三级裁判。

■ 卫生机构

包括医疗机构、疾病预防控制中心（防疫站）、采供血机构、卫生监督及监测（检验）机构、医学科研和在职培训机构、健康教育所等。

■ 医疗机构

包括医院、社区卫生服务中心（站）、疗养院、卫生院、门诊部、诊所（卫生所、医务室）、妇幼保健院（所、站）、专科疾病防治院（所、站）、急救中心（站）和临床检验中心。医疗机构分为非赢利性医疗机构和赢利性医疗机构。

■ 医院

包括综合医院、中医医院、中西医结合医院、民族医院、各类专科医院和护理院。

■ 卫生技术人员

指卫生机构中医生、护理人员 、药剂人员、检验人员等卫生技术人员。

■ 医生

指在医疗、预防保健机构工作且取得《执业医师证书》的执业医师和执业助理医师。

■ 社会福利企业单位

指以安置城镇有一定劳动能力的盲、聋、哑和肢体残疾人员就业为目的，享受国家减免税待遇的国有或集体企业。包括福利工厂、福利商业和服务业、假肢厂和安置农场等单位。该指标主要反映我国对残疾人照顾的特殊政策。

■ 基本养老保险

（1）参加保险人数：指报告期末按照国家法律、法规和有关政策规定参加基本养老保险的职工人数。包括不能正常缴费、已中断缴费但未终止保险关系的职工人数。

（2）社会统筹基金收入：指根据国家规定，由纳入基本养老保险范围的单位，按照国家规定的缴费基数和缴费比例缴纳的社会统筹基金，以及通过其他方式取得的形成基金来源的收入，包括：单位缴纳的社会统筹基金收入、财政补贴收入、利息收入、其他收入。

（3）社会统筹基金支出：指按照国家政策规定的开支范围和开支标准从社会统筹基金中支付给参加基本养老保险的离休、退休、退职人员个人的养老金、丧葬抚恤补助，以及由于保险关系转移、上下级之间调剂资金等原因而发生的支出。包括：基础性养老金、过渡性养老金、离休金、退休金、退职金、补贴、丧葬抚恤补助、其他支出。

（4）社会统筹基金结余：指截止报告期末基本养老保险的社会统筹基金结余金额。包括银行存款、财政专户、债券投资和其他。

■ 离休、退休、退职人员

指正式办理了离休、退休、退职手续，并享受相应的离休、退休、退职待遇的人员。

■ 失业保险

（1）参加保险人数：指报告期末按照国家法律、法规和有关政策规定参加了失业保险的城镇企业事业单位的职工及地方政府规定参加失业保险的其他人员的人数。

主要统计指标解释

（2）失业保险金：指为保障失业人员的基本生活而按规定支付的失业保险金金额。

基本医疗保险

（1）参加保险人数：指报告期末按国家有关规定参加基本医疗保险的人数。包括参加保险的职工人数和退休人员人数。

（2）社会统筹基金收入：指根据国家有关规定，由纳入基本医疗保险范围的缴费单位，按国家规定的缴费基数和缴费比例缴纳的社会统筹基金，以及通过其他方式取得的形成基金来源的款项，包括：单位缴纳的社会统筹基金收入、财政补贴收入、利息收入、其他收入。

（3）社会统筹基金支出：指按照国家政策规定的开支范围和开支标准从社会统筹基金中支付给参加基本医疗保险的职工和退休人员的医疗保险待遇支出及其他支出。包括：住院医疗费用支出、门急诊医疗费用支出、其他支出。

（4）社会统筹基金结余：指截止报告期末基本医疗保险的社会统筹基金结余金额。包括银行存款、财政专户、债券投资和其他。

律师

指依法取得律师执业证书，担任法律顾问，民事（刑事、行政）案件代理人、刑事案件辩护人、办理非诉讼业务，解答法律询问，代写法律事务文书等，为社会提供法律服务的人员。

公证人员

指在公证处工作的人员总称，包括公证处主任、副主任、公证员、公证员助理（助理公证员）和其他从事辅助性工作的人员。

公证文书

指公证处根据当事人申请，依照事实和法律，按照法定程序制作的，具有法律效力的司法证明文书。

调解员

指在人民调解委员会担负调解民间纠纷工作的人员，包括调解委员会的委员和调解小组的调解员。

调解民间纠纷

指调解委员会按照法律规定，根据自愿原则，用说服教育的方法调解民间发生的有关民事权利和义务争执的件数，包括调解成功数和调解未成功数。

立案

指人民检察院对受理的报案、控告、举报或自首及自行发现的犯罪线索、犯罪嫌疑人进行初步调查后，认为存在职务犯罪事实和应追究刑事责任，并决定作为刑事案件进行侦查的诉讼活动，是追究犯罪的开始。该指标主要反映人民检察院依法将职务犯罪线索作为刑事案件进行侦查的诉讼活动。

大案

指贪污、贿赂案数额在5万元以上，挪用公款案数额在10万元以上，集体私分、巨额财产来源不明、隐瞒境外存款案数额在50万元以上以及按照《人民检察院直接受理的渎职、侵权重、特大案件标准（试行）》认定的案件。该指标主要反映人民检察院立案查办的职务犯罪案件中经济损失大、社会危害严重的案件。

要案

指县、处级以上干部的犯罪案件。该指标主要反映国家工作人员中县、处级以上干部因职务犯罪被人民检察院依法立案侦查的情况。

决定逮捕

指人民检察机关对直接受理、自行侦查的案件，认为需要逮捕犯罪嫌疑人时，依据法律作出的逮捕决定。

批准逮捕

指人民检察机关对公安机关、国家安全机关、监狱管理机关提出逮捕的犯罪嫌疑人进行审查，根据事实，依法作出逮捕决定。

决定起诉

指人民检察机关对公安机关、国家安全机关、监狱管理机关和检察机关内设机构反贪污贿赂部门移送起诉的刑事犯罪嫌疑人进行审查，根据事实，依法向人民法院提起公诉。

Explanatory Notes on Main Statistical Indicators

Number of Athletes in Grades

Refers to the number of athletes who have been given titles through examination. The titles of athletes include international masters of sports, masters of sports, first-grade, second-grade and third-grade sportsmen and young athletes.

Number of Referees in Grades

Refers to the number of referees who have been given titles after examination. They are classified as international referees, national referees and referees of the first, second and third grades.

Health Care Institutions

Include medical institutions, disease prevention and control centers (epidemic prevention stations), blood gathering and supplying institutions, health supervision and inspection (check up) institutions, medicinal scientific research and on-job training institutions, health education and so on.

Medical Organizations

Include hospitals, health service centers (stations) of communities, nursing homes, health centers, clinics, clinics (health stations and infirmaries), maternity and child care agencies (centers and stations), special disease prevention and curing agencies (centers and stations), first aid centers (stations) and clinical inspection centers. Medical organizations are grouped by two types: profit-making and non-profit-making medical organizations.

Hospitals

Include polyclinics, traditional Chinese medical hospitals, hospitals integrated with traditional Chinese therapeutics and western therapeutics, ethical hospitals, various specialties hospitals and nursing hospitals.

Medical Technical Personnel

Refers to doctors, assistant nurses, pharmacists, and laboratory technicians working in medical institutions.

Doctors

Refer to certified physicians and certified assistant physicians with certifications working in medical and health care and prevention agencies.

Social Welfare Enterprises

Are collective owned enterprises which employ the blind, deaf-mute, and other handicapped people who are able to work in cities and towns and enjoy exemption from state taxes, including welfare plants, welfare commercial services, artificial limb plants and farms, etc. This indicator reflects the preferential policies toward disabled persons.

Basic Endowment Insurance

(Ⅰ) Number of people participating in the insurance program: by the end of reference period, number of staff and workers participating in the insurance program in line with national laws, regulations and related policies, including those who can not make regular payment or interrupt payment but not terminate the insurance program.

(Ⅱ) Revenue of social comprehensive funds: according to national provision, payments made by units covered in basic endowment insurance program, and income from other resources, including: income of social comprehensive funds paid by unites, financial subsidies, interest income and others.

(Ⅲ) Expenditure of social comprehensive funds: refer to payment made to those retired and resigned people covered in endowment insurance program in terms of pension or compensation within the expenditure scope and standards according to related national policies, and the expenditure occurred due to shift of the insurance relationship or adjustment funds among agencies, including: basic pension, transitional pension, pension for resigned people, pension for retired people, pension for people quitting jobs, subsidies, funeral subsidies and other expenditure.

(Ⅳ) Balance of social comprehensive funds: refer to the balance of basic endowment insurance of social comprehensive funds at the end of the reference period, including: bank savings, special fiscal account, investment in bonds and others.

EXPLANATORY NOTES TO MAJOR STATISTICAL INDICATORS

☐ Retired or Resigned Personnel

Refers to people who have formally gone through the formalities for their retirement or quitting work and enjoy the corresponding treatments.

☐ Unemployment Insurance

(I) Number of people participated in unemployment insurance program: number of staff and workers in urban enterprises or institutions and other people according to local government regulations participated in unemployment insurance program in line with national law, regulations and related policies by the end of the reference period.

(II) Sum of Unemployment Insurance: refer to total amount of insurance paid to un-employees to guarantee their basic lives according to related regulations.

☐ Basic Medical Care Insurance

(I) Number of people participated in the insurance program: refer to number of people participated in the basic medical care insurance program according to related regulation by the end of reference period, including: number of staff and workers and retired persons participated in this insurance program.

(II) Revenue of social comprehensive funds: according to national provision, payments made by units covered in basic medical care insurance program, and income from other resources, including: income of social comprehensive funds paid by unites, financial subsidies, interest income and others.

(III) Expenditure of social comprehensive funds: refer to payment made to those retired and resigned people covered in basic medical care insurance within the expenditure scope and standards according to related national policies, including: expenditure on fee-for-service in hospital, expenditure on fee-for-service in clinic and other expenditure.

(IV) Balance of social comprehensive funds: refer to the balance of medical care insurance of social comprehensive funds at the end of the reference period, including: bank savings, special fiscal account, investment in bonds and others.

☐ Lawyers

Are certified legal workers according to law, and who are employed by legal counseling firms to act as legal advisers, agents in criminal or civil lawsuits, or defenders in criminal lawsuits, or to handle non-litigious legal affairs, to advise on matters of law or to write legal papers for others, and provide service to the public.

☐ Notary Personnel

Refers to people working for notary offices including: directors, deputy director, notaries, assistant notaries, and other people providing assistance.

☐ Notary Documents

Refer to the judicatory notary documents drawn up by the request of the party and are in accordance with facts and laws and following certain legal proceedings.

☐ Mediators

Refer to workers on people mediation committees responsible for mediating in civil disputes and cases of slight infraction of the law. They include members of the mediation committees and mediators of mediation groups.

☐ Mediation of Civil Disputes

Refers to number of cases made by mediation committees in mediating in civil disputes concerning civil rights and duties through persuasion and education in accordance with the provisions of law on a voluntary basis, so as to solve disputes by helping the parties involved come to an agreement and understanding, including those unsuccessful ones.

☐ Acceptance of Case

Refers to the decision made by the people's procuratorate office on reported cases, prosecution, impeachment, surrender, self-found criminal clues or suspects after initial investigation to confirm the act of crime and to start legal proceedings of the case as criminal case.

☐ Large Cases

Refer to cases involving a corruption or bribery of over 50,000 yuan, or a misappropriation of over 100,000 yuan, Cases of collectively illegal possession of public funds, unstated sources of large properties, or disguised overseas savings deposits involving 500,000 yuan, or a case that has been defined by Standard on Serious and Large Cases of Misconduct and Tortious that Directly Accepted by People's Procurators Office (trial). This indicator mainly reflects number of accepted cases of job-related criminals that caused serious economic losses or extremely harmful to the society.

EXPLANATORY NOTES TO MAJOR STATISTICAL INDICATORS

Key Cases

Refer to cases committed by government officials with a ranking of division director or county administrator. This indicator mainly reflects the recorded and spied on cases by the people's procurators offices toward government official with a ranking of division director or county administrator.

Decision of Arrest

Refers to decision made by procurators office, in accordance with laws, to arrest the suspect(s) in the cases that are accepted and to be investigated by procurators office.

Approval for Arrest

Refers to the decision made by procurators office, in accordance with laws and relevant facts, to approve the arrest of the suspect(s) that is proposed by the public security departments, state security departments or authority of prisons.

Decision on Prosecution

Refers to the decision made by procurators office, in accordance with laws and relevant facts, to institute proceedings to the people court against the suspect(s) of criminal cases handed over by the public security departments, state security departments or authority of prisons, or by the anti-corruption departments within the procurators office.

第 20 章

区　县

DISTRICTS,COUNTIES

简要说明

BRIEF INTRODUCTION

本章资料包括按“都市经济发达圈、渝西经济走廊和三峡库区生态经济区”和“一小时经济圈”、“都市功能核心区、都市功能拓展区、城市发展新区、渝东北生态涵养发展区和渝东南生态保护发展区”分组的全市38个区县（自治县）的主要经济社会统计资料。

“都市经济发达圈”包括渝中区、大渡口区、江北区、沙坪坝区、九龙坡区、南岸区、北碚区、渝北区、巴南区，即主城九区；“渝西经济走廊”包括江津区、合川区、永川区、南川区、綦江区、大足区、璧山区、铜梁区、潼南县和荣昌县；“三峡库区生态经济区”包括除都市经济发达圈和渝西经济走廊以外的19个区县。

“一小时经济圈”包括渝中区、大渡口区、江北区、沙坪坝区、九龙坡区、南岸区、北碚区、渝北区、巴南区、涪陵区、长寿区、江津区、合川区、永川区、南川区、綦江区、大足区、璧山区、铜梁区、潼南县和荣昌县21个区县。

“都市功能核心区”包括渝中区全域和大渡口、江北区、沙坪坝、九龙坡区、南岸区等处于内环以内的区域；“都市功能拓展区”包括大渡口区、江北区、沙坪坝区、九龙坡区、南岸区处于内环以外的区域以及北碚区、渝北区、巴南区全域；“城市发展新区”包括涪陵区、长寿区、江津区、合川区、永川区、南川区、綦江区、大足区、璧山区、铜梁区、潼南县和荣昌县等12区县及万盛、双桥经开区；渝东北生态涵养发展区”包括万州区、梁平县、城口县、丰都县、垫江县、忠县、开县、云阳县、奉节县、巫山县、巫溪县等11区县；渝东南生态保护发展区”包括黔江区、武隆县、石柱县、秀山县、酉阳县、彭水县等6区县（自治县）。

都市功能核心区和都市功能拓展区的数据，部分指标暂时按行政区划进行分组统计。

为便于排版，对资料中各区县名称均采用简称，即：石柱土家族自治县、秀山土家族苗族自治县、酉阳土家族苗族自治县、彭水苗族土家族自治县、万盛经济技术开发区统一简称为：石柱县、秀山县、酉阳县、彭水县、万盛经开区。

本章资料分别由市统计局人口就业处、核算处、工业处、服务业处、固定资产投资处、贸易外经处、社会科技处、能源资源统计处、普查中心、综合处和国家统计局重庆调查总队根据有关专业统计资料、各区县统计局资料和市级有关部门的区县资料整理编辑。

This chapter includes the main economic and social indicators of 38 districts and counties (autonomous counties) grouped by the "Metropolitan Developed Economic Circle, West Chongqing Economic Corridor and the Ecological and Economic Zone in the Three Gorges Reservoir Area" and the "One Circle and Two Wings", "One-hour Economic Circle", "Core Metropolitan Function Area, Extended Metropolitan Function Area, Newly Developed Urban Area, Northeastern Ecological Conservation Area and Southeastern Environment Protection Area".

The "Metropolitan Developed Economic Circle" covers the 9 central urban districts, namely Yuzhong, Dadukou, Jiangbei, Shapingba, Jiulongpo, Nan'an, Beibei, Yubei and Banan. The "West Chongqing Economic Corridor" covers the districts and counties of Jiangjin, Hechuan, Yongchuan, Nanchuan, Qijiang, Dazu, Bishan, Tongliang, Tongnan and Rongchang.The "Ecological and Economic Zone in the Three Gorges Reservoir Area" covers 19 districts and counties other than the "Metropolitan Developed Economic Circle" and the "West Chongqing Economic Corridor".

The "One-hour Economic Circle" includes 21 districts and counties, namely Yuzhong, Dadukou, Jiangbei, Shapingba, Jiulongpo, Nan'an, Beibei, Yubei, Banan, Fuling, Changshou, Jiangjin, Hechuan, Yongchuan, Nanchuan, Qijiang, Dazu, Bishan, Tongliang, Tongnan and Rongchang.

The "Core Metropolitan Function Area" includes Yuzhong Districts and part of Dadukou, Jiangbei, Shapingba, Jiulongpo and Nan'an within the inner ring highway. The "Extended Metropolitan Function Area" includes the areas of Dadukou, Jiangbei, Shapingba, Jiulongpo and Nan'an outside the inner ring highway, as well as the districts of Beibei, Yubei and Banan.The "Newly Developed Urban Area" includes 12 districts and counties, namely Fuling, Changshou, Jiangjin, Hechuan, Yongchuan, Nanchuan, Qijiang, Dazu, Bishan, Tongliang, Tongnan and Rongchang, and the economic development zones of Wansheng and Shuangqiao. The "Northeastern Ecological Conservation Area" includes 11 districts and counties, namely Wanzhou, Liangping, Chengkou, Fengdu, Dianjiang, Zhongxian, Kaixian, Yunyang, Fengjie, Wushan and Wuxi. The "Southeastern Environment Protection Area" includes 6 districts and counties (autonomous counties), namely Qianjiang, Wulong, Shizhu, Xiushan, Youyang and Pengshui.

Part of the data of the Core Metropolitan Function Area and the Extended Metropolitan Function Area are calculated by the administrative districts and counties at present.

For the convinience of layout, shorter terms are used for the name of some districts and counties. Shizhu Tujia Autonomous County, Xiushan Tujia and Miao Autonomous County, Youyang Tujia and Miao Autonomous County, Pengshui Miao and Tujia Autonomous County and Wansheng Economy & Technology Development Zone are uniformly called as Shizhu County, Xiushan County, Youyang County, Pengshui County and Wansheng District.

The data in this chapter are prepared and compiled by Division of Population and Employment Statistics, Division of National Economic Accounting, Division of Industry Statistics, Division of Service Statistics, Division of Statistics of Investment in Fixed Assets, Division of Trade and Foreign Economic Relations Statistics, Division of Social and Technology Statistics, Division of Energy and Natural Resources Statistics, Census Center, Division of Comprehensive Statistics of Chongqing Municipal Bureau of Statistics as well as the NBS Survey Office in Chongqing on the basis of the data provided by the related divisions of Municipal Bureau of Statistics, the statistical bureaus of districts and counties and the related municipal departments.

表20.1 各区县户数和人口（2014年）
HOUSEHOLDS AND POPULATION BY REGION (2014)

区 县	Region	年末总户数（户籍统计）（万户） Year-end Households (registration statistics) (10 000 households)	年末总人口（户籍统计）（万人） Year-end Population (registration statistics) (10 000 persons)	其 中 of which		按年龄组分 By Age			
				#非农业人口 Non-agricultural	#女 性 Female	0-18岁 Aged 0-18	18-35岁 Aged 18-35	35-60岁 Aged 35-60	60岁以上 Aged 60 and Over
全 市	**Total**	**1248.67**	**3375.20**	**1372.12**	**1636.33**	**626.18**	**766.11**	**1326.74**	**656.17**
#都市发达经济圈	Metropolitan Developed Economic Circle	258.02	643.69	488.85	322.00	94.44	148.94	259.51	140.80
渝西经济走廊	West Chongqing Economic Corridor	388.09	1042.32	360.19	504.72	180.78	228.58	420.75	212.21
三峡库区生态经济区	Ecological Economic Zone in Three Gorges Reservoir Area	602.56	1689.19	523.08	809.61	350.96	388.59	646.48	303.16
#一小时经济圈	One Hour Economic Sphere	729.54	1893.11	929.19	928.44	310.49	420.14	767.70	394.78
#都市功能核心区	Core Metropolitan Function Area	105.07	265.46	262.65	133.63	37.68	64.03	105.17	58.58
都市功能拓展区	Extended Metropolitan Function Area	152.95	378.23	226.20	188.37	56.76	84.91	154.34	82.22
城市发展新区	Newly Developed Urban Area	471.52	1249.42	440.34	606.44	216.05	271.20	508.19	253.98
渝东北生态涵养发展区	Northeastern Ecological Conservation Area	391.69	1107.45	322.09	530.57	225.89	253.88	428.39	199.29
渝东南生态保护发展区	Southeastern Environment Protection Area	127.44	374.64	120.84	177.32	89.80	92.09	130.65	62.10
万州区	Wanzhou District	71.09	175.77	78.80	86.23	28.90	36.23	75.07	35.57
黔江区	Qianjiang District	20.68	55.33	24.33	26.15	12.90	14.38	19.40	8.65
涪陵区	Fuling District	46.33	116.67	48.45	57.25	20.58	24.05	48.90	23.14
渝中区	Yuzhong District	21.11	54.31	54.31	27.50	5.31	12.46	21.58	14.96
大渡口区	Dadukou District	11.05	25.16	23.04	12.72	3.71	5.50	10.49	5.46
江北区	Jiangbei District	25.10	59.14	57.09	29.56	7.84	14.67	23.31	13.32
沙坪坝区	Shapingba District	29.37	79.83	67.61	40.13	11.63	20.23	31.21	16.76
九龙坡区	Jiulongpo District	36.11	88.45	71.41	44.44	13.56	20.15	35.85	18.89
南岸区	Nan'an District	25.59	66.34	60.48	33.56	10.56	15.89	26.11	13.78
北碚区	Beibei District	25.52	63.18	38.14	31.65	8.08	13.36	26.35	15.39
渝北区	Yubei District	47.63	117.08	77.14	58.21	20.85	27.22	48.02	20.99
巴南区	Ba'nan District	36.54	90.20	39.63	44.23	12.90	19.46	36.59	21.25
长寿区	Changshou District	37.10	90.43	31.70	44.47	14.69	18.57	38.54	18.63
江津区	Jiangjin District	62.06	150.23	57.03	72.75	25.13	29.12	62.77	33.21
合川区	Hechuan District	59.93	155.43	51.23	74.98	24.27	32.26	64.83	34.07
永川区	Yongchuan District	39.51	113.11	37.58	55.43	21.95	24.21	45.72	21.23
南川区	Nanchuan District	25.92	68.66	19.16	33.62	13.34	13.05	28.94	13.33
綦江区	Qijiang District	47.35	121.17	53.38	59.28	20.13	26.95	48.98	25.11
綦江区（不含万盛）	Qijiang District (excluding Wansheng)	37.38	94.32	37.33	45.83	16.03	20.82	37.92	19.55
万盛经开区	Wansheng District	9.97	26.85	16.05	13.45	4.10	6.13	11.06	5.56
大足区	Dazu District	32.47	105.10	34.69	50.13	19.95	26.82	39.30	19.03
璧山区	Bishan District	25.08	63.80	28.08	31.32	10.35	13.59	26.38	13.48
铜梁区	Tongliang District	32.50	84.47	22.52	40.79	14.00	17.71	34.79	17.97
潼南县	Tongnan County	32.26	95.61	16.33	45.04	17.01	24.90	35.32	18.38
荣昌县	Rongchang County	31.01	84.74	40.19	41.38	14.65	19.97	33.72	16.40
梁平县	Liangping County	32.56	92.89	20.63	44.39	17.72	19.82	38.52	16.83
城口县	Chengkou County	8.93	25.26	6.92	11.86	5.78	6.19	9.09	4.20
丰都县	Fengdu County	27.87	83.36	24.12	40.08	18.45	17.34	32.49	15.08
垫江县	Dianjiang County	34.11	97.57	23.29	46.77	21.42	21.62	37.07	17.46
武隆县	Wulong County	14.22	41.54	11.72	19.78	8.49	8.53	16.29	8.23
忠 县	Zhongxian County	34.88	100.85	23.74	48.35	20.14	21.79	39.67	19.25
开 县	Kaixian County	57.30	168.77	53.80	80.29	37.77	39.88	62.46	28.66
云阳县	Yunyang County	45.15	135.96	37.72	64.78	28.37	33.69	50.36	23.54
奉节县	Fengjie County	35.90	107.53	22.83	51.01	22.30	27.46	39.36	18.41
巫山县	Wushan County	23.89	64.64	16.05	30.77	13.82	15.91	24.13	10.78
巫溪县	Wuxi County	20.01	54.85	14.19	26.04	11.22	13.95	20.17	9.51
石柱县	Shizhu County	19.74	55.02	17.51	26.62	12.43	12.80	20.60	9.19
秀山县	Xiushan County	21.67	66.46	23.06	31.75	15.45	18.54	21.74	10.73
酉阳县	Youyang County	27.87	86.04	24.12	40.39	22.87	21.18	28.34	13.65
彭水县	Pengshui County	23.26	70.25	20.10	32.63	17.66	16.66	24.28	11.65

表20.1 续表 continued

区　县	Region	出　生（户籍统计）Birth (registration statistics)		死　亡（户籍统计）Mortality (registration statistics)		自然增长（户籍统计）Natural Growth (registration statistics)		常住人口（万人）	其　中 of which	城镇化率（%）
		人　数（万人）Population (10 000 persons)	出生率（‰）Birth Rate (‰)	人　数（万人）Population (10 000 persons)	死亡率（‰）Mortality Rate (‰)	人　数（万人）Population (10 000 persons)	自然增长率（‰）Natural Growth Rate (‰)	Resident Popolation (10 000 persons)	#城镇人口 Urban (10 000 persons)	Urban Rate (%)
全　市	**Total**	**39.74**	**11.80**	**22.55**	**6.70**	**17.19**	**5.10**	**2991.40**	**1783.01**	**59.60**
#都市发达经济圈	Metropolitan Developed Economic Circle	6.81	10.64	4.12	6.44	2.69	4.20	818.98	722.30	88.20
渝西经济走廊	West Chongqing Economic Corridor	11.16	10.72	7.64	7.34	3.52	3.38	884.67	489.01	55.28
三峡库区生态经济区	Ecological Economic Zone in Three Gorges Reservoir Area	21.77	12.92	10.79	6.40	10.98	6.52	1287.75	571.70	44.40
#一小时经济圈	One Hour Economic Sphere	19.93	10.55	13.28	7.03	6.65	3.52	1898.17	1330.45	70.09
#都市功能核心区	Core Metropolitan Function Area	2.85	10.75	1.43	5.40	1.42	5.35	367.76	367.19	99.85
都市功能拓展区	Extended Metropolitan Function Area	3.96	10.56	2.69	7.17	1.27	3.39	451.22	355.11	78.70
城市发展新区	Newly Developed Urban Area	13.12	10.51	9.16	7.34	3.96	3.17	1079.19	608.15	56.35
渝东北生态涵养发展区	Northeastern Ecological Conservation Area	14.13	12.79	6.96	6.30	7.17	6.49	816.65	353.01	43.23
渝东南生态保护发展区	Southeastern Environment Protection Area	5. 68	15.22	2. 31	6.19	3. 37	9.03	276.58	99.55	35.99
万州区	Wanzhou District	1.80	10.25	0.98	5.58	0.82	4.67	160.46	98.06	61.11
黔江区	Qianjiang District	0.78	14.15	0.33	5.99	0.45	8.16	45.66	20.60	45.12
涪陵区	Fuling District	1.15	9.85	0.73	6.25	0.42	3.60	113.61	70.64	62.18
渝中区	Yuzhong District	0.42	7.69	0.34	6.23	0.08	1.46	65.04	65.04	100.00
大渡口区	Dadukou District	0.25	10.01	0.20	8.01	0.05	2.00	33.04	32.05	97.00
江北区	Jiangbei District	0.62	10.57	0.39	6.65	0.23	3.92	83.87	79.81	95.16
沙坪坝区	Shapingba District	0.85	10.66	0.50	6.27	0.35	4.39	111.20	104.63	94.09
九龙坡区	Jiulongpo District	1.03	11.75	0.46	5.25	0.57	6.50	117.01	106.60	91.10
南岸区	Nan'an District	0.76	11.57	0.30	4.57	0.46	7.00	84.01	79.26	94.35
北碚区	Beibei District	0.56	8.85	0.55	8.69	0.01	0.16	77.09	60.97	79.09
渝北区	Yubei District	1.41	12.22	0.67	5.81	0.74	6.41	150.35	118.39	78.74
巴南区	Ba'nan District	0.91	10.11	0.71	7.89	0.20	2.22	97.37	75.55	77.59
长寿区	Changshou District	0.81	8.95	0.79	8.72	0.02	0.23	80.91	48.50	59.94
江津区	Jiangjin District	1.41	9.38	1.32	8.79	0.09	0.59	129.25	80.12	61.99
合川区	Hechuan District	1.34	8.61	1.12	7.20	0.22	1.41	133.99	83.27	62.15
永川区	Yongchuan District	1.34	11.84	1.04	9.19	0.30	2.65	108.42	68.59	63.26
南川区	Nanchuan District	0.82	11.97	0.46	6.71	0.36	5.26	55.91	30.20	54.02
綦江区	Qijiang District	1.27	10.48	0.91	7.51	0.36	2.97	109.29	60.08	54.97
綦江区（不含万盛）	Qijiang District (excluding Wansheng)	0.99	10.50	0.72	7.63	0.27	2.87	82.54	39.12	47.40
万盛济开区	Wansheng District	0.28	10.43	0.19	7.08	0.09	3.35	26.75	20.96	78.36
大足区	Dazu District	1.32	12.60	0.61	5.82	0.71	6.78	75.03	37.63	50.15
璧山区	Bishan District	0.63	9.89	0.45	7.06	0.18	2.83	72.03	35.15	48.80
铜梁区	Tongliang District	0.97	11.51	0.65	7.71	0.32	3.80	66.38	31.75	47.83
潼南县	Tongnan County	1.12	11.74	0.51	5.35	0.61	6.39	65.80	29.61	45.00
荣昌县	Rongchang County	0.94	11.11	0.57	6.74	0.37	4.37	68.57	32.61	47.56
梁平县	Liangping County	0.96	10.35	0.66	7.11	0.30	3.24	66.23	26.69	40.30
城口县	Chengkou County	0.33	13.10	0.15	5.95	0.18	7.15	18.83	5.89	31.28
丰都县	Fengdu County	0.68	8.15	0.59	7.07	0.09	1.08	61.19	24.88	40.66
垫江县	Dianjiang County	1.20	12.33	0.54	5.55	0.66	6.78	67.94	27.38	40.30
武隆县	Wulong County	0.42	10.12	0.28	6.75	0.14	3.37	34.81	13.47	38.70
忠　县	Zhongxian County	1.16	11.50	0.93	9.22	0.23	2.28	72.15	28.06	38.89
开　县	Kaixian County	3.18	18.96	0.93	5.54	2.25	13.42	116.76	49.20	42.14
云阳县	Yunyang County	1.98	14.61	0.77	5.68	1.21	8.93	89.87	34.31	38.18
奉节县	Fengjie County	1.24	11.55	0.70	6.52	0.54	5.03	77.39	29.56	38.20
巫山县	Wushan County	0.82	12.71	0.40	6.20	0.42	6.51	46.60	16.70	35.84
巫溪县	Wuxi County	0.78	14.27	0.31	5.67	0.47	8.60	39.23	12.28	31.30
石柱县	Shizhu County	0.65	11.84	0.36	6.56	0.29	5.28	39.21	15.04	38.36
秀山县	Xiushan County	0.91	13.74	0.36	5.44	0.55	8.30	49.07	17.67	36.01
酉阳县	Youyang County	1.91	22.34	0.58	6.78	1.33	15.56	56.24	16.68	29.66
彭水县	Pengshui County	1.01	14.43	0.40	5.72	0.61	8.71	51.59	16.09	31.19

表20.2 各区县就业（2014年）
EMPLOYMENT BY REGION (2014)

区 县	Region	城镇非私营单位在岗职工人数（万人）Employment of On-post Urban Non-private Units (10 000 persons)	其 中 of which #国 有 State-owned	#集 体 Collective-owned	年末失业人员登记数（人）Year-end Registered Unemployment (person)
全 市	**Total**	**386.76**	**112.47**	**8.43**	**134243**
#都市发达经济圈	Metropolitan Developed Economic Circle	192.57	45.40	2.04	48451
渝西经济走廊	West Chongqing Economic Corridor	84.86	24.72	2.72	36850
三峡库区生态经济区	Ecological Economic Zone in Three Gorges Reservoir Area	109.33	42.35	3.67	48942
#一小时经济圈	One Hour Economic Sphere	304.77	77.21	6.10	94964
#都市功能核心区	Core Metropolitan Function Area	90.86	19.94	0.98	
都市功能拓展区	Extended Metropolitan Function Area	101.71	25.46	1.06	
城市发展新区	Newly Developed Urban Area	112.20	31.81	4.06	46513
渝东北生态涵养发展区	Northeastern Ecological Conservation Area	65.77	25.44	1.93	30429
渝东南生态保护发展区	Southeastern Environment Protection Area	16.22	9.82	0.40	8850
万州区	Wanzhou District	22.94	6.56	0.32	6241
黔江区	Qianjiang District	3.26	1.80	0.01	1557
涪陵区	Fuling District	15.64	4.01	0.53	4092
渝中区	Yuzhong District	42.27	10.28	0.28	5251
大渡口区	Dadukou District	5.55	1.10	0.06	1412
江北区	Jiangbei District	18.01	3.54	0.18	5529
沙坪坝区	Shapingba District	20.02	4.99	0.71	8274
九龙坡区	Jiulongpo District	20.25	4.65	0.49	8333
南岸区	Nan'an District	14.50	4.14	0.07	4492
北碚区	Beibei District	10.77	3.69	0.12	2461
渝北区	Yubei District	45.14	9.08	0.06	7984
巴南区	Ba'nan District	16.06	3.93	0.07	4715
长寿区	Changshou District	11.70	3.08	0.81	5571
江津区	Jiangjin District	12.86	3.37	0.32	5027
合川区	Hechuan District	11.73	2.92	0.20	4858
永川区	Yongchuan District	15.39	3.53	0.26	4574
南川区	Nanchuan District	3.40	2.01	0.16	3040
綦江区	Qijiang District	12.28	2.94	0.18	6197
綦江区（不含万盛）	Qijiang District (excluding Wansheng)	7.25	2.10	0.16	3148
万盛经开区	Wansheng District	5.03	0.84	0.02	3049
大足区	Dazu District	7.72	2.14	0.17	2688
璧山区	Bishan District	7.24	1.65	0.17	2464
铜梁区	Tongliang District	3.77	1.86	0.24	2831
潼南县	Tongnan County	6.87	2.33	1.00	1929
荣昌县	Rongchang County	3.60	1.97	0.02	3242
梁平县	Liangping County	6.14	2.11	0.25	2143
城口县	Chengkou County	1.35	0.83	0.03	472
丰都县	Fengdu County	3.24	1.78	0.21	2433
垫江县	Dianjiang County	6.58	1.89	0.56	2572
武隆县	Wulong County	2.14	1.17	0.10	756
忠 县	Zhongxian County	2.39	1.80	0.05	3215
开 县	Kaixian County	7.73	2.94	0.03	2389
云阳县	Yunyang County	4.75	2.22	0.01	3752
奉节县	Fengjie County	5.07	2.30	0.11	3928
巫山县	Wushan County	2.75	1.70	0.11	2441
巫溪县	Wuxi County	2.83	1.31	0.25	843
石柱县	Shizhu County	2.70	1.57	0.14	1969
秀山县	Xiushan County	2.74	1.60	0.06	1444
酉阳县	Youyang County	2.62	1.93	0.09	1634
彭水县	Pengshui County	2.76	1.75		1490

表20.3 各区县生产总值（2014年）
GROSS DOMESTIC PRODUCT BY REGION (2014)

区 县	Region	地区生产总值（万元）Gross Domestic Product (10000 yuan)	其中 of which 第一产业 Primary Industry	第二产业 Secondary Industry	其中 of which #工业 Industry	第三产业 Tertiary Industry	人均地区生产总值（元）Per Capita GDP (yuan)
全 市	**Total**	**142626000**	**10610300**	**65290600**	**51758000**	**66725100**	**47850**
#都市发达经济圈	Metropolitan Developed Economic Circle	62881500	1023800	25155300	20822400	36702400	77273
渝西经济走廊	West Chongqing Economic Corridor	35338200	4274700	18892300	15232600	12171200	40279
三峡库区生态经济区	Ecological Economic Zone in Three Gorges Reservoir Area	44406300	5311800	21243000	15703000	17851500	34434
#一小时经济圈	One Hour Economic Sphere	110052400	6129400	50667700	41548300	53255300	58403
#都市功能核心区	Core Metropolitan Function Area	29439000		6463900	4934400	22975100	80139
都市功能拓展区	Extended Metropolitan Function Area	33442500	1023800	18691400	15888000	13727300	74915
城市发展新区	Newly Developed Urban Area	47170900	5105600	25512400	20725900	16552900	44060
渝东北生态涵养发展区	Northeastern Ecological Conservation Area	24660500	3334000	11087600	7707000	10238900	30113
渝东南生态保护发展区	Southeastern Environment Protection Area	7913100	1146900	3535300	2502700	3230900	28525
万州区	Wanzhou District	7712188	547721	3920484	3122485	3243983	48201
黔江区	Qianjiang District	1863052	173697	1052550	890126	636805	40960
涪陵区	Fuling District	7574764	479735	4660970	4054369	2434059	67215
渝中区	Yuzhong District	8687242		317119	79074	8370123	133588
大渡口区	Dadukou District	1489743	16270	612228	430333	861245	45226
江北区	Jiangbei District	6044623	12351	1722211	1341920	4310061	72443
沙坪坝区	Shapingba District	8092134	55645	4629971	4167903	3406518	73063
九龙坡区	Jiulongpo District	9108240	92124	4091162	3548357	4924954	78199
南岸区	Nan'an District	6081368	47062	3710655	3139728	2323651	72848
北碚区	Beibei District	4154060	137905	2791601	2324998	1224554	54238
渝北区	Yubei District	11153849	242406	7134963	6251964	3776480	75143
巴南区	Ba'nan District	5100846	419948	2228021	1611782	2452877	52798
长寿区	Changshou District	4204068	350982	2508441	1986055	1344645	52163
江津区	Jiangjin District	5546593	694952	3498608	2982776	1353033	43389
合川区	Hechuan District	4404575	596895	2237928	1750809	1569752	33020
永川区	Yongchuan District	5125385	445784	2937592	2362658	1742009	47629
南川区	Nanchuan District	1731935	351947	628667	469719	751321	31212
綦江区	Qijiang District	3579850	466238	1877718	1583187	1235894	32777
綦江区（不含万盛）	Qijiang District (excluding Wansheng)	2765191	392585	1408459	1222423	964147	33526
万盛经开区	Wansheng District	814659	73653	469259	360764	271747	30466
大足区	Dazu District	3298433	364297	1992091	1704431	942045	44138
璧山区	Bishan District	3343756	187762	2372755	2114960	783239	47352
铜梁区	Tongliang District	2810530	329536	1746399	1457943	734595	43242
潼南县	Tongnan County	2341631	433294	1221111	770459	687226	35840
荣昌县	Rongchang County	3004235	403498	1903978	1552581	696759	44112
梁平县	Liangping County	2178288	329525	1173598	935749	675165	32685
城口县	Chengkou County	460039	66616	266188	169935	127235	24283
丰都县	Fengdu County	1353717	259090	639444	332930	455183	21972
垫江县	Dianjiang County	2240941	323139	1272890	1082989	644912	32784
武隆县	Wulong County	1199849	170790	481029	230036	548030	34404
忠 县	Zhongxian County	2082603	312586	1082255	814058	687762	28668
开 县	Kaixian County	3001665	483214	1539661	975847	978790	25771
云阳县	Yunyang County	1701867	367380	736344	533479	598143	18908
奉节县	Fengjie County	1814112	330408	711194	292540	772510	23274
巫山县	Wushan County	812686	177326	261460	102889	373900	17369
巫溪县	Wuxi County	667201	136599	258638	111521	271964	16889
石柱县	Shizhu County	1199517	210935	600266	427999	388316	30321
秀山县	Xiushan County	1265021	170845	656908	533104	437268	25751
酉阳县	Youyang County	1104184	218244	515492	361439	370448	19609
彭水县	Pengshui County	1087992	202287	480430	309273	405275	20903

表20.3 续表 continued

（上年=100）(preceding year=100)

区　县	Region	地区生产总值指数（可比价） Indices of GDP (constant prices)	其中 of which 第一产业 Primary Industry	第二产业 Secondary Industry	其中 of which #工　业 Industry	第三产业 Tertiary Industry	人均地区生产总值指数 Indices of Per Capita GDP
全　市	**Total**	**110.9**	**104.4**	**112.7**	**112.3**	**110.0**	**110.0**
#都市发达经济圈	Metropolitan Developed Economic Circle	110.7	101.2	111.4	112.3	110.3	109.1
渝西经济走廊	West Chongqing Economic Corridor	111.5	104.4	113.8	112.7	110.1	109.5
三峡库区生态经济区	Ecological Economic Zone in Three Gorges Reservoir Area	110.7	105.0	113.3	112.0	109.2	111.1
#一小时经济圈	One Hour Economic Sphere	111.0	103.8	112.4	112.4	110.3	109.2
#都市功能核心区	Core Metropolitan Function Area	109.0		105.1	105.3	110.2	107.9
都市功能拓展区	Extended Metropolitan Function Area	112.2	101.2	113.8	114.6	110.5	110.1
城市发展新区	Newly Developed Urban Area	111.5	104.4	113.5	112.5	110.4	109.6
渝东北生态涵养发展区	Northeastern Ecological Conservation Area	110.6	105.2	114.2	111.8	108.5	111.3
渝东南生态保护发展区	Southeastern Environment Protection Area	109.7	105.0	111.8	112.0	108.9	110.5
万州区	Wanzhou District	111.1	105.5	112.2	112.0	110.9	110.4
黔江区	Qianjiang District	110.7	104.5	110.6	110.8	112.2	109.7
涪陵区	Fuling District	112.0	104.8	114.1	114.0	108.9	110.1
渝中区	Yuzhong District	110.9		101.7	101.6	111.2	110.8
大渡口区	Dadukou District	109.1	94.1	105.6	103.7	112.1	108.4
江北区	Jiangbei District	110.5	100.4	108.5	108.0	111.4	108.6
沙坪坝区	Shapingba District	109.1	101.4	109.4	109.8	108.7	107.5
九龙坡区	Jiulongpo District	111.0	100.6	111.4	110.8	110.8	109.9
南岸区	Nan'an District	112.4	94.6	115.0	115.7	107.7	110.7
北碚区	Beibei District	111.0	100.4	111.2	110.7	111.7	109.2
渝北区	Yubei District	112.5	100.5	113.5	116.3	111.1	109.8
巴南区	Ba'nan District	111.5	103.2	112.1	111.0	112.2	109.9
长寿区	Changshou District	111.9	104.3	110.5	109.4	116.1	110.3
江津区	Jiangjin District	112.8	104.4	114.7	113.5	111.3	111.0
合川区	Hechuan District	111.1	104.5	112.6	113.3	111.1	110.1
永川区	Yongchuan District	112.8	104.6	114.1	112.6	112.7	111.0
南川区	Nanchuan District	107.0	104.0	106.2	105.1	108.7	105.4
綦江区	Qijiang District	110.6	103.7	112.6	111.3	109.7	109.9
綦江区（不含万盛）	Qijiang District (excluding Wansheng)	111.1	103.7	113.2	112.3	110.6	110.3
万盛经开区	Wansheng District	109.5	103.8	111.1	108.4	108.0	108.9
大足区	Dazu District	111.4	103.9	114.0	113.0	108.9	110.2
璧山区	Bishan District	113.3	104.7	114.5	113.8	111.3	106.8
铜梁区	Tongliang District	111.4	104.7	113.7	112.3	109.2	106.2
潼南县	Tongnan County	113.4	104.9	118.7	117.5	110.2	112.2
荣昌县	Rongchang County	112.0	104.8	114.4	113.1	109.5	110.7
梁平县	Liangping County	111.7	105.2	114.5	112.6	109.5	113.1
城口县	Chengkou County	106.1	104.5	108.3	103.7	102.0	107.4
丰都县	Fengdu County	110.8	105.3	116.6	112.0	105.5	112.3
垫江县	Dianjiang County	110.4	105.4	113.0	111.4	107.6	111.8
武隆县	Wulong County	110.7	105.1	110.7	115.7	112.3	111.0
忠　县	Zhongxian County	112.1	105.3	118.1	116.4	106.7	113.7
开　县	Kaixian County	112.0	105.6	116.3	112.7	108.3	111.7
云阳县	Yunyang County	111.8	105.0	117.9	116.1	108.1	112.3
奉节县	Fengjie County	111.3	104.7	118.0	112.2	108.1	113.2
巫山县	Wushan County	106.1	104.8	103.6	85.0	108.6	107.6
巫溪县	Wuxi County	109.3	104.9	112.7	112.0	108.2	110.9
石柱县	Shizhu County	110.0	105.1	112.5	113.3	108.6	112.7
秀山县	Xiushan County	110.8	105.3	113.6	111.7	109.3	111.3
酉阳县	Youyang County	107.5	105.2	109.6	113.4	105.9	108.1
彭水县	Pengshui County	110.3	104.8	117.4	111.7	105.6	111.8

表20.4 各区县农业和农村经济（2014年）

AGRICULTURE AND RURAL ECONOMY BY REGION (2014)

区 县	Region	农林牧渔业总产值（万元） Gross Output Value (10 000 yuan)	其中 of which 农 业 Farming	林 业 Forestry	牧 业 Animal Husbandry	渔 业 Fishery	农林牧渔服务业 Farming, Forestry, Animal Husbandry and Fishery Services	农林牧渔业总产值指数（可比价）（上年=100） Indices of Gross Output (constant prices) (preceding year=100)
全 市	**Total**	**15949591**	**9678717**	**535593**	**4863605**	**649279**	**222398**	**104.3**
#都市发达经济圈	Metropolitan Developed Economic Circle	1551312	1069552	33173	310333	83960	54293	101.7
渝西经济走廊	West Chongqing Economic Corridor	6283251	3842823	173316	1917294	290237	59581	104.4
三峡库区生态经济区	Ecological Economic Zone in Three Gorges Reservoir Area	8120340	4766155	329201	2636321	275147	113517	105.0
#一小时经济圈	One Hour Economic Sphere	9080484	5646158	242355	2605765	449314	136892	104.2
#都市功能核心区	Core Metropolitan Function Area	8394	5891	230	1133	609	531	99.0
都市功能拓展区	Extended Metropolitan Function Area	1542918	1063661	32944	309200	83351	53762	101.8
城市发展新区	Newly Developed Urban Area	7529171	4576606	209182	2295432	365354	82598	104.3
渝东北生态涵养发展区	Northeastern Ecological Conservation Area	5068602	3037117	200636	1584970	174376	71504	105.1
渝东南生态保护发展区	Southeastern Environment Protection Area	1805817	995255	92699	673213	25654	18996	105.0
万州区	Wanzhou District	814526	532648	31071	195309	43063	12435	105.5
黔江区	Qianjiang District	269256	124451	15119	123194	3345	3147	104.4
涪陵区	Fuling District	721202	460461	27799	182848	36799	13294	104.8
渝中区	Yuzhong District							
大渡口区	Dadukou District	25637	19055	1847	2295	895	1545	94.1
江北区	Jiangbei District	18393	5951	3077	7147	1523	695	100.4
沙坪坝区	Shapingba District	88721	56380	1005	9452	7481	14404	101.5
九龙坡区	Jiulongpo District	131683	99090	1932	22280	5034	3347	100.6
南岸区	Nan'an District	71329	55178	1321	4131	9447	1252	94.5
北碚区	Beibei District	205685	165387	2298	22435	11193	4372	100.3
渝北区	Yubei District	385109	236475	12440	110600	11307	14286	100.5
巴南区	Ba'nan District	624756	432035	9254	131993	37081	14393	103.1
长寿区	Changshou District	524719	273321	8067	195290	38318	9723	104.2
江津区	Jiangjin District	1013935	681398	14972	275594	35213	6757	104.4
合川区	Hechuan District	859588	562929	19235	219111	51317	6996	104.4
永川区	Yongchuan District	659191	339480	14810	253331	43887	7683	104.4
南川区	Nanchuan District	525098	297715	19981	182320	17965	7118	103.8
綦江区	Qijiang District	698811	454092	35755	185102	18176	5685	103.7
綦江区（不含万盛）	Qijiang District (excluding Wansheng)	585321	387477	19035	159846	14306	4658	103.7
万盛经开区	Wansheng District	113490	66616	16720	25256	3871	1027	103.8
大足区	Dazu District	538321	330126	20842	154104	28684	4565	104.0
璧山区	Bishan District	286100	139530	3538	121932	19016	2084	104.7
铜梁区	Tongliang District	492155	239553	7953	205780	32070	6798	104.7
潼南县	Tongnan County	625168	449038	20155	124818	27120	4037	104.8
荣昌县	Rongchang County	584885	348960	16074	195201	16790	7860	104.8
梁平县	Liangping County	491405	296643	15606	152354	21398	5404	105.0
城口县	Chengkou County	105437	46934	9041	47256	1627	579	104.3
丰都县	Fengdu County	381606	189209	20695	151979	15576	4147	105.2
垫江县	Dianjiang County	495696	285940	9061	161313	27308	12074	105.3
武隆县	Wulong County	267876	174884	9011	75455	7470	1056	105.1
忠 县	Zhongxian County	468769	302057	11721	140896	8681	5414	105.1
开 县	Kaixian County	736554	446848	21596	229760	30269	8081	105.5
云阳县	Yunyang County	553113	345904	23128	164190	11171	8719	104.9
奉节县	Fengjie County	523318	349312	8041	146233	12240	7491	104.5
巫山县	Wushan County	281834	139772	27597	109004	1359	4102	104.6
巫溪县	Wuxi County	216346	101850	23079	86676	1682	3059	105.0
石柱县	Shizhu County	323291	167063	11099	136474	6094	2562	105.1
秀山县	Xiushan County	273154	162585	13739	85111	4424	7295	105.3
酉阳县	Youyang County	350679	179512	26164	139420	3412	2171	105.1
彭水县	Pengshui County	321561	186760	17566	113560	910	2766	104.8

表20.4 续表1 continued1

区 县	Region	农业商品产值（万元） Output Value of Agricultural Commodities (10 000 yuan)	农业商品率（%） Commercial Rate (%)	乡村从业人员（万人） Rural Employment (10 000 persons)	农作物播种面积（公顷） Sown Areas of Farm Crops (hectare)	其中 of which #粮食 Grain	农用化肥施用量（折纯）（吨） Consumption of Chemical Fertilizer (net) (tons)
全 市	**Total**	**10144245**	**64.5**	**1312.96**	**3540352.44**	**2242522.27**	**972642**
#都市发达经济圈	Metropolitan Developed Economic Circle	992342	66.3	107.58	3047702	1813827	49207
渝西经济走廊	West Chongqing Economic Corridor	4253728	68.3	448.51	1147962	685497	351919
三峡库区生态经济区	Ecological Economic Zone in Three Gorges Reservoir Area	4898175	61.2	756.87	2189210	1436104	571516
#一小时经济圈	One Hour Economic Sphere	6046747	67.6	639.59	24324152	14585517	464617
#都市功能核心区	Core Metropolitan Function Area	6377	81.1	27.76	10937	2244	9564
都市功能拓展区	Extended Metropolitan Function Area	985966	62.3	79.82	3036765	1811583	39643
城市发展新区	Newly Developed Urban Area	5054405	67.9	532.01	21276450	12771690	415410
渝东北生态涵养发展区	Northeastern Ecological Conservation Area	3034482	60.7	481.52	19258095	13241443	348841
渝东南生态保护发展区	Southeastern Environment Protection Area	1063015	59.5	191.85	9523040	5810874	159184
万州区	Wanzhou District	517349	64.5	70.27	176836	112879	40618
黔江区	Qianjiang District	186904	70.2	28.37	86021	56038	23206
涪陵区	Fuling District	473580	66.9	53.36	179835	96626	41140
渝中区	Yuzhong District						
大渡口区	Dadukou District	21654	89.9	1.33	2298	19	1173
江北区	Jiangbei District	12292	69.5	1.35	1848	1306	1014
沙坪坝区	Shapingba District	54039	72.7	7.07	7948	3111	3268
九龙坡区	Jiulongpo District	111525	86.9	12.44	12201	5970	2337
南岸区	Nan'an District	55556	79.3	5.56	2712	1102	1772
北碚区	Beibei District	130855	65.0	19.58	31256	13309	9102
渝北区	Yubei District	205838	55.5	25.94	61612	38970	14381
巴南区	Ba'nan District	400584	65.6	34.31	83307	57134	16160
长寿区	Changshou District	327097	63.5	30.14	90632	69323	22351
江津区	Jiangjin District	758081	75.3	67.76	153582	101744	51221
合川区	Hechuan District	533881	62.6	74.27	171697	121089	30431
永川区	Yongchuan District	459727	70.6	38.72	105957	68447	74599
南川区	Nanchuan District	354608	68.5	32.98	106151	56228	34197
綦江区	Qijiang District	419911	60.6	47.97	128483	79869	39285
綦江区（不含万盛）	Qijiang District (excluding Wansheng)	347059	59.8	40.19	107302	67374	30300
万盛经开区	Wansheng District	72852	64.8	7.78	21181	12495	8985
大足区	Dazu District	350902	65.7	25.02	107639	64518	28080
璧山区	Bishan District	207276	73.0	33.45	54898	28866	9861
铜梁区	Tongliang District	348351	71.8	40.07	90155	58279	35613
潼南县	Tongnan County	465294	74.9	46.79	147167	58572	34014
荣昌县	Rongchang County	355697	61.6	41.47	82234	47884	14618
梁平县	Liangping County	295092	60.7	49.18	102267	74938	46319
城口县	Chengkou County	55201	52.6	10.84	57761	31838	5546
丰都县	Fengdu County	235517	62.4	35.08	112806	75080	26724
垫江县	Dianjiang County	334953	69.3	50.63	90285	65775	35900
武隆县	Wulong County	141462	53.0	22.79	87006	49042	17701
忠 县	Zhongxian County	307913	66.5	40.28	108054	79932	33891
开 县	Kaixian County	448081	61.5	79.71	178016	126772	57945
云阳县	Yunyang County	312870	57.5	45.32	132835	99008	27057
奉节县	Fengjie County	299338	58.0	45.10	137318	91934	28378
巫山县	Wushan County	126721	45.6	29.31	92867	61887	19624
巫溪县	Wuxi County	101447	47.6	25.81	94828	62721	26839
石柱县	Shizhu County	190726	59.5	26.44	92579	55925	24772
秀山县	Xiushan County	166840	62.8	34.30	108580	53590	27652
酉阳县	Youyang County	201864	57.9	44.75	138018	88750	25635
彭水县	Pengshui County	175219	55.0	35.20	122666	84047	40218

表20.4 续表2 continued2

区 县	Region	农村用电量（万千瓦时） Electricity Consumption in Rural Areas (10 000 kwh)	农药使用量（吨） Consumption of Chemical Pesticides (ton)	粮食产量（吨） Output of Grain (ton)	油料产量（吨） Output of Oil-bearing Crops (ton)	甘蔗产量（吨） Output of Sugarcane (ton)	烟叶产量（吨） Output of Tobacco (ton)	茶叶产量（吨） Output of Tea (ton)
全 市	**Total**	**783145**	**18437**	**11445396**	**569359**	**102927**	**84391**	**33753**
#都市发达经济圈	Metropolitan Developed Economic Circle	234448	795	640515	7721	796	624	3913
渝西经济走廊	West Chongqing Economic Corridor	288088	6772	4278091	214991	83499	4366	17709
三峡库区生态经济区	Ecological Economic Zone in Three Gorges Reservoir Area	260609	10870	6526790	346647	18632	79401	12131
#一小时经济圈	One Hour Economic Sphere	556785	9326	5717398	239180	85946	6743	22332
#都市功能核心区	Core Metropolitan Function Area	97685	216	670	30			
都市功能拓展区	Extended Metropolitan Function Area	136763	579	639845	7691	796	624	3913
城市发展新区	Newly Developed Urban Area	322337	8531	5076883	231459	85150	6119	18419
渝东北生态涵养发展区	Northeastern Ecological Conservation Area	152391	6218	4050340	209673	16407	30639	3535
渝东南生态保护发展区	Southeastern Environment Protection Area	73969	2893	1677658	120506	574	47009	7886
万州区	Wanzhou District	15388	1108	524091	18204	441	1890	670
黔江区	Qianjiang District	3297	675	250559	15291		6048	699
涪陵区	Fuling District	18572	1388	433106	6190	610	1522	660
渝中区	Yuzhong District							
大渡口区	Dadukou District	5124	16	126				
江北区	Jiangbei District	1496	7	4755	16			9
沙坪坝区	Shapingba District	65113	38	13493	41			
九龙坡区	Jiulongpo District	17066	144	26957	1071			
南岸区	Nan'an District	8886	11	6200				
北碚区	Beibei District	103620	249	61332	958			68
渝北区	Yubei District	9596	95	194029	3454	107	84	13
巴南区	Ba'nan District	23547	235	333623	2181	689	540	3823
长寿区	Changshou District	15677	371	365686	10278	1041	231	50
江津区	Jiangjin District	35043	1195	663512	15057	56153	490	1280
合川区	Hechuan District	17404	594	717890	21685	810	143	196
永川区	Yongchuan District	25494	2065	496230	20524	2315		4500
南川区	Nanchuan District	22589	403	333134	22023		2707	3422
綦江区	Qijiang District	35710	481	425058	9055	403	780	2375
綦江区（不含万盛）	Qijiang District (excluding Wansheng)	26568	325	372965	7818	403	689	1665
万盛经开区	Wansheng District	9142	156	52093	1237		91	710
大足区	Dazu District	21580	582	431840	40685	2766	246	765
璧山区	Bishan District	76790	114	174464	4464	155		497
铜梁区	Tongliang District	13679	411	350792	12627	787		474
潼南县	Tongnan County	23486	378	375243	44166	10200		220
荣昌县	Rongchang County	16313	549	309928	24705	9910		3980
梁平县	Liangping County	12733	1285	382832	15486	6100	59	155
城口县	Chengkou County	3610	54	101737	3265		59	331
丰都县	Fengdu County	16286	304	337616	21543		4653	13
垫江县	Dianjiang County	12327	523	392227	20193	2519	468	83
武隆县	Wulong County	13325	319	172462	9033		8738	172
忠 县	Zhongxian County	7415	665	407935	30755	1612	208	22
开 县	Kaixian County	26025	813	601190	29569	5000	900	500
云阳县	Yunyang County	17623	591	423960	17340	735	625	510
奉节县	Fengjie County	23340	658	428842	25347		7435	375
巫山县	Wushan County	9647	150	229381	16928		8591	360
巫溪县	Wuxi County	7997	67	220529	11043		5751	516
石柱县	Shizhu County	9019	623	257898	10424	389	5028	173
秀山县	Xiushan County	19513	600	306536	35316		310	5468
酉阳县	Youyang County	13598	256	379228	27744		11760	1108
彭水县	Pengshui County	15217	420	310975	22698	185	15125	266

表20.4 续表3 continued3

区 县	Region	水果产量（吨）Output of Fruits (ton)	蔬菜产量（吨）Output of Vegetables (ton)	肉类总产量（吨）Output of Meat (ton)	其 中 of which #猪 肉 Output of Pork	#牛 肉 Output of Beef	水产品产量（吨）Output of Aquatic Products (ton)
全 市	**Total**	**3476148**	**16891140**	**2142054**	**1585394**	**83592**	**443409**
#都市发达经济圈	Metropolitan Developed Economic Circle	229709	1618106	106431	73787	589	4790
渝西经济走廊	West Chongqing Economic Corridor	923816	7097172	823245	569741	7837	221447
三峡库区生态经济区	Ecological Economic Zone in Three Gorges Reservoir Area	2322623	8175862	1212378	941866	75166	217172
#一小时经济圈	One Hour Economic Sphere	1481807	11040747	1075255	755428	11340	273287
#都市功能核心区	Core Metropolitan Function Area	13	8676	213	148		12137
都市功能拓展区	Extended Metropolitan Function Area	229696	1609430	106218	73639	589	32653
城市发展新区	Newly Developed Urban Area	1252099	9422641	968824	681641	10751	268497
渝东北生态涵养发展区	Northeastern Ecological Conservation Area	1817716	3996704	746472	577668	35240	114897
渝东南生态保护发展区	Southeastern Environment Protection Area	176625	1853689	320327	252298	37012	13625
万州区	Wanzhou District	337515	952558	81027	68631	1984	22300
黔江区	Qianjiang District	37787	190296	65854	58923	5209	1858
涪陵区	Fuling District	123705	2011702	76240	61303	1998	20550
渝中区	Yuzhong District						
大渡口区	Dadukou District	968	57900	950	682		326
江北区	Jiangbei District	1429	7099	1143	756	1	410
沙坪坝区	Shapingba District	4798	80409	1511	1112	7	4800
九龙坡区	Jiulongpo District	14501	104661	5030	3053	2	3786
南岸区	Nan'an District	5402	32314	749	679	1	2815
北碚区	Beibei District	20836	390873	9155	7267	41	4853
渝北区	Yubei District	133082	379800	38374	21033	223	7300
巴南区	Ba'nan District	48693	565050	49519	39205	314	20500
长寿区	Changshou District	204577	313767	69339	50597	916	26500
江津区	Jiangjin District	233980	797250	97773	75146	492	19850
合川区	Hechuan District	114838	684948	96384	78978	483	39184
永川区	Yongchuan District	148090	593282	111107	67037	226	39002
南川区	Nanchuan District	67662	374888	70876	52653	2161	10044
綦江区	Qijiang District	37602	745118	72650	59437	2664	12000
綦江区（不含万盛）	Qijiang District (excluding Wansheng)	33444	573970	65103	53357	2550	10400
万盛经开区	Wansheng District	4158	171148	7547	6080	114	1600
大足区	Dazu District	54479	331349	65604	51826	162	20000
璧山区	Bishan District	130060	677119	76673	21608	75	16733
铜梁区	Tongliang District	36966	636610	93284	49567	268	28580
潼南县	Tongnan County	68789	1805145	63286	56765	642	26144
荣昌县	Rongchang County	31350	451463	75608	56724	664	11510
梁平县	Liangping County	86468	453182	77827	55960	2227	15100
城口县	Chengkou County	2160	49886	25680	17529	983	536
丰都县	Fengdu County	56062	339593	62841	37163	14501	7300
垫江县	Dianjiang County	68727	404680	69960	59993	968	17000
武隆县	Wulong County	25055	485534	43772	36187	3797	2654
忠 县	Zhongxian County	285412	245121	73967	53692	2655	10800
开 县	Kaixian County	405351	415659	108377	80134	1973	25000
云阳县	Yunyang County	188835	437296	82628	64353	5671	10776
奉节县	Fengjie County	304630	272525	66461	57411	2788	4200
巫山县	Wushan County	71681	223581	46091	39689	707	750
巫溪县	Wuxi County	10875	202623	51613	43113	783	1135
石柱县	Shizhu County	15479	326321	42517	27811	7889	3100
秀山县	Xiushan County	70970	276980	45703	35504	3552	3920
酉阳县	Youyang County	19153	279758	67157	50657	8184	1660
彭水县	Pengshui County	8181	294800	55324	43216	8381	433

表20.5 各区县工业（2014年）
INDUSTRY BY REGION (2014)

区 县	Region	工业总产值（万元）Gross Output Value of Industry (10 000 yuan)	工业总产值指数（上年=100）Index of Gross Output Value of Industry (preceding year=100)	工业企业资产总计（万元）Total Assets of Industrial Enterprises (10 000 yuan)	主营业务收入（万元）Revenue from Principal Business (10 000 yuan)	利润总额（万元）Total Profits (10 000 yuan)
全 市	**Total**	**187823331**	**114.6**	**156524650**	**186886282**	**12296456**
#都市发达经济圈	Metropolitan Developed Economic Circle	93489380	114.9	72948308	94586489	5596182
渝西经济走廊	West Chongqing Economic Corridor	55123601	115.1	40231780	54240820	4468397
三峡库区生态经济区	Ecological Economic Zone in Three Gorges Reservoir Area	39210349	112.5	43344562	38058973	2231878
#一小时经济圈	One Hour Economic Sphere	166938369	115.6	135852906	166316087	10772059
#都市功能核心区	Core Metropolitan Function Area	13476880	106.3	14586369	13591710	920233
都市功能拓展区	Extended Metropolitan Function Area	80012500	117.0	58361939	80994779	4675949
城市发展新区	Newly Developed Urban Area	73448989	114.2	62904598	71729597	5175877
渝东北生态涵养发展区	Northeastern Ecological Conservation Area	15448890	112.9	12428971	15265240	1003771
渝东南生态保护发展区	Southeastern Environment Protection Area	5436071	113.8	8242773	5304955	520627
万州区	Wanzhou District	6764059	114.6	4508310	6782847	486557
黔江区	Qianjiang District	2064482	111.9	2434344	1999814	195555
涪陵区	Fuling District	11548098	113.7	10999677	10940062	659191
渝中区	Yuzhong District	215670	102.0	420781	224881	10134
大渡口区	Dadukou District	1801327	104.1	3045183	1756307	70423
江北区	Jiangbei District	6853371	111.2	7456391	7228081	619463
沙坪坝区	Shapingba District	17396180	117.3	8831239	17329240	323385
九龙坡区	Jiulongpo District	10708383	113.5	9875530	10584971	489543
南岸区	Nan'an District	11603496	120.1	6584130	11181720	444311
北碚区	Beibei District	7358387	115.3	7468171	7348690	394433
渝北区	Yubei District	31619844	120.2	24054291	33318699	2943473
巴南区	Ba'nan District	5932723	115.0	5212593	5613901	301018
长寿区	Changshou District	6777290	105.9	11673142	6548716	48289
江津区	Jiangjin District	10900187	114.5	8699916	10710054	1152601
合川区	Hechuan District	5281397	119.3	6228786	5353383	347992
永川区	Yongchuan District	8234794	115.0	4996426	7992247	758908
南川区	Nanchuan District	1339711	104.0	1757402	1296583	-177
綦江区	Qijiang District	4748240	114.8	5197634	4552470	225846
綦江区（不含万盛）	Qijiang District (excluding Wansheng)	3447678	113.5	3361326	3318730	112771
万盛经开区	Wansheng District	1300562	118.4	1836309	1233740	113075
大足区	Dazu District	4357578	114.9	2287332	4249514	405740
璧山区	Bishan District	7463783	113.4	3887572	7439031	489849
铜梁区	Tongliang District	4238943	110.6	2732936	4162874	291670
潼南县	Tongnan County	2658651	124.3	1118767	2601814	246252
荣昌县	Rongchang County	5900318	117.5	3325010	5882851	549716
梁平县	Liangping County	1493273	113.2	1088347	1460849	141105
城口县	Chengkou County	214520	86.5	391970	215273	-355
丰都县	Fengdu County	860324	113.9	1112119	826481	30587
垫江县	Dianjiang County	1574569	114.6	1069078	1535184	91677
武隆县	Wulong County	564515	118.8	1284192	557891	61122
忠 县	Zhongxian County	778672	120.2	976024	736535	65464
开 县	Kaixian County	2153871	115.2	1058930	2137367	110855
云阳县	Yunyang County	1057664	119.7	943736	1028180	70141
奉节县	Fengjie County	242071	114.0	460173	235408	12441
巫山县	Wushan County	97209	69.5	183414	103140	-9005
巫溪县	Wuxi County	212659	117.5	636870	203976	4303
石柱县	Shizhu County	933623	115.8	969634	923554	90202
秀山县	Xiushan County	636728	109.5	884909	598634	26295
酉阳县	Youyang County	755094	122.4	951483	753326	72591
彭水县	Pengshui County	481630	113.8	1718212	471737	74862

表20.5 续表 continued

区 县	Region	经济效益综合指数 Comprehensive Index of Economic Benefit	总资产贡献率（%） Ratio of Total Assets to Industrial Output Value (%)	资产负债率（%） Asset-Liability Ratio (%)	产品销售率（%） Sales as Percentage of Output (%)	全员劳动生产率（元/人年） Overall Labor Productivity (yuan/person--year)
全 市	**Total**	**284.9**	**15.4**	**62.4**	**98.2**	**270083**
#都市发达经济圈	Metropolitan Developed Economic Circle	287.7	13.9	63.9	98.5	290528
渝西经济走廊	West Chongqing Economic Corridor	295.4	20.9	58.0	98.1	240229
三峡库区生态经济区	Ecological Economic Zone in Three Gorges Reservoir Area	286.7	13.5	63.9	97.5	284025
#一小时经济圈	One Hour Economic Sphere	287.0	15.5	63.1	98.1	273956
#都市功能核心区	Core Metropolitan Function Area	291.9	13.0	54.4	97.9	301204
都市功能拓展区	Extended Metropolitan Function Area	286.6	14.1	66.3	98.7	288238
城市发展新区	Newly Developed Urban Area	291.1	17.3	62.1	97.6	259503
渝东北生态涵养发展区	Northeastern Ecological Conservation Area	264.6	16.5	56.1	98.5	222422
渝东南生态保护发展区	Southeastern Environment Protection Area	338.6	16.1	60.4	99.0	330602
万州区	Wanzhou District	317.6	22.4	54.9	99.5	285508
黔江区	Qianjiang District	517.9	24.6	41.7	99.6	594752
涪陵区	Fuling District	407.5	17.9	68.8	96.5	461097
渝中区	Yuzhong District	334.7	5.2	56.5	99.7	408949
大渡口区	Dadukou District	180.8	6.6	63.1	98.2	167491
江北区	Jiangbei District	301.9	13.6	61.1	100.1	300901
沙坪坝区	Shapingba District	205.2	7.5	72.9	99.4	185737
九龙坡区	Jiulongpo District	270.1	10.7	52.9	96.7	286320
南岸区	Nan'an District	351.1	15.8	59.6	97.6	393809
北碚区	Beibei District	265.9	10.5	57.6	98.6	274226
渝北区	Yubei District	354.4	19.3	69.4	99.1	363964
巴南区	Ba'nan District	233.9	13.6	63.7	96.1	215145
长寿区	Changshou District	188.2	4.2	69.9	95.7	204413
江津区	Jiangjin District	370.2	23.6	62.1	97.4	338495
合川区	Hechuan District	249.1	11.7	68.2	99.5	229292
永川区	Yongchuan District	360.4	29.7	46.5	97.3	287339
南川区	Nanchuan District	181.8	6.6	74.6	97.3	187181
綦江区	Qijiang District	213.4	11.2	62.8	97.9	170937
綦江区（不含万盛）	Qijiang District (excluding Wansheng)	204.9	10.0	61.6	98.6	159686
万盛经开区	Wansheng District	242.3	13.5	64.9	95.8	199464
大足区	Dazu District	310.0	29.9	50.2	98.3	206994
璧山区	Bishan District	257.3	20.9	58.5	99.0	213853
铜梁区	Tongliang District	255.7	18.3	57.6	97.6	226198
潼南县	Tongnan County	364.4	35.8	46.3	97.4	261241
荣昌县	Rongchang County	342.9	31.5	38.0	98.4	232231
梁平县	Liangping County	317.4	22.5	33.7	97.8	255361
城口县	Chengkou County	181.0	6.9	64.3	95.2	183252
丰都县	Fengdu County	235.4	5.6	66.8	93.7	237980
垫江县	Dianjiang County	243.1	15.4	51.9	98.6	198083
武隆县	Wulong County	357.2	10.2	65.1	98.0	376464
忠 县	Zhongxian County	277.6	10.0	55.3	95.0	268214
开 县	Kaixian County	265.7	22.3	55.5	99.0	174807
云阳县	Yunyang County	252.7	15.7	57.7	98.0	201408
奉节县	Fengjie County	157.8	6.8	71.5	98.6	115676
巫山县	Wushan County	66.2	-0.1	78.2	99.7	76975
巫溪县	Wuxi County	125.0	4.4	68.6	100.4	93641
石柱县	Shizhu County	295.1	19.5	71.1	98.8	246364
秀山县	Xiushan County	192.4	7.9	61.9	98.5	175147
酉阳县	Youyang County	310.2	15.6	57.8	99.5	263224
彭水县	Pengshui County	326.1	11.3	78.1	97.4	299124

表20.6 各区县建筑业（2014年）
CONSTRUCTION BY REGION (2014)

区 县	Region	企业数（个） Number of Construction Enterprises (unit)	年末从业人数（万人） Number of Employed Persons at Year-end (10 000 persons)	总产值（万元） Gross Output Value (10 000 yuan)	房屋建筑施工面积（万平方米） Floor Space under Construction (10 000 sq.m)	房屋建筑竣工面积（万平方米） Floor Space Completed (10 000 sq.m)	其中 of which #住宅 Residential Buildings
全 市	**Total**	**2591**	**167.45**	**55522069**	**32886.88**	**12815.64**	**9843.20**
#都市发达经济圈	Metropolitan Developed Economic Circle	1319	64.03	25317349	16324.68	4357.23	3280.11
渝西经济走廊	West Chongqing Economic Corridor	502	37.40	9957117	6488.03	3108.02	2309.28
三峡库区生态经济区	Ecological Economic Zone in Three Gorges Reservoir Area	735	63.25	19378133	9399.42	5046.81	3989.77
#一小时经济圈	One Hour Economic Sphere	2044	120.56	40857086	26409.30	9196.25	7096.26
#都市功能核心区	Core Metropolitan Function Area	710	30.44	13295092	9450.63	2209.90	1707.91
都市功能拓展区	Extended Metropolitan Function Area	609	33.59	12022258	6874.06	2147.33	1572.20
城市发展新区	Newly Developed Urban Area	725	56.53	15539737	10084.61	4839.02	3816.15
渝东北生态涵养发展区	Northeastern Ecological Conservation Area	443	42.72	13242069	5841.33	3298.06	2577.28
渝东南生态保护发展区	Southeastern Environment Protection Area	104	4.17	1422914	636.25	321.33	169.66
万州区	Wanzhou District	158	13.90	4930754	1953.77	846.02	675.62
黔江区	Qianjiang District	30	1.47	546408	218.46	128.65	82.78
涪陵区	Fuling District	146	12.53	3469710	1807.39	919.12	768.50
渝中区	Yuzhong District	167	9.67	4142461	2534.56	479.38	387.69
大渡口区	Dadukou District	69	1.87	1522162	1572.88	344.04	239.31
江北区	Jiangbei District	120	7.63	2172164	1299.55	231.57	100.83
沙坪坝区	Shapingba District	150	6.78	2617317	1622.23	408.97	326.83
九龙坡区	Jiulongpo District	222	5.77	2516778	2006.70	562.41	348.60
南岸区	Nan'an District	101	3.22	1698441	1579.81	618.18	597.10
北碚区	Beibei District	74	6.57	1875006	1072.87	369.90	264.14
渝北区	Yubei District	314	13.80	6697085	3046.60	748.94	589.89
巴南区	Ba'nan District	102	8.72	2075936	1589.47	593.85	425.72
长寿区	Changshou District	42	3.84	1243440	1114.44	508.29	474.33
江津区	Jiangjin District	75	5.70	1113016	1327.27	497.19	427.17
合川区	Hechuan District	76	5.42	1379029	1235.10	317.91	229.59
永川区	Yongchuan District	87	6.96	2362444	870.68	491.88	248.20
南川区	Nanchuan District	30	0.98	182084	91.93	39.05	22.89
綦江区	Qijiang District	77	2.55	566276	372.53	194.98	166.01
綦江区（不含万盛）	Qijiang District (excluding Wansheng)	56	1.97	438782	291.39	159.23	142.67
万盛经开区	Wansheng District	21	0.58	127494	81.13	35.75	23.34
大足区	Dazu District	35	2.76	869469	674.74	303.58	264.04
璧山区	Bishan District	41	1.71	517586	371.44	132.09	75.18
铜梁区	Tongliang District	38	3.83	1044289	716.27	389.59	242.14
潼南县	Tongnan County	38	8.44	2201635	1023.03	711.48	641.89
荣昌县	Rongchang County	40	1.81	590757	479.79	333.85	256.20
梁平县	Liangping County	21	3.37	854165	284.42	255.17	209.05
城口县	Chengkou County	7	0.05	10429	1.29	1.09	1.00
丰都县	Fengdu County	21	2.46	823915	419.12	291.42	245.63
垫江县	Dianjiang County	47	4.36	1261483	712.61	450.77	415.44
武隆县	Wulong County	14	0.38	89264	35.68	24.53	4.27
忠 县	Zhongxian County	36	2.67	491520	326.84	134.24	101.55
开 县	Kaixian County	44	6.45	2040529	762.81	537.94	383.16
云阳县	Yunyang County	39	3.33	957220	547.32	224.03	162.90
奉节县	Fengjie County	39	4.55	1541993	677.85	437.21	331.84
巫山县	Wushan County	15	0.29	96432	39.15	23.73	21.06
巫溪县	Wuxi County	16	1.29	233629	116.15	96.47	30.03
石柱县	Shizhu County	12	0.19	74830	41.09	26.33	24.98
秀山县	Xiushan County	12	1.22	304289	126.37	46.48	5.10
酉阳县	Youyang County	13	0.39	143764	113.49	41.66	10.87
彭水县	Pengshui County	23	0.52	264360	101.16	53.68	41.66

注：本表数据不包括劳务分包企业。
Note: The data in this table exclude construction enterprises of labor subcontracting.

表20.7 各区县总承包建筑业企业主要经济指标（2014年）
MAIN ECONOMIC INDICATORS ON CONSTRUCTION ENTERPRISES OF GENERAL CONTRACTING BY REGION (2014)

区 县	Region	企业数（个） Number of Enterprises (unit)	年末从业人数（万人） Number of Employed Persons at Year-end (10 000 persons)	总产值（万元） Gross Output Value (10 000 yuan)	利税总额（万元） Total Pre-Tax Profits (10 000 yuan)	按总产值计算的劳动生产率（元/人） Overall Labor Productivity by Gross Output Value (yuan/person)
全 市	**Total**	**1638**	**155.80**	**51477889**	**4168877**	**302852**
#都市发达经济圈	Metropolitan Developed Economic Circle	590	54.84	21905904	1093591	360068
渝西经济走廊	West Chongqing Economic Corridor	382	35.87	9632335	913141	242243
三峡库区生态经济区	Ecological Economic Zone in Three Gorges Reservoir Area	635	62.38	19106837	2087837	287715
#一小时经济圈	One Hour Economic Sphere	1154	109.51	37004377	2522766	309125
#都市功能核心区	Core Metropolitan Function Area	252	24.84	11561435	514897	422763
都市功能拓展区	Extended Metropolitan Function Area	338	29.99	10344469	578694	308873
城市发展新区	Newly Developed Urban Area	564	54.67	15098473	1429175	256478
渝东北生态涵养发展区	Northeastern Ecological Conservation Area	389	42.25	13095105	1462093	290407
渝东南生态保护发展区	Southeastern Environment Protection Area	95	4.04	1378408	184018	266184
万州区	Wanzhou District	132	13.69	4877341	430678	349350
黔江区	Qianjiang District	26	1.43	534270	68272	296159
涪陵区	Fuling District	115	12.30	3405265	382478	296056
渝中区	Yuzhong District	56	8.27	3826782	121628	408897
大渡口区	Dadukou District	33	1.38	1309498	102947	509433
江北区	Jiangbei District	50	6.17	1685126	90465	307224
沙坪坝区	Shapingba District	50	5.88	2290998	101430	455512
九龙坡区	Jiulongpo District	80	4.30	2084655	77409	366713
南岸区	Nan'an District	49	2.60	1466837	64453	468968
北碚区	Beibei District	47	6.15	1739278	88878	279348
渝北区	Yubei District	158	11.79	5580184	337806	372208
巴南区	Ba'nan District	67	8.29	1922545	108575	229868
长寿区	Changshou District	36	3.79	1228060	59248	264885
江津区	Jiangjin District	55	5.51	1057600	67353	186664
合川区	Hechuan District	55	5.26	1351006	114221	273893
永川区	Yongchuan District	68	6.68	2314160	250593	256553
南川区	Nanchuan District	27	0.96	180561	13786	177125
綦江区	Qijiang District	55	2.28	549554	36571	225209
綦江区（不含万盛）	Qijiang District (excluding Wansheng)	41	1.73	426981	29683	249375
万盛经开区	Wansheng District	14	0.56	122573	6888	168370
大足区	Dazu District	31	2.71	832813	74308	280692
璧山区	Bishan District	28	1.55	441621	46218	294355
铜梁区	Tongliang District	29	3.46	957152	104202	243401
潼南县	Tongnan County	38	8.44	2201635	220897	234271
荣昌县	Rongchang County	27	1.72	579046	59301	312255
梁平县	Liangping County	18	3.35	844236	130565	258770
城口县	Chengkou County	7	0.05	10429	1102	192763
丰都县	Fengdu County	16	2.43	803712	82763	259672
垫江县	Dianjiang County	42	4.32	1254097	119729	245685
武隆县	Wulong County	11	0.33	78556	5789	224831
忠 县	Zhongxian County	30	2.61	476973	41060	182065
开 县	Kaixian County	43	6.45	2040494	246924	313580
云阳县	Yunyang County	37	3.25	933774	114499	259209
奉节县	Fengjie County	39	4.55	1541993	257380	298790
巫山县	Wushan County	14	0.28	90388	10351	307547
巫溪县	Wuxi County	11	1.25	221669	27042	154927
石柱县	Shizhu County	12	0.19	74830	6260	316672
秀山县	Xiushan County	12	1.22	304289	69493	251395
酉阳县	Youyang County	11	0.34	122104	3595	239796
彭水县	Pengshui County	23	0.52	264360	30609	247273

表20.8 各区县专业承包建筑业企业主要经济指标（2014年）

MAIN ECONOMIC INDICATORS ON CONSTRUCTION ENTERPRISES OF SPECIALIZED CONTRACTING BY REGION (2014)

区 县	Region	企业数（个） Number of Enterprises (unit)	年末从业人数（万人） Number of Employed Persons at Year-end (10 000 persons)	总产值（万元） Gross Output Value (10 000 yuan)	利税总额（万元） Total Pre-Tax Profits (10 000 yuan)	按总产值计算的劳动生产率（元/人） Overall Labor Productivity by Gross Output Value (yuan/person)
全 市	**Total**	**953**	**11.65**	**4044180**	**333060**	**309991**
#都市发达经济圈	Metropolitan Developed Economic Circle	729	9.19	3411445	266860	321622
渝西经济走廊	West Chongqing Economic Corridor	120	1.53	324782	39369	250816
三峡库区生态经济区	Ecological Economic Zone in Three Gorges Reservoir Area	100	0.87	271296	22347	247375
#一小时经济圈	One Hour Economic Sphere	890	11.05	3852709	318809	314970
#都市功能核心区	Core Metropolitan Function Area	458	5.60	1733656	167740	270326
都市功能拓展区	Extended Metropolitan Function Area	271	3.60	1677789	99120	400064
城市发展新区	Newly Developed Urban Area	161	1.86	441264	51949	271547
渝东北生态涵养发展区	Northeastern Ecological Conservation Area	54	0.46	146964	12359	213734
渝东南生态保护发展区	Southeastern Environment Protection Area	9	0.13	44507	1893	351832
万州区	Wanzhou District	26	0.22	53412	5499	221996
黔江区	Qianjiang District	4	0.04	12138	1085	303460
涪陵区	Fuling District	31	0.22	64446	6529	300727
渝中区	Yuzhong District	111	1.41	315678	19549	236925
大渡口区	Dadukou District	36	0.49	212664	17676	454410
江北区	Jiangbei District	70	1.46	487037	55625	275926
沙坪坝区	Shapingba District	100	0.90	326320	39059	312059
九龙坡区	Jiulongpo District	142	1.48	432123	20350	212283
南岸区	Nan'an District	52	0.61	231604	26942	447198
北碚区	Beibei District	27	0.42	135728	8490	337295
渝北区	Yubei District	156	2.01	1116901	68919	441603
巴南区	Ba'nan District	35	0.42	153391	10251	300354
长寿区	Changshou District	6	0.06	15380	1567	225183
江津区	Jiangjin District	20	0.19	55417	3538	256558
合川区	Hechuan District	21	0.16	28023	5688	170453
永川区	Yongchuan District	19	0.28	48284	5419	185852
南川区	Nanchuan District	3	0.01	1523	138	150812
綦江区	Qijiang District	22	0.27	16723	1298	189595
綦江区（不含万盛）	Qijiang District (excluding Wansheng)	15	0.25	11802	936	170543
万盛经开区	Wansheng District	7	0.02	4921	362	258984
大足区	Dazu District	4	0.05	36656	4484	771699
璧山区	Bishan District	13	0.15	75965	10620	602420
铜梁区	Tongliang District	9	0.37	87137	10963	240710
潼南县	Tongnan County					
荣昌县	Rongchang County	13	0.09	11711	1704	171464
梁平县	Liangping County	3	0.01	9929	1053	248230
城口县	Chengkou County					
丰都县	Fengdu County	5	0.03	20203	868	122965
垫江县	Dianjiang County	5	0.04	7386	787	225859
武隆县	Wulong County	3	0.04	10708	417	227838
忠 县	Zhongxian County	6	0.05	14547	1267	233506
开 县	Kaixian County	1		36	-553	89000
云阳县	Yunyang County	2	0.08	23446	2106	324288
奉节县	Fengjie County					
巫山县	Wushan County	1	0.01	6044	216	294844
巫溪县	Wuxi County	5	0.04	11960	1116	219450
石柱县	Shizhu County					
秀山县	Xiushan County					
酉阳县	Youyang County	2	0.05	21660	391	548354
彭水县	Pengshui County					

表20.9 各区县公路交通运输业（2014年）
HIGHWAY TRANSPORTATION BY REGION (2014)

区 县	Region	公路里程（公里） Length of Highways (km)	其中 of which #等级公路 Expressway and Class I-IV Highways	其中 of which #高速公路 Expressway
全 市	**Total**	**127392**	**98680**	**2401**
#都市发达经济圈	Metropolitan Developed Economic Circle	9980	8668	546
渝西经济走廊	West Chongqing Economic Corridor	30828	26471	660
三峡库区生态经济区	Ecological Economic Zone in Three Gorges Reservoir Area	86585	63541	1195
#一小时经济圈	One Hour Economic Sphere	49008	42542	1418
#都市功能核心区	Core Metropolitan Function Area	3351	3216	203
都市功能拓展区	Extended Metropolitan Function Area	6629	5452	343
城市发展新区	Newly Developed Urban Area	39028	33873	872
渝东北生态涵养发展区	Northeastern Ecological Conservation Area	58658	39202	562
渝东南生态保护发展区	Southeastern Environment Protection Area	19727	16937	421
万州区	Wanzhou District	5850.02	4062.88	92.72
黔江区	Qianjiang District	2823.55	2477.34	66.95
涪陵区	Fuling District	4923.19	4274.90	130.15
渝中区	Yuzhong District			
大渡口区	Dadukou District	208.17	198.90	4.63
江北区	Jiangbei District	467.32	467.32	44.69
沙坪坝区	Shapingba District	1110.48	1083.77	65.19
九龙坡区	Jiulongpo District	903.04	825.85	51.21
南岸区	Nan'an District	662.11	640.20	37.64
北碚区	Beibei District	1185.78	1039.73	54.57
渝北区	Yubei District	2608.13	2195.39	118.86
巴南区	Ba'nan District	2835.15	2217.07	169.48
长寿区	Changshou District	3276.71	3127.06	81.33
江津区	Jiangjin District	4271.25	3372.50	91.03
合川区	Hechuan District	3611.39	3214.86	65.81
永川区	Yongchuan District	3088.35	2713.93	72.44
南川区	Nanchuan District	3403.57	2971.13	74.82
綦江区	Qijiang District	5209.75	4392.91	118.45
綦江区（不含万盛）	Qijiang District (excluding Wansheng)	4017.76	3430.36	98.48
万盛经开区	Wansheng District	1191.99	962.55	19.97
大足区	Dazu District	2545.91	1968.16	50.41
璧山区	Bishan District	1625.52	1324.41	52.48
铜梁区	Tongliang District	2368.11	2111.01	75.98
潼南县	Tongnan County	2374.45	2273.12	29.40
荣昌县	Rongchang County	2329.36	2129.30	29.47
梁平县	Liangping County	4074.08	2445.59	47.11
城口县	Chengkou County	3113.02	2842.25	
丰都县	Fengdu County	4730.62	3100.45	51.99
垫江县	Dianjiang County	2731.87	2646.77	76.41
武隆县	Wulong County	3909.91	2945.42	87.76
忠 县	Zhongxian County	4690.54	3503.24	58.20
开 县	Kaixian County	8368.53	3905.45	19.26
云阳县	Yunyang County	6938.71	4455.56	72.66
奉节县	Fengjie County	9504.15	4548.87	77.24
巫山县	Wushan County	4758.78	4109.59	43.03
巫溪县	Wuxi County	3897.86	3581.32	23.51
石柱县	Shizhu County	3418.57	2878.14	82.56
秀山县	Xiushan County	2405.42	1866.62	48.48
酉阳县	Youyang County	3018.22	2627.18	68.99
彭水县	Pengshui County	4150.83	4142.14	66.56

注：1）2006年起，公路里程包括村道。
　　2）渝中区公路归为市政道路，不属于本表统计范围。
Note: a) The length of highways has included village roads since 2006.
　　b) The highways in Yuzhong District are municipal roads, not included in the statistic scope of this table.

表20.10 各区县固定资产投资（2014年）
INVESTMENT IN FIXED ASSETS BY REGION (2014)

区 县	Region	全社会固定资产投资（万元） Total Investment in Fixed Assets (10 000 yuan)	#建设与改造投资 Construction and Renovation	其中 of which #工业 Industry	#房地产开发 Real Estate Development	其中 of which #住宅 Residential Building	全社会固定资产投资指数（上年=100） Index of Total Investment in Fixed Assets (preceding year=100)
全 市	**Total**	**132237463**	**95935132**	**41639080**	**36302331**	**24513660**	**118.0**
#都市发达经济圈	Metropolitan Developed Economic Circle	45654388	22368636	8726572	23285752	14929544	116.1
渝西经济走廊	West Chongqing Economic Corridor	42038002	34637477	18416649	7400525	5272781	123.0
三峡库区生态经济区	Ecological Economic Zone in Three Gorges Reservoir Area	44545073	38929019	14495859	5616054	4311335	115.5
#一小时经济圈	One Hour Economic Sphere	97628352	65131972	32124896	32496380	21660199	118.9
#都市功能核心区	Core Metropolitan Function Area	13107468	3466063	400084	9641405	5187864	111.8
都市功能拓展区	Extended Metropolitan Function Area	32546920	18902573	8326488	13644347	9741680	117.9
城市发展新区	Newly Developed Urban Area	51973964	42763336	23398324	9210628	6730655	121.5
渝东北生态涵养发展区	Northeastern Ecological Conservation Area	25282480	22556609	6861750	2725871	2102265	117.6
渝东南生态保护发展区	Southeastern Environment Protection Area	9326631	8246551	2652434	1080080	751196	110.2
万州区	Wanzhou District	6120564	5495641	1960735	624923	470567	120.6
黔江区	Qianjiang District	2361157	2178791	913841	182366	110231	111.4
涪陵区	Fuling District	5785957	5065722	3075931	720235	542209	115.4
渝中区	Yuzhong District	3091402	1332115	35089	1759287	459945	112.7
大渡口区	Dadukou District	1684218	437351	106022	1246867	807388	114.8
江北区	Jiangbei District	4683145	1932280	998002	2750865	1542830	112.6
沙坪坝区	Shapingba District	4917008	2433332	527203	2483676	1750934	108.7
九龙坡区	Jiulongpo District	5618870	2899907	1270183	2718963	1706964	118.3
南岸区	Nan'an District	4882538	2161505	852491	2721033	1783430	107.0
北碚区	Beibei District	5361059	3186014	1903869	2175045	1680599	110.0
渝北区	Yubei District	9253002	4039815	1561491	5213187	3667696	134.4
巴南区	Ba'nan District	6163146	3946317	1472222	2216829	1529758	115.1
长寿区	Changshou District	4150005	3060137	1905744	1089868	915665	115.7
江津区	Jiangjin District	5750370	4559967	3023816	1190403	852836	125.4
合川区	Hechuan District	4371029	3421614	1976027	949415	646278	120.8
永川区	Yongchuan District	5779944	4998450	2833642	781494	539083	124.2
南川区	Nanchuan District	1451046	1051893	306620	399153	220464	94.0
綦江区	Qijiang District	4235412	3508073	1471684	727339	556799	121.7
綦江区（不含万盛）	Qijiang District (excluding Wansheng)	2983634	2545336	1056752	438298	334666	111.6
万盛经开区	Wansheng District	1251778	962737	414932	289041	222133	154.9
大足区	Dazu District	4167763	3532738	1769403	635025	466267	130.6
璧山区	Bishan District	5454053	4328993	2621807	1125060	776912	120.0
铜梁区	Tongliang District	4437209	3748689	1473241	688520	533074	121.8
潼南县	Tongnan County	2649678	2274540	1017479	375138	282928	143.7
荣昌县	Rongchang County	3741498	3212520	1922930	528978	398140	122.1
梁平县	Liangping County	2220111	2013638	603682	206473	167855	117.6
城口县	Chengkou County	679711	626966	148728	52745	38193	93.7
丰都县	Fengdu County	2092251	1889841	574495	202410	155246	112.4
垫江县	Dianjiang County	2438905	2149842	738996	289063	243851	119.1
武隆县	Wulong County	1454595	1171924	399416	282671	200315	102.7
忠 县	Zhongxian County	2190506	1940410	471807	250096	214799	118.5
开 县	Kaixian County	3075173	2739726	1093631	335447	276556	120.1
云阳县	Yunyang County	2011716	1672081	470375	339635	315416	117.6
奉节县	Fengjie County	2107585	1860444	357736	247141	110270	115.7
巫山县	Wushan County	1000617	897697	220085	102920	58241	118.7
巫溪县	Wuxi County	1345341	1270323	221480	75018	51271	120.9
石柱县	Shizhu County	1444132	1132315	350257	311817	236969	102.8
秀山县	Xiushan County	1461379	1319212	456089	142167	92098	120.1
酉阳县	Youyang County	1316531	1229879	336157	86652	60480	114.6
彭水县	Pengshui County	1288837	1214430	196674	74407	51103	111.7

表20.10 续表 continued

区 县	Region	商品房竣工面积（平方米） Floor Space Completed of Commercial Buildings (sq.m)	其中 of which #住宅 Residential Buildings	商品房销售面积（平方米） Floor Space Sold of Commercial Buildings (sq.m)	其中 of which #住宅 Residential Buildings	商品房销售额（万元） Sales Revenue of Commercial Buildings (sq.m)	其中 of which #住宅 Residential Buildings
全 市	**Total**	**37177755**	**27715505**	**51003870**	**44236751**	**28149910**	**22532816**
#都市发达经济圈	Metropolitan Developed Economic Circle	21741404	15245408	24673087	19943534	16431956	12372585
渝西经济走廊	West Chongqing Economic Corridor	7900351	6214036	13675096	12497047	6201911	5240241
三峡库区生态经济区	Ecological Economic Zone in Three Gorges Reservoir Area	7536000	6256061	12655687	11796170	5516043	4919990
#一小时经济圈	One Hour Economic Sphere	32824170	24053962	41174419	35134667	23943345	18801160
#都市功能核心区	Core Metropolitan Function Area	9411864	6396725	10068966	7739408	7258101	5046016
都市功能拓展区	Extended Metropolitan Function Area	12329540	8848683	14604121	12204126	9173855	7326569
城市发展新区	Newly Developed Urban Area	11082766	8808554	16501332	15191133	7511389	6428575
渝东北生态涵养发展区	Northeastern Ecological Conservation Area	2917533	2493006	7763880	7204491	3310750	2947173
渝东南生态保护发展区	Southeastern Environment Protection Area	1436052	1168537	2065571	1897593	895815	784483
万州区	Wanzhou District	956433	827294	1742367	1563239	861160	753400
黔江区	Qianjiang District	196853	185151	501163	426780	213516	183384
涪陵区	Fuling District	1614110	1086533	1080964	1004355	578407	515249
渝中区	Yuzhong District	1133620	424415	847728	349873	969656	313621
大渡口区	Dadukou District	494236	312233	1590150	1286220	736325	546460
江北区	Jiangbei District	3186220	2229133	2643819	2027582	2046687	1366486
沙坪坝区	Shapingba District	2782019	2009808	3493366	3203031	1751490	1484833
九龙坡区	Jiulongpo District	2580953	1977203	4414189	3805618	2583190	2047545
南岸区	Nan'an District	2978045	2223811	2695671	2042617	2026476	1564692
北碚区	Beibei District	2416148	1883924	1694547	1319522	874114	738032
渝北区	Yubei District	5357123	3660249	5217305	4322749	4099124	3306241
巴南区	Ba'nan District	813040	524632	2076312	1586322	1344894	1004675
长寿区	Changshou District	1568305	1507985	1745272	1689731	731071	673085
江津区	Jiangjin District	921191	703669	2217324	2032612	1001085	863107
合川区	Hechuan District	1611857	1226102	1765665	1555569	823325	638888
永川区	Yongchuan District	904332	796330	2016367	1836117	972599	810912
南川区	Nanchuan District	439671	331452	447768	356745	231466	173042
綦江区	Qijiang District	430978	353240	1531146	1467945	681384	619942
綦江区（不含万盛）	Qijiang District (excluding Wansheng)	209565	168141	914994	883389	395768	365527
万盛经开区	Wansheng District	221413	185099	616152	584556	285616	254415
大足区	Dazu District	740516	573890	1290740	1130566	639136	506120
璧山区	Bishan District	891806	739519	1571118	1458431	670648	577751
铜梁区	Tongliang District	537666	490061	1159298	1094547	511113	454863
潼南县	Tongnan County	476032	396930	764283	721038	312526	272522
荣昌县	Rongchang County	946302	602843	911387	843477	358629	323094
梁平县	Liangping County	202067	194890	534672	470559	223095	195641
城口县	Chengkou County	28000	24500	39423	38023	15133	14013
丰都县	Fengdu County	306325	260134	678821	669155	177740	168791
垫江县	Dianjiang County	379971	290379	495101	443304	226171	191330
武隆县	Wulong County	63470	57112	138094	117002	73824	60003
忠 县	Zhongxian County	404590	374076	793453	769744	363217	350973
开 县	Kaixian County	91393	77066	1332858	1237106	684540	616011
云阳县	Yunyang County	329540	300921	1600165	1503112	495459	418230
奉节县	Fengjie County	131293	64945	361065	338143	181948	163851
巫山县	Wushan County	65196	56076	112250	111353	53097	52608
巫溪县	Wuxi County	22725	22725	73705	60753	29190	22325
石柱县	Shizhu County	706423	594687	406023	397664	178885	166916
秀山县	Xiushan County	161204	129844	411885	395638	145322	139115
酉阳县	Youyang County	283102	181743	314051	294202	128883	115526
彭水县	Pengshui County	25000	20000	294355	266307	155385	119539

表20.11 各区县社会消费品零售总额（2014年）
TOTAL RETAIL SALES OF CONSUMER GOODS BY REGION (2014)

区　县	Region	社会消费品零售总额（万元） Total Retail Sales of Consumer Goods (10 000 yuan)	社会消费品零售总额指数（上年=100） Index of Total Retail Sales of Consumer Goods (preceding year=100)
全　市	**Total**	**57106660**	**113.0**
#都市发达经济圈	Metropolitan Developed Economic Circle	30117225	112.8
渝西经济走廊	West Chongqing Economic Corridor	12763371	114.6
三峡库区生态经济区	Ecological Economic Zone in Three Gorges Reservoir Area	14226064	114.0
#一小时经济圈	One Hour Economic Sphere	45829423	113.4
#都市功能核心区	Core Metropolitan Function Area	17151155	112.1
都市功能拓展区	Extended Metropolitan Function Area	12966070	113.4
城市发展新区	Newly Developed Urban Area	15712198	114.1
渝东北生态涵养发展区	Northeastern Ecological Conservation Area	8329693	113.5
渝东南生态保护发展区	Southeastern Environment Protection Area	2947544	113.4
万州区	Wanzhou District	2516141	114.7
黔江区	Qianjiang District	710707	113.0
涪陵区	Fuling District	2005427	114.8
渝中区	Yuzhong District	5787949	112.1
大渡口区	Dadukou District	365038	109.8
江北区	Jiangbei District	3840066	111.0
沙坪坝区	Shapingba District	2890677	108.5
九龙坡区	Jiulongpo District	4552794	113.2
南岸区	Nan'an District	3388370	114.4
北碚区	Beibei District	1341843	112.0
渝北区	Yubei District	5180623	115.3
巴南区	Ba'nan District	2420247	115.2
长寿区	Changshou District	909168	113.4
江津区	Jiangjin District	2015538	115.5
合川区	Hechuan District	1971476	113.5
永川区	Yongchuan District	2316658	115.9
南川区	Nanchuan District	907361	113.4
綦江区	Qijiang District	1197298	113.3
綦江区（不含万盛）	Qijiang District (excluding Wansheng)	916391	113.5
万盛经开区	Wansheng District	280907	112.5
大足区	Dazu District	897096	114.4
璧山区	Bishan District	924064	115.4
铜梁区	Tongliang District	856091	114.0
潼南县	Tongnan County	674335	114.1
荣昌县	Rongchang County	855289	114.8
梁平县	Liangping County	694770	113.8
城口县	Chengkou County	116148	113.9
丰都县	Fengdu County	559035	114.6
垫江县	Dianjiang County	707299	114.0
武隆县	Wulong County	407495	112.9
忠　县	Zhongxian County	576099	113.5
开　县	Kaixian County	1338979	113.0
云阳县	Yunyang County	79211	115.1
奉节县	Fengjie County	422618	112.0
巫山县	Wushan County	286020	113.1
巫溪县	Wuxi County	223776	113.3
石柱县	Shizhu County	423697	115.0
秀山县	Xiushan County	509835	115.1
酉阳县	Youyang County	404142	112.8
彭水县	Pengshui County	457451	114.0

表20.12 各区县财政收支（2014年）
GOVERNMENT REVENUE AND EXPENDITURE BY REGION (2014)

单位：万元 (10 000 yuan)

区 县	Region	区县级一般公共预算收入 General Public Budgetary Expenditure at District (County) Level	其 中 of which #增值税 Value-added Tax	#营业税 Business Tax	#企业所得税 Corporate Income Tax	#个人所得税 Individual Income Tax
全 市	**Total**	**11803969**	**843444**	**2037747**	**806769**	**200791**
#都市发达经济圈	Metropolitan Developed Economic Circle	5513510	396006	1078377	439475	125413
渝西经济走廊	West Chongqing Economic Corridor	3053880	198002	441532	154836	29256
三峡库区生态经济区	Ecological Economic Zone in Three Gorges Reservoir Area	3236579	249436	517838	212458	46122
#一小时经济圈	One Hour Economic Sphere	9381260	683804	1636376	646492	165662
#都市功能核心区和拓展区	Core Metropolitan Function Area and Extended Metropolitan Function Area	5513510	396006	1078377	439475	125413
城市发展新区	Newly Developed Urban Area	3867750	287798	557999	207017	40249
渝东北生态涵养发展区	Northeastern Ecological Conservation Area	1644959	86614	243114	113112	21910
渝东南生态保护发展区	Southeastern Environment Protection Area	777750	73026	158257	47165	13219
万州区	Wanzhou District	540554	30341	72850	52751	8289
黔江区	Qianjiang District	200871	26164	41900	19800	3583
涪陵区	Fuling District	500744	56145	64644	35923	6326
渝中区	Yuzhong District	483058	42263	148821	61926	27583
大渡口区	Dadukou District	157232	10189	29008	8077	2335
江北区	Jiangbei District	734018	55628	188894	84097	19966
沙坪坝区	Shapingba District	600815	26159	92171	24273	6900
九龙坡区	Jiulongpo District	581242	54160	112579	32391	11062
南岸区	Nan'an District	803756	35257	113955	32593	9174
北碚区	Beibei District	246524	12879	40324	9692	4074
渝北区	Yubei District	500098	45143	122021	30610	16468
巴南区	Ba'nan District	289421	17033	60278	13272	3708
长寿区	Changshou District	313126	33651	51823	16258	4667
江津区	Jiangjin District	474255	40524	73100	31590	5322
合川区	Hechuan District	332359	24917	61303	19509	3400
永川区	Yongchuan District	388726	31807	66383	26283	5143
南川区	Nanchuan District	183683	8150	26701	6807	1453
綦江区	Qijiang District	340041	27826	49044	15167	3444
綦江区(不含万盛)	Qijiang District (excluding Wansheng)	244321	16659	35481	10349	2203
万盛经开区	Wansheng District	95720	11167	13563	4818	1241
大足区	Dazu District	313839	11046	39802	8431	2153
璧山区	Bishan District	422747	23542	41568	14719	2757
铜梁区	Tongliang District	207829	9545	33192	14340	2299
潼南县	Tongnan County	169035	9118	18101	4570	1051
荣昌县	Rongchang County	221366	11527	32338	13420	2234
梁平县	Liangping County	150706	6381	19321	6020	1488
城口县	Chengkou County	26332	2819	5852	1414	601
丰都县	Fengdu County	128096	5611	18483	5967	1415
垫江县	Dianjiang County	121001	6347	20900	8432	1644
武隆县	Wulong County	116077	6349	15234	6462	987
忠 县	Zhongxian County	121038	5990	20917	8097	1616
开 县	Kaixian County	187381	10710	30822	11778	2301
云阳县	Yunyang County	104140	5326	17547	7124	1588
奉节县	Fengjie County	125267	5477	18092	4745	1219
巫山县	Wushan County	80008	4478	10502	3968	999
巫溪县	Wuxi County	60436	3134	7828	2816	750
石柱县	Shizhu County	111033	5294	27542	4690	1961
秀山县	Xiushan County	141527	8771	24465	5649	2070
酉阳县	Youyang County	105540	17827	22722	4409	2640
彭水县	Pengshui County	102702	8621	26394	6155	1978

注：北部新区和两江新区的数据未计入相应的区县数据里，但包含在合计数据中。
Note: The data of New North Zone and Liangjiang New Area are included in the aggregate data, but not included in the respective data at district (county) level.

表20.12 续表 continued

单位：万元 (10 000 yuan)

区 县	Region	区县级一般公共预算支出 General Public Budgetary Expenditure at District (County) Level	其 中 of which			
			#农林水支出 Expenditure for Agriculture, Forestry and Water Conservancy	#教育支出 Expenditure for Education	#医疗卫生和计划生育支出 Expenditure for Public Health and Family Planning	#社会保障和就业支出 Expenditure for Social Security and Employment Effort
全 市	**Total**	**22964621**	**2609203**	**3865153**	**2248127**	**2501359**
#都市发达经济圈	Metropolitan Developed Economic Circle	7878242	233705	1056644	481506	717701
渝西经济走廊	West Chongqing Economic Corridor	5712175	766674	1060580	709560	688320
三峡库区生态经济区	Ecological Economic Zone in Three Gorges Reservoir Area	9374204	1608824	1747929	1057061	1095338
#一小时经济圈	One Hour Economic Sphere	15066264	1175508	2359748	1349124	1579438
#都市功能核心区和拓展区	Core Metropolitan Function Area and Extended Metropolitan Function Area	7878242	233705	1056644	481506	717701
城市发展新区	Newly Developed Urban Area	7188022	941803	1303104	867618	861737
渝东北生态涵养发展区	Northeastern Ecological Conservation Area	5414604	966079	1000602	652829	685961
渝东南生态保护发展区	Southeastern Environment Protection Area	2483753	467616	504803	246174	235960
万州区	Wanzhou District	1112547	131951	158970	98695	143701
黔江区	Qianjiang District	489208	73740	93787	44147	41118
涪陵区	Fuling District	938286	120825	167082	96410	97023
渝中区	Yuzhong District	694754	309	86964	37222	99128
大渡口区	Dadukou District	231685	4878	48579	17739	29584
江北区	Jiangbei District	944855	7820	129662	44960	79216
沙坪坝区	Shapingba District	756756	19931	112830	61427	89635
九龙坡区	Jiulongpo District	850808	19144	163183	70117	88127
南岸区	Nan'an District	975180	26076	126778	70663	86676
北碚区	Beibei District	488624	32157	67070	43845	63979
渝北区	Yubei District	756094	56034	113356	58203	76954
巴南区	Ba'nan District	564944	58535	117588	57761	81005
长寿区	Changshou District	537561	54304	75442	61648	76394
江津区	Jiangjin District	818724	97201	149207	95876	113257
合川区	Hechuan District	637614	75148	110229	78587	107287
永川区	Yongchuan District	658959	74385	134465	101931	81290
南川区	Nanchuan District	408151	69432	60231	47037	42595
綦江区	Qijiang District	713461	97601	123421	82887	92646
綦江区(不含万盛)	Qijiang District (excluding Wansheng)	504131	73171	90885	61289	66214
万盛经开区	Wansheng District	209330	24430	32536	21598	26432
大足区	Dazu District	574609	62946	112632	62657	57668
璧山区	Bishan District	601279	54385	105883	79221	46999
铜梁区	Tongliang District	413205	71587	85004	55078	53156
潼南县	Tongnan County	437468	94351	90186	58362	45956
荣昌县	Rongchang County	448705	69638	89322	47924	47466
梁平县	Liangping County	427193	63149	83160	60436	48311
城口县	Chengkou County	236900	62115	32757	19792	24507
丰都县	Fengdu County	444659	91679	74199	46876	50503
垫江县	Dianjiang County	373098	63919	81711	62888	51396
武隆县	Wulong County	346469	73801	61424	32053	37915
忠 县	Zhongxian County	418635	67097	76630	57136	56876
开 县	Kaixian County	656373	134352	140316	96397	99194
云阳县	Yunyang County	531750	107199	107569	77469	75527
奉节县	Fengjie County	512899	96191	113279	63497	60555
巫山县	Wushan County	360062	74323	67526	38148	40429
巫溪县	Wuxi County	340488	74104	64485	31495	34962
石柱县	Shizhu County	373074	68228	81665	33749	31246
秀山县	Xiushan County	417486	69880	76632	43915	39927
酉阳县	Youyang County	447626	88061	99370	48134	48067
彭水县	Pengshui County	409890	93906	91925	44176	37687

表20.13 各区县金融机构存贷款、人民生活和社会福利（2014年）
DEPOSIT AND LOAN OF FINANCIAL INSTITUTIONS,PEOPLE'S LIVELIHOOD AND SOCIAL WELFARE BY REGION (2014)

区　县	Region	金融机构人民币存款余额（亿元）Total Deposit Balance of RMB of Financial Institutions (100 million yuan)	其中 of which #储蓄存款 Saving Deposits of Urban and Rural Residents	金融机构人民币贷款余额（亿元）Total Loan Balance of RMB of Financial Institutions (100 million yuan)	城镇非私营单位就业人员年平均工资（元）Average Salaries of Employed Persons of Urban Non-private Units (yuan)	城镇非私营单位在岗职工年平均工资（元）Average Salaries of On-Post Employees of Urban Non-private Units (yuan)
全　市	**Total**	**24501.54**	**10774.12**	**20011.50**	**55588**	**56852**
#都市发达经济圈	Metropolitan Developed Economic Circle	15961.63	4937.72	14961.81	61238	62848
渝西经济走廊	West Chongqing Economic Corridor	3442.45	2509.39	2233.13	49322	49948
三峡库区生态经济区	Ecological Economic Zone in Three Gorges Reservoir Area	4976.83	3324.67	2745.65	50422	51691
#一小时经济圈	One Hour Economic Sphere	20435.72	8052.17	17890.16	57149	58340
#都市功能核心区	Core Metropolitan Function Area	11653.93	3342.79	11381.58	63548	66070
都市功能拓展区	Extended Metropolitan Function Area	4307.69	1594.94	3580.24	59103	60008
城市发展新区	Newly Developed Urban Area	4474.09	3114.45	2928.34	50041	50671
渝东北生态涵养发展区	Northeastern Ecological Conservation Area	3065.21	2143.61	1414.23	49270	50684
渝东南生态保护发展区	Southeastern Environment Protection Area	879.98	575.99	636.21	52087	53692
万州区	Wanzhou District	861.93	551.92	470.89	51988	52638
黔江区	Qianjiang District	200.09	107.06	157.11	52675	54934
涪陵区	Fuling District	621.20	334.37	437.35	52553	53501
渝中区	Yuzhong District	4937.02	714.21	4021.72	67897	72118
大渡口区	Dadukou District	363.69	188.67	385.61	53767	54371
江北区	Jiangbei District	2439.18	588.42	4040.07	65507	67159
沙坪坝区	Shapingba District	1249.15	613.06	869.19	58774	59276
九龙坡区	Jiulongpo District	1562.50	741.69	1288.34	56019	57230
南岸区	Nan'an District	1102.38	496.73	776.65	57261	58563
北碚区	Beibei District	529.09	335.98	368.98	57141	57809
渝北区	Yubei District	3225.57	901.82	2749.80	60714	61752
巴南区	Ba'nan District	553.03	357.14	461.45	58209	58741
长寿区	Changshou District	410.44	270.69	257.86	51740	52081
江津区	Jiangjin District	561.00	411.55	335.86	50579	51039
合川区	Hechuan District	484.83	402.72	296.31	47707	48264
永川区	Yongchuan District	443.68	300.93	323.99	52072	52659
南川区	Nanchuan District	203.54	143.74	147.49	49102	49642
綦江区	Qijiang District	428.91	294.82	281.02	45683	46312
綦江区（不含万盛）	Qijiang District (excluding Wansheng)	322.54	228.75	208.71	47594	48347
万盛经开区	Wansheng District	106.36	66.06	72.31	42831	43334
大足区	Dazu District	270.94	186.89	186.24	52208	52881
璧山区	Bishan District	305.36	218.67	249.69	50204	51227
铜梁区	Tongliang District	294.92	221.43	169.41	46636	47368
潼南县	Tongnan County	214.83	164.08	91.93	48068	48661
荣昌县	Rongchang County	234.45	164.54	151.17	48925	49461
梁平县	Liangping County	271.87	207.91	87.07	45220	45736
城口县	Chengkou County	69.24	37.85	30.41	49011	50671
丰都县	Fengdu County	225.07	172.44	104.11	46403	49809
垫江县	Dianjiang County	234.79	180.61	114.76	52384	54668
武隆县	Wulong County	137.21	84.73	127.20	54995	57052
忠　县	Zhongxian County	296.34	224.89	101.44	50376	54778
开　县	Kaixian County	386.33	288.98	189.36	45820	46914
云阳县	Yunyang County	289.41	205.45	102.48	53626	55584
奉节县	Fengjie County	191.25	128.89	105.15	44640	46622
巫山县	Wushan County	129.11	75.25	67.31	46305	46711
巫溪县	Wuxi County	109.87	69.42	41.25	46237	47408
石柱县	Shizhu County	155.29	108.45	69.02	51344	51783
秀山县	Xiushan County	127.72	83.72	95.30	51267	51614
酉阳县	Youyang County	137.45	101.93	63.90	48336	51564
彭水县	Pengshui County	122.20	90.11	123.68	54323	55494

注：本表中都市功能核心区和都市功能拓展区的金融机构存贷款余额暂按行政区划进行分组统计。
Note: Total Deposit and Loan Balance of RMB of Financial Institutions of Core Metropolitan Function Area and Extended Metropolitan Function Area are calculated by the administrative districts in this table.

表20.13 续表 continued

区　县	Region	城市居民最低生活保障人数（人） Number of Persons Receiving Minimum Living Allowance in Rural Areas (person)	提供住宿的社会服务机构（个） Residential Social Welfare Institutions (unit)	单位床位数（张） Beds in Residential Social Welfare Institutions (bed)	利民服务网点（个） Number of Service Stations for Urban Residents (unit)
全　市	**Total**	**409839**	**966**	**164353**	**11719**
#都市发达经济圈	Metropolitan Developed Economic Circle	70290	243	43264	3646
渝西经济走廊	West Chongqing Economic Corridor	102480	295	46002	3511
三峡库区生态经济区	Ecological Economic Zone in Three Gorges Reservoir Area	237069	428	75087	4562
#一小时经济圈	One Hour Economic Sphere	200739	602	98217	9769
#都市功能核心区	Core Metropolitan Function Area	54673	148	19837	2303
都市功能拓展区	Extended Metropolitan Function Area	15023	83	16846	1343
城市发展新区	Newly Developed Urban Area	130449	359	54953	6123
渝东北生态涵养发展区	Northeastern Ecological Conservation Area	167332	236	50601	1321
渝东南生态保护发展区	Southeastern Environment Protection Area	41768	128	15535	629
万州区	Wanzhou District	50573	30	9332	441
黔江区	Qianjiang District	6583	10	1852	470
涪陵区	Fuling District	21516	37	5031	2576
渝中区	Yuzhong District	13413	14	2231	349
大渡口区	Dadukou District	2520	28	1940	264
江北区	Jiangbei District	8934	10	1186	
沙坪坝区	Shapingba District	8129	59	6977	
九龙坡区	Jiulongpo District	10492	17	4123	
南岸区	Nan'an District	11185	20	3380	1690
北碚区	Beibei District	5934	11	3701	1213
渝北区	Yubei District	2597	14	5066	130
巴南区	Ba'nan District	6492	58	8079	
长寿区	Changshou District	6453	27	3920	36
江津区	Jiangjin District	13197	62	8316	2720
合川区	Hechuan District	25902	45	6304	59
永川区	Yongchuan District	7254	33	4900	618
南川区	Nanchuan District	2945	13	2413	45
綦江区	Qijiang District	21226	10	5423	5
綦江区（不含万盛）	Qijiang District (excluding Wansheng)	13932	7	4906	5
万盛经开区	Wansheng District	7294	3	517	
大足区	Dazu District	9777	33	4613	55
璧山区	Bishan District	4765	6	3797	3
铜梁区	Tongliang District	4502	40	3199	
潼南县	Tongnan County	6373	28	3443	
荣昌县	Rongchang County	6539	25	3594	6
梁平县	Liangping County	4348	5	1768	
城口县	Chengkou County	2739	6	1150	98
丰都县	Fengdu County	7352	29	3084	228
垫江县	Dianjiang County	8371	29	3267	
武隆县	Wulong County	6951	29	2557	1
忠　县	Zhongxian County	8671	56	3889	46
开　县	Kaixian County	31972	13	7575	39
云阳县	Yunyang County	16934	14	7597	266
奉节县	Fengjie County	19373	44	5989	21
巫山县	Wushan County	13693	2	3605	182
巫溪县	Wuxi County	3306	8	3345	
石柱县	Shizhu County	5524	10	1022	39
秀山县	Xiushan County	9679	34	4913	119
酉阳县	Youyang County	6722	10	2565	
彭水县	Pengshui County	6309	35	2626	

注：本表中都市功能核心区和都市功能拓展区的统计数据暂按行政区划进行分组统计。
Note: The data of Core Metropolitan Function Area and Extended Metropolitan Function Area are calculated by the administrative districts in this table.

表20.14 各区县居民收支情况（2014年）
PER CAPITA INCOME AND EXPENDITURE OF HOUSEHOLDS BY REGION (2014)

区 县	Region	全体居民人均可支配收入（元） Per Capita Annual Disposable Income (yuan)	城镇常住居民人均可支配收入（元） Per Capita Disposable Income of Urban Residents (yuan)	农村常住居民人均可支配收入（元） Per Capita Disposable Income of Rural Residents (yuan)
全 市	**Total**	**18352**	**25147**	**9490**
#都市发达经济圈	Metropolitan Developed Economic Circle			
渝西经济走廊	West Chongqing Economic Corridor			
三峡库区生态经济区	Ecological Economic Zone in Three Gorges Reservoir Area			
#一小时经济圈	One Hour Economic Sphere			
#都市功能核心区	Core Metropolitan Function Area			
都市功能拓展区	Extended Metropolitan Function Area			
城市发展新区	Newly Developed Urban Area			
渝东北生态涵养发展区	Northeastern Ecological Conservation Area			
渝东南生态保护发展区	Southeastern Environment Protection Area			
万州区	Wanzhou District	19328	25919	9562
黔江区	Qianjiang District	14230	22388	7878
涪陵区	Fuling District	19785	26149	9963
渝中区	Yuzhong District	29253	29253	
大渡口区	Dadukou District	27006	27434	14035
江北区	Jiangbei District	27984	28695	14125
沙坪坝区	Shapingba District	27385	28264	13864
九龙坡区	Jiulongpo District	27148	28504	13984
南岸区	Nan'an District	27440	28278	14831
北碚区	Beibei District	24838	28071	13169
渝北区	Yubei District	25007	28563	12458
巴南区	Ba'nan District	24499	28040	12548
长寿区	Changshou District	19341	25388	10863
江津区	Jiangjin District	20393	25667	12318
合川区	Hechuan District	19902	25098	11899
永川区	Yongchuan District	20818	26034	12406
南川区	Nanchuan District	17819	24730	10160
綦江区	Qijiang District	16909	22535	10421
綦江区（不含万盛）	Qijiang District (excluding Wansheng)			
万盛经开区	Wansheng District			
大足区	Dazu District	17942	24998	11235
璧山区	Bishan District	19647	27263	12807
铜梁区	Tongliang District	18918	26417	12452
潼南县	Tongnan County	16206	23791	10387
荣昌县	Rongchang County	17920	25152	11775
梁平县	Liangping County	15515	24112	10034
城口县	Chengkou County	10344	19355	6491
丰都县	Fengdu County	13799	21749	8679
垫江县	Dianjiang County	15691	24222	10241
武隆县	Wulong County	14488	24526	8489
忠 县	Zhongxian County	15303	24455	9803
开 县	Kaixian County	14297	21903	9097
云阳县	Yunyang County	12360	19737	8084
奉节县	Fengjie County	12043	19792	7513
巫山县	Wushan County	11911	21351	6935
巫溪县	Wuxi County	9900	18111	6392
石柱县	Shizhu County	13888	22916	8586
秀山县	Xiushan County	12794	22901	7431
酉阳县	Youyang County	9919	18607	6479
彭水县	Pengshui County	11317	20363	7469

表20.14 续表 continued

区 县	Region	全体居民人均生活消费支出（元） Per Capita Annual Living Expenditure (yuan)	城镇常住居民人均生活消费支出（元） Per Capita Living Expenditure of Urban Residents (yuan)	农村常住居民人均生活消费支出（元） Per Capita Living Expenditure of Rural Residents (yuan)
全 市	Total			
#都市发达经济圈	Metropolitan Developed Economic Circle			
渝西经济走廊	West Chongqing Economic Corridor			
三峡库区生态经济区	Ecological Economic Zone in Three Gorges Reservoir Area			
#一小时经济圈	One Hour Economic Sphere			
#都市功能核心区	Core Metropolitan Function Area			
都市功能拓展区	Extended Metropolitan Function Area			
城市发展新区	Newly Developed Urban Area			
渝东北生态涵养发展区	Northeastern Ecological Conservation Area			
渝东南生态保护发展区	Southeastern Environment Protection Area			
全 市	**Total**	**13811**	**18279**	**7983**
万州区	Wanzhou District	14993	19417	8437
黔江区	Qianjiang District	10966	16552	6617
涪陵区	Fuling District	15607	20298	8366
渝中区	Yuzhong District	23729	23729	
大渡口区	Dadukou District	19773	20058	11123
江北区	Jiangbei District	20182	20785	8979
沙坪坝区	Shapingba District	19075	19759	8538
九龙坡区	Jiulongpo District	18800	19667	10385
南岸区	Nan'an District	19069	19643	10428
北碚区	Beibei District	17402	21575	9752
渝北区	Yubei District	18377	20898	9482
巴南区	Ba'nan District	19265	22199	9178
长寿区	Changshou District	13531	16750	9017
江津区	Jiangjin District	14968	18997	8801
合川区	Hechuan District	16810	21208	10038
永川区	Yongchuan District	13355	16037	9030
南川区	Nanchuan District	12948	17192	8245
綦江区	Qijiang District	12441	15905	8446
綦江区（不含万盛）	Qijiang District (excluding Wansheng)			
万盛经开区	Wansheng District			
大足区	Dazu District	13108	17580	8858
璧山区	Bishan District	12135	16484	8229
铜梁区	Tongliang District	11962	16444	8098
潼南县	Tongnan County	11835	17128	7775
荣昌县	Rongchang County	13527	17401	8877
梁平县	Liangping County	13185	18476	9813
城口县	Chengkou County	8305	13542	6220
丰都县	Fengdu County	9125	12703	6821
垫江县	Dianjiang County	11583	15777	8905
武隆县	Wulong County	10739	16414	7348
忠 县	Zhongxian County	9980	15562	6625
开 县	Kaixian County	11285	16112	7984
云阳县	Yunyang County	7209	11983	5298
奉节县	Fengjie County	8436	14421	5634
巫山县	Wushan County	8369	14596	6612
巫溪县	Wuxi County	7662	10894	6282
石柱县	Shizhu County	9904	16346	6434
秀山县	Xiushan County	9100	13749	6607
酉阳县	Youyang County	7547	12667	5513
彭水县	Pengshui County	9450	14077	7081

表20.15 各区县教育和文化（2014年）
EDUCATION AND CULTURE BY REGION (2014)

区　县	Region	普通中学 Regular Secondary Schools 学校数（个） Number of Schools (unit)	专任教师数（人） Full-time Teachers (person)	在校学生数（人） Total Enrollment (person)	小　学 Primary Schools 学校数（个） Number of Schools (unit)	专任教师数（人） Full-time Teachers (person)	在校学生数（人） Total Enrollment (person)
全　市	**Total**	**1179**	**114076**	**1627301**	**4586**	**116360**	**2034165**
#都市发达经济圈	Metropolitan Developed Economic Circle	226	25769	336771	412	22734	386435
渝西经济走廊	West Chongqing Economic Corridor	351	32437	428740	1167	31707	586663
三峡库区生态经济区	Ecological Economic Zone in Three Gorges Reservoir Area	602	55870	861790	3007	61919	1061067
#一小时经济圈	One Hour Economic Sphere	653	65372	857323	1755	61405	1085617
#都市功能核心区	Core Metropolitan Function Area	125	16505	212772	226	13428	236983
都市功能拓展区	Extended Metropolitan Function Area	101	9264	123999	186	9306	149452
城市发展新区	Newly Developed Urban Area	427	39603	520552	1343	38671	699182
渝东北生态涵养发展区	Northeastern Ecological Conservation Area	381	35057	561297	2035	37767	675224
渝东南生态保护发展区	Southeastern Environment Protection Area	145	13647	208681	796	17188	273324
万州区	Wanzhou District	58	5906	96414	143	4668	82654
黔江区	Qianjiang District	23	2622	39763	104	2622	43955
涪陵区	Fuling District	47	4035	56274	106	4137	70365
渝中区	Yuzhong District	13	2508	23679	30	2197	30191
大渡口区	Dadukou District	8	1077	14551	20	963	17673
江北区	Jiangbei District	18	1959	38991	34	1811	30225
沙坪坝区	Shapingba	30	3846	42732	59	2876	52494
九龙坡区	Jiulongpo District	32	4574	56598	44	3410	63036
南岸区	Nan'an District	24	2541	36221	39	2171	43364
北碚区	Beibei District	21	2274	30397	53	1975	27328
渝北区	Yubei District	42	4153	56546	78	4593	76598
巴南区	Ba'nan District	38	2837	37056	55	2738	45526
长寿区	Changshou	29	3131	35538	70	2827	42154
江津区	Jiangjin District	44	4318	62039	164	4363	81175
合川区	Hechuan District	34	4055	55519	124	3568	69894
永川区	Yongchuan	38	3742	46919	176	3788	81704
南川区	Nanchuan District	27	1954	28933	65	2468	43610
綦江区	Qijiang District	67	4502	51943	80	4107	60857
綦江区（不含万盛）	Qijiang District (excluding Wansheng)						
万盛经开区	Wansheng District						
大足区	Dazu District	30	3797	42212	176	3625	68581
璧山区	Bishan District	24	2115	27207	38	1997	36539
铜梁区	Tongliang District	27	2781	40491	64	2393	47467
潼南县	Tongnan County	31	2598	38107	135	2521	47157
荣昌县	Rongchang County	29	2575	35370	145	2877	49679
梁平县	Liangping County	33	2764	42013	67	2950	55641
城口县	Chengkou County	8	765	12305	136	1215	20473
丰都县	Fengdu County	41	2788	45047	131	3106	60184
垫江县	Dianjiang County	25	2696	49071	90	3535	74672
武隆县	Wulong County	11	1195	18093	79	1823	27484
忠　县	Zhongxian	28	3001	44684	211	3051	64675
开　县	Kaixian County	64	5732	85769	319	5871	109670
云阳县	Yunyang County	53	4083	71077	254	4547	69293
奉节县	Fengjie County	33	3190	55083	245	3805	63128
巫山县	Wushan County	20	2335	34613	221	2412	41869
巫溪县	Wuxi County	18	1797	25221	218	2607	32965
石柱县	Shizhu County	22	2004	30622	176	2619	38631
秀山县	Xiushan County	25	2389	32153	137	2887	42266
酉阳县	Youyang County	40	2977	47302	170	3742	66442
彭水县	Pengshui County	24	2460	40748	130	3495	54546

注：本表中都市功能核心区和都市功能拓展区的统计数据暂按行政区划进行分组统计。
Note: In terms of the data of Core Metropolitan Function Area and Extended Metropolitan Function Area are calculated by the administrative districts.

表20.15 续表 continued

区 县	Region	广播覆盖率（%） Radio Coverage of Population (%)	电视覆盖率（%） Television Coverage of Population (%)	公共图书馆（个） Number of Public Libraries (unit)	公共图书馆藏书（万册） Number of Books in Public Libraries (10 000 volumes)
全 市	**Total**	**98.44**	**98.95**	**43**	**1242.25**
#都市发达经济圈	Metropolitan Developed Economic Circle	99.81	99.86	11	735.76
渝西经济走廊	West Chongqing Economic Corridor	99.18	99.12	12	226.00
三峡库区生态经济区	Ecological Economic Zone in Three Gorges Reservoir Area	98.46	98.50	20	280.49
#一小时经济圈	One Hour Economic Sphere	99.45	99.30	26	1072.83
#都市功能核心区	Core Metropolitan Function Area	100.00	100.00	8	626.16
都市功能拓展区	Extended Metropolitan Function Area	99.79	99.84	3	109.60
城市发展新区	Newly Developed Urban Area	99.26	99.01	15	312.11
渝东北生态涵养发展区	Northeastern Ecological Conservation Area	97.46	98.65	11	131.04
渝东南生态保护发展区	Southeastern Environment Protection Area	96.21	98.08	6	63.33
万州区	Wanzhou District	99.50	99.00	1	27.12
黔江区	Qianjiang District	96.99	98.00	1	25.58
涪陵区	Fuling District	99.47	97.41	2	58.43
渝中区	Yuzhong District	100.00	100.00	2	148.63
大渡口区	Dadukou District	100.00	100.00	1	21.73
江北区	Jiangbei District	100.00	100.00	1	26.33
沙坪坝区	Shapingba	100.00	100.00	2	349.49
九龙坡区	Jiulongpo District	100.00	100.00	1	46.08
南岸区	Nan'an District	100.00	100.00	1	33.90
北碚区	Beibei District	100.00	100.00	1	56.55
渝北区	Yubei District	100.00	99.75	1	28.09
巴南区	Ba'nan District	98.66	99.30	1	24.96
长寿区	Changshou	99.93	99.81	1	27.68
江津区	Jiangjin District	99.55	99.84	1	31.58
合川区	Hechuan District	99.34	99.28	1	25.15
永川区	Yongchuan	99.12	99.51	1	18.33
南川区	Nanchuan District	98.01	97.00	1	10.50
綦江区	Qijiang District	98.82	99.68	2	42.93
綦江区（不含万盛）	Qijiang District (excluding Wansheng)				
万盛经开区	Wansheng District				
大足区	Dazu District	98.30	99.75	2	20.61
璧山区	Bishan District	99.95	97.61	1	14.56
铜梁区	Tongliang District	100.00	100.00	1	25.73
潼南县	Tongnan County	99.00	99.53	1	21.72
荣昌县	Rongchang County	100.00	100.00	1	14.90
梁平县	Liangping County	98.52	95.55	1	4.00
城口县	Chengkou County	91.32	93.43	1	12.86
丰都县	Fengdu County	98.18	99.58	1	20.60
垫江县	Dianjiang County	99.25	100.00	1	4.53
武隆县	Wulong County	100.00	100.00	1	12.87
忠 县	Zhongxian	99.05	99.14	1	6.66
开 县	Kaixian County	98.72	99.13	1	21.78
云阳县	Yunyang County	98.00	99.00	1	12.00
奉节县	Fengjie County	93.00	99.09	1	7.16
巫山县	Wushan County	96.01	97.50	1	8.98
巫溪县	Wuxi County	90.00	98.61	1	5.36
石柱县	Shizhu County	94.20	94.49	1	6.10
秀山县	Xiushan County	97.92	99.92	1	5.96
酉阳县	Youyang County	98.80	99.85	1	6.24
彭水县	Pengshui County	90.14	95.95	1	6.59

注：本表中都市功能核心区和都市功能拓展区的统计数据暂按行政区划进行分组统计。
Note: In terms of the data of Core Metropolitan Function Area and Extended Metropolitan Function Area are calculated by the administrative districts.

表20.16 各区县卫生（2014年）
PUBLIC HEALTH CARE BY REGION (2014)

区 县	Region	卫生机构数（个）Number of Health Care Institutions (unit)	其中 of which #医院、卫生院 Number of Hospitals and Health Centers	卫生机构床位数（张）Hospital Beds in Health Care Institutions (bed)	卫生技术人员（人）Medical Technical Personnel (person)	其中 of which #执业（助理）医师 Licensed (Assistant) Doctors	#注册护士 Registered Nurses
全 市	**Total**	**18766**	**1510**	**160446**	**154091**	**58007**	**62662**
#都市发达经济圈	Metropolitan Developed Economic Circle	3802	323	53107	61458	22776	27166
渝西经济走廊	West Chongqing Economic Corridor	5566	345	41751	35937	13458	14117
三峡库区生态经济区	Ecological Economic Zone in Three Gorges Reservoir Area	9398	842	65588	56696	21773	21379
#一小时经济圈	One Hour Economic Sphere	10842	811	106355	107766	40236	45384
#都市功能核心区	Core Metropolitan Function Area	1521	131	30743	39105	14307	18022
都市功能拓展区	Extended Metropolitan Function Area	2275	192	22365	22360	8470	9148
城市发展新区	Newly Developed Urban Area	6731	456	51351	45103	16964	17840
渝东北生态涵养发展区	Northeastern Ecological Conservation Area	6354	509	42197	36186	14248	13199
渝东南生态保护发展区	Southeastern Environment Protection Area	1885	222	13790	11337	4018	4453
万州区	Wanzhou District	1344	112	10033	9825	3992	4058
黔江区	Qianjiang District	255	33	3474	2877	886	1302
涪陵区	Fuling District	634	62	5556	5626	2214	2221
渝中区	Yuzhong District	350	22	10356	15373	5544	7313
大渡口区	Dadukou District	204	20	1855	2128	892	887
江北区	Jiangbei District	392	32	6474	7711	2715	3639
沙坪坝区	Shapingba	341	38	6674	7013	2587	3089
九龙坡区	Jiulongpo District	605	64	8906	9094	3361	3901
南岸区	Nan'an District	287	26	3902	4902	1933	2059
北碚区	Beibei District	382	38	4076	4368	1671	1704
渝北区	Yubei District	666	52	5506	6166	2336	2498
巴南区	Ba'nan District	575	31	5358	4703	1737	2076
长寿区	Changshou	536	49	4045	3541	1300	1507
江津区	Jiangjin District	795	38	6680	4487	1877	1498
合川区	Hechuan District	720	45	4507	4647	1807	1717
永川区	Yongchuan	573	32	6030	5274	1892	2238
南川区	Nanchuan District	313	40	2874	2367	867	1076
綦江区	Qijiang District	636	53	5753	5314	1724	2342
綦江区（不含万盛）	Qijiang District (excluding Wansheng)						
万盛经开区	Wansheng District						
大足区	Dazu District	378	28	3934	2821	969	1021
璧山区	Bishan District	446	27	3227	2708	986	1070
铜梁区	Tongliang District	823	31	3005	3261	1271	1222
潼南县	Tongnan County	417	26	2453	1911	770	725
荣昌县	Rongchang County	465	25	3288	3147	1295	1208
梁平县	Liangping County	566	38	3502	2988	1134	1087
城口县	Chengkou County	258	26	910	707	266	182
丰都县	Fengdu County	464	37	3100	2380	795	938
垫江县	Dianjiang County	398	33	3695	3041	1155	1051
武隆县	Wulong County	304	32	1896	1204	488	373
忠 县	Zhongxian	894	50	3492	2853	1181	923
开 县	Kaixian County	660	45	6547	5130	2086	2018
云阳县	Yunyang County	570	49	4798	3352	1461	1042
奉节县	Fengjie County	481	54	3278	2920	1039	1012
巫山县	Wushan County	376	26	1444	1628	669	541
巫溪县	Wuxi County	345	39	1398	1376	470	347
石柱县	Shizhu County	271	35	2127	1812	699	764
秀山县	Xiushan County	299	31	1817	1915	554	780
酉阳县	Youyang County	320	49	2413	1726	702	562
彭水县	Pengshui County	423	42	2063	1795	682	671

注：1）卫生机构数含个体诊所。
2）都市功能核心区和都市功能拓展区的统计数据暂按行政区划进行分组统计。
Note: a) The number of health care institutions include individual-run clinics.
b) The data of Core Metropolitan Function Area and Extended Metropolitan Function Area are calculated by the administrative districts.

表20.17 各区县对外经济贸易（2014年）
FOREIGN ECONOMIC RELATIONS AND TRADE BY REGION (2014)

区 县	Region	进出口总值（万美元） Total Imports and Exports (US$ 10 000)	其中 of which 出口 Exports	进口 Imports	实际利用内资（亿元） Domestic Capital Actually Utilized (100 million yuan)
全 市	Total	9545024	6340935	3204089	7246.89
#都市发达经济圈	Metropolitan Developed Economic Circle				3029.76
渝西经济走廊	West Chongqing Economic Corridor				1916.67
三峡库区生态经济区	Ecological Economic Zone in Three Gorges Reservoir Area				2300.46
#一小时经济圈	One Hour Economic Sphere				5386.02
#都市功能核心区	Core Metropolitan Function Area				1129.02
都市功能拓展区	Extended Metropolitan Function Area				1900.74
城市发展新区	Newly Developed Urban Area	536773	386169	150604	2356.26
渝东北生态涵养发展区	Northeastern Ecological Conservation Area	128370	117947	10423	1486.51
渝东南生态保护发展区	Southeastern Environment Protection Area	29560	29435	125	374.36
万州区	Wanzhou District	106505	96966	9539	270.53
黔江区	Qianjiang District	2530	2524	7	103.99
涪陵区	Fuling District	119236	88368	30868	253.92
渝中区	Yuzhong District	179942	126163	53779	242.29
大渡口区	Dadukou District	32091	26424	5667	150.10
江北区	Jiangbei District	653553	471665	181889	307.91
沙坪坝区	Shapingba	2957309	2175557	781751	400.35
九龙坡区	Jiulongpo District	228410	208491	19919	401.54
南岸区	Nan'an District	138436	121707	16730	225.62
北碚区	Beibei District	99661	58117	41544	365.02
渝北区	Yubei District	4454663	2542126	1912538	471.83
巴南区	Ba'nan District	106257	77136	29121	465.13
长寿区	Changshou	127186	77334	49851	185.67
江津区	Jiangjin District	82594	62358	20236	334.87
合川区	Hechuan District	42972	36885	6087	224.73
永川区	Yongchuan	38461	11310	27151	308.00
南川区	Nanchuan District	17371	15505	1866	98.04
綦江区	Qijiang District	5161	4248	913	71.47
綦江区（不含万盛）	Qijiang District (excluding Wansheng)	3045			62.46
万盛经开区	Wansheng District	2116			9.02
大足区	Dazu District	9923	5815	4107	167.14
璧山区	Bishan District	28885	23098	5786	206.66
铜梁区	Tongliang District	5693	4704	989	240.02
潼南县	Tongnan County	6487	5776	711	124.27
荣昌县	Rongchang County	52803	50765	2039	141.47
梁平县	Liangping County	1720	1330	390	152.73
城口县	Chengkou County				4.41
丰都县	Fengdu County	3538	3333	205	145.58
垫江县	Dianjiang County	6811	6763	49	189.56
武隆县	Wulong County	1546	1545	1	15.32
忠 县	Zhongxian	2139	2139		209.89
开 县	Kaixian County	4260	4191	70	194.39
云阳县	Yunyang County	945	815	130	160.95
奉节县	Fengjie County	426	426		78.40
巫山县	Wushan County	698	656	42	42.08
巫溪县	Wuxi County	1328	1328		37.98
石柱县	Shizhu County	1917	1913	3	73.51
秀山县	Xiushan County	2010	1897	113	80.09
酉阳县	Youyang County	20032	20031	1	66.13
彭水县	Pengshui County	1526	1526		35.32

注：进出口数据来源重庆市外经贸委。
Note: The data of import and export are provided by Chongqing Foreign Trade and Economic Relations Commission.

表20.18 各区县规模以上工业能源消费总量（2014年）
ENERGY CONSUMPTION OF ENTERPRISES ABOVE DESIGNATED SIZE BY REGION (2014)

区 县	Region	规模以上工业能源消费总量（万吨标准煤）Energy Consumption of Enterprises above Designated Size by Region (10 000 ton of standard coal)
全 市	**Total**	**3863.47**
#都市发达经济圈	Metropolitan Developed Economic Circle	481.91
渝西经济走廊	West Chongqing Economic Corridor	1614.95
三峡库区生态经济区	Ecological Economic Zone in Three Gorges Reservoir Area	1766.61
#一小时经济圈	One Hour Economic Sphere	3187.25
#都市功能核心区	Core Metropolitan Function Area	135.86
都市功能拓展区	Extended Metropolitan Function Area	346.05
城市发展新区	Newly Developed Urban Area	2705.35
渝东北生态涵养发展区	Northeastern Ecological Conservation Area	521.05
渝东南生态保护发展区	Southeastern Environment Protection Area	155.16
万州区	Wanzhou District	133.99
黔江区	Qianjiang District	28.33
涪陵区	Fuling District	323.89
渝中区	Yuzhong District	0.86
大渡口区	Dadukou District	54.90
江北区	Jiangbei District	19.34
沙坪坝区	Shapingba	27.88
九龙坡区	Jiulongpo District	148.86
南岸区	Nan'an District	55.46
北碚区	Beibei District	82.29
渝北区	Yubei District	59.09
巴南区	Ba'nan District	33.23
长寿区	Changshou	766.50
江津区	Jiangjin District	400.88
合川区	Hechuan District	317.50
永川区	Yongchuan	161.28
南川区	Nanchuan District	74.35
綦江区	Qijiang District	409.78
綦江区（不含万盛）	Qijiang District (excluding Wansheng)	251.22
万盛经开区	Wansheng District	158.56
大足区	Dazu District	48.60
璧山区	Bishan District	44.58
铜梁区	Tongliang District	58.25
潼南县	Tongnan County	34.81
荣昌县	Rongchang County	64.92
梁平县	Liangping County	26.83
城口县	Chengkou County	16.38
丰都县	Fengdu County	119.49
垫江县	Dianjiang County	46.54
武隆县	Wulong County	12.37
忠 县	Zhongxian	59.72
开 县	Kaixian County	94.07
云阳县	Yunyang County	9.29
奉节县	Fengjie County	7.26
巫山县	Wushan County	2.77
巫溪县	Wuxi County	4.71
石柱县	Shizhu County	41.31
秀山县	Xiushan County	41.23
酉阳县	Youyang County	14.35
彭水县	Pengshui County	17.58

表20.19 各区县法人单位、产业活动单位数（2014年）

NUMBER OF CORPORATE UNITS AND ESTABLISHMENTS BY REGION (2014)

区 县	Region	法人单位（个） Number of Corporate Units (unit)	其中 of which #企业 Enterprises	产业活动单位（个） Number of Establishments (unit)
全 市	**Total**	**378002**	**316676**	**434042**
#都市发达经济圈	Metropolitan Developed Economic Circle	138362	126175	158212
渝西经济走廊	West Chongqing Economic Corridor	94759	78512	109683
三峡库区生态经济区	Ecological Economic Zone in Three Gorges Reservoir Area	144881	111989	166147
#一小时经济圈	One Hour Economic Sphere	258295	226370	297054
#都市功能核心区	Core Metropolitan Function Area	79913	74215	92192
都市功能拓展区	Extended Metropolitan Function Area	58449	51960	66020
城市发展新区	Newly Developed Urban Area	119933	100195	138842
渝东北生态涵养发展区	Northeastern Ecological Conservation Area	86792	65048	99319
渝东南生态保护发展区	Southeastern Environment Protection Area	32915	25258	37669
万州区	Wanzhou District	19489	16645	21995
黔江区	Qianjiang District	6568	5441	7252
涪陵区	Fuling District	16433	14454	18968
渝中区	Yuzhong District	19369	17836	22853
大渡口区	Dadukou District	4575	3999	5173
江北区	Jiangbei District	14995	13952	17200
沙坪坝区	Shapingba	16892	15370	19007
九龙坡区	Jiulongpo District	30588	28751	34599
南岸区	Nan'an District	12702	11656	14659
北碚区	Beibei District	8450	7295	9833
渝北区	Yubei District	17838	15953	20367
巴南区	Ba'nan District	12953	11363	14521
长寿区	Changshou	8741	7229	10191
江津区	Jiangjin District	12277	10247	14074
合川区	Hechuan District	9335	7630	11448
永川区	Yongchuan	10999	9398	12828
南川区	Nanchuan District	8365	6696	9575
綦江区	Qijiang District	11374	9384	12876
綦江区（不含万盛）	Qijiang District (excluding Wansheng)	7469	6048	8505
万盛经开区	Wansheng District	3905	3336	4371
大足区	Dazu District	10761	8945	12007
璧山区	Bishan District	9245	8066	10857
铜梁区	Tongliang District	7588	6156	9266
潼南县	Tongnan County	8219	6798	9296
荣昌县	Rongchang County	6596	5192	7456
梁平县	Liangping County	6513	4665	7818
城口县	Chengkou County	2580	1477	2754
丰都县	Fengdu County	6290	4430	7346
垫江县	Dianjiang County	7338	5714	8152
武隆县	Wulong County	5205	3839	5786
忠 县	Zhongxian	7686	6142	9948
开 县	Kaixian County	13184	10072	14190
云阳县	Yunyang County	8395	5966	9818
奉节县	Fengjie County	6452	4068	6871
巫山县	Wushan County	4950	3431	5513
巫溪县	Wuxi County	3915	2438	4914
石柱县	Shizhu County	4128	3145	5127
秀山县	Xiushan County	4958	3870	5586
酉阳县	Youyang County	6185	4564	7079
彭水县	Pengshui County	5871	4399	6839

第 21 章

三峡工程重庆库区移民情况

RESETTLEMENT OF THE RESIDENTS IN CHONGQING RESERVOIR AREA OF THREE GORGES PROJECT

简要说明

BRIEF INTRODUCTION

本章资料包括三峡工程重庆库区经济和社会发展情况、移民工程投资完成情况，由市统计局综合处根据市移民局资料整理编辑。

库区指库区15区县，包括万州区、涪陵区、渝北区、巴南区、长寿区、江津区、丰都县、武隆县、忠县、开县、云阳县、奉节县、巫山县、巫溪县、石柱县。重点库区指8个重点移民区县，包括万州区、涪陵区、丰都县、忠县、开县、云阳县、奉节县、巫山县。

This chapter includes the economic and social development of the reservoir area of Three Gorges Project in Chongqing, the statistics on the completed investment in Three Gorges Resettlement. The data here are provided by Chongqing Migration Bureau and sorted and compiled by Division of Comprehensive Statistics of Chongqing Municipal Bureau of Statistics.

The Reservoir Area refers to 15 districts and counties, namely Wanzhou, Fuling, Yubei, Ba'nan, Changshou, Jiangjin, Fengdu, Wulong, Zhongxian, Kaixian, Yunyang, Fengjie, Wushan, Wuxi and Shizhu. The Key Reservoir Area refers to 8 key districts and counties of migration, namely Wanzhou, Fuling, Fengdu, Zhongxian, Kaixian, Yunyang, Fengjie and Wushan.

表21.1 三峡工程重庆库区经济和社会发展情况（2013－2014年）
ECONOMIC AND SOCIAL DEVELOPMENT OF THE RESERVOIR AREA OF THREE GORGES PROJECT IN CHONGQING (2013-2014)

指 标	Item	2013 库区合计 Total of Reservoir Area	2013 其中 of which #重点库区 Key Area	2014 库区合计 Total of Reservoir Area	2014 其中 of which #重点库区 Key Area
人 口	**Population**				
户籍总户数（万户）	Total Number of Households (10 000 households)	575.09	340.80	579.71	342.41
户籍人口（万人）	Total Household Populaion (10 000 persons)	1545.14	949.97	1552.90	953.55
非农业	Non-agriculture	542.58	302.13	554.43	305.51
农 业	Agriculture	1002.56	647.84	998.47	648.04
男 性	Male	798.70	493.09	802.04	494.79
女 性	Female	746.44	456.88	750.86	458.76
年末常住人口	Year-end Permanent Residents (10 000 persons)	1302.01	738.31	1309.16	738.03
城 镇	Urban	691.98	340.61	714.76	351.41
乡 村	Rural	610.03	397.70	594.40	386.62
城镇化率（%）	Urbanization Rate (%)	53.15	46.13	54.60	47.61
工资和收入	**Wages and Income**				
城镇非私营单位在岗职工人数（万人）	On-post Staff and Workers of Urban Non-private Units (10 000 persons)	155.51	60.16	157.95	64.53
城镇非私营单位在岗职工工资总额（万元）	Total Wage Bill of On-post Staff and Workers of Urban Non-private Unit (10 000 yuan)	7519434	2759917	8532992	3261288
城镇非私营单位在岗职工平均工资（元）	Average Wage of On-post Staff and Workers of Urban Non-private Units (yuan)	49804	46871	55206	51584
城镇常住居民人均可支配收入（元）	Per Capita Disposable Income of Urban Residents (yuan)	22857	21330	25178	23651
农村常住居民人均可支配收入（元）	Per Capita Disposable Income of Rural Residents (yuan)	8328	7766	9398	8800
国民经济核算	**National Economic Accounting**				
地区生产总值（亿元）	Gross Domestic Product (100 million yuan)	5054.56	2402.24	5609.57	2664.41
第一产业	Primary Industry	489.98	277.92	518.47	295.78
第二产业	Secondary Industry	2509.67	1128.22	2809.02	1261.86
工 业	Industry	1946.58	850.69	2167.24	930.22
建筑业	Construction	563.09	277.53	641.78	331.64
第三产业	Tertiary Industry	2054.91	996.10	2282.08	1106.77
地区生产总值结构（%）	Composition of Gross Domestic Product (%)	100.0	100.0	100.0	100.0
第一产业	Primary Industry	9.7	11.6	9.2	11.1
第二产业	Secondary Industry	49.7	47.0	50.1	47.4
工 业	Industry	38.5	35.4	38.6	34.9
建筑业	Construction	11.2	11.6	11.5	12.5
第三产业	Tertiary Industry	40.6	41.4	40.7	41.5
固定资产投资（万元）	**Investment in Fixed Assets (10 000 yuan)**				
全社会固定资产投资总额	Total Investment in Fixed Assets	45085411	20737518	53944960	24384369
#基础设施	Infrastructure	13156743	6755903	14896849	8098935
工业投资	Industry	14431348	6691460	17159221	8224795
#房地产开发	Real Estate Development	9977309	2508199	13202600	2822807
#住 宅	Residential Buildings	7427469	1905784	9597814	2143304

表21.1 续表1 continued1

指　标	Item	2013 库区合计 Total of Reservoir Area	2013 其中 of which #重点库区 Key Area	2014 库区合计 Total of Reservoir Area	2014 其中 of which #重点库区 Key Area
商品房建设情况（万平方米）	**Construction of Commercialized Buildings (10 000 sq.m)**				
房地产施工面积	Floor Space under Construction	9448.68	2961.28	10537.50	2876.87
#住　宅	Residential Bulidings	7108.55	2395.77	7601.31	2226.42
房地产竣工面积	Floor Space Completed	1486.15	471.86	1335.12	389.89
#住　宅	Residential Bulidings	1120.14	392.57	1011.81	304.70
财　政（万元）	**Government Finance (10 000 yuan)**				
区县级一般公共预算收入	General Public Budgetary Income at District (County) Level			3651674	1787228
区县级一般公共预算支出	General Public Budgetary Expenditure at District (County) Level			8712565	4975211
农　业	**Agriculture**				
农林牧渔业总产值（万元）	Gross Output Value of Farming, Forestry, Animal Husbandry and Fishery (10 000 yuan)	7428920	4229729	7836952	4480921
#农　业	Farming	4527583	2585686	4833238	2766212
牧　业	Animal Husbandry	2313330	1301617	2332300	1320219
农林牧渔业增加值（万元）	Value-added of Farming, Forestry, Animal Husbandry and Fishery (10 000 yuan)	4968556	2818137	5267242	3003429
#农　业	Farming	3364208	1907958	3584529	2044186
牧　业	Animal Husbandry	1162941	650756	1178729	661111
蔬菜总播种面积（万亩）	Sown Areas of Vegetables (10 000 mu)	515.83	309.92	536.03	322.77
蔬菜总产量（万吨）	Gross Output of Vegestables (10 000 tons)	749.64	457.45	796.84	489.80
肉类总产量（万吨）	Gross Output of Meat (10 000 tons)	95.89	57.46	99.05	59.76
#猪　肉	Pork	73.83	44.79	75.55	46.24
禽　肉	Meat of Poultry	12.00	5.56	12.22	5.75
猪出栏量（万头）	Slaughtered Hogs (10 000 heads)	1002.46	608.29	1024.56	627.24
禽出栏量（万只）	Slaughtered Poultry (10 000 heads)	7762.55	3601.48	7863.07	3709.35
牛奶产量（万吨）	Output of Milk (10 000 tons)	3.35	1.23	2.96	1.14
禽蛋产量（万吨）	Output of Poultry Eggs (10 000 tons)	21.97	11.54	23.03	12.15
粮食播种面积（万亩）	Sown Areas of Grain (10 000 mu)	1780.79	1119.14	1768.47	1116.18
#夏　粮	Grain Crops Harvested in Summer	444.10	294.19	427.97	283.64
秋　粮	Grain Crops Harvested in Autumn	1336.70	824.95	1340.50	832.54
#水　稻	Rice	464.48	278.22	463.29	278.52
玉　米	Corn	376.74	220.63	376.59	221.40
薯　类	Tubers	646.51	428.16	648.38	432.16
粮食总产量（万吨）	Gross Output of Grain (10 000 tons)	562.27	339.44	559.39	338.61
#夏　粮	Grain Crops Harvested in Summer	90.28	63.11	85.92	59.73
秋　粮	Grain Crops Harvested in Autumn	471.99	276.34	473.47	278.88
#水　稻	Rice	216.57	122.54	216.21	123.12
玉　米	Corn	135.62	77.94	133.84	76.59
薯　类	Tubers	165.61	108.91	167.80	110.96

表21.1 续表2 continued2

指 标	Item	2013		2014	
		库区合计 Total of Reservoir Area	其中 of which #重点库区 Key Area	库区合计 Total of Reservoir Area	其中 of which #重点库区 Key Area
工 业（规模以上）	**Industry (above Designated Size)**				
企业数（个）	Number of Enterprises (unit)	1701	650	1899	734
工业总产值（万元）	Gross Output Value of Industry (10 000 yuan)	67606474	20048260	80437035	23501967
出口交货值（万元）	Sales of Exported Products (10 000 yuan)	8588608.8	489195	10524153	734040
资产总计（万元）	Total Assets (10 000 yuan)	62336147	15777725	72771451	20240813
主营业务收入（万元）	Revenue from Principal Business (10 000 yuan)	67423737	19534269	80661265	22790259
利润总额（万元）	Total After-tax Profits (10 000 yuan)	3924015.7	1061276	6334236	1426231
利税总额（万元）	Total Pre-tax Profits (10 000 yuan)	7839916	2714205	10917268	3267853
全部从业人员平均数（万人）	Average Employment (10 000 persons)	64.00	21.96	65.51	22.50
经济效益综合指数（%）	Comprehensive Index of Economic Benefits (%)	263.8	285.3	311.0	318.2
总资产贡献率（%）	Ratio of Total Assets to Industrial Output Value (%)	13.9	19.0	16.2	17.6
资本保值增值率（%）	Ratio of Assets Appreciation YOY (%)	118.7	109.5	114.1	129.6
资产负债率（%）	Asset-Liability Ratio (%)	66.7	63.0	66.6	63.9
流动资产周转率(次)	Turnover Ratio of Circulating Assets (time)	2.3	3.0	2.5	3.0
成本费用利润率（%）	Ratio of Profits to Cost (%)	6.2	5.8	8.4	6.8
全员劳动生产率（元/人年）	Overall Labor Productivity (yuan/person-year)	251253	263332	307128	311759
产品销售率（%）	Sales as Percentage of Output (%)	98.7	98.1	97.9	97.6
国内贸易	**Domestic Trade**				
社会消费品零售总额（万元）	Total Retail Sales (10 000 yuan)	17507051	7439309.3	20076975	8496430
限额以上法人企业数（个）	Number of Corporate Enterprises above Designated Size (unit)	1922	1010	2187	1205
批发业	Wholesale	679	358	716	380
零售业	Retail	801	422	979	549
住宿业	Hotel	132	56	141	60
餐饮业	Catering	310	174	351	216
实际利用内资（亿元）	Domestic Capital Actually Utilized (100 million yuan)	2370.31	1093.67	2940.06	1355.74
教 育	**Education**				
学校数（所）	Number of Schools (unit)				
#普通高等学校	Regular Institutions of Higher Education	18	9	20	9
普通中学	Regular Secondary Schools	555	345	548	344
小 学	Primary Schools	2558	1713	2470	1630
专任教师数（人）	Number of Full-time Teachers (person)				
#普通高等学校	Regular Institutions of Higher Education	8038	3676	10346	3798
普通中学	Regular Secondary Schools	50438	30936	50505	31070
小 学	Primary Schools	52993	31783	53167	31597
在校学生数（人）	Student Enrollment (person)				
#研究生	Postgraduates	1374		6741	28
普通高等学校	Regular Institutions of Higher Education	154941	73320	199028	79351
普通中学	Regular Secondary Schools	778437	506673	754076	488961
小 学	Primary Schools	894981	561636	906371	561838
卫 生	**Public Health**				
卫生机构数（个）	Number of Health Institutions (unit)	9061	5594	8915	5423
卫生机构床位数（张）	Number of Hospital Beds (bed)	60324	35739	65258	38248
卫生技术人员（人）	Medical Technological Personnel (person)	54196	31846	57003	33714

表21.2 三峡移民工程后续工作专项资金完成投资情况（2014年底止）

COMPREHENSIVE STATISTICS ON THE COMPLETED INVESTMENT IN THE FOLLOW-ON WORK OF THREE GORGES RESETTLEMENT (END OF 2014)

单位：万元 (10 000 yuan)

区 县	Region	三峡后续工作专项资金累计计划投资 Total Planned Investment in the Follow-on Work of Three Gorges Resettlement	截至2014年12月底三峡后续工作专项资金累计完成投资 Investment in the Follow-on Work of Three Gorges Resettlement by the End of December 2014	2014年三峡后续工作专项资金本期完成投资 Completed Investment of 2014 in This Term			
				合 计 Total	移民安稳致富和促进库区经济社会发展 Stabilization of Resettlers and the Economic and Social Development of Resoir Areas	库区生态环境建设与保护 Construction and Protection of the Ecological Environment of the Resevoir Areas.	地质灾害防治 Geological Hazard Control
重庆市合计	Total of Chongqing	1447257.00	809493.53	423922.95	252354.94	156945.21	14622.79
重庆市本级	At Municipal Level	20712.00	14740.47	3963.03	3963.03		
渝北区	Yubei	17258.00	2892.00	1912.00	181.00	1182.00	549.00
巴南区	Banan	21226.00	1973.00	1480.00	1316.00		164.00
江津区	Jiangjin	10238.00	2265.07	551.00	525.00	26.00	
长寿区	Changshou	42038.00	26338.88	7049.14	3392.14	3089.00	568.00
武隆县	Wulong	36572.00	24893.00	8131.00	3401.00	4429.00	301.00
巫溪县	Wuxi	15447.00	3872.78	1372.78	321.00	1050.98	0.80
石柱县	Shizhu	26880.00	10694.45	8369.68	7755.98	601.58	12.13
万州区	Wanzhou	299601.00	152596.69	85087.86	61555.45	21948.71	1583.70
涪陵区	Fuling	173285.00	93674.25	41484.06	27248.20	11731.00	2504.86
丰都县	Fengdu	85755.00	39118.48	13867.61	10305.88	3201.60	360.14
忠 县	Zhongxian	128123.00	91022.91	70603.91	36589.00	30009.00	4005.91
开 县	Kaixian	169289.00	84983.11	30765.95	19254.40	10770.55	741.00
云阳县	Yunyang	150484.00	107131.68	69481.58	32659.14	36432.32	390.12
奉节县	Fengjie	148012.00	91230.46	42107.05	22613.93	18308.12	1185.00
巫山县	Wushan	92220.00	59746.94	35500.94	21013.80	12230.00	2257.14
江北区	Jiangbei	3390.00	1272.00	1272.00	122.00	1150.00	
大渡口	Dudukou	6.00					
南岸区	Nan'an	5153.00	923.35	923.35	138.00	785.35	
北碚区	Beibei	1568.00	124.00				

注：本表数据统计口径为截止2014年12月31日对财政部核定2011-2013年三峡后续工作专项资金补助额的下达及完成。
Note: The statistic scope of the data hereabove is the plan and completion rate of the special fund subsidy for the follow-on work of three gorges resettlement in 2011- 2013 checked and ratified by Ministry of Finance by Dec. 31, 2014.

第 22 章

基本单位名录库

STATISTICS ON BASIC UNITS

简要说明

BRIEF INTRODUCTION

本章资料包括按行业分的法人、产业活动单位数，按机构类型和登记注册类型分的法人单位数，按行业分的企业法人单位数以及按登记注册类型分的企业法人单位数，由市统计局普查中心根据基本单位统计年报资料整理编辑。

This chapter includes the number of corporate units and establishments by sector, the number of corporate units by institutional type and status of registration, the number of enterprises as corporate units by sector and the number of enterprises as corporate units by status of registration. The data are prepared and compiled by Census Centre of Chongqing Municipal Bureau of Statistics on the basis of the annual statistic report of the basic units.

表22.1 按行业分的法人单位、产业活动单位数（2014年）

NUMBER OF CORPORATE UNITSAND ESTABLISHMENTS BY SECTOR (2014)

单位：个 (unit)

指 标	Item	2014	
		法人单位 Corporate Units	产业活动单位 Establishments
总 计	**Total**	**378002**	**434042**
按三次产业分	**By Strataof Industry**		
第一产业	Primary Industry	55400	55841
第二产业	Secondary Industry	65199	69158
第三产业	Tertiary Industry	257403	309043
按行业分	By Sector		
农、林、牧、渔业	Farming, Forestry,Animal Husbandry and Fishery	59258	59840
采矿业	Mining and Quarrying	2557	2931
制造业	Manufacturing	50578	51979
电力、热力、燃气及水生产和供应业	Production and Supply of Electricity, Heat, Gas & Water	2161	2958
建筑业	Construction	10246	11674
批发和零售业	Wholesale and Retail Trades	104519	120900
交通运输、仓储和邮政业	Transport, Storage and Post	6615	9861
住宿和餐饮业	Hotels and Catering Services	16608	19062
信息传输、软件和信息技术服务业	Information Transmission,Software and Information technology Services	8239	9676
金融业	Financial Intermediation	3242	9301
房地产业	Real Estate	10814	14096
租赁和商务服务业	Leasing and Business Services	29351	32384
科学研究和技术服务业	Scientific Research and Technical Services	8777	9695
水利、环境和公共设施管理业	Administration of Water Conservancy, Environment and Public Utilities	2181	2587
居民服务、修理和其他服务业	Services,Maintain Services to Households and Other Services	10199	10852
教 育	Education	10854	13145
卫生和社会工作	Health and Social Work	5748	11856
文化、体育和娱乐业	Culture, Sports and Entertainment	6896	7297
公共管理、社会保障和社会组织	Public Management,Social Security and Social Organizations	29159	33948

表22.2 按机构类型和登记注册类型分的法人单位数（2014年）
NUMBER OF CORPORATE UNITS BY INSTITUTIONAL TYPE AND STATUS OF REGISTRATION (2014)

单位：个 (unit)

指　标	Item	2014
总　计	**Total**	**378002**
按机构类型分组	**By Institutional Type**	
企　业	Enterprises	316676
事业单位	Public Institutions	17928
机　关	Governmental Agencies	4037
社会团体	Social Organizations	7369
民办非企业	Private Non-enterprise	6741
其他组织机构	Others	25251
按登记注册类型分组	**By Status of Registration**	
内　资	Domestic-funded Enterprises	376410
国　有	State-owned	23742
集　体	Collective owned	3768
股份合作	Cooperative Share-holding	1636
联　营	Joint Ownership	590
国有联营	State-owned	67
集体联营	Collective-owned	231
国有与集体联营	Joint State-Collective-owned	48
其他联营	Others	244
有限责任公司	Limited-liability Corporations	40251
国有独资公司	Soly State-owned	1012
其他有限责任公司	Other Limited-liability Corporations	39239
股份有限公司	Share-holding Limited Companies	3709
私　营	Private	244734
私营独资	Soly Private-funded Enterprises	130499
私营合伙	Private Partnership Enterprises	8655
私营有限责任公司	Private Limited Liability Corporations	99256
私营股份有限公司	Private Share-holding Limited Companies	6324
其　他	Others	57980
港、澳、台商投资	Enterprises with Funds from Hong Kong, Macao and Tainwan	726
合资经营	Joint-venture Enterprises	225
合作经营	Cooperative Enterprises	13
独资经营	Soly-funded Enterprises	431
投资股份有限公司	Share-holding Limited Companies	38
外商投资	Foreign-funded Enterprises	866
中外合资经营	Joint-venture Enterprises	301
中外合作经营	Cooperative Enterprises	22
外资企业	Soly-funded Enterprises	465
外商投资股份有限公司	Share-holding Limited Companies	34

表22.3 按行业分的企业法人单位数（2014年）
NUMBER OF ENTERPRISES AS CORPORATE UNITS BY SECTOR (2014)

单位：个 (unit)

指　标	Item	2014
总　计	**Total**	**316676**
按三次产业分	**By Strataof Industry**	
第一产业	Primary Industry	46479
第二产业	Secondary Industry	65172
第三产业	Tertiary Industry	205025
按行业分	By Sector	
农、林、牧、渔业	Farming, Forestry, Animal Husbandry and Fishery	49020
采矿业	Mining and Quarrying	2557
制造业	Manufacturing	50578
电力、热力、燃气及水生产和供应业	Production and Supply of Electricity, Heat, Gas & Water	2134
建筑业	Construction	10246
批发和零售业	Wholesale and Retail Trades	104519
交通运输、仓储和邮政业	Transport, Storage and Post	6444
住宿和餐饮业	Hotels and Catering Services	16406
信息传输、软件和信息技术服务业	Information Transmission, Software and Information technology Services	8046
金融业	Financial Intermediation	3012
房地产业	Real Estate	10674
租赁和商务服务业	Leasing and Business Services	27797
科学研究和技术服务业	Scientific Research and Technical Services	6481
水利、环境和公共设施管理业	Administration of Water Conservancy, Environment and Public Utilities	1443
居民服务、修理和其他服务业	Services, Maintain Services to Households and Other Services	9718
教　育	Education	1424
卫生和社会工作	Health and Social Work	800
文化、体育和娱乐业	Culture, Sports and Entertainment	5377
公共管理、社会保障和社会组织	Public Management, Social Security and Social Organizations	

表22.4 按登记注册类型分的企业法人单位数（2014年）
NUMBER OF ENTERPRISES AS CORPORATE UNITS BY STATUS OF REGISTRATION (2014)

单位：个 (unit)

指　标	Item	2014
总　计	**Total**	**316676**
内　资	Domestic-funded Enterprises	315095
国　有	State-owned	2319
集　体	Collective-owned	2182
股份合作	Cooperative Share-holding	1412
联　营	Joint Ownership	399
国有联营	State-owned	38
集体联营	Collective-owned	162
国有与集体联营	Joint State-Collective-owned	28
其他联营	Others	171
有限责任公司	Limited-liability Corporations	39961
国有独资公司	Soly State-owned	1004
其他有限责任公司	Other Limited-liability Corporations	38957
股份有限公司	Share-holding Limited Companies	3662
私　营	Private	241020
私营独资	Soly Private-funded Enterprises	127717
私营合伙	Private Partnership Enterprises	8227
私营有限责任公司	Private Limited Liability Corporations	98828
私营股份有限公司	Private Share-holding Limited Companies	6248
其　他	Others	24140
港、澳、台商投资	Enterprises with Funds from Hong Kong, Macao and Tainwan	722
合资经营	Joint-venture Enterprises	222
合作经营	Cooperative Enterprises	12
独资经营	Soly-funded Enterprises	431
投资股份有限公司	Share-holding Limited Companies	38
外商投资	Foreign-funded Enterprises	859
中外合资经营	Joint-venture Enterprises	300
中外合作经营	Cooperative Enterprises	21
外资企业	Soly-funded Enterprises	463
外商投资股份有限公司	Share-holding Limited Companies	34

附　录

APPENDIX

附录1：重庆市国民经济主要指标占全国的比重（2014年）
APPENDIX I: CHONGQING'S MAIN INDICATORS OF NATIONAL ECONOMY AS PERCENTAGE OF WHOLE NATION (2014)

指 标	Item	全 国 Whole Nation	重 庆 Chongqing	重庆占全国的比重(%) hongqing as Percentage of Whole Nation (%)
土地面积（万平方公里）	Land Area (10 000 sq. km)	960	8.24	0.86
年末户籍总人口（万人）	Year-end Population (10 000 persons)	137692	3375	2.45
年末从业人员数（万人）	Year-end Employment (10 000 persons)	77253	1696.94	2.20
国内（地区）生产总值（亿元）	Gross Domestic Product (100 million yuan)	636462.7	14262.60	2.24
第一产业	Primary Industry	58331.6	1061.03	1.82
第二产业	Secondary Industry	271392.4	6529.06	2.41
第三产业	Tertiary Industry	306738.7	6672.51	2.18
主要农业产品产量(万吨)	Output of Major Agricultural Products (10 000 tons)			
粮 食	Gain	60702.6	1144.5	1.89
油 料	Oil-bearing Crops	3507.4	56.9	1.62
肉 类	Meat	8706.7	214.2	2.46
城镇常住居民人均可支配收入（元）	Per Capita Disposable Income of Urban Residents (yuan)	28844	25147	
农村常住居民人均可支配收入（元）	Per Capita Disposable Income of Rural Residents (yuan)	10489	9490	
邮电业务总量（亿元）	Total Business Volume of Postal and Telecommunication Services (100 million yuan)	21845.6	418.09	1.91
社会消费品零售总额（亿元）	Retail Sales of Consumer Goods (100 million yuan)	271896	5710.67	2.10
固定资产投资额（亿元）	Investment in Fixed Assets (100 million yuan)	512760.7	13223.75	2.58
#房地产开发投资	Real Estate Development	95035.6	3630.23	3.82
金融机构人民币各项存款余额（亿元）	Deposit Balance of RMB of Financial Institutions (100 million yuan)	1138645	24501.54	2.15
金融机构人民币各项贷款余额（亿元）	Loan Balance of RMB of Financial Institutions (100 million yuan)	816770.01	20011.50	2.45
货物进出口总额（亿美元）	Total Imports and Exports (USD 100 million)	43030.38	954.50	2.22
出口额	Exports	23427.48	634.09	2.71
进口额	Imports	19602.90	320.41	1.63
建筑业总产值（亿元）	Gross Output Value of Construction (100 million yuan)	176713.40	5552.21	3.14
在校学生数（万人）	Student Enrollment (10 000 persons)			
#普通本、专科	Regular Undergraduates and College Students	2547.7	69.16	2.71
普通小学	Primary Schools	9451.1	203.42	2.15
图书总印数（亿册(张)）	Printed Copies of Books (100 million copies (pages))	84.0	1.50	1.79
报纸总印数（亿份）	Printed Copies of Newspaper (100 million copies)	465.0	6.38	1.37
执业（助理）医师（万人）	Licensed (Assistant) Doctors (10 000 persons)	289.3	5.80	2.00
医院床位数（万张）	Number of Beds in Hospitals and Health Centers (10 000 units)	496.1	10.93	2.20

注：本表中全国数据摘自2015年《中国统计摘要》，部分数据为初步统计数，正式统计数据以《中国统计年鉴—2015》为准(以下各表同）。
Note: The data of the whole nation in this table are extracted from China Statistical Summary—2015, and some of the data are primary statistics. See China Statistical Yearbook—2015 for the official data (the same applies to the following tables).

附录2：全国国民经济与社会发展速度指标

APPENDIX II: INDICATORS ON THE GROWTH RATE OF NATIONAL ECONOMIC AND SOCIAL DEVELOPMENT

指　标	Item	2014年	2014年为下列各年 (%) 2014 as Percentage of the Following Years (%)				平均每年增长 (%) Average Annual Growth Rate (%)		
			1978年	1990年	2000年	2013年	1979-2014	1991-2014	2001-2014
人　口	**Population**								
年末总人口（万人）	Year-end Population (10 000 persons)	136782	142.1	119.6	107.9	100.5	1.0	0.7	0.5
城镇人口	Urban Population	74916	434.4	248.1	163.2	102.5	4.2	3.9	3.6
乡村人口	Rural Population	61866	78.3	73.5	76.5	98.3	-0.7	-1.3	-1.9
就业和失业	**Employment and Unemployment**								
就业人员数（万人）	Employment (10 000 persons)	77253	192.4	119.3	107.2	100.4	1.8	0.7	0.5
#城镇就业人员	Employment in Urban Areast	39310	413.2	230.7	169.8	102.8	4.0	3.5	3.9
城镇登记失业人员	Registered Unemployment in Urban Areas	952	179.6	248.6	160.0	102.8	1.6	3.9	3.4
国民经济核算	**National Accounting**								
国内生产总值（亿元）	Gross Domestic Product (100 million yuan)	636462.7	999.4	370.4	136.4	107.4	9.7	10.1	9.8
第一产业	Primary Industry	58331.6	252.6	174.9	117.6	104.1	4.5	3.9	4.1
第二产业	Secondary Industry	271392.4	1459.8	410.9	138.4	107.3	11.1	11.8	10.6
第三产业	Tertiary Industry	306738.7	1063.2	400.7	138.3	108.1	10.7	10.4	10.4
能　源	**Energy**								
能源生产总量（万吨标准煤）	Total Energy Output (10 000 ton of standard coal)	140349.7	12395.5	4778.5	1047.8	108.6	14.3	17.5	18.3
能源消费总量	Total Consumption of Energy	151661.5	13516.0	4918.3	954.7	108.2	14.6	17.6	17.5
居民收入	**Residents Income**								
城镇居民人均可支配收入（元）	Per Capita Disposable Income of Urban Residents (yuan)	360000	573.5	346.4	259.8	100.3	5.0	5.3	7.1
农村居民人均纯收入（元）	Per Capita Net Income of Rural Residents (yuan)	426000	745.5	431.6	289.9	102.2	5.7	6.3	7.9
固定资产投资	**Investment in Fixed Assets**								
全社会固定资产投资总额（亿元）	Total Investment in Fixed Assets (100 million yuan)	512760.7		11351.8	1557.7	114.9		22.3	22.4
#房地产开发	Real Estate Development	95035.6		37519.0	1906.8	110.5		29.6	24.7
对外贸易和实际利用外资	**Foreign Trade and Foreign Capital Actually Utilized**								
货物进出口总额（亿美元）	Total Imports and Exports (USD 100 million)	43030.4	20848.0	3727.5	907.3	103.5	16.0	16.3	17.1
出口额	Exports	23427.5	24028.2	3773.1	940.1	106.1	16.4	16.3	17.4
进口额	Imports	19602.9	18000.8	3674.4	870.9	100.5	15.5	16.2	16.7
外商直接投资（亿美元）	Foreign Direct Investment (USD 100 million)	1195.6		3428.8	293.6	101.7		15.9	8.0
财　政	**Government Finance**								
财政收入（亿元）	Government Finance Revenue (100 million yuan)	140349.7	12395.5	4778.5	1047.8	108.6	14.3	17.5	18.3
财政支出（亿元）	Government Finance Expenditures (100 million yuan)	151661.5	13516.0	4918.3	954.7	108.2	14.6	17.6	17.5

注：1）本表价值量指标中，国内生产总值、居民收入和邮电业务总量按可比价格计算，其他按当年价格 计算；固定资产投资总额平均每年增长速度按累计法计算。
2）本表价值量指标中，邮电业务总量2000年及以前按1990年不变价格计算，2001-2010年按2000年不变价格计算，2011年起按2010年不变价格计算。其余指标按当年价格计算。

Note: a) Among the value data hereabove, the data of GDP, Residents Income and Total Business Volume of Postal and Telecommunication Services are calculated at comparable price, while other data are calculated at current price. The annual increase rate of Total Investment in Fixed Assets is calculated by accumulated method.
b) Among the value data hereabove, the data of Total Business Volume of Postal and Telecommunication Services in 2000 and before are calculated at the constant price of 1990, the data from 2001 to 2010 at the constant price of 2000, while the data since 2011 at the constant price of 2010. Other indicators are calculated at current price.

附录2 续表 continued

指 标	Item	2014年	2014年为下列各年 (%) 2014 as Percentage of the Following Years (%)				平均每年增长 (%) Average Annual Growth Rate (%)		
			1978年	1990年	2000年	2013年	1979-2014	1991-2014	2001-2014
主要产品产量	**Output of Major Products**								
粮 食（万吨）	Gain (10 000 tons)	60702.6	199.2	136.0	131.3	100.8	1.9	1.3	2.0
棉 花（万吨）	Cotton (10 000 tons)	617.8	285.1	137.1	139.9	98.1	3.0	1.3	2.4
油 料（万吨）	Oil-bearing Crops (10 000 tons)	3507.4	672.2	217.4	118.7	99.7	5.4	3.3	1.2
肉 类（万吨）	Meat (10 000 tons)	8706.7			144.8	102.0			2.7
原 煤（亿吨）	Coal (100 million tons)	38.74	626.8	358.7	279.9	97.5	5.2	5.5	7.6
原 油（万吨）	Oil (10 000 tons)	21143	203.2	152.9	129.7	100.7	2.0	1.8	1.9
发电量（亿千瓦小时）	Electricity (100 million kwh)	56496	2201.7	909.5	416.8	104.0	9.0	9.6	10.7
粗 钢（万吨）	Steel (10 000 tons)	82270	2588.7	1239.9	640.2	101.2	9.5	11.1	14.2
水 泥（万吨）	Cement (10 000 tons)	247614	3795.4	1180.7	414.8	102.4	10.6	10.8	10.7
建筑业	**Construction**								
建筑业总产值（亿元）	Gross Output Value of Construction (100 million yuan)	176713		13139	1414.0	110.2		22.5	20.8
运 输	**Transportation**								
沿海主要港口货物吞吐量（万吨）	Cargo Throughput of Major Sea Ports (10 000 tons)	769557	3880.0	1592.6	612.7	105.7	10.7	12.2	13.8
邮电通信业	**Telecommunications and Postal Services**								
邮电业务总量（亿元）	Total Business Volume (100 million yuan)	21845.6	239831.7	52561.6	1705.8	118.5	24.1	29.8	22.5
移动电话用户（万户）	Mobile Telephone Subscribers (100 subscribers)	128609.3		7144961.1	1521.4	104.6		59.3	21.5
固定电话用户（万户）	Fixed Telephone Subscribers (10 000 subscribers)	24943.0	12954.4	3641.2	172.2	93.4	14.5	16.2	4.0
国内贸易	**Domestic Trade**								
社会消费品零售总额（亿元）	Retail Sales of Consumer Goods (100 million yuan)	271896	17444.9	3275.8	695.3	112.0	15.4	15.6	14.9
国际旅游	**International Tourism**								
入境过夜旅游者人数（万人次）	Inbound Tourists Staying Overnight (10 000 person-times)	5562.2	7768.4	530.5	178.1	99.9	12.9	7.2	4.2
国际旅游外汇收入（亿美元）	Foreign Exchange Earnings from International Tourism (USD 100 million)	569.1	21638.8	2565.8	350.9	110.2	16.1	14.5	9.4
科技、教育、卫生、文化	**Science & Technology, Education, Health and Culture**								
研究与试验发展经费支出（亿元）	Expenditure on R&D (100 million yuan)	13312.0			1486.3	112.4			21.3
技术市场成交额（亿元）	Contract Value of Technology Market (100 million yuan)	8577			1318.0	114.8			20.2
在校学生数（万人）	Student Enrollment (10 000 persons)								
#普通本、专科	Regular Undergraduates and College Students	2547.7	2975.2	1235.1	458.1	103.2	9.9	11.0	11.5
普通高中	Regular Senior Secondary Schools	2400.5	154.6	334.7	199.8	98.5	1.2	5.2	5.1
初 中	Secondary Schools	4384.6	87.8	112.0	70.1	98.8	-0.4	0.5	-2.5
普通小学	Primary Schools	9451.1	64.6	77.2	72.6	101.0	-1.2	-1.1	-2.3
医院数（个）	Number of Hospitals (unit)	25861	278.3	179.9	158.5	104.7	2.9	2.5	3.3
医院床位数（万张）	Number of Beds in Hospitals (10 000 bed)	496.1	451.0	265.5	229.0	108.4	4.3	4.2	6.1
执业（助理）医师（万人）	Number of Licensed (Assistant) Doctors (10 000 person)	289.3	295.8	164.1	139.4	103.5	3.1	2.1	2.4
图书总印数（亿册（张））	Printed Copies of Books (100 million copies (pages))	84.0	222.8	148.9	134.0	101.1	2.3	1.7	2.1
期刊总印数（亿册）	Printed Copies of Magazines (100 million copies)	32.0	421.1	178.8	108.8	97.9	4.1	2.5	0.6
报纸总印数（亿份）	Printed Copies of Newspaper (100 million copies)	465.0	363.8	220.1	141.2	96.4	3.7	3.3	2.5

附录3：全国各省（自治区、直辖市）国民经济主要指标（2014年）
APPENDIX III: MAIN INDICATORS OF NATIONAL ECONOMY BY PROVINCE, MUNICIPALITY AND AUTONOMOUS REGION (2014)

地 区	Region	年末常住人口（万人）Resident Population at Year-end (10 000 persons)	地区生产总值（亿元）Gross Domestic Product (100 million yuan)	其 中 of which	
				第一产业 Primary Industry	第二产业 Secondary Industry
东部地区	**Eastern Region**				
北 京	Beijing	2152	21330.8	159.0	4545.5
天 津	Tianjin	1517	15722.5	199.8	7731.4
河 北	Hebei	7384	29421.2	3447.5	15020.2
辽 宁	Liaoning	4391	28626.6	2285.8	14384.6
上 海	Shanghai	2426	23560.9	124.3	8164.8
江 苏	Jiangsu	7960	65088.3	3634.3	31057.5
浙 江	Zhejiang	5508	40153.5	1779.3	19152.7
福 建	Fujian	3806	24055.8	2014.9	12515.4
山 东	Shandong	9789	59426.6	4798.4	28788.1
广 东	Guangdong	10724	67792.2	3166.7	31345.8
海 南	Hainan	903	3500.7	809.6	874.4
中部地区	**Central Region**				
山 西	Shanxi	3648	12759.4	788.1	6343.3
吉 林	Jilin	2752	13803.8	1524.6	7287.3
黑龙江	Heilongjiang	3833	15039.4	2611.5	5504.0
安 徽	Anhui	6083	20848.8	2392.4	11204.0
江 西	Jiangxi	4542	15708.6	1683.7	8388.3
河 南	Henan	9436	34939.4	4160.8	17902.7
湖 北	Hubei	5816	27367.0	3176.9	12840.2
湖 南	Hunan	6737	27048.5	3148.8	12481.9
西部地区	**Western Region**				
重 庆	Chongqing	2991	14262.6	1061.0	6529.1
四 川	Sichuan	8140	28536.7	3531.1	14519.4
贵 州	Guizhou	3508	9251.0	1275.5	3847.1
云 南	Yunnan	4714	12814.6	1991.2	5281.8
西 藏	Tibet	318	920.8	91.6	336.8
陕 西	Shaanxi	3775	17689.9	1564.9	9689.8
甘 肃	Gansu	2591	6835.3	900.8	2924.9
青 海	Qinghai	583	2301.1	215.9	1232.1
宁 夏	Ningxia	662	2752.1	216.8	1343.1
新 疆	Xinjiang	2298	9264.1	1538.6	3927.8
内蒙古	Inner Mongolia	2505	17769.5	1627.2	9119.8
广 西	Guangxi	4754	15673.0	2412.2	7335.6

注：本表绝对数按当年价计算。
Note:The values in this table are calculated at current prices.

其中 of which 第三产业 Tertiary Industry	地区生产总值指数（上年=100） Indices of Gross Domestic Product (preceding year=100)	人均地区生产总值（元） Per Capita GDP (yuan)	人均地区生产总值指数（上年=100） Indices of Per Capita GDP (preceding year=100)	农林牧渔业总产值（万元） Gross Output Value of Farming, Forestry,Animal Husbandry and Fishery (10 000 yuan)	其中 of which #农业 Farming	#林业 Forestry	#牧业 Animal Husbandry	#渔业 Fishery
16626.3	107.3	99995	105.2	420.1	155.1	90.7	152.7	13.2
7791.3	110.0	105202	106.2	441.7	230.7	3.2	117.6	79.5
10953.5	106.5	39984	105.8	5994.8	3453.4	108.1	1952.0	191.0
11956.2	105.8	65201	105.7	4498.4	1734.1	152.4	1717.5	699.8
15271.9	107.0	97343	106.0	322.2	169.5	8.8	69.9	62.5
30396.5	108.7	81874	108.4	6443.4	3362.8	118.2	1182.7	1426.7
19221.5	107.6	72967	107.3	2844.6	1386.0	147.0	472.2	779.4
9525.5	109.9	63472	109.1	3522.3	1529.6	323.3	522.9	1025.2
25840.1	108.7	60879	108.1	9198.3	4765.8	131.5	2418.3	1481.7
33279.8	107.8	63452	107.1	5234.2	2613.2	279.8	1077.4	1080.3
1816.7	108.5	38924	107.5	1252.2	568.2	103.2	228.0	310.2
5628.0	104.9	35064	104.4	1530.5	984.0	98.5	354.6	9.8
4992.0	106.5	50162	106.5	2763.0	1342.5	104.4	1195.0	40.1
6923.9	105.6	39226	105.6	4894.8	3015.6	195.7	1486.1	102.7
7252.3	109.2	34427	108.4	4223.7	2119.2	283.1	1182.1	459.7
5636.6	109.7	34661	109.2	2726.5	1144.1	274.2	814.9	400.7
12875.9	108.9	37073	108.7	7549.1	4492.0	152.4	2505.2	105.1
11349.9	109.7	47124	109.3	5452.8	2761.7	157.0	1427.7	844.2
11417.8	109.5	40287	108.7	5304.8	2884.7	304.8	1503.2	338.9
6672.5	110.9	47850	110.0	1595.0	967.9	53.6	486.4	64.9
10486.2	108.5	35128	108.1	5888.1	3078.6	196.0	2318.8	192.4
4128.5	110.8	26393	110.4	2118.5	1321.9	99.6	569.3	47.0
5541.6	108.1	27264	107.5	3263.3	1806.3	303.1	975.8	78.1
492.4	110.8	29252	109.1	138.7	63.3	2.6	69.3	0.2
6435.2	109.7	46929	109.4	2741.8	1870.8	73.6	648.3	19.9
3009.6	108.9	26427	108.6	1618.8	1174.9	25.5	268.4	2.1
853.1	109.2	39633	108.2	327.5	144.2	6.6	169.1	2.2
1192.1	108.0	41834	106.8	445.5	274.0	10.0	126.8	14.9
3797.7	110.0	40607	108.4	2744.0	1955.1	49.4	651.2	19.6
7022.6	107.8	71044	107.5	2779.8	1408.4	96.4	1205.7	29.1
5925.2	108.5	33090	107.7	3947.7	1994.0	303.2	1087.2	413.1

附录3 续表1 continued1

地 区	Region	农林牧渔业总产值指数（可比价）（上年=100） Indices of Gross Output Value of Farming, Forestry, Animal Husbandry and Fishery (preceding year =100)	粮食产量（万吨） Grain Output (10 000 tons)	油料产量（万吨） Output of Oil-bearing Crops (10 000 tons)	棉花产量（万吨） CottonOutput (10 000 tons)	糖料产量（万吨） Sugar Output (10 000 tons)
东部地区	**Eastern Region**					
北 京	Beijing	100.0	63.9	0.7	0.01	
天 津	Tianjin	103.0	176.0	0.5	3.8	
河 北	Hebei	104.0	3360.2	150.2	43.1	75.6
辽 宁	Liaoning	102.4	1753.9	63.7	0.01	10.1
上 海	Shanghai	101.0	112.5	1.3	0.1	0.6
江 苏	Jiangsu	103.1	3490.6	146.6	16.0	10.1
浙 江	Zhejiang	101.0	757.4	30.7	2.5	62.7
福 建	Fujian	104.5	667.0	29.8	0.01	53.1
山 东	Shandong	104.0	4596.6	335.9	66.5	0.01
广 东	Guangdong	103.0	1357.3	105.5		1504.7
海 南	Hainan	104.9	186.6	11.6		424.9
中部地区	**Central Region**					
山 西	Shanxi	104.0	1330.8	17.3	2.4	8.0
吉 林	Jilin	104.1	3532.8	85.7	0.1	6.4
黑龙江	Heilongjiang	105.5	6242.2	17.1		41.1
安 徽	Anhui	104.6	3415.8	228.8	26.3	19.7
江 西	Jiangxi	104.8	2143.5	121.7	13.4	64.5
河 南	Henan	104.2	5772.3	584.3	14.7	27.3
湖 北	Hubei	105.6	2584.2	341.7	36.0	30.4
湖 南	Hunan	104.7	3001.3	233.8	12.9	65.9
西部地区	**Western Region**					
重 庆	Chongqing	104.3	1144.5	56.9		10.3
四 川	Sichuan	104.0	3374.9	300.8	1.2	55.8
贵 州	Guizhou	106.6	1138.5	98.0	0.1	168.3
云 南	Yunnan	106.2	1860.7	64.7	0.03	2110.4
西 藏	Tibet	104.2	98.0	6.4		
陕 西	Shaanxi	105.1	1197.8	62.3	4.2	0.1
甘 肃	Gansu	105.4	1158.7	72.4	6.4	26.4
青 海	Qinghai	105.4	104.8	31.5		0.1
宁 夏	Ningxia	106.1	377.9	16.5		
新 疆	Xinjiang	106.8	1414.5	59.3	367.7	471.9
内蒙古	Inner Mongolia	103.1	2753.0	170.3	0.2	160.2
广 西	Guangxi	103.7	1534.4	61.3	0.3	7952.6

蔬菜产量（万吨） Vegetable Output (10 000 tons)	水果产量（万吨） Fruit Output (10 000 tons)	肉类产量（万吨） Meat Output (10 000 tons)	其中 of which #猪 肉 Pork	#牛 肉 Beef	#羊 肉 Lamb	奶类产量（万吨） Diary Output (10 000 tons)	水泥产量（万吨） Cement Output (10 000 tons)
236.2	96.5	39.3	24.0	1.7	1.2	59.5	703.6
460.2	62.7	46.4	29.9	3.4	1.6	68.9	957.9
8125.7	2019.0	468.1	281.2	52.4	30.4	496.1	10677.4
3090.1	870.6	429.2	240.3	42.8	8.9	134.5	5807.6
393.2	86.2	23.4	18.8	0.1	0.5	27.1	686.0
5417.0	861.6	379.5	232.4	3.3	8.0	60.7	19395.8
1762.8	714.8	157.1	127.0	1.2	1.7	15.9	12390.0
1801.4	790.8	213.7	151.1	2.9	2.2	15.4	7760.9
9973.7	3134.0	770.2	406.8	66.6	36.0	289.6	16496.3
3274.7	1560.7	429.4	282.6	7.0	0.9	13.8	14783.4
551.5	413.0	79.5	48.6	2.6	1.1	0.2	2151.6
1271.4	770.8	87.5	64.2	5.8	6.7	97.2	4700.0
876.0	229.7	262.0	140.4	46.0	4.5	49.8	3702.7
985.6	258.7	230.2	142.6	40.6	11.9	560.1	3702.6
2551.0	965.3	414.0	264.8	17.9	15.5	27.9	12921.0
1312.4	627.1	339.8	259.8	13.1	1.1	12.9	9831.2
7272.5	2560.2	719.0	478.0	82.1	25.4	342.4	17080.7
3671.5	972.3	440.4	339.6	21.9	8.6	16.4	11418.1
3763.5	920.0	546.5	458.1	18.9	11.1	9.3	12060.1
1689.1	347.6	214.2	158.5	8.4	3.4	5.7	6666.6
4069.3	884.5	714.7	527.2	33.4	25.3	71.3	14612.7
1625.6	196.4	201.8	165.6	14.7	3.8	5.7	9456.4
1735.5	669.0	378.5	292.4	33.6	14.6	64.6	9596.9
68.2	1.4	26.4	1.5	16.0	7.9	34.3	342.2
1724.7	1849.9	116.7	91.8	7.7	7.5	192.3	9129.7
1705.2	636.6	95.5	52.7	18.1	17.9	40.3	4931.5
158.6	2.6	33.4	10.5	10.6	10.9	31.3	1859.6
540.8	290.2	28.5	7.7	8.8	9.5	135.7	1793.9
1815.4	1466.9	149.3	33.9	39.2	53.6	155.6	4974.6
1472.7	322.3	252.3	73.3	54.5	93.3	797.1	6294.0
2610.1	1560.6	420.0	266.3	14.4	3.2	9.7	10706.5

附录3 续表2 continued2

地 区	Region	钢材产量（万吨） Steel Output (10 000 tons)	汽车产量（万辆） Motor Vehicle Output (10 000 units)	微型计算机设备（万台） Micro Computers (10 000 units)	发电量（亿千瓦小时） Electricity Production (100 million KWH)	客运量（万人） Passenger Throughput (10 000 persons)	旅客周转量（亿人公里） Passenger Turnover Volume (100 million person·km)
东部地区	**Eastern Region**						
北 京	Beijing	195.0	206.3	1015.6	364.0	65063	273.9
天 津	Tianjin	7303.9	51.2	1100.5	625.5	18300	246.7
河 北	Hebei	23995.2	97.8		2499.9	60726	1276.7
辽 宁	Liaoning	6946.0	112.1	0.2	1647.8	94172	991.2
上 海	Shanghai	2309.1	247.4	6295.4	792.3	13317	209.9
江 苏	Jiangsu	13255.2	121.6	6708.0	4347.6	155207	1455.2
浙 江	Zhejiang	4171.0	30.9	191.0	2885.3	130144	1076.8
福 建	Fujian	3019.6	18.1	985.4	1873.4	58719	622.7
山 东	Shandong	8939.4	103.0	23.3	3691.1	74378	1143.6
广 东	Guangdong	3447.1	216.8	2819.5	3948.4	180789	2315.4
海 南	Hainan	29.7	9.0		244.6	14209	120.5
中部地区	**Central Region**						
山 西	Shanxi	4701.0			2647.0	34168	384.5
吉 林	Jilin	1412.2	237.4		771.7	35004	424.5
黑龙江	Heilongjiang	483.5	10.8	3.5	881.3	46841	493.1
安 徽	Anhui	3265.7	93.4	1715.9	2033.9	139553	1417.3
江 西	Jiangxi	2611.1	46.2		873.3	67795	971.3
河 南	Henan	4704.1	40.9		2729.9	140180	1746.0
湖 北	Hubei	3429.0	174.5	120.7	2382.3	100730	1209.0
湖 南	Hunan	1989.3	29.5	34.2	1313.7	161838	1660.7
西部地区	**Western Region**						
重 庆	Chongqing	1323.4	262.9	6446.8	644.5	70056	725.8
四 川	Sichuan	2935.2	32.4	7619.0	3079.4	138274	954.7
贵 州	Guizhou	552.4			1747.7	86571	635.5
云 南	Yunnan	1935.1	11.0		2550.0	49080	437.3
西 藏	Tibet	1.1			32.3	1571	45.1
陕 西	Shaanxi	1683.9	37.5		1620.8	74188	804.4
甘 肃	Gansu	1108.1	0.7		1241.1	38985	607.1
青 海	Qinghai	131.4			580.3	5444	102.9
宁 夏	Ningxia	165.6			1156.6	9187	114.2
新 疆	Xinjiang	1489.5	1.1		2090.9	37176	500.0
内蒙古	Inner Mongolia	1763.2	2.4		3857.8	18283	363.1
广 西	Guangxi	3262.6	209.2	0.6	1310.0	51905	652.7

注：本表各省、市固定资产投资数据不含跨区投资和农户投资。
Note: The data of investment in fixed assets in this table excludes trans-regional investment and investment of rural households.

货运量（万吨） Cargo Throughput (10 000 tons)	货物周转量（亿吨公里） Cargo Turnover Volume (100 million tons·km)	固定资产投资额（亿元） Investment in Fixed Assets (100 million yuan)	其中of which #房地产开发投资 Investment in Real Estate Development	商品房施工面积（万平方米） Housing Floor Space under Construction (10 000 sq. m)	商品房竣工面积（万平方米） Housing Floor Space Completed (10 000 sq.m)	商品房销售面积（万平方米） Housing Floor Space of Sales (10 000 sq.m)
26551	1036.7	6873.44	3715.3	13588	3054	1454
49753	3602.4	10490.37	1699.6	10652	2925	1613
209946	12684.5	26147.20	4059.7	31628	4038	5706
222138	12235.7	24426.83	5301.3	38617	6147	5755
89980	18633.4	6012.97	3206.5	14690	2313	2085
196153	10417.9	41552.75	8240.2	57638	9620	9847
194250	9539.7	23554.76	7262.4	42144	6390	4677
111757	4780.2	17911.71	4567.4	30052	3584	4119
264458	8253.0	41599.13	5818.0	54508	7787	9180
343491	14801.0	25843.06	7638.5	53977	7328	9316
23632	1488.1	3039.46	1431.7	7557	1204	1004
164919	3710.8	11976.96	1403.6	15477	2182	1576
48311	1703.8	11254.84	1030.1	12268	1574	1582
60212	1811.1	9587.09	1324.1	14218	3001	2476
434298	13500.6	21069.24	4339.0	33479	5196	6202
151878	3828.0	14677.04	1322.5	13333	1872	3067
200801	7401.1	30012.28	4375.7	38858	7324	7880
150762	5503.6	22491.67	3983.8	26322	3431	5602
203053	4138.4	20575.33	2883.6	27748	4023	5440
97287	2588.9	12136.52	3630.2	28624	3718	5100
159034	2465.1	22662.26	4380.1	36499	5334	7142
85672	1441.8	8778.40	2187.7	20369	2842	3178
108544	1445.6	11073.86	2846.7	20035	1789	3194
1914	110.4	1069.23	52.9	273	52	59
157012	3521.5	16840.44	2426.5	19466	2189	3094
57239	2515.5	7759.62	721.5	7660	813	1326
14638	506.9	2788.91	308.3	2546	559	416
41308	836.8	3093.92	654.8	7019	1204	1129
72168	1880.9	9058.31	1014.8	11289	2086	1816
191869	4471.1	17431.05	1370.9	18474	2012	2457
163023	4089.7	13287.60	1838.5	17472	1866	3157

附录3 续表3 continued3

地 区	Region	建筑业总产值（亿元） Total Output Value of Construction (100 million yuan)	社会消费品零售总额（亿元） Total Retail Sales of Consumer Goods (100 million yuan)	进出口总额（按经营单位所在地分）（亿美元） Total Imports and Exports (by location of operation units) (USD 100 million)	其中of which #出 口 Export
东部地区	**Eastern Region**				
北 京	Beijing	8209.8	9638.0	4156.5	623.5
天 津	Tianjin	4123.5	4738.7	1339.1	526.0
河 北	Hebei	5625.8	11820.5	598.8	357.1
辽 宁	Liaoning	7851.1	11857.0	1139.6	587.6
上 海	Shanghai	5499.9	9303.5	4664.1	2101.6
江 苏	Jiangsu	24592.9	23458.1	5637.6	3418.7
浙 江	Zhejiang	22668.2	17835.3	3551.5	2733.5
福 建	Fujian	6689.2	9346.7	1775.0	1134.6
山 东	Shandong	9313.5	25111.5	2771.2	1447.5
广 东	Guangdong	8356.5	28471.1	10767.3	6462.2
海 南	Hainan	276.3	1224.5	158.7	44.2
中部地区	**Central Region**				
山 西	Shanxi	3103.5	5717.9	162.5	89.4
吉 林	Jilin	2521.0	6080.9	263.8	57.8
黑龙江	Heilongjiang	2150.8	7015.3	389.0	173.4
安 徽	Anhui	5482.9	7957.0	492.7	314.9
江 西	Jiangxi	4122.6	5292.6	427.8	320.4
河 南	Henan	7911.9	14005.0	650.3	393.8
湖 北	Hubei	10059.6	12449.3	430.6	266.5
湖 南	Hunan	6021.0	10723.5	310.3	200.2
西部地区	**Western Region**				
重 庆	Chongqing	5552.2	5710.7	954.5	634.1
四 川	Sichuan	8066.7	12393.0	702.5	448.5
贵 州	Guizhou	1640.2	2936.9	108.1	94.0
云 南	Yunnan	3054.7	4632.9	296.2	188.0
西 藏	Tibet	71.3	364.5	22.5	21.0
陕 西	Shaanxi	4557.7	5918.7	274.1	139.3
甘 肃	Gansu	1814.5	2668.3	86.5	53.3
青 海	Qinghai	432.9	620.8	17.2	11.3
宁 夏	Ningxia	625.2	737.2	54.4	43.0
新 疆	Xinjiang	2306.3	2436.5	276.7	234.8
内蒙古	Inner Mongolia	1402.9	5657.6	145.5	63.9
广 西	Guangxi	2608.9	5772.8	405.5	243.3

金融机构本外币存款余额（亿元） Total Deposit Balance of RMB and Foreign Currencies of Financial Institutions (100 million yuan)	金融机构本外币贷款余额（亿元） Total Loan Balance of RMB and Foreign Currencies	城镇常住居民人均可支配收入（元） Per Capita Disposable Income of Urban Residents (yuan)	农村常住居民人均可支配收入（元） Per Capita Disposable Income of Rural Residents (yuan)	居民消费价格指数（上年=100） General Consumer Price Index (preceding year=100)	农产品生产价格指数（上年=100） Producer Price Index of Farm Products (preceding year =100)	固定资产投资价格指数（上年=100） Price Index of Investment in Fixed Assets (preceding year =100)
100095.54	53650.56	48531.8	18867.3	101.6	99.7	100.0
24777.75	23223.42	31506.0	17014.2	101.9	102.9	100.5
43764.02	28052.29	24141.3	10186.1	101.7	100.2	100.2
42053.10	33023.54	29081.7	11191.5	101.7	101.7	99.7
73882.45	47915.81	48841.4	21191.6	102.7	99.5	100.5
96939.01	72490.02	34346.3	14958.4	102.2	101.3	101.1
79241.90	71361.00	40392.7	19373.3	102.1	99.5	100.6
31858.43	30051.27	30722.4	12650.2	102.0	100.3	100.4
69151.92	53662.16	29221.9	11882.3	101.9	100.5	100.3
127881.47	84921.79	32148.1	12245.6	102.3	102.2	101.5
6674.62	5391.51	24486.5	9912.6	102.4	105.6	100.6
26942.93	16559.41	24069.4	8809.4	101.7	101.5	99.6
16526.34	12695.25	23217.8	10780.1	102.0	102.9	100.2
19423.25	13791.54	22609.0	10453.2	101.5	101.0	100.0
30088.80	22754.66	24838.5	9916.4	101.6	100.2	100.3
21754.91	15696.83	24309.2	10116.6	102.3	100.3	100.1
41931.13	27583.38	23672.1	9966.1	101.9	97.5	100.0
36494.82	25289.82	24852.3	10849.1	102.0	100.0	101.0
30255.58	20783.10	26570.2	10060.2	101.9	98.6	101.5
25160.11	20630.69	25147.2	9489.8	101.8	100.2	100.3
53935.75	34750.72	24234.4	9347.7	101.6	99.9	100.5
15307.38	12438.00	22548.2	6671.2	102.4	99.5	101.1
22528.01	18368.42	24299.0	7456.1	102.4	100.6	101.0
3089.19	1619.46	22015.8	7359.2	102.9		
28288.72	19174.05	24365.8	7932.2	101.6	102.1	101.1
13957.98	11075.78	21803.9	6276.6	102.1	102.1	100.1
4541.35	4303.43	22306.6	7282.7	102.8	100.0	100.9
4228.84	4608.28	23284.6	8410.0	101.9	98.3	100.8
15216.98	12237.63	23214.0	8723.8	102.1	97.8	100.3
16290.58	15066.01	28349.6	9976.3	101.6	102.7	99.8
20298.54	16070.95	24669.0	8683.2	102.1	98.1	101.6

重庆2015
统计年鉴

CHONGQING
STATISTICAL YEARBOOK 2015

如何使用年鉴浏览

请在阅读光盘前，请选择IE选项/高级/“允许来自CD的活动内容在我的计算机上运行”。

三种浏览方式：为方便用户浏览和使用年鉴，本书提供了超文本（网面格式）、EXCEL电子表格和PDF（电子阅读）三种浏览方式。默认为超文本格式，方便查阅。同时提供安装Acrobat Reader软件，方便阅读PDF文书。

How to use the yearbook to browse

Please choose"contents of CD are permitted on my computer"of IE/senior.

Three modes to browse:In order to browse and use the yearbook easily,three modes-HTML,EXCEL and PDF form are offered.HTML mode is acquiescent,which provides more convenient consultation and temporary calculation.Acrobat Reader is provided to read PDF.

重庆市统计局　国家统计局重庆调查总队　编
CHONGQING MUNICIPAL BUREAU OF STATISTICS
NBS SURVEY OFFICE IN CHONGQING